H. DAL-GAL O.F.M.CONV.
DER HEILIGE PAPST PIUS X.

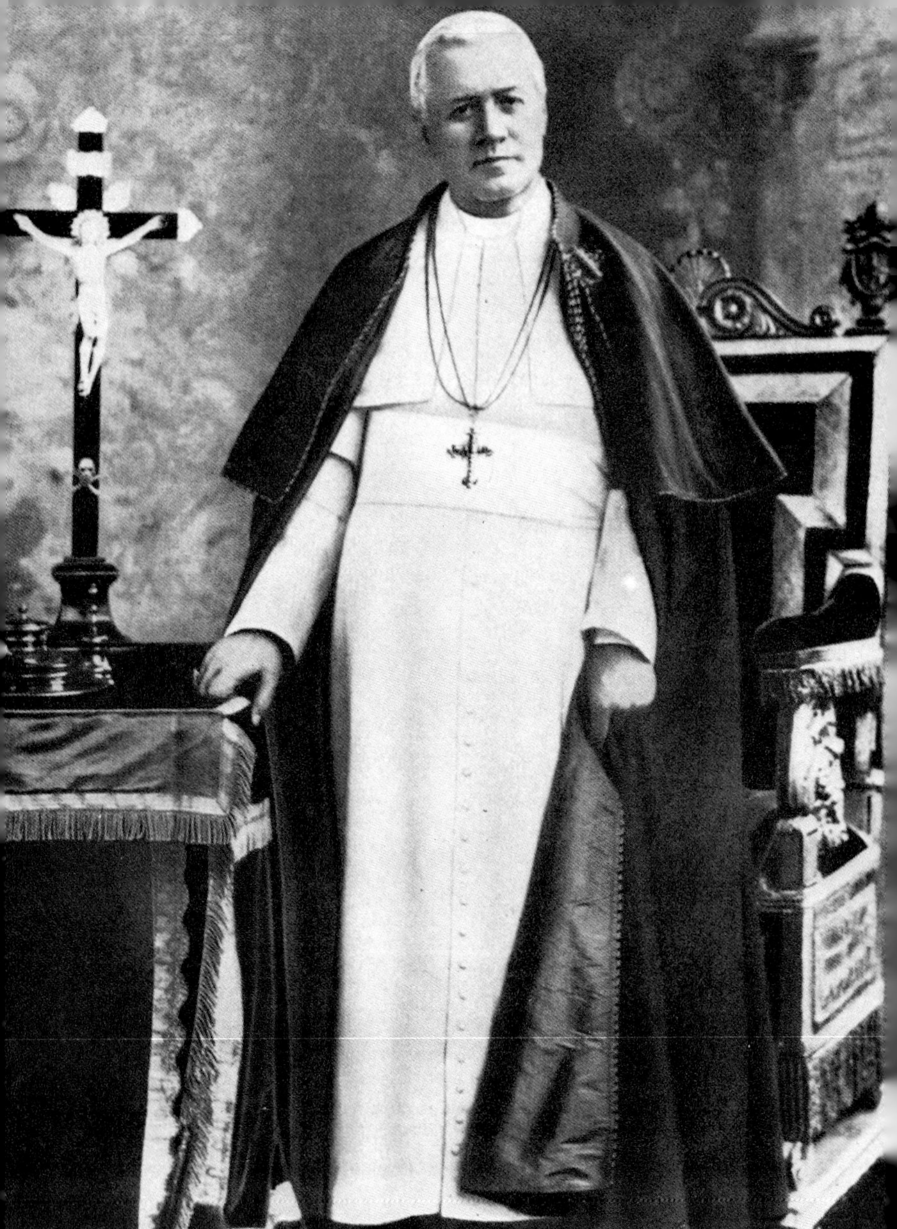

Pius PP. X

H. DAL-GAL
O. F. M. Conv.

DER HEILIGE PAPST PIUS X.

PAULUSVERLAG FREIBURG SCHWEIZ

Dritte Auflage der berechtigten Übertragung der in italienischer Sprache
erschienenen Biographie: Il Papa Santo PIO X.

Nihil obstat:

Friburgi Helv., die 12 Junii 1954
ANTON ROHRBASSER, libr. cens.

Imprimatur:

Friburgi Helv., die 17 Junii 1954
ROMAIN PITTET, vic. gen.

Alle rechte, auch das der Übersetzung, vorbehalten.
Copyright 1954 by Paulusverlag Freiburg Schweiz.
Printed in Switzerland.
ISBN 3-7228-0123-0

I. DIE WICHTIGSTEN QUELLEN

1. Acta Pii PP. X (1903-1908), Bd. I-V. Rom 1905-1914.
2. Acta Sanctae Sedis (1865-1908).
3. Acta Apostolicae Sedis (1909-1914), Bd. I-VI. Rom 1909-1914.
4. Hirtenbriefe des Bischofs von Mantua (1885-1894).
5. Hirtenbriefe des Patriarchen von Venedig (1895-1903).
6. Diözesan- und Apostolische Prozesse zur Selig- und Heiligsprechung :
   Rom (1923-1946) — *Venedig* (1924-1946) — *Mantua* (1924-1946) — *Treviso* (1923-1946).
7. Akten der Causa der Selig- und Heiligsprechung (1942-1954).
8. Eigenhändige Briefe, die der Heilige als Kapitelvikar von Treviso, als Bischof von Mantua, als Patriarch von Venedig und als Papst schrieb.
9. Msgr. G. BRESSAN: Memorie Mss. (Postulationsarchiv).
   Msgr. G. Bressan war 29 Jahre lang Privatsekretär des Heiligen, von seinem Episkopat in Mantua an bis zum Ende seines Pontifikates (1885-1914).
10. Msgr. G. PESCINI: Memorie Mss. (Postulationsarchiv).
    Msgr. Giuseppe Pescini, der dem Heiligen schon in Venedig nahestand, war in Rom zusammen mit Msgr. Bressan sein Privatsekretär (1903–1914).

II. BIOGRAPHIEN

Die hier angeführten Biographien des Heiligen sind geschichtliche Dokumente von hohem Wert, weil sie von gutunterrichteten Augenzeugen geschrieben wurden.

1. Msgr. A. MARCHESAN, Papa Pio X. Rom 1910.
Eine ausführliche Biographie, die sich auf Informationen stützt, welche der Verfasser von glaubwürdigen Personen erhielt [1], und die von Pius X. selbst durchgesehen wurde.
Diese Biographie diente dem Verfasser als Grundlage für seine kanonische Zeugenaussage im Diözesanprozeß von Treviso [2].

2. Der Priester L. FERRARI, Pio X : Dalle mie Memorie. Vicenza 1922.
Der Verfasser kannte Msgr. Sarto seit der Zeit seines Kanonikates in Treviso.

3. Msgr. G. MILANESE, Cenni biografici di Pio X. Treviso 1903.
Der Verfasser war Amtsgenosse Msgr. Sartos im Kanonikat zu Treviso. Er berichtet, was er selbst beobachtete und was er aus dem Munde Msgr. Sartos hörte.

4. Kardinal R. MERRY DEL VAL, Pio X : Impressioni e Ricordi. Padua 1949.
Dieses Buch bietet nur persönliche Erinnerungen des Staatssekretärs Pius' X.; der Verfasser erklärt, daß er nur Tatsachen berichtet, die er bezeugen kann [3]. — Kardinal Merry del Val gab viele der im Buch erwähnten Tatsachen bei seiner kanonischen Zeugenaussage im römischen Diözesanprozeß zu Protokoll [4].

[1] Msgr. A. MARCHESAN, Proc. Ord., S. 1178.
[2] DERS., ebd., SS. 1176-1274.
[3] Einleitung, S. 12. — Vgl. Deutsche Ausgabe von P. Leo Aicher O. S. B., Beuron: *Pius X., Erinnerungen und Eindrücke seines Staatssekretärs Kard. R. MERRY DEL VAL*. Thomas Morus Verlag, Basel 1951. Einleitung S. XIV.
[4] Diözesanprozeß von Rom, ff. 859-941.

III. CHRONOLOGISCHE DARSTELLUNG DES LEBENSLAUFES

(2. Juni 1835 bis 20. August 1914)

1835 –	2. Juni:	Geburt in Riese.
	3. Juni:	Taufe.
1845 –	1. September:	Firmung.
1847 –	6. April:	Erstkommunion.
1850 –	19. September:	Der junge Priesteramtskandidat erhält den Talar
	13. November:	Eintritt ins Priesterseminar von Padua.
1851 –	20. September:	Tonsur.
1855 –	22. Dezember:	Die zwei ersten niederen Weihen.
1857 –	6. Juni:	Die zwei übrigen niederen Weihen.
	19. September:	Subdiakonat.
1858 –	27. Februar:	Diakon.
	18. September:	Priesterweihe.
	29. November:	Kaplan in Tombolo.
1867 –	14. Juli:	Pfarrer von Salzano.
1875 –	28. November:	Domherr in Treviso.
1879 –	27. November:	Kapitelvikar.
1884 –	16. November:	Bischof von Mantua.
1893 –	12. Juni:	Kardinal.
	15. Juni:	Patriarch von Venedig.
1903 –	4. August:	Papstwahl.
	9. August:	Papstkrönung.
1908 –	18. September:	Priesterjubiläum.
1909 –	16. November:	Bischofsjubiläum.
1914 –	20. August:	Stirbt im Rufe der Heiligkeit.

IV. ELF JAHRE PONTIFIKAT

1903 –	4. Oktober:	Programmatische Enzyklika « E supremi apostolatus cathedra ».
	22. November:	Motu Proprio « Tra le sollecitudini » : Reform der Kirchenmusik.
	18. Dezember:	Motu Proprio « Fin dalla prima » : Neuordnung der « Azione Popolare Cristiana ».
1904 –	20. Januar:	Konstitution « Commissum Nobis » : Verurteilung des Vetos im Konklave.
	2. Februar:	Enzyklika « Ad diem illum », zum 50. Jahrestag der Definition des Dogmas von der Unbefleckten Empfängnis Mariä.
	11. Februar:	Brief : « Quum arcano » : Apostol. Visitation der Stadt Rom.
	7. März:	Dekret « Constat apud omnes » : Apostol. Visitation der italienischen Diözesen.
	12. März:	Enzyklika « Iucunda sane », zur Dreizehnjahrhundertfeier des hl. Gregors d. Gr.
	19. März:	Motu Proprio « Arduum sane munus » : Kodifizierung des Kanonischen Rechtes.
1905 –	1. März:	Brief an den Kardinal D. Svampa, Erzbischof von Bologna, « La lettera circolare » : Mißbilligung der « Democrazia Cristiana Autonoma ».
	15. April:	Enzyklika « Acerbo nimis » : Über den Religionsunterricht.
	14. Mai:	Brief « Acre nefariumque bellum » : Gegen die kirchenfeindlichen Gesetze der Republik Ecuador.
	11. Juni:	Enzyklika « Il fermo proposito » : Neugestaltung der Katholischen Aktion in Italien.
	20. Dezember:	Dekret « Sacra Tridentina Synodus », über die häufige und tägliche Kommunion.
1906 –	16. Januar:	Reform der italienischen Priesterseminarien.
	11. Februar:	Enzyklika « Vehementer » : Verurteilung der Trennung von Staat und Kirche in Frankreich.
	28. Juli:	Enzyklika « Pieni l'animo », über die Erziehung des jungen Klerus.

1906 –	10. August:	Enzyklika « Gravissimo officii munere » : Verurteilung der von der französischen Regierung erlassenen ungerechten Kultusgesetze.
	7. Dezember:	Dekret « Post editum » : Darreichung der heiligen Kommunion an Kranke, die nicht nüchtern sind.
1907 –	6. Januar:	Enzyklika : « Une fois encore » : Verurteilung der Kirchenverfolgung in Frankreich.
	3. Juli:	Dekret « Lamentabili sane exitu » : Verurteilung von 65 modernistischen Lehrsätzen.
	8. September:	Enzyklika « Pascendi dominici gregis » : Verurteilung des Modernismus.
1908 –	29. Juni:	Apostol. Konstitution « Sapienti consilio » : Reform der römischen Kurie.
	8. Juli:	Brief « Quidquid consilii » über die Vereinigung der orientalischen Kirchen.
	4. August:	Mahnwort an den Klerus der ganzen Welt « Haerent animo », anläßlich seines Priesterjubiläums.
	29. September:	Apostol. Konstitution « Promulgandi pontificias » : Gründung der Zeitschrift « Acta Apostolicae Sedis ».
1909 –	21. April:	Enzyklika « Communium rerum » zur Achtjahrhundertfeier des hl. Anselm von Aosta.
	7. Mai:	Enzyklika « Vinea electa » : Errichtung des Bibelinstitutes.
1910 –	26. Mai:	Enzyklika « Editae saepe » zur Dreijahrhundertfeier des hl. Karl Borromäus.
	8. August:	Dekret « Quam singulari Christus amore », über die Kinderkommunion.
	15. August:	Inauguration der Katholischen Sozialen Schule in Bergamo.
	25. August:	Brief « Notre charge » : Verurteilung der sozialen Grundsätze der von Marc Sangnier gegründeten Bewegung « Sillon ».
	26. Dezember:	Apostol. Brief an die orientalischen Bischöfe über die Vereinigung der Kirchen.

1911 –	24. Mai :	Enzyklika « Jamdudum in Lusitania » : Verurteilung der kirchenfeindlichen Gesetze in Portugal.
	1. November :	Apostol. Konstitution « Divino afflatu » über die Reform des Römischen Breviers.
1912 –	1. Januar :	Apostol. Konstitution « Etsi Nos » : Neuordnung des römischen Vikariates.
	24. September :	Enzyklika « Singulari quadam » über die Arbeitersyndikate in Deutschland.
1913 –	8. März :	Apostol. Brief « Universis Christifidelibus » : Sechzehnjahrhundertfeier Konstantins d. Gr.
1914 –	2. August :	Aufforderung « Dum Europa » an die Katholiken der ganzen Welt, die Beendigung des Krieges zu erflehen.

V. SELIG- UND HEILIGSPRECHUNGEN, die von Papst Pius X. vorgenommen wurden

Seligsprechungen

1904 –	29. August :	Kaspar von Bufalo, Römer, Gründer der Missionare vom Kostbaren Blut.
	8. September :	Johann Baptist Vianney, Pfarrer von Ars, Frankreich.
	23. Oktober :	Agatangelo von Vendôme und Kassian von Nantes, aus dem Kapuzinerorden, Martyrer in Abessinien.
	1. November :	Stefano Bellisini, Augustinereremit, Pfarrer von Genazzano (Rom).
		Markus Stephan von Köres, Kanonikus von Strigonia (Ungarn), Martyrer.
		Stephan Pongracz und Melchior Grodecz S. J., Martyrer von Kaschau (Ungarn).
1906 –	19. März :	Julie Billiart, Gründerin der Schwestern Unserer Lieben Frau, von Namur (Belgien).

15. April:	Acht Martyrer von Tonking: 1. Franz Gil von Federich. — 2. Matthäus Alonso Leziniana. — 3. Hyazinth Castañeda. — 4. Vinzenz Liem della Pace: Priester aus dem Predigerorden. — 5. Girolamo Hermosilla. — 6. Valentino Berio Ochoa: Bischöfe und Apostolische Vikare aus demselben Orden. — 7. Pietro Almeto: Missionspriester. — 8. Joseph Khang: Dominikanerterziar.
3. Mai:	Die Martyrinnen aus dem Karmeliterinnenkloster in Compiègne (Frankreich): 1. Thérèse de Saint Augustin. — 2. Marie Françoise de Saint Louis. — 3. Marie de Jésus Crucifié. — 4. Marie de la Résurrection. — 5. Euphrasine de l'Immaculé Conception. — 6. Gabrielle Henriette de Jésus. — 7. Thérèse du Très Saint Cœur de Marie. — 8. Marie-Gabrielle de Saint Ignace. — 9. Julie-Louise de Jésus. — 10. Marie-Henriette de la Providence. — 11. Marie du Saint-Esprit. — 12. Marie de Sainte Marthe. — 13. Stéphanie-Jeanne de Saint François-Xavier. — 14. Constance Meunier. — 15. und 16. Catherine und Thérèse Soiron, Schwestern.
1906 - 21. Mai:	Bonaventura von Barcelona, Laienbruder aus dem Franziskanerorden.
1908 - 22. Januar:	Maria Magdalena Postel, Gründerin des Instituts der christlichen Schulschwestern von der Barmherzigkeit.
31. Januar:	Magdalena Sophie Barat, Gründerin der Gesellschaft vom Heiligsten Herzen.
3. Mai:	Gabriele dell'Addolorata, Passionist.
1909 - 11. April:	Jeanne d'Arc.
11. April:	Jean Eudes, Gründer der Kongregation von Jesus und Maria.
11. April:	Annamitische und chinesische Martyrer: Annamiten: 1. Etienne Théodor Cuenot von der Société des Missions Etrangères de Paris, Apostol.

Vikar. — 2. Pierre-François Néron und Johann Theophan Vénard, aus derselben Gesellschaft. — 3. Paul Loc. — 4. Peter Luu. — 5. Johann Hoan. — 6. Peter Qui. — 7. Paul Tinh. — 8. Lorenz Huong. — 9. Peter Khanh. — 10. Matthäus Nguyen. — 11. Michael Ho Dinh Hy. — 12. Franziskus Trung. — 13. Peter Van. — 14. Joseph Le Dang Thi. — 15. Paul Hanh. — 16. Joseph Luu. — 17. Agnes Le Thi Thanh. — 18. Andreas Nam Thuong.

Chinesen : 1. Franziskus von Capillas aus dem Predigerorden, Erstmartyrer Chinas. — 2. Jean-Pierre Néel von der Société des Missions Etrangères de Paris. — 3. Girolamo Lou Tin Mey. — 4. Lorenz Quang. — 5. Joseph Tchang. — 6. Paul Tchen. — 7. Johann Baptist Lo. — 8. Martin Ou. — 9. Johann Tchang. — 10. Johann Tchen. — 11. Emanuel Phung. — 12. Joseph Tchang Ta Pong. — 13. Agatha Lin. — 14. Luzia Y. — 15. Martha Ouang.

Heiligsprechungen :

1904 –	11. Dezember :	Alessandro Sauli, Barnabit, Bischof von Aleria und später von Pavia.
	11. Dezember :	Gerhard Majella, Laienbruder aus dem Redemptoristenorden.
1909 –	20. Mai :	Joseph Oriol, Domherr von Barcelona.
	20. Mai :	Klemens Maria Hofbauer, aus dem Redemptoristenorden.

VI. BEGINN UND ENTWICKLUNG DER CAUSA
der Selig- und Heiligsprechung Pius' X.
(1923 - 1954)

1923 – 14. Februar:	Ernennung des Postulators der Causa.
1923 – 1931:	*Diözesan-Prozesse:*
	Rom (1923–1931)
	Venedig (1924–1930)
	Mantua (1924–1927)
	Treviso (1923–1926).
1943 – 12. Februar:	Dekret über die Einleitung der Causa.
1943 – 1946:	*Apostolische Prozesse:*
	Rom (1943–1946)
	Venedig (1944–1946)
	Mantua (1945–1946)
	Treviso (1944–1946).
1950 – 3. September:	Dekret über die Feststellung des heroischen Tugendgrades.
1951 – 11. Februar:	Dekret über die Anerkennung der zwei Wunder, die für den Seligsprechungsprozeß vorgelegt worden waren.
4. März:	Dekret « Tuto »[1].
3. Juni:	Feierliche Seligsprechung.
1954 – 29. Mai:	Feierliche Heiligsprechung.

---

[1] Es ist das Dekret, durch das der Heilige Vater erklärt, man könne mit Sicherheit an die Seligsprechung eines ehrwürdigen Dieners Gottes schreiten.

Ein Mann, ein Papst, ein Heiliger von solcher Erhabenheit findet nur schwer den Historiker, der seine ganze Persönlichkeit in ihren vielgestaltigen Aspekten zu erfassen vermag. Doch schon die einfache, nüchterne Aufzählung seiner Taten und seiner Tugenden genügt, um tiefe Bewunderung zu wecken.

Papst Pius XII.
am 3. Juni 1951.

1. Kapitel

BESCHEIDENES VORSPIEL
(2. Juni 1835 - 18. September 1858)

1. Geheiligter Quellgrund. — 2. In der Schule. — 3. « Ich will Priester werden ! » — 4. Die Gymnasialstudien. — 5. Bange Erwartung. — 6. Im Priesterseminar von Padua. — 7. Schweres Leid. — 8. Traurige Ferien. — 9. Giuseppe Sartos Ferien. — 10. Der Theologiestudent. — 11. Die Priesterweihe.

Geheiligter Quellgrund

In der Pfarrei Riese, einem kleinen Dorf in der Diözese Treviso [1], empfing am 3. Juni 1835 ein Kind in der heiligen Taufe den bedeutungsvollen Namen Giuseppe (Josef) ; ein Kind, das von Gott auf den höchsten Thron der Erde geführt werden sollte, um die Tiara der Nachfolger Petri aufs Haupt zu setzen.

Es war am Tage vorher den Eheleuten Giovanni Battista Sarto und Margherita Sanson geboren worden, zwei lauteren, ehrenhaften Menschen [2].

---

[1] Riese, das antike Castrum Retium, später Resium oder Rexium, führt seinen Ursprung vermutlich auf eine Niederlassung der Rätiker zurück, die zusammen mit den Vindelikern vom Norden her in die venezianische Tiefebene eindrangen und im Jahre 15 v. Chr. von Druso besiegt wurden.

972 wurde es dem Herrschaftsgebiet des Bischofs von Treviso einverleibt und ging nach verschiedenen Wechselfällen in den Besitz einer Familie über, die — wie viele andere Familien der Mark Treviso — allmählich zu Reichtum und Macht gelangt war und sich nach dem Ort « De Resio » nannte, später « Da Riese ». Diese Familie erlangte Berühmtheit, da im 12., 13. und 14. Jahrhundert bedeutende Männer aus ihr hervorgingen, die in der Regierung und im öffentlichen Leben eine Rolle spielten. (Msgr. MARCHESAN, Pio X., 1. Kap., SS. 1-20. Rom 1910.)

Der Ort steht durch ein Netz schöner Straßen mit Treviso, Montebelluna und dem alten Asolo, mit Castelfranco, Citadella und Vicenza in Verbindung.

[2] Geburts- und Taufschein des Heiligen : Proc. Ord. Trev., SS. 987-988.

Giovanni Battista Sarto war Postbote der Gemeinde und bezog den armseligen Lohn von 75 Centesimi pro Tag. Margherita übte das Schneiderhandwerk aus, das sie in ihrem Geburtsort Vedelago [1] erlernt hatte.

Außer einem armseligen Häuschen und ein paar mageren kleinen Feldern besaßen sie nichts als ihre Hände, mit deren Arbeit sie ihren bescheidenen Lebensunterhalt erwarben. Doch darüber hinaus war ein unschätzbarer Reichtum ihr eigen : ein schlichter und tiefer Glaube, den sie an die Kinder weitergaben, mit denen Gott ihren Bund segnete [2].

Es waren christliche Ehegatten vom alten Schlag, der Verantwortung bewußt, die ihre Aufgabe ihnen auferlegte. Tag für Tag erfüllten sie ihre Pflicht in schweigender Annahme des göttlichen Willens, waren mit dem Wenigen zufrieden und beneideten niemanden.

In der Schule

In dieser glaubensstarken Umwelt, wo der Morgen und der Abend alle zu gemeinsamem Gebet vereinte und das eindrucksvolle Beispiel der Eltern eine ständige Schule der Tugend war, wuchs Guiseppe auf, ein gesundes, lebhaftes Kind, wohlbehütet vor der Gefahr, auf Irrwege zu geraten.

[1] ANGELO PAROLIN, Ord. Trev., S. 962. — GIUSEPPINA PAROLIN SALVADORI, Ap. Trev., S. 362.

[2] MARIA SARTO, Ord. Rom., Folio 28 (im folgenden immer mit f. zitiert). — ANNA SARTO, ebd., f. 117-118. — LUCIA SARTO, Ord. Trev., SS. 403-404. — GIUSEPPINA PAROLIN, Ap. Trev., SS. 362-364.

Giovanni Battista Sarto und Margherita Sanson hatten zehn Kinder : Giuseppe, geboren am 29. Januar 1834, der nur sechs Tage lebte ; unser Heiliger, geboren am 2. Juni 1835 ; Angelo, geboren am 26. März 1837 ; Teresa, geboren am 26. Januar 1839; Rosa, geboren am 12. Februar 1841; Antonia, geboren am 26. Januar 1843 ; Maria, geboren am 26. April 1846; Lucia, geboren am 29. Mai 1848 ; Anna, geboren am 4. April 1850 ; Pietro Gaetano, geboren am 30. April 1852, gestorben im Alter von sechs Monaten. (Msgr. MARCHESAN, I. Kap., SS. 24-25.)

Der Knabe hatte eine gute Auffassungsgabe und lernte schnell lesen und schreiben. Bald durfte er als Ministrant beim heiligen Meßopfer dienen. Eifrig besuchte er Religionsunterricht und Christenlehre und tat sich dabei vor allen seinen Altersgenossen hervor [1].

In seinem sanften, nachdenklichen Blick spiegelte sich die Klarheit des Himmels ; sein offenes, heiteres Gesicht war überaus sympathisch ; seine Seele erschloß sich von frühester Kindheit an dem Göttlichen.

Seinem Pfarrer, Don Tito Fusarini, war er der liebste unter den Kindern des Dorfes [2]; er hatte ihn besonders wegen seiner außerordentlichen Schlagfertigkeit ins Herz geschlossen, die auch sein Lehrer und seine Mitschüler feststellten [3].

Eines Tages sagte der Pfarrer im Religionsunterricht : « Wer mir sagen kann, wo Gott ist, dem schenke ich einen Apfel. » Da stand der kleine Sarto auf und antwortete blitzschnell : « Und ich schenke Ihnen zwei, wenn Sie mir sagen können, wo Gott nicht ist. » Don Fusarini war sprachlos. Wenn er von da an mit seinen Pfarrkindern von dem Sohn des Postboten sprach, bemerkte er stets : « Der kleine Sarto ist erstaunlich intelligent. » [4]

Sein einziger Fehler war die Neigung zum Jähzorn. Doch seine Mutter war eine gute Erzieherin; und der Lehrer, Francesco Gecherle, sparte weder mit Mahnungen noch mit Rutenstreichen, die damals als wirksamstes Erziehungsmittel galten [5]. Vor allem aber rang er selber um Selbstbemeisterung : die impulsiven Regungen seiner überschäumenden Lebhaftigkeit wurden bald unter die

---

[1] G. GUIDOLIN, Ord. Trev., S. 849.
[2] MARIA SARTO, Ord. Rom., f. 30. — ANNA SARTO, ebd., f. 119. — LUCIA SARTO, Ord. Trev., SS. 404-406.
[3] G. GUIDOLIN, Ord. Trev., S. 849. — P. CUCCAROLLO, ebd., S. 938.
[4] Msgr. E. BACCHION, Ord. Trev., S. 505.
[5] ANNA SARTO, Ord. Rom., f. 118. — LUCIA SARTO, Ord. Trev., S. 404.

Herrschaft der Vernunft gestellt; kam dennoch eine Entgleisung vor, suchte er sie gewöhnlich durch eine demütige Entschuldigung oder ein herzliches Lächeln gutzumachen [1].

« Ich will Priester werden! »

Als der kleine Giuseppe die beiden Klassen der Volksschule absolviert hatte — mehr gab es damals nicht in Riese —, führte ihn der Kaplan, Don Luigi Orazio, in die Grundbegriffe der lateinischen Sprache ein. Der Pfarrer, Don Tito Fusarini, ein sehr würdiger Priester, bereitete ihn auf das Sakrament der Firmung vor. Giuseppe empfing es am 1. September 1845 in der alten Kathedrale von Asolo aus den Händen des Titularbischofs von Mindo, Msgr. Giovanni Battista Sartori-Canova [2].

Schon früh erwachte in dem Knaben die Neigung zum Priesterberuf; und sie wurde immer klarer, deutlicher, bestimmter.

Oft sprach er mit der Mutter über seinen Wunsch, Priester zu werden.

Die gute Margherita, die mit dem wunderbaren Einfühlungsvermögen einer christlichen Mutter im Herzen ihres Bepi [3] las, « wurde stolz bei dem Gedanken, einen priesterlichen Sohn zu haben, und es war ihr, als sähe sie ihn schon als Priester » [4].

[1] F. CARRARO, Ord. Trev., SS. 858-859.
[2] Firmungsurkunde des Heiligen : Proc. Ord. Trev., S. 1045. — Msgr. G. B. Sartori-Canova war ein Halbbruder des berühmten Bildhauers Antonio Canova (1757-1822). Leo XII. ernannte diesen gelehrten, tieffrommen Priester zum Titularbischof. Er weihte das berühmte Gotteshaus von Possagno in der Diözese Treviso, dessen Entwurf von seinem Bruder, dem Bildhauer, stammt. Im Jahre 1858 starb er. (Msgr. A. MARCHESAN, a. a. O., II. Kap., S. 33.)
[3] Mundartliche Form für Giuseppe.
[4] MARIA SARTO, Ord. Rom., f. 29. — ANNA SARTO, ebd., f. 119. — LUCIA SARTO, Ord. Trev., S. 405.

Anders Giovanni Battista Sarto.

Die Familie begann zu wachsen, die Schwierigkeiten wurden immer größer, die Einschränkungen immer drückender. Der Lohn von 75 Centesimi pro Tag blieb gleich, mochte man noch so viel rechnen ; und die kleinen Felder, deren Ernte fast jedes Jahr durch Trockenheit oder Hagel vermindert wurde, trugen wenig ein.

Und nun wollte sein Sohn Priester werden ? Der Vater hatte schon darauf gerechnet, daß er die Einnahmen verdoppeln und eine Stütze der Familie werden würde. Die Versuchung, nein zu sagen, war groß. Aber sein gläubiges Gemüt, seine Margherita und die eindringlichen Worte des Pfarrers besiegten bald seine Unentschlossenheit. So fügte er sich.

« Wenn Gott ihn will, soll er ihn nehmen ! »[1]

So durfte denn Giuseppe Sarto ins Gymnasium von Castelfranco Veneto eintreten, nachdem er am 22. August 1846 in Treviso die erforderliche Prüfung glänzend bestanden hatte[2].

Die Gymnasialstudien

Niemals wurde Giuseppe Sarto des Weges von Riese nach Castelfranco überdrüssig, denn er trug den brennenden Wunsch in sich, Wissen zu erwerben, das einem hohen Ideal dienen sollte.

Es waren immerhin vierzehn Kilometer, die er täglich zu Fuß zurücklegen mußte, sieben am Hinweg, sieben am Rückweg. Fröhlich und zufrieden schritt er dahin, ob dichter winterlicher Nebel über der Landschaft lag oder die drückende Hitze des Sommers ihn ermattete. So wurde seine Seele gestählt für ein Leben des Opfers

[1] Lucia Sarto, Ord. Trev., S. 406. — Msgr. L. Parolin, ebd., S. 566.
[2] Manuskript Nr. 1100 der Bibliothek des Seminars von Padua.

und ständiger Arbeit, wie er es später als Priester, als Bischof und als Papst führte [1].

Er war arm : das sah man seiner Kleidung an, die aus gewöhnlichem Stoff, von der Mutter zugeschnitten und genäht war ; das sah man an den Schuhen, die er oft auf der Schulter trug, um sie nicht zu schnell abzunützen ; das zeigte die Umhängetasche, die außer den Schulheften ein Stück Brot oder eine Scheibe Polenta ohne jede Beigabe barg, nicht genug, um seinen Hunger zu stillen, so daß er manchmal gezwungen war, seine Schulkameraden zu bitten, ihm etwas von ihrem Mundvorrat zu geben [2].

Er war arm, aber in den Studienerfolgen allen voran. Unter den Fleißigen war er der Fleißigste.

Der Graf Lauro Quirini erzählt im Gedenken an die Jahre, da Giuseppe Sarto in Castelfranco sein Mitschüler war :

« Ich war interner Schüler, Sarto besuchte die Schule als Externer. Ich erinnere mich noch sehr gut : er war ärmlich gekleidet und manchmal lugte aus seiner Tasche ein Stück Brot hervor, das sein Mittagessen bildete. Er war so gut ! Er war unendlich lieb zu allen, fröhlich, heiter, außerordentlich fleißig, immer der Beste der Klasse. » [3]

« Er war ein Engel an Güte », bezeugte ein anderer seiner Mitschüler, « ein Engel an Reinheit, und überaus eifrig im Studium. Er war immer in allem der Erste : im Betragen, in Fleiß, im italienischen und lateinischen Aufsatz und den andern Fächern. Im Umgang mit den

---

[1] Msgr. E. BACCHION, App. Trev., S. 90. — G. CAVICCIOLI, Ap. Mant., S. 208. — Msgr. V. BINI, ebd., S. 230. — Msgr. G. JEREMICH, Ap. Ven., S. 40. — Vgl. auch : MARIA SARTO, Ord. Rom., f. 29. — ANNA SARTO, ebd., f. 119. — G. GUIDOLIN, Ord. Trev., S. 850. — F. CARRARO, ebd., SS. 857-858. — P. CUCCAROLLO, ebd., S. 939.
[2] LUCIA SARTO, Ord. Trev., S. 404. — G. GUIDOLIN, ebd., S. 849. — A. PASTRO, ebd., S. 978.
[3] Msgr. A. MARCHESAN, a. a. O., II. Kap., S. 41.

Kameraden war er sehr sanft; die Professoren bewunderten ihn und konnten ihn gar nicht genug loben und der ganzen Klasse als Beispiel hinstellen: seine geistige Gewandtheit, seinen unermüdlichen Eifer im Studium und sein tadelloses Betragen. Er war die Freude der Priester von Riese. »[1]

*

Zwischen den Schulstunden am Vormittag und denen am Nachmittag hielt er sich bei der Familie des Steuereinnehmers Giovanni Battista Finazzi — eines Freundes des Postboten von Riese — auf.

Hier aß er das Wenige, das er von zu Hause mitgebracht hatte, und die gute Frau Finazzi trug noch etwas zu seiner Mahlzeit bei. Mußte der Knabe aus Rücksicht auf den Unterricht die ganze Woche in Castelfranco bleiben, errichtete sie auch ein Altärchen für ihn, denn sie wußte, daß es ihm Freude machte, die Meßzeremonien nachzuahmen, die er am Altar der Pfarrkirche sah[2].

Wenn er aus der Schule kam, verlor er keine Zeit: er studierte, half dem Vater, indem er ihm manche Besorgungen abnahm, leistete der Mutter Dienste, so viel er nur konnte, und seine Liebe zum Studium und zum Opfer ließ ihn noch Zeit finden, den Kindern einer wohlhabenden Familie des Dorfes Unterricht zu geben[3].

An schulfreien Tagen ging er mit einer Schar lebhafter Kinder seines Alters zum Heiligtum der Madonna von Cendròle, das unweit des Dorfes gelegen ist. Zu den Füßen der Gottesmutter kniend, betete er dort die Litaneien vor, sprach noch ein kurzes Gebet und richtete

---

[1] Msgr. A. Pellizari, Ord. Trev., S. 229.
[2] Maria Sarto, Ord. Rom., f. 30. — Msgr. G. B. Parolin, ebd., f. 616. — Vgl. auch: Msgr. A. Marchesan, a. a. O., II. Kap., SS. 41-42.
[3] Lucia Sarto, Ord. Trev., S. 404.

dann mit zündenden Worten Ermahnungen an seine
Gefährten, sie sollten das Böse meiden und in der heiligen
Furcht Gottes Fortschritte machen [1].

Die Kinder von Riese hörten ihrem Kameraden gern
zu, denn er war immer lustig, wußte immer ein gutes
Wort oder einen feinen Vorschlag ; und ihre Mütter
sprachen mit Bewunderung und Neid von ihm, weil sie
sahen, daß er jede Woche in tiefer Sammlung das Brot
des Lebens empfing, das ihm, dem damals noch nicht
Zwölfjährigen, am 6. April 1847 — dem dritten Tag der
Osteroktav — zum ersten Mal gereicht worden war [2].

Bange Erwartung

Im Jahre 1850 beendete er die vierte Gymnasialklasse
und stellte sich im Seminar von Treviso vor, um sich
dem Schlußexamen zu unterziehen. Unter den 43 externen Schülern war er der einzige, dem in allen Fächern
die Note « ausgezeichnet » zuerkannt wurde [3].

So konnte er guten Mutes die begonnenen Studien
fortsetzen und hoffen, dereinst in einer Pfarrei seiner Diözese dem Herrn als Priester dienen zu dürfen.

Alle Vorbedingungen waren gegeben. Aber was war
zu machen, wenn der arme Postbote von Riese, der sich
mit seiner zahlreichen Familie so kümmerlich durchschlug,
daß ihm die Sorgen das Herz zusammenkrampften, zunächst die Frage stellte, wie der Lebensunterhalt bestritten werden sollte ?

Eine Lösung der Frage schien unmöglich, auch wenn
man ihm gesagt hätte, daß sein Bepi eines Tages Papst
werden würde.

---

[1] ANNA SARTO, Ord. Rom., f. 146. — F. CARRARO, Ord. Trev.,
S. 858. — A. PASTRO, ebd., S. 978. — P. CUCCAROLLO, ebd., SS. 938-939.
[2] MARIA SARTO, Ord. Rom., f. 30.
[3] Msgr. A. PELLIZZARI, Ord. Trev., S. 230. — Vgl. auch Msgr.
A. MARCHESAN, a. a. O., II. Kap., SS. 47-48.

Sollte also die Berufung zum Priestertum verlorengehen?

Nein — sie sollte keimen wie das Weizenkörnlein, das man in die Furchen eines fruchtbaren Ackers wirft.

Die göttliche Vorsehung wachte über dem Kinde, das sie zu Großem ausersehen hatte.

*

Ein altes Testament gab dem Patriarchen von Venedig das Recht, einigen armen Priesteramtskandidaten der Diözese Treviso Freiplätze im Seminar von Padua zuzuweisen.

Patriarch von Venedig war damals Se. Eminenz Kardinal Jacopo Monico, der Sohn eines armen Schmiedes aus Riese.

Der Pfarrer, Don Tito Fusarini, hatte viel über den Fall seines armen Bepi nachgedacht und war nicht lange im Zweifel, was zu tun sei. Durch den Generalvikar von Treviso, Msgr. Casagrande, wendete er sich an den Patriarchen. Er empfahl ihm den jungen Sarto auf das wärmste und bat inständig, ihm einen Freiplatz im Seminar von Padua zu geben.

Während man auf die Antwort wartete, wurde im armseligen Haus des Giovanni Battista Sarto viel gebetet; am meisten aber betete Giuseppe, wußte er doch, daß seine ganze Zukunft auf dem Spiel stand. Ob sich seine Hoffnungen erfüllten oder nicht, hing völlig von der Antwort des Patriarchen ab.

*

Nach einem Monat, erfüllt von Bangen, Beten und heißem Wünschen, kam endlich die Antwort. Der Domherr Casagrande schrieb unter dem Datum des 28. August 1850 folgenden Brief an Giovanni Battista Sarto:

« Ich teile Ihnen mit, daß Se. Eminenz der Kardinal und Patriarch von Venedig die Güte hatte, Ihrem Sohn Giuseppe einen Freiplatz im Priesterseminar von Padua zuzuweisen und ihn dem besonderen Schutz des hochwürdigsten Bischofs zu empfehlen, der in liebenswürdigster Weise seine Zustimmung gab. » [1]

Giuseppe war überglücklich. Seine Freude steigerte sich noch, als er bald darauf — am 19. September — den Talar der Kleriker anlegen durfte.

Die gute Margherita war eine einfache, aber tieffromme Frau. Und als sie an diesem Tag den Abstand erwog, der nach ihrer Meinung nun ihren Bepi von seinen Geschwistern trennte, bestimmte sie, daß die andern ihn nicht mehr mit dem vertraulichen Du, sondern mit dem respektvollen « Ihr » ansprechen sollten [2]. Ausdruck eines Feingefühls, das ihr nicht anerzogen worden war, sondern das als Frucht einer echt christlichen Gesinnung anzusehen ist, jener Gesinnung, die die Grundlage ihres ganzen Lebens bildete und ihren Alltag heiligte.

Im Seminar von Padua

Dichter Nebel bedeckte das Land, als der künftige Papst Pius X. am 13. November des Jahres 1850 in das Priesterseminar von Padua eintrat [3].

[1] Msgr. A. MARCHESAN, a. a. O., III. Kap., S. 58.
[2] Ders., a. a. O.
[3] Das Seminar von Padua, das 1571 von dem gelehrten und frommen Bischof Nicolò Ormanetto gegründet worden war, verdankt seinen Ruf der unermüdlichen Arbeit des seligen Gregorio Barbarigo (1623-1697), der durch eine kluge Haus- und Studienordnung die Grundlage zu glänzenden Erfolgen in wissenschaftlicher und disziplinärer Hinsicht schuf. Er berief die tüchtigsten Professoren dorthin, richtete eine reichlich mit orientalischen, griechischen und lateinischen Typen versehene Druckerei ein, und legte eine umfangreiche Bibliothek an, die durch wertvolle Drucke und Manuskripte berühmt war. Aus diesem hervorragenden Seminar gingen stets Männer hervor, die in der Literatur, in der Wissenschaft und in der kirchlichen Hierarchie Großes leisteten. (Msgr. A. MARCHESAN, a. a. O., III. Kap., SS. 60-64.) — Vgl. den Brief

Große Intelligenz und außerordentlicher Studieneifer, dazu eine echte und männliche Güte eroberten ihm schnell die Achtung der Vorgesetzten und die Zuneigung der Professoren. Sein heiteres Wesen gewann im Fluge die Herzen der Studiengefährten; doch sie beneideten und bewunderten ihn auch [1].

« Ich fühle mich unter meinen Kameraden und Vorgesetzten wohl », schrieb der junge Seminarist einen Monat später an den Kaplan von Riese, Don Pietro Jacuzzi, den Nachfolger des Don Luigi Orazio [2].

Er fühlte sich wohl, weil er nun in die Umgebung versetzt war, wo seine Berufung zum Priestertum volle Entfaltung finden konnte.

Ein klarer Beweis dafür ist der glänzende Studienerfolg, der am Ende des ersten Schuljahres (1850-1851) folgendermaßen bezeugt wurde: « Disciplinae nemini secundus. Ingenii maximi. Memoriae summae. Spei maximae. » (In der Disziplin steht er niemandem nach. Überlegene Intelligenz. Ausgezeichnetes Gedächtnis. Berechtigt zu großen Hoffnungen.) [3] Solch hervorragende Zeugnisse erhielt er Jahr für Jahr, bis der Sohn des armen Postboten von Riese das Seminar verließ, nicht mehr als einfacher Seminarist, sondern als Priester Christi.

Am 20. September 1851 empfing er in der alten Kathedrale von Asolo aus den Händen seines Bischofs das erste Kennzeichen der Miliz Christi: die Tonsur [4].

---

des Heiligen vom 25. November 1850 an einen seiner Vettern in Venedig (Archiv G. Parolin von Riese).

[1] Zeugnis des Priesters G. Grespan, eines Mitschülers unseres Heiligen: Msgr. A. BACCHION, Ap. Trev., SS. 93-94. — Vgl. auch: Msgr. A. ROMANELLO, Ord. Trev., S. 30. — Msgr. A. PELLIZZARI, ebd., S. 231. — Msgr. F. ZANOTTO, Ord. Rom., S. 167. — MARIA SARTO, ebd., S. 38.
[2] Msgr. A. MARCHESAN, a. a. O., III. Kap., S. 65.
[3] Ders., ebd.
[4] MARIA SARTO, Ord. Rom., f. 38-39.

Schweres Leid

Doch das zweite Jahr im Priesterseminar, das so verheißungsvoll begonnen hatte, wurde durch ein Ereignis getrübt, das für den jungen Theologen überaus schmerzlich war: den Tod des Vaters.

Der Postbote von Riese hatte sich Ende April 1852 erkältet, mußte das Bett hüten und starb nach wenigen Tagen.

Giuseppe Sarto scheint eine Vorahnung davon gehabt zu haben. Seine Schwestern erzählen, er habe in diesen Tagen den Rektor des Seminars aufgesucht und ihn mit Tränen in den Augen gebeten, nach Hause gehen zu dürfen.

« Warum ? »

« Weil mein Vater schwer krank ist. »

So war es auch; doch niemand hatte ihn davon verständigt [1].

Der Tod des Giovanni Battista Sarto traf die arme Margherita, die mit acht Kindern zurückblieb, schwer. Doch ihr tiefer Glaube gab ihr die Kraft, die Prüfung mutig und mit christlicher Ergebung zu ertragen.

Auch für Giuseppe war der Todesfall ein schwerer Schlag. Zum Gedanken an das Studium gesellte sich nun die schwere Sorge um die Mutter, die allein, ohne jede Stütze, Leiden, Not und Entbehrungen zu erwarten hatte.

Doch er ließ sich nicht verwirren. Er nahm das Leid aus den Händen Gottes an. Einem Onkel väterlicherseits, der ihn fragte, ob er nicht die bescheidene Anstellung seines Vaters als Postbote von Riese übernehmen wolle, um der Mutter zu helfen, antwortete er entschieden:

« Nein, ich werde Priester. » [2]

---

[1] Msgr. G. B. Rosa, Ord. Rom., f. 951.
[2] Maria Sarto, Ord. Rom., f. 39. — Anna Sarto, ebd., f. 120.

Und er setzte seine Studien fort und heiligte sie durch ein gottverbundenes Leben. Am Ende des Schuljahres erhielt er die gewohnte Note: « Mit höchster Auszeichnung. »[1]

Doch die glänzenden Studienerfolge machten ihn nicht stolz. Er blieb immer demütig und bescheiden, fügte sich bereitwillig den Disziplinarvorschriften und allen Anordnungen der Vorgesetzten, deren Ansehen und Autorität er bei seinen Kameraden zähe verteidigte[2]. Er war vorbildlich für alle Seminaristen[3].

Traurige Ferien

Beim Abschluß des zweiten Philosophiejahres nahm er den ersten Rang unter 39 Alumnen ein. Doch es lagen traurige Ferien vor ihm: zwei Priester, die seinem Herzen sehr nahestanden, Don Tito Fusarini und Don Pietro Jacuzzi, weilten nicht mehr in Riese.

Don Fusarini, den er als zweiten Vater betrachtete, mußte wegen seiner schwachen Gesundheit auf die Pfarrei Riese verzichten und sich nach Venedig zurückziehen. Don Jacuzzi, der ihm in seiner Armut hatte Unterstützung angedeihen lassen, wurde zum großen Bedauern der Bevölkerung als Vikar nach Vascon versetzt, einem kleinen Flecken in der Nähe von Treviso.

Als Giuseppe Sarto in den Herbstferien nach Hause kam, empfand er diesen Verlust doppelt schmerzlich. Riese ohne Don Tito und Don Pietro war nicht mehr Riese.

[1] Msgr. A. MARCHESAN, a. a. O., III. Kap., S. 71.
[2] Ders., ebd., SS. 75-76.
[3] Zeugnis S. Exz. Msgr. P. Zamburlini, Erzbischof von Udine, und des Domherrn von Padua, Msgr. A. Gazzetta, zwei ehemaligen Mitschülern des Heiligen: Msgr. G. JEREMICH, Ap. Ven., S. 40. — Vgl. auch: Msgr. A. ROMANELLO, Ord. Trev., S. 30. — Msgr. A. PELLIZZARI, ebd., S. 231. — Msgr. F. ZANOTTO, Ord. Rom., f. 165-167.

Der neue Pfarrer war wegen seines reizbaren Wesens und seiner oft recht sonderbaren Methoden bei den Leuten im Dorfe nicht beliebt.

Wie sehr Giuseppe unter diesen Verhältnissen litt, ersehen wir aus einem Brief, den er am 9. September 1854 an Don Jacuzzi schrieb:

« Es ist bitter, im Elend an glückliche Zeiten zurückzudenken; doch als ich neulich Ihren lieben Brief las, machte es mir doch Freude, mich der schönen Tage zu erinnern, die ich in Ihrer Gesellschaft verlebt habe.

Jetzt ist alles dahin. Das Pfarrhaus liegt einsam da und die darin wohnen, haben keine Zeit für freundschaftlichen Verkehr, sondern ziehen es vor, alle Tage Ausflüge zu machen. So lebe ich ganz abgesondert von allen, bin fast immer zu Hause und ersehne den Augenblick, wo ich ins Seminar zurückkehren kann, um ruhigere Tage zu haben. »[1]

Bevor er ins Seminar zurückkehrte, willfahrte er dem Verlangen des neuen Pfarrers und hielt seine erste Ansprache: die Predigt am Allerseelentage, die tiefen Eindruck auf seine Hörer machte[2].

Giuseppe Sartos Ferien

In den drei Sommermonaten, die die Seminaristen bei ihren Angehörigen zu verbringen pflegen, konnte man an seinem Verhalten stets erkennen, wie hoch er die Berufung zum Priestertum schätzte. Man fand ihn entweder zu Hause oder in der Kirche[3].

Er studierte, betete, beschäftigte sich mit Kirchenmusik und suchte zuweilen Erholung auf einem Spaziergang durch die friedlich-stillen Felder.

Manchmal verbrachte er den Abend im Hause seiner Schwester Teresa und seines Schwagers Giovanni Bat-

---

[1] Msgr. A. MARCHESAN, a. a. O., IV. Kap., SS. 88-89.
[2] Ders., ebd., S. 89.
[3] MARIA SARTO, Ord. Rom., f. 30. — ANNA SARTO, ebd., f. 120.

tista Parolin, die das kleine Gasthaus « Due Spade » (Zwei Schwerter) führten. Hin und wieder, aber recht selten, begab er sich zusammen mit dem Pfarrer und dem Kaplan in die Villa der Comtesse Marina Loredan-Gradenigo, einer geistreichen Greisin, die Hofdame bei Napoleon I. gewesen war [1].

Doch wenn die Ferien zu Ende gingen, war er recht bedrückt; der Gedanke an seine Armut quälte ihn.

Wohl schickte ihm Don Jacuzzi ein paar « Fiorini » zur Befriedigung der dringendsten Bedürfnisse [2]. Doch das genügte nicht. So klopfte er vor seiner Rückkehr ins Seminar verlegen und errötend an die Türen der guten Leute von Riese, um ein wenig Geld zu erbitten, das ihm zur Bestreitung seiner Auslagen dienen sollte; es handelte sich dabei ohnehin nur um die Bücher, die er zum Studium brauchte [3].

Die Dorfgenossen waren freigebig gegen ihn, denn sie wußten, daß er von der Heiligkeit seines künftigen Berufes tief durchdrungen war. Und über seinem Wesen lag der unnachahmliche Zauber, den nur jene besitzen, die der göttliche Meister bei der Bergpredigt selig gepriesen hat: « Selig, die reinen Herzens sind! » [4]

Wußten nicht alle, daß man von seinen Lippen nie ein Wort vernahm, welches nicht ganz maßvoll, rein und heilig gewesen wäre? Und nicht nur im Verkehr mit Fremden, auch gegenüber den nächsten Angehörigen bewahrte er stets größte Zurückhaltung [5].

---

[1] GIUSEPPINA PAROLIN, Ap. Trev., S. 372. — Vgl. auch: Msgr. A. MARCHESAN, a. a. O., IV. Kap., SS. 78-79.

[2] Msgr. A. MARCHESAN, a. a. O., III. Kap., SS. 72-73. — Der « Fiorino » war eine österreichische Münze, die 2 Lire 53 galt. Venetien stand in jener Zeit bekanntlich unter österreichischer Herrschaft.

[3] Msgr. G. PESCHINI, Ord. Rom., f. 288.

[4] Matth. 5, 8.

[5] ANNA SARTO, Ord. Rom., f. 153. — F. CARRARO, Ord. Trev., S. 856. — Msgr. A. PELLIZZARI, ebd., S. 299. — Msgr. P. SETTIN, ebd., S. 1073.

Als das Schuljahr zu Ende ging und Giuseppe zu den Herbstferien nach Hause kommen sollte, bat Margherita Sarto ihren Schwiegersohn Giovanni Battista Parolin, er möge ihren Sohn in Padua mit seiner « Timonella » abholen [1].

Der gute Mann war gern dazu bereit und nahm seine junge Frau mit. Doch dem Seminaristen gefiel die Sache nicht. Unter dem Vorwand, er wolle sich ein wenig in der Stadt umsehen, ging er zu Fuß und nötigte den Schwager, ihm in einem größeren Abstand zu folgen. Erst als man sich außerhalb der Stadt befand, stieg er in die « Timonella » ein, verließ sie aber jedesmal, wenn man sich einem der vielen Dörfer näherte, die zwischen Padua und Riese liegen. Natürlich war dies sowohl für ihn als auch für seinen Schwager und seine Schwester höchst unbequem [2].

Zu Hause angelangt, erzählte er der Mutter, wie die Reise verlaufen war und bat sie, wenn sie ihn wieder einmal im Seminar abholen ließe, solle sie dafür sorgen, daß keine Frauen mitkämen.

« Aber Teresa ist doch deine Schwester ! » rief die Mutter aus.

« Gewiß, sie ist meine Schwester ; doch das wissen wir und die Verwandten, nicht aber die Fremden. » [3]

Eine Antwort, die zeigt, welche Bedeutung er dem guten Ruf eines künftigen Priesters beimaß.

---

[1] Die Timonella ist ein kleiner, offener Wagen mit vier ziemlich hohen Rädern. In ländlichen Gegenden Venetiens wird er viel gebraucht.

[2] Jedes Mal, wenn die gute Teresa Parolin-Sarto diese Begebenheit erzählte, fügte sie hinzu : « Heilige Jungfrau, das war damals eine Fahrt ! Wenn ich das gewußt hätte, wäre ich niemals nach Padua gefahren ! » (VITTORIA GOTTARDI-PAROLIN, Ap. Trev., SS. 676-677.)

[3] A. PAROLIN, Ap. Trev., SS. 228-229. — Msgr. G. B. PAROLIN, Ord. Rom., f. 716-717.

Die Mutter des Heiligen

Der Theologiestudent

Im November 1854 begann Giuseppe Sarto mit dem Studium der Theologie, dem die Sehnsucht jedes Priesteramtskandidaten gilt [1]. Mit welch heiliger Ungeduld hatte er diesen Tag erwartet! Die ganze Zeit des Philosophiestudiums hatte er einzig und allein als Vorbereitung auf die «göttliche Wissenschaft» betrachtet, die der Priester an die Menschen weitergeben soll.

Doch weit mehr als dieses Motiv, das allenfalls hätte Regungen des Stolzes wecken können, war es der brennende Wunsch, Gott besser kennen zu lernen und mehr zu lieben, der Giuseppe Sarto veranlaßte, sich mit der ganzen Glut seiner Seele dem Studium der heiligen Theologie zu widmen; fühlte er sich doch tiefinnerlich gedrängt, mit allen seinen Kräften nach dem zu streben,

---

[1] Msgr. A. MARCHESAN, a. a. O., IV. Kap., S. 89. — Als Giuseppe Sarto die Gymnasialstudien beendet hatte, bat der Rektor des Seminars von Padua in einem vom 10. November datierten Brief den Bischof von Treviso, er möge dem jungen Seminaristen von Riese «im Hinblick auf seine ausgezeichneten Fortschritte im Studium, und um seinem sehnlichsten Wunsche zu entsprechen, sich in besonderer Weise dem Studium der orientalischen Sprachen zu widmen», gestatten, daß er seine theologischen Studien an der Königlichen Universität absolviere, wo diese Sprachen gelehrt wurden. (Vgl. Ms. Nr. 1100 der Bibliothek des Priesterseminars von Padua.)

Es wäre interessant, nachzuforschen, warum der Seminarist Sarto so sehr danach verlangte, die orientalischen Sprachen zu erlernen. Es ist anzunehmen, daß er den Wunsch hatte, sich dem Studium der Originaltexte der Heiligen Schrift zu widmen. Er wußte zweifellos, daß der selige Gregorio Barbarigo im Jahre 1671 in seinem Reglement für das Priesterseminar das Studium der hebräischen, syrischen und kaldäischen Sprache vorgeschrieben hatte, damit der Alumne «ipsa Sanctae Scripturae verba perquam integra interpretetur». (Vgl. Institutiones ad universum Seminarii Patavini regimen pertinentes, c. XIII, p. 100, Patavii 1795.) Auf jeden Fall ist es bezeichnend, daß der künftige Pius X. fünfundfünfzig Jahre bevor er das berühmte Bibelinstitut in Rom gründete (1909), in dem das Studium der orientalischen Sprachen eine große Rolle spielt, schon die Bedeutung des Studiums der Heiligen Schrift in den Sprachen, in denen Gott sie inspiriert hat, erkannte.

was vor ihm lag, dem Siegespreis seiner Berufung in
Christus Jesus [1].

Daher kam es, daß die Oberen, die seine Entwicklung
aufmerksam verfolgten, einen ganz neuen Eifer für das
Studium und eine noch tiefere Frömmigkeit an ihm wahrnahmen. Der Rektor des Priesterseminars konnte dem
Bischof von Treviso, der vertrauliche Auskunft über den
Kleriker Sarto verlangt hatte, unter dem Datum des
28. Juli 1855 schreiben: «Sarto ist ein wahrer Engel und
der weitaus beste Schüler.» [2]

Zum Zeichen für die Achtung, die ihm seine Vorgesetzten entgegenbrachten, kamen sie seinem Wunsch nach
Sammlung und Gebet entgegen, indem sie ihm zu Beginn des dritten Jahrgangs der Theologie (1856-1857) ein
eigenes Zimmerchen anwiesen und ihm gestatteten, Spaziergänge mit einem seiner Studiengenossen zu unternehmen, der ihm sehr nahe stand; es war der Kleriker
Pietro Zamburlini, der künftige Erzbischof von Udine.

Wie dankbar Giuseppe für dieses Entgegenkommen
der Vorgesetzten war, geht aus einem Briefe hervor, den
er an Don Pietro Jacuzzi schrieb:

«Nun bin ich seit sechs Jahren im Seminar und habe mich immer
wohlgefühlt. Doch dieses Schuljahr wird, wie ich hoffe, noch schöner
werden. Die guten Vorgesetzten gewähren mir nach vierjähriger Tätigkeit als Präfekt auf meine Bitte hin größere Ruhe, doch *pede libero*. Man
hat mir ein Zimmerchen angewiesen, wo ich nichts höre als die Glocke
und die Uhr. *Quid melius?* Spazierengehen werde ich nicht mehr in
der langen Reihe, die alle melancholisch stimmt, die sie sehen, und mehr
noch jene, die dazu gehören, sondern mit einem Schulkameraden, meinem
Freund. Kurzum, ich wüßte nicht, was ich mir Schöneres wünschen
könnte. In aller Ruhe warte ich auf Aufträge und beginne so, mich
allmählich auf meine Tätigkeit als Kaplan vorzubereiten... Die Vorgesetzten nennen mich den «Pensionisten» — dazu haben sie allen Grund.
Und wenn sie mir kleine Aufträge geben, führe ich sie gerne aus, um
mich für eine so große Güte dankbar zu erweisen.» [3]

[1] Vgl. Phil. 3, 13-14.
[2] Archiv der Rektoren des Seminars von Padua. Mappe: Convittori II.
[3] Msgr. A. MARCHESAN, a.a.O., IV. Kap., S. 94.

Die «kleinen Aufträge» ließen nicht auf sich warten, denn die Vorgesetzten, die seine Liebe zur Musik kannten, vertrauten ihm im letzten Jahr des Theologiestudiums die Leitung des Kirchengesangs der Seminaristen an [1].

Die Priesterweihe

Schon im November 1856 hatte der künftige Papst Pius X. die beiden ersten der niederen Weihen empfangen; am 6. Juni 1857 wurden ihm die beiden andern gespendet [2].

Zwei denkwürdige Daten seines Lebens waren der 19. September 1857, an dem er Subdiakon wurde, und der 27. Februar 1858, der ihm die Diakonatsweihe brachte [3].

Es war die erste Etappe eines weiten Weges; nun fehlte nur noch die Priesterweihe, der seine tiefste Sehnsucht galt. Am Morgen des 18. Septembers 1858 wurde ihm von Bischof Antonio Farina im Dom zu Castelfranco das Weihesakrament gespendet [4].

In tiefem Glaubensgeist und überströmender Freude wohnte Mutter Margherita mit allen ihren Kindern dem feierlichen Akt bei [5].

Am folgenden Tag sah sie ihren Giuseppe in der Pfarrkirche von Riese an jenem Altare feierlich das heilige Meßopfer darbringen, vor dem sie so oft davon geträumt und darauf gehofft hatte, ihn als Priester zu sehen.

Der große Tag war da — der Traum hatte Verwirklichung gefunden — die Hoffnung war erfüllt. Grund

---

[1] Ders., ebd., S. 88.
[2] Ders., ebd., S. 94.
[3] Msgr. A. MARCHESAN, a. a. O., IV. Kap., SS. 94 u. 96.
[4] MARIA SARTO, Ord. Rom., f. 39. — Msgr. A. PELLIZZARI, der gleichzeitig mit dem Heiligen die Priesterweihe empfing, Ord. Trev., S. 231.
[5] MARIA SARTO, Ord. Rom., f. 39.

genug, der Güte des Herrn dankzusagen. Doch was hätte die gute Frau gesagt, was die Leute, die sie umgaben und an ihrer Freude teilnahmen, sie aber auch beneideten —, von welchem Staunen wären sie ergriffen worden, wenn sie es vermocht hätten, in die Zukunft zu schauen! Derselbe Neupriester, der heute in ihrem Dörflein Primiz feierte und dem die Engel zujubelten: « Tu es sacerdos in aeternum »[1], sollte dereinst die Huldigung der Engel empfangen, die am Grabe des Apostelfürsten wachen: « Tu es Petrus ... »[2]. War doch der Sohn des armen Postboten zu einer Würde ausersehen, die nicht menschlich, sondern göttlich ist; und das unbekannte und armselige Riese sollte durch ihn Weltruf erlangen!

An diesem unvergeßlichen Tag begann Don Giuseppe Sarto ein neues Leben: das Leben des Gottesmannes, der sich für die Seelen opfert und mit Gott verbunden ist wie der fromme Bauer mit der Scholle, die ihm das tägliche Brot gibt.

Doch von seiner erhabenen Bestimmung wußte er nichts.

---

[1] Ps. 109, 4: « Du bist Priester auf ewig. »
[2] Matth. 16, 18: « Du bist Petrus. »

2. Kapitel

DER KAPLAN VON TOMBOLO
(29. November 1858 - 13. Juli 1867)

1. Das « Perpetuum mobile ». — 2. Die ersten Predigten. — 3. Die Bürde der Pfarrei. — 4. Sein Zartgefühl gegenüber dem kranken Pfarrer. — 5. Wertvolle Neuerungen. — 6. Der « Kaplan der Kapläne ». — 7. Unerschöpfliche Nächstenliebe. — 8. « Haben Sie Mais ? » — 9. Ein Sack voll Maiskolben. — 10. Heilige Freude. — 11. Eine neue Vertonung des « Credo ». — 12. Eine Festpredigt und die Ernennung zum Pfarrer.

Das « Perpetuum mobile »

« Mutter, ich bin zum Kaplan von Tombolo bestimmt worden. Das Dorf gefällt mir nicht, es herrscht dort kein sehr guter Geist. Aber ich muß dennoch gehorchen und werde hingehen. » [1]

So sagte Don Giuseppe Sarto eines Abends im Spätherbst 1858 zu der guten Margherita Sarto, als er eben erfahren hatte, daß er von seinem Bischof zum Kaplan in Tombolo ernannt worden war. Tombolo war ein Dorf, das überwiegend von Viehhändlern und Maklern bewohnt wurde. Es waren schlaue, geldgierige Leute, durch ein mühevolles Leben hart geworden, von rauhen Sitten, gewöhnt, ihre Freizeit auf den Plätzen und in den Wirtshäusern zu verbringen und — was schlimmer war — bei jeder Gelegenheit zu fluchen ; allerdings mehr aus Unwissenheit als aus schlechter Absicht.

Es war also ein Feld zum Urbarmachen, wie es sich ein Apostel Gottes nur wünschen konnte, der, wie unser

---

[1] MARIA SARTO, Ord. Rom., f. 40. — Tombolo ist ein Dorf, das vier Kilometer von Cittadella entfernt an der Straße Vicenza — Castelfranco Veneto liegt.

junger Kaplan, bereit war, jede Mühe auf sich zu nehmen. Wußte er doch, daß « das Leben des Priesters ein Opferleben ist » und daß die Priesterweihe für ihn den « Beginn des Kreuzweges » bedeutete, wie er später einem Neupriester schrieb, dem er herzlich zugetan war [1].

*

Am 29. November 1858, [2] dem Vigiltag des Festes des heiligen Apostels Andreas, der Kirchenpatron von Tombolo war, traf Don Sarto an seiner neuen Wirkungsstätte ein.

Die seine Ankunft sahen, erinnern sich noch an seine armseligen Kleider, die Schuhe mit Holzsohlen und den fadenscheinigen Mantel, dessen bloßer Anblick Mitleid erregte [3].

Er war arm, doch er hatte ein klares und bestimmtes Programm: das Heil der Seelen um jeden Preis.

Der Pfarrer, Don Antonio Costantini — ein Priester von ungewöhnlicher Intelligenz und großer Erfahrung in Bezug auf das Landleben [4] — empfing ihn mit offenen

---

[1] Der Brief, der an einen gewissen Don Pio Antonelli von San Martino di Lupari gerichtet ist, wurde am 18. September 1873 geschrieben, als der Heilige Pfarrer von Salzano war. Er spiegelt die Gesinnung wieder, von der Don Giuseppe Sarto bei der Priesterweihe beseelt war. Nach dem Satz, den wir oben anführten, heißt es weiter: « Wir leben leider in Zeiten, in denen der Priester nur Mißachtung, Haß und Verfolgung zu erwarten hat. Doch wir können uns darüber trösten, denn gerade daraus erwächst uns eine Kraft und Stärke, die alle erschreckt, denen das Geheimnis nicht bekannt ist, und die Dich selbst in Erstaunen versetzen wird, der Du darüber verfügst. » (Msgr. A. Marchesan, VI. Kap., S. 165.)

[2] S. Pilotto, Ord. Trev., S. 174.

[3] Ders., ebd., S. 174-175. — A. Rinaldi, ebd., S. 189-190. — Lucia Pontarollo, ebd., S. 218. — L. Andretta, ebd., S. 718. — G. Pilotto, ebd., S. 743.

[4] Wir führen das Zeugnis an, das dieser außerordentlich würdige Priester am 23. März 1857 gelegentlich seiner Bewerbung um die Pfarrei Tombolo dem Bischöflichen Ordinariat von Treviso vorlegte.

« Ich bestätige », so schrieb der Pfarrer von Canale d'Agordo, wo Don Costantini damals Kaplan war, « daß der Priester Don Antonio

Armen, denn er wußte, daß der neue Kaplan mit dem mageren Gesicht und den lebhaften, tiefen Augen aus dem Volke kam, und es war ihm schon bekannt, daß er mutig genug war, das harte Leben der Armut und des Opfers auf sich zu nehmen.

Schon nach wenigen Tagen verstanden sich Kaplan und Pfarrer ausgezeichnet, waren von gegenseitiger Achtung und herzlicher Zuneigung beseelt. Sie hatten die gleiche Gesinnung, das gleiche Streben, die gleichen Anschauungen, die gleichen Vorsätze: sie waren ein Herz und eine Seele [1].

*

Nachdem Don Sarto Weisungen und wertvolle Instruktionen erhalten hatte, ging er sofort in seiner heiteren und liebenswürdigen Weise an die Arbeit, ohne zu fragen, ob sie undankbar, ermüdend und schwierig sei.

Am Morgen erhob er sich sehr früh, und um den Sakristan nicht zu stören, öffnete er oft selber die Kirche [2].

Er betete, machte seine Betrachtung. Dann schritt er zum Altare und feierte mit stets wachsender Freude das heilige Meßopfer. Er tat es in so tiefer Sammlung, als habe er die Erde vergessen. Ein Mann aus dem Dorfe sagte einmal in seiner schlichten Gläubigkeit: « Mir schien es, als sähe ich Christus selber am Altare. » [3]

Dann war er den ganzen Tag unterwegs, bereit, überallhin zu eilen, wohin die Pflicht ihn rief. In seiner Frei-

---

Costantini, Kaplan in dieser Pfarrei, sich mit Liebe und unermüdlichem Eifer für das Wohl der Seelen einsetzt; daß er sich durch eine tadellose und überaus würdige Lebensführung als auf der Höhe seines Standes befindlich erweist; daß er das Predigtamt stets zur allgemeinen Zufriedenheit und in segensreicher Weise ausübt. » (Msgr. A. MARCHESAN, a. a. O., V. Kap., S. 107.)

[1] G. BEGHETTO, Ord. Trev., S. 166.
[2] MARIA SARTO, Ord. Rom., f. 42. — ANNA SARTO, a. a. O., f. 121. — S. PILOTTO, Ord. Trev., S. 180. — G. BEGHETTO, a. a. O., S. 166.
[3] S. PILOTTO, Ord. Trev., S. 181. — V. CECCATO, a. a. O., S. 213. — LUCIA SARTO, a. a. O., S. 417. — L. ANDRETTA, a. a. O., S. 722.

zeit beschäftigte er sich besonders mit dem Studium der Heiligen Schrift, der Kirchenväter, der Summa des heiligen Thomas und des Kanonischen Rechtes [1]. Er kannte keine Rast und keine Ruhe. Niemals hörte man eine Weigerung von ihm, auch dann nicht, wenn er mit vollem Recht hätte nein sagen können.

Kein Augenblick wurde vergeudet ; er war stets tätig, niemals müde [2].

« Er war mager wie ein Stecken, aber er war das 'Perpetuum mobile'; niemals gönnte er sich Ruhe », erzählte die Nichte des Pfarrers [3].

In den ruhigeren Zeiten des Tages, besonders am Abend, sahen die Leute von Tombolo den sonst unermüdlich Tätigen oft in der Kirche, ins Gebet versenkt [4]. Nachts studierte er, schrieb Predigten, bereitete sich auf die Erklärung des Evangeliums, des Katechismus oder auf die Christenlehre vor [5].

« Wenn ich im Winter am Morgen im Stockdunkeln aufstand », so erzählte die bereits erwähnte Nichte des

---

[1] Schon als Seminarist legte sich der Heilige « eine kleine Sammlung von Texten der Kirchenväter an, deren Studium ihm neben dem der Heiligen Schrift besonders am Herzen lag ». Msgr. A. MARCHESAN, a. a. O., IV. Kap., S. 9.
Doch wir wissen, daß er sich auch intensiv mit der Summa des hl. Thomas von Aquin und dem Kirchenrecht beschäftigte.
Msgr. G. JEREMICH, Rektor des Patriarchalischen Priesterseminars von Venedig, berichtet : « Der Kardinal erzählte uns Klerikern oft und gern von den neun Jahren, die er in Tombolo verbracht hatte. Er sagte, dort habe er Zeit und Gelegenheit gehabt, sich in die Summa des hl. Thomas zu vertiefen und sich mit den Dekretalien von Grazian bekanntzumachen. Bei diesem Studium war er von dem Wunsche geleitet, in seinen Predigten die nüchterne Wahrheit zu bieten und nicht hochtönende Worte, aber auch von seiner Vorliebe für die Jurisprudenz, die einen klaren Blick im Leben gibt. » (Mem. mss. : Postulationsarchiv.)
[2] LUCIA SARTO, Ord. Trev., S. 407-408. — L. ANDRETTA, a. a. O., S. 721.
[3] Vgl. Msgr. A. MARCHESAN, 5. Kap., S. 113.
[4] S. PILOTTO, Ord. Trev., S. 181. — V. CECCATO, a. a. O., S. 213. — LUCIA SARTO, a. a. O., S. 417. — L. ANDRETTA, a. a. O., S. 722.
[5] G. PILOTTO, Ord. Trev., S. 750. — Zeugnis der Rosa Sarto, einer Schwester des Heiligen : GIUSEPPINA PAROLIN, Ap. Trev., S. 374.

Pfarrers Don Costantini, « sah ich das Fenster seines Zimmerchens oft schon erleuchtet. 'Heute nacht haben Sie wohl vergessen, das Licht auszulöschen?' fragte ich ihn, als er zum Frühstück ins Pfarrhaus kam. 'O nein, nein', antwortete er, 'ich hatte zu studieren.' — 'Aber wann schlafen Sie denn?' — 'O, mir genügt ein kurzes Schläfchen', sagte er lächelnd. »[1]

Der Kaplan von Galliera, Don Carminati, mit dem er eng befreundet war, sagte eines Tages zu ihm: « Sag mir die Wahrheit: wieviele Stunden Ruhe brauchst du eigentlich, um sagen zu können, du habest genügend geschlafen? » — « Vier Stunden », lautete die Antwort. — « Du Glücklicher! » rief der Freund aus, « du kannst leben, wenn wir andern todmüde sind. »[2]

Der junge Kaplan schlief wenig, weil ihm das Heil der Seelen so sehr am Herzen lag und er sich als Arbeiter Gottes in des Wortes vollster Bedeutung betrachtete.

Die ersten Predigten

Don Sarto hatte eine natürliche Beredsamkeit, die überzeugte; seine Gedanken waren klar und geordnet, die Gesten ausdrucksvoll, die Stimme warm und wohlklingend.

Er predigte mit einer Glut, die tiefen Eindruck auf die Seelen machte, die Gewissen wachrüttelte und die Herzen ergriff.

Die Pfarrkinder hörten ihm gerne zu; sie wußten gut, daß ihr Kaplan gewohnt war, das Evangelium, das er ihnen predigte[3], Tag für Tag vor dem Angesicht Gottes zu betrachten und es zu leben.

---

[1] Vgl. A. MARCHESAN, a.a.O., V. Kap., S. 114.
[2] Msgr. A. MARCHESAN, a.a.O., V. Kap., S. 114.
[3] G. BEGHETTO, Ord. Trev., S. 166. — L. ANDRETTA, ebd., S. 720.

Doch bevor er auf die Kanzel stieg, las er — sich selbst mißtrauend — seine Vorträge und Predigten Don Costantini vor. Dieser hörte aufmerksam zu und da ihm daran gelegen war, daß sein Kaplan ein guter Prediger werde, machte er seine Bemerkungen dazu: « Schau, Don Giuseppe, das scheint mir nicht gut. Ich würde es so machen... ich würde es ändern. »

Und Don Giuseppe widersprach nicht; mit demütiger Fügsamkeit änderte er, strich da etwas und fügte dort etwas hinzu nach den Bemerkungen und Anregungen seines Pfarrers, der etwas vom Predigen verstand.

Nach einem der ersten Versuche sagte Don Costantini zu ihm, das sei keine Predigt gewesen, sondern ein wirres Zeug. Und offenherzig fügte er hinzu: « Lieber Bepi, solch ein wirres Zeug wollen wir nicht mehr! »

Don Sarto lächelte bescheiden und fuhr fort zu studieren, zu arbeiten und zu predigen.

Doch als Don Costantini eines Tages die Predigt seines Kaplans angehört hatte, erkannte er, daß er übertroffen worden war. Scherzend sagte er: « So gefällt es mir, Don Bepi. Aber paß auf, es ist nicht klug, wenn der Kaplan es besser macht als der Pfarrer. »[1]

Von seinem Pfarrer ermutigt, begann der Kaplan von Tombolo allmählich auch in der Umgebung zu predigen. Und bald besaß er ein solches Ansehen als Prediger, daß die Pfarrer der Diözese wetteiferten, ihn für ihre Kanzel zu gewinnen; sie stritten sich umso mehr um ihn, als sie wußten, daß seine Predigten immer ein Nachspiel im Beichtstuhl hatten[2].

*

[1] Msgr. A. MARCHESAN, a. a. O., V. Kap., S. 115.
[2] MARIA SARTO, Ord. Rom., SS. 41-42. — ANNA SARTO, ebd., f. 121. — G. PILOTTO, Ord. Trev., SS. 744-745.

Don Costantini war ganz stolz auf die rednerischen Erfolge seines Kaplans. Eines Tages schrieb er freudenvoll an einen seiner vertrautesten Freunde, Don Marcello Tositti, Pfarrer von Quinto:

«Don Bepi beendete laudabiliter seine Fastenzeit in Gòdego: fama volat!.. Und ich freue mich darüber mehr als über eigene Erfolge, denn ich kann mich darüber freuen, ohne durch Hochmut zu sündigen, wenn ich daran denke, daß er die ersten Schritte auf diesem Weg der Ehre und des Segens machte, nicht meis meritis[1], doch me vidente[2] und nicht selten me impellente et confortante[3]. Mein lieber Don Bepi! Ich kann kaum die Stunde erwarten, wo ich ihm einen Kuß geben und ihm sagen kann, daß ich ihn, wenn das überhaupt möglich wäre, noch lieber hätte als ich ihn schon habe.»[4]

Die Sorge um die Pfarrei

Doch die Predigt war nicht die einzige Beschäftigung, der sich Don Giuseppe widmete. Auch ohne sie waren seine Tage voll ausgefüllt. Das galt noch mehr, als — ungefähr seit 1863 — Don Costantini von einer hartnäckigen Brustkrankheit gequält wurde, die ihn zwang, einen Gutteil des Jahres untätig zu verbringen.

Nun lastete die Sorge um die Pfarrei immer schwerer auf dem jungen Kaplan. Er verwaltete mit Eifer die Sakramente. An Festtagen und besonders am Sonntag hörte er stundenlang Beicht, erteilte den Kindern Katechismusunterricht, den Erwachsenen Christenlehre.

Jeden Tag galt es, Leidende zu trösten, hier jemand an seine Pflicht zu mahnen, dort Entzweite zu versöhnen, für den Frieden in den Familien Sorge zu tragen und alle zum Guten anzuhalten. Er widmete seine Zeit auch der Schule für Choralgesang, die er gegründet hatte, damit

---

[1] dank meiner Verdienste [2] unter meinen Augen
[3] von mir angeregt und ermutigt
[4] Msgr. A. MARCHESAN, a. a. O., V. Kap., SS. 111-112.

der Gottesdienst verschönert werde. Knaben, die Neigung zum Priestertum zeigten, gab er Grammatikunterricht [1]. Da konnte er Kind unter Kindern sein, um sie vom Bösen abzuhalten. Und als ob er nichts anderes zu tun hätte, war er sogar bereit, den Volksschullehrer des Dorfes zu vertreten [2].

Besonders opferreich waren die Tage, an denen er alle seine Kräfte einsetzte, um die Kinder auf die Erstkommunion vorzubereiten, sie zur häufigen Kommunion zu bewegen und das Volk zu einer innigeren Verehrung der heiligsten Eucharistie anzuregen. Dazu gab er übrigens selbst ständig das Beispiel, nicht nur durch die Art und Weise, in der er das heilige Meßopfer feierte, sondern auch jedesmal, wenn er das Allerheiligste feierlich zur Anbetung der Gläubigen aussetzte.

« In diesen Augenblicken » — so bezeugte ein Greis aus dem Dorfe — « hatte er einen fast überirdischen Ausdruck. Die Hände waren zum Gebet gefaltet, die Augen immer auf das Allerheiligste gerichtet. Und wenn er den Segen gab, ging von seiner ganzen Person der Eindruck eines starken, lebendigen Glaubens aus, der erbaute und in Erstaunen setzte. Es war da etwas Außerordentliches an ihm. » [3]

*

Aber auch die Kranken, die Siechen, die Sterbenden waren ihm anvertraut. Es lag ihm sehr am Herzen, daß es ihnen an nichts fehle, besonders den Armen. Er be-

[1] Zu den Knaben, die Don Sarto auf dem Weg zum Priestertum förderte, gehörte jener Antonelli, an den der S. 22 erwähnte Brief gerichtet ist. (Msgr. MARCHESAN, a. a. O., V. Kap., SS. 121-123.)
[2] MARIA SARTO, Ord. Rom., f. 42. — ANNA SARTO, ebd., f. 121. — Msgr. A. POZZI, Ord. Trev., S. 118. — G. BEGHETTO, ebd., S. 165. — S. PILOTTO, ebd., SS. 177, 179, 183. — A. RINALDI, ebd., SS. 190-191. — L. ANDRETTA, ebd., S. 721. — V. PIVATO, ebd., S. 733-737. — G. PILOTTO, ebd., S. 744.
[3] V. PIVATO, Ord. Trev., S. 736. — Vgl. auch: L. ANDRETTA, Ord. Trev., SS. 772-773.

suchte sie mehrmals am Tage und wenn er nachts gerufen wurde, eilte er an ihr Bett, als ob er Flügel an den Füßen hätte. Weder Entbehrungen noch Übermüdung scheute er ; er kümmerte sich nicht um die Ungunst der Jahreszeit, nicht um ungangbare Straßen, noch machte ihm die Entfernung etwas aus [1]. Er opferte sich bis zur Erschöpfung seiner Kräfte und die Leute von Tombolo erinnern sich, daß er manchmal in Ohnmacht fiel [2].

« Da, schau », sagte er einmal zu einem jungen Mädchen, indem er mit dem Zeigefinger auf seine Schuhe wies, « ich habe die Sohlen ganz zerrissen, weil ich so oft deinen kranken alten Großvater besuchen gehe. » [3]

Und mit welcher Liebe, mit welch rührender Zartheit leistete er den Sterbenden Beistand und tröstete sie ! Er machte ihnen Mut zu dem letzten Schritt mit Worten, in denen das Beglückende der christlichen Ergebung fühlbar war ; er beruhigte sie in ihren Ängsten und tröstete sie mit dem Ausblick auf die ewigen Freuden. Nie wich er von ihrer Seite, bevor sie entschlafen waren und er sie mit seinem Gebet bis an die Schwelle der Ewigkeit begleitet hatte [4].

*

Die ganze Verantwortung für die Pfarrei lastete auf ihm, aber auf seinem Gesicht zeigte sich kein Schatten von Niedergeschlagenheit. Aus seinen Augen leuchtete immer Freude, tiefes Glück, arbeitete er doch nicht um irdischen Gewinn, sondern um weit Höheres : die Gewinnung der Seelen [5].

[1] G. BEGHETTO, Ord. Trev., S. 166. — L. ANDRETTA, ebd., S. 720. — V. PIVATO, ebd., S. 733.
[2] LUCIA PONTAROLLO, Ord. Trev., S. 220.
[3] Dies., ebd., SS. 219-220.
[4] S. PILOTTO, Ord. Trev., S. 182. — G. PILOTTO, ebd., S. 745-746.
[5] ANNA SARTO, Ord. Rom., f. 147. — L. ANDRETTA, Ord. Trev., S. 726.

Die Tombolaner waren erstaunt über die intensive Aktivität ihres Kaplans und sie fragten sich, wie er wohl auf die Dauer eine so aufreibende Arbeit aushalten könne, wenn er sich nie Ruhe gönnte.

Sie wußten nicht, daß ihr junger Kaplan jenes göttliche Feuer im Herzen trug, das die Arbeitskraft vervielfacht.

Sein Zartgefühl dem kranken Pfarrer gegenüber

Don Costantini war mehr als froh über das unermüdliche Wirken seines Kaplans. Er kränkelte ständig und mußte oft das Bett hüten. Da war es Don Giuseppe ein Herzensanliegen, ihm seine Lage zu erleichtern. Er erheiterte ihn mit seinen Scherzen und umgab ihn mit der liebevollsten Aufmerksamkeit. Wenn es Don Costantini am Morgen möglich war aufzustehen, begleitete er ihn in die Kirche, bereitete alles für die Messe Notwendige vor, diente ihm liebevoll am Altare und führte ihn ins Pfarrhaus zurück. Und er ging nicht von ihm fort, bevor er seine Aufträge empfangen oder seinen Rat in verschiedenen Angelegenheiten eingeholt hatte [1].

Die Nichte des Don Costantini, die wir schon kennen, erzählte:

« Am Morgen kam Don Giuseppe frühzeitig ins Pfarrhaus und fragte in seiner lustigen Art den Onkel: 'Was tut dir denn heute weh, Pfarrer?'

Und wenn der Onkel antwortete, er fühle sich nicht wohl und er könne nicht aufstehen, sagte Don Giuseppe sofort:

'Gut, gut, sei nur ruhig, mach dir keine Gedanken: ich werd's schon machen, Pfarrer.'

'Aber du hast doch schon eine Predigt vorzubereiten!'

---

[1] G. BEGHETTO, Ord. Trev., S. 166. — S. PILOTTO, ebd., SS. 176-177. — A. RINALDI, ebd., S. 190. — V. CECCATO, ebd., S. 213. — V. PIVATO, ebd., S. 733.

'Ach ja, Pfarrer, kümmere dich nicht darum. Ich werde eben zwei vorbereiten', lautete die Antwort. »[1]

Und er ging an seine Arbeit, unermüdlich, bescheiden, ohne sich zu brüsten, schweigend, denn im Vordergrund stand immer die Person und die Autorität des Pfarrers [2].

Wertvolle Neuerungen

Da Don Sarto aus dem armen, schwer arbeitenden Volke stammte, war es durchaus nicht erstaunlich, daß er in Tombolo größte Popularität besaß.

Der Eifer für das Wohl der Seelen veranlaßte ihn, sich von Zeit zu Zeit den Männern und jungen Burschen zuzugesellen, die sich da und dort in kleinen Gruppen zusammenfanden. In liebenswürdiger Weise plauderte er mit ihnen, interessierte sich für ihre Ansichten, hörte bald dem einen, bald dem andern zu, studierte ihre Einstellung, ihre Bestrebungen, und lernte so ihre Bedürfnisse kennen.

Eines Abends klagten im Laufe des Gespräches einige, sie könnten weder lesen noch schreiben.

« Gründen wir eine Abendschule », schlug Don Giuseppe vor, der sich ohnehin schon den Kopf zerbrochen hatte, wie das abscheuliche Fluchen ausgerottet werden könnte, das in Tombolo gang und gäbe war.

« Ausgezeichnet », riefen alle einstimmig.

« Aber wie soll man es machen, wenn einige von uns schon etwas können und die andern nichts ? » gab ein junger Mann zu bedenken.

« Nur keine Angst ! Die schon etwas können, werden wir zum Lehrer schicken, und die nichts können, übernehme ich, denn das Buchstabierenlernen ist schwerer und mühsamer », antwortete der Kaplan.

[1] Vgl. Msgr. A. MARCHESAN, a. a. O., V. Kap., SS. 113-114.
[2] S. PILOTTO, Ord. Trev., S. 176. — G. PILOTTO, ebd., SS. 750-751.

« Und was sollen wir dafür vergüten ? » fragte einer.
« Kein Geld, aber etwas Wichtigeres : daß Ihr aufhört, den heiligen Namen Gottes durch Fluchen zu entehren », erwiderte Don Sarto mit Nachdruck.
Alle versprachen es und besiegelten den Pakt durch einen kräftigen Händedruck [1].
Diese Männer hatten schon mehrmals gesehen, wie sich ihr Kaplan in heiligem Unwillen gegen die Entehrer des Namens Gottes wandte ; und manche hatten auch seine Hände zu spüren bekommen ; obwohl er nie einer zornigen Regung nachgab, wandte er zuweilen dieses Mittel an, um die Flucher zur Einsicht zu bringen : eine Strafmaßnahme, die in diesem Fall angebracht war, weil sie sich als höchst wirksam erwies [2].
So verstanden sie, was er durch die Abendschule erreichen wollte, und konnten nicht umhin, ihm recht zu geben.

*

Don Sarto paßte ausgezeichnet zu den Tombolanern. Waren sie gewandt und findig, so war es ihr Kaplan nicht weniger.
In Tombolo hatte eine häßliche Gewohnheit eingerissen : kaum war der eucharistische Segen erteilt worden, da stürzten die Leute aus der Kirche, ohne zu warten, bis der Priester das Allerheiligste in den Tabernakel eingeschlossen hatte.
Dem Pfarrer war es niemals gelungen, diese Ehrfurchtslosigkeit auszurotten. Seine Mahnungen, seine Ratschläge, sein Tadel verhallten wie eine Stimme in der Wüste.

[1] Msgr. F. CAVALLIN, Ord. Trev., S. 706-707. — Msgr. A. MARCHESAN, a. a. O., V. Kap., S. 119.
[2] G. BEGHETTO, Ord. Trev., S. 168. — S. PILOTTO, ebd., S. 183. — A. RINALDI, ebd., S. 194. — LUCIA SARTO, ebd., SS. 408-409. — L. ANDRETTA, ebd., S. 721. — V. PIVATO, ebd., S. 737. — G. PILOTTO, ebd., S. 749.

Giuseppe Sarto
Kaplan von Tombolo

Als er eines Tages über diese Unsitte klagte, beruhigte ihn Don Giuseppe: «Ach was, Pfarrer, laß mich nur machen und du wirst sehen, daß die Sache in Ordnung kommt.»

Der neue Kaplan hatte schon in den ersten Tagen, die er in Tombolo verbrachte, bemerkt, daß das Volk der Madonnenstatue, die sich in der Kirche befand, große Verehrung bezeugte ; eine Verehrung, die fast an Aberglauben grenzte : man durfte nie den Schleier heben, der die Statue verhüllte, bevor nicht vier Kerzen angezündet worden waren, und wenn sie enthüllt war, lagen alle auf den Knien. Keiner hätte gewagt, zu stehen ; das hätte als schwerer Verstoß gegolten.

An einem Sonntag ließ Don Giuseppe die Kerzen am Muttergottesaltar anzünden. Kaum hatte der Pfarrer den Segen erteilt, da standen die Leute — wie sie es gewohnt waren — schon auf und wollten die Kirche verlassen.

Doch plötzlich hob Don Sarto den Schleier, der die Madonnenstatue bedeckte. Sogleich blieben alle am Platz und knieten wieder nieder ; und keiner rührte sich, bevor Don Costantini das Allerheiligste in den Tabernakel gestellt hatte.

Die Sache wiederholte sich ein zweites Mal und wurde nun von Don Giuseppe mit warmen Worten erklärt ; von diesem Augenblick an war der Mißbrauch für immer abgestellt [1].

Der « Kaplan der Kapläne »

Die Kapläne der umliegenden Pfarreien wußten von der Wirksamkeit Don Sartos und sie erschien ihnen geradezu wunderbar. Sie nannten ihn den « Kaplan der Kapläne » und trieben ihren Spaß mit diesem Spitznamen [2].

---

[1] Msgr. F. CAVALLIN, Ap. Trev., SS. 199-200. — Vgl. Msgr. MARCHESAN, a. a. O., V. Kap., SS. 127-128.

[2] Msgr. G. JEREMICH, Ap. Ven., S. 49.

Don Sarto, der ein offenes, liebenswürdiges Wesen hatte, lachte und scherzte gern mit ihnen. Doch als sie eines Tages gar zu ausgelassen waren, legte Don Sarto die zur Faust geballte rechte Hand in die Höhlung der linken und sagte:

« Ihr Kapläne, eines Tages kommt Ihr alle hierher. »
« Welch ein Hochmut !... Wir werden doch bald Pfarrer ! » widersprach ihm der Kaplan von Galliera, der lustigste von allen.

« Hierher müssen auch die Pfarrer kommen », beharrte Don Giuseppe und wiederholte seine Geste.

« Ja natürlich, auch die Bischöfe kommen unter dein Regiment », spotteten die Kapläne.

« Auch die Bischöfe unter den 'Cappelanus de Cappelanis' », schloß Don Sarto, halb ernst, halb scherzend.

Eine Lachsalve war die Antwort [1].

War es eine Vorahnung ? Eine Prophezeiung ?

Wir wissen es nicht. Wir wissen nur, daß ungefähr 40 Jahre später der demütige Kaplan von Tombolo den Stuhl Petri bestieg, um das erhabenste Zepter der Welt zu ergreifen.

Liebe ohne Maß

Noch heute ist — vom Vater dem Sohne weitergegeben — die Erinnerung an die grenzenlose Nächstenliebe des Heiligen lebendig, die sich keiner Not verschloß. Sie ist der charakteristischste Zug an Don Sarto, dem Kaplan und Pfarrer, dem Domherrn und Bischof, dem Patriarchen und Papst.

Alle kamen zu ihm : bald ein Armer, dem es an Brot mangelte ; dann ein Makler, der zur Zeit keinen Groschen verdiente ; dann wieder ein Bauer, der nicht wußte, wie

---

[1] Msgr. A. MARCHESAN, a. a. O., V. Kap., SS. 124-125.

er sich mit seiner Familie durchschlagen sollte, da Hagel oder Dürre ihm die ganze Ernte vernichtet hatte ; eine arme Witwe, der es an Kleidern für ihre Kinder fehlte; ein Kranker in großer Not, der weder Medikamente noch den notwendigen Lebensunterhalt hatte.

Don Giuseppe konnte niemals nein sagen, denn er hatte immer das Wort auf den Lippen : « Der Herr wird für alles sorgen ! »[1]

Er gab alles hin, was er hatte, und mehr noch, als er hatte : er kannte weder Maß noch Grenzen. Wenn er sich aller seiner Habe beraubt hatte, machte er sich wegen seiner eigenen Notlage, die oft nicht gering war, keine Sorgen ; ja, er gab den letzten Bissen Brot her und nicht selten war er gezwungen, für sich selbst und die Schwestern ein wenig Mehl und Käse zu erbetteln [2].

Müssen wir das als Übertreibung bezeichnen ? Es ist die Maßlosigkeit der Heiligen, die vor Gott Weisheit ist, wenn sich der Kaplan von Tombolo von den Dingen dieser Welt löste, um seinen Geist zu den unvergänglichen Gütern zu erheben. Sagte man ihm, er hätte gut daran getan, ein wenig an sich selber zu denken, so antwortete er : « Was soll man sich um die Dinge dieser Welt kümmern, die man doch verlassen muß ? Benützen wir sie dazu, den Armen Gutes zu tun. »[3]

*

Die kleinen Einkünfte, die ihm seine Predigten einbrachten, waren alle für seine Mutter bestimmt, die mit ihren Töchtern in dem armen Häuschen zu Riese lebte.

---

[1] A. Rinaldi, Ord. Trev., S. 190.
[2] G. Beghetto, Ord. Trev., S. 168. — A. Rinaldi, ebd., S. 194. — Lucia Pontarollo, ebd., S. 219. — L. Andretta, ebd., S. 719. — V. Pivato, ebd., S. 737.
[3] G. Pilotto, Ord. Trev., S. 751.

Aber er mußte sie ihr sofort schicken, sonst bekamen sie die Armen [1].

Eines Tages hatte er, so erzählt die Nichte des Don Costantini, in einem Nachbardorfe eine Festrede gehalten und dafür einen Marengo (20 Lire) erhalten — ein Vermögen also! —; doch als er nach Hause kam, « hatte er keinen Centesimo mehr »!

Der goldene Marengo hatte die Not eines Armen gelindert [2].

So war nun einmal das Herz des Kaplans von Tombolo: « ganz Liebe [3] »!

*

Ein andermal war er in die Stadt gegangen, um einer frommen Wohltäterin von Tombolo die Leichenrede zu halten. Als er fröhlich nach Hause zurückkam, erzählte er Don Costantini:

« Man hat mir eine 'Genova' (80 Lire) gegeben. »

« Jetzt wirst du dir aber etwas kaufen », drängte der Pfarrer.

« Ich habe fast alles weggeschenkt », erwiderte der junge Kaplan, der sich gänzlich der göttlichen Vorsehung überließ [4].

Don Costantini schaute ihn unwillig an, einen Vorwurf auf den Lippen; doch er schwieg, konnte er ihm doch nicht seine Bewunderung versagen.

*

« Don Sarto hatte einen so abgenützten Mantel », so berichtete eine Frau von Tombolo, « daß die Kapläne aus der Umgebung lachend sagten, er sei im Krieg gewesen.

---

[1] L. ANDRETTA, Ord. Trev., S. 725.
[2] Msgr. A. MARCHESAN, a.a.O., VI. Kap., S. 114.
[3] L. ANDRETTA, Ord. Trev., S. 719.
[4] S. PILOTTO, Ord. Trev., S. 182.

Als er einmal eingeladen wurde, in Castelfranco zu predigen, riet Don Costantini ihm, sich bei dieser Gelegenheit einen neuen Mantel zu kaufen.

Im ersten Augenblick schien es, als wolle Don Giuseppe den Rat seines Pfarrers befolgen. Doch nach der Predigt traf er einen Onkel, der ihn um Hilfe für die Bezahlung des Mietzinses bat. Da wurde er von Mitleid ergriffen und gab ihm ohne ein Wort die ganze « Fiorella » (36 venetianische Lire), die er soeben erhalten hatte, und kehrte in seinem fadenscheinigen Mantel nach Tombolo zurück. »[1]

*

In Don Giuseppes Händen war nichts sicher.

Seiner Schwester Rosa, die ihren Lebensunterhalt als Schneiderin erwarb, war es gelungen, etwa 20 Lire zusammenzusparen. Davon sollte Leinwand für Bettbezüge gekauft werden, die man im Hause nötig hatte; und Don Giuseppe wurde mit dem Einkauf beauftragt.

Der Kaplan nahm das Geld in Empfang und ging eilig nach Cittadella. Nach ein paar Stunden war er zurück, hatte aber weder Leinwand noch Geld. Die 20 Lire der Schwester hatte er ein paar Armen geschenkt, die ihn angebettelt hatten.

Mit den Bettbezügen könne man warten, erklärte er; aber wäre es nicht ein Unrecht gewesen, Hungrigen ein Stück Brot vorzuenthalten?

Mit dieser Erwägung und seinem gewohnten: « Gott wird für alles sorgen », beruhigte er die Schwester, die ja selbst ein gutes Herz hatte, wenn sie auch im Begriff gewesen war, sich zu beklagen [2].

*

[1] Lucia Pontarollo, Ord. Trev., S. 221.
[2] Giuseppina Parolin, Ap. Trev., SS. 374-375.

Don Costantini und sein Kaplan waren ein Herz und eine Seele. Nur in einem Punkte waren sie nicht einig: über die Art, Caritas zu üben.

Der gute Pfarrer machte seinem Don Bepi von Zeit zu Zeit sanfte Vorwürfe und empfahl ihm, er solle etwas mehr an seine Mutter denken. Doch die glaubensstarke Antwort lautete stets : « Diese armen Leutchen brauchen es mehr als sie. Der Herr wird schon für sie sorgen, denn der Herr verläßt niemanden. »[1]

« *Haben Sie Mais?* » ...

Die Kaplanei von Tombolo war sehr arm und die Einkünfte des Kaplans waren sehr spärlich. Sie bestanden in einer im Dorf gesammelten Menge von Mais und Weizen — den beiden Produkten des Ortes — die größer oder kleiner war, je nach dem, wie die Ernte ausfiel[2]. Doch in Don Sartos Händen wurden diese Einkünfte noch kärglicher, weil er das Wenige, das er besaß, nicht als sein Eigentum betrachtete, sondern als das der Armen, zu denen er stets sagte : « Solange ich etwas habe, werden wir zusammen essen. »[3]

Im Frühling 1861 — ein Jahr, in dem große Teuerung herrschte — kam ein armer Mann zum Kaplan und bat ihn um 10 Lire, die er brauchte, um auf die Arbeitssuche gehen zu können.

« Ich würde sie dir gern geben, wenn ich sie hätte. Aber Geld ? Nichts zu machen — ich habe keins », antwortete Don Giuseppe.

« Haben Sie Mais ? » fragte der Arme.

---

[1] A. RINALDI, Ord. Trev., S. 193.
[2] S. PILOTTO, Ord. Trev., S. 181. — Msgr. A. POZZI, ebd., S. 106. — L. ANDRETTA, ebd., S. 725.
[3] L. ANDRETTA, Ord. Trev., S. 719.

« Mais schon », erwiderte der Kaplan, der sich erinnerte, daß in der Kornkammer noch ein kleiner Rest von der letzten Sammlung lag.

« Also... »

« Also... komm mit einem Sack. »

Das ließ sich der Arme nicht zweimal sagen; er ging nach Hause und kam mit einem Sack zurück.

Don Giuseppe führte ihn in die Kornkammer, zeigte ihm den Mais — es war kaum mehr als ein Scheffel, was dort in einem Winkel lag — und sagte: « Machen wir zwei Teile: einen für dich und einen für mich. Ist's recht so? »

« Ja, ja », entgegnete der Mann, dem Tränen die Augen verschleierten und Ergriffenheit die Kehle zusammenschnürte [1].

Ein Sack voll Maiskolben

Ein anderer Armer war durch Arbeitslosigkeit in Not geraten. Seine Frau lag krank darnieder, die beiden Kinder weinten vor Hunger. Eines Tages klopfte er an die Tür des Kaplans und bat ihn inständig um ein Stück Brot.

Don Giuseppe wußte, was es hieß, in einer düstern Stube vor dem leeren Tisch zu sitzen. Von Mitleid ergriffen, dachte er nach, was er im Augenblick tun könnte. Er erinnerte sich, daß vor kurzem erst drei Säcke voll Maiskolben für ihn gesammelt worden waren.

« Haben Sie einen Sack? » fragte er den Armen.

« Mir genügt ein bißchen Mehl, damit wir Polenta machen können », lautete die Antwort.

Doch Don Giuseppe begnügte sich nicht damit, ihm ein bißchen Mehl zu geben; er gab ihm einen Sack voll

---

[1] S. Pilotto, Ord. Trev., S. 182. — V. Ceccato, ebd., SS. 213-214.

Maiskolben. Dann rief er seine Schwester Rosa und sagte zu ihr: « Morgen früh wird ein anderer Armer kommen; gib ihm den zweiten Sack. »[1]

Heilige Sorglosigkeit

Don Sartos Nächstenliebe war oft größer als seine kärglichen Einkünfte, denn er konnte niemals einen Centesimo in der Tasche haben.

Seine Kleidung war armselig; er aß wie der Ärmste im Dorf; Mühen und Entbehrungen waren seine ständigen Begleiter; doch nie kam eine Klage über seine Lippen[2].

Er strebte nicht nach Ruhm und Ehre bei den Menschen, suchte keine einträgliche Anstellung, wünschte keine Beförderung[3]. Wenn er sich einmal rühmte, dann galt es der Tatsache, daß er in Armut geboren war und als Armer lebte[4]. In der Armut war er stets zufrieden, ruhig und heiter[5].

Der gegenwärtige Augenblick beunruhigte ihn nicht und er machte sich keine Sorgen um den morgigen Tag, « weil er alles von Gott erhoffte »[6]. Und wenn dunkle Tage kamen, in denen er gezwungen war, seine armselige silberne Uhr heimlich ins Leihhaus nach Castelfranco oder Cittadella zu schicken, um den Armen helfen oder das Leben fristen zu können, verlor er nie die Ruhe, nie den Ausdruck heiteren Friedens.

---

[1] V. CECCATO, Ord. Trev., SS. 213-214.
[2] Msgr. POZZI, Ord. Trev., S. 106. — V. CECCATO, ebd., SS. 214-215. — V. PIVATO, ebd., S. 737.
[3] LUCIA SARTO, Ord. Trev., S. 409. — S. PILOTTO, ebd., SS. 175-176.
[4] G. PILOTTO, Ord. Trev., S. 751.
[5] G. BEGHETTO, Ord. Trev., S. 169. — S. PILOTTO, ebd., S. 175. — A. RINALDI, ebd., S. 190. — V. CECCATO, ebd., S. 213. — L. ANDRETTA, ebd., S. 219.
[6] V. CECCATO, Ord. Trev., S. 213. — LUCIA PONTAROLLO, ebd., S. 219.

« Vertraut auf Gott ! » war seine stete Mahnung [1].
« Gott sorgt », sein Wahlspruch [2].
« Die göttliche Vorsehung versagt niemals ! » In diesem Wort offenbarte sich die Stärke seines Glaubens und seines unvergleichlichen Vertrauens [3].

Eine neue Vertonung des « Credo »

Eine kleine Begebenheit wird uns besser als viele Worte die « vollkommene Freude » verstehen lassen, mit der die Armut in der Kaplanei von Tombolo gepaart war.

Eines Tages sah sich Don Giuseppe doch gezwungen, den Vorstellungen nachzugeben, die seine Schwester, Don Costantini und die befreundeten Kapläne der Umgebung ihm ständig wegen des elenden Zustandes seines Rockes machten, der über und über geflickt und gestopft war.

Aber wie soll man es anstellen, Stoff zu kaufen, wenn man kein Geld hat? Don Giuseppe legte alles in die Hände Gottes. Er begab sich nach Riese zu einem gut bekannten Händler und sagte ihm, er hätte gern Stoff — aber solchen, « wie die Armen ihn tragen » — für einen Rock, den er notwendig brauche.

Der Händler zeigte ihm verschiedene Qualitäten. Don Giuseppe wählte den Stoff, der ihm am passendsten schien, und handelte vom Preis herunter, was er nur konnte. Dann nahm er sein Fagott in die Hand, schaute den Händler an und sagte :

« Hören Sie, Signor Pasquale, was für eine schöne Stimme ich bekommen habe und wie gut ich musizieren gelernt habe, seit ich Kaplan in Tombolo bin. »

---

[1] ANNA SARTO, Ord. Rom., f. 147. — Msgr. A. POZZI, Ord. Trev., S. 106.
[2] LUCIA SARTO, Ord. Trev., S. 409, 411. — L. ANDRETTA, ebd., S. 721. — A. RINALDI, ebd., S. 190.
[3] MARIA SARTO, Ord. Trev., f. 98. — ANNA SARTO, ebd., f. 147.

Und er stimmte das « Credo » an.

Der Händler verstand bei den ersten Tönen schon, was diese Musik bedeutete, und lachend sagte er:

« Mir schien es gleich unmöglich, daß Sie diesmal mit gefüllter Tasche hierher gekommen seien. »

Lächelnd nahm er sein Kontobuch und trug ohne Zögern die Noten des neuen « Credo » von Don Sarto als Guthaben ein, wußte er doch genau, daß sie die Stimme der Dankbarkeit aller Armen von Tombolo wiedergaben, denen durch die unvergleichliche Wohltätigkeit des Kaplans Hilfe zuteil wurde. Von Tag zu Tag konnte man klarer erkennen, daß dieser junge Priester im Geiste des Opfers, der Armut und der Liebe Heroisches vollbrachte [1].

Eine Festpredigt und die Ernennung zum Pfarrer

Die Tombolaner hingen mit großer Liebe an ihrem Kaplan, doch sie fürchteten, er könnte ihnen einmal plötzlich entrissen werden [2]. Es war ja doch nicht anzunehmen, daß ein so verdienstvoller und würdiger Priester lange in einem kleinen Dorf und an einem so bescheidenen Posten gelassen würde.

Don Costantini brachte Don Giuseppe Liebe und Bewunderung entgegen und es tat ihm leid, den jungen Priester von den vorgesetzten Stellen sozusagen vergessen zu sehen.

Er wünschte sehr eine Beförderung seines Kaplans, damit die Arbeit dieses tüchtigen jungen Mannes einem weiteren Kreis zum Segen gereiche. So überlegte er, wie er ihm dazu verhelfen könnte.

---

[1] Msgr. A. MARCHESAN, Ord. Trev., S. 1239.
[2] MARIA SARTO, Ord. Rom., f. 42.

Im Frühling 1866 kam ein Domherr von Treviso, Msgr. Luigi Marangoni, nach Tombolo. Don Costantini dachte bei sich : Msgr. Marangoni ist ein sehr angesehener Theologieprofessor und besitzt das volle Vertrauen des Bischofs... Er kann's machen... Ich muß die Gelegenheit benützen !

So erzählte er dem Besucher von den beneidenswerten Gaben des Geistes und des Herzens, die sein Kaplan besaß, und schloß :

« Lieber Domherr, Sie müssen an der bischöflichen Kurie von ihm sprechen. Einen so tüchtigen Kaplan kann man doch nicht zwischen Pappeln und Viehhändlern sein Leben verbringen lassen. Das geht absolut nicht ! »

« Sie haben recht, Don Antonio », erwiderte Msgr. Marangoni, « doch was wollen Sie : er hat in Padua studiert und beim Ordinariat kennt man ihn nicht. »

« Ein Grund mehr, warum Sie dort von ihm sprechen sollen », drängte Don Costantini.

« Glauben Sie », fragte der Domherr, « daß Ihr Kaplan fähig wäre, die Festpredigt zu Ehren des hl. Antonius von Padua im Dom von Treviso zu halten ?... Wie Sie wissen, kommt dieser Festpredigt große Bedeutung zu, nicht nur, weil im Dom der gesamte Klerus der Stadt und das Domkapitel zusammenkommen, sondern auch, weil sie für gewöhnlich einem bekannten Redner anvertraut wird. »

« Dazu ist er ausgezeichnet befähigt », beteuerte der Pfarrer.

« Gut », beendete der alte Domherr das Gespräch, « Ihr Kaplan wird im Dom von Treviso sprechen. »

*

Die Festpredigt in der Kathedrale von Treviso wurde ein ausgesprochener Erfolg für den jungen Landkaplan, der nicht wußte, daß sein Pfarrer ihm eine ebenso gutgemeinte wie geschickte Falle gestellt hatte, und nichts wünschte, als sein Apostolat unter den Kleinen, sein bescheidenes Leben in Schweigen und Dunkel, in Arbeit, Entbehrungen und Opfer fortsetzen zu können.

Der Bischof, der schon seit einiger Zeit das prachtvolle Wirken des « Kaplans der Kapläne » verfolgte, forderte ihn zehn Monate später auf, sich um eine Pfarrei der Diözese zu bewerben.

Don Sarto verabscheute jedes Strebertum und wäre gern bei seinen Maklern und Viehhändlern in Tombolo geblieben [1]. Doch der Wille seines Bischofs war zu klar und eindeutig, zu eindringlich die Bitten und Ratschläge seines Pfarrers, der, um den Widerstand des demütigen jungen Priesters zu überwinden, endlich scherzend sagte : « Wenn du dich nicht bewirbst, bewerbe ich mich für dich ! » [2]

So gehorchte er, und seinem Ansuchen war Erfolg beschieden : er wurde zum Pfarrer von Salzano ernannt, einer der besten und bedeutendsten Pfarreien der Diözese, in der fruchtbaren Ebene gelegen, die sich gegen die stillen Lagunen Venedigs hin erstreckt [3].

Die Tombolaner nahmen die Nachricht von der Beförderung ihres Kaplans mit Tränen in den Augen auf, denn sie wußten, daß sie einen Heiligen verloren [4].

Auf seinen Familiennamen anspielend, sagten sie, « er sei nicht Don Giuseppe Sarto, sondern Don Giuseppe Santo » (der *heilige* Don Giuseppe) [5].

*

[1] S. PILOTTO, Ord. Trev., SS. 175-176.
[2] Ders., ebd., S. 176.
[3] Msgr. A. MARCHESAN, a. a. O., VI. Kap., SS. 135-141.
[4] L. ANDRETTA, Ord. Trev., S. 721. — V. PIVATO, ebd., S. 735. — C. PILOTTO, ebd., S. 747.
[5] G. PILOTTO, Ord. Trev., S. 748.

Für den «Kaplan der Kapläne» begann nun der Aufstieg und die Zukunft sollte bewahrheiten, was Don Costantini kurz zuvor seinem besten Freund, Don Tositti, Pfarrer von Quinto, geschrieben hatte:

«Don Giuseppe Sarto ist ein guter und tüchtiger Kaplan. Passen Sie auf, was ich sage: bald werden wir ihn als Pfarrer in einer der bedeutendsten Pfarreien der Diözese sehen ... dann in roten Strümpfen ... und dann ... wer weiß!»[1]

Was Don Costantini nicht hinzuzufügen wagte, schrieb mit goldenen Lettern die göttliche Vorsehung, die den Kaplan von Tombolo auf ein erhabenes Ziel vorbereitete: er sollte der Papst werden, der die Devise ausgab, *alles in Christus zu erneuern*.

[1] Msgr. A. MARCHESAN, a. a. O., V. Kap., S. 130.

3. Kapitel

DER PFARRER VON SALZANO
(14. Juli 1867 - 27. November 1875)

1. Eine schlechtaufgenommene Ernennung. — 2. Wechsel der Meinungen. — 3. Religionsunterricht und Gottesdienst. — 4. Der Apostel der sozialen Gerechtigkeit. — 5. Die Wunder seines Herzens. — 6. Die Cholera im Jahre 1873. — 7. Göttliches Zeugnis ? — 8. Die Liebe eines Volkes. — 9. Unerwartete Ehre.

Eine schlechtaufgenommene Ernennung

Don Sarto war jung, 32 Jahre. Er war stark. In seinen Augen leuchtete der Mut eines Kämpfers ; sein fester Schritt und sein offenes Wort verrieten die Tatkraft und Lauterkeit einer hochherzigen Seele.

Er besaß eine rasche und durchdringende Auffassungsgabe, ein gütiges Herz, einen unbeugsamen Willen und eine Beredsamkeit, die ihre Quelle in seinem glühenden Seeleneifer hatte [1].

Doch seine Ernennung zum Pfarrer von Salzano erregte ein gewisses Aufsehen, gab Anlaß zu Kritik und Gerede.

Die Bevölkerung von Salzano war gewohnt, tüchtige Priester als Pfarrer zu haben, die meist zu hohen Würden in der Kathedrale von Treviso aufstiegen. Als sie nun hörten, der Bischof schicke ihnen als Pfarrer den jungen Kaplan von Tombolo, fühlten sie sich tief verletzt.

« Wie geht denn das zu ? » hieß es allgemein. « So viele verdiente Pfarrer sind da, so viele wohlbekannte,

---

[1] Vgl. Msgr. E. BACCHION, Pio X : Giuseppe Sarto, Arciprete di Salzano (1867-1875), II. Kap., S. 53. Padua 1925.

eifrige Seelenhirten. Und da wird in eine so bedeutende Pfarrei wie die unsere ein einfacher Kaplan geschickt? Was ist denn nur dem Bischof in den Sinn gekommen? Zugegeben, Don Sarto mag Verdienste und gute Eigenschaften haben. Aber ihn plötzlich von einem so armseligen Nest wie Tombolo nach Salzano versetzen, das geht nicht... das geht absolut nicht... Salzano ist eine Pfarrei, die einer ruhmvollen Tradition zufolge stets gelehrte und kluge Erzpriester hatte, angesehene Priester...»

Bischof Federico Zinelli, ein « gelehrter und besonnener Mann »[1], wußte genau, warum er diese Wahl getroffen hatte und ließ die Leute reden. Doch als die Pfarreiräte von Salzano zusammen mit dem Gemeinderat Paolo Bottacin bei ihm vorsprachen, sagte er — bevor er ihnen den neuen Pfarrer vorstellte —, offen und ohne Umschweife:

« Wenn ich den Kaplan von Tombolo zu Ihrem Pfarrer ernannte, habe ich damit viel für Salzano getan. Ich habe Ihnen einen goldenen Pfarrer gegeben, wenn er auch keinen besonderen Nimbus und kein Wappen besitzt. Gehen Sie nur und versuchen Sie es! Sie werden zufrieden sein. »

Die Pfarreiräte sagten kein Wort. Doch als sie neben dem Bischof einen mageren, bleichen Priester auftauchen

---

[1] Msgr. Federico Zinelli war einer der bedeutendsten Bischöfe des 19. Jahrhunderts. Er stammte aus einer vornehmen, reichen Familie, trat 1821 ins Priesterseminar von Venedig ein, wo er nach Vollendung seiner Studien nacheinander als Professor der Literatur, der Mathematik, des Kirchenrechtes und der Theologie wirkte.

Sein scharfer Verstand befähigte ihn, den Patriarchen Monico (1826-1851), Mutti (1852-1857) und Ramazzotti (1858-1861) als Konsultor gute Dienste zu leisten.

1861 wurde er zum Bischof von Treviso ernannt. 1870 nahm er an dem Vatikanischen Konzil teil. Dem Priesterseminar und der Diözese weihte er seine besten Kräfte, « leitete sie mit einzigartiger Klugheit, mit dem Mute eines Apostels und der Liebe eines Vaters ». Mit Eifer und Tatkraft arbeitete er für das Wohl der Seelen und den Ruhm der Kirche und des Papsttums. Er starb am 24. November 1879 im Alter von 74 Jahren. (Msgr. MARCHESAN, a. a. O., VII. Kap., SS. 181-183.)

sahen, der ganz erschöpft schien von der Reise von Tombolo nach Treviso, da schauten sie einander ganz kleinlaut an und gaben sich die größte Mühe, um ihre Enttäuschung zu verbergen. Der Gemeinderat Paolo Bottacin benützte den Augenblick, da der neue Pfarrer mit dem ersten Pfarreirat sprach, um seinem Nachbarn ins Ohr zu flüstern: « Der Bischof hat gesagt, er habe viel für Salzano getan... Wenn es nur etwas Gutes war..! »[1]

Doch die Herren änderten ihre Meinung bald. Denn wenn der Heilige in Tombolo der « Kaplan der Kapläne » gewesen war, so sollte er nun — durch Taten das Wort seines Bischofs bestätigend — der « Pfarrer der Pfarrer » werden.

Wechsel der Meinungen

Am Sonntag, den 14. Juli 1867, einem sonnenglühenden Tag, stellte sich Don Giuseppe Sarto in der Kirche der großen Pfarrei seinen Pfarrkindern vor, schlicht und natürlich, ohne jede Pose.

Nach dem Evangelium des Hochamtes stieg er auf die Kanzel und legte mit klaren Worten, aus denen die Kraft und Güte seines Herzens sprach, kurz die Aufgabe des Pfarrers dar. Er schloß seine Predigt mit dem ergreifenden Gebet:

« Mein Gott, wie groß ist meine Verantwortung, da ich Dir Rechenschaft ablegen muß für alle diese Seelen, die meiner Obhut anvertraut sind! Gewähre mir, o Herr, Deine Hilfe und Deinen Beistand. Doch ich vertraue auch auf eure Mitarbeit, liebe Salzaneser, die ihr ja wahre Christen seid. »[2]

Das Volk war gewonnen, denn es spürte, daß der neue Pfarrer der geborene Seelenhirte war. Niemand zweifelte

---

[1] Msgr. E. BACCHION, a. a. O., I. Kap., SS. 19-20: Ord. Trev., S. 506. — Vgl. auch: A. BOTTACIN, Ord. Trev., SS. 316-317.
[2] Msgr. E. BACCHION, a. a. O., I. Kap., S. 21.

Giuseppe Sarto
Pfarrer von Salzano

mehr, daß der « unbedeutende Priester », der von Tombolo kam, die Reihe der Pfarrer, auf die Salzano stolz war, nicht nur würdig fortsetzte, sondern daß er seine Vorgänger übertraf [1]. Davon wurden sie noch mehr überzeugt, als der neue Erzpriester in den nächsten Tagen seine Pfarrkinder kennenlernen wollte und deshalb alle Familien besuchte, alle begrüßte, allen seinen Segen gab.

Sein offenes, heiteres Wesen, seine liebenswürdigen Umgangsformen und seine gütigen, klaren Worte gewannen ihm die Achtung, die Zuneigung und die Verehrung aller.

Von diesem Tage an hatte er ganz Salzano in der Hand [2]. Das Mißtrauen, mit dem er aufgenommen worden war, verwandelte sich in aufrichtige und herzliche Hochschätzung.

Religionsunterricht und Gottesdienst

Don Sarto kannte das Volk, er kannte auch die dringendsten Bedürfnisse der Pfarrei. Daher gab es bei ihm kein Zögern : mit jener Ruhe und Heiterkeit, die ihm das Wissen um seine neue Aufgabe verlieh, nahm er die Arbeit des Seelenhirten auf sich.

Der Eifer für das Heil der Seelen verzehrte ihn. Sein Tagewerk spielte sich zwischen Altar, Kanzel und Beichtstuhl ab. Das waren die Orte, an denen seine Pfarrkinder ihn jederzeit finden konnten.

Am Altare betete er für sie ; von der Kanzel aus belehrte er sie mit klaren, kraftvollen Worten, die so traut klangen, daß es seinen Zuhörern war, als ob er an ihrem Herd oder auf den besonnten Feldern mit ihnen plauderte; im Beichtstuhl aber ging er in die Tiefe, führte die Verirrten auf den rechten Weg zurück und entflammte die

---

[1] Msgr. G. B. Prevedello, Ord. Trev., S. 135.
[2] A. Bagaglio, Ord. Trev., S. 343.

Gutgesinnten zu immer intensiverem Streben nach Vollkommenheit. Am Bett der Kranken und Sterbenden war er ein Engel des Trostes, der sie zu christlicher Ergebung zu führen vermochte, ihre Leiden linderte und ihren Glauben durch den tröstlichen Ausblick auf die ewigen Freuden stärkte [1].

Schwere Verantwortung lastete auf seinen Schultern ; das Wohl der ihm Anvertrauten ließ ihm keine Ruhe ; doch seine Kräfte wuchsen an der Größe der Aufgaben.

Die Salzaneser wußten den Eifer und die Tüchtigkeit des neuen Pfarrers zu schätzen und erkannten, daß er auch dann einzig und allein von grenzenloser Liebe geleitet wurde, wenn er ohne jede Menschenfurcht in heiligem Zorn gegen Laster und Mißstände auftrat [2].

*

Sein Hauptarbeitsfeld waren der Religionsunterricht und die Christenlehre, die Verkündigung der göttlichen Ordnung, mit der die Kirche Christi beauftragt ist.

Überzeugt, daß ein Volk ohne Religionsunterricht zugrunde geht wie ein Samenkörnlein in der Ackerfurche, dem es an Feuchtigkeit fehlt, wurde er nicht müde, seine Pfarrkinder in diesem Punkte zu ermahnen.

« Ich bitte und beschwöre euch, kommt zum Religionsunterricht », so sagte er immer wieder, « versäumt lieber die Vesper als den Unterricht. » [3]

Doch was nützt der Gottesdienst, wenn er nicht verstanden wird, wenn die Seelen die Grundlagen des Glau-

---

[1] MARIA SARTO, Ord. Rom., f. 48. — ANNA SARTO, ebd., f. 147. — Msgr. F. ZANOTTO, ebd., f. 175. — A. BOTTACIN, Ord. Trev., S. 318. — A. BAGAGLIO, ebd., SS. 344-345. — L. BOSCHIN, ebd., S. 316. — LUCIA SARTO, ebd., S. 410. — A. PAROLIN, Ap. Trev., S. 233.
[2] Der Priester G. LUISE, Ord. Trev., SS. 690-691. — Msgr. E. BACCHION, Ap. Trev., S. 149.
[3] Msgr. A. MARCHESAN, a. a. O., VI. Kap., S. 146.

bens nicht kennen und folglich nicht ins Leben umzusetzen suchen? Dann wird die Frömmigkeit zu Sentimentalität und die Religion ist nicht mehr Norm und Richtschnur für die Lebensführung.

Deshalb hörte der Heilige nicht auf, mit größtem Nachdruck darauf hinzuweisen, der Großteil alles Bösen habe seine Ursache darin, daß man Gott und die ewigen Wahrheiten nicht kennt, und seine Pfarrkinder zu ermahnen und zu drängen, doch ja den Religionsunterricht zu besuchen. Die große Lebhaftigkeit seines Unterrichtes zeugte denn auch von der Begeisterung des Lehrers für seinen Gegenstand.

Seine große Liebe zu den Seelen gab ihm einen glücklichen Gedanken ein, wie die Glaubenswahrheiten dem Geiste der Zuhörer leichter und tiefer eingeprägt werden können: er wählte für den Katechismusunterricht die Form eines Zwiegesprächs, das er mit einem jungen Priester aus dem nahen Noale — Don Giuseppe Menegazzi — außerordentlich geschickt führte. Das war eine Neuerung, die am Sonntag nicht nur alle Pfarrkinder von Salzano in die Kirche lockte, sondern auch viele Leute aus den umliegenden Pfarreien [1].

Einige Pfarrer, deren eigene Kirche am Sonntag leer war, beklagten sich beim Bischof über diese neue Methode des Religionsunterrichtes. Doch der Bischof, der mit lebhaftem Interesse und großer Freude die erstaunliche Wirksamkeit des Pfarrers von Salzano verfolgte, antwortete ihnen lächelnd:

« Machen Sie es ebenso ! » [2]

*

[1] MARIA SARTO, Ord. Rom., f. 48. — A. BOTTACIN, Ord. Trev., S. 319. — E. SCANFERLATO, ebd., SS. 332-333. — A. BAGAGLIO, ebd., SS. 346-347. — L. BOSCHIN, ebd., SS. 361-362. — A. RAGAZZO, ebd., S. 378. — LUCIA SARTO, ebd., S. 411. — A. PAROLIN, ebd., S. 876.
[2] Msgr. A. MARCHESAN, Ord. Trev., S. 1188. — Msgr. E. BACCHION, ebd., SS. 510-511. — Es ist uns nicht bekannt, ob in jener Zeit auch

Selbstverständlich mußte mit der religiösen Vertiefung der Seelen durch den Unterricht die Erneuerung des Gottesdienstes — und alles, was damit zusammenhängt — Hand in Hand gehen.

Don Sarto wußte, welch großen Einfluß die liturgischen Zeremonien auf die religiöse Haltung haben und wie sehr der Schmuck und die Schönheit des Gotteshauses, wo das Volk zu Gebet und Gotteslob zusammenkommt, die Andacht und den Glauben fördern.

Eine schöne Kirche, in der Ordnung und Reinlichkeit herrschen, ist immer — auch wenn sie keine Pracht und keine Kunstwerke birgt — ein Zeichen für die Frömmigkeit sowohl des Klerus, in dessen Obhut sie steht, wie auch des Volkes, das sie besucht.

Der Kirche von Salzano konnte man nicht nachsagen, sie sei vernachlässigt; aber sie konnte immerhin verschönert werden. Und das lag dem Heiligen von Anfang an sehr am Herzen.

Um das Kirchenvolk immer inniger mit der Kirche der großen Pfarrei zu verbinden, sorgte er dafür, daß sich die Schönheit der Zeremonien noch feierlicher, geordneter und genau dem Geist der heiligen Liturgie entsprechend entfalte. Er achtete auf peinliche Sauberkeit aller Dinge, die für den Altar bestimmt waren, trug Sorge für die Paramente und die heiligen Gefäße. Eifrig pflegte er den Kirchengesang mit den Kindern, der Jugend und den Erwachsenen [1]. Die Bruderschaft vom Allerheiligsten Altarssakrament, in der kein rechtes Leben war, erweckte

---

in anderen Pfarreien Religionsunterricht in Form von Zwiegesprächen üblich war. Auf jeden Fall erzielte der Heilige großen Erfolg mit dieser Methode.

[1] MARIA SARTO, Ord. Rom., f. 49. — ANNA SARTO, ebd., f. 125. — Msgr. F. ZANOTTO, ebd., f. 168. — Msgr. G. B. PREVEDELLO, Ord. Trev., S. 154. — A. BOTTACIN, ebd., S. 318. — E. SCANFERLATO, ebd., S. 334. — A. BAGAGLIO, ebd., S. 344. — LUCIA SARTO, ebd., S. 410. — Msgr. A. BACCHION, ebd., SS. 508, 509, 514.

er zu neuem Eifer, gründete die Herz Jesu-Bruderschaft, förderte das Vierzigstündige Gebet, führte Maiandachten ein, ermutigte zu häufigem Empfang der heiligen Sakramente, beging in festlichster Weise den Tag der Erstkommunion der Kinder, die er übrigens « viel jünger zum Tisch des Herrn treten ließ, als es damals üblich war » [1].

Apostel der sozialen Gerechtigkeit

Doch hätten diesem heiligen Hirten, der alle seine Kräfte dafür einsetzte, die Lebensführung der ihm Anvertrauten zu heiligen, Ärgernisse zu beseitigen, Zwietracht zu schlichten, Mißstände auszurotten — in dem heiligen Ehrgeiz, daß seine Pfarrkinder in der christlichen Gestaltung des Lebens vorbildlich seien —, hätten ihm die wirtschaftlichen Bedingungen gleichgültig sein können, unter denen sie lebten ? [2]

Die Soziale Frage wurde damals durch die wachsende Industrialisierung brennend ; ihre Probleme, die ja vor allem moralischer Natur sind und nur durch die Anwendung der christlichen Grundsätze auf die Gegebenheiten der wirtschaftlichen Entwicklung gelöst werden können, beschäftigten den Pfarrer von Salzano sehr. Er war überzeugt, daß ein gesichertes Einkommen die Menschen gegen die Ansteckungsgefahr des Sozialismus gefeit hätte.

Auch auf diesem Feld betätigte sich Don Sarto mutig; sein klares Urteil und die Hellsichtigkeit seines Herzens kamen ihm dabei sehr zustatten. War er etwa nicht mit dem festen und entschiedenen Vorsatz nach Salzano ge-

---

[1] Msgr. E. BACCHION, Ord. Trev., S. 509 : a. a. O., I. Kap., SS. 25-29, MARIA SARTO, Ord. Rom., f. 49. — Msgr. G. B. PREVEDELLO, Ord. Trev., S. 155. — E. SCANFERLATO, ebd., S. 334. — A. BAGAGLIO, ebd., SS. 345-347. — LUCIA SARTO, ebd., S. 410.
[2] L. BOSCHIN, Ord. Trev., S. 369. — Msgr. E. BACCHION, ebd., S. 548. — MARIA SARTO, Ord. Rom., f. 50.

kommen, nichts unversucht zu lassen, was seinen Pfarrkindern nützen könnte, bereit, weder Entbehrungen noch Opfer noch Mühen zu scheuen ?

In Salzano befand sich eine Seidenweberei, in der mehr als dreihundert Arbeiterinnen beschäftigt waren, abgesehen von den Männern. Der Eigentümer der Fabrik war ein sehr bekannter jüdischer Industrieller, Mosè Romanin-Jacur.

Dem jungen Pfarrer, der liebenswürdige Umgangsformen besaß, ohne je zu katzbuckeln, konnten auch die « Großen dieser Erde » nicht widerstehen [1]. Es gelang ihm mit Leichtigkeit, aus Liebe zu der arbeitenden Klasse die Achtung und das Vertrauen des Fabrikbesitzers zu gewinnen ; Jacur wußte den Scharfblick und die Anregungen Don Sartos zu schätzen und befolgte gern die Ratschläge zur Verbesserung der Lage seiner Arbeiter, die ihm der Priester gab [2].

*

Doch außer den Arbeitern, die in der Seidenweberei Romanin-Jacur beschäftigt waren, gab es in Salzano noch andere Arbeiter, Handwerker und Bauern. Don Sarto dachte auch an diese. Durch eine Idee, die der Zeit vorauseilte, und deren Verwirklichung einstweilen örtlich begrenzt blieb, wollte er sie enger zusammenschließen : er gründete eine kleine ländliche Darlehnskasse; ein erster Versuch — wenigstens in Italien — dem Jahre später eine ungeahnte Entwicklung beschieden sein sollte [3].

[1] Der Priester G. LUISE, Ord. Trev., S. 691. — Msgr. E. BACCHION, ebd., S. 550. — L. BOSCHIN, ebd., S. 367. — Der Priester G. BOTTIO, ebd., S. 395. — LUCIA SARTO, ebd., S. 419.
[2] Msgr. E. BACCHION, a. a. O., II. Kap., S. 64. — Msgr. G. B. PREVEDELLO, Ord. Trev., SS. 147-148. — MARIA SARTO, Ord. Rom., f. 50.
[3] Die erste ländliche Darlehnskasse wurde 1864 von Friedrich Wilhelm Raiffeisen († 1888), dem Bürgermeister von Flammersfeld in Westfalen, gegründet.

Wie viele Briefe gab es zu schreiben, wie viele Botschaften zu vermitteln — nicht immer angenehme! —, um die wirtschaftlichen Interessen seiner Pfarrkinder zu wahren. «Wenn der Erzpriester nicht gewesen wäre», so sagte mehr als ein Bauer, «läge ich schon auf der Straße.»[1] Wieviel Mühe kostete es ihn, den Widerstand manches Grundbesitzers zu überwinden, der sich zwar Christ und Katholik nannte, aber doch klagte, «Don Sarto kümmere sich etwas zu viel um seine Pächter. Doch schließlich mußte man nachgeben, denn man erkannte, daß er ein Priester war, dem niemand nein sagen konnte»[2]; ein Priester, der die Rechte des Volkes zu verteidigen wußte und für die unabdingbaren Prinzipien der Gerechtigkeit und Liebe eintrat.

Nach all dem kann man sich leicht vorstellen, was für ein ständiges Kommen und Gehen im Pfarrhaus zu Salzano — das Tag und Nacht allen offen stand — herrschte, und welch eine Arbeitslast der Heilige zu bewältigen hatte.

Das Volk zog Vergleiche mit dem vorhergehenden Pfarrer: es war fast unmöglich gewesen, ihn zu sprechen, denn er hätte besser in eine Kartause gepaßt als in ein Pfarrhaus. Wenn jemand an seine Tür pochte, öffnete sich ein Fensterchen, wie man es zuweilen an Klosterpforten sieht; dann entwickelte sich etwa folgendes Gespräch:

Guten Tag, Frau Adriano.
Guten Tag. Was wollen Sie?
Mit dem Erzpriester sprechen.
Sagen Sie es mir, das ist dasselbe.

Die so übel angekommen waren, gingen fort und verwünschten in ihrem Herzen alle Pfarrhaushälterinnen der ganzen Welt.

---

[1] Msgr. E. BACCHION, a. a. O., II. Kap., SS. 63-64.
[2] Ders., Ord. Trev., S. 508.

Bei Don Sarto gab es kein Fensterchen, keine Förmlichkeiten, keine Haushälterin, sondern Offenheit, Freundlichkeit, ein herzliches Lächeln [1].

Mit großem Vertrauen kamen die Leute zu ihm, denn sein fröhliches Gesicht und sein gütiger Blick verrieten das Herz eines wahren Seelenhirten, eines Vaters der ihm Anvertrauten [2].

Selbst die ältesten Leute konnten sich nicht erinnern, daß Salzano je einen so tüchtigen, guten, mit einer so reichen Fülle priesterlicher Tugenden ausgestatteten und vor allem einen so hilfsbereiten Pfarrer gehabt hätte; gerade seine Güte kennzeichnete ihn als echten Jünger Christi und gewann ihm die Seelen.

In kurzer Zeit war die große Pfarrei kaum wiederzuerkennen. Es wohnten da ehrenhafte, arbeitsame Leute, die oft zur Kirche gingen und die Sparsamkeit übten, zu der ihr heiliger Pfarrer sie angeleitet hatte [3].

Die Wunder seines Herzens

War das caritative Wirken Don Sartos in Tombolo bewundernswert gewesen, so konnte es in Salzano nur als heroisch bezeichnet werden.

« Sein Herz war immer jeglicher Not geöffnet und alles, was er besaß, betrachtete er nicht als sein Eigentum. » [4] Ihm konnte es am Notwendigen fehlen, nicht aber den Armen und Dürftigen.

Wo er Not sah, kannte er kein Überlegen: er gab verschwenderisch, « entblößte sich selbst von allem » [5].

---

[1] Msgr. E. BACCHION, a. a. O., II. Kap., S. 62. — A. RAGAZZO, Ord Trev., S. 379.
[2] Msgr. E. BACCHION, Ap. Trev., S. 151.
[3] LUCIA SARTO, Ord. Trev., S. 410. — Msgr. G. PESCINI, Ap. Rom., S. 812.
[4] L. BOSCHIN, Ord. Trev., S. 363.
[5] LUCIA SARTO, Ord. Trev., S. 411.

Mochten sich die Schwestern noch so oft beklagen, wenn Wäsche und Kleider, Weizen und Mais und sogar die bescheidenen täglichen Mahlzeiten verschwanden; er achtete nicht darauf. Wenn sie etwas von dem Wenigen, das noch im Hause war, retten wollten, mußten sie es verstecken, damit der künftige Pius X. nicht seine Hand darauf legte [1].

Für Don Giuseppe zählte nur eines: sein großes Vertrauen auf die göttliche Vorsehung.

Deshalb plagte ihn niemals die Versuchung, Geld anzuhäufen; er machte sich keine Sorgen um den morgigen Tag. Trotz reichlicher Einkünfte legte er niemals einen Centesimo auf die Seite [2].

*

Nur eine Sorge kannte er: jede Träne zu trocknen und der Armut seiner Salzaneser das Drückende, Demütigende zu nehmen. Alles andere hatte keine Bedeutung für ihn.

Wenn er nichts mehr zu geben hatte, wenn er nicht wußte, wie er einer ins Unglück geratenen Familie helfen sollte, leistete er Bürgschaft, obwohl er genau wußte, daß er am Verfallstag würde aus der eigenen Tasche bezahlen müssen [3].

Was lag ihm daran, wenn er sich zuweilen aus einer bedrückenden Lage, in die er durch seine unerschöpfliche Freigebigkeit geraten war, nur dadurch befreien konnte, daß er sogar den Pfarreiring heimlich ins Versatzamt nach Venedig schickte? [4]

---

[1] A. PAROLIN, Ord. Trev., S. 966. — Msgr. E. BECCERATO, ebd., S. 631.
[2] A. BOTTACIN, Ord. Trev., SS. 320-321. — A. BAGAGLIO, ebd., S. 347. — L. BOSCHIN, ebd., S. 357.
[3] L. BOSCHIN, Ord. Trev., S. 366. — LUCIA SARTO, ebd., S. 413. — A. BAGAGLIO, ebd., S. 352.
[4] Msgr. A. MARCHESAN, Ord. Trev., S. 1245. — GIUSEPPINA PAROLIN, Ap. Trev., S. 412.

Es machte ihm nichts aus, daß er, um die Armut und Not seiner Pfarrkinder lindern zu können, auch die notwendigsten Anschaffungen für sich selbst unterlassen mußte. [1]

Manchmal klagten seine Schwestern, er habe keine Strümpfe mehr. « Stopft die alten », sagte er. « Der Talar bedeckt alles. » [2]

Er hatte keine Strümpfe, weil er mehr an die Armen dachte als an sich selber. Er hatte keine Kleider, weil er « alles weggab » [3], weil er sich auch des Notwendigsten beraubte, sogar seiner eigenen Hemden und seiner Schuhe [4].

Ihm genügte die Freude, die alles gibt und nichts verlangt; ihm genügte es, geängstigte Menschen zu beruhigen, Unglückliche zu trösten, Leiden zu lindern und zu spüren, daß die Armen dadurch ihm näher kamen, aber auch Gott. Wer ihm riet, er möge ein wenig an sich selber denken, erhielt die von dem sieghaften Glauben der Heiligen inspirierte Antwort, die er schon in Tombolo so oft gegeben hatte: « Der Herr wird für alles sorgen. » [5]

*

In den Werken der Caritas war Don Sarto unübertrefflich.

Eines Tages kam die vielbeschäftigte Schwester Rosa gegen Mittag in die Küche und bemerkte mit Schrecken, daß der Kochtopf mit dem Fleisch, den sie aufs Feuer gesetzt hatte, verschwunden war.

---

[1] Maria Sarto, Ord. Rom., f. 50. — A. Bagaglio, Ord. Trev., S. 349.
[2] A. Bagaglio, Ord. Trev., S. 351.
[3] Msgr. E. Bacchion, Ap. Trev., SS. 151. — L. Boschin, Ord. Trev., S. 368.
[4] Genoveffa Cirotto, Ord. Trev., SS. 390-391. — P. Cuccarollo, ebd., S. 339.
[5] Anna Sarto, Ord. Rom., f. 147.

« Ich Arme ! ... Was soll ich nur jetzt tun ? » rief sie klagend.

Das hörte Don Giuseppe und mit gütigem Lächeln suchte er sie zu beruhigen :

« Vor einer Weile ist ein armer Mann gekommen, der eine kranke Frau und vier hungrige Kinder hat. Weil ich nichts anderes hatte, gab ich ihm den Topf mit der Brühe und dem Fleisch. Sei nur unbesorgt, für uns wird schon der Herr sorgen ! »

« Aber was werden wir denn jetzt essen ? » jammerte die Schwester, die sich nicht beruhigen wollte.

« Polenta und Käse », entgegnete er ; war er doch gewöhnt, sich mit einem Ei oder einer einfachen Bohnensuppe zu begnügen [1].

Von den guten Schwestern wurde wirklich viel Tugend verlangt ; sie mußten immer schweigen. Wenn sie nur ein Wort zu sagen wagten, hörten sie von ihrem Don Bepi stets dieselbe Antwort : « Habt ihr Angst zu verhungern ? Wir sind nicht zum Essen auf der Welt, sondern um zu arbeiten und zu leiden. Der Herr wird schon für uns sorgen. » [2]

*

Der Weizen der Pfarrpfründe war für die Armen bestimmt. Die Salzaneser bestätigen, daß die Kornkammer ihres Pfarrers immer leer war [3]. Und nicht ohne Rührung erinnerten sie sich an ein Jahr, in dem beängstigende Teuerung herrschte : da verteilte Don Sarto seinen ganzen Weizen an das hungernde Volk und behielt für sich selbst nur « ein Häufchen spindeldürre und halb schwindsüchtige Bohnen » [4].

[1] Lucia Sarto, Ord. Trev., SS. 409, 419. — L. Boschin, ebd., S. 321. — A. Bagaglio, ebd., SS. 349-350.
[2] Lucia Sarto, Ord. Trev., SS. 409, 411.
[3] E. Scanferlato, Ord. Trev., S. 333.
[4] Zeugnis des Don Carlo Carminati : Msgr. A. Marchesan, a. a. O., VI. Kap., S. 156.

Eines Tages kam ein Bauer am Pfarrhaus vorbei und fragte :
« Wem gehört der Weizen, der da in der Sonne liegt ? »
« Dem Erzpriester », lautete die Antwort.
« Wenn unser Erzpriester solche Eile hat, den Weizen zu trocknen, hat er sicher kein Mehl », meinte der Bauer.
Und so war es auch.
Jedes Jahr war der Pfarrer von Salzano der erste, der den Weizen erntete, weil es ihn drängte, den Ärmsten der Pfarrei zu helfen [1].
Und für ihn ?. . . Für ihn blieb das wunderbare Wort : « Die Vorsehung wird für alles sorgen ! »

*

Aber wie der Pfarrer von Salzano den Hunger ohne Klage, ja mit Freude ertrug, so fürchtete er sich auch nicht vor der Kälte.
Im März 1868 herrschte große Kälte und die Holzvorräte waren infolge des ungewöhnlich langen Winters in vielen Familien aufgebraucht.
Im Pfarrhaus hatte man noch etwas Holz, doch es verminderte sich von Tag zu Tag sichtlich.
« Wie kommt es nur, daß man hier so viel Holz verbraucht ? » fragte ein Priester, der als Fastenprediger nach Salzano gerufen worden war, den Hausdiener.
« Ja, was wollen Sie ? » antwortete dieser. « Hier ist die Türe immer offen. »
Der Fastenprediger verstand : der Pfarrer mit dem goldenen Herzen ließ sich bestehlen, um seine Wohltätigkeit zu verbergen. Doch der Priester wollte von ihm selbst das Geständnis hören ; deshalb fragte er ihn eines Tages :
« Wie kommt es nur, daß das Holz aus dem Hof so schnell verschwindet ? »

---

[1] Msgr. A. MARCHESAN, ebd., S. 154.

« Es gibt hier so viele Leute, die frieren ! » antwortete Don Giuseppe.

« Und du ? »

« Bei mir geht's auch ohne Holz », antwortete der Pfarrer ruhig [1].

*

Um seinen vielen Verpflichtungen in der Pfarrei leichter nachkommen zu können, hatte Don Sarto ein Pferd und ein Wägelchen. Doch das Pferd stand allen zur Verfügung und das Wägelchen bot einen erbärmlichen Anblick.

Als sich der Heilige einmal mit Don Giuseppe Menegazzi unterhielt — dem Pfarrer, mit dem er einst den sonntäglichen Religionsunterricht in Dialogform gehalten hatte [2] —, sagte er zu ihm :

« Höre, lieber Don Giuseppe, ich habe die Steuern noch nicht bezahlt und bin im Rückstand mit der Begleichung der Pension im Priesterseminar für einen armen Theologiestudenten aus meiner Pfarrei. Ich habe kein Geld und weiß nicht, was ich tun soll. Du hast doch so viele Beziehungen : könntest du nicht mein Pferd und meinen Wagen verkaufen lassen ? »

« Das Pferd kann ich schon verkaufen lassen, Herr Erzpriester », entgegnete Don Menegazzi, « aber der Wagen ist in einem Zustand, daß es nicht der Mühe wert ist, ihn zum Kauf anzubieten. Den mag niemand auch nur geschenkt. »

Kurz darauf wurde das Pferd in aller Heimlichkeit verkauft, aber das Wägelchen blieb weiterhin der « Omnibus » für alle [3].

*

[1] Msgr. E. BACCHION, a. a. O., II. Kap., S. 71.
[2] S. oben S. 50.
[3] A. PAROLIN, Ord. Trev., SS. 231-232. — Vgl. auch : Msgr. A. MARCHESAN, a. a. O., VI. Kap., SS. 153-154.

« O, Don Carlo !... Sind Sie wieder einmal in dieser Gegend ? » rief eines Tages die gute Rosa — die älteste Schwester des Heiligen —, als sie Don Carlo Carminati erblickte, den stets lustigen Kaplan von Galliera, einen Mitbruder Don Sartos, als dieser in Tombolo gewesen war.

« Ich wollte nur schnell den Erzpriester begrüßen », antwortete Don Carlo.

« Das ist schön ! » gab Rosa ihrer Freude Ausdruck. Dann zog sie ihn beiseite und sagte :

« Hören Sie, Don Carlo, ich muß Ihnen im Vertrauen etwas sagen : Heute vormittag ist ein Händler gekommen, der gute Leinwand hat. Don Giuseppe hat gestern etwas Geld bekommen. Sie sind doch so gut und kennen die Schwäche meines Bruders : seien Sie so lieb, ihn zu bitten, er möge ein wenig Leinwand kaufen. Verstehen Sie, Don Carlo ? Don Giuseppe hat keine Leibwäsche mehr. Er hat alles weggegeben. »

« Ich verstehe, Rosina. Ich werde mein Möglichstes tun », versprach Don Carlo.

Der Kaplan von Galliera, der das Herz des Pfarrers von Salzano kannte, beeilte sich, seine Mission zu erfüllen ; er führte die stärksten und überzeugendsten Gründe ins Feld.

Doch er sprach in den Wind, denn Don Giuseppe schnitt jedes weitere Wort mit der Bemerkung ab :

« Laß das, laß das. Die Leinwand kann man ja ein andermal anschaffen. »

Als Don Carlo sah, daß jeder Versuch, den Erzpriester umzustimmen, völlig nutzlos war, nahmen er und die Schwestern zu einer gewagten List ihre Zuflucht.

Sie ließen den Händler kommen, wählten Leinwand, vereinbarten den Preis und ließen einige Meter abschneiden. Dann wendeten sie sich an Don Giuseppe, der gleichmütig zuschaute, und sagten :

« Don Giuseppe, es sind so und so viele Meter und es kostet so und so viel ; jetzt zahle ! »

Don Giuseppe erkannte, daß er in eine gutgemeinte Falle gegangen war, schaute Don Carlo kopfschüttelnd an und sagte vorwurfsvoll :

« Auch du kommst, um mich zu verraten und betrügerische Ränke zu schmieden ? »

Doch da er wußte, daß man sein Bestes beabsichtigt hatte, zog er das Geld heraus — das zum Glück noch nicht andere Verwendung gefunden hatte — und zahlte.

Die gute Rosina stieß einen Seufzer der Erleichterung aus, und wendete sich überglücklich an den lachenden Kaplan :

« Gott sei Dank, daß Sie gekommen sind, Don Carlo. Wenn Sie heute nicht hier wären, hätten wir morgen weder Leinwand noch Geld. » [1]

Doch eine solche Überraschung wiederholte sich nicht.

Das Cholerajahr 1873

Wie majestätische Ströme nicht zwischen zu engen Ufern gehalten werden können, so kannte Don Giuseppe Sartos Nächstenliebe keine Grenzen ; er opferte nicht nur seinen Besitz, sondern auch seine eigene Person ; alles wurde für das Wohl seiner Pfarrkinder hingegeben.

Der Heilige ging in seinem caritativen Wirken bis zu jenem Heroismus, den der göttliche Meister mit den Worten kennzeichnete : « Eine größere Liebe hat niemand, als wer sein Leben hingibt für seine Freunde. » [2]

Es ist nicht lange her, da erinnerten sich die alten Leute in Venetien noch der Cholera, die im Jahre 1873 dort herrschte.

---

[1] Msgr. A. MARCHESAN, a. a. O., VI. Kap., SS. 155-156.
[2] Joh. 15, 13.

Die Seuche wütete auch im stillen Salzano und raffte viele hinweg. Für Don Sarto war es eine Zeit härtester Opfer und unerhörter Anstrengung.

Tag und Nacht war er unterwegs, um die Beichte der Kranken zu hören, denn in liebevoller Besorgtheit wollte er nicht, daß seine jungen Kapläne sich der Ansteckungsgefahr aussetzten [1].

War ein Toter zu begraben, so übernahm er es, die sterbliche Hülle seines Pfarrkindes noch einmal zu segnen.

Fehlte es in einem einsam gelegenen Häuschen am Notwendigen, sorgte er für alles, half und tröstete.

War in einer armen Familie niemand, der es verstand, die Angesteckten zu pflegen, gab er die richtigen Mittel an, erteilte Ratschläge, machte Mut und zögerte nicht, selbst die Rolle des Arztes und des Krankenpflegers zu übernehmen.

Waren nicht genug Männer da, um die Toten auf den Friedhof zu befördern, half er selber bei diesem Werke der Barmherzigkeit.

Eines Nachts war er in ein abgelegenes Haus gekommen um einen Toten einzusegnen. Es waren nur drei Männer dort, der vierte fehlte.

Don Sarto sah es und schwieg. Er besprengte die Bahre mit Weihwasser, intonierte das « De profundis » und schickte sich dann in Chorrock und Stola an, den Toten tragen zu helfen [2].

*

Als die Seuche erloschen war, stimmte der heroische Pfarrer einen Dankeshymnus an.

Doch die Erschütterungen, die erschöpfende Arbeit, der völlige Mangel an Ruhe, das entkräftende Fasten, die

---

[1] Der Priester G. LUISE, Ord. Trev., S. 659.
[2] MARIA SARTO, Ord. Rom., f. 48-49, 101. — L. BOSCHIN, Ord. Trev., S. 371. — Msgr. E. BACCHION, Ap. Trev., S. 102.

zahllosen Entbehrungen und Mühsale, die ihm durch die Dringlichkeit der Fälle auferlegt wurden, die Trauer und Trostlosigkeit der so schwergeprüften Bevölkerung hatten seine Kräfte verbraucht.

Zuweilen brach er in Tränen aus ; vor den Speisen empfand er Ekel ; er vermochte kein Auge zu schließen. Kein Wunder, daß er zum Skelett abmagerte [1].

Die Freunde, die Schwestern, ja selbst der Bischof empfahlen ihm, sich Ruhe zu gönnen ; doch der starke Arbeiter des Herrn antwortete : « Habt nur keine Angst. Der Herr wird schon helfen ! » [2]

Don Carminati war erschüttert, als er Don Sarto so verändert, so kraftlos sah.

« Dir geht es aber nicht gut », sagte er.

« Das kommt dir so vor », entgegnete Don Giuseppe.

« Das kommt mir nicht nur so vor ; dir geht es schlecht ! » beharrte Don Carminati.

« Ja, es ist wahr », gab Don Sarto zu, « ich spüre es auch, daß es mir seit einiger Zeit nicht allzu gut geht. »

« Er ist aller Diener », unterbrach die älteste Schwester mit Nachdruck. « Schauen Sie doch, Don Carlo, wie er abgenommen hat ! Er ist nur Haut und Knochen. »

« Deine Schwester hat hundertfach recht », stimmte Don Carminati zu. Und im Ton liebevollen Vorwurfs fuhr er fort : « Du arbeitest zu viel, mein Lieber. Doch denke daran, daß der allzu straff gespannte Bogen zerbricht ; und manche Bogen kann man nicht mehr reparieren... Hast du verstanden ? »

« Bravo !... Du bist ein tüchtiger Redner geworden », antwortete Don Giuseppe mit einem Lächeln, das sagen wollte : Behaltet eure Ratschläge für euch ; ich weiß schon, was ich zu tun habe.

---

[1] Lucia Sarto, Ord. Trev., S. 410.
[2] Dies., ebd.

Und kaum war er wieder zu Kräften gekommen, da arbeitete er noch intensiver als zuvor, mit noch leidenschaftlicherem Einsatz für die Ehre Gottes und das Heil der Seelen [1].

Göttliches Zeugnis?

Die Salzaneser bewunderten ihren Pfarrer, denn sie wußten, daß er ständig ein wahrhaft heroisches Leben führte ; nahm er doch an allen ihren Leiden, ihrem Unglück, ihren Sorgen innigsten Anteil.

Sie hatten gesehen, wie er in den Schreckenstagen der Cholera fast Zauberkraft zu haben schien und waren überzeugt, daß er ein heiligmäßiger Priester sei.

Ein Salzaneser erzählte folgende Begebenheit : Eines Tages befand sich der Heilige in einem Haus auf dem Lande, um dort seine seelsorglichen Pflichten zu erfüllen, als schrille Schreie und Hilferufe aus einem nahen Haus ertönten ; es war dort plötzlich Feuer ausgebrochen und hatte ein bedrohliches Ausmaß angenommen.

«Don Giuseppe eilte sofort dorthin; es waren schon viele Leute zusammengelaufen. Das Feuer zu löschen war unmöglich, weil in den Gräben und Kanälen kein Wasser war.

Der Heilige war ergriffen von den Tränen der geängstigten Familie, und als die Flammen gerade im Begriff waren, den Heuboden zu ergreifen, rief er ermutigend : 'Habt keine Angst, das Feuer erlischt !'

Im selben Augenblick wendeten sich die Flammen nach der entgegengesetzten Seite und binnen kurzem erlosch das Feuer, als ob es einem geheimnisvollen Befehl gehorchte. Der Schaden war deshalb nur gering. Alle sprachen voll Verwunderung über die Begebenheit. » [2]

---

[1] Msgr. A. MARCHESAN, a. a. O., VI. Kap., SS. 161-162.
[2] E. SCANFERLATO, Ord. Trev., SS. 330-331. — Vgl. auch : Msgr. A. BACCHION, a. a. O., II. Kap., SS. 72-73.

Ein anderer Zeuge berichtet:
«In einem Jahr wurden die Weingärten unserer Gegend von einem kleinen Insekt verwüstet, das man gewöhnlich 'Zigarrendreher' nannte, weil es die Blätter der Reben zusammenrollte, daß sie wie Zigarren aussahen und schließlich verdorrten.

Don Sarto sah, welch großer Schaden der Ernte drohte und war von Mitleid ergriffen. An einem Sonntag ermahnte er das Volk zum Gebet und schloß mit den Worten:

'Morgen werde ich die Glocken läuten lassen und zur gleichen Zeit werde ich eure Felder und Weingärten segnen. Vereinigt euch mit mir in gläubigem Gebet und habt großes Vertrauen.'

Wie er es versprochen hatte, geschah es. Die Wirkung dieser Segnung war wunderbar, wie ich mit meinen eigenen Augen sah. Die Insekten waren verschwunden und der Schaden abgewendet.»[1]

Die Liebe eines Volkes

Kein Wunder, daß so große Tüchtigkeit, so viel Eifer, so viele Opfer und so viele Wohltaten dem Pfarrer von Salzano die Herzen aller gewannen.

Nein, einen Pfarrer wie Don Sarto hatte Salzano noch niemals gehabt!

Die Versicherung des Bischofs Zinelli, er habe Salzano einen «goldenen Pfarrer» gegeben, erwies sich als wahr: diesem mit den glänzendsten Fähigkeiten ausgestatteten Priester bewahrten die Salzaneser immer tiefe Dankbarkeit. Und Herr Paolo Bottacin, der dem flüchtigen Eindruck bei der ersten Begegnung mit Don Sarto so große Bedeutung beigemessen hatte, mußte zugeben, daß der

---

[1] A. BAGAGLIO, Ord. Trev., S. 342.

Bischof mit seiner Ernennung wirklich « etwas Gutes » für die große Pfarrei getan hatte [1]. Unter allen Pfarreien der Diözese stand sie nun an erster Stelle in Bezug auf Ordnung und christliche Lebensführung, Häufigkeit des Sakramentenempfanges und die Kommunion der Kinder, die Don Sarto früher zum Tisch des Herrn zuließ, als es damals üblich war [2]. Bischof Zinelli gab nach seiner Visitation in Salzano folgendes Urteil ab :

« In der Pfarrei herrscht ein ausgezeichneter religiöser Geist ; die Bevölkerung ist einträchtig um den Pfarrer geschart ; der Sakramentenempfang ist erfreulich, die Zahl der Kommunionen groß ; die Kinder sind in der Glaubenslehre sehr gut unterrichtet ; alles, was mit dem Gottesdienst zusammenhängt, ist in bester Ordnung. » [3]

So hatte Salzano allen Grund, auf seinen Erzpriester stolz zu sein und ihm Liebe entgegenzubringen.

Alle hatten ihn lieb, denn er war die Seele der Pfarrei. In den Familien wurde keine Entscheidung ohne ihn getroffen.

Die Kinder hingen an ihm, denn er ließ sie abends im Pfarrhaus zusammenkommen, um sie vor sittlichen Gefahren zu bewahren. Beim matten Schein einer Öllampe spielte er mit ihnen, als wäre er wieder zum Kinde geworden [4].

Die Buben, in denen er Neigung zum Priestertum entdeckte, hatten ihn lieb. Er unterrichtete und erzog sie,

---

[1] S. oben S. 47.
[2] MARIA SARTO, Ord. Rom., f. 49. — LUCIA SARTO, Ord. Trev., S. 410. — A. BAGAGLIO, ebd., S. 347.
« Ich hörte von den alten Leuten des Dorfes, daß Don Sarto die Kinder in einem viel zarteren Alter, als es damals üblich war, zur Erstkommunion zuließ, und daß er wollte, sie möchten häufig kommunizieren. » (Msgr. E. BACCHION, Ord. Trev., S. 509.)
Die Kinder empfingen damals allgemein zwischen dem 10. und 14. Lebensjahr zum ersten Mal die heilige Kommunion. Der Heilige hingegen führte sie schon mit 8 oder 9 Jahren zum Tisch des Herrn. (Zeugnis der Maria Sarto, Ord. Rom., f. 48.)
[3] Msgr. E. BACCHION, a. a. O., I. Kap., SS. 34-35.
[4] Msgr. A. MARCHESAN, a. a. O., VI. Kap., S. 155.

wie er es in Tombolo getan hatte, und pflegte den Keim der Berufung, um sie dann ins Seminar zu schicken, wo er sie, wenn sie arm waren, um den Preis großer Opfer, Entbehrungen und Mühen unterstützte, damit keine Berufung verloren ginge [1].

Die jungen Burschen hatten ihn lieb, die, müde von anstrengender Tagesarbeit, in Sorge um ihre Zukunft, zu ihm kamen. Er lehrte sie die richtige Einstellung zum Leben und nahm auch an ihren Erholungsstunden teil, um engeren Kontakt mit ihnen zu gewinnen und den Glauben der Ahnen in ihnen lebendig zu erhalten [2].

Die Familienväter hatten ihn lieb, denn sie fanden in ihm ein Herz, das ihre Nöte, Sorgen und Leiden verstand [3].

Die Greise hatten ihn lieb, weil er sie in ihrem Elend stärkte und ihnen in den letzten Lebenstagen Trost spendete.

Die Kranken hatten ihn lieb, denen sein gütiges Herz Erleichterung in ihren Leiden zu bringen wußte [4].

Die Armen hatten ihn lieb, denn sie sahen, daß er jeden Tag « arm wurde um ihretwillen » [5].

Seine Kapläne hatten ihn lieb, denn sie bewunderten in ihm einen demütigen, frommen und fleißigen Priester, der keine Ruhmsucht kannte, sondern einzig und allein das Heil der Seelen erstrebte [6].

Die Ortsbehörden schätzten ihn sehr und bekundeten dies, indem sie ihm die Leitung der Gemeindeschulen

---

[1] Ders., Ord. Trev., S. 1189. — Msgr. E. BACCHION, ebd., S. 511. — L. BOSCHIN, ebd., S. 362. — A. PAROLIN, ebd., S. 876. — Msgr. F. ZANOTTO, Ord. Rom., f. 167. — Msgr. G. B. ROSA, ebd., S. 953.

[2] A. BOTTACIN, Ord. Trev., SS. 319-320. — A. SCATTOLIN, Ord. Ven., S. 910.

[3] A. BOTTACIN, Ord. Trev., SS. 317-318. — E. SCANFERLATO, ebd., S. 329. — A. BAGAGLIO, ebd., SS. 343-344. — L. BOSCHIN, ebd., S. 360. — LUCIA SARTO, ebd., S. 140. — Msgr. A. BACCHION, ebd., S. 508.

[4] MARIA SARTO, Ord. Rom., f. 50. — E. SCANFERLATO, Ord. Trev., S. 333.

[5] Der Priester G. LUISE, Ord. Trev., S. 696.

[6] Msgr. E. BACCHION, Ord. Trev., SS. 515-516 : a. a. O., IV. Kap., SS. 126-132.

und das Amt eines Präsidenten des Krankenhauses und der Orts-Caritasvereinigung anvertrauten [1].

Selbst bei den Ungläubigen stand er in hohem Ansehen, denn sie bewunderten in ihm einen wahren Diener Gottes und zögerten nicht, ihm die Erziehung ihrer Kinder anzuvertrauen.

Leone Romanin-Jacur, der Sohn des schon erwähnten jüdischen Industriellen, erinnerte sich noch als Staatssekretär mit großer Dankbarkeit daran, daß er vom Erzpriester von Salzano, Don Giuseppe Sarto, erzogen worden war [2].

Alle hatten ihn lieb, weil sie in ihm einen « heiligen Priester » [3] verehrten.

*

Alle hatten ihn lieb — und wehe dem, der es gewagt hätte, ihrem Pfarrer etwas zuleide zu tun !

An einem Sonntagnachmittag kehrte Don Giuseppe von einem Krankenbesuch zurück. Als er die ersten Häuser von Salzano erreicht hatte, begegneten ihm Leute von Dolo, die ihm hohnlachend mit ihrem Wagen den Weg versperren wollten.

Einige Salzaneser, die in der Nähe spielten, sahen den üblen Scherz, den sich die Galgenvögel mit ihrem Erzpriester erlaubten, unterbrachen sofort ihr Spiel und eilten ihm zu Hilfe.

Zuerst wurden aufgeregte Worte gewechselt. Doch schließlich hob ein Mann von Salzano die Arme, ballte die Fäuste und rief seinen Kameraden zu : « Genug mit dem Geschwätz ! So macht man das ! » Das war Alarm zur Schlacht.

---

[1] DERS., Ord. Trev., SS. 658, 693. — MARIA SARTO, Ord. Rom., f. 51. — ANNA SARTO, ebd., f. 126. — Msgr. F. ZANOTTO, ebd., f. 173. — Msgr. G. BOTTIO, Ord. Trev., S. 319. — A. PAROLIN, ebd., SS. 887-888.
[2] Msgr. E. BACCHION, a. a. O., II. Kap., SS. 64-65.
[3] L. BOTTACIN, Ord. Trev., S. 315.

Als die Taugenichtse sahen, daß die Sache für sie nicht gut stand, verschwanden sie schleunigst nach der Richtung, aus der sie gekommen waren [1].

Eine unerwartete Ehre

Es war im Jahre 1875, da wurde Don Sarto eines Tages in das bischöfliche Ordinariat in Treviso gerufen. Die Aufforderung war dringend. Gehorsam machte sich der Pfarrer von Salzano sofort auf den Weg.

Der Bischof hatte ihn schon erwartet. Mit freundlichem Lächeln sagte er ohne jede Einleitung:

« Ich brauche Sie. Ich habe keinen Spiritual im Seminar und dem Ordinariat fehlt der Kanzler. Ich dachte, Sie könnten beides übernehmen. Ich ernenne Sie zum Domherrn der Kathedrale. Sind Sie zufrieden ? »

Man kann sich vorstellen, wie betroffen Don Sarto von diesem unerwarteten Vorschlag war. Als er sich von dem Staunen über eine so unverhoffte Ehre erholt hatte, tat er sein Möglichstes, um den Bischof zu bewegen, die getroffene Entscheidung zurückzunehmen : er bat ihn inständig, von ihm abzusehen, machte familiäre Gründe geltend, suchte ihn zu überzeugen, daß andere für diese Ämter viel geeigneter wären [2].

Doch alles war umsonst. Der Bischof, der schon seit einiger Zeit seine Tätigkeit beobachtet hatte, weil er ihn zum Professor am Priesterseminar ernennen wollte [3], war nicht zu bewegen ; er ließ weder Entschuldigungen noch Gegengründe gelten.

Don Giuseppe neigte den Kopf, als ob er in ernste

---

[1] Msgr. A. BACCHION, a. a. O., SS. 72-73. — E. SCANFERLATO, Ord. Trev., SS. 330-331.
[2] Msgr. G. MILANESE, Cenni biografici di Pio X., S. 10, Treviso 1903.
[3] Msgr. A. MARCHESAN, a. a. O., V. Kap., S. 124.

Gedanken vertieft wäre. Doch da er nicht so ängstlich und unentschlossen war wie die Apostel auf dem stürmischen See Genesareth [1], stellte er die eigenen Wünsche zurück und fügte sich ohne weiteren Widerstand dem Willen des Bischofs.

Als er am Abend nach Hause kam, schien er sehr erregt. Wie würden seine Schwestern, von denen er sich nun trennen mußte, die Entscheidung des Bischofs aufnehmen ? Wie würde er selbst ohne ihre liebevolle Betreuung auskommen ?

Doch er bemeisterte seine Erregung rasch. Mit der ganzen Kraft seines Willens brachte er die Stimme der natürlichen Zuneigung zum Schweigen. Und als die Schwestern ihn fragten, was er denn habe, antwortete er fest :

« Der Bischof will mich zum Domherrn in Treviso machen. Ich bin Priester und muß gehorchen. Erfüllt den Willen Gottes, indem ihr euer Brot mit eurer Hände Arbeit verdient. » [2]

*

Er ordnete die Angelegenheiten in der Pfarrei, bestimmte, daß die Schwestern zur Mutter nach Riese zurückkehrten, und verließ Salzano am 16. September 1875. Um den Schmerz der Trennung nicht noch zu steigern, reiste er am frühen Morgen, als alle noch schliefen, « ohne sich von jemandem zu verabschieden » [3].

---

[1] Matth. 8, 24-25.
[2] MARIA SARTO, Ord. Rom., f. 52. — E. MIOTTO-SARTO, Ord. Trev., S.S 489-490. — A. GIACOMELLI, ebd., S. 865.
[3] ANTONIO PAROLIN, Ord. Trev., S. 878-879. — Am Abend dieses Tages schrieb er an seinen Vetter in Venedig : « Heute morgen habe ich Salzano endgültig verlassen. Ich kann Dir gar nicht sagen, welche Niedergeschlagenheit, welchen Schmerz mir diese Trennung nach acht Jahren des Zusammenlebens verursacht. Ich bin um 2 Uhr früh abgereist, vor dem Morgengrauen, und habe von niemandem Abschied genommen. »

Für die Bevölkerung, die ihn so kalt aufgenommen hatte, bedeutete sein Scheiden einen schmerzlichen Verlust; denn einen so heiligmäßigen Priester wie ihn hatte Salzano noch nie gehabt. Sie konnten nicht genug seine hervorragende Tüchtigkeit und die unvergleichliche Güte seines Herzens rühmen.

Es gab wohl niemanden, der nicht ein Zeichen seiner Liebe, seiner unerschöpflichen Hilfsbereitschaft empfangen hatte.

Arm war er nach Salzano gekommen, arm sahen seine Pfarrkinder ihn scheiden, weil er alles den Armen gegeben hatte. Das ist der schönste Ruhm für einen Priester Christi.

Was alle dachten, drückte ein Dialektdichter des Dorfes mit folgenden Worten aus:

> Im abgenützten Rock ist er gekommen,
> Und er verläßt uns ohne Hemd [1].

Braucht's eine bessere Lobrede?... Das gleiche Lob schrieb 39 Jahre später die Welt in Dankbarkeit und Bewunderung auf sein schlichtes Grab in der geheimnisvollen Stille der Vatikanischen Grotten: « Pauper et dives » [2].

---

[1] Msgr. E. BACCHION, a. a. O., II. Kap., S. 72. — Vgl. auch: L. BOSCHIN, Ord. Trev., SS. 348-349. — A. RAGAZZO, ebd., S. 381.
[2] « Arm und reich. »

4. Kapitel

DER DOMHERR VON TREVISO

(28. November 1875 - 16. November 1884)

1. Die rechte Hand des Bischofs. — 2. Macht des Beispiels. — 3. Spiritual im Priesterseminar. — 4. Bischöflicher Kanzler. — 5. « Er arbeitete für vier. » — 6. Kapitelvikar. — 7. Größeren Aufgaben entgegen. — 7. Die Mitra.

Die rechte Hand des Bischofs

An einem kalten, nebeligen Morgen stellte sich Msgr. Sarto den Domherren von Treviso vor.

Es war der 28. November 1875, der erste Adventssonntag.

Sein Bischof hatte ihn nach Treviso berufen, um ihm zwei äußerst schwierige Ämter anzuvertrauen, die ausgeglichenes Wesen, Umsicht und Klugheit verlangten: das Amt eines Spirituals am Priesterseminar und das eines bischöflichen Kanzlers.

Exzellenz Zinelli, der die Fähigkeiten seiner Priester richtig einzuschätzen wußte, war überzeugt, daß er den Mann gefunden hatte, der in der Verwaltung der Diözese voll und ganz seinen Erwartungen entsprechen und in der Geschichte des Diözesanseminars unvergeßlich bleiben würde.

Msgr. Sarto hatte eben sein 40. Lebensjahr vollendet, stand also in der Vollkraft des Mannesalters.

Er verfügte nicht nur über gründliches theoretisches Wissen, sondern hatte auch einen praktischen Blick, ein klares Urteil über Menschen und Dinge. Offenheit und Tatkraft, Fleiß und Opfersinn, stets gleichbleibende Ruhe und echt priesterliche Gesinnung zeichneten ihn aus.

Diese Gaben befähigten ihn, die ihm auferlegte Verantwortung zu tragen, die Schwierigkeiten zu überwinden, die jungen Priesteramtskandidaten mit sicherer Hand ihrem heiligen Ziel entgegenzuführen, den Schülern des bischöflichen Knabenseminars, das an das Priesterseminar angeschlossen war, eine treffliche Erziehung angedeihen zu lassen — und zu gleicher Zeit die rechte Hand des Bischofs in der Verwaltung der Diözese zu sein.

Macht des Beispiels

Von den ersten Tagen an, da Msgr. Sarto dem Domkapitel von Treviso angehörte, war es ganz unverkennbar, wie groß die Macht seines Beispiels war und welch wachsenden Einfluß er auf seine Amtsbrüder ausübte.

Eine alte Bestimmung des Senates der Republik Venedig, die vom Heiligen Stuhl bestätigt worden war, gab den Domherren von Treviso das Recht, sich in violettes Tuch zu kleiden und einen gleichfarbigen Hut zu tragen. Doch später riß die Gewohnheit ein, statt des Tuches Seide zu verwenden und das Violett wich einem flammenden Rot ; dazu kam eine Menge Bänder, Schnüre und Quasten.

Msgr. Sarto in seiner angeborenen Bescheidenheit machte diesen Unfug nicht mit ; in der Stadt sah man ihn stets in einem schwarzen Talar ohne jeden Schmuck; nur das violette Collar erinnerte an seine Würde.

Einige Domherren, die große Vorliebe für die Purpurfarbe und die Baldachinquasten hatten, betrachteten diese Neuerung als Beleidigung und ließen es nicht an verletzenden Bemerkungen fehlen.

Doch das Gerede verstummte bald, denn die nachdenklicheren Domherren zögerten nicht, das Beispiel des neuernannten Monsignore nachzuahmen [1].

[1] Msgr. A. MARCHESAN, a. a. O., VII. Kap., SS. 216-217. — Msgr. F. ZANOTTO, Ord. Rom., f. 175.

Spiritual im Priesterseminar

« Das soll ein Landpfarrer sein ! Habt ihr den Vortrag gehört ? » So riefen die Seminaristen von Treviso nach dem ersten Vortrag des neuen Spirituals, der sich bei ihnen mit den Worten eingeführt hatte, er sei « ein armer Landpfarrer, der nach Treviso nur gekommen sei, um den Willen Gottes zu erfüllen [1] ».

Der « arme Landpfarrer » hatte schnell gezeigt, was er war und sofort die Hochschätzung der Seminaristen erworben.

*

Es war eine schwere Verantwortung, die Msgr. Sarto Gott und der Diözese gegenüber zu tragen hatte; und er erfüllte seine Pflicht « auf das gewissenhafteste, mit größtem Eifer » [2].

Jeden Morgen war er schon vor den Seminaristen in der Kirche, bereit, den Betrachtungsstoff vorzulesen. Niemals verging eine Woche, in der er nicht einen Vortrag gehalten hätte ; jeden Sonntag erklärte er das Evangelium ; am allmonatlichen Einkehrtag der Kleriker hielt er ebenfalls einen Vortrag und bot Stoff für eine Betrachtung. Jeden Mittwoch und jeden Samstag hörte er stundenlang die Beichte der Seminaristen und der Schüler des bischöflichen Knabenseminars — es waren ihrer ungefähr 320 — in einem Raum, wo in strengen Wintern eine geradezu sibirische Temperatur herrschte. Doch nie hörte man eine Klage von ihm ; nie suchte er Erleichterung für seine erstarrten Glieder [3].

*

---

[1] Msgr. A. MARCHESAN, a. a. O., VII. Kap., S. 186.
[2] Msgr. A. ROMANELLO, Ord. Trev., SS. 37-38. — Vgl. auch : Msgr. R. PILOTTO, Ap. Trev., S. 609.
[3] Msgr. A. ROMANELLO, Ord. Trev., S. 38. — Msgr. E. BECCEGATO, ebd., S. 606. — Msgr. G. TRABUCHELLI, ebd., S. 997. — Msgr. G. BRESSAN, Ap. Rom., S. 42.

Seine Vorträge und seine Betrachtungen waren einfach, klar, warm und eindringlich [1], reich an Beispielen und Vergleichen, an Zitaten aus der Heiligen Schrift und der Literatur, und verrieten eine gediegene Bildung und ein ungewöhnliches Wissen.

Seine Sprache war kultiviert, leicht verständlich, natürlich und überzeugend, manchmal von einem Scherzwort belebt, durch das die Aufmerksamkeit wachgehalten und die behandelte Wahrheit dem Geist und dem Herzen seiner Zuhörer tiefer eingeprägt werden sollte [2].

Die jungen Leute hörten ihm mit großem Interesse und mit Freude zu und befolgten gern seine Weisungen, denn sie erkannten, daß er nicht nur klare Grundsätze hatte, sondern — wie es ein Seminarist, der später Bischof werden sollte, ausdrückte — « ein Herz, das von tiefer Gottesliebe erfüllt war » [3].

*

Da Msgr. Sarto überzeugt war, daß der Priester das « Licht der Welt » und das « Salz der Erde » [4] sein soll, war ihm die Schulung seiner Kleriker ein Herzensanliegen. Die Heiligkeit des Priestertums, Ehrfurcht vor den geistlichen Würdenträgern, williger Gehorsam gegenüber den Oberen, Loslösung vom Irdischen, Eifer für das Heil der Seelen und die spezifisch priesterlichen Tugenden waren die Gegenstände, auf die er immer wieder zurückkam. Mit größter Eindringlichkeit, aber ganz schlicht leitete

---

[1] A. BOTTERO, Ord. Trev., S. 773. — Msgr. G. TRABUCHELLI, ebd. S. 997. — Msgr. R. PILOTTO, Ap. Trev., SS. 609-610.

[2] Msgr. E. BECCEGATO, Ord. Trev., S. 606. — Msgr. R. PILOTTO, Ap. Trev., S. 610. — Vgl. auch : Msgr. MARCHESAN, a. a. O., VII. Kap., S. 188.

[3] Msgr. E. BECCEGATO, Ord. Trev., S. 630. — Der Priester SANTINON, ebd., S. 449. — Msgr. P. SETTIN, ebd., S. 1047. — Vgl. auch : Msgr. F. ZANOTTO, Ord. Rom., f. 174.

[4] Matth. 5, 13-14.

er zu wahrer Frömmigkeit an, zu Eifer im Studium, zu Disziplin, Lauterkeit der Lebensführung, zu Ordnung und Sauberkeit [1].

*

Aus seinen Worten sprach die Güte seines Herzens ; doch wenn es nottat, konnte er auch mit der gerechten Strenge auftreten, die seinem kraftvollen, lebhaften Temperament entsprach.

Dann flammte das Feuer priesterlichen Eifers hell auf und er handelte wie ein Chirurg, der das kranke Fleisch herausschneidet, um die Wunde zu heilen.

Eines Sonntags hatte er bemerkt, daß einige Schüler des bischöflichen Knabenseminars beim Betreten der Kirche das Kreuzzeichen entweder gar nicht machten oder es sehr nachlässig ausführten. Noch bevor er die Erklärung des Evangeliums begann, wandte er sich mit flammender Entrüstung gegen diese Nachlässigkeit. Niemals hatte man ihn so erregt gesehen. Von diesem Augenblick an machte niemand mehr das Kreuzzeichen spielerisch und oberflächlich ; groß und ehrfurchtsvoll zeichneten es die Knaben über Stirn und Brust [2].

« Diese Episode würde genügen », schreibt Msgr. Marchesan, « um den Mann zu kennzeichnen, der die Fliegen mit Honig zu fangen wußte, aber auch mit Essig ! » [3]

*

Bei den Seminaristen verhielt er sich nicht anders. Er hatte Nachsicht mit den Fehlern, die jugendlicher Unreife zuzuschreiben waren ; da verzieh und vergaß er leicht.

---

[1] Msgr. A. MARCHESAN, Ord. Trev., S. 1240. — Msgr. G. B. PREVEDELLO, Ord. Trev., S. 135.
[2] Msgr. A. MARCHESAN, a. a. O., VII. Kap., S. 190.
[3] DERS., ebd., S. 202.

Doch weil er sich seiner Verpflichtung bewußt war, tüchtige Priester heranzubilden, duldete er weder Trägheit noch Willensschwäche.

Er verlangte, daß sie opferbereit, arbeitsfroh, aufrichtig, unbefangen und ohne Verstellung seien. Er wollte sie zu würdigen Dienern der Kirche erziehen, zu Priestern ohne Makel, beispielgebend für die Gläubigen, Stützen der Diözese, die Freude und der Stolz ihres Bischofs.

Zu einem Freund, der ihn zu streng fand, sagte er einmal: « Sie sollen Priester werden, verstehst du? Wenn ich sie nicht jetzt belehren und zurechtstutzen würde, was für eine Sorte von Priestern käme da wohl heraus? »[1]

Doch Msgr. Sartos Strenge war stets mit so viel Güte gepaart, daß sich niemand je verletzt fühlte. Im Gegenteil, je strenger er sie hernahm, desto größeres Vertrauen brachten sie ihm entgegen; denn, so versicherten die Seminaristen, in seinen Worten und seinen Gesten « lag etwas, das Vertrauen einflößte »[2].

« Es kam nie vor, daß er jemanden zurückwies », bezeugt ein anderer. « Er hörte aufmerksam zu, zeigte weder Eile noch Ungeduld, nahm warmen Anteil an der Lage, die ihm geschildert wurde, hatte Verständnis für die Schwierigkeiten und Nöte, deretwegen man seinen Rat erbat. Seine Ratschläge waren bestimmt und klar, gaben den Seelen Trost, Ruhe und Frieden. »[3]

Ein dritter versichert: « Man hatte den Eindruck, daß der Herr aus ihm sprach, denn er sagte immer das, was wir gerade brauchten und zerstreute jede Furcht. »[4]

*

---

[1] Der Priester L. FERRARI, Dalle mie Memorie, S. 37. Vicenza 1922
[2] Der Priester P. SANTINON, Ord. Trev., S. 449.
[3] Msgr. P. SETTIN, Ord. Trev., S. 1048. — Msgr. R. PILOTTO, Ap. Trev., S. 610.
[4] Msgr. G. TRABUCHELLI, Ord. Trev., S. 998.

Für die mittellosen Seminaristen sorgte er wie eine Mutter. Sie waren die ersten, die Anspruch auf seine Hilfe hatten.

Es war ihm Herzenssache, ihnen Bücher, Kleider und auch Geld — das er entlehnte, wenn er selbst keines mehr hatte — zu geben, den Kranken beizustehen und ihnen sogar die Medikamente zu besorgen [1].

Eines Abends trat ein armer Seminarist bleich und zitternd bei Msgr. Sarto ein und erzählte ihm eine traurige Geschichte von dem Unglück, das seine Familie getroffen hatte. Um sie vor Schande zu bewahren, so schloß er, müßte er ehestens 150 Lire haben.

« Es tut mir leid, mein Sohn », sagte der Heilige mitleidig ; « ich habe nur wenige Lire. »

Der Arme brach in Tränen aus.

« Verliere nur nicht den Mut », tröstete Msgr. Sarto. « Komm morgen wieder ; vielleicht wird der Herr doch helfen. »

Am nächsten Tag kam der Seminarist wieder ; seine Augen zeigten noch die Spuren vergossener Tränen.

« Es ist gut », sagte Msgr. Sarto, als er eintrat.

« Es ist gut ? » wiederholte der Kleriker angstvoll.

« Ja, es ist gut. Ich konnte das Geld auftreiben », erklärte Monsignore und drückte dem jungen Mann die erbetenen 150 Lire in die Hand.

« Du wirst nun bald Priester sein », fuhr er fort ; « und wenn es dir ohne zu große Schwierigkeit möglich sein wird, dann gib mir den Betrag zurück, denn ich habe ihn deinetwegen entlehnt. » [2]

*

---

[1] Msgr. A. ROMANELLO, Ord. Trev., SS. 39-40. — Der Priester G. SANTINON, ebd., S. 451. — Msgr. F. ZANOTTO, Ord. Rom., f. 204.
[2] Msgr. A. MARCHESAN, Ord. Trev., SS. 1251-1252.

Unter den Schülern des bischöflichen Knabenseminars waren einige, die noch nicht die Erstkommunion empfangen hatten. Msgr. Sarto behielt es sich vor, sie selber auf diesen großen Tag vorzubereiten.

« Aber Monsignore », sagte der Vizerektor des Priesterseminars, Don Antonio Romanello, der ihm diese Mühe ersparen wollte, « überlassen Sie doch diese Aufgabe andern, die mehr Zeit haben als Sie. »

Doch der unermüdliche Domherr antwortete mit gewohnter Heiterkeit:

« Lieber Don Antonio, du mußt wissen, daß ich ihr geistlicher Vater bin und meine Pflicht bis zum äußersten erfüllen will. » [1]

Er verzichtete auf seinen Spaziergang und setzte die Arbeit fort. In starkem Glauben trug er die Last des Tages mutig und fröhlich. Dabei hatte er den Schülern der höheren Klassen Religionsunterricht zu geben, mußte am Chorgebet in der Kathedrale teilnehmen, regelmäßig Predigten in der Stadt, in andern Orten der Diözese und außerhalb der Diözese halten [2] und die schwere, nicht immer angenehme Verantwortung eines bischöflichen Kanzlers tragen. Trotzdem fand er noch Zeit, sich der Kirchenmusik zu widmen, die er leidenschaftlich liebte [3].

---

[1] Msgr. A. ROMANELLO, Ord. Trev., S. 38.

[2] Msgr. F. ZANOTTO, Ord. Rom., f. 175. — A. BOTTERO, Ord. Trev., S. 773. — Msgr. P. SETTIN, ebd., S. 1048.

[3] Msgr. Sarto nahm damals als Vertreter der bischöflichen Kurie von Treviso an dem Internationalen Kongreß für liturgischen Gesang in Arezzo teil, der vom 11.-15. September 1882 anläßlich der Jahrhundertfeier des berühmten Mönches Guido von Arezzo abgehalten wurde. (Dokumente des Erzbischöflichen Archivs in Arezzo.)

Bischöflicher Kanzler

Msgr. Sarto war bischöflicher Kanzler an einer Kurie, wo der Bischof wegen seiner angegriffenen Gesundheit nicht mehr seine frühere Tätigkeit ausüben konnte, wo der Generalvikar alt und leidend, der einzige Koadjutor aber fast ständig krank war.

Alle Angelegenheiten der Diözese — außer der Privatkorrespondenz des Bischofs — hatte er zu erledigen. Und sie waren in guten Händen, denn Msgr. Sarto entging nichts.

«Es war wunderbar, ihn an den Tagen größten Andrangs in seinem Zimmer im Erdgeschoß des Bischofspalastes zu beobachten, besonders am Dienstag, an dem die Pfarrer und Kapläne der Diözese wegen des Markttages in die Stadt kamen und bei dieser Gelegenheit auch in die Kurie gingen.

Den Kopf leicht geneigt, mit einem unnachahmlichen Ausdruck der Güte empfing er alle, hörte alle mit der gleichen Freundlichkeit an, einfach und natürlich, mit stets wacher Selbstkontrolle. Ein paar ruhige Worte, rasche, liebenswürdige Antworten, die beruhigten und Vertrauen einflößten, schnelle und entschiedene Maßnahmen, ein herzliches Lächeln ... und die Priester gingen ruhig und zufrieden fort.»[1] So berichtet ein Priester, der ihn oft an seinem Arbeitstisch sah.

Man hätte gemeint, er sei sein ganzes Leben nichts anderes gewesen als bischöflicher Kanzler.

Schnelles Erfassen der Sachlage, Scharfblick in der Wahl der richtigen Mittel, sicheres Urteil, unvergleichliche Umsicht und Gewandtheit waren ihm in überraschendem Maße eigen. Alle waren darüber erstaunt, alle trugen ihn auf Händen und alle sahen in ihm «einen

---

[1] Der Priester L. FERRARI, a. a. O., S. 16.

ganzen Mann »[1], « beseelt von geradezu bewundernswerter Rechtschaffenheit »[2].

Aber noch mehr als alle andern schätzte ihn der Bischof, Msgr. Federico Zinelli, der sehr befriedigt war, daß er sich nicht getäuscht hatte, als er den Pfarrer von Salzano zu seinem Kanzler wählte, und nicht oft genug beteuern konnte, er habe « nie einen Kanzler gesehen, der so emsig, arbeitsam und bereitwillig ist, so gewandt und geschickt im Verkehr mit Menschen verschiedenster Art und in der Lösung der heikelsten und schwierigsten Probleme, wie Msgr. Sarto »[3].

*

Den Priestern gegenüber war er ganz Hilfsbereitschaft, ganz Güte. Er tat sein Möglichstes für sie, trug dem Bischof ihre Wünsche und Bedürfnisse vor und unterstützte sie. In jeder Weise kam er ihnen entgegen, aber er wachte auch streng über ihre Ehre und ihr Ansehen und verlangte, daß sie ihre Pflicht erfüllten und ein gutes Beispiel gaben. Wenn die Umstände ihn zu einem Verweis oder einer Ermahnung zwangen, lag Traurigkeit auf seinen Zügen ; und der Blick, aus dem sonst so große Milde sprach, wurde streng. Dann war es seine Festigkeit, die Kraft seines Willens, die tiefen Eindruck machten.

Und wehe, wenn ein Priester es wagte, sich zum Kritiker an seinem eigenen Bischof aufzuwerfen ! Msgr. Sarto verehrte ihn — und alle Bischöfe — sehr. Nichts weckte so sehr den Unwillen des Kanzlers wie ein Priester, der seinen Vorgesetzten nicht gehorchte oder sich nicht betrug, wie man es von einem Priester erwartet[4].

---

[1] Msgr. G. BRESSAN, Ap. Rom., S. 43.
[2] Msgr. E. BECCEGATO, Ord. Trev., S. 629. — Vgl. auch : Msgr. A. ROMANELLO, ebd., S. 85.
[3] Msgr. G. MILANESE, a. a. O., S. 11. — Msgr. G. BRESSAN, Ap. Rom., S. 43.
[4] LUCIA SARTO, Ord. Trev., S. 421.

*

Einmal bat ihn ein intimer Freund, einem Kaplan zur Besserung seiner Lage behilflich zu sein. Msgr. Sarto hörte die empfehlenden Worte mit großem Wohlwollen an. Aber als der unvorsichtige Protektor wiederkam, um zu hören, ob der Kanzler seiner Bitte entsprochen habe, blickte dieser ihn fest an und sagte:

« Warum machst du dich zum Anwalt für aussichtslose Angelegenheiten? Der Kaplan, den du empfohlen hast ... weißt du denn das nicht? » Und er erklärte dem Freund, warum dieser Kaplan keine Empfehlung verdiene.

« Armer Mann! » entschlüpfte es dem Befürworter.

« Ja, er ist wirklich ein armer Mann », antwortete Msgr. Sarto ernst. « Und er ist nicht nur arm, sondern verrückt und unglücklich ... Für ihn beten — ja. Im geheimen alles für ihn tun, was die Nächstenliebe erfordert — ja. Aber öffentlich, offiziell — nein. Das wäre nicht Gerechtigkeit, das wäre ein Skandal. Sei still und sprich nicht mehr davon, weder mit dem Bischof noch mit mir. »[1]

*

Doch Msgr. Sarto empfing in seiner Kanzlei nicht nur Priester. Er hatte sich nicht nur mit den Angelegenheiten des bischöflichen Ordinariates zu befassen.

Auch Arme, Unglückliche, die von Schicksalsschlägen gebrochen waren, kamen zu ihm, um ihm geheime Ängste und Leiden anzuvertrauen, ihm von ihrem Elend und ihren Schwierigkeiten zu erzählen. Für alle hatte er ein gütiges Wort, das ihren Glauben stärkte, ihre Hoffnung belebte, ihnen Mut einflößte. Allen öffnete er sein Herz

---

[1] Der Priester L. FERRARI, a. a. O., SS. 30-31: Ord. Trev., SS. 1535-1536.

und seine Hand so großzügig, daß man in Treviso sagte, die Domherrnpfründe Msgr. Sartos « gehöre nicht ihm, sondern den Armen »[1]. Darüber vergaß er jedoch nie seine Kindespflicht; der geliebten Mutter und den Schwestern, die immer noch im bescheidenen Häuschen zu Riese mit ihrer Hände Arbeit ihr Brot verdienten, « ließ er es nie am Notwendigen fehlen; sie lebten bescheiden, hatten aber, was sie brauchten »[2].

*

Und welches Feingefühl, welches Verständnis zeigte er, wenn er aus Barmherzigkeit jemandem persönlich half, zu dessen Beistand andere aus Gründen der Gerechtigkeit verpflichtet gewesen wären!

Ein armer Buchdrucker, der ein Guthaben bei der bischöflichen Kurie hatte, war der Verzweiflung nahe. Sein Geschäft ging schlecht und binnen wenigen Tagen war ein Wechsel von 4000 Lire fällig. Es fehlten ihm 1000 Lire zu der erforderlichen Summe.

Er wendete sich an den Kassier der Kurie, doch der wollte die Angelegenheit auf die lange Bank schieben und hatte nichts für ihn als Worte.

Es war aber keine Zeit zu verlieren; ein Aufschub wäre sein Ruin gewesen.

Bleich und fast taumelnd, wie außer sich, kam er zu Msgr. Sarto und legte ihm mit Tränen in den Augen die traurige Situation dar.

Der mitleidige Kanzler dachte einen Augenblick nach. Dann schaute er den Buchdrucker teilnehmend an und sagte:

---

[1] MIOTTO-SARTO, Ord. Trev., S. 949. — Msgr. A. ROMANELLO, ebd., S. 79. — Msgr. A. PELLIZZARI, ebd., S. 239.
[2] Msgr. A. MARCHESAN, Ord. Trev., S. 1256. — Vgl. A. PAROLIN, Ap. Trev., S. 234.

« Haben Sie Mut, der Herr ist für alle da, auch für die Armen; und er verläßt niemanden, der auf ihn vertraut. Ich persönlich habe wie gewöhnlich keinen Centesimo; doch ich werde Ihnen gern helfen. »

Er sprach noch ein paar tröstende Worte und ging dann in ein Nebenzimmer. Dort öffnete und schloß er Kassetten, Schachteln, Leinenpäckchen, Bündel und Briefumschläge, entnahm allen Geld und legte überall einen Zettel mit einem entsprechenden Vermerk hinein.

« Stumm und ergriffen », erzählte der Buchdrucker, « mit einem Herzen voll Dankbarkeit verfolgte ich jede Bewegung des hilfsbereiten Monsignore. Endlich kam er zu mir, drückte mir das benötigte Geld in die Hand und rief fröhlich:

'Hier sind die 1000 Lire, die Sie brauchen. Der Herr segne Sie. Beten Sie für mich!' » [1]

So verstand der bischöfliche Kanzler von Treviso die Nächstenliebe: er brachte die größten persönlichen Opfer, kleidete sich ärmlich und ging sogar soweit, seine mageren Felder in Riese zu verkaufen, um allen helfen und beistehen zu können [2].

Mußte man ihn nicht liebhaben?

« Er arbeitete für vier »

Die Fenster der beiden kleinen Zimmer, die Msgr. Sarto im Priesterseminar bewohnte, gingen auf die Gärten hinaus, die von den ruhigen Wassern des Sile getränkt werden. Sicher freute er sich an der heiteren Schönheit dieses Winkels; doch lange sah man ihn nie am Fenster, denn er hatte keine Zeit zu verlieren.

---

[1] G. B. NOVELLI, Ord. Trev., SS. 1301-1303.
[2] LUCIA SARTO, Ord. Trev., S. 413. — MADDALENA BIASETTO, ebd., S. 253.

Für ihn, der in Tombolo und in Salzano ununterbrochen hart gearbeitet hatte, konnte das Kanonikat nicht ein gemächliches Zwischenspiel im Leben oder einen Ruheposten bedeuten.

Im Ordinariat arbeitete er gewöhnlich sechs Stunden lang unermüdlich, mit den verschiedensten Angelegenheiten beschäftigt. Erst um 2 Uhr nachmittags verließ er seine Kanzlei, um sich in den Chor zu begeben. Dann kehrte er mit einem Bündel Schriften unter dem Arm — dem Material für die Nachtarbeit — ins Priesterseminar zurück und aß mit den Professoren zu Mittag. Das war die einzige Stunde, in der er alle mit dem Amt zusammenhängenden Gedanken und Sorgen vergessen zu haben schien.

Da kam die natürliche Fröhlichkeit seines Wesens zum Durchbruch. Er scherzte bald mit dem einen, bald mit dem andern, erwiderte schlagfertig Witz mit Witz, und trug viel dazu bei, daß ein herzliches Einvernehmen herrschte [1].

Nach dem Mittagessen ging er in sein Zimmer und begab sich an die Arbeit, die bis in die Nacht hinein andauerte.

« Er arbeitete für vier ! » bezeugt ein Domherr, der Professor am Priesterseminar war. Und das ist keine Übertreibung.

Msgr. Francesco Zanotto, sein Zimmernachbar, wurde einmal durch ein Geräusch aufmerksam, daß der unermüdliche Kanzler noch an seinem Arbeitstisch saß, als alle schon längst schliefen ; er schalt ihn :

« Gehen Sie zur Ruhe, Monsignore ! Lassen Sie die Scherereien der Kurie für morgen liegen. Wer zu viel arbeitet, arbeitet weniger ! »

« Du hast recht, Don Francesco. Geh ins Bett und

---

[1] Msgr. R. Pilotto, Ap. Trev., SS. 612-613.

schlaf gut !» erwiderte der Heilige liebenswürdig [1] und fuhr fort, zu arbeiten und zu beten, bis ihn der Morgen an seinem Tisch oder auf den Knien neben dem noch unberührten Bett fand [2].

Mgr. Sarto war Domherr, Kanzler und Spiritual des Priesterseminars und arbeitete für vier, war aber nur für einen bezahlt. Doch das kümmerte ihn wenig, denn er arbeitete nicht aus Ehrgeiz oder aus menschlicher Berechnung, sondern zur Ehre Gottes, zum Wohl der Diözese, aus Liebe zu seinem Bischof, dem er viele Unannehmlichkeiten und Mühen, einen Gutteil der Verantwortung abnahm.

Der Domherr Lorenzo Bredevan hatte recht, wenn er von Msgr. Sarto sagte : « Ich lebe jetzt seit dreißig Jahren im Priesterseminar. Ich habe viele Obere und Professoren kennengelernt, aber keiner hat seine Pflicht so erfüllt wie Msgr. Sarto. » [3]

Und es war keine Übertreibung, wenn der fromme Msgr. Santalena, auf Msgr. Sarto anspielend, zu seinen Kollegen sagte : « Wir haben einen Heiligen unter uns — denkt daran ! » [4]

Msgr. Zamburlini, damals schon zum Erzbischof von Udine ernannt, sagte von seinem einstigen Mitschüler Giuseppe Sarto : « Glücklich die Diözese Treviso, die einen Schatz wie Don Sarto besitzt ! Ich habe niemals jemanden kennengelernt, der so gut, so würdig, so wohltätig, so heilig war wie er. » [5]

---

[1] Msgr. F. ZANOTTO, Ord. Rom., f. 174. — Vgl. auch : Msgr. A. MARCHESAN, a. a. O., VII. Kap., SS. 203-204.
[2] Msgr. ROMANELLO, Ord. Trev., SS. 42-43. — Msgr. E. BECCEGATO, ebd., SS. 602-603. — A. BOTTERO, ebd., SS. 774-775. — Msgr. G. TRABUCHELLI, ebd., S. 1000. — Msgr. F. ZANOTTO, Ord. Rom., f. 205. — Msgr. G. B. PAROLIN, Ord. Rom., f. 627.
[3] Msgr. G. MILANESE, a. a. O., S. 11. — Zeugenaussage von Msgr. G. Bressan : Msgr. G. B. PAROLIN, Ord. Rom., f. 706.
[4] Msgr. A. ROMANELLO, Ord. Trev., S. 27.
[5] DERS., ebd., SS. 25-26. — Vgl. auch : Msgr. A. CARON, Ord. Rom., f. 459.

Die Laien urteilten nicht anders über ihn als der Klerus. In Treviso galt der Domherr Sarto in allen Kreisen als « frommer, demütiger, arbeitsamer Priester, als Mann der Barmherzigkeit und des Gebetes »[1], « rechtschaffen und gerecht im höchsten Grade »[2].

Kapitelvikar

Um « die hervorragende Frömmigkeit und Gelehrsamkeit » seines Kanzlers zu ehren, ernannte Msgr. Zinelli ihn am 12. Juni 1879 zum Domdekan[3]. Es war höchste Zeit für diese Anerkennung, denn vier Monate später, am 24. November, entschlief der Bischof, der schon lange krank gewesen war, unter dem Beistand des Heiligen fromm im Herrn[4].

So war nun die Diözese verwaist. Für die Wahl des Kapitelvikars faßten die Domherren nicht erst einen andern ins Auge als den heiligmäßigen Kanzler. Da gab es weder Diskussionen noch eine Wahl: einstimmig wurde Msgr. Sarto für dieses Amt bestimmt.

Übrigens kannte niemand die Diözese besser als er, der sie seit vier Jahren zur allgemeinen Zufriedenheit verwaltete[5].

Der bescheidene Msgr. Sarto, dem die Verantwortung, die mit dem Aufstieg und der Ehrung verbunden war, Angst und Schrecken einflößte, hätte sich gern der unerwünschten Bürde entzogen. Doch das Domkapitel ließ weder Bitten noch Entschuldigungen gelten; er mußte

---

[1] A. BOTTERO, Ord. Trev., S. 759.
[2] Msgr. E. BECCEGATO, Ord. Trev., S. 629.
[3] Msgr. G. BRESSAN, Ap. Rom., S. 51. — Msgr. R. PILOTTO, Ap. Trev., S. 609.
[4] Msgr. A. ROMANELLO, Ord. Trev., SS. 26-27. — Msgr. A. MARCHESAN, Ord. Trev., S. 1193.
[5] Msgr. F. ZANOTTO, Ord. Rom., S. 175.

die Last auf seine Schultern nehmen und sich darein ergeben, daß ihm bis zum Eintreffen des neuen Hirten die Verwaltung der Diözese oblag [1].

*

Mit einem Brief, aus dem seine edle Gesinnung spricht, nahm er sofort mit dem Klerus der Stadt und der ganzen Diözese Fühlung. Seine erste Amtshandlung war ein dringendes Gesuch an die Königliche Finanzverwaltung in Venedig, sie möge schleunige Vorkehrungen zur Verbesserung der kärglichen Einnahmen des bischöflichen Ordinariates treffen, dessen Hilfsquellen erschöpft seien.

« Im Hinblick auf die Armut des Unterzeichneten », so schrieb er, « auf die Bedürfnisse der Kurie, auf die Ausdehnung der Diözese, die 210 Pfarreien mit 350 000 Seelen umfaßt, hoffe ich, daß die Königliche Finanzverwaltung in Venedig die das bischöfliche Ordinariat betreffenden Bestimmungen der früheren Regierung in für mich günstigem Sinne auslegen wird. » [2]

Die Königliche Finanzverwaltung ließ sich durch das Gesuch des neuen Kapitelvikars nicht besonders rühren, denn die gewährten Zuwendungen überstiegen nie die Summe von 1200 Lire im Jahr. Es war ein Elend!

In diesem lächerlichen Betrag sah Msgr. Sarto eine offene Vergewaltigung der Gerechtigkeit; und mit der Entschiedenheit und dem Mute eines Mannes, der die Welt klein sieht, weil er nur Gott groß sieht, antwortete er:

« Hundert Lire monatlich, von denen mehr als vierzig nur für die Post ausgegeben werden? Die Armen müssen sich schon mit den Krümchen begnügen, die vom Tische der Reichen fallen; aber da ich mich mit meinen Argu-

[1] DERS., ebd.
[2] Msgr. A. MARCHESAN, a. a. O., VII. Kap., S. 214.

menten auf das kanonische Recht und auf das bürgerliche Recht stützen kann, will ich nicht, daß man mir vorwirft, ich sei nicht für meine gerechte Sache eingetreten. »[1]

Ein Anwärter auf den Bischofssitz hätte kaum so entschieden Einspruch erhoben, aber Msgr. Sarto wollte sich ausschließlich für die Gerechtigkeit einsetzen, für die Ehre Gottes, für die Freiheit und die unabdingbaren Rechte der Kirche — ohne Doppelzüngigkeit und ohne Kompromisse.

*

War die Güte des Kanzlers Sarto gegen den Klerus schon immer groß gewesen, so wurde sie jetzt, wo er als Kapitelvikar die Diözese zu verwalten hatte, noch bewundernswerter. Er gab hierin ein Beispiel, auf das gar nicht genug hingewiesen werden kann.

Diese Güte wurde bisweilen für Schwäche oder Gleichgültigkeit gehalten; aber tatsächlich war sie nichts als der Ausdruck eines harmonischen Charakters und einer gerechten Bewertung der Menschen und der Dinge [2].

Daher kam seine Langmut, die die Strenge milderte und auch die Widerspenstigsten auf den rechten Weg zu führen, auch die schwierigsten und verwickeltsten Angelegenheiten zu regeln vermochte.

Eine solche Regierungskunst ist nur denen eigen, die vom Lichte Gottes geleitet werden.

*

Doch so groß der Nutzen einer guten Verwaltung ist, so groß kann der Schaden sein, den eine schlechte oder nachlässige Verwaltung anrichtet.

[1] Msgr. A. MARCHESAN. a. a. O., VII. Kap., S. 214.
[2] Msgr. A. POZZI, Ord. Trev., S. 111.

Wie Msgr. Sarto die Pflichten eines Verwalters kirchlichen Besitzes auffaßte, hatte er als Pfarrer von Salzano gezeigt: es wäre unmöglich gewesen, strenger darüber zu wachen, daß die Einkünfte der Pfarrei — nachdem er das absolut Notwendige für den Lebensunterhalt abgezogen hatte —, für nichts anderes ausgegeben wurden als für den Gottesdienst und die Caritas [1]. Doch noch klarer zeigte sich diese Einstellung in seinem Amt als Kanzler und Kapitelvikar.

Die Verwaltung der Kurie von Treviso scheint beim Eintritt des Heiligen nicht auf der Höhe gewesen zu sein; man denke nur daran, daß sie mit der Zahlung an die Buchdruckerei, die für sie arbeitete, im Rückstand war [2].

Im Seminar stand es nicht anders.

Als es Msgr. Sarto zu Ohren kam, daß das Priesterseminar vor dem finanziellen Ruin stand, zögerte er nicht, der Sache auf den Grund zu gehen.

Er verlangte Rechenschaft vom Ökonom, prüfte aufmerksam die Bücher, forderte Erklärungen; und da er schwere Unregelmäßigkeiten feststellte, entließ er den ungetreuen Verwalter auf der Stelle und nahm die schwere Aufgabe, die zerrüttete Verwaltung in Ordnung zu bringen, auf die eigenen Schultern. Und er löste sie so gut, daß dadurch dem Seminar eine finanzielle Grundlage für die Zukunft gegeben wurde. Es war dies nicht nur seiner Tatkraft und Klugheit zuzuschreiben, sondern vor allem seinem grenzenlosen Vertrauen auf die göttliche Vorsehung, auf die er sich in dieser traurigen und sorgenvollen Lage ebenso stützte wie in seinem früheren Leben [3].

*

[1] MARIA SARTO, Ord. Rom., f. 50. — Msgr. E. BACCHION, Ord. Trev., S. 513: a. a. O., III. Kap., SS. 77-118. — A. BOTTACIN, Ord. Trev., S. 319.
[2] Siehe S. 84 f.
[3] Msgr. A. ROMANELLO, Ord. Trev., SS. 40-42. — Msgr. E. BECCEGATO, ebd., SS. 605-606. — A. BOTTERO, ebd., SS. 780-781. — Msgr. E. BACCHION, Ap. Trev., S. 144-145.

Doch weit mehr als Verwalter zeitlicher Güter war Msgr. Sarto Bildner priesterlicher Seelen.

Alle seine Kräfte setzte er ein, um seinen Klerus zu priesterlicher Heiligkeit zu führen, vor allem durch sein Beispiel, durch ein Leben, das von Opfern, Entbehrungen und Arbeit ausgefüllt war.

Er verlangte von den Priestern untadelige Lebensführung, treue Anhänglichkeit an den Papst, glühenden Eifer für das Heil der Seelen; sie sollten von lebendigem Glauben und echter Nächstenliebe beseelt sein, untereinander einig und verbunden in der Liebe Christi, « cor unum et anima una » gegen die Mächte des Bösen.

« Der Priester », so schrieb er, « befindet sich im ständigen Kriegszustand gegen das Böse; in der Ausübung seines Amtes steht er einer Menge erbitterter Feinde gegenüber. Warum sollten wir je unsere Kräfte lähmen lassen, wenn wir doch durch Einigkeit im Denken und Handeln den Sieg erringen können? Sind wir einig, dann werden wir unbesiegbar wie eine feste Burg. Wenn die Priester untereinander einig sind, dann ist es auch das Volk mit ihnen — und der Erfolg wird alle Erwartungen übersteigen. »[1]

*

Msgr. Sarto wünschte, daß der künftige Bischof alles in Ordnung finde; deshalb stellte er gewisse Mißbräuche ab, die sich seit langer Zeit eingeschlichen hatten, nämlich die Gewohnheit, daß die Domherren in ihrer Kleidung und ihren Insignien an Pracht die Bischöfe zu übertreffen suchten[2].

Seine Anhänglichkeit an den Papst und die Kirche bewog ihn, die katholische Presse zu fördern, die Sammlung

---

[1] Msgr. A. MARCHESAN, a. a. O., VII. Kap., SS. 212-213.
[2] Vgl. S. 75.

des Peterspfennigs in den Pfarreien der Diözese durchführen zu lassen, und eindrucksvolle religiöse Kundgebungen zu veranstalten [1].

Als der Klerus von Venetien am 29. April 1880 eine Wallfahrt zum Muttergottesheiligtum auf dem Monte Berico in Vicenza veranstaltete, gab er dies den Priestern der Diözese Treviso bekannt und fügte hinzu:

« Der Klerus der Diözese Treviso bedarf keiner Aufforderung, um an dieser schönen Zusammenkunft der Priester teilzunehmen, denn er ist vom gleichen Geist beseelt und fühlt sich gedrängt, in dieser schweren Zeit Hilfe und Trost für die schwere Bürde des priesterlichen Amtes zu erflehen. » [2]

Und er begleitete selber seine Priester auf den Monte Berico und hielt dort eine Ansprache, in der er in tiefgründiger Weise die Notwendigkeit darlegte, zum Studium des großen Aquinaten zurückzukehren, wie es Leo XIII. kurz zuvor — mit seiner berühmten Enzyklika « Aeterni Patris » vom 4. August 1879 [3] — empfohlen hatte. Der Vortrag machte tiefen Eindruck auf die zahlreichen Priester, die Prälaten und Bischöfe, die dort versammelt waren; und ein Servitenpater aus dem Kloster des Heiligtums rief: « Msgr. Sarto wird nicht in seinem Bett in Treviso sterben! » [4]

Von da an galt Msgr. Sarto auch außerhalb seiner Diözese als gründlicher Kenner der Summa des hl. Thomas [5].

*

[1] Msgr. A. MARCHESAN, a. a. O., S. 214.
[2] DERS., ebd., S. 215.
[3] LEONIS XIII, Acta, v. I, pp. 255-284. Romae 1881.
[4] Msgr. A. MARCHESAN, ebd. — Siehe auch: L. FERRARI, Ord. Trev., S. 1494. — Msgr. POZZI, ebd., SS. 118-119.
[5] « Il Berico », die katholische Zeitung von Vicenza, schrieb über diese Rede: « Der Redner verstand es, in seinem Vortrag in außerordentlich klarer Weise so viel philosophisches und theologisches Wissen zu verarbeiten; er sprach so glänzend über das Gebiet des Studiums und

Eine andere Tugend Msgr. Sartos, die alle Welt in Erstaunen setzte, als er den päpstlichen Thron bestiegen hatte, war seine Abneigung gegen jede Art von Nepotismus, jede Begünstigung von Verwandten.

Er hatte einen Vetter, Don Giacomo Sarto, der ein ausgezeichneter Priester war, stark im Glauben und untadelig in der Lebensführung, aber wenig intelligent. Zu diesem sagte eines Tages ein Pfarrer der Diözese:

« Don Giacomo, jetzt werden Sie Ihr Glück machen, da Ihr Vetter die Kurie leitet. »

« Mein Glück machen? Sie können sicher sein, daß mein Vetter seine Verwandten nicht bevorzugt », antwortete Don Giacomo. « Soll ich Ihnen erzählen, wie er's macht? Unter Bischof Zinelli war ich doch Rektor in der Pfarrei Saletto in Villa di Bosco. Als mein Vetter Generalvikar wurde, hat er mich — um nur ja nicht der Vetternwirtschaft beschuldigt zu werden — degradiert, indem er mich als einfachen Kaplan nach Spresiano schickte. »

Der arme Don Giacomo war ein guter Mann. Das wußte der Heilige ganz genau, aber er kannte auch seine geringe Begabung [1].

---

der Werke des hl. Thomas von Aquin; er kommentierte so tiefgründig die Enzyklika des Heiligen Vaters Leos XIII. und zeigte so klar, wie notwendig es für den Priester ist, das Wissen über Gott aus der unerschöpflichen Quelle des Engelgleichen Lehrers zu schöpfen, daß wir keine Worte finden, ihn gebührend zu würdigen, und uns damit begnügen, dem Wunsch Ausdruck zu geben, dieser außerordentliche Vortrag möge veröffentlicht werden. » (5. Jahrgang, Nr. 36, S. 2.)

Als Msgr. Sarto zu diesem Vortrag von allen Seiten beglückwünscht wurde, sagte er in seiner rührenden Demut und Schlichtheit: « Ach, gehen Sie! Ich habe nur das Register der Werke des hl. Thomas gelesen und mir damit die Disposition zusammengestellt. » (Msgr. A. Pozzi, Ord. Trev., S. 119.)

[1] Msgr. A. MARCHESAN, a. a. O. VII. Kap. SS. 215-216.

Höheren Aufgaben entgegen

Msgr. Sarto war vom 27. November 1879 bis zum 26. Juni 1880 Kapitelvikar; nie zuvor war die Diözese Treviso in so trefflichen Händen gewesen wie in diesen sieben Monaten.

Als der neue Bischof, Exz. Giuseppe Callegari von Venedig, sein Amt antrat, zog sich der Heilige zurück und oblag seinen Aufgaben als Kanzler und Spiritual des Priesterseminars [1]. Doch niemand konnte annehmen, daß er lange auf diesem Posten bleiben würde, der so wenig seinen Fähigkeiten und seinen Verdiensten angemessen war.

Msgr. Sarto selbst war der einzige, der aufrichtig davon überzeugt war. Er dachte gar nicht daran, je eine andere Stufe in der Hierarchie der Kirche zu erklimmen, war er doch in seinen eigenen Augen klein und gering.

Ehren und Ehrenstellen bedeuteten keine Verlockung für ihn, da er alles im Lichte der Ewigkeit betrachtete. Als er einem Vetter, der Kaplan in Venedig war, seine Ernennung zum Domdekan mitteilte, fügte er hinzu:

« Ein bißchen Rauch, lieber Vetter; und Sie wissen, wie schnell ein bißchen Rauch verweht. » [2]

Und als seine Freunde auf seine außerordentlichen Fähigkeiten hinwiesen und der Überzeugung Ausdruck gaben, er werde bald die Mitra tragen, antwortete er trocken: « Das sind keine freundschaftlichen Wünsche. Solange ein Priester das Kreuz unter dem Talar trägt, ist es eine süße Last; aber sobald er es über dem Kleid an einer Kette tragen muß, wird es zu einer erdrückenden Bürde, auch wenn es aus reinem Gold ist. » [3]

Nur mit Ergriffenheit kann man lesen, was er an den

---

[1] Msgr. A. Romanello, Ord. Trev. SS. 45-46.
[2] Brief vom 3. August 1879 (Museum « Pio X » in Riese).
[3] Der Priester L. Ferrari, Ord. Trev., SS. 1498-1499.

gleichen Vetter schrieb, als das Gerücht umging, er solle in Anerkennung seiner Leistungen für die Diözese zum Weihbischof von Treviso ernannt werden.

« Was mich betrifft », schrieb er am 3. August 1879, « so sagen Sie doch jedem, der mit Ihnen von mir spricht, ganz klar, daß ich meine Unzulänglichkeit zu gut kenne, um einen solchen Posten zu erstreben ... denn die Erfahrung, die ich in vierjähriger Arbeit an der Kurie gesammelt habe, zeigt mir die Dornen, die Gefahren, die Verantwortung, die mit diesem Posten verknüpft sind; dafür wird man nicht durch das bißchen Ruhm entschädigt, das so schnell vergeht. Wie sagt doch der hl. Philipp Neri? 'Und dann?... und dann?... Dann kommt der Tod!' »[1]

Und als alle davon sprachen, er solle Hilfsbischof des Bischofs von Vicenza, Msgr. Antonio Farina, werden, schrieb er unter dem Datum des 30. Juni 1880 an denselben Vetter:

« Was die Gerüchte betrifft, die über mich im Umlauf sind, können Sie überzeugt sein, daß es ein jeder Grundlage entbehrendes Geschwätz ist und mir sehr weh tut. Widerlegen Sie es, wo Sie nur können und versichern Sie allen Freunden und Bekannten, ich sei weit davon entfernt, diesen hohen Posten zu wünschen. Ich kenne meine Armseligkeit und gerade im Hinblick auf sie habe ich eines der geringsten Ämter meiner Diözese angenommen, das des bischöflichen Kanzlers; aber auch dieses übersteigt schon meine begrenzten Fähigkeiten.

Im übrigen versichere ich Sie, obwohl ich den Gleichgültigen zu spielen trachte und lache, wenn man mich fragt, leide ich darunter, leide ich sehr. »[2]

Es war Msgr. Sarto unbegreiflich, wie andere nach hohen Stellen streben konnten, um — wie sie meinten —,

---

[1] Im selben Brief (Museum « Pio X » in Riese).
[2] Ebd.

Gelegenheit zu haben, mehr Gutes zu wirken. Für jene, die Freude an prunkvollen Farben und Ehrenzeichen zeigten, hatte er nur ein mitleidiges Lächeln. Er lebte nur für seine Pflicht, für die Ehre Gottes und das Heil der Seelen [1]. Eine andere Sorge kannte er nicht. An seinem 50. Geburtstag, dem 2. Juni 1884, schrieb er an einen vertrauten Freund:

« Es ist ein schwacher Trost, ein halbes Jahrhundert vollendet zu haben, dem 'Redde rationem' so nahe zu sein und so weit entfernt von der Seelenverfassung, die uns ein gnädiges Gericht sichern würde. » [2]

Die Mitra

Doch die Gerüchte entbehrten nicht einer realen Grundlage.

Seine Fähigkeiten und besonders seine Tätigkeit als Kapitelvikar von Treviso hatten Blicke vieler auf ihn gelenkt und sein Name war über die Grenzen der Diözese hinaus bekannt geworden. Auch in Rom war er nicht mehr unbekannt. Leo XIII., ein ausgezeichneter Menschenkenner, dachte bereits daran, ihm eine größere Aufgabe zum Wohl der Kirche anzuvertrauen.

*

An einem Morgen im September 1884 kam der Bischof Msgr. Apollonio — der Nachfolger des nach Padua versetzten Msgr. Callegari [3] — aus seiner Wohnung in der

---

[1] Msgr. A. MARCHESAN, Ord. Trev., S. 1240. — Msgr. A. PELLIZZARI, ebd., SS. 238-239. — Msgr. F. ZANOTTO, Ord. Trev., f. 204. — Msgr. G. B. PAROLIN, ebd., f. 703.

[2] Msgr. A. MARCHESAN, a. a. O., VII. Kap., S. 226.

[3] Msgr. Callegari kam am 20. Mai 1883 nach Padua und Msgr. Giuseppe Apollonio vertauschte am 9. Juni desselben Jahres den Bischofssitz von Adria mit dem von Treviso.

Kurie herunter und forderte Msgr. Sarto auf, ihm in seine Privatkapelle zu folgen. Dort angekommen, sagte er in tiefer Ergriffenheit zu dem Kanzler:

« Knien wir nieder, lieber Monsignore, und beten wir gemeinsam; denn wir bedürfen des Gebetes wegen einer Angelegenheit, die uns beide betrifft. »

Msgr. Sarto, der keine Ahnung hatte, was folgen sollte, war nicht wenig überrascht und beeindruckt; er kniete nieder.

Nach einem kurzen Gebet erhob sich der Bischof und überreichte seinem Kanzler schweigend ein Schreiben aus dem Vatikan.

Es war die Ernennung des Domherrn Sarto zum Bischof von Mantua.

Der Sohn des armen Briefträgers von Riese, der in schier unüberwindlichen Hindernissen und Schwierigkeiten ruhig und stark geblieben war, verbarg sein Gesicht in die Hände und brach in heftiges Weinen aus.

« Nehmen Sie an!... Es ist der Wille Gottes! » tröstete ihn der Bischof.

« Unmöglich!... Die Last ist zu schwer, sie übersteigt meine Kräfte und Fähigkeiten. »

« Nehmen Sie an, es ist der Wille Gottes! » wiederholte der Bischof beschwörend.

Msgr. Sarto schien wie im Traum. Im Augenblick ent-

Msgr. Callegari schätzte seinen Kanzler, Msgr. Sarto, sehr hoch; hatte er doch in ihm einen « äußerst klugen und anhänglichen Ratgeber » gefunden, den er bei seiner Versetzung nach Padua gern mitgenommen und zu seinem Generalvikar gemacht hätte. Doch diesem Vorhaben stellte die Demut des Heiligen Hindernisse in den Weg; am 19. Mai 1883 antwortete er auf das Drängen Msgr. Callegaris:

« Da ich meine Diözese so sehr liebe und von ganzem Herzen wünsche, in Ihrer Nähe zu sein und Ihnen nach Kräften das Kreuz tragen zu helfen, würde ich am liebsten nicht nur zu Ihnen eilen, sondern fliegen. Aber der Verstand sagt mir immer wieder: Msgr. Callegari wird auch in Padua bald bekannt sein... meine Anwesenheit dort würde jedoch Schwierigkeiten mit sich bringen. » (Briefe des Kardinals Sarto, Patriarch von Venedig, an den Bischof von Padua G. Callegari. S. IX. Padua 1949.)

gegnete er nichts. Doch als er allein war, schrieb er mit Tränen in den Augen nach Rom, er könne die hohe Würde, die ihm zugedacht sei, nicht annehmen.

Aber in Rom kannte man den bischöflichen Kanzler von Treviso; man antwortete ihm, er solle gehorchen [1].

Gab es ein klareres Zeichen dafür, daß Widerstand eine Auflehnung gegen den Willen Gottes gewesen wäre?

In tiefer Verwirrung schrieb er an seinen ehemaligen Bischof, Msgr. Callegari, für den er große Liebe und Hochschätzung empfand, und der ihn seinerseits nicht weniger liebte und schätzte:

« Nach vierzehn Tagen qualvollster Bedrängnis erhielt ich gestern die Nachricht, der Heilige Vater verlange unbedingt, daß ich Bischof von Mantua werde.

Ich habe den Heiligen Vater so sehr gebeten, er möge von mir absehen und mich Elenden in meiner Armut lassen; doch meine Bitten wurden nicht erhört. » [2]

Da konnte es kein Zögern mehr geben : Gott hatte gesprochen; es hieß gehorchen. Und er gehorchte, « getröstet einzig und allein von dem Gedanken, daß es der Wille Gottes sei » [3].

Niemand war von der Ernennung Msgr. Sartos überrascht. Alle kannten ja seine überragenden Fähigkeiten und hatten deshalb dieses Ereignis erwartet [4]. Ganz Treviso freute sich darüber.

*

[1] Msgr. G. JEREMICH, Ap. Ven., SS. 61-62. — Vgl. auch Msgr. G. BRESSAN, Memorie mss. (Postulationsarchiv).
[2] Brief vom 13. September 1884 : Vgl. Briefe des Kardinals G. Sarto, Patriarch von Venedig, an den Bischof von Padua G. Callegari, S. x.
[3] Zeugnis des hochwürdigsten Don G. Pellegati, Sekretär S. Exz. Msgr. Appolonios : Msgr. A. BACCHION, Ap. Trev., SS. 106-107.
[4] Msgr. A. MARCHESAN, Ord. Trev., SS. 1200-1201. — Msgr. A. ROMANELLO, Ord. Trev., SS. 46-47. — Msgr. A. PELLIZZARI, ebd., S. 235. — A. BOTTERO, ebd., S. 786. — Msgr. F. ZANOTTO, Ord. Rom., f. 176. — Der Priester L. FERRARI, a. a. O., S. 34 : Ord. Trev., S. 1498. — G. NOVELLI, Ord. Trev., S. 1283.

Ein paar Tage später, als die erste Erschütterung überwunden war, fuhr Msgr. Sarto zu seiner Mutter nach Riese.

Die gute Margherita hatte so sehr gewünscht, ihren Bepi als Priester zu sehen. Aber Bischof?...

So kühn auch die Wünsche und Träume einer Mutter sein können, sie hätte es nie gewagt, Gott um so etwas zu bitten. Doch der Herr wollte ihre Demut und ihren Glauben belohnen, indem er ihr ungleich mehr gab, als sie von ihm erbeten hatte.

Das kleine Dorf empfing seinen großen Sohn in überschäumender Freude. Nur die Stirn des Erwählten schien von Traurigkeit überschattet. Sein Ausdruck war sorgenvoll.

Frau Margherita, deren mütterlichem Auge nichts entging, blickte ihn überrascht an und fragte, warum er so traurig sei, während das ganze Dorf über seine Ernennung zum Bischof von Mantua jubelte.

« Mutter », sagte er mit tränenerstickter Stimme, « Ihr wißt nicht, was es heißt, Bischof zu sein. Meine Seele geht verloren, wenn ich meine Pflicht nicht erfülle ! » [1]

So dachte er über Ehren : er sah sie im Lichte der Ewigkeit, im Hinblick auf die Rechenschaft vor dem göttlichen Richter. Es war immer seine Meinung gewesen, ein Platz sei umso weniger sicher, je höher er ist.

*

Zwei Monate später — am 12. November 1884 — kniete der Heilige zu den Füßen Leos XIII.

Noch einmal bat und beschwor er den Heiligen Vater, ihm nicht die Bürde des Bischofsamtes aufzuerlegen.

Der große Papst war von Mitleid ergriffen. Doch er war überzeugt, daß der Domherr, der vor ihm kniete,

---

[1] E. MIOTTO-SARTO, Ord. Trev., SS. 949-950.

nicht im verborgenen bleiben durfte ; so änderte er auch diesmal nicht seine Meinung und sprach : « Sie haben Uns einen Brief geschrieben, in dem Sie Ihren Verzicht aussprachen. Aber Wir wollen, daß Sie nach Mantua gehen. »[1]

Am selben Tag schrieb Msgr. Sarto seinem treuen Freund, dem Bischof von Padua, über diese Audienz : « Der Heilige Vater empfing mich sehr gütig. Er teilte mir die Beweggründe mit, die ihn veranlassen, meine Bitten unberücksichtigt zu lassen ... Welch ein Kreuz, Monsignore ! Werde ich mit Jesus sprechen können : 'Dein Wille geschehe' ? »[2]

Vier Tage danach, am dritten Novembersonntag, verlieh ihm der Kardinal Lucido Maria Parocchi — der Stellvertreter Sr. Heiligkeit — die Fülle des Priestertums[3]. Die Weihe wurde in der Kirche S. Apollinare vollzogen, wo die Bevölkerung von Mantua um die « Incoronata », die Königin ihrer Stadt[4], vereint war.

Die heilige Liturgie erinnerte an diesem Tag an die Parabel vom Sauerteig, den eine Frau unter das Mehl mischte und der den ganzen Teig durchsäuerte[4]. Ein verheißungsvolles Evangelium !

Der künftige Pius X. war nun bereit, die Kirche Mantuas mit dem Sauerteig seiner Ideen zu durchdringen, mit

[1] Msgr. G. BRESSAN, Ap. Rom., S. 44.
[2] Briefe des Kardinals G. Sarto, Patriarch von Venedig, an den Bischof von Padua G. Callegari, SS. X-XI.
[3] Briefe des Kardinals G. Sarto, Patriarch von Venedig, an den Bischof von Padua G. Callegari, SS. X-XI.
[4] Die fromme Fürstin Maria Gonzaga beschloß nach den schweren Heimsuchungen, die das Volk von Mantua durch Kriege, Seuchen und durch die Überschwemmung des Po am 6. November 1640 zu erdulden hatte, sich selbst, ihr Söhnchen Carlo II. und ihren Staat unter den Schutz der Gottesmutter zu stellen und Maria zur Königin von Mantua zu proklamieren.
Die Proklamierung wurde am 28. November desselben Jahres in der Kathedrale von Mantua mit größter Feierlichkeit vollzogen. Den Abschluß bildete die Krönung der Madonnenstatue, die in der Kathedrale von Mantua verehrt wird. Das Fest der « Incoronata » (Gekrönten) ist eines der schönsten, die in Mantua gefeiert werden.
[4] Luk. 13, 21.

der Kühnheit seines Herzens den Keim eines neuen Lebens in sie einzusenken.

Seine Demut verursachte ihm keine Beunruhigung mehr: die Liebe zu seiner Diözese ließ ihn alles Zaudern überwinden.

*

Als er nach Treviso zurückkehrte, wurde er begeistert gefeiert; die Kundgebungen verrieten nicht weniger Anhänglichkeit als die in Riese [1].

Doch es war seine Pflicht, die Regierung seiner Diözese anzutreten. So mußte Msgr. Sarto seine Abreise vorbereiten.

Die Nacht, bevor er sich von Treviso und seinem Seminar trennen mußte, verbrachte er in Tränen [2]. Er spürte, daß er am kommenden Tag nicht die Kraft haben würde, trockenen Auges Abschied zu nehmen von den Menschen, mit denen er neun Jahre ein Herz und eine Seele gewesen war.

So schrieb er einen Brief, den er dem Rektor des Seminars, Don Antonio Romanello, mit den Worten übergab:

« Lesen Sie ihn im Speisesaal vor, wenn ich nicht mehr da sein werde. Sagen Sie den Professoren und den Alumnen, daß ich sie alle grüßen lasse, daß ich sie alle im Herzen trage; und sie mögen immer für den armen Msgr. Sarto beten. » [3]

Dann bestellte er einen Wagen, der ihn jedoch nicht an der Pforte des Seminars abholen, sondern in einiger Entfernung erwarten sollte, damit niemand seine Abfahrt bemerke [4].

Er reiste allein ab, mit wehem Herzen, betend und dem Herrn seinen Schmerz aufopfernd.

---

[1] Msgr. A. MARCHESAN, Ord. Trev., S. 1202: a. a. O., VIII. Kap., SS. 232-233.
[2] Msgr. A. ROMANELLO, Ord. Trev., SS. 54-55.
[3] DERS., ebd., SS. 55-56.
[4] DERS., ebd. — Vgl. auch: A. BOTTERO, ebd., SS. 786-787. — Msgr. E. BACCHION, Ap. Trev., S. 107.

5. Kapitel

DER BISCHOF VON MANTUA
(18. April 1885 - 22. November 1894)

1. Unveränderte Grundsätze. — 2. Die Diözese Mantua. — 3. Reform des Priesterseminars. — 4. Seine Priesteramtskandidaten. — 5. Die erste Visitation. — 6. Die Synode. — 7. Die zweite Visitation. — 8. Sein Herzensanliegen: die religiöse Unterweisung. — 9. Der «Einheitskatechismus». — 10. Bischof Sarto und sein Klerus. — 11. Die Liebe des guten Hirten. — 12. Eine aloisianische Jahrhundertfeier. — 13. Apostolische Unbeugsamkeit. — 14. Seine Armen. — 15. Die katholisch-soziale Aktion. — 16. Kardinal und Patriarch von Venedig. — 17. Abschied von der Mutter. — 18. Die Frage des «Exequatur» für Venedig. — 19. Während der Wartezeit. — 20. Unveränderte Lebensführung. — 21. Der erste Hirtenbrief an die Diözese Venedig. — 22. Abschied von Mantua.

Unveränderte Grundsätze

Als Msgr. Sarto am 18. April in der alten Stadt der Gonzaga eintraf und zum ersten Mal die riesige Volksmenge segnete, die ihm begeistert zujubelte, begann für die Diözese Mantua eine neue Epoche, eine Epoche gesegneten Aufblühens [1].

Schon einen Monat vorher hatte er seine Aufgabe als Bischof klar umrissen:

« Der neue Bischof ist arm an allem, aber reich an Liebe. Er hat kein anderes Ziel, als für das Heil der Seelen Sorge zu tragen und alle zu einer Familie von Freunden und Geschwistern zusammenzuschließen.» [2]

---

[1] Msgr. MILANESE, a. a. O., SS. 13-14. — Msgr. G. GASONI, Ord. Rom., f. 233. — Der Priester G. CAVICCHIOLI, Ap. Mant., S. 181. — Der Priester A. GANDINI, ebd., S. 209. — Msgr. G. SCAINI, ebd., S. 407.
[2] Msgr. A. MARCHESAN, a. a. O., VIII. Kap., S. 236.

So schrieb er in einem Brief vom 5. März 1885 an den Bürgermeister von Mantua — und den gleichen Gedanken wiederholte er dreizehn Tage später in einem Schreiben an den Klerus und die Gläubigen der ganzen Diözese:

«Für das Wohl der Seelen werde ich weder Sorgen noch Nachtwachen noch Mühen scheuen. Nichts wird mir mehr am Herzen liegen als euer Heil. Ich weiß, für die Rettung meiner Schäflein werde ich große Mühen auf mich nehmen, Gefahren begegnen, Beleidigungen erdulden, Stürmen die Stirn bieten und gegen die Pest kämpfen müssen, welche die guten Sitten bedroht. Doch meine Diözesanen werden mich immer standhaft auf meinem Posten finden, immer milde und liebevoll.» [1]

Mit diesem Programm und mit einem Herzen, das von der Liebe Christi erfüllt war, ging Bischof Sarto an die religiöse Erneuerung der Diözese Mantua.

Die Diözese Mantua

In Mantua stand es nicht gut um die Kirche. Es gab zu wenig Priester und diese wenigen waren untereinander uneins wegen tiefgehender Meinungsverschiedenheiten auf kirchenpolitischem Gebiet [2]. Viele Pfarreien waren ihres Hirten beraubt; es fehlte an Priesterberufen; der Glaube des Volkes war erschüttert; der neuauftretende Sozialismus machte sich das Elend der Massen zunutze, um sie aufzuhetzen; die Gebildeten und die höheren Gesellschaftsklassen standen im Banne des von der übermächtigen und angriffslustigen Freimaurerei propagierten Liberalismus [3].

---

[1] Erster Hirtenbrief, vom 18. März 1885.
[2] Bericht des Heiligen über den Zustand der Diözese an Leo XIII. vom 8. August 1885: Vgl. Proc. Ord. Rom., f. 728 bis I — 728 bis II.
[3] Diese Lage wird durch alle Angaben des bischöflichen und des

Gewiß gab es Priester, die in jeder Hinsicht vorbildlich waren; doch sie waren mit Arbeit überlastet und bedurften dringend der Hilfe; ihre Zahl war viel zu gering, als daß sie es vermocht hätten, die großen Mißstände zu beseitigen, die Gleichgültigkeit und die Abneigung weiter Kreise zu überwinden, durch die alle guten Bestrebungen gelähmt wurden.

Bischof Rota war unter der Last der Schwierigkeiten und Drangsale zusammengebrochen [1]. Nicht besser erging es Msgr. Berengo, dem unmittelbaren Vorgänger des Heiligen.

In die Ackerfurchen Gottes säte der «Feind des Menschengeschlechtes» mit vollen Händen Unkraut und fügte den Seelen unvorstellbaren Schaden zu.

So stand es um die Diözese Mantua, als Msgr. Sarto dort ankam.

Mit dem ihm eigenen Scharfblick erfaßte der Bischof, der einst Kaplan und Pfarrer, bischöflicher Kanzler und Kapitelvikar gewesen war, sofort die Lage der Diözese, die er von nun an zu leiten hatte.

Anfangs krampfte sich ihm das Herz zusammen. Er wußte genau, daß ihm bei dem herrschenden Priestermangel auf diesem harten Erdreich schwerste Mühen bevorstanden. Doch er war daran gewöhnt, die schwierigsten Probleme zu lösen. So ging er im felsenfesten Vertrauen auf den göttlichen Beistand mutig ans Werk.

apostolischen Prozesses von Mantua bestätigt. — Vgl. auch: Msgr. G. B. Rosa, Ord. Rom., f. 963-964. — Msgr. A. Rizzi, Ord. Trev., SS. 1334-1335.

[1] Msgr. Pietro Rota, einer der gelehrtesten Bischöfe Italiens, war von 1871-1879 Ordinarius von Mantua. Er wurde von den Freimaurern erbittert bekämpft. Vor Gericht gestellt und eingekerkert, der Verachtung des Volkes preisgegeben, ertrug er die unverschuldete Verfolgung mit heroischem Mut. Er starb am 3. Februar 1890 in Rom als Domherr von St. Peter.

Am 30. Tag nach seinem Tode wurde in der Kathedrale von Mantua ein feierliches Requiem gehalten, das Msgr. Sarto zelebrierte. Bei dieser Gelegenheit hielt der Heilige seinem Vorgänger eine Gedächtnisrede, in

Reform des Priesterseminars

Wie erwähnt, litt die Diözese Mantua vor allem unter Priestermangel. « Ich brauche Professoren fürs Priesterseminar, ich brauche Priester für die Stadt und für die Diözese. Es ist zum Verzweifeln ! » So klagte Msgr. Sarto in einem Brief vom 2. Juni 1885 [1]. Und wenige Tage später gab er wiederum seinem Schmerz über die Lage Ausdruck :

« Am ersten Sonntag im August werde ich einen Priester und einen Diakon weihen : das sind die einzigen Früchte, die mir mein Priesterseminar in diesem Jahr bietet. Es ist ein Elend, das mir das Herz zusammenpreßt, denn ich hätte mindestens vierzig nötig. » [2]

Es war ganz offensichtlich : wenn er die Diözese Mantua wieder auf die Höhe bringen wollte, mußte er alles daransetzen, um einen Klerus nach dem Herzen Gottes heranzubilden, der ihm bei der Erfüllung der ungeheuren Aufgabe helfen konnte.

Doch wie konnte er einen guten Klerus erhoffen, wenn kein Priesterseminar da war, das den Anforderungen der Zeit entsprach ?

Mehr als ein Jahrzehnt war das Seminar von Mantua wegen der antiklerikalen politischen Strömungen jener Zeit geschlossen gewesen. Bischof Berengo hatte es 1880 neu eröffnet, doch es gab außerordentlich wenig Priesterberufe und es gebrach an Mitteln für den Unterhalt der Studierenden [3].

---

der er die großen Verdienste und Tugenden des Verblichenen hervorhob. (Msgr. A. MARCHESAN, a. a. O., VIII. Kap., SS. 276-277.)

[1] Msgr. A. MARCHESAN, a. a. O., VIII. Kap., S. 249.

[2] Brief vom 24. Juli 1885 an Don G. Bressan, der später sein treuer Sekretär werden sollte. Vgl. Msgr. G. BRESSAN, Memorie mss., Postulationsarchiv. — Vgl. auch : Msgr. F. SILVESTRINI, Ap. Ven., S. 442. — Der Priester B. VIANELLO, ebd., S. 531.

[3] Der Priester E. MARTINI, Ord. Mant., S. 147. — Der Priester A. ANGELINI, ebd., SS. 116-117. — Der Priester A. PESENTI, ebd.,

Vielleicht hatte man versäumt, das Volk auf den Ernst der Lage aufmerksam zu machen. Der Glaube war nicht gänzlich erloschen. Von Zeit zu Zeit gelangten inständige Bitten an den Bischof, er möge Priester senden. Also durfte man hoffen, daß das Volk Verständnis für die Sorgen und Bemühungen des Bischofs haben werde.

In der Überzeugung, daß das Priesterseminar der Lebensnerv der Diözese sei, richtete Msgr. Sarto am 5. Juli 1885 einen Brief an Klerus und Volk von Mantua, aus dem erschütternd die brennende Sorge seines Vaterherzens spricht. Es heißt darin:

« Eine der schweren Sorgen, die mich seit dem Tage beschäftigen, da der Heilige Vater sich würdigte, mir die Leitung dieser Diözese anzuvertrauen, ist die um das Priesterseminar. Um das Seminar kreisen meine Gedanken, ihm gehört meine Liebe, es verursacht mir aber auch großen Kummer, denn die Erziehung des Klerus ist die Grundlage der Diözese ; durch sie allein können wir gute Priester bekommen. Sie ist das Wesentlichste, was ein Bischof zu leisten hat.

Wie schmerzlich wäre es deshalb für mich, wenn ich im nächsten Herbst jungen Leuten schreiben müßte, es sei kein Platz für sie im Seminar ! Wie traurig wäre das, wo ich doch so viele Pfarrer kenne, die schon alt und kraftlos sind und um Hilfe bitten, so viele Pfarreien, die nach einem Hirten verlangen ! Welchen Kummer würde es mir bereiten, wenn ich durch den Mangel an Mitteln gezwungen wäre, liebe Alumnen zu entlassen, die vom Himmel gerufen, bereit sind, an die Stelle der unermüdlichen Arbeiter zu treten, die der Tod hinweggerafft hat !

SS. 170-171. — Der Priester A. GANDINI, Ap. Mant., S. 183. — Der Priester G. CAVICCHIOLI, ebd., S. 210. — Der Priester E. MAMBRINI. ebd., S. 290. — Msgr. G. SCAINI, ebd., S. 408. — Msgr. A. RIZZI, Ord, Trev., SS. 1349-1350.

Wenn die Kirche nicht ohne Priestertum bestehen kann, das einen ihrer Wesensbestandteile bildet, und wenn das Priestertum nicht ohne die Heranbildung von Klerikern fortzudauern vermag, müssen wir dann nicht alle unsere Kräfte aufbieten, um dem Seminar als dem Institut der Priestererziehung zu neuer Blüte zu verhelfen? Ich verlange von Euch nichts Unmögliches, sondern nur das, was Ihr habt: Herz und Liebe. Ich weiß, daß Ihr wenig Geld habt, doch ich weiß auch, daß Ihr zahlreich seid: viele Körnlein ergeben einen Haufen und viele Tropfen machen den Regen.»

Dann wies er auf die dringenden Bedürfnisse der Diözese hin, erinnerte an die vielen Pfarreien, die ohne Priester waren, und fuhr fort:

«Gibt es nicht verödete Kirchen, verlassene Altäre, schweigende Kanzeln, leere Beichtstühle, weil es an Priestern fehlt, die diesen erhabenen Dienst vollziehen könnten? Gibt es nicht junge Menschen, die in Unkenntnis dessen aufwachsen, was zum ewigen Heil notwendig ist; Betrübte, die vergeblich auf einen Tröster warten; Sterbende, die die weite Reise ohne priesterlichen Beistand antreten müssen? Sion ist vereinsamt, weil niemand da ist, der die Gläubigen zu den Festen des Herrn ruft. Glaubt nicht, ich wolle Euch Vorschriften machen oder harte Opfer auferlegen. Wenn ich um ein Almosen bitte, so tue ich es mit der Demut eines Bettlers. Nur eine Bitte habe ich: Liebt das Seminar! Das allein wird schon genügen, damit Euer Bischof Wunder zu vollbringen vermag.

Liebt das Seminar! Dann wird der Wunsch Eures Bischofs für Euch ein Befehl sein. Niemand schütze die Kärglichkeit seines Besitzes, die Armut der Pfarrei, den glaubenslosen Geist seiner Umwelt vor; denn es gibt keinen, der für das Seminar nicht einen Centesimo, ein bißchen Gemüse oder eine Frucht geben könnte. Nichts ist unmöglich für den, der will, und für den, der liebt.

Liebt das Seminar ! Es gibt in der Diözese Mantua kein wichtigeres Werk. Und das Wenige, was Ihr für arme Priesteramtskandidaten opfert, wird für Euch eine Wiederholung des Wunders bewirken, mit dem die Witwe von Sarepta begnadet wurde : sie beraubte sich des letzten Bissens Speise, der für sie und ihr Kind noch vorhanden war, um dem Propheten eine Stärkung zu bieten, und zum Lohn dafür nahm das Mehl im Topf nicht ab und das Öl im Kruge wurde nicht weniger.

Liebt das Seminar, so wird der Wunsch Eures Bischofs erfüllt. Und wenn ich dank Eurer Hilfe diese meine teure Familie wachsen und blühen sehe, diese Familie, die mir so sehr am Herzen liegt, werde ich mein ganzes Leben dem Wohl meiner geliebten Diözese widmen. »[1]

Dieser eindringliche Appell konnte nicht ungehört verhallen. Die ganze Diözese, Klerus und Volk, Reiche und Arme, Angesehene und Niedrige sandten so reichliche Gaben, daß das Seminar in weniger als einem Jahr 147 Alumnen aufnehmen konnte ![2]

« Das Priesterseminar », so schrieb der Bischof am 1. Juli 1886 an seinen Klerus, « ist der Gedanke, der mich dauernd beschäftigt. Jetzt, nach Ablauf eines Jahres, kann ich es mir nicht versagen, in die Zukunft zu blicken, um Vorkehrungen zu treffen für die Zeit, da das Institut, auf das wir alle unsere Hoffnungen setzen, sich noch mehr entfalten und durch die Heranbildung guter Priester den wachsenden Bedürfnissen der Diözese entsprechen wird.»[3]

*

---

[1] Hirtenbrief Nr. 264.
[2] Vgl. Msgr. A. MARCHESAN, a. a. O., VIII. Kap., S. 254.
[3] Brief Nr. 512.

Doch es genügte nicht, daß er dem Seminar eine finanzielle Grundlage gesichert hatte. Es mußte nun auch mehr als bisher auf seinen Zweck hingeordnet werden.

Die künftigen Priester sollten das Ideal ihres Standes lebendiger erfassen, zu priesterlicher Lebensführung angeleitet werden, eine Ausbildung genießen, die den Errungenschaften ihrer Zeit auf dem Gebiete der Wissenschaft und der Kultur entsprach, vor allem aber in der Liebe Christi wachsen.

Da Msgr. Sarto so sehr wünschte, würdige Priester heranzubilden, ging er alsbald daran, eine strengere Disziplin im Seminar einzuführen. Er verpflichtete die Oberen, eine sorgfältigere Auswahl bei der Zulassung der Bewerber zu treffen, empfahl allen Pfarrern eindringlich, Priesterberufe zu fördern, doch nicht zu leicht den Bitten der Eltern Gehör zu schenken, die oft von Eitelkeit oder selbstsüchtigen Interessen geleitet seien [1]. Die gründliche, planmäßige asketische Formung der jungen Kleriker vertraute er einem sehr erfahrenen Spiritual an [2].

*

Msgr. Sarto war überzeugt, solides Wissen sei die beste Verteidigung der Kirche inmitten einer Welt, die an nichts glaubte als an den kulturellen Fortschritt; deshalb legte er in gesunder Zeitaufgeschlossenheit großen Wert auf die wissenschaftliche Ausbildung. Vor allem ernannte er wirklich tüchtige Professoren, ergänzte die Lehrpläne und schrieb für die philosophischen und theologischen Kurse das Studium der Werke des heiligen Thomas von Aquin vor. Er führte ergänzende Fächer ein, die das Wirken der künftigen Priester im Volke erleichtern sollten.

---

[1] Brief vom 1. Juli 1886, Nr. 512. — Brief vom 30. Juni 1887, Nr. 453. — Vgl. auch: Synod. Dioec. Mant., XXV. Kap., S. 86.
[2] Der Priester G. PEDRINI, Ord. Mant., S. 52. — Der Priester V. BINI, Supplem. Ord. Mant., S. 16. — Msgr. A. RIZZI, Ord. Trev., S. 1441.

Da er selbst in seiner Tätigkeit weder Rast noch Zerstreuung kannte, feuerte sein Beispiel die Professoren zu eifrigster Pflichterfüllung an. Dogmatik, Moraltheologie und Gregorianischen Choral lehrte er selbst. Ja, um in engeren Kontakt mit den Alumnen zu kommen, zögerte er nicht, die schwere Bürde des Rektors auf sich zu nehmen, Professoren zu vertreten, die aus gesundheitlichen oder anderen Gründen verhindert waren, ihre Vorlesungen zu halten[1], und war so in der Lage, sich ein klares Urteil über die Fortschritte seiner Kleriker zu bilden.

Er begnügte sich nicht mit den Berichten der Professoren ; oft trat er selbst unerwartet in die oder jene Klasse ein, hörte zu, stellte Fragen — und das in einer Weise, die Lehrer und Hörer zu Bewunderung für seine hervorragende Didaktik und seine gründliche, vielseitige Bildung hinriß[2]. Nie versäumte er es, den Examina beizuwohnen ; dabei griff er oft durch scharfsinnige Bemerkungen ein, führte praktische Beispiele an. Es machte ihm Spaß, die Alumnen in Verlegenheit zu setzen und ihre Schlagfertigkeit zu prüfen[3].

Seine Kleriker sollten ihre Studien gründlich betreiben; um das zu erreichen, ordnete er an, daß sie in den ersten vier Jahren nach der Priesterweihe alljährlich ein Examen über verschiedene Gebiete des religiösen und profanen Wissens ablegten ; er selbst hatte den Vorsitz der Prüfungskommission inne[4].

[1] Msgr. G. BRESSAN, Ap. Rom., S. 46. — Msgr. G. B. ROSA, Ord Rom., f. 968-969. — Msgr. A. RIZZI, Ord. Trev., SS. 1343-1344, 1362. — Msgr. G. SARTORI, Ord. Mant., S. 67. — Der Priester E. MARTINI, ebd., SS. 148-149. — Msgr. A. TRAZZI, ebd., S. 193-194. — Msgr. A. BONI, ebd., S. 231. — Der Priester A. GANDINI, Ap. Mant., S. 183. — Der Priester A. RESTANI, ebd., S. 387. — Vgl. auch : Synod. Dioec. Mant., XXV. Kap., SS. 86-87.
[2] Msgr. A. RIZZI, Ord. Trev., S. 1343. — Der Priester E. MARTINI, Ord. Mant., S. 148. — Msgr. G. SCAINI, Ap. Mant., SS. 408-409.
[3] Msgr. G. B. ROSA, Ord. Rom., f. 968. — Msgr. G. SARTORI, Ord. Mant., S. 67. — Msgr. A. BESUTTI, ebd., S. 205. — Msgr. G. SCAINI, Ap. Mant., SS. 408-409.
[4] Msgr. G. SARTORI, Ord. Mant., p. 53.

Msgr. Giuseppe Sarto
Bischof von Mantua

Durch diese Maßnahmen hatte Msgr. Sarto, wie ein späterer Bischof von Mantua bezeugt, der damals Seminarist war, eine « Sturzwelle der Erneuerung » ausgelöst, « deren Wirkungen überaus erfreulich waren » [1].
175 vielversprechende junge Männer gingen aus dieser Schule hervor, die ihn baten, in irgendeinem Winkel der Diözese für das Heil der Seelen arbeiten zu dürfen [2]. Msgr. Sarto hatte das versprochene Wunder tatsächlich gewirkt und konnte ein dankerfülltes Te Deum singen. Er hatte seine ganze Kraft für das Seminar eingesetzt. Der beste Teil der bischöflichen Einkünfte gehörte dem Seminar; für das Seminar hatte er die beiden letzten Felder verkauft, die er noch in Riese besaß; er scheute sich nicht, für das Seminar Almosen zu erbitten und war für die kleinste Gabe dankbar [3].
Nun konnte die Diözese Mantua vertrauensvoll in die Zukunft schauen.

Seine Priesteramtskandidaten

Fast täglich besuchte Msgr. Sarto die Priesteramtskandidaten, seine künftigen Mitarbeiter in der Seelsorge. Er kannte jeden einzelnen, kannte seinen Namen, seinen Heimatort, seine häuslichen Verhältnisse. Er unterhielt sich und scherzte mit ihnen, erkundigte sich eingehend nach ihrem Betragen, ihren Studien, ihrer religiösen Haltung [4]. Er interessierte sich für ihre Bedürfnisse, studierte

---

[1] Msgr. A. Rizzi, Ord. Trev., S. 1351.
[2] Msgr. G. B. Rosa, Ord. Rom., f. 969.
[3] Msgr. G. B. Rosa, Ord. Rom., f. 969. — Sr. Modesta dell'Immacolata, Ord. Mant., S. 92. — Msgr. A. Rizzi, Ord. Trev., S. 1342. — Vgl. auch: Hirtenbrief vom 31. Januar 1888, Nr. 61. — Synod. Dioec. Mant., XXV. Kap., SS. 88-89.
[4] Der Priester C. Pedrini, Ord. Mant., S. 52. — Der Priester E. Martini, ebd., S. 148. — Der Priester A. Pesenti, ebd., S. 171. — Der Priester A. Angelini, ebd., S. 117. — Msgr. A. Besutti, ebd., S. 205. — Der

ihre Veranlagung und ihre Neigungen, prüfte ihre Berufung zum Priestertum, durchforschte das Innerste ihrer Seelen [1].

Seinem scharfen Blick entging keiner ihrer Fehler, keine ihrer Tugenden. Mit ihren Schwächen hatte er Nachsicht, er verstand sie zu ermutigen und zu stützen. Doch in Bezug auf die Disziplin war er unnachsichtig; mit gerechter und maßvoller Strenge rüttelte er Pflichtvergessene auf — eine stumme Mahnung für die Vorgesetzten, ihre Alumnen besser zu überwachen [2].

Ein Blick von ihm wirkte mehr als die schwerste Strafe.

*

Von der Erhabenheit des Priestertums durchdrungen, versäumte er keine Gelegenheit, in ihnen priesterliche Gesinnung zu wecken, sei es, daß er in vertraulichen Gesprächen die Weisungen des heiligen Hieronymus an Nepotianus zitierte, sei es, daß er in tiefschürfender Weise die an den Klerus gerichteten Mahnungen des heiligen Karl Borromäus erklärte [3].

Liebe und Opfer, bereitwilliger und disziplinierter Gehorsam gegenüber dem Bischof, Bekämpfung des Stolzes, der Nachlässigkeit in der Pflichterfüllung, der Lauheit im Dienste Gottes und vor allem des « amor sceleratus habendi » — der Geldgier, die einen Diener Gottes so sehr entehrt — das waren die gewöhnlichen Gegenstände seiner

---

Priester D. BALZO, Supplem. Proc. Ord. Mant., S. 49. — Msgr. G. B. ROSA, Ord. Rom., f. 969. — Der Priester A. RESTANI, Ap. Mant., S. 388. — Msgr. G. SCAINI, ebd., S. 409.

[1] Msgr. G. SARTORI, Ord. Mant., S. 67. — Der Priester A. ANGELINI, ebd., S. 194. — Msgr. A. BESUTTI, ebd., S. 205. — Msgr. A. RIZZI, Ord. Trev., S. 1344. — Msgr. F. GASONI, Ord. Rom., f. 237.

[2] Msgr. A. TRAZZI, Ord. Mant., S. 194. — Msgr. A. BESUTTI, ebd., S. 205. — Der Priester D. BALZO, Supplem. Proc. Ord. Mant., S. 53. — Der Priester V. BINI, ebd., S. 16.

[3] Msgr. A. RIZZI, Ord. Trev., S. 1343. — Msgr. G. SARTORI, Ord. Mant., S. 67. — Der Priester A. RESTANI, Ap. Mant., S. 392.

Vorträge, Unterhaltungen und Ermahnungen. Jeden Monat aber versammelte er die jungen Theologen zu einem Einkehrtag um sich, damit sie Gott näher kämen in aufrichtiger Frömmigkeit und tiefem Glauben [1].

Er vergaß auch nicht, sie für das Predigtamt zu schulen. Von Zeit zu Zeit, vor allem im Marienmonat, mußten sie abwechselnd kurze Vorträge halten, zu denen er dann seine Bemerkungen machte; es waren das Lehrstunden jener heiligen Beredsamkeit, in der er selbst Meisterschaft besaß [2].

Doch wenn die Zeit der heiligen Weihen herannahte, vervielfältigte Msgr. Sarto seine Bemühungen um die Priesteramtskandidaten.

In diesen Tagen kannte er keine Ruhe. Er bereitete sie persönlich auf den folgenschweren Schritt vor, den sie tun wollten. Mit der ganzen Glut seines Herzens, mit Tränen in den Augen ermahnte, bat und beschwor er sie, die eigenen Kräfte zu prüfen und die furchtbare Verantwortung zu erwägen, die sie vor Gott und den Menschen auf sich nehmen wollten, damit sie nicht eines Tages zu jenen Unseligen gehörten, die durch ihren Abfall der Kirche und den Seelen schweren Schaden zufügen. Er wollte ihnen nicht die Hände auflegen, bevor er nicht auf das Genaueste die Redlichkeit ihrer Absicht geprüft hatte [3].

Bei einem solchen Vorgehen ist es nicht erstaunlich, daß während seines Episkopates ganz ausgezeichnete Priester herangebildet wurden, die der Diözese Mantua zur Ehre gereichten.

*

[1] Msgr. A. RIZZI, Ord. Trev., S. 1344. — Msgr. A. BESUTTI, Ord. Mant., S. 205.
[2] Msgr. G. SARTORI, Ord. Mant., S. 70. — Der Priester D. BALZO, Supplem. Proc. Ord. Mant., S. 56.
[3] Msgr. G. SARTORI, Ord. Mant., S. 57. — S. E. MARTINI, ebd., S. 148.

Alle seine Priesteramtskandidaten lagen ihm am Herzen wie einem guten Vater, so bezeugt ein Priester, der in den ersten Jahren des Episkopates von Msgr. Sarto Seminarist war [1].
Wenn ein junger Mann so arm war, daß er sich nicht die fürs Seminar erforderliche Ausstattung besorgen konnte, tat es der Bischof für ihn [2]. War es einem wegen eines Mißgeschicks in der Familie nicht möglich, die Pension weiter zu zahlen, beglich Msgr. Sarto die Kosten und sagte einfach: « Wenn auch du kein Geld hast, so habe doch ich etwas. Studiere und schau, daß du ein guter Priester wirst. » [3] Wenn Seminaristen von schwacher Gesundheit kräftigere Nahrung benötigten, ließ er sie an seiner eigenen Tafel speisen; waren sie krank und konnten keine Medikamente kaufen, besorgte er sie [4]. Da ihm die seelischen Gefahren, denen die Seminaristen während der langen Ferien ausgesetzt waren, Sorge bereiteten, erwarb er eine ruhig gelegene Villa für sie, wo sie ungestört ihren religiösen Übungen und dem Studium obliegen, sich aber auch durch schöne Ausflüge und allerlei Zerstreuung erholen konnten. Oft erfreute er sie mit seinem Besuch; seine Gegenwart verbreitete stets Frohsinn und Wärme [5].

Für seine Seminaristen war ihm keine Mühe, kein Opfer zu schwer. Aber sie sollten auch seinen Erwartungen entsprechen, sich seiner Liebe und seines Eifers würdig erweisen: sie sollten demütig, fromm und fleißig sein, klare Beweise für die Echtheit ihrer Berufung zum

---

[1] Der Priester D. BALZO, Supplem. Proc. Ord. Mant., S. 49.
[2] F. ZELADA-CASTELLI, Ord. Mant., SS. 161-162.
[3] Der Priester D. BALZO, Supplem. Proc. Ord. Mant., SS. 151-152. — Der Priester E. MARTINI, Ord. Mant., S. 148. — Der Priester S. MONDINI, Ap. Mant., S. 238. — Msgr. G. B. ROSA, Ord. Rom., f. 969.
[4] Der Priester V. BINI, Ap. Mant., S. 257. — Der Priester E. MAMBRINI, ebd., S. 288.
[5] Msgr. G. B. ROSA, Ord. Rom., f. 968. — Vgl. Brief an den Klerus vom 30. Juni 1887, Nr. 453.

Priestertum geben ; andernfalls wies er ihnen die Tür. In diesem Punkt kannte er kein Nachgeben ; da war er unerbittlich, denn er wußte aus Erfahrung, daß Priester, die von materiellen, selbstsüchtigen Motiven geleitet werden, eine Geißel für jede Diözese bedeuten [1].

Doch auch in diesen Fällen zeigte sich sein gütiges Herz. Wenn die Seminaristen, die er entlassen mußte, arm waren, nahm er sich ihrer nach Kräften an, vermittelte ihnen eine passende Arbeit, damit sie sich nicht dem Müßiggang überließen und in Not gerieten [2].

*

Es ist interessant, die Erinnerungen eines ehemaligen Seminaristen zu hören, der später Direktor der katholischen Zeitung « Il Cittadino di Mantova » wurde. Er schreibt :

« Er hatte uns gern, aber er ersparte uns nichts.

Manchmal, wenn wir es am wenigsten erwarteten, kam er in unser Kirchlein. Sein forschender Blick schweifte umher, gleichsam Aufmerksamkeit fordernd. Alle hingen gespannt an seinen Lippen ; und dann begann der Bischof zu sprechen.

Wer einen Fehler begangen hatte, mußte zittern ; denn da er uns so lieb hatte, wollte er, daß wir gut seien. Hatte er etwa nicht recht ? Wer brav war und fleißig studierte, war gut daran ; doch wenn sich jemand einbildete, mehr zu sein als die andern, weil er vielleicht ein bißchen mehr wußte, dann war er unerbittlich.

---

[1] Msgr. A. Rizzi, Ord. Trev., SS. 1344-1345. — Msgr. A. Besutti, Ord. Mant., S. 205. — Msgr. A. Boni, ebd., S. 232. — Vgl. auch : Brief des Heiligen an Don G. B. Rosa, Rektor des Seminars von Mantua vom 29. März 1894 : Vgl. Archiv der Heiligen Ritenkongregation.
[2] Msgr. A. Rizzi, Ord. Trev., S. 1417.

Msgr. Sarto war praktisch, erfahren, ein gewandter Redner ; in der Schule fesselte er unser Interesse und gab uns starke Impulse zum Studium. Doch eines Tages brach der Sturm los. Leichtsinnig, wie alle jungen Leute es sind, hatten wir eine schwere Widersetzlichkeit begangen. Tags darauf kam der Bischof in die Schule, ernst, mit blitzenden Augen. Der Sturm war nahe. Er legte die Faust auf den Tisch und sprach ganz langsam und nachdrücklich ein Wort, das uns fast zermalmte. Die Sache war ernst und wir zitterten, denn wir wußten nicht, wie sie ausgehen würde. Plötzlich hob er die Arme und den Blick : zwei große Tränen rannen über seine Wangen.

Diese Tränen werden wir nie vergessen, waren sie doch das deutlichste Anzeichen für seine große Liebe zu uns. Er hatte uns so lieb, wie nur ein Vater liebhaben kann.

Als er das letzte Mal bei uns war, sagte er : 'Vielleicht werden wir uns nicht mehr sehen, aber ihr werdet für mich beten, weil ich euch lieb hatte.' »[1]

Die erste bischöfliche Pastoralvisite

Schon die ersten Begegnungen mit den Mantuanern überzeugten Msgr. Sarto, daß er es mit einem aufrichtigen und tüchtigen Menschenschlag zu tun hatte. Obwohl das Volk unter dem Einfluß irreführender Lehren und umstürzlerischer Ideen stand, schien es ihm sehr empfänglich für das Wahre und Gute. Doch er mußte diesen Menschen erst näher kommen, sie kennenlernen, Gelegenheit haben, vom Herzen zum Herzen zu sprechen. Und er mußte auch alle seine Priester kennenlernen,

---

[1] Vgl. « Il Cittadino di Mantova » : 8. August 1903. — Vgl. auch : Der Priester D. BALZO, Supplem. Proc. Ord. Mant., SS. 52-53. — Der Priester A. PESENTI, Ord. Mant., S. 177. — Msgr. A. RIZZI, Ord. Trev., SS. 1424-1425.

mußte wissen, in welchen Verhältnissen sie lebten, wie sie arbeiteten, mußte sie aufrütteln, wenn sie langsam und lässig waren, sie anspornen, den Weg des Opfers weiter zu gehen, wenn sie gute Arbeit leisteten.

Die Zukunft des Seminars war nun gesichert, die Erziehung seines Klerus in die Wege geleitet. Nun bereitete er die erste Visitationsreise vor, in dem Bestreben, alle Kräfte der Diözese zu aktivieren, um in möglichst kurzer Zeit eine Wiederbelebung des christlichen Geistes zu erreichen.

Er wollte keine prunkvollen Empfänge, denn es ging ihm einzig und allein um die Rettung seiner Schäflein; er ermunterte sie, sich nicht von der Herde zu trennen, und wenn sie es schon getan hatten, wollte er sie dazu führen, ihren Irrtum zu erkennen und von ihrem Irrweg heimzukehren.

« Sie wollen und wollen nicht », so schrieb er am 18. August 1885 in Anlehnung an das Gleichnis des göttlichen guten Hirten ; « ich werde meine verirrten Schäflein rufen und die verlorenen suchen. Mögen mich auch die Dornen verwunden, ich werde mich durch das Dikkicht drängen, alle Hindernisse niederreißen, mit der ganzen Kraft, die mir der Herr gibt, überallhin laufen, um das verirrte Schäflein zu rufen, das verlorene zu suchen. »

Da er wußte, wie kärglich die Einkünfte der Pfarreien waren, ermahnte er die Pfarrer, wegen seines Besuches keine besonderen Ausgaben zu machen :

« Jeder Pfarrer möge daran denken, daß ich nur dann wirklich befriedigt das Pfarrhaus verlassen werde, wenn ich seine gewohnte alltägliche Mahlzeit teilen konnte. Wenn ich am frühen Morgen in die Pfarreien komme, ist es mir am liebsten, wenn ich die Gläubigen in der Kirche betend antreffe. Das ist der schönste Empfang, den man mir bereiten kann ; und die beste Kundgebung, die ich mir wünsche, ist die, Vertrauen zu finden, offene

Herzen, heitere Gesichter und Achtung vor dem, der den Segen des Herrn bringt. »[1]

*

Mehr als zwei Jahre lang setzte Msgr. Sarto seine Reisen fort, von Pfarrei zu Pfarrei, selbstvergessen bis zum Heroismus, unermüdlich. Überallhin brachte er Worte der Liebe und des Friedens, überall bahnten sich herzliche Beziehungen zwischen dem Vater der Diözese, seinem Klerus und dem Volke an.

Es war ihm eine Freude, vergessene Winkel aufzusuchen, auch die verlassensten Pfarreien zu entdecken, die abseits von den gewohnten Straßen lagen und seit vielen Jahren nicht ihren Oberhirten gesehen hatten. Der brennende Wunsch, ihnen allen zu nützen, verdoppelte seine Kräfte.

*

Von Priestern, die ihn auf diesen Reisen begleiteten und seine Opfer und Beschwerden teilten, sind wir über den Plan unterrichtet, nach dem Msgr. Sarto auf seinen Visitationsreisen vorging.

Er kam immer am frühen Morgen ohne Aufsehen zu erregen in den Pfarreien an, ging gleich in die Kirche und setzte sich in einen Beichtstuhl, bis es Zeit zur heiligen Messe war.

Er begrüßte die Gläubigen in einer Ansprache, erklärte das Evangelium und gab das Programm für den nächsten Tag bekannt.

Dann spendete er die heilige Firmung, visitierte die Kirche, prüfte das Archiv, die Pfarreibücher und die des Pfarreirates. Schließlich ging er von Haus zu Haus, ohne der Entfernungen zu achten, um die Kranken und

---

[1] Hirtenbrief Nr. 408.

Siechen zu segnen; wenn sie bedürftig waren, tröstete er sie nicht nur durch seine Worte, sondern ließ auch eine hochherzige Gabe zurück [1].

Vor dem Mittagessen, das er ganz einfach wünschte, trat er in das Studierzimmer des Pfarrers ein. Wenn er dort ein Buch über Liturgie oder Moraltheologie sah, das recht verstaubt war, nahm er es in die Hand und hielt es dem Pfarrer wortlos vor die Augen [2].

Der Nachmittag war vertraulichen Unterredungen und Beratungen mit den Pfarrern und deren Mitarbeitern gewidmet. Er wünschte genaueste Informationen, um einmütig mit ihnen die Richtlinien festzulegen, wie Unordnung und Mißbräuche ausgerottet, Zwietracht beseitigt und die sittliche Lebenshaltung verbessert werden könnte.

Gerade bei diesen Unterredungen traten seine Klugheit, die Lauterkeit seiner Absicht und seine Heiligkeit zu Tage und machten tiefen Eindruck auf seine Priester.

Die Pfarrer, die die verschiedenen Bedürfnisse des Volkes kannten, legten bei dieser Gelegenheit ihre Ansichten dar. Msgr. Sarto hörte sie mit größtem Interesse an, ging darauf ein, hob das Treffende hervor, stellte zuweilen etwas richtig, gab Anregungen und Rat, ergänzte, und erreichte ohne Schwierigkeit, was er wollte, denn die Pfarrer waren sehr befriedigt, daß er ihr Urteil so hoch schätzte, und nahmen deshalb stets bereitwillig seine Ausstellungen, seine Ansichten und Vorschläge zum Wohle der Pfarrei auf, auch wenn sie ihrer bisherigen Auffassung widersprachen.

Nach einer kurzen Ruhepause kehrte er in die Kirche zurück, hörte Beicht, prüfte das religiöse Wissen der Kinder, erklärte den Erwachsenen den Katechismus, ermahnte, ermutigte, stieg schließlich auf die Kanzel und

---

[1] Msgr. G. SARTORI, Ord. Mant., SS. 73, 80. — Msgr. A. TRAZZI, ebd., S. 196. — Cfr. auch: Msgr. G. B. PAROLIN, Ord. Rom., f. 640-641.
[2] Msgr. G. BRESSAN, Ap. Rom., S. 57.

predigte mit warmen, eindringlichen Worten. Segnend schied er sodann von der Pfarrei [1].

Doch die Wirkungen seines Besuches gingen sehr tief: er hatte eine Atmosphäre des Friedens und der Liebe geschaffen, Ehen legitimiert, in Familien den Frieden wiederhergestellt, Erwachsene getauft und gefirmt, Sünder auf den rechten Weg zurückgerufen, Unwissende in den Heilswahrheiten unterrichtet, Ärgernisse beseitigt, Arme getröstet und Not gelindert [2].

So konnte er zufrieden und frohen Herzens von den Pfarreien Abschied nehmen, galt doch für ihn das Wort, das der Herr an den Propheten Jeremias richtete: «Ich gebe dir Vollmacht über dieses Volk, auszureißen und einzureißen, auszurotten und zu zerstören, aufzubauen und einzupflanzen.» [3]

Doch auch an Enttäuschungen fehlte es nicht. Es schmerzte ihn tief, wenn seine Bemühungen nicht zum Ziel führten [4]. Oft jedoch konnte er den Lohn seiner Arbeit und seiner Leiden ernten: die Kraft seiner unvergleichlichen Liebe führte die Menschen zu Gott.

Die Synode

Im Frühling 1888 war die erste Visitation der Diözese beendet. Msgr. Sarto hatte die 164 Pfarreien seiner Diözese kennengelernt und konnte mit dem Guten Hirten sprechen: «Ich kenne meine Schäflein und meine Schäflein kennen mich.» [5] Viel Tröstliches hatte er gefunden,

---

[1] DERS., ebd., SS. 56-58. — Msgr. G. B. ROSA, Ord. Rom., f. 970. — Msgr. G. SARTORI, Ord. Mant., SS. 73-74. — Der Priester G. CAVICCHIOLI, Ap. Mant., S. 22.

[2] Msgr. G. B. PAROLIN, Ord. Rom., f. 634. — Msgr. A. RIZZI, Ord. Trev., S. 1403. — Der Priester A. PESENTI, Ord. Mant., S. 175.

[3] Jerem. 1, 10.

[4] MARIA SARTO, Ord. Rom., f. 60. — Msgr. A. RIZZI, Ord. Trev., S. 1409. — Msgr. A. BESUTTI, Ord. Mant., S. 205.

[5] Joh. 10, 14.

Dinge, die ihn vertrauensvoll in die Zukunft blicken ließen. Doch er hatte auch Zustände gesehen, die ihm das Herz zusammenschnürten: völlig verlassene Pfarreien, wo man nichts von Gott wußte, Gleichgültigkeit, sittliches Elend, ungetaufte Kinder, von Zwietracht zerrissene Familien, eine große Anzahl von Begräbnissen ohne das Zeichen Christi. Ein trauriges Bild!

Von Canneto sull'Oglio aus, wohin ihn seine Visitationsreise geführt hatte, schrieb er am 30. Oktober 1886 an den Bischof von Padua, er könne die Einladung, in Thiene Exerzitien zu geben, nicht annehmen und begründete die Absage folgendermaßen:

« Wenn ich auch nur der dringendsten Not abhelfen wollte, müßte ich in hundert Pfarreien Exerzitien geben. Und die sehen anders aus als die letzte Pfarrei der Diözesen Treviso und Padua!... Hier sind wir in partibus infidelium. Stellen Sie sich vor: in einer Pfarrei von 3000 Seelen kamen vor einigen Tagen vierzig Frauen zur Messe des Bischofs; acht davon haben kommuniziert... Und zur Christenlehre erschienen hundert Kinder und etwa hundert Neugierige. Und der Mann, dem die Sorge für diese Seelen anvertraut ist, wollte mich noch überzeugen, das Dorf sei nicht so schlimm wie ich es mir vorstellte.

Hin und wieder finde ich Tröstliches, wie zum Beispiel hier in Canneto (4000 Seelen); aber im allgemeinen gibt es eine Unmenge von Dingen, die einen armen Mann zermalmen können. »[1]

In ähnlichem Sinn hatte er schon drei Monate vorher an den Bischof von Padua geschrieben:

« Hier fährt man fort, Tag für Tag zu leben, zu arbeiten soviel man kann, doch fast ohne Hoffnung, auch nur ein wenig von dem Geist zu sehen, der die Diözesen

---

[1] Briefe des Kardinals Giuseppe Sarto, Patriarch von Venedig, an den Bischof von Padua, Msgr. Giuseppe Callegari, SS. XII-XIII.

der Provinz Venetien beseelt. Es fehlt alles ... Um der Liebe Gottes willen, beten Sie zum Herrn für diesen armen Teufel, der mehr tut, als er kann, um den Unbefangenen zu spielen und sich zufrieden zu zeigen, während er sich von diesem schweren Kreuz erdrückt fühlt.» [1]

*

Die Visitationsreise hatte dem Heiligen ein klares Bild von der Lage und den Bedürfnissen der Diözese vermittelt. Es lag darum für ihn, den weitsichtigen und tatkräftigen Mann, durchaus nahe, sobald als möglich eine Diözesan-Synode einzuberufen, um «in langer, gründlicher Beratung einen Grundriß der Diözesanstatuten auszuarbeiten und der neuen Zeit, den neuen Übeln und den neuen Forderungen entsprechende Grundsätze festzulegen, die sich die früheren Synoden nicht einmal vorstellen konnten» [2].

Als Msgr. Sarto am 16. Februar 1887 die Absicht bekannt gab, eine Synode einzuberufen, war die Visitationsreise noch nicht beendet. Das darf uns nicht verwundern: die Bekanntmachung mußte mehrere Monate vorher erfolgen, damit der Klerus Zeit zur Vorbereitung hatte; denn die Synode sollte nicht so sehr zur Verwirklichung der Bestrebungen des Bischofs dienen, als vielmehr jener des ganzen Klerus, der mit seinem Bischof eins war im Studium und im Suchen besserer Mittel, um die Wohlfahrt der Diözese zu fördern.

Weil Msgr. Sarto wünschte, daß die Initiative zu einer Reform der Diözese mehr vom Klerus ausginge als von ihm, gab er sofort den Plan bekannt, nach dem die Synode vorgehen sollte, und wies jedem Dekanat ein besonderes Thema zu, das dort studiert werden sollte.

---

[1] Brief vom 21. Juli 1886; vgl. Briefe S. xii.
[2] Brief an den Klerus vom 16. Februar 1887, Nr. 160.

« Da Sie so viel Beklagenswertes vor Augen haben », schrieb er, « schlagen Sie in Ihrer Klugheit nur solche Mittel vor, die Sie für geeignet halten, Abhilfe zu schaffen; aber hüten Sie sich davor, Maßnahmen zu empfehlen, die doch niemals durchgeführt werden könnten. Gesetze und Verordnungen, die wieder abgeschafft werden müssen, weil sie nicht beobachtet werden, schaden stets dem Ansehen der Autorität, die sie erlassen hat. »[1]

*

Die Richtlinien für die Studienzirkel zur Vorbereitung auf die Synode, die der Heilige seinen Priestern gab, sind ein beredtes Zeugnis für seine Geisteshaltung.

« In Ihren Zusammenkünften », heißt es dort, « sei Ihnen die Meinung des Bischofs Richtschnur, der die Gesetze der Kirche beobachtet haben will und nicht gewisse aufsehenerregende Neuerungen unterstützt, die nur Verstimmungen, Ärgernis und Unzufriedenheit zur Folge haben ; der ebensowenig für Härte ist wie für Laxismus; der dort, wo ein Befehl Schaden anrichten könnte, lieber ermahnt und bittet ; der auf alle Weisen mehr oder weniger offen gegen die Hindernisse ankämpft, die sich dem Guten entgegenstellen, der sie zu schwächen sucht, wenn sie noch nicht beseitigt werden können, der wünscht, daß aus unserem Wortschatz die Worte gestrichen werden : Das Übel ist unheilbar. »[2]

*

Die letzte Synode war in der Diözese Mantua im Jahre 1679 abgehalten worden. Zwei Jahrhunderte waren seither verflossen. Die Welt war nicht stillegestanden in

[1] Ebd.
[2] Ebd.

dieser Zeit. Die Verhältnisse des bürgerlichen und religiösen Lebens hatten sich geändert ; viele Gesetze und Verordnungen waren außer Gebrauch gekommen, andere standen in Gegensatz zu den von der höchsten kirchlichen Stelle gegebenen Richtlinien.

Man kann sich leicht vorstellen, welch riesige Arbeit Msgr. Sarto zu leisten hatte. Doch er schrak nicht davor zurück. Mutig ging er an die Arbeit, durchstöberte Archive, prüfte die Akten und Verordnungen seiner Vorgänger, unterrichtete sich über die Privilegien und Vollmachten, über die lokalen Gewohnheiten und Bräuche.

Tag und Nacht war er am Werk, um mit Klugheit und Liebe die Richtlinien für die Reform der Diözese Mantua auszuarbeiten [1].

*

Die Synode wurde mit größter Gründlichkeit vorbereitet, alle schwebenden Fragen mit dem Domkapitel durchberaten, mit den Stadtpfarrern und den Vikaren das Material gesichtet, das mit den geltenden Bestimmungen der Kirche in Einklang gebracht werden sollte. Am 10. September 1888 läuteten alle Glocken der Stadt, um zu verkünden, daß in der Kathedrale die Diözesan-Synode eröffnet wurde.

Ungefähr 200 Priester begaben sich in langem Zuge von der Bischofsresidenz in den Dom. Der Bischof feierte das Hochamt und erklärte dem Volke, das sich in dem weiten Gotteshaus zusammengefunden hatte, den Zweck der Veranstaltung ; er bat eindringlich, die Gläubigen möchten den Herrn um glücklichen Erfolg der Arbeit bitten, die sie in Angriff nehmen wollten.

---

[1] Msgr. G. BRESSAN, Ap. Rom., S. 58. — Msgr. F. GASONI Ord· Rom., f. 238. — Der Priester E. MARTINI, Ord. Mant., S. 153. — Msgr. A. TRAZZI, ebd., SS. 195-196. — Msgr. A. RIZZI, Ord. Trev., S. 1355.

Drei Tage lang war nun der Bischof vollauf beschäftigt, mit seinen Priestern einen offenen, herzlichen Meinungsaustausch zu pflegen; er sprach, diskutierte, entschied über die lebenswichtigsten Fragen auf dem Gebiete der Liturgie, des Glaubens und der christlichen Sitte; alles wurde erörtert: vom Katechismus bis zur Verwaltung der Sakramente, vom Eherecht bis zur Heiligung der Festtage, von der Erstkommunion der Kinder bis zur Verschönerung des Gottesdienstes, von der Erziehung der Jugend bis zu den Kunstgegenständen in den Kirchen, von den Beerdigungen bis zum gregorianischen Gesang, von den Prozessionen bis zur Presse, von der katholischen Volksbewegung zu den unverletzlichen Rechten der Kirche, von den Beziehungen zu den Zivilbehörden und selbst zu den Juden, die damals in Mantua sehr zahlreich waren [1]. Und damit das Volk — wie es sein gutes Recht war — erfühle, was die Synode beschlossen hatte und damit die Gesetze nicht toter Buchstabe blieben, ließ er einen Auszug in italienischer Sprache veröffentlichen, von dem er wünschte, daß er weiteste Verbreitung fände [2].

Als die Synode beendet war, wurden als praktisches Ergebnis der reiflichen Überlegungen und Beratungen Bestimmungen erlassen, die gleichsam als Magna Charta der Diözese Mantua zu betrachten sind und ein vollständiges bischöfliches Gesetzbuch bilden. Msgr. Sarto hatte allen Grund, Gott inständig Dank zu sagen.

« Ich danke Ihnen », so schrieb er am 28. September 1888 seinem vertrauten Freund, Msgr. Jacuzzi in Treviso, « für Ihre Glückwünsche zur Synode. O, ich versichere Sie, daß ich einen tiefen Seufzer der Erleichterung aus-

---

[1] Vgl. Costitutiones ab Ill.mo et R.mo DD. IOSEPHO SARTO Sanctae Mantuanae Ecclesiae Episcopo promulgatae in Synodo Diocesana diebus X, XI, XII mensis Septembris anno 1888 habita. Mantuae 1888. — Vgl. Msgr. G. SARTORI, Ord. Mant., S. 74. — Msgr. A. MARCHESAN, a. a. O., VIII. Kap., SS. 256-258.
[2] Msgr. G. SARTORI, Ord. Mant., S. 74.

gestoßen habe, und dann habe ich ein Te Deum aus jener Zeit gesungen, die man lieber vergessen sollte, die mir aber von Zeit zu Zeit doch ins Gedächtnis kommt, um mir das gegenwärtige Elend desto schmerzlicher zum Bewußtsein zu bringen. Ich habe fast ein Jahr gearbeitet, ich bin mit dem größtmöglichen Feingefühl vorgegangen, ich habe kein Opfer gescheut, auch kein finanzielles, um meine Priester um mich zu scharen. Doch ich muß der Wahrheit die Ehre geben: der Klerus hat mir bei dieser Gelegenheit durch seine Teilnahme, seine Haltung und seine Fügsamkeit große Freude bereitet. Auch das Volk hat mehr als ich es erwartete an den öffentlichen Veranstaltungen teilgenommen. Für alles sei dem Herrn Dank, cui soli honor et gloria.[1] »

Die zweite Pastoralvisite

Doch was nützen Gesetze, wenn sie nicht beobachtet werden und wenn jene, die mit der Überwachung der Durchführung betraut sind, ihre Pflicht vernachlässigen oder recht sorglos sind — oder aus Trägheit oder Menschenfurcht nicht auf die Erfüllung der Bestimmungen dringen?

Die Beschlüsse hatten die allgemeine Zustimmung des Klerus gefunden, waren sie doch in Sonderberatungen der einzelnen Dekanate vorher schon studiert und diskutiert worden. Trotzdem fehlte es dann, als es hieß, an die Durchführung der Beschlüsse zu gehen, nicht an Kritik und Klagen.

Warum, so sagten die Unzufriedenen, soll man Bräuche verbieten, die in sich indifferent sind und in keiner Weise gegen den Glauben verstoßen?

---

[1] « ... dem allein Ehre gebührt. » — Msgr. A. MARCHESAN, a. a. O., VIII. Kap., S. 260.

Andere dachten, wenn manche Bestimmungen nicht unter Todsünde verpflichten und keine kirchlichen Strafen eintragen, könne man in der Praxis mit ruhigem Gewissen darüber hinweggehen.

Auch die Strenge, mit der die Synode die Nachlässigkeit im Dienste Gottes und gewisse Mißbräuche, die nicht mit der Würde des Priesters vereinbar sind, verurteilt hatte, schien manchem übertrieben.

Diese Unzufriedenen waren nicht zahlreich ; sie bildeten nur eine unbedeutende Minderheit. Dennoch schmerzte ihre Haltung den Heiligen sehr. Wie er darunter litt, zeigt ein an seinen Klerus gerichteter Brief vom 20. Mai 1889, in dem er an die Synode erinnert und mit väterlichen Worten, aber auch mit der Autorität des Bischofs darauf hinweist, daß die erlassenen Vorschriften keinen andern Zweck verfolgten als den, « das Ackerfeld Gottes mit einer festen Mauer zu umgeben, damit es gut verteidigt, sorgfältig bewässert und bearbeitet, immer reichere Frucht trage ».

Und würde nicht jeder einzelne Priester, jeder einzelne Pfarrer selber den größten Gewinn davon haben ? Dürften wohl die Pfarrer von den Gläubigen Ehrfurcht und Gehorsam fordern, wenn sie selbst dem Bischof und den Vorschriften der kirchlichen Disziplin nicht gehorchten ?

« Beispiele sind wirksamer als Worte », fuhr Msgr. Sarto fort ; « es ist besser, durch Werke zu belehren als durch, Worte. »

« Wer über die Strenge der Synode klagt, möge überlegen, ob jene Priester für die Gläubigen vorbildlich sind die ohne weiteres den Talar ablegen, um in weltlichen Kleidern spazieren zu gehen ; de keine Bedenken tragen, schlechte Zeitungen zu lesen ; jene Pfarrer und Seelenhirten vor allem, die die religiöse Unterweisung der Bevölkerung vernachlässigen. »[1]

---

[1] Brief vom 20. Mai 1889, Nr. 487.

Besonders der Schluß des Briefes erklärt, warum bereits fünf Tage nach Erscheinen des erwähnten Briefes eine zweite Visitation angekündigt wurde.

*

Wenn Zweifel bestanden hätten, wären sie sofort behoben worden, als man am Anfang des Briefes vom 25. Mai desselben Jahres die Ankündigung einer neuen Pastoralvisite las.

« Die erste Visitation », so heißt es dort, « war gleichsam der Gruß, den Euch Euer Bischof im Namen Jesu Christi bot ; Euer Bischof, der sich danach sehnte, Euch persönlich kennenzulernen, mit Euch zu sprechen... Jetzt, nachdem die Diözesan-Synode abgehalten wurde, kündige ich Euch mit aufrichtiger Freude die zweite Visitation an ; sie wird sowohl für Euch wie auch für mich leichter sein, weil uns die festgesetzten Bestimmungen wegleitend sind. » [1]

Doch war diese neue Reise durch die ganze Diözese nicht eine außerordentliche Anstrengung für den Bischof, der eben erst die aufreibende Arbeit der Synode zum Abschluß gebracht hatte ? Dieser Einwand wurde von den wenigen Priestern erhoben, bei denen die Synode Mißstimmung erregt hatte. Der Bischof antwortete :

« Ich leugne nicht, daß diese Visitation für Euch und für mich eine neue Anstrengung bedeutet ; aber sind wir etwa Priester geworden, um ein bequemes Leben zu führen ? Wir müssen arbeiten ! Das ist unsere erste Pflicht. Die Kirche nennt sich bald Weinberg, bald Ackerfeld, bald Gebäude, bald Kriegsheer. Also ist es unsere Aufgabe, diesen Weinberg zu bepflanzen, zu bewachen, zu umzäunen, dieses Feld von allem Gestrüpp zu säubern und den Samen des Gotteswortes auszustreuen, das gei-

[1] Brief Nr. 501.

stige Gebäude aufzurichten und in diesem heiligen Kriegsheer gegen die erbitterten Feinde zu kämpfen, die uns nie einen Waffenstillstand gewähren werden.

Um klarer zu sprechen : Priester sein und zu Mühen verpflichtet sein, ist gleichbedeutend. Das lehren die Apostel durch ihr Beispiel ; das lehren alle Priester, die vom Geiste Gottes geleitet werden ; das lehrt endlich die ganze Kirche ; das IV. Provinzial-Konzil von Mailand sagt darüber: Illud autem unusquisque clericus saepe repetat : se non ad inertiam neque ignaviam, sed ad spiritualis et ecclesiasticae militiae labores vocatum esse [1].

Wißt ihr, was ein apostolisch gesinnter Mann antwortete, als man ihm sagte, so große Anstrengungen würden ihn krank machen ?... Quorsum mihi valetudo, nisi ut laborem ?[2] Nehmen wir an, daß wir durch die Sorge für das Heil der Seelen Gefahr liefen, die Gesundheit zu verlieren und unser Leben zu verkürzen. Doch da Jesus unter so vielen Leiden am Kreuze für uns gestorben ist, muß man es da nicht als Ehre betrachten, vor Anstrengung zu sterben oder mitten in der Arbeit zu sterben ? Wenn ich durch Krankheit unfähig wäre, meine Pflicht zu erfüllen, würde ich Gott bitten, mich zu sich zu rufen, oder wenigstens stets den Gedanken in mir wach zuhalten, daß ich das Feld verlasse, um in den letzten Tagen meines Lebens meine Versäumnisse zu beweinen. » [3]

Diese Worte rüttelten alle auf und so vermehrte die zweite Visitation das Gute, das schon die vorhergehende Visitation und die nachfolgende Synode gewirkt hatten.

---

[1] « Das aber soll jeder Kleriker sich oft wiederholen, daß er nicht zur Trägheit und Schlaffheit, sondern zu den Mühen des geistlichen und kirchlichen Kriegsdienstes berufen ist. » Msgr. A. RATTI, Acta Ecclesiae Mediolanensis, v. II, col. 429. — Mailand 1892. — Das Provinzialkonzil, auf das sich der Heilige hier bezieht, ist das im Jahre 1576 vom hl. Karl Borromäus abgehaltene.
[2] « Wozu dient mir die Gesundheit, wenn nicht dazu, daß ich arbeiten kann ? »
[3] Brief Nr. 501.

Auch die Widerspenstigsten — mit ganz wenigen Ausnahmen — wurden durch die unaussprechliche Güte ihres heiligen Bischofs besiegt und zögerten nicht, seinem Drängen nachzugeben. In voller Eintracht des Denkens und Wirkens gingen sie an den Aufbau, den der ewige Rebell hatte vereiteln wollen.

Sein Herzensanliegen : die religiöse Unterweisung

Das Gebiet, das in den bischöflichen Verlautbarungen Msgr. Sartos am öftesten berührt wird, ist die religiöse Unterweisung, die unersetzliche Grundlage des Glaubens und der christlichen Sitte. Es ist ja das Lehramt Christi, das die Kirche fortsetzt, und wenn sie diese Pflicht vernachlässigte, müßten die einzelnen und die Völker zugrundegehen.

Wir wissen, wie tief der Heilige von der Bedeutung des Religionsunterrichtes durchdrungen war und mit welcher Liebe er sich ihm als einfacher Kaplan, als Pfarrer und als Spiritual des Priesterseminars von Treviso gewidmet hatte [1]. Doch damals waren seinem Eifer noch gewisse Grenzen gesetzt; vom Augenblick seiner Bischofsweihe an galt das nicht mehr.

« Religiöse Unterweisung ! Religiöse Unterweisung ! » Das war seine ständige, eindringliche Mahnung [2], denn er war überzeugt, daß gute religiöse Unterweisungen imstande wären, die Lebenskraft seiner Diözese, des ihm anvertrauten Volkes zu erneuern, allen Anstürmen moderner Irrlehren zum Trotz.

Schon in seinem Hirtenbrief vom 12. Oktober 1885 hatte er seinen Pfarrern klar dargelegt, wie und wann sie Religionsunterricht zu erteilen hätten, und bei der Synode hatte er noch eindringlicher darüber gesprochen.

---

[1] Siehe II., III. und IV. Kap.
[2] Der Priester E. MAMBRINI, Ap. Mant., S. 291.

« In allen Pfarreien », so hatte er bestimmt, « sind religiöse Unterweisungen zu erteilen: an allen Sonntagen und den gebotenen Feiertagen ist in allen Kirchen Katechismusunterricht zu geben; zuerst erklärt der Pfarrer den Kindern die Glaubenswahrheiten, dann sofort von der Kanzel oder vom Katheder aus dem Volke. In der Fastenzeit und im Advent sollen die Kinder jeden Tag eine besondere Instruktion zur Vorbereitung auf Beichte und Kommunion erhalten. Eltern, Vormündern und Arbeitgebern, die ihre Kinder oder Untergebenen von der Teilnahme am Religionsunterricht abhalten, darf keine Absolution erteilt werden. »[1]

*

Am 25. Mai 1889, beim Beginn der zweiten Visitation, schrieb er an die Pfarrer:

« Vor allem wird es mich freuen, gute Fortschritte im Religionsunterricht feststellen zu können. Auf diese Aufgabe habe ich Sie sofort hingewiesen, als ich in die Diözese kam. Ich habe bei der ersten Visitation in allen Pfarreien die Bedeutung dieses Problems betont und es wird das erste sein, worauf ich auch bei der zweiten Visitation größten Wert legen werde. »[2]

Er scheute kein Opfer, keine Mühe, um Mittel und Wege zu finden, durch die das Volk aus der Unwissenheit in religiösen Dingen herausgerissen werden konnte. Immer wieder schärfte er den Eltern die Pflicht ein, für den Religionsunterricht ihrer Kinder Sorge zu tragen. Die Kirchen seiner Diözese sollten zu großen Schulen des christlichen Glaubens umgestaltet werden[3].

---

[1] Brief Nr. 584. — Vgl. auch: Synod. Dioec. Mant., IV. Kap., SS. 13-15.
[2] Brief Nr. 501.
[3] Msgr. G. SARTORI, Ord. Mant., S. 73. — Der Priester A. PESENTI, ebd., S. 175. — Der Priester D. BALZO, Supplem. Proc. Mant., S. 52.

Wer ihm dabei helfen würde, so sagte er, « verpflichte sein Herz zu tiefster Dankbarkeit, weil er ihm bei der Erfüllung einer so wichtigen Pflicht seines Bischofsamtes Beistand leiste »[1]. Um seine Priester zu veranlassen, sich so intensiv als möglich dem Studium dieser Fragen zu widmen, setzte er eine ansehnliche Prämie in Geld aus für jenen, der die einfachste und wirksamste Art des Religionsunterrichtes vorschlagen würde, eine Art, « die den Bedürfnissen und den Verhältnissen der Diözese entspricht »[2].

Zu den Ermahnungen und Ermutigungen gesellte sich sein eigenes Beispiel. Nichts bereitete ihm größere Freude, als wenn er sich während einer Visitation von einer Schar Erwachsener und Kinder umringt sah, denen er die Glaubenslehre erklärte und sie darüber befragte, gleichgültig, zu welcher Stunde es war und wie groß seine Ermüdung sein mochte.

Kein Opfer war ihm willkommener, als wenn er sich am frühen Morgen viele Kilometer weit in eine Pfarrei begab, wo der Pfarrer fehlte oder deren Pfarrer verhindert war, um dort die sonntägliche Christenlehre zu halten[3].

Um sich zu überzeugen, daß die Pfarrer regelmäßig Christenlehre hielten und in welcher Weise sie es taten, pflegte er sie zu überraschen : unvermutet tauchte er bald in dieser, bald in jener Kirche auf ; die Pfarrer mußten dann in seiner Gegenwart den Religionsunterricht erteilen und so konnte er sich ein klares Bild von ihren Fähigkeiten und ihrer Vorbereitung machen[4].

*

[1] Brief an den Klerus vom 19. April 1893, Nr. 243.
[2] Ebd. — Vgl. auch : Msgr. G. B. ROSA, Ord. Rom., f. 970.
[3] Der Priester A. MAMBRINI, Ap. Mant., S. 291.
[4] Msgr. G. SARTORI, Ord. Mant., S. 73. — Der Priester E. MARTINI, ebd., S. 152. — Msgr. F. GASONI, Ord. Rom., f. 239. — Msgr. A. RIZZI, Ord. Trev., S. 1362.

Verstöße gegen die heilige Pflicht, die Gläubigen in den grundlegenden Glaubenswahrheiten zu unterrichten, ahndete er sehr streng. Da ließ er keine Entschuldigungen gelten.

Eines Tages war ihm zu Ohren gekommen, das Verhalten eines Pfarrers auf dem Lande lasse in Bezug auf die religiöse Unterweisung des Volkes viel zu wünschen übrig.

Eines Sonntags begab sich Msgr. Sarto am frühen Nachmittag in die betreffende Pfarrei und klopfte an die Tür. Keine Antwort; der Pfarrer war abwesend!

Der Bischof ging in die Kirche, rief den Sakristan und beauftragte ihn, das Glockenzeichen für den Beginn der Christenlehre zu geben.

Beim Klang der Glocken lief das Volk herbei, aber auch der Pfarrer, der keine Ahnung hatte, was da vorging.

Als er die Kirche betrat, unterbrach der Bischof den bereits begonnenen Unterricht und sagte:

« Jetzt ist der Pfarrer gekommen! » Als ob er sagen wollte: Jetzt ist er da, jetzt mag er fortfahren.

Der versuchte eine Entschuldigung zu stammeln:

« Exzellenz, ich war gezwungen, eine Einladung anzunehmen. »

« Gut », antwortete der Bischof; « wenn Sie wieder einmal eine Einladung annehmen müssen, verständigen Sie mich; ich werde selbst kommen, um Sie zu vertreten. »[1]

*

Ein anderer Pfarrer auf dem Lande, der sich nicht allzu viel um Religionsunterricht und Christenlehre kümmerte, sah eines Tages plötzlich den Bischof vor sich.

---

[1] Msgr. F. GASONI, Ord. Rom., f. 242-243. — Vgl. auch: Msgr. A. RIZZI, Ord. Trev., S. 1363. — Msgr. G. SARTORI, Ord. Mant., S. 74.

Der Pfarrer, der trotz aller Ermahnungen immer wieder in seine Nachlässigkeit zurückfiel, geriet in große Verwirrung und Verlegenheit.

Msgr. Sarto verzog keine Miene. Er verbarg seinen Unwillen unter einem Lächeln und erinnerte den Pfarrer an eine strenge Bestimmung der Synode: « Erinnern Sie sich, daß der Pfarrer zur Erteilung des Religionsunterrichtes verpflichtet ist; unterläßt er ihn, so begeht er eine schwere Sünde. »

Bald darauf entfernte er ihn von der Pfarrei [1], damit seine Bestrafung sowohl dem Klerus als auch dem Volke eine Mahnung sei: dem Klerus, daß er nicht seine Verantwortung vergesse, dem Volk, daß es die Pflicht zur Teilnahme an der Christenlehre nicht vernachlässige.

*

Msgr. Sarto gab nicht nach, denn nichts lag ihm mehr am Herzen als die religiöse Unterweisung des Volkes. Und weil Religionsunterricht und Christenlehre am Sonntag keinesfalls ausfallen sollten, verbot er den Pfarrern streng, Einladungen zum Predigen anzunehmen, durch die sie gezwungen wären, am Sonntag ihre Pfarrei zu verlassen, denn da sie « durch die Pflicht der Gerechtigkeit gehalten sind, an allen Festtagen das Evangelium zu erklären, Kindern und Erwachsenen Christenlehre zu halten und andere kirchliche Funktionen auszuüben, ist es unmöglich, andere Aufgaben zu übernehmen und doch zu gleicher Zeit ihre strenge Verpflichtung zu erfüllen » [2].

Auf den Einwand, daß es angesichts des Priestermangels infolge dieses Verbotes sehr schwer sein werde, einen Prediger für die Fastenzeit oder für Feiertage zu finden,

---

[1] Sr. MODESTA DELL'IMMACOLATA, Ord. Mant., S. 93. — Msgr. A. TRAZZI, ebd., S. 196.
[2] Brief vom 12. Oktober 1885, Nr. 584.

gab der Heilige eine Antwort, die seinen praktischen Sinn zeigt:

« Es ist mir lieber, daß die Fastenpredigten ausfallen, die ohnehin meistens keine Frucht bringen, weil das Volk gewisse Vorträge nicht versteht und der glänzende Redner ins Leere spricht, als daß die Gläubigen die Christenlehre und den Religionsunterricht des Pfarrers entbehren müssen. »[1]

Manche wollten sich der Pflicht zum Religionsunterricht dadurch entziehen, daß sie darauf hinwiesen, die Erklärung des Evangeliums sei ein ausgezeichneter Ersatz für den Katechismusunterricht. Msgr. Sarto antwortete ihnen:

« Nein: — die Erklärung des Evangeliums ist zwar Pflicht, aber sie kann den Katechismusunterricht nicht ersetzen, es handelt sich da um zwei verschiedene Pflichten. Die Erklärung des Evangeliums oder der Vortrag darüber mag sich noch so sehr der geringen Fassungskraft der Zuhörer anpassen: er setzt immer eine Kenntnis der Grundwahrheiten des Glaubens voraus, denn diese werden ja dabei nur erwähnt. Beim Katechismusunterricht hingegen muß man eine Glaubenswahrheit oder einen sittlichen Grundsatz vor Augen stellen und nach allen Seiten erklären. Dadurch erzielt man eine Erneuerung der Herzen, erreicht die Anwendung im Leben, regt an zum Nachdenken darüber, was der Herr von uns verlangt und was wir tatsächlich sind. Man wählt aus der Heiligen Schrift, der Kirchengeschichte, aus dem Leben der Heiligen überzeugende Beispiele und schließt mit Ermahnungen, die die Herzen ergreifen; und alles das, wie das Hl. Konzil von Trient vorschreibt, 'cum brevitate et facilitate sermonis'[2]. In Kürze, denn wie der hl. Franz von Sales sagt, bringt der Weinstock wenig Frucht hervor, wenn er allzu viele Rebzweige treibt; leicht verständlich, also

[1] Ebd.
[2] « Kurze und leichtverständliche Predigten. » — Sess. V: de Ref., c. II.

mit einfachen Worten, väterlich und herzlich, wie die
Apostel, die auf göttliche Eingebung hin 'curaverunt
summopere rudibus populis (und sind vielleicht die Menschen unserer Tage nicht ebenso unwissend ?) plana, non
summa atque ardua praedicare'. » [1]

«Man darf nicht annehmen», so schloß der heilige Oberhirte, « daß mit der Vorbereitung des Religionsunterrichtes keine Mühe verbunden sei ; im Gegenteil, sie erfordert viel mehr Studium als die Vorbereitung einer
glanzvollen Rede. Man sagt mit Recht, es sei leichter,
einen Prediger zu finden als einen Katecheten, der gut
unterrichtet. Mag sich einer noch so geschickt dünken,
er wird niemals fruchtbringenden Religionsunterricht erteilen, wenn er sich nicht gründlich darauf vorbereitet.
Der Vorwand, das Volk sei grob und ungeschliffen, verstärkt noch die Verpflichtung, größeren Fleiß aufzuwenden, um von den Ungebildeten verstanden zu werden
und ihnen etwas zu bieten, was sie anspricht, als wenn
wir uns an Gebildete wenden. » [2]

Der Einheitskatechismus

Zur gleichen Zeit, als Msgr. Sarto die zweite Pastoralvisite begann, wurde in Piacenza der erste italienische
Katecheten-Kongreß eröffnet (24. September 1889). [3]

---

[1] HL. GREGOR D. GR., Moral., VII. Buch, 24. Kap. : « ... die dafür
sorgten, dem ungebildeten Volke einfache, nicht hohe und anspruchsvolle Dinge zu predigen. »

[2] Brief vom 12. Oktober 1885, Nr. 584.

[3] Ehrenpräsident war S. Eminenz Kardinal Capecelatro ; den Vorsitz
führte Exzellenz Scalabrini, Bischof von Piacenza. Außer dem Kardinal-Erzbischof von Capua und Exzellenz Scalabrini waren dreizehn Diözesanbischöfe und ein Weihbischof am Kongreß anwesend. Doch durch Abgesandte und Briefe nahm fast der ganze italienische Episkopat daran teil.
Die in einem Band von 300 Seiten zusammengefaßten Kongreßakten
wurden unter dem Titel : *Atti e Documenti del Primo Congresso catechistico
tenutosi in Piacenza nei giorni 24, 25, 26 Settembre 1889* herausgegeben.
Piacenza, Tip. Vescovile 1890.

Die Visitation machte es dem Heiligen unmöglich, persönlich daran teilzunehmen. Doch trotz seiner Abwesenheit war sein Einfluß dort stark spürbar, ja er führte durch einen Brief, der zu den wichtigsten Dokumenten dieses Kongresses gehört, in einer Frage von größter Bedeutung die Entscheidung herbei.

Msgr. Sarto hatte in Mantua die Notwendigkeit eines *Einheitskatechismus* verfochten, eine Idee, über die er schon im Seminar von Treviso oft mit seinen damaligen Amtsgenossen, den Domherren und Professoren, diskutiert hatte.

Er hielt den Einheitskatechismus für notwendig, weil er sah, welche Verwirrung die Vielfalt und Verschiedenheit der Katechismustexte — die damals recht unzulänglich waren — anrichtete.

Wenn der Glaube etwas Einheitliches ist: unus Deus, una Fides, unum Baptisma [1] und die Kirche eine ist, sollte es da nicht möglich sein, eine einheitliche Formulierung für die Glaubenswahrheiten zu finden als Ausdruck dieser wunderbaren Einheit göttlichen Ursprungs?

Auch der Katechismus, der in der Diözese Mantua gebraucht wurde, befriedigte nicht. Da Bischof Sarto dringend wünschte, seinen Diözesanen einen leicht verständlichen und klaren Katechismustext in die Hände zu geben, hielt er in den Nachbardiözesen Umschau, ob dort ein guter Katechismus existiere, den er in der eigenen Diözese hätte einführen können.

« Zu diesem Zweck », so sagte er, « habe ich die Ansicht urteilsfähiger Leute angehört, habe eifrig die Vorschriften vieler anderer Diözesen studiert; doch bei allem guten Willen und aller Achtung vor den Methoden habe ich bisher noch keine gefunden, die ich — selbst mit Abänderungen — den Bedürfnissen unserer Diözese anpassen könnte. » [2]

---

[1] «... ein Gott, ein Glaube, eine Taufe » — Eph. 4, 4.
[2] Brief an den Klerus vom 19. April 1893, Nr. 243.

Kaum hatte er die Nachricht erhalten, daß in Piacenza ein Kongreß abgehalten werden sollte, der sich die Aufgabe stellte, die Mittel und Methoden für einen besseren Religionsunterricht zu studieren, da entschloß er sich, seine Anträge und Wünsche vorzubringen.

Die Mitglieder des Kongreß-Präsidiums hatten darüber beraten, ob auch die Frage des von vielen gewünschten Einheitskatechismus behandelt werden sollte ; doch am Ende setzte sich die Meinung des Präsidenten, Sr. Exzellenz Msgr. Scalabrini, durch, der gegen die Erörterung dieses Themas war, offensichtlich in der Sorge, es könnte dadurch die Autorität der Bischöfe berührt werden, denen das Recht zustand, jene Formulierung des Katechismus zu wählen und anzuordnen, die ihnen für ihre Diözese die beste schien.

Doch die Sachlage änderte sich, als der Sekretär des Kongresses den Brief verlesen hatte, in dem der Bischof von Mantua seine gut begründeten Vorschläge für die Einführung eines Einheitskatechismus machte. Msgr. Sarto drückte den Wunsch aus, es möchte in dieser Angelegenheit eine Eingabe an den Heiligen Stuhl gemacht werden.

Als Msgr. Sarto Papst geworden war, griff er diese Frage wieder auf und veröffentlichte « seinen » Katechismus, um vollkommene Einheitlichkeit im Religionsunterricht zu erreichen [1]. Wir geben den Wortlaut des Briefes wieder, den Msgr. Sarto an den Katecheten-Kongreß richtete :

« Der unterzeichnete Bischof von Mantua grüßt ehrerbietig den Ersten Katecheten-Kongreß und macht einen Vorschlag, von dem er dringend wünscht, daß er von den Priestern, die am Kongreß teilnehmen, erörtert werde.

Unter der Menge von Katechismen, die besonders in den letzten Jahren erschienen, sind viele nicht nur der

---

[1] Acta Apost. Sed., ann. V (1912), SS. 690-692.

Form nach unbefriedigend, sondern lassen es auch an dogmatischer Exaktheit fehlen. Deshalb ist ein einheitlicher Text wünschenswert, der sich für den Religionsunterricht eignet.

Man wird einwenden, dies sei nicht Aufgabe eines Sonderkongresses, weil den Bischöfen als den Lehrern der ihrer Sorge anvertrauten Gläubigen das Recht zustehe, in der eigenen Diözese den Katechismus einzuführen, der ihnen der beste scheint.

Es handelt sich auch nicht darum, daß der Kongreß Beschlüsse faßt, sondern er soll einzig und allein seine Wünsche in Bezug auf diese Frage äußern und sie dem Heiligen Stuhl vorlegen.

So wie der Heilige Stuhl einen 'Catechismus ad Parochos' eingeführt hat, der in der gesamten Kirche Geltung hat, so wäre es wünschenswert, daß auch ein Fragen der Geschichte, der Dogmatik und der Moral umfassender Katechismus für das Volk in Form von kurzen Fragen und Antworten zusammengestellt werde. Dieser Katechismus sollte in allen Schulen beim Religionsunterricht Verwendung finden und in alle Sprachen übersetzt werden, so daß dadurch alle labii unius [1] würden. Dies wäre das Fundament für jede andere, weitergehende Unterweisung, die Pfarrer und Katechet dem Alter, der Begabung und den Verhältnissen der Zuhörer angepaßt erteilen. »

Zur Bekräftigung seiner Argumente erinnerte er an das Missionswerk für Auswanderer, das von Msgr. Scalabrini gegründet worden war, und fuhr fort:

« Wer mitten im Volke lebt, weiß, wie sehr diese armen Leute es nötig haben, dieselben Worte zu hören, die sie als Kind in der Familie gelernt haben, und wie leicht ihr beschränkter Intellekt in Verwirrung gerät, wenn ihnen nicht das Gedächtnis zu Hilfe kommt.

---

[1] « einer Zunge ».

In längst vergangenen Zeiten mag der Diözesan-Katechismus genügt haben, weil niemand daran dachte, seine Heimat zu verlassen oder gar in der Fremde eine Lebensgefährtin zu finden, die — wenn sie Mutter wird — immer die erste Lehrerin der Kinder sein muß. Jetzt hingegen, wo die Entwicklung der Verkehrsmittel es mit sich bringt, daß viele nicht nur den Geburtsort verlassen, sondern die Diözese und das Vaterland, ist nichts so notwendig wie der Einheitskatechismus.

Ich denke da an ein Werk [1], das der Diözese Piacenza und ihrem hochverehrten Bischof sehr zur Ehre gereicht: wer vermag zu ermessen, wie sehr es die Arbeit jener großmütigen Priester erschwert, wenn sie in Brasilien so viele verschiedene Katechismen vorfinden, als die Emigranten verschiedenen Diözesen entstammen!

Gewiß, wir haben das Lehrbuch der katholischen Religion, das der ehrwürdige Kardinal Bellarmino im Auftrag des Papstes Klemens VIII. zusammengestellt hat; doch jeder muß zugeben, daß es sehr schwierig ist, nicht nur für die Fassungskraft der Kinder, sondern auch für die der Erwachsenen, die auf diesem Gebiet 'quasi geniti infantes' [2] sind.

Man wird uns schließlich entgegenhalten, welche Verwirrung es anrichten würde, wenn man von der bisher üblichen zu einer neuen Methode überginge. Wir wollen nicht leugnen, daß sich Schwierigkeiten ergeben werden, aber sie sind nicht zu vergleichen mit den großen Vorteilen, die daraus erwüchsen.

Deshalb schlagen wir folgende Formulierung des Antrages vor:

'Der Erste Katecheten-Kongreß bittet den Heiligen Vater, er möge die Zusammenstellung eines leichtverständlichen, volkstümlichen Katechismus anordnen, der

---

[1] Das Missionswerk für Auswanderer.
[2] « Wie neugeborene Kinder » (1. Petr. 2, 2).

Fragen und ganz kurze Antworten enthält und in mehrere Teile gegliedert ist ; und er möge ihn für die ganze Kirche obligatorisch erklären.'

Das wäre nicht die geringste Ruhmestat seines Pontifikates ; und der Erste Katecheten-Kongreß von Piacenza hätte das Verdienst, die Anregung zu einem Werk gegeben zu haben, das den Seelen unermeßlichen Nutzen brächte. »

Mantua, den 29. August 1889.

† *Giuseppe*, Bischof [1].

Dieser Antrag des Bischofs von Mantua, der nur ein gleiches Votum der Väter des Vatikanischen Konzils in Erinnerung rief, gewann alle Teilnehmer am Katecheten-Kongreß für die Idee, angefangen von Msgr. Scalabrini, der, obwohl er nach seinen eigenen Worten « entschlossen gewesen war, auf dem Kongreß nicht die Anregung zum Einheitskatechismus zu geben », sich nun sehr freute, daß die Frage behandelt wurde ; man beschloß, die Eingabe an den Heiligen Stuhl zu machen [2].

Doch keiner von den Teilnehmern am Kongreß im September 1889 konnte voraussehen, daß das Anliegen

---

[1] Die Verlesung dieses Briefes und die Erwähnung des Missionswerkes für Auswanderer, dessen Initiator Msgr. Scalabrini war, erregte « großes Aufsehen und fand allgemeinen Beifall, in dem die volle Zustimmung der Versammelten zu den Vorschlägen des erlauchten Prälaten zum Ausdruck kam ». (Vgl. Atti e Documenti del Primo Congresso Catechistico, S. 69.)

Msgr. Sarto war neben Msgr. Scalabrini einer der ersten italienischen Bischöfe, der sich um das Schicksal der Auswanderer kümmerte. (Vgl. Msgr. G. BRESSAN, Proc. Ap. Rom., S. 65. — Msgr. G. SARTORI, Proc. Ord. Mant., S. 81. — Der Priester E. MARTINI, ebd., SS. 549-550. — Vgl. auch Atti e Documenti del 1º Congresso Italiano degli Studiosi di Scienze Sociali, S. 206. Padua 1896.

[2] Vgl. Atti e Documenti, SS. 281-284. — Wie groß das Interesse der Kongreßteilnehmer am Einheitskatechismus war, geht nicht nur aus dem Beifall hervor, mit dem Msgr. Sartos Antrag aufgenommen wurde, sondern auch aus den Vorträgen der Bischöfe, Theologen und der Laien, die dort anwesend waren.

der Bittschrift von dem wichtigsten Antragsteller selber verwirklicht werden sollte, sobald er als Pius X. die Kirche zu regieren hatte.

Bischof Sarto und sein Klerus

In dem Hirtenbrief, mit dem sich Msgr. Sarto in der Diözese eingeführt hatte, gab er zuerst der großen Furcht Ausdruck, die ihn angesichts der Erhabenheit des Amtes ergriff, zu dem er berufen worden war; dann wandte er sich mit folgenden Worten an den Klerus:

«Glauben Sie mir, es gibt nur eines, was meine Furcht vermindern und mich ermutigen, mir künftig in den schwersten Sorgen Trost und Erleichterung bedeuten kann: wenn Sie alle so sind, wie der Bischof Sie wünscht.»[1]

Was erwartete der Bischof von seinen Priestern? Untadelige Lebensführung, Liebe zur Arbeit und zum Opfer, Verachtung aller irdischen Vorteile, Ablehnung jeder Anpassung an den verweltlichten Zeitgeist, würdiges Auftreten ohne Eitelkeit, Achtung vor der Autorität ohne Kriecherei, Mut im Bekenntnis der Wahrheit, Hochherzigkeit in der Nächstenliebe, Eifer für das Heil der Seelen, Integrität des Glaubens.

Und später erläuterte er seine Ansicht genauer:

«Der Priester muß seine Handlungen, seine Schritte, seine Gewohnheiten in Einklang bringen mit der Erhabenheit seiner Berufung und niemals etwas tun, was nicht erbaulich wäre. Der Priester, der am Altar fast die dem Sterblichen gesetzten Grenzen überschreitet und gleichsam mit Gott eins wird, ist immer derselbe, auch wenn er die Stufen des heiligen Berges herabschreitet und die Kirche verläßt. Wo immer er sei, wohin immer er geht, er hört nie auf, Priester zu sein, und er ist stets ver-

---

[1] Erster Hirtenbrief vom 18. März 1885.

pflichtet, ein dem Ernst und der Würde seines Standes entsprechendes Verhalten an den Tag zu legen.

Der Priester muß also heilig sein, er muß ernst sein, damit seine Worte, sein Auftreten und seine Handlungsweise Liebe wecken, Autorität erwerben, Ehrerbietung hervorrufen ; denn dieselben Gründe, die ihn zur Heiligkeit verpflichten, verpflichten ihn auch, diese Heiligkeit in seinen äußeren Handlungen sichtbar werden zu lassen, um alle zu erbauen, mit denen er zu tun hat. Man bedenke, daß ein würdiges und ernstes Auftreten einer machtvollen Beredsamkeit gleicht, die viel leichter Seelen gewinnt als die überzeugendsten Worte. Nichts flößt größeres Vertrauen zu einem Geistlichen ein, als jener Ernst, der zeigt, daß er die Würde seines Standes nie vergißt ; dadurch erwirbt er die Achtung aller. Vergißt er hingegen die Heiligkeit seines Standes und zeigt er in seinem Benehmen nicht mehr Ernst als gewisse Weltleute, zieht er sich die Verachtung selbst jener zu, die ihm wegen seiner Leichtfertigkeit Beifall spenden ; und die Verachtung, die sie für seine Person empfinden, übertragen sie sehr bald auch auf sein Amt, ja sogar auf die Religion. Je weniger würdig ein Priester ist, desto mehr verscherzt er sich Achtung und Hochschätzung. » [1]

Die Priester sollten nach Msgr. Sarto wahre Priester sein, ein « auserwähltes Volk », ein « königliches Priestertum », das « heilige Volk », von dem der erste Stellvertreter Christi spricht [2].

Ob es unter dem Klerus nicht manchen gab, dem diese Forderungen zu streng schienen ?

Der Bischof von Mantua wollte das nicht gelten lassen. Er versicherte, der Bischof habe durchaus nicht die Absicht, « schwere, untragbare Lasten aufzuerlegen », sondern er wolle einzig an die elementaren Pflichten des Prie-

---

[1] Brief an den Klerus vom 25. August 1894, Nr. 536.
[2] 1. Petr. 2, 9.

sters erinnern. Das war gerade in jener Zeit eine dringende Notwendigkeit.

In dem Hirtenbrief, den er an die Diözesen Venedig und Mantua richtete, als er im Begriff war, sich nach der Lagunenstadt zu begeben, zeigt er in scharfsinniger Weise die Übel der Zeit auf:

« Wenn vom Priester immer erwartet wird, daß er mit großen Tugenden ausgestattet sei, um wieviel mehr gilt das für unsere Tage, in denen die Sittenverderbnis leider ein riesiges Ausmaß erreicht hat ; jetzt soll die Tugend und die Stärke des Priesters heller als je erstrahlen. In der Tat, die Priester können nicht in der Einsamkeit leben; ihr Amt verpflichtet sie, zu den Menschen zu gehen, in die Zentren der Städte, wo jede erdenkliche Leidenschaft nicht nur erlaubt ist, sondern Triumphe feiert. Daraus erhellt, daß die Tugend der Priester in unserer Zeit kraftvoll sein muß, damit sie imstande sind, sich selbst zu verteidigen und den Verlockungen der Begierde gegenüber sowie in den Gefahren, in die sie durch schlechtes Beispiel geraten, unversehrte Sieger zu bleiben. »

Wie die ergreifende « Ermahnung », die Msgr. Sarto später als Papst anläßlich seines fünfzigjährigen Priesterjubiläums im Jahre 1908 [1] an den Klerus der ganzen Welt richtete, zu den großen Taten seines Pontifikates zählt, so gilt dieser Hirtenbrief an die Priester der Diözesen Venedig und Mantua als wichtigstes Dokument seines Episkopates. Man spürt darin nicht nur, wie sehr ihm die Heiligung seines Klerus am Herzen liegt — eine Sorge, die ihm stets wichtiger war als alles andere —, sondern es zeichnet sich schon jener kraftvolle Einsatz für die Heiligung des Klerus ab, der während seines Pontifikates, als er im Vollbesitz der apostolischen Autorität war, erst ganz zur Entfaltung kommen sollte.

*

[1] Pius X., Acta, v. IV, SS. 237-264.

Zu den Merkmalen, die nach dem Heiligen den Klerus auszeichnen sollen, gehört die Integrität des Glaubens und der Mut, diesen Glauben zu bekennen und zu verteidigen.

Unter den Feinden des Glaubens gibt es solche, die ohne weiteres zu erkennen sind, und andere, die ihre Einstellung schlau zu verbergen wissen ; diese sind die weitaus gefährlicheren. Die traurigste Erscheinung unter diesen heimlichen Gegnern der Religion waren die sogenannten Liberalen, die damals ebenso wie heute davon träumten, « das Licht mit der Finsternis, die Gerechtigkeit mit der Ungerechtigkeit versöhnen zu können »[1].

« Niemand ist gefährlicher als sie », sagte der scharfblickende Bischof ; « um sich davon zu überzeugen, genügt es, die Hartnäckigkeit zu betrachten, mit der diese 'katholischen Liberalen' an ihrer falschen Doktrin festhalten und sich anmaßen, ihre Anschauungen in die Kirche selbst hineinzutragen.

Gegen eine solche Heuchelei, die sich, Liebe und Klugheit predigend, sogar in den Schafstall Christi Eingang verschaffen will, — als ob es Liebe wäre, dem Wolf zu gestatten, die Schafe zu zerreißen, und als ob jene Klugheit des Fleisches, die tot und von Gott verworfen ist, eine Tugend wäre —, für die das Wort gilt : 'Der Weisen Weisheit mache ich zunichte, verwerfe der Verständigen Verstand'[2], müssen die Priester wachsam sein. Besonders in unserer Zeit müssen wir uns klar darüber werden, daß man sich nicht mehr Priester Gottes nennen kann, wenn man sich weigert, die eigene Bequemlichkeit und jede private Ruhmsucht hintan zu setzen, um darüber zu wachen, den Seelen den Glauben unversehrt zu erhalten, der durch die offene Leugnung der Ungläubigen bei weitem nicht so sehr bedroht wird wie durch die Schlauheit

---

[1] Hirtenbrief vom 5. September 1894.
[2] 1. Kor. 1, 19.

und die Lügen jener treulosen 'Katholisch-Liberalen', die sich nicht scheuen, an verurteilten Irrtümern festzuhalten, und dabei noch beanspruchen, als Bekenner einer ganz reinen Lehre betrachtet zu werden.» [1]

Und damit besonders die Priester nie erlahmten in der ständigen Wachsamkeit über die Reinheit und Unversehrtheit des geoffenbarten Glaubens, die von falschen Theorien und Lehren gefährdet wird, empfahl er eindringlich:

« Die Priester sollen sich hüten, die Ideen des Liberalismus aufzunehmen, unter welcher Maske sie auch versuchen mögen, die Gerechtigkeit mit der Ungerechtigkeit zu vereinigen... Die Katholisch-Liberalen sind Wölfe im Schafspelz. Deshalb muß ein Priester, der wirklich Priester ist, dem Volk ihre trügerischen Anschläge und ihre schlechten Absichten enthüllen. Man wird euch Papisten, Klerikale, Rückständige, Unversöhnliche nennen. Betrachtet das als eine Ehre und achtet nicht auf den Spott und den Hohn der Verirrten. Seid stark: wo man nicht nachgeben darf, soll man nicht nachgeben... Man darf nicht mit Halbheiten kämpfen, sondern mit Mut; nicht verborgen, sondern öffentlich; nicht hinter verschlossenen Türen, sondern unter dem freien Himmel.» [2]

Eine so schwere und feierliche Anklage gegen den katholischen Liberalismus, der ein echtes Kind des Liberalismus war, hatte man in der Kirche noch nicht gehört; ja, es war bisher noch nicht einmal eine Warnung ausgesprochen worden — auch nicht gegenüber dem Klerus —, vor dieser Gefahr auf der Hut zu sein.

Welche Lehre sollte der Klerus gegen diesen Liberalismus, der ein Zwitter von Wahrheit und Lüge, von Verneinung des Guten und Bejahung des Bösen war, verteidigen und predigen?

---

[1] Hirtenbrief vom 5. September 1894.
[2] Ebd.

« Jene, die von Gott kommt und uns durch das unfehlbare Lehramt der Kirche vorgelegt wird », antwortete Msgr. Sarto.

« Leider » — fuhr er fort — « leider ist es so : jedesmal, wenn die wahre Lehre unbequem wird, wenn die Vorschriften ein Hindernis für irgendein Unternehmen bilden, wenn sie verbieten, einen Erfolg durch Heuchelei oder Nachgeben leichter zu erringen, dann werden die sicheren Vorschriften vergessen und die besten Grundsätze aufgegeben um eines scheinbaren Gutes willen. Doch was wird von diesen Gebäuden ohne Fundament, die man auf Sand errichtet, übrig bleiben ? Regen wird fallen und die reißenden Fluten und die Winde werden das Haus zerstören, das nicht auf dem festen Grund der unerschütterlichen Wahrheit erbaut wurde.

Sorgen Sie dafür, daß die Lehre Christi nicht durch Ihre Schuld ihre Integrität verliere, sondern daß sie immer rein und unversehrt bewahrt werde, nicht nur in dem, was zu den Grundsätzen des Glaubens gehört, zu den Vorschriften auf dem Gebiet der Sitten und der Disziplin, sondern seien Sie auch gewissenhaft und weichen Sie keinen Fingerbreit von dem ab, was der Heilige Apostolische Stuhl angeordnet, vorgeschrieben oder nur empfohlen hat.

Viele erkennen nicht, mit welchem Eifer und welcher Klugheit sie sich für die Bewahrung der Unversehrtheit unseres Glaubensgutes einsetzen müssen. In dem Krieg, den man gegen die alte Ordnung führt, scheint es natürlich und fast notwendig, daß auch die Kirche etwas von der Integrität ihrer Lehre preisgibt ; denn es dünkt unerträglich, daß inmitten so großer wissenschaftlicher Fortschritte die Kirche allein beansprucht, unerschütterlich an ihren Grundsätzen festzuhalten. Die so denken, vergessen den Auftrag des Apostels : 'Vor Gott, der allen Dingen das Leben gibt, und vor Christus Jesus, der unter Pontius

Pilatus sein herrliches Bekenntnis abgelegt hat, gebiete ich dir: Bewahre das Gebot ohne Fehl und Tadel bis zur Wiederkunft unseres Herrn Jesus Christus [1].' Wenn diese Lehre einmal nicht mehr unversehrt erhalten werden kann, wenn das Reich der Wahrheit in dieser Welt keinen Raum mehr finden wird, dann wird der eingeborene Sohn Gottes in der zweiten Ankunft erscheinen. Doch bis zu jenem letzten Tag müssen wir den uns anvertrauten Schatz der Offenbarung unversehrt bewahren und uns das herrliche Glaubensbekenntnis des heiligen Hilarius zu eigen machen: 'Es ist besser, in dieser Zeit zu sterben, als auf irgendeinen Befehl hin die jungfräuliche Keuschheit der Wahrheit zu vergewaltigen.' » [2]

*

Doch in dem Kampf zwischen Wahrheit und Irrtum genügt der einfache Katechismus nicht. Der Unterricht sollte von jener Frömmigkeit inspiriert sein, die Seele und Geist Gott gegenüber demütig und fügsam macht und die Einstellung schafft, die « in der geringsten Verletzung der Wahrheit ein furchtbares Verbrechen sieht » [3].

Deshalb ermahnte Msgr. Sarto:

« Wenn Sie, meine Priester, nicht betrogen werden und die Unversehrtheit des Glaubens und der Lehre bewahren wollen, pflegen Sie die Frömmigkeit. Wer fromm ist, hält die Leidenschaften in Unterwürfigkeit, rühmt sich nicht, wird nicht hochmütig und pflegt alle Tugenden, die Ursprung und Lehrmeisterinnen der Doktrin sind. Er wird erkennen, daß er niemanden durch seine Predigt überzeugen kann, wenn diese nicht durch die Autorität und die Makellosigkeit des Lebens bekräftigt wird, und er wird das Wort Gottes mit solcher Ehrfurcht aufnehmen, daß er auch die geringste Fälschung als schreckliches Ver-

[1] 1. Tim. 6, 13-14.
[2] Hirtenbrief vom 5. September 1894.   [3] Ebd.

brechen betrachtet... Von jedem Priester soll gelten, was der heilige Gregor von Nazianz von seinem Vater sagte: 'Obwohl er in der Gelehrsamkeit nicht hervorragte, war er der erste unter den Lehrern der Frömmigkeit.' [1] »

Man könnte viele Dokumente anführen, die von Msgr. Sartos unermüdlichem Eifer zeugen, in seinen Priestern jenen Geist der Frömmigkeit zu wecken, der nach seinem Wunsch das Fundament ihres Wirkens sein sollte. Unter diesen Dokumenten möchten wir die Briefe hervorheben, die er jedes Jahr schrieb, wenn die Zeit der Exerzitien herankam. Nichts bereitete dem heiligen Bischof größere Freude, als in der Stille der Exerzitien mit seinen Priestern vereint zu sein:

« Wenn es mir immer eine Freude ist », so schrieb er in der Einladung zu den Exerzitien vom 29. Juli 1889, « mit Ihnen beisammen zu sein, so bin ich doch nie so glücklich wie in den gesegneten Tagen, in denen ich Sie vereint sehe, um Ihre Herzen ganz weit zu öffnen, damit sie mit Gott erfüllt werden; um jenes Feuer anzufachen, das allein zu großen Dingen befähigt und Sie so Gott unendlich wohlgefällig macht; um neuen Eifer für den Dienst Gottes und die Rettung der Seelen in sich zu entzünden. » [1]

Und am 28. Juli 1887 schrieb er:

« Bereiten Sie mir die Freude, zahlreich zu den heiligen Exerzitien zu kommen, in denen sich das Band gegenseitiger Zuneigung noch enger um uns schlingen wird. Die Gnade Gottes wird uns aus einer trügerischen Sicherheit aufrütteln, uns vorsichtig machen in den Stürmen, die noch nicht vorbei sind, in den Prüfungen, die nicht beendet sind, damit der Tag der Gefahr uns stets vorbereitet und gestählt finde. » [3]

---

[1] Orat. XVIII. — Vgl. Hirtenbrief vom 5. September 1894.
[2] Brief an den Klerus Nr. 649.
[3] Brief an den Klerus Nr. 513.

Msgr. Sarto freute sich, inmitten seiner Priester zu weilen : er wollte keinen Ehrenplatz und keine Ehrenbezeugungen ; er war wie einer von ihnen, ja der Letzte von allen, und nahm an den Übungen dieser Gnadentage mit erbauender Pünktlichkeit teil [1].

Während dieser Tage liebte er es, in vertraulichen Unterredungen seinen Priestern ein klares Bild von ihren Pflichten zu geben, die Liebe zu Christus in ihnen zu vertiefen, damit sie geistig erstarkt in ihre Pfarreien zurückkehrten, um die Seelen wirksamer und autoritativer zu belehren, zu bessern und zu bekehren.

Er hielt ihnen keine langen Reden ; doch was er sagte, war klar und kraftvoll, herzlich, nie demütigend, nie streng, sondern stets voll Verstehen und Güte — wie der göttliche Meister, der das geknickte Rohr nicht bricht und den glimmenden Docht nicht auslöscht [2].

*

Der Bischofspalast sollte nicht eine Art Verwaltungsbüro sein und der Bischof der harte Vollstrecker und Hüter der erlassenen Gesetze ; er war Lehrer, Arzt, Vater. Und seinen Priestern wollte er Freund, Vertrauter, Bruder sein, der nicht verurteilte, sondern half. Wenn sie ihn aufsuchten, sollten sie ihn zufrieden und gestärkt verlassen. Er empfing sie stets mit offenen Armen, zu welcher Stunde sie auch kamen und bei welcher schwierigen und dringenden Beschäftigung sie ihn antreffen mochten [3]. Er ließ sie sprechen, hörte sehr aufmerksam zu und antwortete mit väterlicher Güte. Er anerkannte die Arbeit der Eifrigen, ermutigte Unsichere und Ängstliche, leistete

---

[1] Msgr. G. B. ROSA, Ord. Rom., f. 972. — Der Priester E. MARTINI, Ord. Mant., S. 152.
[2] Matth. 12, 20.
[3] MARIA SARTO, Ord. Rom., f. 59.

Bedürftigen Hilfe und bedauerte nur, nicht mehr tun zu können [1]. Kamen sie von auswärts, lud er sie an seine Tafel ein, wo es einfach aber herzlich zuging [2]. Hatte sich einer Fehler zuschulden kommen lassen, versprach aber aufrichtig Besserung, war Msgr. Sarto so weitherzig und großmütig im Verzeihen, daß der Reuige mit Tränen in den Augen von ihm schied und ausrief: «Welch ein Bischof!... Man kann nicht mit ihm sprechen, ohne tief ergriffen zu sein.» [3]

*

Oft sprach er nicht einmal ein Wort; ein Blick, eine Geste, ein Lächeln genügte.

Ein Pfarrer hatte die Gewohnheit, am Morgen spät aufzustehen; deshalb war es ihm nicht möglich, zur rechten Zeit die Beichte seiner Pfarrkinder zu hören und dann zur angesetzten Stunde mit der heiligen Messe zu beginnen. Wiederholte Ermahnungen des Bischofs waren wirkungslos.

Eines Tages kam Msgr. Sarto am frühen Morgen in jener Pfarrei an, ging sofort in die Kirche, und da er Leute sah, die beichten wollten, begab er sich in den Beichtstuhl des Pfarrers.

Nach einiger Zeit kam der Pfarrer und war erstaunt, daß ein fremder Priester Beicht hörte. Er ging zum

---

[1] Msgr. A. Rizzi, Ord. Trev., SS. 1408-1409. — Msgr. G. B. Rosa, Ord. Rom., f. 1023. — Der Priester G. Cavicchioli, Ord. Mant., S. 221. — Vgl. auch Zeugenaussage des Pfarrers von Quistello, F. Nolli (Mantova): Dr. L. Picchini, Ap. Ven., S. 833.
Msgr. G. Sartori, Ord. Mant., S. 75. — Der Priester E. Martini, ebd., S. 154. — Msgr. A. Besutti, ebd., S. 207. — Vgl. auch: Prof. A. Bottero, Ord. Trev., SS. 818-819.
[2] Msgr. A. Trazzi, Ord. Mant., S. 198. — Vgl. auch: Msgr. A. Marchesan, a. a. O., VIII. Kap., S. 281.
[3] Msgr. A. Besutti, Ord. Mant., S. 204. — Vgl. auch: Der Priester D. Balzo, Supplem. Proc. Mant., S. 49. — Der Priester A. Restani, Ap. Mant., S. 387.

Beichtstuhl, hob den Vorhang — und sah sich seinem Bischof gegenüber.

Msgr. Sarto sagte kein Wort. Er lächelte väterlich. Es machte ihm offensichtlich Vergnügen, dem Pfarrer eine Überraschung bereitet zu haben.

Die Lektion mußte nicht wiederholt werden![1]

*

Ein anderer Pfarrer in der Stadt ließ sich immer viel Zeit, wenn er zu einem Kranken gerufen wurde. Eines Abends wurde er gebeten, einem Schwerkranken die heiligen Sakramente zu spenden.

« Ich komme morgen früh », lautete seine Antwort ; « jetzt habe ich keine Zeit. »

Das erfuhr Msgr. Sarto. Ohne sich lange zu besinnen, ging er zu dem Kranken, tröstete und ermutigte ihn und hörte seine Beichte.

Am Rückweg ging er ins Pfarrhaus und verlangte den Pfarrer.

Als dieser hörte, der Bischof frage zu dieser Stunde nach ihm, lief er sofort herbei und erschöpfte sich in Entschuldigungen.

« Bemühen Sie sich nicht », antwortete der Besucher ruhig. « Ich bin gekommen, um Ihnen zu sagen, daß ich die Beichte dieses Kranken gehört habe. Bringen Sie ihm jetzt die heilige Wegzehrung. »[2]

*

---

[1] Vgl. Msgr. E. BACCHION, Ap. Trev., S. 111. — Vgl. auch : Msgr. G. BRESSAN, Ap. Rom., S. 45. — Msgr. F. GASONI, Ord. Rom., f. 240. — Der Priester A. PESENTI, Ord. Mant., S. 176. — GIUSEPPINA PAROLIN, Ap. Trev., S. 385.

[2] Der Priester L. FERRARI, Ord. Trev., SS. 1506-1507.

Einmal trafen sich im Vorzimmer des Bischofs zwei Priester, die beide auf eine Audienz warteten.

« Was, du bist auch hier ? » sagte der eine zum andern.

« Ja, ich bin vom Bischof aufgefordert worden, heute zu dieser Stunde zu kommen ; aber ich weiß wirklich nicht, warum er mich rufen ließ. »

« Ach, ich bin auch für heute und für diese Stunde bestellt worden ; und auch ich weiß nicht, um was es sich handelt. Nun, wir werden ja sehen. »

In diesem Augenblick öffnete sich die Tür und der Bischof erschien :

« O, das ist schön, Sie sind pünktlich gekommen », sagte er mit freundlichem Lächeln. « Doch ich muß jetzt ausgehen ; gehen wir zusammen, da können wir unterwegs unsere Angelegenheiten besprechen. »

Er ging die Treppe hinunter, durchschritt die Halle des Palastes und stieg in einen Wagen, der dort auf ihn wartete.

Der Bischof nannte dem Kutscher das Ziel der Fahrt : das Kloster beim Heiligtum der Madonna delle Grazie.

Der unerwartete Besuch des Bischofs versetzte den Obern des Klosters in Erstaunen. Dieser aber sagte :

« Es ist nichts Besonderes. Es handelt sich um ein Werk der Nächstenliebe. Ich habe hier zwei Priester, die sich schon seit langer Zeit danach sehnen, an einem Exerzitienkurs teilzunehmen ; ich vertraue sie Ihnen an. »

Er spendete dem Superior den Segen und kehrte in die Stadt zurück, ohne ein weiteres Wort zu verlieren.

Die beiden Priester waren sprachlos, konnten aber doch nicht anders, als den Seeleneifer und die köstlichen Einfälle des Bischofs bewundern [1].

*

[1] Der Priester F. S. ZANON, Ap. Ven., SS. 584-585.

Msgr. Sarto war so gütig, verständnisvoll und mitfühlend, daß jemand, der seine Energie noch nicht kannte, ihn für schwach halten konnte. Aber gerade seine Güte war es, die ihn bei gewissen Gelegenheiten zu Strenge veranlaßte ; dann aber tat er sein Möglichstes, um den Fehlenden zur Erkenntnis seines Unrechts zu führen und war ihm oft zur Rückkehr oder zu einer Ehrenrettung behilflich [1].

Einer seiner Pfarrer, der keine große Vorsicht übte, wenn es galt, Anlaß zu übler Nachrede zu vermeiden, war von einem gewissen Don Rodrigo zu einem Festmahl eingeladen worden, an dem mehrere Gäste teilnehmen sollten.

Der Priester wußte, daß in jener Familie das Abstinenzgebot der Kirche nicht beobachtet wurde ; und die Einladung fiel gerade auf einen Freitag. Er sagte dem liebenswürdigen Don Rodrigo, er könne deshalb nicht kommen; doch dieser antwortete :

« Wenn dies das Hindernis ist, so kann es schnell beseitigt werden. Ich gebe dem Koch Auftrag, für Sie eine Fastenspeise zu bereiten. »

Das beruhigte den Pfarrer und er verzehrte die Fastenspeise bei dem Bankett, an dem alle andern seelenruhig verbotene Speisen genossen.

Bald darauf wurde der Pfarrer aufgefordert, sich im Bischofspalast einzufinden. Als Msgr. Sarto ihn vor sich sah, stand er auf, nahm das Barett in die Hand — wie er es zu tun pflegte, wenn er gezwungen war, einem Priester energisch entgegenzutreten [2] — und begann die Lektion. Doch der Pfarrer unterbrach ihn triumphierend :

---

[1] Msgr. G. SARTORI, Ord. Mant., S. 75. — Der Priester E. MARTINI, ebd., S. 153. — Der Priester A. PESENTI, ebd., S. 172. — Msgr. A. TRAZZI, ebd., SS. 194-196. — Msgr. A. BESUTTI, ebd., S. 206. — Der Priester D. BALZO, Supplem. Proc. Ord. Mant., S. 51. — Der Priester A. GANDINI, Ap. Mant., S. 191.
[2] Msgr. G. SARTORI, Ord. Mant., S. 84.

« Aber ich habe doch gar kein Fleisch gegessen ! »
« Das fehlte gerade noch ! » rief der Bischof aus. « Wenn ein Maskenball in Ihrer Pfarrei sein wird, gehen Sie auch hin und wenn ich Sie deswegen vorlade, sind Sie gerechtfertigt, wenn Sie mir sagen, Sie hätten nicht getanzt ! »

Und nun hörte der Pfarrer eine Strafpredigt, wie nur Msgr. Sarto sie zu halten verstand. Zum Schluß befahl er dem Pfarrer, sich in ein Kloster zurückzuziehen und dort über das Wort nachzudenken, das St. Paulus an Titus schreibt : « In allem sei selbst ein Vorbild in guten Werken. »[1]

*

Wenn es galt, ein Ärgernis zu beseitigen, das die Gläubigen beunruhigte, sah er sich zuweilen in die Notwendigkeit versetzt, einen Pfarrer seines Amtes zu entheben, der nicht würdig war, Seelenhirte zu sein[2]. Doch zu dieser Maßnahme griff er « nur in den äußersten Fällen und erst, nachdem er alle möglichen Mittel der Liebe angewendet hatte, deren ihm so viele zur Verfügung standen »[3].

Ein Pfarrer gab kein sehr gutes Beispiel.

Der Heilige hatte ihn schon mehrmals ermahnt, nicht nur mit Worten, sondern mit Tränen in den Augen. Er hoffte, Exerzitien und Betrachtung würden den Fehlbaren zur Erkenntnis bringen, daß er freiwillig auf seine Pfarrei verzichten müsse, in der er wegen des Geredes über seinen Lebenswandel doch nicht bleiben konnte. So sandte ihn

---

[1] Tit. 2, 7. — Der Priester L. Ferrari, a. a. O., SS. 43-44.
[2] Msgr. G. Sartori, Ord. Mant., S. 75. — Msgr. A. Trazzi, ebd., S. 194. — Der Priester G. Cavicchioli, ebd., S. 217. — Msgr. A. Boni, ebd., S. 234.
[3] Msgr. A. Rizzi, Ord. Trev., S. 1355.

der Bischof zu einem Exerzitienkurs. Er empfahl dem Pfarrer, die Exerzitien gut zu machen, viel zu beten und zu lauschen, was der Herr ihm eingeben werde.

Der Arme gehorchte ; nach Beendigung der Exerzitien kam er wieder zum Bischof. Msgr. Sarto fragte ihn, ob er sie gut gemacht habe und was der Herr ihm eingegeben habe.

Der Pfarrer antwortete, er glaube die Einsprechung empfangen zu haben, er solle in seine Pfarrei zurückkehren und seine Schuld durch Änderung der Lebensführung wiedergutmachen.

« Schau, schau, das ist aber sonderbar », sagte der Bischof. « Auch ich habe in diesen Tagen gebetet und hatte den Eindruck, der Herr habe mir gesagt, du würdest gut tun, auf die Pfarrei zu verzichten und dich deinem Bischof zur Verfügung zu stellen. »

Dem Priester verschlug es den Atem und er versuchte, sich zu rechtfertigen. Doch der Bischof beharrte :

« Geh und mach noch drei Tage Exerzitien ; bete eifriger und dann komm wieder zu mir. »

Nach drei Tagen kehrte der arme Pfarrer zum Bischof zurück, doch diesmal war er bereit, auf die Pfarrei zu verzichten, denn wie er sagte, sah er nun ein, daß es besser wäre, den Rat des Bischofs zu befolgen.

Der Diener Gottes legte ein Blatt Papier vor ihn hin und sagte :

« Leiste den Verzicht augenblicklich : schreibe das ab und unterzeichne es. Dann bringe es mir. Du kannst sicher sein, daß ich dich nicht im Stich lassen werde. »

Der Pfarrer tat, was ihm der Bischof gesagt hatte. Doch bald darauf brachten ihn schlechte Ratgeber auf die unglückselige Idee, beim Justizminister Zanardelli Berufung einzulegen. Der Minister war aber schon von Msgr. Sarto informiert worden und antwortete nach einigen Tagen mit einem Telegramm folgenden Wortlautes :

« Es ist nichts zu machen. Ich kenne den Bischof von Mantua : er ist ein Bischof, der richtig handelt. Gehorchen Sie Ihrem Bischof ! »[1]

*

Bei ernsten Entscheidungen ging Msgr. Sarto sehr vorsichtig vor : er überlegte lange, flehte im Gebet um Licht von oben, hörte auch den Rat kluger Priester an ; doch wenn er einmal entschieden hatte, war es aussichtslos, zu versuchen, sich seinem Willen zu widersetzen[2].

Einem Pfarrer hatte er einmal geschrieben — in einem Brief, der « ein wahres Meisterwerk seelsorglichen Geistes[3] » war —, er solle eine ernste Gewissenserforschung machen : es sei an der Zeit, auf seine Pfarrei zu verzichten.

Der Brief hatte nicht die erhoffte Wirkung. Doch nach kurzer Zeit kam eine Entscheidung von Rom, durch die der Pfarrer gezwungen wurde, seine Pfarrei zu verlassen. Später hieß es, der Betreffende solle auf Grund irgendwelcher fragwürdiger Protektion zum Domherrn der Kathedrale von Mantua ernannt werden.

« Er soll sich nur zum Domherrn ernennen lassen », sagte daraufhin Msgr. Sarto ruhig; « aber solange ich Bischof von Mantua bin, werde ich dann meine Kathedrale nicht mehr betreten. »

Die Warnung wurde verstanden und die Quertreibereien hörten sofort auf[4].

*

---

[1] DERS., ebd., SS. 1356-1358. — Der Priester A. GANDINI, Ap. Mant. S. 181-182.

[2] Msgr. A. RIZZI, Ord. Trev., S. 1434. — Msgr. G. B. ROSA, Ord. Rom., f. 1037. — Msgr. F. GASONI, ebd., f. 269. — Msgr. V. BINI, Ad. Mant., S. 278.

[3] Msgr. A. RIZZI, Ord. Trev., S. 1358.

[4] DERS., ebd., SS. 1358-1359.

Die Leitung eines solchen Bischofs verlieh seinen Priestern das Gefühl der Sicherheit und Geborgenheit. Sie wußten, daß er gerecht und unparteiisch die Verdienste und Fähigkeiten jedes einzelnen würdigte ; daß die Verordnungen, die er für ihr Wirken erließ, stets reiflich überlegt waren ; daß er kein Ansehen der Person kannte und sich nicht leicht beeinflussen ließ, noch menschlichen Rücksichten folgte, wenn er Ehrungen und Würden austeilte oder Ämter verlieh, sondern daß ihm daran gelegen war, die Würdigsten auszuzeichnen [1] ; daß er die unerquickliche Atmosphäre des haßerfüllten Antiklerikalismus kannte, in der sie lebten. Und sie wußten, daß sie in ihm einen mutigen Verteidiger ihrer Rechte und ihrer Ehre besaßen, der bereit war, selbst das Leben für sie hinzugeben. Wenn sein Klerus nur im geringsten verdächtigt wurde, sagte er : « Wenn es um die Ehre meiner Priester geht, lasse ich mich lieber totschlagen, ehe ich zurückweiche. » [2]

*

Niemand konnte sagen, wann eigentlich das Tagewerk des Bischofs von Mantua begann, wann es endete. Von den frühesten Morgenstunden bis in die Nacht war er an der Arbeit. Wenn die ganze Stadt im Schlummer lag, sahen späte Passanten im Bischofspalast immer noch ein erhelltes Fenster, welches ihnen verriet, daß der Bischof wachte : er schrieb, überlegte oder betete [3].

---

[1] Msgr. G. B. Rosa, Ord. Rom., f. 1035. — Msgr. F. Gasoni, ebd., f. 271-272. — Msgr. A. Rizzi, Ord. Trev., SS. 1422-1423. — Der Priester A. Gandini, Ap. Mant., SS. 190, 194. — Msgr. G. Sartori, Ord. Mant., SS. 75, 83. — Der Priester A. Angelini, ebd., S. 118. — Der Priester A. Restani, ebd., S. 256.
[2] Der Priester D. Balzo, Supplem. Ord. Mant., S. 61.
[3] Msgr. A. Rizzi, Ord. Trev., S. 1339. — Der Priester G. Cavicchioli, Ord. Mant., S. 217. — Msgr. V. Bini, Supplem. Proc. Ord. Mant., S. 14.

« Er arbeitete Tag und Nacht zur Ehre Gottes », bezeugt ein angesehener Pfarrer [1].

« Er schlief nur vier Stunden », bestätigen jene, die täglich mit ihm beisammen waren [2].

Rasch und gründlich wurde alles erledigt; es kam gar nicht in Frage, eine Angelegenheit oder eine Schwierigkeit auf morgen zu verschieben [3]. Die Arbeit bedeutete für ihn Lebensinhalt. « Arbeit ist Freude. Die Seele ist ein Feuer, das von der Arbeit genährt wird », so schrieb er am 15. November 1886 [4].

In den neun Jahren seines Episkopates gönnte er sich keine Ruhe. Die bischöfliche Villa, in der er hätte Erholung suchen sollen, erwartete ihn jedes Jahr vergeblich. In der Villa des Priesterseminars ließ er sich im Herbst manchmal sehen, doch nur, um mit seinen Priesteramtskandidaten Fühlung zu nehmen [5].

Und als ob ihm die Leitung der Diözese und des Priesterseminars nicht genug Mühe verursacht hätte, verging kaum ein Tag, an dem er nicht an den Klerus, das Volk oder an die Kinder eine Ansprache gehalten hätte [6].

« Er lehnte niemals eine Einladung ab » [7]; es gab kein Fest und keinen besonderen Anlaß, wo er nicht anwesend war, um zum Herzen seiner Kinder zu sprechen. Ein Zeitgenosse erzählt : « Er predigte mit bischöflicher Würde » [8], mit jener Wärme, die nur der Wahrheit eigen

---

[1] Der Priester A. GANDINI, Ap. Mant., S. 200.
[2] Msgr. G. BRESSAN, Ap. Rom., S. 45. — Der Priester E. MARTINI, Ord. Mant., S. 156.
[3] Msgr. G. B. ROSA, Ord. Rom., f. 1035.
[4] Msgr. A. MARCHESAN, a. a. O., VIII. Kap., S. 284.
[5] Msgr. G. BRESSAN, Ap. Rom., S. 45. — Msgr. G. B. ROSA, Ord. Rom., f. 1035-1036. — MARIA SARTO, ebd., f. 60. — Msgr. A. BESUTTI, Ord. Mant., S. 204. — Msgr. G. SARTORI, ebd., S. 66. — Der Priester A. GANDINI, Ap. Mant., S. 194. — Der Priester G. SANTINON, Ord. Trev., S. 479. — Msgr. A. RIZZI, ebd., S. 1342.
[6] Msgr. A. RIZZI, Ord. Trev., S. 1364.
[7] Msgr. G. SARTORI, Ord. Mant., SS. 69-70.
[8] Der Priester A. PESENTI, Ord. Mant., S. 174.

ist, kraftvoll, gewollt einfach, damit alle ihn verstehen konnten [1].

Am Altare und während der Predigt war er so verklärt, daß er dem Volke mehr himmlisch als irdisch schien [2]. Der Erfolg war dementsprechend: belagerte Beichtstühle, zahllose Kommunionen [3].

Auch von seinen Priestern wollte er, daß sie das Wort Gottes einfach und eindringlich verkündeten, in Form von Katechesen; er gab ihnen sogar die Themen an, auf die sie immer wieder zurückkommen sollten [4]; denn das größte Übel jener Zeit — wie aller Zeiten — war eine erschreckende Unwissenheit auf dem Gebiete des Glaubens. Deshalb hatte er allen seinen Pfarrern aufgetragen, außer der unerläßlichen Christenlehre an jedem Sonn- und Feiertag bei jeder Messe das Evangelium zu erklären. Das war damals eine Neuerung für Mantua, die bald in andern Diözesen nachgeahmt wurde [5]. Die Verkündigung des Wortes Gottes war ihm so wichtig, daß er Pfarrer, die aus irgendeinem Grunde verhindert waren zu predigen, selber vertrat [6].

Die Liebe des guten Hirten

Msgr. Sarto hielt treu das Versprechen, das er den Mantuanern bei seiner Ankunft in der Stadt der Gonzaga

---

[1] Msgr. A. RIZZI, Ord. Trev., S. 1400. — Msgr. F. GASONI, Ord. Rom., f. 239. — Der Priester V. SCALORI, Ord. Mant., S. 129.

[2] Msgr. A. RIZZI, Ord. Trev., S. 1400. — Sr. MODESTA DELL'IMMACOLATA, Ord. Mant., S. 99.

[3] Msgr. A. RIZZI, Ord. Trev., S. 1400. — Der Priester E. MARTINI, Ord. Mant., S. 153.

[4] Der Priester E. MARTINI, Ord. Mant., S. 152. — Der Priester G. GAVICCHIOLI, ebd., S. 218. — Msgr. A. BONI, ebd., S. 233.

[5] Der Priester C. PEDRINI, Ord. Mant., S. 55.

[6] Der Priester A. PESENTI, Ord. Mant., S. 174. — Msgr. A. BESUTTI, ebd., S. 207. — Der Priester G. CAVICCHIOLI, ebd., S. 219. — Der Priester A. RESTANI, ebd., S. 256.

gegeben hatte : er komme nicht, um zu herrschen, sondern um für das Heil der Seelen Sorge zu tragen.

Er war überzeugt, daß dort, wo Glaube und Hoffnung fehlten, nur die unwiderstehliche Macht der Liebe imstande ist, die Übel auszurotten und die Seelen zu Gott zu führen. Das war der Grund, aus dem er gleich zu Beginn seines Episkopates mit der Pastoralvisite begann.

Durch die Visitation lernte das Volk den Bischof kennen und es war ganz natürlich, daß es sich zu ihm hingezogen fühlte.

Sein Wartezimmer im Bischofspalast zu Mantua war stets überfüllt mit den verschiedenartigsten Leuten. Und wer immer zu ihm kam, wurde mit einer Güte aufgenommen, die beglückte. Ob reich oder arm, gelehrt oder unwissend, gläubig oder ungläubig : er hörte jeden mit dem gleichen Interesse und der gleichen Liebe an, war heiter und herzlich, ohne je merken zu lassen, daß er sich mit wesentlich wichtigeren Dingen zu beschäftigen hatte. Für jeden hatte er eine gütige Antwort, eine Ermutigung oder eine Hilfeleistung, die den Herzen wohltat, weil er übernatürlichen Trost damit verband [1].

Auf alle machten diese Unterredungen einen unauslöschlichen Eindruck ; und wer seine Ansichten nicht teilen konnte, beugte sich doch vor der Lauterkeit seiner Persönlichkeit und wurde von seiner unvergleichlichen Güte gefangengenommen.

Das wußten die Mantuaner und darum hieß es allgemein — in der Stadt wie auf dem Lande —, « wenn man einen Rat, einen Trost, ein klares und sicheres Urteil wolle, müsse man sich an Bischof Sarto wenden » [2]. Nach stundenlanger erschöpfender Arbeit erschien er lächelnd, ruhig, heiter, immer derselbe [3].

[1] Msgr. A. Rizzi, Ord. Trev., SS. 1408-1409. — Der Priester G. Cavicchioli, Ord. Mant., S. 217.
[2] Msgr. G. B. Rosa, Ord. Rom., f. 1032.
[3] Anna Sarto, Ord. Rom., f. 152.

Am ergreifendsten zeigte sich die Güte des Heiligen den Ungläubigen gegenüber. Sie waren nach seiner Ansicht die wahren Armen, denen man nachgehen müsse, um ihnen zu helfen und sie zu retten. Im Verkehr mit ihnen legte er überraschendes Feingefühl an den Tag [1].

« Die Armen ! » sagte er oft. « Sie verdienen unser größtes Mitleid ; man muß ihnen helfen, damit sie auf den Weg des Heiles zurückkehren. » [2] Wenn einer von ihnen sich bekehrte, strahlte der Bischof vor Freude [3].

Wer vermöchte zu sagen, wievielen Seelen, die von Zweifeln gequält oder von Haß verzehrt, einem Irrtum verfallen, von Leidenschaften gefesselt, von Gewissensbissen gefoltert oder von den Kreuzen, die sie zu tragen hatten, fast zermalmt waren, durch seinen Einfluß Licht, Glaube und Hoffnung geschenkt wurde ! Ihm war es zu verdanken, daß sie sich mit ihrem Geschick aussöhnten, den Kampf wagten, sich in den Willen Gottes ergaben.

Ein Professor des Königlichen Lyzeums in Mantua war dem Tode nahe und man munkelte, er wolle so sterben, wie er gelebt hatte : fern der Kirche, ohne die Sakramente.

Der Bischof hatte keine Ruhe ; unverzüglich schickte er zu dem Sterbenden und ließ ihn fragen, ob er bereit sei, den Besuch seines *Freundes* Sarto zu empfangen.

Der Professor war gerührt durch so große Liebenswürdigkeit und antwortete, er erwarte seinen Freund Sarto.

Es war schon tief in der Nacht, als sich Msgr. Sarto von seinem Schreibtisch erhob und an das Bett des Todkranken eilte.

---

[1] Sr. MODESTA DELL'IMMACOLATA, Ord. Mant., S. 600.
[2] Msgr. G. B. ROSA, Ord. Rom., f. 1032.
[3] Msgr. A. RIZZI, Ord. Mant., SS. 1418-1419.

Die Augenblicke, die er bei dem Sterbenden verbrachte, sind in den Schleier des Geheimnisses gehüllt wie die Barmherzigkeit Gottes. Am nächsten Morgen wußte die ganze Stadt, daß der Professor gebeichtet, die heilige Wegzehrung und die Letzte Ölung empfangen hatte und als gläubiger Christ gestorben war [1].

*

Wenn es um das Heil der Seelen ging, konnte ihn keine Schwierigkeit zurückschrecken. Ja, er zögerte nicht, sein Leben aufs Spiel zu setzen. Ein Beweis dafür ist die Tatsache, daß er mehrere Juden — deren es damals in Mantua sehr viele gab — auf dem Totenbett taufte [2], obwohl es ihm nicht nur große Unannehmlichkeiten, sondern sogar Drohungen eintrug. Welches Mitleid er mit den irrenden Söhnen Israels empfand, bezeugt eine kleine Episode.

Einmal kam er am Nachmittag in Begleitung eines jungen Priesters, der vor kurzem erst seine Hochschulstudien in Rom beendet hatte, am israelitischen Friedhof vorbei. Er betrachtete schweigend die Gräber, die Zeichen ihres Glaubens an ein Fortleben nach dem Tode. Plötzlich sagte er zu seinem Begleiter:

« Sag einmal, was glaubst du? Ob wohl ein De Profundis diesen armen Toten nützen würde? »

Der junge Priester wollte sein frischerworbenes Wissen hervorsuchen; der Bischof aber unterbrach ihn:

« Ist schon recht! », nahm den Hut ab und begann zu beten: De profundis clamavi ad te, Domine.

Als das Gebet beendet war und die beiden weitergingen, sagte er zu dem jungen Priester:

---

[1] Msgr. G. B. PAROLIN, Ord. Rom., f. 634. — Der Priester E. MARTINI, Ord. Mant., S. 155.
[2] Msgr. A. TRAZZI, Ord. Mant., S. 198.

« Siehst du, du bist in Rom zum Doktor der Theologie promoviert worden. Die hohe Wissenschaft ist uns absolut notwendig. Aber glaube mir : der Herr hat auch seine Theologie — und die ist von ganz besonderer Art. Jetzt wirst du verstehen, warum ich wollte, daß wir für jene Armen beten. » [1]

*

Wir haben bereits über die Bemühungen des Heiligen um die religiöse Unterweisung, das « Fundament des Glaubens und des christlichen Lebens », berichtet. Doch auch in anderer Hinsicht war er unermüdlich für den religiösen Wiederaufbau der Diözese Mantua tätig.

Die Kirchen sollten wieder würdig ausgestattet sein, die gottesdienstlichen Funktionen sich in voller Schönheit entfalten. Die verschiedenen Feste sollten streng liturgisch gefeiert werden, der gregorianische Choral die Betenden zur Andacht stimmen. Auf diese Weise wollte er erreichen, daß das Volk in lebendigerer Glaubensgesinnung das Haus Gottes besuche [1].

Welch große Bedeutung Msgr. Sarto der Reform der Kirchenmusik beilegte, zeigt die Tatsache, daß er im Jahr 1887 die Musikkapelle des Domes durch die Schola cantorum der Seminaristen ersetzte, die er selbst zum Verständnis für den Gregorianischen Gesang erzog [2]. Das geht auch aus einem Brief hervor, den er am 11. Juli 1894 an Maestro Perosi schrieb, der über die Pflege klassischer Kirchenmusik in der berühmten Abtei Solesmes gut unterrichtet war.

« Die Erneuerung der Kirchenmusik wird eine langwierige Sache sein; doch ich hoffe, daß ich nicht sterben werde, bevor ich sie verwirklicht sehe. » [3]

[1] Msgr. G. B. ROSA, Ord. Rom., f. 1040.
[2] Brief des Heiligen an das Domkapitel vom 15. Oktober 1887. Musikarchiv des Domes von Mantua.
[3] Archiv des Ing. G. Sartor, eines Großneffen des Heiligen.

Ganz besonders lag ihm die Verehrung der heiligsten Eucharistie am Herzen. Deshalb hielt er mit seinen Priestern oft eine Anbetungsstunde, an die er einen Vortrag über die heiligste Eucharistie anschloß [2]. Er brachte die Bruderschaft vom allerheiligsten Altarssakrament wieder zur Blüte [3], und ordnete an, daß den Kranken und Sterbenden die heilige Wegzehrung nicht mehr im Verborgene - gebracht, sondern daß sie feierlich durch die betendn Volksmenge getragen werde [4]. Er empfahl dringend dee häufigen Empfang der heiligen Kommunion und beson ders die Kinderkommunion, die als « grundlegendes Idenseines Episkopates » zu betrachten ist [5] und als Vorspial für die « Eucharistischen Dekrete », eine der segensreic el sten Taten seines Pontifikates, durch die er eine dh- schönsten Traditionen der Kirche wiederaufleben ließer

Er förderte die frommen Vereinigungen und besonde [6]. den Dritten Orden des heiligen Franz von Assisi [7], ders er selbst angehörte [8]. Die großartigen Festlichkeiten, mm denen er die wichtigsten Tage im Leben Leos XIII. beit

---

[1] Der Priester G. CAVICCHIOLI, Ap. Mant., S. 219. — Der Priester A. GANDINI, ebd., S. 194. — Der Priester E. MAMBRINI, ebd., S. 293. — Vgl. auch : Synod. Dioec. Mant., XXXI. Kap., Nr. 10, SS. 100-101·

[2] Msgr. A. BESUTTI, Ord. Mant., S. 206.

[3] Der Priester G. CAVICCHIOLI, Ap. Mant., S. 219. — Der Priester E. MAMBRINI, ebd., S. 291.

[4] Der Priester E. MARTINI, Ord. Mant., S. 152. — Vgl. auch A. GREGORI, ebd., S. 110.

[5] Msgr. G. SARTORI, Ord. Mant., S. 79. — Vgl. auch : Sr. MODESTA DELL'IMMACOLATA, ebd., S. 95. — Der Priester G. CAVICCHIOLI, ebd., S. 225. — Der Priester BALZO, Supplem. Proc. Ord. Mant., S. 52. — Vgl. auch : Synod. Dioec. Mant., IX. Kap., SS. 28-30.

[6] PIUS X., P. M. Acta, v. II, S. 250. — Acta Ap. Sedis, v. II, S. 577.

[7] Der Priester G. CAVICCHIOLI, Ap. Mant., S. 219. — Msgr. A. BESUTTI, Ord. Mant., S. 206. — Vgl. auch : Hirtenbrief vom 9. Januar 1886, Nr. 18.

[8] Es ist bekannt, daß der Heilige Franziskaner-Terziar war. Er wurde im Jahre 1870, als er Pfarrer von Salzano war, in Treviso von einem Professor des dortigen Priesterseminars, Don Onorato Bindoni, in den Dritten Orden des hl. Franziskus aufgenommen. (Msgr. G. PESCINI, Denkschrift vom 30. August 1903. Vgl. Bollettino del Terz'Ordine Francescano dei Minori Cappuccini di Padova, 1904, S. 52.)

gehen ließ, waren ebenfalls Mittel, um die Frömmigkeit des Volkes zu vertiefen, es zu mutigen Kundgebungen seines Glaubens zu veranlassen und es immer fester mit Kirche und Papsttum zu verbinden.

*

« Wenn man vom Stellvertreter Christi spricht », so schrieb er in seinem Hirtenbrief vom 5. September 1894, « hat man nicht zu prüfen, sondern zu gehorchen, nicht die Tragweite der Anordnung abzuwägen, nicht daran herumzutüfteln, um den Sinn des Wortes zu verdrehen, es nicht nach vorgefaßten Meinungen auszulegen und zu deuten, nicht sein Recht, zu lehren und zu befehlen, in Frage zu stellen, nicht seine Urteile und Befehle zu diskutieren, damit man nicht Jesus Christus selber beleidige. »

*

Immer wieder schärfte Msgr. Sarto die Verpflichtung zu bedingungslosem Gehorsam gegen Papst und Kirche ein [1], denn er erkannte klar die Gefahren, die in den modernen Irrlehren lagen; er wurde nicht müde, auf die Häresie hinzuweisen, die sich ständig ausbreitete und nicht wenige Christen umgarnte. Im Hirtenbrief vom 7. Februar 1887 heißt es:

« Menschen, die kaum einen oberflächlichen Begriff von der katholischen Religion haben und sie noch weniger praktizieren, wollen sich anmaßend als Lehrer aufspielen und erklären, die Kirche müsse sich jetzt den Forderungen

---

[1] Msgr. G. B. ROSA, Ord. Rom., f. 1025. — Msgr. G. B. PAROLIN, ebd., f. 713. — Msgr. G. SARTORI, Ord. Mant., S. 85. — Der Priester G. SANTINON, Ord. Trev., S. 482. — Vgl. auch: Hirtenbrief vom 5. September 1894.

der Zeit anpassen, es sei durchaus unmöglich, daß sie ihre Gesetze in der ursprünglichen Form aufrechterhalte; als die klügsten und erfahrensten Leute seien von jetzt an jene zu betrachten, die am ehesten bereit sind, etwas vom Althergebrachten zu opfern, um den Rest zu retten. In diesem modernen Christentum ist die Torheit des Kreuzes vergessen, die Glaubensdogmen sollen sich den Forderungen der modernen Philosophie anpassen ; das öffentliche Recht der christlichen Zeitalter soll sich vor den Grundsätzen der Moderne beugen oder wenigstens die Rechtmäßigkeit seiner Niederlage zugeben. Die sittlichen Forderungen des Evangeliums scheinen zu streng; sie sollen sich den modernen Anschauungen anpassen; und alle Disziplinarvorschriften, die der Natur lästig sind, sollen aufgehoben werden, damit dem Gesetz der Freiheit der Weg geebnet werde ! »

Diese Warnung vor der Gefahr, vom rechten Weg der unveränderlichen katholischen Glaubenslehre abzuweichen, richtete Msgr. Sarto — wie erwähnt — bereits am 7. Februar 1887 an seine Diözesanen.

Irrlehren entstehen und entwickeln sich nicht an einem Tag. Sie haben ihre Wurzeln stets in Strömungen und Ereignissen, die weit zurück liegen und verborgen sind. Nur allmählich kommen sie zum Vorschein, so wie der Krebs sich meist erst zeigt, wenn bereits der ganze Körper davon durchsetzt ist.

Bei der Darstellung der Anfänge des « Modernismus » wird die Zeit vor dem Jahr 1890 selten berücksichtigt. Doch Bischof Sarto kannte bereits die Lehren und die Absichten dieser Häresie, die damals noch nicht einmal einen Namen hatte. Niemand sprach in jener Zeit von « Modernismus »; man nannte es « modernes Christentum », das im Gegensatz zu dem alten stand, zu dem Christentum, das treu am unfehlbaren Lehramt der Kirche festhielt.

Msgr. Sarto war einer der ersten Bischöfe Italiens, der seine Stimme gegen das « moderne Christentum » erhob, seine Eigenart klar kennzeichnete und seine Hinterlist anprangerte.

Wer die Geschichte des « Modernismus » schreibt, muß deshalb den Namen des Bischofs von Mantua als einen der ersten Bahnbrecher — wenn auch zunächst nur in den Grenzen seiner Diözese — der providentiellen Bewegung nennen, die in der Kirche zur Abwehr der verhängnisvollen Irrlehre entstand und die er als Papst durch die Enzyklika vom 8. September 1907 zum Siege führen sollte.

Die Enzyklika « Pascendi dominici gregis », mit der wir uns noch befassen werden, zeigt nur die logische Verkettung und die Entwicklung der falschen Prinzipien, die er im Hirtenbrief vom 7. Februar 1887 verurteilt hatte; er weist nach, daß diese Irrtümer eine Frucht der neuen philosophischen Richtung sind, die Nährboden und Ursprung des modernen Unglaubens bildet; sie wurde vom « Modernismus » angenommen, sanktioniert und mit diabolischer Schlauheit propagiert.

In seinem Hirtenbrief spricht der Bischof nicht von den neuen philosophischen Strömungen, weil das Schreiben für das einfache Volk bestimmt war. Doch er kannte sehr gut die Grundlagen dieser neuen Philosophie und wußte, welch verheerende Auswirkungen sie auf dem Gebiet des Glaubens, der Sitten, des Rechtes und der Ordnung haben mußte. Die Absicht, sich als Bahnbrecher der antimodernistischen Bewegung hervorzutun, lag ihm ja gänzlich fern. Es genügte ihm, seine Diözesanen vor der Gefahr zu warnen, sie im Glauben zu stärken und sie enger mit der Kirche und dem Papst als dem Wächter der Wahrheit zu verbinden.

Das war der Grund, aus dem er immer wieder zu absolutem Gehorsam und zu unerschütterlicher Treue der

Kirche gegenüber aufforderte [1]. Seine Diözesanen sollten die Idee des Papsttums tiefer erfassen: sie sollten im Papst den Leuchtturm sehen, dessen Licht nie erlischt, den Hüter der Wahrheit, das Auge der Welt, das Bollwerk für Italiens Größe und Glück.

*

Besonders ergreifend waren seine Worte, wenn er — dem Auftrag des Papstes entsprechend — die Gläubigen im Monat Oktober zum Rosenkranzgebet aneiferte.

Die Verehrung und das Vertrauen, das Leo XIII. der Rosenkranzkönigin entgegenbrachte, ist bekannt. Sie kommt in seinen hervorragenden Enzykliken immer wieder zum Ausdruck. Msgr. Sarto war von gleicher Frömmigkeit beseelt. Der Monat Oktober war für ihn nicht nur eine Gelegenheit, seine Liebe zu Maria zu betätigen, sondern auch ein Anlaß, seine Diözesanen zum Gebet für die Kirche und ihr Oberhaupt zu ermuntern, die den wilden Angriffen der Freimaurerei ausgesetzt war.

Wenn die Glaubensfeinde wüteten, mußten die guten Christen im Gebet verharren und von der mächtigen Frau, die als «Königin vom Siege» gegrüßt wird, für die Kirche Frieden erflehen.

In dem Brief Nr. 504, den Msgr. Sarto am 21. September 1885 an den Klerus und das Volk von Mantua richtete, heißt es:

«Betet den Rosenkranz, geliebte Söhne! In unserer Zeit, die durch eine verhängnisvolle Unbelehrbarkeit der Geister gekennzeichnet ist, die Zerstörung der Dogmen, Verderbnis der Herzen und Umsturz der sittlichen Begriffe erstrebt, gibt es kein anderes Mittel, um den Sieg

---

[1] Vgl. die Hirtenbriefe vom 19. August 1886, Nr. 640; vom 1. Dezember 1887, Nr. 812; vom 31. Januar 1888, Nr. 61; aus dem Jahre 1892, Nr. 434; vom 5. September 1894.

des Glaubens und der christlichen Sitte herbeizuführen, als die Betrachtung der Rosenkranzgeheimnisse.

Betet den Rosenkranz! Denn wenn sich die Frömmigkeit von Tag zu Tag vermindert, müssen wir unsere Herzen durch das Gebet entflammen, und zwar vor allem durch das Gebet, das Jesus uns lehrte; durch jenes, mit dem der Erzengel Maria grüßte; durch jenes, das die himmlischen Chöre ständig vor dem Throne Gottes singen.

Betet den Rosenkranz! Denn die Welt hat den Weg der Tugend fast vergessen. Wenn wir jedoch die wunderbaren Beispiele betrachten, die uns im Rosenkranz vor Augen gestellt werden, fühlen wir uns gedrängt, jede ungeordnete Leidenschaft in uns zu bekämpfen und unsere Seele wird mit aufrichtiger Reue über unsere Sünden erfüllt, mit lebendigem Glauben, mit tröstlicher Hoffnung, mit glühender Liebe. Diese Haltung aber ist die Grundlage aller übrigen Tugenden.

Betet den Rosenkranz! Denn diese Frömmigkeitsübung vereint die Seelen im Gebet und weckt deshalb ein Gefühl herzlicher Verbundenheit, durch das in den Familien harmonisches Zusammenleben begründet wird, in der Gesellschaft Friede und Eintracht.

Betet den Rosenkranz! Auf ihn setzen die Christen ihr Vertrauen, in ihm sehen sie die Quelle des ersehnten Segens, die Schutzwehr der Städte und der Völker, denn es ist unmöglich, daß Gott sein Ohr verschließt, wenn so viele seiner Kinder ihn als Vater anrufen, daß Maria das Gebet nicht erhört, mit dem die Kirche ihren Schutz erfleht. »[1]

Fürwahr, die Worte und die Weisungen Leos XIII. konnten keinen überzeugenderen Anwalt finden.

---

[1] Brief an Klerus und Volk der Diözese Mantua, Nr. 504.

Eine aloisianische Jahrhundertfeier

Das Echo der Feierlichkeiten zu Ehren des heiligen Anselm [1] war noch nicht verklungen, da nahte bereits ein anderer Gedenktag: die dreihundertste Wiederkehr des Tages, an dem der heilige Aloisius von Gonzaga gestorben war.

Wenn an der Jahrhundertfeier des heiligen Anselm die Nachbarstädte und Schwesterdiözesen [2] teilgenommen hatten, so sagte Msgr. Sarto, war umso größeres Interesse für die Festlichkeiten zu Ehren des « Engels von Castiglione » zu erwarten, denn die Verehrung dieses heiligen Mantuaners beschränkt sich nicht auf eine Stadt oder eine Diözese, sie umfaßt die ganze katholische Welt.

Für Mantua und seinen Bischof mußte es deshalb eine besondere Ehrenpflicht sein, diese Jahrhundertfeier würdig zu gestalten.

*

Im November 1888 begab sich Msgr. Sarto nach Castiglione delle Stiviere, der Heimat des Heiligen, um zusammen mit dem Klerus ein Programm zu beraten und festzusetzen, das der Feier den größtmöglichen Glanz ver-

---

[1] Am 8. März 1086 starb in Mantua Bischof Anselm von Lucca, päpstlicher Legat in Norditalien, der Papst Gregor VII. wertvollstr Hilfe im Kampf gegen die Simonie geleistet hatte. Für die Ehre dee Kirche setzte er sich ohne Zögern dem Zorn und der Verfolgung der Simonisten aus, die unter dem Schutz des deutschen Kaisers standen.

Deshalb war er gezwungen, in Mantua Zuflucht zu suchen. Hier verbrachte er seinen Lebensabend. Der Glanz seiner Tugenden und seiner Wundertaten veranlaßte die Mantuaner, ihn nach seinem Tode nicht nur als Heiligen zu verehren, sondern ihn auch zu ihrem Schutzpatron zu erwählen.

Im März 1886 beging Mantua unter der Leitung seines Bischofs feierlich den 800. Todestag dieses tapferen Verteidigers der Kirche.

[2] Brief an Klerus und Volk der Diözese Mantua vom 10. Mai 1889, Nr. 454.

leihen sollte. Am 10. Mai 1889 kündete er die bevorstehende Festlichkeit der ganzen Diözese an.

« Im Jahre 1891 sind dreihundert Jahre seit dem Tode des engelgleichen heiligen Aloisius von Gonzaga verflossen. Deshalb fühle ich mich verpflichtet, euch zur Vorbereitung auf dieses außerordentliche Fest aufzufordern. Wenn am 21. Juni 1891 in der ganzen katholischen Welt die dreihundertste Wiederkehr des Tages gefeiert wird, an dem die begnadete Seele des jungen Gonzaga in die Herrlichkeit der Heiligen eingegangen ist, könnte da jene Diözese beiseitestehen, die seine Heimat war, die so viele teure Erinnerungen an ihn besitzt und die ihm besonderen Dank schuldet? Dieser Gedanke muß uns aneifern, hochherzig dazu beizutragen, daß die Feierlichkeiten so durchgeführt werden, wie es der Bedeutung des Ereignisses entspricht. » [1]

Am 2. Juli 1889 richtete er ein Schreiben an alle Bischöfe Italiens, in dem er die Erlaubnis erbat, in ihren Diözesen Gaben zur Bestreitung der Auslagen für die Jahrhundertfeier sammeln zu lassen. Sie sollten vor allem für die Restaurierung der Pfarrkirche und anderer Stätten in Castiglione delle Stiviere Verwendung finden, die durch ihre Beziehungen zu dem Heiligen verehrungswürdig sind. Denn die größten Feierlichkeiten sollten in seinem Heimatort stattfinden [2].

Castiglione delle Stiviere war nicht mehr das reiche Dorf wie in der Zeit, da das Fürstengeschlecht der Gonzaga dort seinen Wohnsitz hatte.

« Von der alten Markgrafschaft », schreibt der Heilige « ist nicht viel übrig geblieben ... und wie die Erinnerung an die alte Größe verblaßt, so verringern sich mit der Zeit auch die Mittel, die Freigebigkeit ermöglichen

---

[1] Hirtenbrief Nr. 454.
[2] Archiv des Bischöflichen Ordinariates Mantua.

würden. Das Heiligtum bedarf dringend der Restaurierung; und da es durch die Ausweisung des Fürsten den hochherzigen Schutzherrn verloren hat, stehen ihm keine anderen Einkünfte zur Verfügung als die Gaben der armen Gläubigen, die nicht einmal für die dringendsten täglichen Bedürfnisse ausreichen. »[1]

Am 3. September desselben Jahres erinnerte er daran, daß der heilige Aloisius vor dreihundert Jahren an diesem Tage nach Castiglione delle Stiviere gereist war, um zwischen seinem Bruder Rodolfo und seinem Vetter Vincenzo, dem Herzog von Mantua, Frieden zu stiften. Er empfahl seinen Diözesanen dringend, die Erinnerung an dieses Geschehnis zum Anlaß zu nehmen, um in die Heimat des Heiligen zu pilgern und durch ihn vom Herrn das Geschenk eines christlichen Friedens zu erbitten.

« Ja », so fuhr er fort, « bitten wir um den Frieden, den die Kinder Gottes so sehr ersehnen; einen Frieden, der diesen Namen verdient, der nach der Heiligen Schrift untrennbar mit der Wahrheit, der Gerechtigkeit, der Liebe, der Gnade verbunden ist; den Frieden, der in Bezug auf die Gesellschaft kein anderer sein kann als der der Kirche, die ruhige Erfüllung der christlichen Gebote, die friedliche Entwicklung der Werke des Glaubens und der Caritas, die öffentliche Anerkennung der Wahrheit und der Weisungen des Evangeliums, die Übereinstimmung der Gesetze und der menschlichen Einrichtungen mit der Lehre und dem Sittengesetz Christi, der dauernde Widerstand gegen die Mächte der Finsternis und gegen jene, die deren verderbte Grundsätze verbreiten. »[2]

Er selbst gab das Beispiel dazu. Am 22. September zog er an der Spitze einer zahlreichen Pilgerschar wiederum

---

[1] Ankündigung der Dreihundertjahrfeier des Todes des hl. Aloisius von Gonzaga vom 8. Mai 1889. Vgl. Archiv des Bischöflichen Ordinariates Mantua.
[2] Brief vom 3. September 1889, Nr. 733.

nach Castiglione, um « den Himmel durch die Fürbitte des engelgleichen heiligen Aloisius um reichen Segen für die geliebte Diözese anzuflehen »[1].

Der 9. März 1890, der Jahrestag der Geburt des heiligen Aloisius, wurde als Beginn der großen Jahrhundertfeier begangen, die sich über die Jahre 1890 und 1891 erstrecken sollte. An jenem Tag richtete die Jugend von Castiglione durch den Mund Msgr. Sartos einen Appell an die Jugend der ganzen Welt, der die Aufforderung enthielt, die wichtigsten Daten im Leben des Heiligen zu feiern:

den 25. März, an dem Aloisius im Jahre 1577 vor dem Altare der Annunziata in Florenz das Gelübde der Keuschheit ablegte;

den 22. Juli, an dem er 1580 aus den Händen des heiligen Karl Borromäus zum ersten Mal das Brot der Engel empfing;

den 25. November, an dem 1585 der Sohn des Fürsten Ferrante auf das Recht der Erstgeburt verzichtete und in die junge Gesellschaft Jesu eintrat.

Diese Tage sollten durch Gebet, Abtötung und Werke der Nächstenliebe geheiligt werden, um auf die Fürsprache des heiligen Aloisius hin zu erlangen: « außerordentlichen Beistand für die Kirche und ihr erhabenes Oberhaupt; Frieden und Einheit des Glaubens auf der ganzen Welt; Rückkehr der vielen verirrten Jugendlichen auf den Weg des Guten und der Wahrheit; die Gnade, jene Tugend zu bewahren, um deretwillen der Heilige ein 'Engel in sterblicher Hülle' genannt wird »[2].

Diese Gedanken entwickelte Msgr. Sarto mit großer Eindringlichkeit in seinem Hirtenbrief vom 25. Januar

---

[1] Archiv des Bischöflichen Ordinariates Mantua.
[2] Vorbereitung der Jahrhundertfeier des hl. Aloisius von Gonzaga in Castiglione delle Stiviere. Archiv des Bischöflichen Ordinariates Mantua.

1891, dem umfangreichsten, den er je schrieb. Er richtete ihn «an sein geliebtes Jungvolk, dem die Hauptsorge seines Amtes galt, die Schützlinge der Engel, der Augapfel Christi», um es immer mehr für die bevorstehende Jahrhundertfeier zu begeistern, die ja seine Feier sein sollte. Er wünschte, daß die Jugend stark und rein sei, dem großen Heiligen aus dem Geschlechte der Gonzaga ähnlich.

Seine Worte kamen aus «dem Herzen eines Freundes, eines Vaters, eines Bruders», als er sie aufforderte, sich über die traurigen Niederungen der Erde zu erheben und die Schönheit eines Lebens zu erkennen, das nach den Idealen des Christentums gestaltet ist:

«Gewiß, es gehört Kraft dazu, sich selbst und seine Leidenschaften zu überwinden, um der Tugend und der Wahrheit treu zu bleiben, um den Geist des Bösen und der Lüge zu besiegen. Es gehört Kraft und Mut dazu, den Glauben zu bewahren, wenn so viele ihn verlieren, der Kirche treu zu bleiben, wenn so viele sie verlassen, die Gnade zu bewahren, wenn so viele sie aus ihrer Seele vertrieben haben. Gott behüte euch davor, daß ihr euern Glauben verleugnet und abtrünnig werdet! Seid stark, verachtet die ungesunden Urteile einer öffentlichen Meinung, die sich anmaßt, die ganze Welt zu beherrschen, laßt euch nicht erschrecken durch das abscheuliche Gespenst der Menschenfurcht, die unsere heiligsten Glaubensüberzeugungen bedroht, jene Überzeugungen, die unsern Ruhm und unsere Ehre bilden sollen.

Erschreckt nicht bei der Vorstellung untragbarer Opfer. Fragt euch nur, ob eure Stärke mit Milde gepaart ist, eure Tugend mit Liebenswürdigkeit, eure Sittenstrenge mit Nachsicht. Seid hilfsbereit gegen alle. Die besten unter euch mögen ihre Stärke dadurch beweisen, daß sie Nachsicht mit ihren Brüdern üben; die Schwächeren aber sollen zu den Reiferen aufschaun in dem Bewußtsein, daß auch sie dieses Ziel erreichen können, und sie sollen darum ringen. »

Zum Schluß erinnert er die Eltern an ihre heilige Pflicht, ihre Kinder religiös zu erziehen:

« Im Heiligtum eurer Heimstätten lehrt eure Kinder die Religion kennen, erzählt ihnen, welche Freude ein reines Gewissen gibt; lehrt sie frühzeitig, ihre Leidenschaften zu bezwingen, die Tugend und das Opfer zu lieben. Doch sprecht zu ihnen vor allem durch eure Werke, durch die Heiligkeit eures Beispiels, noch bevor eure Kinder — dieser kostbare Schatz, den euch der Himmel anvertraut hat — durch den verderbten und verderblichen Geist der Zeit geschädigt wurden. So wird eine gesunde und starke Jugend heranwachsen, deren Lebensführung nicht das Alter betrüben wird, deren Stirn nicht von den Spuren des Lasters gezeichnet ist, die dem Engel von Castiglione, Aloisius von Gonzaga, ähnelt, die euren Lebensabend ruhig und glücklich gestaltet. »[1]

*

Die Hoffnung des Bischofs von Mantua, « den Glauben zu beleben und das übernatürliche Leben in den Seelen zu fördern », der er bei der Ankündigung der Jahrhundertfeier Ende 1888 Ausdruck gegeben hatte[2], wurde voll und ganz erfüllt.

Zwei Jahre lang strömten die Pilger aus allen Gegenden der Diözese, aus der ganzen Lombardei, den Provinzen Venetien und Emilia nach Castiglione delle Stiviere; der Sakramentenempfang erreichte überraschend hohe Ziffern.

Zwei Jahre lang richtete der Bischof an das Volk, das mit seinen Oberhirten in das Heiligtum des Patrones

---

[1] Hirtenbrief vom 25. Januar 1891, Nr. 56.
[2] Hirtenbrief vom 10. Mai 1889, Nr. 454.

der Jugend gekommen war, hinreißende Worte des Glaubens, sah die begeisterten Scharen der Jugend, die ihrem Vorbild huldigte und sich Kraft holte für die eigenen Kämpfe [1].

Er konnte wahrlich zufrieden sein. Doch wer vermag zu sagen, wieviel nächtliche Arbeit, wieviel Mühe die Vorbereitung und Durchführung dieser Festlichkeiten den Bischof von Mantua gekostet hat?

Am 4. Juni 1891, noch vor Beendigung der Jahrhundertfeier, schrieb er an einen Professor des Priesterseminars in Treviso:

«Durch die Feierlichkeiten von Castiglione, die ein weit größeres Echo geweckt haben, als ich erwartete, besonders in der Lombardei und in der Provinz Emilia, bin ich um zehn Jahre gealtert. Die Arbeit dauert noch immer an und die Sorgen wegen der Ausgaben verzehren mich fast; doch der heilige Aloisius wird für alles Sorge tragen.» [2]

Und am 12. Juli schrieb er an denselben Freund in Treviso:

«Hier gibt es nichts Neues, außer daß ich mich nur schwer von den Anstrengungen der Festlichkeiten in Castiglione erholen kann.» [3]

Msgr. Sarto hatte bis zur Erschöpfung seiner Kräfte gearbeitet, aber er hatte damit auch eine der segensreichsten Taten seines Episkopates vollbracht, die dem Auge Leos XIII. nicht entgehen sollte [4].

---

[1] Msgr. G. BRESSAN, Ap. Rom., S. 53. — Msgr. A. RIZZI, Ord. Trev., S. 1364.
[2] Msgr. A. MARCHESAN, a. a. O., VIII. Kap., S. 268.
[3] DERS., ebd.
[4] Msgr. G. SARTORI, Ord. Mant., S. 75. — Der Priester D. BALZO, Supplem. Proc. Ord. Mant., S. 292. — Msgr. G. B. PAROLIN, Ord. Rom., f. 667. — Msgr. A. RIZZI, Ord. Trev., S. 1367. — Vgl. auch: Der Priester V. SCALORI, Ord. Mant., S. 128. — Der Priester C. PEDRINI, ebd., S. 55.

Apostolische Unbeugsamkeit

Msgr. Sarto wußte gut, daß Autorität am festesten begründet ist, wenn sie sich auf Güte stützt. Doch wenn es um die Rechte Gottes ging oder um die Freiheit der Kirche, um die Heiligkeit des Gottesdienstes, die Unversehrtheit der Glaubenslehre oder um das Heil der Seelen, ließ er keinerlei Erörterungen zu, achtete auf keinen Protest: in dieser Hinsicht war er unbeugsam [1], denn « er hatte keine Angst, unpopulär zu werden » [2].

In Mantua war es Brauch, daß am 14. März — dem Geburtstag des Königs Umberto — die Zivil- und Militärbehörden in der Kathedrale dem Te Deum beiwohnten und sich dann in der gleichen Kleidung, mit den gleichen Fahnen zu einer ähnlichen Zeremonie in die Synagoge begaben.

Wenige Tage vor dem 14. März des Jahres 1889 entschloß sich Msgr. Sarto, Schluß mit dieser unwürdigen Komödie zu machen. Er stellte die Behörden der Stadt vor die Entscheidung: entweder findet die Feier in der Kathedrale statt oder in der Synagoge; entweder mit dem Bischof oder mit dem Rabbiner.

Der Stadtpräfekt kam durch dieses Ultimatum des Bischofs ganz aus der Fassung und ersuchte den Ministerpräsidenten Crispi um Instruktionen. Die Antwort dieses alten Garibaldianers und fanatischen Freimaurers, dem das Te Deum ohnehin gegen den Strich ging, lautete: « Weder in der Kathedrale noch in der Synagoge ! »

---

[1] Der Priester C. PEDRINI, Ord. Mant., S. 59. — Msgr. G. SARTORI, ebd., S. 83. — Der Priester E. MAMBRINI, ebd., S. 151. — Der Priester A. PESENTI, ebd., S. 174. — Der Priester G. SANTINON, Ord. Trev., SS. 479-480.
[2] Der Priester E. MARTINI, Ord. Mant., S. 156. — Vgl. auch: Der Priester C. PEDRINI, Ord. Mant., S. 60. — Msgr. G. SARTORI, ebd., S. 83. — Msgr. A. BONI, ebd., S. 234. — Msgr. G. SCAINI, Ap. Mant., S. 409.

Diese Antwort beweist nicht gerade große politische Klugheit. « Auf jeden Fall », so sagte Msgr. Sarto, als er diese seltsame Geschichte erzählte, « hat Crispi mir geholfen, Ärgernis zu verhüten. »[1]

*

Der Bürgermeister von Cavriana — eines der bedeutendsten Dörfer der Diözese —, legte großen Wert darauf, den 20. September[2] feierlich zu begehen; und um der Bevölkerung die Bedeutung dieses Tages klar zu machen, ließ er, die Schwäche des Pfarrers ausnützend, die Kirchenglocken läuten.

Doch eines schönen Tages kam Msgr. Sarto zur Visitation nach Cavriana. Er war schon vorher von der Eigenmächtigkeit des Bürgermeisters unterrichtet worden. Deshalb verbot er, daß bei seiner Ankunft und während seiner Anwesenheit im Dorf die Kirchenglocken geläutet würden.

Das Volk, das auf dem Kirchplatz den Bischof erwartete, war sehr erstaunt darüber.

Bevor Msgr. Sarto nach Beendigung der Visitation wegfuhr, bestieg er die Kanzel und erklärte, warum die Kirchenglocken an diesem Tag geschwiegen hatten. « Die Glocken sind nicht dazu da, an Ereignisse zu erinnern, die dem Stellvertreter Christi tiefen Schmerz zugefügt, die Kirche beleidigt und die Herzen der Katholiken in der ganzen Welt betrübt haben. Die Zivilbehörden haben nicht das Recht, die Glocken eigenmächtig läuten zu lassen; dieses Recht steht ausschließlich der kirchlichen Autorität zu. »

---

[1] Der Priester L. FERRARI, a. a. O., S. 41. — Msgr. A. RIZZI, Ord. Trev., SS. 1425-1426.

[2] Der 20. September war ein Festtag für den Liberalismus und die Freimaurerei, weil an diesem Tag im Jahre 1870 das piemontesische Heer durch die berühmte Bresche an der Porta Pia in Rom eingedrungen war, um den Kirchenstaat zu vernichten.

Jetzt begannen die Glocken auf Anordnung des Bischofs hin zu läuten; doch sie ließen ihre Stimme nie mehr zur Feier des 20. September ertönen [1].

*

Der Heilige hatte einen außerordentlich würdigen Priester zum Pfarrer von Pozzolo ernannt. Doch ein paar « Bonzen » in der Gemeinde behagte das nicht. Sie begaben sich zum Bischof, um ihm ihre Einwände darzulegen und ihn zu überreden, ihre Pfarrei einem andern Priester anzuvertrauen.

Msgr. Sarto duldete jedoch nicht, daß man seine Handlungsfreiheit einschränkte. Er hörte die Leute an, dann erhob er sich und sagte in einem Ton, der jede Widerrede ausschloß : « Nach Pozzolo wird der Pfarrer gehen, den ich will und wann ich es will. » [2]

*

Wenn es sich um Mißbräuche und Gewohnheiten handelte, die mit der Disziplin oder dem Geiste der Kirche in Widerspruch standen, war der Bischof von Mantua unnachgiebig.

Die Diözesansynode hatte die Mitwirkung von Musikkapellen beim Gottesdienste und auch bei Prozessionen verboten.

In einer Pfarrei war es Brauch, daß am Fest des Kirchenpatrons eine Musikkapelle in der Kirche spielte. Als der Bischof davon erfuhr, erinnerte er den Pfarrer an das Verbot.

Der Pfarrer versuchte seinen Pfarrkindern die Gründe begreiflich zu machen, aus denen die Synode das Verbot

---

[1] C. Pedrini, Pfarrer von Cavriana, Ord. Mant., S. 56.
[2] Sr. Modesta dell'Immacolata, Ord. Mant., S. 100.

erlassen hatte. Doch da er kein Verständnis fand und heftiger Widerstand im Volke zu befürchten war, ließ er den Dingen ihren Lauf.

Der Bischof hielt es für seine Pflicht, dem Pfarrer mit seiner Autorität zur Seite zu stehen. Er kam heimlich in der Gemeinde an, just in dem Augenblick, als die Musikkapelle in die Kirche einzog, gefolgt von der Bevölkerung.

Als die Kapelle eben zu spielen beginnen wollte, erschien plötzlich der Bischof auf der Kanzel und grüßte das Volk mit dem üblichen : « Gelobt sei Jesus Christus », mit dem er stets seine Predigten begann.

Das Volk glaubte zu träumen, als es ihn sah und seinen Gruß hörte. In das tiefe Schweigen hinein sprach Msgr. Sarto... Er sprach von der Ehrfurcht, die man dem Hause des Herrn schulde, von der Art des Gotteslobes... von der Verehrung der Heiligen, die das Herzensgebet lieben, aus dem die guten Eingebungen kommen, durch die wahre Frömmigkeit gekennzeichnet ist.

Die warmen Worte des Bischofs begeisterten und überzeugten. Von einer Musikkapelle in der Kirche war in jenem Dorfe keine Rede mehr [1].

*

Der Dirigent einer Musikkapelle in einem der größten Flecken der Diözese trug kein Bedenken, seine Musikanten zu sogenannten Zivilbegräbnissen zu schicken.

Als er einmal mit dem Bischof sprach, hatte er die Unverfrorenheit, um die Erlaubnis zu ersuchen, daß seine Kapelle bei den Prozessionen in der Pfarrei spielen dürfe.

Da kam er übel an. Msgr. Sarto « wies ihm augenblicklich die Tür » [2].

*

[1] Msgr. A. Rizzi, Ord. Trev., SS. 1428-1429.
[2] Der Priester A. Gandini, Ap. Mant., S. 183.

In Poggio Rusco, einer Hochburg des Sozialismus, wo nicht einmal die Hälfte der Kinder getauft waren, wollte man den Todestag Garibaldis mit der Taufe von ungefähr achtzehn Kindern begehen, unter denen sich der Sohn des Bürgermeisters befand.

Selbstverständlich sollte bei der Zeremonie von der Dorfkapelle die Garibaldi-Hymne gespielt werden.

Der Pfarrer erklärte sich bereit, die Kinder zu taufen, betonte aber, daß er in der Kirche weder die Musikkapelle noch das Absingen der Hymne dulden werde.

Die Sozialisten versprachen, die heilige Handlung zu respektieren. Doch kaum hatte die Zeremonie begonnen, stimmten sie unter Begleitung der Kapelle die Garibaldi-Hymne an.

Der Pfarrer brach die Taufzeremonie sofort ab und setzte den Bischof telegraphisch von dem Gewaltstreich und der Profanierung der Kirche in Kenntnis.

Am nächsten Tag traf Msgr. Sarto in Poggio Rusco ein und befahl, man möge die Kirchenglocken läuten.

Dadurch wurde die Neugierde der Bevölkerung erregt und alles strömte in die Kirche. Der Bischof bestieg die Kanzel und sagte: « Von diesem Augenblick an bin ich euer Pfarrer und werde es bleiben, bis alle eure Kinder getauft sind. Unterdessen wollen wir dem Herrn Sühne leisten für die Beleidigung, die ihr ihm gestern zugefügt habt. » Und er verließ die Kanzel und ließ das Allerheiligste aussetzen.

Man hörte keinen Atemzug. Alle beteten mit dem Bischof. Dieser begann sofort eine Art Volksmision, dies an den folgenden Tagen fortgesetzt wurde. Der Erfolg war ganz wunderbar. Die Kinder wurden vom Bischof selbst getauft [1].

*

[1] Msgr. G. B. Rosa, Ord. Rom., f. 968.

Wodurch erlangte eigentlich Msgr. Sarto so großen Einfluß, was ermöglichte es ihm, mit so großer Sicherheit zu handeln und so erstaunliche Erfolge zu erringen an Orten und in Bevölkerungskreisen, die durch die Propaganda der Ungläubigen der Religion und der Kirche entfremdet waren?

Es war seine Heiligkeit, die sich in grenzenloser Güte kundgab und alle zu Ehrfurcht und Verehrung zwang.

Er weilte noch nicht lange in Mantua, da waren schon alle seine Diözesanen entzückt von seiner Liebenswürdigkeit, vor allem aber von seiner unvergleichlichen Güte; sie betrachteten ihn als Heiligen und waren stolz, daß er in ihrer Mitte lebte. Immer wieder hörte man sagen: « Unser Bischof ist ein Heiliger »[1], « er ist gütig wie ein Engel »[2], « er ist mehr im Himmel als auf der Erde »[3]. Sogar die Juden waren überzeugt, daß niemand ein so gütiges Herz habe wie er und übergaben ihm große Summen Geldes für die Armen[4].

Seine Armen

« Die Liebe zu den Armen war das Kennzeichen des Lebens Msgr. Sartos in Mantua », versichern einmütig alle Zeugen[5].

Die Armen waren « seine lieben Freunde »[6], « seine Lieblinge »[7]. Er war jederzeit für sie zu sprechen[8], denn

---

[1] A. MAGNAGUTTI, Ap. Mant., SS. 172-173. — Der Priester A. GANDINI, ebd., S. 200. — Der Priester U. BERNINI, ebd., SS. 318-319. — Msgr. A. RIZZI, Ord. Trev., S. 1437. — Msgr. G. SARTORI, Ord. Mant., S. 86. — A. GREGORI, ebd., S. 107. — Der Priester A. ANGELINI, ebd., S. 115. — Der Priester V. SCALORI, ebd., S. 126. — T. DALL'ACQUA, ebd., S. 274.
[2] Sr. MODESTA DELL'IMMACOLATA, Ord. Mant., S. 102.
[3] F. ZELADA-CASTELLI, Ord. Mant., S. 165.
[4] Der Priester G. CAVICCHIOLI, Ap. Mant., S. 228.
[5] Msgr. A. TRAZZI, Ord. Mant., S. 198.
[6] Msgr. A. RIZZI, Ord. Trev., S. 1416.
[7] DERS., ebd., S. 1435. — Der Priester E. MARTINI, Ord. Mant., S. 155.
[8] Msgr. G. B. ROSA, Ord. Rom., f. 1038.

unter ihren Lumpen sah er den armen Heiland [1]. Es schien ihn immer besonders zu beglücken, wenn er ihnen bei den Zeremonien am Gründonnerstag die Füße wusch; auf der Erde kniend küßte er ihre Füße, als ob es die Füße des Herrn wären [2].

Er gab alles für sie her, so daß er oft keinen Centesimo mehr hatte, ja nicht einmal die notwendigen Kleider [3].

« Wenig für sich und alles für die Armen » [4], lautete sein Grundsatz. Selbst seine Gegner und die Feinde der Kirche waren nicht von seinem Wohltun ausgeschlossen. Und oft gelang es ihm, mit dem Brot, das er spendete, ihnen auch den verlorenen Glauben wiederzugeben [5].

*

Bedürftige, Sorgengequälte, Menschen im Elend, für die es keinen Hoffnungsstrahl gab, Kranke, denen es am Notwendigen fehlte, in Armut Geborene wie solche, die vom Wohlstand ins Elend geraten waren, fanden bei dem Heiligen raschen und großzügigenBeistand [6].

Niemand wandte sich vergeblich an ihn; keiner schied von ihm mit leeren Händen [7].

Wenn jemand am Freitag den Bischofspalast in Mantua betrat, glaubte er sich in die Zeiten des heiligen Karl Borro-

[1] Matth. 25, 35-36.
[2] MARIA SARTO, Ord. Rom., f. 101.
[3] ANNA SARTO, Ord. Rom., f. 148. — Sr. MODESTA DELL'IMMACOLATA, Ord. Mant., S. 100. — A. GREGORI, ebd., S. 109. — Der Priester A. PESENTI, ebd., S. 178. — Msgr. A. BESUTTI, ebd., S. 209. — Der Priester G. CAVICCHIOLI, Ap. Mant., S. 220.
[4] Msgr. A. SARTORI, Ord. Mant., S. 75. — Der Priester G. CAVICCHIOLI, ebd., S. 219. — GIUSEPPINA PAROLIN, Ap. Trev., S. 387.
[5] Msgr. G. SCAINI, Ap. Mant., S. 414. — Msgr. G. SARTORI, Ord. Mant., S. 81. — Der Priester D. BALZO, Supplem. Proc. Ord. Mant., SS. 64-65. — Der Priester G. CAVICCHIOLI, Ap. Mant., SS. 226-227.
[6] Msgr. A. RIZZI, Ord. Trev., SS. 1415-1416. — Msgr. G. B. ROSA, Ord. Rom., f. 1032. — ANNA SARTO, ebd., f. 148.
[7] ANNA SARTO, Ord. Rom., f. 132. — Msgr. A. RIZZI, Ord. Trev., S. 1415.

mäus in Mailand oder des heiligen Laurentius Justiniani in Venedig versetzt. Ein Augenzeuge erzählte von seinem Besuch bei Msgr. Sarto in Mantua folgendes:

«Ich kam zum Dom, dem großartigen Werke Giulio Romanos. Zur Rechten befindet sich der ernste Herzogspalast, der die Erinnerung an so viele kühne Unternehmungen, an Macht und Pracht wachruft. Gegenüber steht der alte Palast der Gonzaga, der heutige Bischofssitz.

Ich durchschritt die Halle, die angefüllt war mit Armen: Greise, dürftig gekleidete Frauen, verwahrloste Kinder zogen in einer langen Reihe an einem Priester vorbei, der ihnen aus einem Sack Almosen reichte.

'Hier feiert die Nächstenliebe des heiligen Laurentius Justiniani Auferstehung', sagte ich zu einem Mann, der Torwart zu sein schien.

'Und ob die hier Auferstehung feiert', antwortete der Angesprochene; 'dieser Bischof ist ein Engel! Alle haben ihn lieb!'»[1]

*

In den Städten ist die Not unvergleichlich größer und drückender als in den kleinen Dörfern. Wieviele Tragödien der Not spielen sich in den Dachstuben der prunkvollen Paläste ab! Wieviel verborgenes Leid gibt es in verarmten Familien, die sich schämen, Almosen zu erbitten! Wieviele Schmerzen werden von seidenen Kleidern verhüllt!

Diesen Unglücklichen gegenüber war Msgr. Sartos Güte besonders feinfühlend und herzlich.

In Mantua lebte eine ehemalige Opernsängerin, die einmal Berühmtheit genossen hatte, dann aber in tiefes

---

[1] Der Priester L. Ferrari, a. a. O., S. 38: Ord. Trev., SS. 1499-1500. — Vgl. auch: Msgr. Sartori, Ord. Mant., S. 65. — Der Priester A. Angelini, ebd., S. 119.

Elend geraten war. Obwohl sie sich wegen ihrer gegenwärtigen Lage und auch wegen ihres früheren Lebenswandels vor dem Bischof schämte, überwand sie ihre Hemmungen und ließ sich bei ihm anmelden.

Der Heilige empfing sie mit der größten Ehrfurcht und hörte mitleidig die Geschichte ihres Elends an. Dann reichte er ihr eine Gabe mit einem Wort, das der Armen das Gefühl der Demütigung nehmen sollte : « Ihr Leid geht mir sehr zu Herzen », sagte er ; « nehmen Sie diese Summe. Doch ich bitte Sie um eines : Schweigen Sie darüber ! »

Jemand, der die Unglückliche aus dem Zimmer des Bischofs kommen sah, erlaubte sich die Bemerkung, sie hätte nicht vorgelassen werden sollen, sie verdiene nicht so viel Güte.

Msgr. Sarto antwortete, wie ein Heiliger geantwortet hätte : « Was diese Arme erhielt, hat sie nicht von mir, sondern vom Herrn. »[1]

*

Als Msgr. Sarto zum Bischof von Mantua ernannt wurde, hatte ihm die Mutter des Israeliten Leone Romanin-Jacur von Salzano[2] einen herrlichen Bischofsring mit einem sehr wertvollen Brillanten geschenkt.

Als die Dame einmal den Bischof in Mantua besuchte und mit ihm sprach, ruhte ihr Blick wohlgefällig auf dem Ring an seiner Rechten. Msgr. Sarto bemerkte es und sagte :

« Ach, Signora, schauen Sie nur nicht : der Ring ist zwar der, den Sie mir geschenkt haben, doch der Brillant ist nicht mehr da. »

---

[1] Der Priester L. FERRARI, Leben Pius X., XII. Kap., S. 81.
[2] Siehe 3. Kap., S. 53.

Um seinen Armen zu helfen, hatte der Bischof den Brillanten verkauft und durch einen Glasstein ersetzen lassen [1].

*

Ein Sozialist von Mantua — ein gewisser Alcibiade Moneta — hatte unter der bequemen Maske eines Anonyms eine Schmähschrift gegen den Bischof verfaßt, die die abscheulichsten Verdächtigungen enthielt. Dieses Pamphlet hatte weite Verbreitung gefunden.

Als der Name des Verfassers ausfindig gemacht war, riet man dem Bischof, er möge den Verleumder bei den Zivilbehörden anzeigen, schon um der Ehre des lombardischen Episkopates willen.

« Aber sehen Sie denn nicht », antwortete Msgr. Sarto, « daß der Unglückliche Gebet braucht und nicht Strafe ? »

Einige Zeit verging. Eines Tages verlor der Verleumder sein Vermögen und geriet ins größte Elend. Seine Gläubiger gerieten in Wut. Wie eine Meute Hunde taten sie sich zusammen und beschuldigten ihn des betrügerischen Bankerottes.

Der Arme wäre verloren gewesen, wenn ihm nicht ein anonymer Wohltäter zu Hilfe gekommen wäre.

Der Bischof von Mantua hatte von dem Fall gehört, ließ eine fromme Dame zu sich rufen und sagte zu ihr voll tiefen Mitleids :

« Es ist ein Unglücklicher. Gehen Sie zu seiner Frau, bringen Sie ihr dieses Geld, doch sagen Sie nicht, daß ich es ihr schicke. Wenn sie durchaus wissen will, von wem es kommt, sagen sie ihr, es sei die Gabe der barmherzigsten aller Frauen : Unserer lieben Frau von der Hilfe. » [2]

---

[1] Msgr. G. B. ROSA, Ord. Rom., f. 978. — Vgl. auch : Msgr. E. BACCHION, a. a. O., II. Kap., S. 65.
[2] GIUSEPPINA PAROLIN, Ap. Trev., S. 410. — Die Mantuaner verehrten damals wie heute sehr das Gnadenbild der Muttergottes in der Kirche S. Caterina, die unter dem Titel « von der Hilfe » angerufen wird.

Kardinal Parocchi, der Vikar Leos XIII., sprach die Wahrheit, wenn er jedesmal, so oft er vom Bischof von Mantua erzählen hörte, beteuerte: « Msgr. Sarto ist der beste Bischof der Lombardei. »[1]

Die katholisch-soziale Aktion

Die Zeit, in der Msgr. Sarto den Bischofssitz von Mantua innehatte, war hart ; und es kündigten sich noch härtere Kämpfe für die Kirche an.

Der Antiklerikalismus und die Freimaurerei konnten sich nicht damit abfinden, den Kampf gegen das katholische Rom verloren zu haben, und das gerade in dem Augenblick, als sie geglaubt hatten, mit der weltlichen Macht des Papstes sei sein Einfluß in der Welt für immer erledigt. Und der Sozialismus — eine Folgeerscheinung des Liberalismus, die von den Verfechtern dieser Weltanschauung nicht beabsichtigt worden war —, gewann die Massen für sich, die kein anderes Gesetz anerkannten als das eines grenzenlosen Egoismus.

Man mußte dauernd auf der Hut vor dem Antiklerikalismus sein, seine Angriffe abwehren, die mit teuflischem Geschick erfundenen Verleumdungen gegen die Kirche widerlegen, die von der Freimaurerei mißachteten Rechte des Papstes verteidigen. Doch zur gleichen Zeit war es nicht weniger dringende Pflicht, Deiche und Mauern gegen die Flut des Sozialismus aufzurichten.

Um die religiöse und soziale Ordnung im Sinne des Christentums zu erhalten, bildete sich, vom Heiligen Stuhl gesegnet und ermutigt, die Katholische Aktion.

In Mantua war der Einfluß des Antiklerikalismus so stark, daß sich dort die Katholische Aktion nur müh-

---

[1] Zeugnis des Senators F. CRISPOLTI : Von Pius IX. bis zu Pius XI., S. 89. Mailand 1939. — Vgl. auch : Msgr. A. MARCHESAN, a. a. O., VIII. Kap., S. 290.

sam entfalten konnte. Sie durfte sich ja nicht auf das religiöse Leben beschränken, sondern mußte auch auf wirtschaftlichem und sozialem Gebiet die christlichen Grundsätze vertreten, wenn sie den Erfordernissen der Zeit genügen wollte. Sie zu diesem umfassenden und kraftvollen Wirken zu führen, war die Aufgabe des Bischofs.

Msgr. Sarto kannte genau die Übel der Zeit und verfolgte aufmerksam die verschiedenen Strömungen, die Zwietracht stifteten. Er konnte dem Wirrwarr der sozialen Spaltungen nicht gleichgültig gegenüberstehen, sondern suchte Mittel und Wege, sie zu überwinden. Seine Initiativen und seine Methoden eilten seiner Zeit voraus. Er setzte alle Kräfte für die religiöse Erneuerung des Volkes ein, war sich aber klar darüber, daß er diese nur zusammen mit einer Besserung der materiellen und moralischen Situation erreichen konnte.

Die Katholische Aktion sollte nicht Sache einer Partei, sondern « Sache Gottes » sein, sollte sich für eine wahrhaft christliche Lebensgestaltung einsetzen. Das Los der arbeitenden Klassen lag Msgr. Sarto sehr am Herzen. Er verteidigte unerschrocken ihre Rechte, schlichtete Zwistigkeiten zwischen Arbeitgebern und Arbeitnehmern. Seinen ganzen Einfluß machte er geltend, um Priester und gutgesinnte Laien für die Mitarbeit an dieser von ihm selbst geleiteten Bewegung zu gewinnen, die nicht privatem Egoismus Vorschub leisten, sondern die höchsten Interessen der Religion und des Volkes verteidigen wollte. Das wußten die Mantuaner und binnen kurzem blühten in der ganzen Diözese Werke auf, die der Brunnenvergiftung durch den Sozialismus entgegenwirkten. Auch die Gegner mußten zugeben, daß die Kirche dadurch, daß sie die sozialen Klassen versöhnen und die Rechte aller gewahrt wissen will, den Weg zu Frieden, Gerechtigkeit und ruhiger Entwicklung ebnet [1].

[1] Msgr. G. SARTORI, Ord. Mant., S. 81. — Der Priester A. PESENTI,

Es ist bekannt, welch tatkräftigen Anteil Msgr. Sarto an der Gründung der « Katholischen Vereinigung für soziale Studien » nahm, die am 29. Dezember 1889 in Padua vom dortigen Bischof, Msgr. G. Callegari, in Zusammenarbeit mit Professor G. Toniolo von der Universität Pisa und dem Grafen Stanislao Medolago-Albani von Bergamo ins Leben gerufen wurde [1].

*

Während des Episkopates Msgr. Sartos war die Katholische Aktion in Mantua und Venedig in der sogenannten « Opera dei Congressi Cattolici » [2] zusammengefaßt.
Obwohl diese Vereinigung von den Freimaurern heftig bekämpft wurde, erzielte sie in wenigen Jahren beispiellose Erfolge. Doch leider war die anfängliche Begeisterung bei vielen bald verflogen und der Geist der Zwietracht war in die Reihen der italienischen Katholiken eingedrungen und bedrohte ernstlich die Ergebnisse der bisherigen Bemühungen, die Fruchtbarkeit der gegenwärtigen und die der künftigen Arbeit.
So stand es um das Werk, als sich das Generalpräsidium im Herbst 1890 nach langem Zögern entschloß, die Tagung von Lodi einzuberufen [3].

ebd., S. 174. — Der Priester G. CAVICCHIOLI, Ap. Mant., S. 220. — Vgl. auch : Msgr. A. MARCHESAN, a. a. O., VIII. Kap., SS. 284-285.
[1] Vgl. Atti e Documenti del II Congresso Cattolico Italiano degli Studiose di scienza sociali : 26-28 Agosto 1896, SS. 26-28. Padua 1897.
[2] Entspricht ungefähr dem katholischen Volksverein.
[3] Toniolo und Medolago hatten gewünscht, daß die Präsidentenschaft der künftigen « Union » Msgr. Sarto übergeben werde. Dieser wies darauf hin, daß die Universitätsstadt Padua besser als Zentrum geeignet sei und schickte sie zu seinem einstigen Vorgesetzten und Bischof, Msgr. Callegari, dem eine Lösung der Sozialen Frage im Sinne des Christentums ebenso am Herzen lag wie ihm selber.

Es war eine ausgezeichnete Gelegenheit für die italienischen Katholiken, ihre Einigkeit und Lebenskraft zu beweisen und so die Drohungen der Freimaurer, die auf das stillschweigende Einverständnis und die Schwäche der Regierung rechnen konnten, zum Schweigen zu bringen. Man hatte schon befürchtet, man werde den Kongreß von Lodi nicht abhalten können. Als er dann doch eröffnet wurde, zeigte sich neuerdings, daß die Katholiken eine Macht sein könnten, wenn sie einig wären. Darum galt es, ohne durch irgendwelche Vorwände Zeit zu verlieren, alles Trennende beiseite zu schieben, Mißstimmung zu überwinden, auf Eigenbrötelei zu verzichten. Die Katholiken durften sich nicht als Parteigänger des Paulus, des Apollo oder des Kephas betrachten, sondern alle sollten geeint sein in der Zugehörigkeit zu Christus [1].

Die Aufgabe, die Katholiken am Kongreß von Lodi zur Erkenntnis ihrer übernatürlichen Zusammengehörigkeit zu führen, oblag Msgr. Sarto. Beschwörend rief er aus:

«Mehr als je hat der Heilige Vater in unseren Tagen seine Anordnungen und Wünsche kundgetan. Wir müssen also auf sein Wort hören.

Unsere Herzen und unsere Werke seien von Liebe geleitet, von jener Liebe, die durch widrige Geschehnisse nicht vermindert wird, weil sie geduldig ist; die an den Feinden nicht Rache nimmt, weil sie gütig ist; jene Liebe, die das Kennzeichen der Jünger Christi ist; die sich in Festigkeit äußert, wo es um Grundsätzliches geht; die stark ist gegen jene, die Zwietracht säen.

Wenden wir den Grundsatz an: 'Im Notwendigen Einheit, in allem Liebe', doch vergessen wir nicht, daß für diesen Fall der Schluß der Sentenz: 'im Zweifelhaften Freiheit', nicht Anwendung finden kann; denn die Zweifel müssen vom Lehramt der Kirche gelöst werden, die stets bereit ist, uns den rechten Weg zu zeigen.

[1] Vgl. 1. Kor. 3, 3 ff.

Die Katholiken müssen apostolisch wirken. Doch ihr Hauptgrundsatz im Apostolat muß das Wort Christi sein: 'Für sie heilige ich mich, damit sie in Wahrheit geheiligt seien.' [1] Das Böse existiert. Doch bevor wir es in andern bekämpfen können, müssen wir es erst in uns selber niederringen und vernichten, müssen durch gutes Beispiel unsere Gegner beschämen und dafür Sorge tragen, daß man uns nichts Böses nachsagen kann.» [2]

Dann fuhr er fort:

«Ich weiß nicht, welches die Pläne der Vorsehung für Italien sind; ich hoffe auf die unendliche Barmherzigkeit Gottes; aber viel Unglück trifft uns wegen der Untätigkeit und der Uneinigkeit der Katholiken. Und ich sage offen, wenn wir, obwohl wir soviele Mittel in den Händen haben, es nicht zustande bringen, uns eng zusammenzuschließen, um etwas Gutes zu schaffen, ist es nur zu gerechtfertigt, daß die Welt uns verfolgt.» [3]

Die Akten des Kongresses berichten, dieser Vortrag habe «große Begeisterung ausgelöst» [4], trotz der harten Wahrheiten, die Bischof Sarto mit großer Offenheit ausgesprochen hatte. Aber die Mahnung vermochte leider keine dauernde Wandlung herbeizuführen.

So war der Heilige vierzehn Jahre später gezwungen, als Oberhaupt der Kirche die «Opera dei Congressi Cattolici» aufzulösen, da alle Bemühungen, die leitenden Persönlichkeiten zu einheitlichem Arbeiten zu bewegen, erfolglos blieben. Es war dies ein großer Schmerz für Pius X., hatte er sich doch als Pfarrer, als Domherr und Bischof mit ganzer Kraft für das Werk eingesetzt und große Hoffnungen für die katholische Kirche in Italien daran geknüpft [5].

---

[1] Joh. 17, 19.   [2] Vgl. Tit. 2, 7-8.
[3] Atti e Documenti dell' VIII° Congresso Cattolico Italiano, S. 88, Bologna 1890.
[4] Ebd., S. 93.
[5] Pii X Acta, Bd. I., SS. 315-317.

Kardinal und Patriarch von Venedig

Msgr. Sarto glaubte, er werde bis zum Tode alle seine Kräfte der Diözese Mantua weihen können, die seinem Herzen so teuer war. Doch Leo XIII., der seit langer Zeit die unermüdliche und umfassende Wirksamkeit des Bischofs von Mantua beobachtete, hatte ihn zu anderem ausersehen.

Im Geheimen Konsistorium vom 12. Juni 1893 kreierte er ihn zum Kardinal und ernannte ihn drei Tage später zum Patriarchen von Venedig.

Der Papst hatte ihm absichtlich zuerst den Kardinalspurpur verliehen, um zu zeigen, daß mit seiner Erhebung zum Kirchenfürsten vor allem eine Anerkennung seiner großen Verdienste als Bischof von Mantua beabsichtigt war; erst in zweiter Linie sollte diese Ehrung auch den Glanz des Bischofssitzes von St. Markus vermehren [1].

*

« Zitternd, bestürzt und gedemütigt », wie er selbst schrieb [2], versuchte er alles, um sich der Bürde einer solchen Ehrenstelle zu entziehen; betrachtete er doch Ehrungen geradezu als Unglück. [3]

« Ich habe sofort geschrieben », so heißt es in einem an Msgr. Callegari, Bischof von Padua, gerichteten Brief

---

[1] Msgr. BRESSAN, Ap. Rom., SS. 60-61. — Msgr. G. B. PAROLIN, Ord. Rom., f. 647. — Msgr. A. RIZZI, Ord. Trev., S. 1367.

[2] Brief vom 4. Juni 1893. Vgl. Briefe des Kardinals G. Sarto, Patriarch von Venedig, an den Bischof von Padua G. Callegari, S. 2. Padua 1949.

[3] Auf einen Brief von Msgr. Callegari, der ihn fragte, ob er gewillt sei, das Patriarchat Venedig anzunehmen, und um sofortige Antwort bat, weil er an den Hl. Stuhl berichten müsse, antwortete der Heilige mit einem Telegramm folgenden Wortlautes: « Das hätte mir gerade noch gefehlt. » Damit wollte er sagen, daß er eine solche Ernennung als Gipfelpunkt des Mißgeschicks betrachten würde. (Briefe, S. XIX.) — Vgl. auch: Msgr. G. B. ROSA, Ord. Rom., f. 975. — Msgr. A. RIZZI, Ord. Trev., S. 1433. — Msgr. G. JEREMICH, Ord. Ven., SS. 62-63.

vom 9. Mai 1893, « habe alle Gründe angeführt, die den
Heiligen Vater bewegen sollten, davon abzusehen, mir
den Römischen Purpur zu verleihen; und jetzt bin ich
zwischen Furcht und Hoffen, doch mehr von Furcht
niedergedrückt als durch Hoffnung getröstet. Es geschehe der Wille des Herrn ! » [1]

Doch als ihm Kardinal Rampolla in einem vertraulichen
Brief zu verstehen gab, ein Beharren auf seiner Weigerung
würde den Heiligen Vater sehr verletzen, da blieb ihm
nichts anderes übrig, als zu gehorchen [2], wenngleich er in
seiner Demut nicht fassen konnte, wieso der Papst gerade
ihn zum Kardinal kreieren wollte. « Es muß allen unglaublich scheinen, denn es ist ja mir selber unglaublich [3] »,
schrieb er in einem vom 17. Juni 1893 datierten Briefe.

« Ich will schweigen über den Gram und die Sorgen
dieser Tage », schrieb er an den Bischof von Padua. « Es
genüge Ihnen, wenn ich Ihnen sage, daß ich beim Öffentlichen Konsistorium und sodann beim Geheimen Konsistorium zu sterben glaubte. Ich bin stark geblieben, solange ich konnte, doch als ich den Schwur beendete, über-
mannte mich plötzlich der Schmerz ; ich konnte nichts
sehen, nicht sprechen und mußte mich vor dem Heiligen
Vater und den Kardinälen schämen, weil ich die Tränen
nicht mehr zurückzuhalten vermochte; auch jetzt rinnen
sie mir über die Wangen. » [4]

Der Heilige weinte, doch in Mantua, in Venedig, in
Treviso und Tombolo, in Salzano und Riese herrschte
unbeschreiblicher Jubel [5].

---

[1] Briefe, S. 1.
[2] Brief vom 23. Mai 1893 : Vgl. Briefe, S. 2. — Vgl. auch : Msgr.
G. B. PAROLIN, Ord. Rom., f. 646.
[3] Brief vom 17. Juni 1893 : Vgl. Briefe, S. 3.
[4] Vgl. Briefe, S. 4. — Vgl. auch : Sr. MODESTA DELL' IMMACOLATA,
Ord. Mant., S. 94. — Msgr. G. MILANESE, a. a. O., S. 17.
[5] Msgr. A. MARCHESAN, a. a. O., IX. Kap., SS. 294-295 ; 301, 306. —
Vgl. auch : Der Priester A. GANDINI, Ap. Mant., S. 191. — Der Priester
S. MONDINI, ebd., S. 240.

*

Es war am Nachmittag des 23. Juni 1893, als Msgr. Sarto im Kardinalspurpur von Rom nach Mantua zurückkehrte, begrüßt vom Klang aller Kirchenglocken und dem Jubel einer unübersehbaren Menge.

Der vom Marchese Di Bagno für diese Gelegenheit zur Verfügung gestellte Galawagen hatte sich kaum in Bewegung gesetzt, da spannten ein paar begeisterte Männer die Pferde aus und zogen den Wagen, in dem Kardinal Sarto Platz genommen hatte, unter dem stürmischen Beifall des Volkes mit ihren eigenen Händen durch die Straßen der Stadt bis zum Bischofspalast [1].

Dort hatte eine kleine Gruppe von Kirchenfeinden Aufstellung genommen und gab ihrem Unwillen über die Huldigung des Volkes an den neuen Kardinal Ausdruck [2].

Der sich am meisten gegen den Bischof ereiferte und am lautesten schrie, war ein Mann, der schon öfters Wohltaten von Msgr. Sarto empfangen hatte.

Einige Tage darauf wußte er wieder einmal nicht, wo aus, wo ein, so groß waren die Sorgen in seiner Familie. Da schrieb er einen Brief an den Kardinal und erbat seine Hilfe.

Jemand erinnerte ihn an das unerhörte Benehmen, das er kürzlich erst an den Tag gelegt hatte.

«Ich weiß es», antwortete er, «ich bin ein Elender; aber der Bischof hat ein so gutes und großmütiges Herz, daß ich sicher bin, er wird mir verzeihen und helfen.»

Der Brief wurde abgegeben. Der Bischof ließ den Bittsteller zu sich kommen und als er vor ihm stand, gab er ihm die erbetene Summe und sagte lächelnd:

---

[1] Der Priester G. CAVICCHIOLI, Ap. Mant., S. 221. — Der Priester S. MONDINI, ebd., S. 240. — Msgr. A. RIZZI, Ord. Trev., SS. 1367-1368.
[2] Der Priester S. MONDINI, Ap. Mant., S. 240.

« Nimm nur ! Diesmal ist das Almosen größer, weil du dich bei der gegen mich gerichteten Kundgebung mehr als die andern mit Schreien angestrengt hast. So hast du auch mehr als die andern eine Stärkung nötig, damit du wieder zu Kräften kommst. » [1]

Abschied von der Mutter

Seit dreihundert Jahren hatte die Stadt der Gonzaga nicht solche Jubelstürme erlebt wie bei der Rückkehr ihres Bischofs aus Rom im Kardinalspurpur [2]. Doch nirgends war die Begeisterung und die Freude größer als im kleinen Riese.

In dem bescheidenen Häuschen, in dem der Kirchenfürst das Licht der Welt erblickt und seine Kinderjahre verbracht hatte, wartete die Mutter auf ihn, die infolge ihres hohen Alters leidend war.

Die Schwestern schrieben ihm dringende Briefe : die Achtzigjährige wünschte sehnlich, ihren Sohn noch einmal zu sehen. Unverzüglich eilte der Kardinal an das Bett der geliebten Mutter.

Margherita Sarto erkannte ihn am Schritt, sie hörte seine Stimme und endlich konnte sie ihn in die Arme schließen. Diese Umarmung erzählte dem Heimgekehrten eine lange Geschichte von Entbehrungen, die in starkmütigem Glauben ertragen worden waren, von Hoffnungen und vom Trost, erfüllte den Pflicht verleiht. Diese vorbildliche christliche Mutter hatte sich beim schnellen Aufstieg ihres Sohnes stets im Hintergrund gehalten. Jetzt vergoß sie Tränen tiefster Ergriffenheit. Sie drückte den

---

[1] Msgr. G. SARTORI, Ord. Mant., S. 80.
[2] Msgr. Sarto war der fünfte Bischof von Mantua, dem die Ehre zuteil wurde, in den höchsten Senat der Kirche berufen zu werden. Der letzte war Francesco II. Gonzaga gewesen (1565).

Purpurträger, der ihr Sohn war, an die Brust und bat mit zitternder Stimme :

« Segnet Eure Mutter ! »

« Gott segne Euch, Mutter ! » erwiderte dieser zärtlich und drückte einen ehrfurchtsvollen Kuß auf ihre Stirn. Er ahnte wohl, daß es der letzte sein werde, den er der teuren Mutter auf Erden geben konnte [1].

Die Frage des « Exequatur » für Venedig

Der Termin seiner Abreise nach Venedig konnte noch nicht festgesetzt werden, da sich die italienische Regierung weigerte, das « Exequatur » für Venedig zu erteilen; nicht etwa, weil Kardinal Sarto in politischen Kreisen unwillkommen gewesen wäre, sondern weil der damalige Ministerpräsident Giolitti die Ernennung des Bischofs von Mantua zum Patriarchen von Venedig nicht anerkennen wollte; ja, auf ein längst verjährtes Recht gestützt, zog er das « Exequatur » für alle damals ernannten Bischöfe zurück [2].

---

[1] Msgr. G. BRESSAN, Ap. Rom., S. 61. — A. PAROLIN, Ord. Trev., SS. 880-881. — Margherita Sarto verschied vier Monate später, am 2. Februar 1894, im ehrwürdigen Alter von 81 Jahren. Ihr Leben war Frömmigkeit, Opfer und Arbeit gewesen. Überall, wo Eminenz Sarto Freunde und Bekannte hatte, wurden Trauerfeierlichkeiten für sie abgehalten, so im Markusdom zu Venedig, in Mantua und in Treviso. (Msgr. A. MARCHESAN, a. a. O., IX. Kap., S. 314.) Wie sehr Eminenz Sarto seine Mutter liebte, geht aus dem Briefe hervor, den er bei dieser Gelegenheit an Msgr. Callegari, den Bischof von Padua, richtete :

« Ich war auf die schmerzliche Trennung von jener, die mir das Leben gegeben, so gut als irgend möglich vorbereitet. Doch trotz aller Ergebung bereitete mir die Nachricht furchtbaren Schmerz und ich kann nicht an die Gute denken (und ich denke ständig an sie), ohne tiefe Erschütterung zu empfinden. Ich danke Ihnen, Monsignore, für ihre gütigen Beileidsbezeugungen und vor allem danke ich Ihnen dafür, daß Sie die Verstorbene zusammen mit den Menschen, die Ihnen teuer sind, in das heilige Meßopfer einschließen. Die Arme hat so viel gearbeitet und gelitten, daß sie das Gedenken solcher verdient, die wissen, was arbeiten und leiden heißt. » (Brief vom 4. Februar 1894. Vgl. Briefe, S. 17.)

[2] Aus einem Brief des Heiligen vom 31. August 1893 entnehmen wir,

Die italienische Regierung beanspruchte das Recht der Ernennung des Patriarchen von Venedig für sich; und sie stützte sich dabei auf ein Privileg, das von Pius IV. de mera liberalitate [1] der Regierung der Republik Venedig verliehen und 1817 von Pius VII. in eingeschränkter Form für Österreich bestätigt worden war. Aber die Republik Venedig existierte seit langem nicht mehr und Österreich hatte nichts mehr zu sagen, seit Venetien 1866 dem Königreich Italien einverleibt worden war.

Alle Juristen waren sich darüber einig, daß dieses Recht an den Heiligen Stuhl zurückgefallen war. Dennoch machte die Regierung, die doch feierlich erklärt hatte, sie werde die Freiheit der Kirche respektieren und sich nicht in ihre innern Angelegenheiten einmischen, aus der Frage des « Exequatur » für Kardinal Sarto eine Staatsaffäre.

« Die Angelegenheit mit Venedig », so schrieb Kardinal Sarto am 2. März 1894, « scheint mir immer unklarer und schwieriger zu werden; weil... Es gibt viele 'Weil', die die Regierung anführt. Doch mag es kosten was immer, ich werde mir selbst treu bleiben und mich meiner Stellung nicht unwürdig erweisen. Auch in diesem Fall wird der Herr für alles sorgen. » [2]

Worauf spielen wohl diese Worte an ? Vielleicht wollte man dem Kardinal ein Wort, eine Handlung ablisten, die das vermeintliche Recht der Regierung anerkannte ? Wer das erwartete, der kannte nicht die Charakterstärke des Heiligen, der eher das Leben hingegeben hätte, als sich einer Ungerechtigkeit oder der Gewalt zu beugen [3].

daß es sich bei den Bischöfen, denen die italienische Regierung das « Exequatur » versagte, um 25 handelte, so daß 25 Diözesen ihres Oberhirten beraubt waren. Vgl. Briefe des Kardinals G. Sarto an den Bischof von Padua G. Gallegari, SS. 10-12.

[1] « aus reiner Gnade ».
[2] Msgr. A. MARCHESAN, a. a. O., IX. Kap., SS. 316-317.
[3] Der Priester C. PEDRINI, Ord. Mant., S. 59. — Der Priester D. BALZO, Supplem. Proc. Ord. Mant., S. 61.

In der Zeit, da man gar nicht absehen konnte, wann und wie die Streitfrage gelöst werden würde, schmerzte es Kardinal Sarto, daß seinetwegen die Diözese Venedig ohne Oberhirten war. Und er bat den Heiligen Vater, einen andern Bischof für die St. Markus-Stadt zu ernennen, ihn aber in Mantua zu lassen, wo er, wie er sagte, noch manches Gute tun könnte, wenn er nicht wie ein Vogel ohne Nest leben müßte [1].

Unterdessen tat die radikal freimaurerische Stadtverwaltung von Venedig alles, um den Oberhirten fernzuhalten, der in dem Rufe stand, «eine eiserne Hand in einem Samthandschuh» [2] zu haben. Die Katholiken hingegen warben mutig, veranstalteten Versammlungen, erließen Aufrufe an die Bürgerschaft, richteten kraftvolle Proteste an die Regierung und forderten die tüchtigsten Juristen des Staates auf, das behauptete Recht des königlichen Patronates bei der Ernennung des Patriarchen von Venedig zu beweisen.

Alles war umsonst! Die juristische Frage wäre sehr leicht zu lösen gewesen, wenn sich nicht die Politiker eingemischt hätten. Doch den politischen Kreisen ging es einfach um den Kampf gegen die Kirche, um die Beschränkung ihrer Freiheit.

Der Kardinal verfolgte von Mantua aus diesen Kampf, ohne selbst einzugreifen; konnte er doch mit ruhigem Gewissen den Ausgang abwarten [3].

---

[1] Msgr. A. MARCHESAN, a. a. O., ebd., S. 319.
[2] Msgr. G. B. PAROLIN, Ord. Rom., f. 706. — Dr. F. SACCARDO, Ord. Ven., S. 439. — Msgr. G. JEREMICH, ebd., S. 129. — Der Priester A. FROLLO, ebd., S. 600.
[3] Brief vom 13. Juli und 11. August. Vgl. Briefe SS. 5, 9.

Während der Wartezeit

Niemand wird annehmen, daß Bischof Sarto während der Monate, die er in Erwartung des « Exequatur » noch in Mantua verbringen mußte, untätig geblieben sei.

Wenn er auch sagte, er komme sich vor « wie ein Vogel ohne Nest », so lähmte doch die Ungewißheit nicht seinen Eifer, entmutigte ihn nie, denn er betrachtete alle Geschehnisse im Lichte Gottes.

Er hatte ja die Ehre des Kardinalspurpurs nie gewünscht, hatte nie daran gedacht, seine geliebte Diözese Mantua zu verlassen. So fuhr er ruhig in seiner Arbeit fort. Ohne je über die Ungerechtigkeit zu klagen, deren Opfer er war, schärfte er allen Gehorsam und Treue gegenüber der Kirche ein. Nicht er war ja beleidigt worden, sondern die Kirche. Und er war überzeugt, daß die Respektierung der Rechte der Kirche das sicherste Unterpfand eines geordneten staatlichen Lebens ist [1].

Damals verbreitete sich das Gerücht, es sei beabsichtigt, Kardinal Sarto nach Rom zu berufen, damit er dort eine der heiligen Kongregationen leite und so Kurienkardinal werde. Der Heilige, dem Auszeichnungen und Ehren — nach seinen eigenen Worten — so angenehm waren wie Rauch in den Augen [2], schrieb damals an einen seiner Freunde in Treviso:

« An dem Gerede, das irgendein Spaßvogel in Umlauf gesetzt hat, und das sogar von ernstzunehmenden Zeitungen wiedergegeben wurde, ist nichts Wahres, ja es hat nicht einmal Wahrscheinlichkeit für sich. Vielleicht ist es der fromme Wunsch des einen oder des anderen, aber sicher nicht der meine. Denn nachdem ich 59 Jahre

---

[1] Msgr. G. B. ROSA, Ord. Rom., f. 1029. — Msgr. RIZZI, Ord. Trev., S. 1408. — Der Priester D. BALZO, Supplem. Proc. Ord. Mant., S. 57. — Vgl. auch: Brief vom 2. März 1894.
[2] Brief vom 8. Oktober 1894: Vgl. Briefe, SS. 18-19.

als Waldvogel gelebt habe, empfinde ich keine Lust, ins Bauer zu gehen. Die Angelegenheiten, die sich lange hinziehen, werden am Ende wahre Bandwürmer, und die des Patriarchates sieht gewiß nicht verheißungsvoll aus. Auf jeden Fall soll der, dem es gut oder wenigstens nicht schlecht geht, bleiben, wo er ist. »[1]

« Wir sind in den Händen der Vorsehung ! » Das konnte man immer wieder von Kardinal Sarto hören, während seine Person sowohl in Italien wie auch im Ausland Gegenstand einer heftigen Polemik war. Nicht er hatte dazu Anlaß gegeben, sondern die Anmaßung eines italienischen Ministers. Und die Katholiken konnten und wollten nicht zugeben, daß man die Rechte der Kirche mißachtet.

Unveränderte Lebensführung

Die Mitra und der Kardinalspurpur verminderten nicht im geringsten die Demut und Schlichtheit, die Giuseppe Sarto kennzeichneten, als er das kleine Haus in Riese verließ, um Arbeiter im Weinberg Gottes zu werden. Im Gegenteil, die Geringschätzung seiner selbst und die Verachtung alles irdischen Ruhmes waren in ihm noch gewachsen.

Wie der einfachste Priester ging er nach der heiligen Messe in den Dom und hörte dort Beichte, solange noch Leute da waren. Niemals verlangte er von jemandem — und wäre er noch so arm gewesen — das Opfer, ein andermal wiederzukommen[2].

Dann ging er in den Bischofspalast zurück und arbeitete bis 2 Uhr, die Stunde des Mittagessens, eines Mittag-

---

[1] Msgr. A. MARCHESAN, a. a. O., S. 317.
[2] MARIA SARTO, Ord. Rom., f. 58. — ANNA SARTO, ebd., f. 128. — Msgr. F. GASONI, ebd., f. 236. — A. GREGORI, Ord. Mant., S. 108. — Msgr. A. RIZZI, Ord. Trev., SS. 1338-1339. — Der Priester G. SANTINON, ebd., S. 457.

essens, « wie es der erstbeste arme Priester hat »[1]. Es kam selten vor, daß dazu nicht irgend ein Priester von schwacher Gesundheit eingeladen war, oder einer, der auf die Zuweisung eines Wirkungskreises wartete[2].

An den freien Nachmittagen ging er in Begleitung seines Sekretärs in die Stadt. Sein Ziel war entweder das Krankenhaus oder das Findelhaus oder Privathäuser, in denen Sieche oder kranke Kinder oder Sterbende zu firmen waren[3]. Wenn er einen Verbitterten traf, gab er ihm ein Almosen und sagte mit väterlichem Lächeln: « Nehmt und trinkt ein Gläschen; aber flucht nicht. »[4]

Manchmal begab er sich durch die Porta S. Giorgo an die Ufer des Mincio; dort plauderte er gerne mit den Fischern, besonders mit einem gewissen Nicola, einem lustigen, sorglosen Mann, der in der Stadt allgemein bekannt war und sich durch die vertraute Unterhaltung mit dem Bischof sehr geehrt fühlte[5]. « Doch es waren nur wenige Worte, in Eile gewechselt », versichert ein Domherr, « denn seine Stunden und Minuten waren genau eingeteilt, von vielfältiger, dringender, fieberhafter Arbeit ausgefüllt. Er war ja sein eigener Sekretär und nicht selten auch noch Kanzler des bischöflichen Ordinariates. »[6]

Auf dem Rückweg machte er in irgendeiner Kirche, meistens in der Kathedrale, eine Besuchung des Allerheiligsten[7].

[1] Msgr. A. BESUTTI, Ord. Mant., S. 178. — Vgl. auch: MARIA SARTO, Ord. Rom., f. 74.
[2] Msgr. G. BRESSAN, Ap. Rom., f. 59. — Der Priester E. MAMBRINI, Ap. Mant., S. 228. — Msgr. G. B. PAROLIN, Ord. Rom., f. 633.
[3] Msgr. G. B. PAROLIN, Ord. Rom., f. 633. — Msgr. G. B. ROSA, ebd., f. 1024.
[4] Der Priester G. CAVICCHIOLI, Ap. Mant., S. 226. — F. ZELADA-CASTELLI, Ord. Mant., S. 163.
[5] A. GREGORI, Ord. Mant., S. 108. — Vgl. auch: A. MARCHESAN, a. a. O., VIII. Kap., S. 287.
[6] Msgr. A. BONI: Vgl. « L'Italia Sacra Illustrata ». Venezia (26. Mai bis 2. Juni 1935), S. 167. — Vgl. auch: Msgr. A. BESUTTI, Ord. Mant., S. 204. — Msgr. A. RIZZI, Ord. Trev., S. 1339.
[7] Msgr. G. BRESSAN, Ap., Rom., S. 93. — Msgr. G. B. ROSA, Ord.

*

Im Bischofspalast führten seine Schwestern den Haushalt. Es gab dort keine Spur von Luxus, doch es fehlte auch nicht am Notwendigen, denn der Bischof mußte immer bereit sein, irgendwelche Persönlichkeiten zu empfangen. Mehr als das Notwendige zu haben, hätte er als Diebstahl an den Armen betrachtet [1].

Er hatte einen einzigen Sekretär, einen einzigen Torwart, einen einzigen Diener — keine Köche, keine Wagen, keine Pferde [2]. Alles atmete den Geist der Einfachheit und Demut um den Bischof, der auf Visitationsreisen sein eigener Diener war und nicht einmal zugab, daß man ihm die Fenster seines Zimmers schließe oder seine Schuhe reinige. Da hieß es stets: « Das mache ich selbst. » [3]

*

Bei ihm gab es keine Festsetzung der Stunden für Audienzen. Die Besuchsordnung hing zwar an der Wand in der Mitte der großen Treppe des Bischofspalastes; doch sie war nichts als eine Formalität, die aus vergangenen Tagen stammte. Oft traten die Leute einfach ins Haus, klopften direkt an seine Zimmertüre und nicht selten öffnete er ihnen selbst [4]. Da gab es keine konventionellen

Rom., f. 1024. — Msgr. G. B. PAROLIN, ebd., f. 633. — Msgr. F. GASONI, ebd., f. 236. — Der Priester G. CAVICCIOLI, Ap. Mant., S. 225.

[1] MARIA SARTO, Ord. Rom., f. 100. — ANNA SARTO, ebd., f. 153. — Msgr. G. B. ROSA, ebd., f. 1036. — Msgr. F. GASONI, ebd., f. 373. — Msgr. G. SARTORI, Ord. Mant., S. 85.

[2] MARIA SARTO, Ord. Rom., f. 59. — Msgr. G. B. PAROLIN, ebd., SS. 634-635.

[3] Der Priester G. CAVICCHIOLI, Ap. Mant., S. 225. — Sr. MODESTA DELL'IMMACOLATA, Ord. Mant., S. 101. — Msgr. G. B. PAROLIN, Ord. Rom., S. 713.

[4] Msgr. G. BRESSAN, Ap. Rom., S. 45. — Der Priester C. PEDRINI, Ord. Mant., S. 51. — Der Priester A. PESENTI, ebd., 170. — Msgr. A. BESUTTI, ebd., S. 204. — Der Priester D. BALZO, Supplem. Proc. Ord. Mant., S. 48.

Zeremonien, keine gravitätische Haltung, sondern jeder Besucher wurde mit schlichter Freundlichkeit, mit einem lieben Lächeln empfangen. Herzlich streckte er dem Gast die Hand entgegen und überbrückte so den Abstand. Er fühlte sich als Vater aller.

*

Eines Tages kam ein junger Priester nach Mantua, der an der Ambrosiana in Mailand promoviert worden war. Nachdem er in der Basilika S. Andrea zelebriert hatte, fragte er den Sakristan, wie und wann er den Bischof erreichen könne.

« Gehen Sie in den Bischofspalast und steigen Sie die Treppe hinauf. Im zweiten Stockwerk ist ein großer Saal. Links werden Sie eine Türe sehen : Klopfen Sie an und Sie werden S. Exzellenz finden. Man braucht sich nicht anzumelden. Unser Bischof empfängt ohne alle Zeremonien. Doch gehen Sie sofort, denn später treffen Sie so viele Leute dort an, daß Sie bis wer weiß wann warten müssen. »

Der junge Doktor befolgte den Rat. Als er an die betreffende Türe klopfte, rief eine Stimme : « Herein ! » Der lombardische Priester trat ein. Msgr. Sarto erhob sich, begrüßte ihn und fragte :

« Haben Sie noch nicht zelebriert ? »

« Doch, ich habe soeben zelebriert », antwortete der junge Priester.

« Dann nehmen Sie gewiß eine Tasse Kaffee, » sagte der Bischof.

« O, bemühen Sie sich nicht ! »

« Kommen Sie doch ! » lud Msgr. Sarto ein, verließ das Zimmer und rief eine der Schwestern. Doch niemand antwortete, denn die Schwestern waren noch im Dom.

« Macht nichts », rief Msgr. Sarto, und ersuchte den jungen Priester, ihm in die Küche zu folgen. Dort bereitete er unter Plaudern in größter Einfachheit den Kaffee und bot ihn dem Gast mit dem liebenswürdigsten Lächeln an.

Der junge Priester war Don Achille Ratti, der künftige Papst Pius XI., der nach Jahren noch gern dieses hübsche Erlebnis erzählte [1].

*

Wie der Bischof von Mantua nötigenfalls für seine Gäste Kaffee bereitete, so zögerte er auch nicht, zu ministrieren, wenn kein Meßdiener anwesend war.

Es war im September 1894 — zur Zeit, als es um das Exequatur für Venedig ging —, da erhielt Kardinal Sarto den Besuch eines seiner alten Freunde und Amtsgenossen; es war ein Domherr von Treviso und Professor des dortigen Priesterseminars.

Nachdem sie einige Tage fröhlich miteinander verlebt hatten, mußte der Domherr an die Abreise denken. Er wandte sich an den Kardinal:

« Eminenz, der Zug, den ich morgen nehmen will, fährt recht früh ab und ich möchte gern vorher zelebrieren. »

« Du kannst zelebrieren wann du willst. Du wirst alles bereit finden. Donnerwetter, du bist doch in Mantua, in einem Bischofspalast, Gast eines Kardinals », antwortete der Heilige.

Am andern Morgen begab sich Msgr. Agnoletti — so hieß der Domherr — zur festgesetzten Stunde in die Privatkapelle des Bischofs. Kardinal Sarto war schon da, aber allein.

« Eminenz, wer wird ministrieren ? »

---

[1] Msgr. G. Bressan, Memorie mss : Postulationsarchiv. — Vgl. auch : Msgr. G. B. Parolin, Ord. Rom., f. 632-633. — Msgr. G. Pescini, ebd., f. 297. — Msgr. A. Caron, ebd., f. 462.

« Ich natürlich », antwortete dieser.
« Sie ? ... »
« Hör auf! Glaubst du denn, ein Prälat in meiner Stellung sei nicht einmal fähig, bei der Messe zu dienen? Da hast du aber eine schlechte Meinung von einem Kirchenfürsten. »
Und während er so sprach, reichte er dem Freunde das Schultertuch, half ihm die Alba anlegen, befestigte den Manipel, streifte ihm das Meßgewand über. Dann kniete er am Fußboden und antwortete dem alten Freund auf das Introibo ad altare Dei wie der geringste Meßdiener der Welt [1].

Das Exequatur für Venedig

Am 5. September 1894 machte die italienische Regierung eine empörende Ungerechtigkeit gut und gewährte Eminenz Sarto endlich das « Exequatur » für den Patriarchensitz in Venedig.

Es war dies gerade an dem Tage, da man im Patriarchat das Fest der Inthronisation des heiligen Laurentius Justiniani feierte, der der erste Patriarch von Venedig gewesen war.

Ein glückverheißendes Vorzeichen, dessen Eindruck durch ein geheimnisvolles Geschehnis in der vorhergehenden Nacht noch verstärkt wurde.

Der Erzpriester von S. Pietro di Castello — des ersten, uralten Doms von Venedig, der die sterbliche Hülle des heiligen Laurentius Justiniani birgt — wurde plötzlich durch den Klang der großen Glocke geweckt. Er erhob sich, öffnete das Fenster und rief: « Wer läutet da? » Keine Antwort. Tiefe Stille war über die Lagunen gebreitet.

---

[1] M. PASSI, Ord. Trev., S. 436. — Msgr. G. SARTORI, Ord. Mant. S. 84. — Vgl. auch: Der Priester V. SCALORI, ebd., S. 131.

Am Morgen befragte der Erzpriester den Sakristan und erzählte das nächtliche Erlebnis seinen Kaplänen. Alle hatten den geheimnisvollen Klang der großen Glocke gehört, doch niemand konnte das Rätsel lösen. War es ein Zeichen des Himmels?

Eine Stunde später erschienen die Zeitungen und brachten die Nachricht, Eminenz Sarto sei das « Exequatur » erteilt worden [1].

*

Die Freude und Begeisterung der Venetianer, die fünfzehn Monate voll Bangen auf den Oberhirten gewartet hatten, war unbeschreiblich [2].

Doch während in der Lagunenstadt Jubel herrschte, trauerten die Mantuaner, denn sie sollten sich ja von einem Bischof trennen, der ihnen unaussprechlich viel Liebe geschenkt und so viel Gutes in ihrer Mitte gewirkt hatte.

Nie hatte man auf der Treppe des Bischofspalastes in Mantua ein solches Gedränge gesehen wie in den letzten Tagen, die der Heilige dort verbrachte. Es war ein unaufhörliches Kommen und Gehen vom Morgen bis zum Abend, ja oft bis in die späte Nacht hinein. Alle wollten den Bischof noch einmal sehen, sich von ihm verabschieden. Sehr zahlreich waren die Armen in der Menge vertreten; hatte er sich doch ihrer immer ganz besonders angenommen [3].

Einmal kam eine ärmlich gekleidete, gebeugte Greisin in das Vorzimmer des Bischofs, die um jeden Preis den Kardinal sehen wollte. Der Seminarist, der Sekretärdienste leistete, weigerte sich, sie anzumelden. Er wies

---

[1] Dr. A. VIAN, Nach fünfzig Jahren: Eine Seite aus dem Leben Pius X. Vgl. « L'Osservatore Romano » vom 6. September 1944.
[2] Msgr. A. MARCHESAN, a. a. O., IX. Kap., SS. 321-322.
[3] Der Priester V. BINI, Supplem. Proc. Ord. Mant., S. 24.

darauf hin, S. Eminenz habe dringende Geschäfte zu erledigen, und reichte der Alten ein Almosen.

Diese wies das Almosen zurück und protestierte mit lauter Stimme: sie werde nicht fortgehen, bevor sie den Bischof gesehen habe.

Eminenz Sarto hörte die lauten Stimmen, öffnete plötzlich die Türe und erfaßte sofort, was vorging. Im Tone eines ernsten Verweises sagte er zu dem Sekretär: « Die Armen müssen freien Zutritt zu ihrem Bischof haben; und bevor ich Mantua verlasse, will ich sie alle sehen. »

Dann wandte er sich an die alte Frau und führte sie in sein eigenes Zimmer. Er hörte sie an, beschenkte und segnete sie; dann begleitete er sie bis hinunter an die Tür des Palastes.

Die gute Alte war tief gerührt. Kaum war der Bischof weggegangen, da konnte sie sich nicht enthalten, unter Anspielung auf den Seminaristen auszurufen: « Es ist wirklich leichter, mit dem Kardinal zu reden als mit diesen grünen Jungen. »[1]

*

Ein andermal stieg ein Greis in anständiger, aber stark abgenützter Kleidung die Treppe des Bischofspalastes hinauf. Er trug eine Markttasche in der Hand und verlangte den Kardinal zu sehen.

Der gleiche Sekretär, der die Alte empfangen hatte, glaubte, er wolle ein Almosen und drückte ihm ein paar Münzen in die Hand.

« O nein, Herr », rief der entrüstet, « ich bin nicht gekommen, um zu betteln. » Und er erklärte, er habe gehört, der Bischof sei im Begriff, Mantua zu verlassen. Deshalb sei er von Coreggioli gekommen, um ihn ein letztes Mal zu sehen.

---

[1] Msgr. A. Rizzi, Ord. Trev., SS. 1416-1417.

Es waren mehr als 30 Kilometer, die der Arme zu Fuß zurückgelegt hatte; die ganze Nacht war er gewandert!
Der Seminarist meldete ihn an und er wurde sofort empfangen.
Etwas zögernd überschritt er die Schwelle zum Zimmer des Bischofs. Doch kaum hatte er ihn erblickt, da sagte er mit rührender Einfachheit:
« O Monsignore, ich habe gehört, daß Sie weggehen... Ich denke oft daran, wie sie in Coreggioli waren; und ich möchte gern, daß Sie vor der Abreise Nudeln haben. »
Und lächelnd entnahm er dem Marktkorb weißes Weizenmehl und sechs Eier; gerade soviel, wie man für die Zubereitung von Nudeln braucht [1].
Die schlichte Gabe des guten Alten war ein Ausdruck für die Liebe, die das ganze Volk dem unvergeßlichen Bischof entgegenbrachte.

Sein erster Hirtenbrief an die Diözese Venedig

Kaum hatte Kardinal Sarto das « Exequatur » erhalten, da bereitete er seine Abreise von Mantua vor.
Obwohl er durch ein Recht, das keine irdische Macht bestreiten konnte, schon seit Ende Juni des Vorjahres der rechtmäßige Oberhirte des Patriarchates Venedig war, beobachtete er doch die Vorsicht, erst dann einen Hirtenbrief an den Klerus und das Volk von Venedig zu richten und seine Ankunft anzukündigen, als der Streit beigelegt war.
Dieser erste Hirtenbrief an die Diözese Venedig war ein neuer Beweis, wie klar er die Lage beurteilte und die dringendsten Bedürfnisse kannte.
Wir finden in diesem Dokument bereits Gedanken, die

---

[1] Ders., ebd., S. 1418.

er in noch feierlicherer Form aussprach, als ihn die göttliche Vorsehung auf den Thron Petri erhoben hatte.

Als die charakteristische Sünde der neuen Zeit bezeichnete er darin die Gottesleugnung. Es gab in jedem Jahrhundert Sünden und Vergehen, doch die Menschen verloren nicht den Glauben an Gott. Und dieser wies ihnen oft den Weg zu Umkehr und Sühne. Erst unserer Zeit war es vorbehalten, die Existenz Gottes zu leugnen. In dieser Leugnung durch die Einzelmenschen, durch die Gesellschaft, die Regierungen, durch Wissenschaft, Kunst, Wirtschaft und Politik sah Kardinal Sarto die Ursache aller Übel.

Wie in seinem ersten Schreiben an die Mantuaner im Jahre 1884, so wies er auch in dem Hirtenbrief, den er vor seiner Ankunft in Venedig an seine neuen Diözesanen richtete, auf diese grundlegenden Irrtümer hin:

« Man verjagt Gott aus der Politik durch die Theorie der Trennung von Kirche und Staat; aus der Wissenschaft, indem man den Zweifel zum System erhebt; aus der Kunst, die man in den Schlamm des Naturalismus hinabstößt; aus den Gesetzen, die sich an den Forderungen von Fleisch und Blut orientieren; aus den Schulen durch Abschaffung des Religionsunterrichtes; aus den Familien, die man in der Wurzel entweihen und der sakramentalen Gnade berauben möchte. »[1]

Als Kardinal Sarto diese Zeilen schrieb, wurde im italienischen Parlament über einen Gesetzesentwurf beraten, der die Abschließung der Zivilehe vor der kirchlichen Trauung forderte, eine Bestimmung, die den Weg zur Scheidung öffnen sollte. Gleichzeitig lief man gegen den Religionsunterricht in den Schulen Sturm. Mit welcher Willkür der Staat die Rechte der Kirche mißachtete, zeigte die Verweigerung des « Exequatur ». Auch sonst suchte

---

[1] Hirtenbrief vom 5. September 1894.

man die Kirche auf Schritt und Tritt an der freien Ausübung ihrer Mission zu hindern und den Katholiken das Bekenntnis ihres Glaubens unmöglich zu machen.

Auf die Soziale Frage übergehend, fuhr Kardinal Sarto fort:

«Gott ist verjagt aus der Hütte der Armen: sie verschmähen es, den um Hilfe zu bitten, der allein ihr hartes Leben erträglich machen kann. Er ist verjagt aus den Palästen der Reichen; sie fürchten nicht mehr die Drohungen des ewigen Richters, der über den Gebrauch ihres Besitzes strengste Rechenschaft fordert. Er wird verkannt von den Mächtigen, die ihr stolzes Haupt nicht vor ihm neigen und glauben, sich selbst zu genügen.»[1]

Was ist angesichts einer solchen Verblendung, einer so schrecklichen Zerstörung zu tun?

«Das Hauptverbrechen unserer Zeit, die sakrilegisch den Menschen an die Stelle Gottes setzen will, muß bekämpft werden. Es ist aufzuzeigen, daß mit den Vorschriften und Räten des Evangeliums und der Kirche alle Probleme eine glückliche Lösung finden: Erziehung, Familie, Eigentum, Rechte und Pflichten. Die Harmonie zwischen den verschiedenen sozialen Klassen soll wiederhergestellt werden. Es muß dafür Sorge getragen werden, daß auf der Erde Friede herrsche und der Himmel bevölkert werde. Das ist die Aufgabe, die ich bei euch zu erfüllen habe. Alles muß der Herrschaft Gottes, Jesu Christi und seines Stellvertreters auf Erden, des Papstes, unterworfen sein.»[2]

Auf welche Weise wollte der neue Patriarch seine Aufgabe als Bischof, Lehrer und Hirte erfüllen?

«Gerechtigkeit, Frömmigkeit, Liebe, Geduld und Sanftmut werden meine Waffen im guten Kampfe für den Glauben sein, den ich vor vielen Zeugen bekannt habe und mit der Gnade Gottes unbefleckt und untadelig bewahren werde bis ans Ende des Lebens.»[3]

[1] Ebd.   [2] Ebd.   [3] Ebd.

Abschied von Mantua

Sonntag, den 11. November 1894, am Feste der «Gekrönten»[1], feierte der Heilige sein letztes Pontifikalamt als Bischof von Mantua.

Nach dem Evangelium hielt er wie gewöhnlich eine Predigt, erwähnte aber mit keinem Wort seine bevorstehende Abreise.

Als ein Seminarist ihm sagte, alle hätten ein Wort des Abschieds erwartet, antwortete der Kardinal: «Wäre es dir eine Freude gewesen, den Bischof auf der Kanzel weinen zu sehen?»[2]

Am 19. verabschiedete er sich von den zivilen, militärischen und kirchlichen Behörden und von den bedeutendsten Familien der Stadt. Überall wurde er mit größter Ehrfurcht empfangen; mit sichtlicher Ergriffenheit nahm man Abschied von ihm.

Am Abend des 21. wollte er den Seminaristen Lebewohl sagen; doch Tränen erstickten seine Stimme.

Die Mantuaner hätten ihm gern eine begeisterte Kundgebung bereitet, sie wollten ihn noch einmal sehen, noch ein letztes Wort von ihm hören. Doch die Erschütterung wäre für ihn zu groß gewesen. Deshalb hielt er die Stunde seines Scheidens geheim.

Am 22. November verließ er um 4 Uhr morgens, als alles noch schlief, in Begleitung der einzigen drei Priester, die über seine Absicht unterrichtet waren — darunter befand sich der ihm treu ergebene Don Giovanni Bressan —, die Stadt der Gonzaga[3].

Er konnte ruhig scheiden, denn das Feld, das er ver-

---

[1] Siehe 4. Kap., S. 99.
[2] Msgr. A. Rizzi, Ord. Trev., SS. 1433-1434.
[3] Maria Sarto, Ord. Rom., f. 68. — Msgr. G. Bressan, Ap. Rom., S. 66. — Msgr. A. Rizzi, Ord. Trev., SS. 1433-1434. — Msgr. V. Bini, Ap. Mant., S. 269.

ließ, stand in voller Blüte. Er schied, aber Mantua blieb ihm unvergeßlich [1].

Und die Verbindung ist nicht abgebrochen [2], ja heute, da der einstige Bischof von Mantua zur Ehre der Altäre erhoben wurde, ehrt Mantua ihn als seinen Schützer und Fürbitter am Throne Gottes.

[1] Msgr. G. SARTORI, Ord. Mant., S. 76. — Vgl. auch: Msgr. G. B. PAROLIN, Ord. Rom., f. 648.
[2] Der Priester A. GANDINI, Ap. Mant., S. 191.

6. Kapitel

PATRIARCH VON VENEDIG
(24. November 1894 - 26. Juli 1903)

1. «Gesegnet sei, der da kommt!» — 2. Das erste Kanzelwort des Patriarchen. — 3. Beginn seines Wirkens in Venedig. — 4. Förderung des religiösen Lebens. — 5. Seminar und Klerus. — 6. «Der gute Hirt.» — 7. Die Achthundertjahrfeier des Markusdomes. — 8. Reform der Kirchenmusik. — 9. Pastoralvisite. — 10. Ein glänzender Sieg. — 11. Patriarch Sarto und Leo XIII. — 12. Ein eucharistischer Kongreß. — 13. Fö:derung der katholischen Aktion. — 14. Wirtschaftliche und soziale Bestrebungen. — 15. Die katholische Presse. — 16. Der Vater seines Volkes. — 17. Bescheidenheit und Einfachheit. — 18. Der Kirchenfürst. — 19. «Unser Patriarch!» — 20. Auf dem Monte Grappa.

« Gesegnet sei, der da kommt! »

Am Nachmittag des 24. Novembers 1894 trug ein Dampfboot der Königlichen Marine den Kardinal Sarto über die ruhigen Wasser des Canal Grande. In unmittelbarer Nähe des «Goldenen Markusdomes» legte es an. Hunderte von Glocken verkündeten Freude und Jubel. Auf den Ufern, den Brücken, den geschmückten Marmorbalkonen, in den Bogenfenstern der Paläste wurden Hüte geschwenkt, flatterten weiße Tücher, erhob sich nicht endenwollender Jubel, als der Kardinal, in flammenden Purpur gekleidet, vorbeifuhr und die Venezianer väterlich segnete. So hielt der Demütige Einzug in die Dogenstadt, der noch ein paar Tage zuvor geäußert hatte: « Am liebsten wäre es mir, wenn ich in eine Kiste eingeschlossen ungesehen in Venedig einziehen könnte. »[1]

---

[1] «Il Berico», Vicenza, 7. August 1903.

Nur im Farsetti-Loredan-Palast, dem Sitz der freimaurerischen Stadtbehörden, herrschte Totenstille; seine Fenster waren geschlossen.

Es erregte in der Bevölkerung einen Sturm von Entrüstung, daß die Vertreter der Stadtbehörden es nicht nötig fanden, den Patriarchen zu begrüßen. Umso begeisterter waren die Ovationen, die die Venezianer dem langersehnten neuen Patriarchen bereiteten.

Das erste Kanzelwort des Patriarchen

Die eigentliche Begegnung Kardinal Sartos mit dem Volk fand erst am folgenden Morgen statt, als er von seiner Kathedrale Besitz nahm, ein feierliches Pontifikalamt zelebrierte und das erste Kanzelwort an die Venezianer richtete.

Der Markusdom erstrahlte in einem einzigen Lichtmeer. Aber heller noch strahlten die Augen der unzählbaren, allen Ständen angehörenden Gläubigen, die herbeigeeilt waren, um ihren Patriarchen aus nächster Nähe zu sehen und seinen Worten zu lauschen.

Diese erste Predigt schon gewann Kardinal Sarto alle Herzen.

Der neue Patriarch fühlte sich gedrängt, dem Volke zu sagen, daß er die Liebe der Gläubigen, die ihm, ohne ihn noch zu kennen, einen so begeisterten Empfang bereitet hatten, von ganzem Herzen erwidere.

« Wie stände es um mich », so begann er seine Predigt, « wenn ich euch nicht liebte? Als Jesus Christus dem Petrus seine Schafe anvertrauen wollte, verlangte er von ihm eine dreimalige Zusicherung seiner Liebe, um ihm klar zu machen, daß das Amt eines Seelenhirten vor allem große Liebe erfordert.

Ich liebe euch also... und hege keinen anderen Wunsch, als daß auch ihr mich lieb habt und mit der ganzen Aufrichtigkeit des Herzens sagen könnt: Unser Patriarch ist von guten Absichten beseelt... er will nichts anderes, als die Wahrheit schützen und verteidigen und Gutes tun.

Und sollte ich eines Tages dieses Programm, das ich euch jetzt feierlich darlege, nicht einhalten, so möge Gott mich lieber zuvor sterben lassen... Muß ich nicht zittern bei dem Gedanken, Gott könnte, falls ich meine Pflicht aus eigener Schuld nicht erfüllte, an dem Volke Vergeltung üben, zu dem er mich gesandt hat?

Es ist des Bischofs Pflicht, die in den heiligen, von Gott inspirierten Schriften niedergelegte göttliche Wahrheit zu verkünden und ihr treuer Ausleger beim Volk zu sein. Könnte also der Bischof zusehen, wie diese Wahrheit vom Zeitgeist, der sie verderben, übertönen und vernichten will, ohne Unterlaß unterdrückt wird? Gott sagt in der Heiligen Schrift: Wehe den stummen Hunden, die nicht bellen! Wehe den Wachen, die nicht rufen.[1] Es obliegt mir also die heilige Pflicht, offen für die Verteidigung der Wahrheit einzutreten, damit Gott einst nicht Rechenschaft von mir fordere, weil Seelen dem ewigen Verderben verfielen, seien es auch solche, die in mir den Bischof, den Stellvertreter Christi, hassen und verabscheuen. »

Dann fuhr er fort:

« Arbeit ist Freude — mühevolle Arbeit eine Ehre. Man achtet die Tätigkeit des Bischofs, wenn er ein Pontifikalamt zelebriert, wenn er predigt, Unterricht erteilt, die Firmung spendet; doch nie erscheint sein Wirken so erhaben wie dann, wenn er sich unter das Volk begibt, den Verlassensten seiner Söhne nachgeht, den Armen und Elenden seine Hilfe, seine Unterstützung, Worte des Friedens und der Liebe schenkt.

---

[1] Is. 56, 10.

Der Besitz des Bischofs wurde einst der Besitz der Armen genannt. Heute aber sind diese Besitztümer aufgezehrt, und dem Bischof ist es unmöglich geworden, die Not zu lindern. So ist es sehr schmerzlich für ihn, zu wissen, daß es so viele Menschen gibt, die weinen, so viele Witwen und Waisen, die hungern müssen. »

« Ihr Reichen », rief er mit der ganzen Glut seiner Seele aus, « helft eurem Patriarchen, Almosen zu spenden. Erweist seinen notleidenden Kindern Wohltaten und bedenkt, daß ihr es ihm selber tut, ja daß ihr es Christus tut. »

Und zum Schluß gedachte er in Trauer und Mitleid jener, die nicht an ihr ewiges Heil denken:

« Wie groß ist doch die Zahl der Verirrten, die in unseren so traurigen Zeiten auf den Wegen des Lasters ihre Seele zugrunderichten, wieviele gibt es, die vor keinem Verbrechen zurückschrecken! Und sind nicht auch meine Kinder darunter? Welcher Schmerz für mich! Nun, ihr sollt wissen, daß ich bereit bin, selbst Blut und Leben für sie hinzugeben. Um sie zu retten, ist mir kein Opfer zu schwer. Und wenn ich, um ihre Seelen zu retten, auch jenen die Hand bieten müßte, die in meiner Person den Bischof der Kirche verabscheuen, so würde ich es doch tun. Ich will arbeiten und Gott danken, wenn ich die Früchte meiner Anstrengungen ernten darf; doch auch in der Wüste will ich freudig arbeiten. Und ihr — so möchte ich mit Mattathias zu euch sagen — ihr, die ihr das Gesetz liebt, folgt mir nach, unterstützt mich, müht euch mit mir, und der Herr wird euch jene Gnade schenken, die ich für euch alle erbitte, wenn ich euch meinen Segen spende. »[1]

Klarer hätte Kardinal Sarto seine Lebens- und Berufsauffassung nicht darlegen können. Jetzt kannten die Venezianer die Gesinnung ihres neuen Bischofs und wußten, welche Ziele er verfolgte.

[1] Msgr. A. MARCHESAN, a. a. O., Kap. 10, SS. 343-344 f.

Beginn seines Wirkens in Venedig

In den ersten Tagen, die ein Bischof in seiner neuen Diözese verbringt, ist seine Zeit ganz ausgefüllt mit Empfängen und Besuchen. Doch obwohl Kardinal Sarto diesen Verpflichtungen nachkam, zeigte er sofort, wem seine besondere Liebe galt.

Fast die ganze Bevölkerung hatte ihn sehen und hören und seinen Segen empfangen können. Aber gar viele Kranke hatten ihr Lager nicht verlassen dürfen, um ihm entgegenzueilen; viele Unglückliche, die wegen ihrer Verbrechen aus der menschlichen Gesellschaft ausgestoßen waren, lagen in Kerkern und Gefängnissen. Die Venezianer waren tief ergriffen, als ihnen die ersten Schritte ihres neuen Patriarchen bekannt wurden: drei Tage nach seiner Ankunft spendete er in einem ärmlichen Hause in Pescheria di S. Silvestro persönlich einem sterbenden Kinde die heilige Firmung und begab sich von dort ins Bürgerspital St. Johann und Paul, um die Kranken mit seinem Segen zu trösten.

Am 2. Dezember besuchte er die Strafanstalt für Männer und Frauen und das St. Anna-Spital; am 4. Dezember das Findelhaus; am 13. Dezember das Militär-Spital; am 14. Dezember das Armenhaus. In all diesen Häusern zog er genaue Erkundigungen über ihre Verwaltung ein und ließ Beweise seiner großen Güte zurück.

Das war der Beginn seines Patriarchates [1].

Förderung des religiösen Lebens

Die Venezianer standen stets in dem Rufe, durch Erziehung und Tradition treue Söhne der Kirche zu sein. Da aber der Bischofssitz von St. Markus fast drei Jahre

---

[1] Vgl. «La Difesa», Venedig, Dezember 1894.

lang verwaist geblieben war [1], hatte sich eine gewisse Nachlässigkeit eingeschlichen. Verschiedene Mißbräuche gefährdeten das Glaubensleben und ließen die edelsten Traditionen verblassen [2].

« In vielen Belangen stand es nicht gut », bestätigen zuverlässige Zeugnisse; « nicht wenige Pfarrer handelten nach persönlichem Gutdünken, als wären sie kleine Bischöfe. » [3]

Unter solchen Umständen mußte eine starke Hand eingreifen, um Ordnung zu schaffen [4].

Mit klarem Blick erkannte Kardinal Sarto schon nach kurzer Zeit die Ursachen dieser Zustände. Er wußte genau, welche Aufgaben in der Markusstadt seiner harrten. Eine große Hilfe bedeuteten da für ihn die reichen Erfahrungen, die er in der Diözese Mantua gesammelt hatte. Auch dort war es ja seine Aufgabe gewesen, das religiöse Leben zu erneuern, zu vertiefen und zu festigen.

Mit gewohnter Tatkraft ging er unverzüglich ans Werk. Er nahm Fühlung mit allen Priestern des Patriarchats, rüttelte die Lauen auf, feuerte die Säumigen zur Tätigkeit an, ermutigte die Gutgesinnten, auf dem Wege des Opfers und des priesterlichen Vollkommenheitsstrebens auszuharren [5].

« Jeder Priester », so sagte er, « sei bereit, die Pflichten seines Amtes auf dem ihm vom Herrn angewiesenen Posten zu erfüllen. Keiner schäme sich, auch die gering-

---

[1] Der letzte Patriarch, Kardinal Domenico Agostini, war am 31. Dezember 1891 gestorben, und der Heilige kam erst am 24. November 1894 nach Venedig.
[2] Msgr. G. JEREMICH, Ap. Ven., S. 86. — Der Priester R. SAMBO, Ord. Ven., S. 692. — Der Priester G. VALLÉE, ebd., S. 427. — Dr. A. VIAN, ebd., S. 944.
[3] Msgr. G. PESCINI, A.p Rom., S. 824.
[4] Msgr. G. JEREMICH, Ap. Ven., S. 86. — Msgr. BRUNETTI, Ord. Ven., S. 157.
[5] Msgr. G. PESCINI, Ap. Rom., S. 821. — Msgr. G. JEREMICH, Ord. Ven., S. 85. — Msgr. F. BRUNETTI, ebd., S. 160. — Msgr. F. SILVESTRINI, ebd., S. 1458.

sten der zu seinem Aufgabenkreis gehörenden Obliegenheiten auf sich zu nehmen. Man vergesse nicht, daß es eines jeden Priesters heilige Pflicht ist, sich ganz in den Dienst der Seelenrettung zu stellen. Wenn in Kriegszeiten jeder Bürger Soldat ist, können da mitten im Schlachtgetümmel die Hauptleute untätig und saumselig sein ? »[1]

Weil er aus langer Erfahrung um die unabsehbaren Schäden wußte, welche die Unkenntnis der Grundlagen des christlichen Glaubens den Seelen zufügt, wandte er seine Aufmerksamkeit sofort dem Religionsunterricht zu.

Gewiß, es fehlte nicht an Religionsunterricht; aber die Unterweisungen waren zu wenig planmäßig. Der Katechismusunterricht wurde nicht regelmäßig erteilt, besonders jener für die Schulentlassenen.

Wie in Mantua so vertraten auch in Venedig viele Pfarrer die Auffassung, die Predigt könne die Christenlehre ersetzen. Daher mußte Msgr. Sarto in Venedig die gleichen Maßnahmen treffen wie in Mantua. Er tat dies umso nachdrücklicher, als die Predigt in Venedig wie kaum in einer anderen Stadt dem Zeitgeist nachgegeben und eine ganz akademische Form angenommen hatte und nicht selten — wie er treffend bemerkt — « in den luftigen Höhen der Kanzel, näher bei den Orgelpfeifen als bei den Herzen der Gläubigen blieb »[2].

Gepredigt wurde viel, vielleicht zu viel. Aber eigentliche religiöse Belehrung wurde selten geboten.

Ohne Zeit zu verlieren, richtete der Patriarch bereits am 17. Januar 1895 — seit seiner Ankunft in Venedig waren noch nicht zwei Monate verstrichen — an seinen Klerus ein äußerst ernstes Rundschreiben über diesen Gegenstand. Darin betonte er zuerst, daß der Grund für

---

[1] Msgr. G. Pescini, Ord. Rom., f. 308. — Vgl. auch : Msgr. A. Marchesan, a. a. O., X. Kap., SS. 362-363.
[2] Brief an den Klerus vom 17. Januar 1895.

die in der Welt herrschende moralische Verwirrung und Unsicherheit in der Unkenntnis der Glaubenswahrheiten zu suchen sei; dann fuhr er fort:

«Es wird zu viel gepredigt und zu wenig belehrt. Man verzichte auf blumenreiche Ansprachen, man predige dem Volke fromm und schlicht die Glaubenswahrheiten, unterrichte es über die Vorschriften der Kirche, die Lehren des Evangeliums, über Tugend und Laster; denn es kommt oft vor, daß selbst Gebildete die Wahrheiten des Glaubens überhaupt nicht oder ganz ungenügend kennen und vom Katechismus weniger verstehen als die einfältigsten Kinder. Denken Sie mehr an das Heil der Seelen als an Effekthascherei. Das Volk dürstet nach Wahrheit — geben Sie ihm, was es für sein Seelenheil braucht. Unterrichtet man es in einer ihm angemessenen Weise, dann wird es ergriffen sein, es wird seine Sünden bereuen und die heiligen Sakramente empfangen.»

Sodann wies er auf die Eigenschaften hin, die der Verkünder des Wortes Gottes besitzen müsse, und auf die Bedingungen, unter denen in seinem Patriarchat einem Priester die Erlaubnis zum Predigen erteilt werde, und schloß mit der Warnung:

«Der Prediger hüte sich vor der Tribünenberedsamkeit, die nichts Apostolisches an sich hat, die ganz profan ist, weder Weihe noch Würde besitzt, der jedes Merkmal der Heiligkeit und jede übernatürliche Wirkung fehlen, die den Gläubigen keinen Nutzen bringt. Die Predigt gefällt ihnen, aber ihre Herzen werden nicht ergriffen. Sie verlassen das Gotteshaus, wie sie es betreten haben: Mirabantur — würde der hl. Augustinus sagen — sed non convertebantur.»[1]

Unverzüglich ging er an eine Neuordnung des Religionsunterrichts in den Pfarreien. Er verlangte die regel-

---

[1] «Sie staunten, aber sie bekehrten sich nicht.» — Tract. 29 in Joann.

mäßige und planmäßige Erklärung des Katechismus, förderte die Heranbildung tüchtiger Katecheten, legte großen Wert auf die Abhaltung der Christenlehre nicht nur in den Pfarreipatronaten, sondern auch in den städtischen Schulen [1]. Um die große Bedeutung, die er dem Katechismus beimaß, klar zu machen, begab er sich sonntags, wie früher schon in Mantua, unvermutet bald in diese, bald in jene Kirche, um nachzusehen, ob und wie die Christenlehre gehalten werde [2].

Und damit seine Priester lernten, mit der erhabenen Einfachheit der Parabeln des göttlichen Lehrmeisters zu predigen, ging er selber mit gutem Beispiel voran.

Alle bezeugen, daß er schlicht, klar, überzeugend, kraftvoll und instruktiv predigte, weil er sich stets auf die Heilige Schrift und die Kirchenväter stützte [3]. Seine Worte übten eine unwiderstehliche Macht auf die Herzen der Gläubigen aus.

So ist es begreiflich, daß er jene Priester besonders schätzte, deren Predigten ein beredter Ausdruck ihrer Liebe zu den Seelen war; daß er den Adventspredigern und noch mehr den Fastenpredigern warm ans Herz legte, in einer für alle Gläubigen verständlichen Form zu sprechen und das Hauptgewicht auf die Anleitung zu christlicher Lebensführung zu legen. Er versäumte es nicht, über ihre Predigertätigkeit Erkundigungen einzuziehen und ihnen ernstlich ins Gewissen zu reden, wenn sie dem Volk, das nach dem Brote des Gotteswortes verlangte,

---

[1] Msgr. G. JEREMICH, Ap. Ven., SS. 98-99 : Ord. Ven., SS. 75-77. — Msgr. F. PETICH, Ap. Ven., S. 361. — Msgr. G. PESCINI, Ap. Rom., S. 830 : Ord. Rom., SS. 309-315. — Msgr. L. CHIODIN, Ord. Ven., S. 245. — Der Priester G. VALLÉE, ebd., S. 435. — Dr. A. VIAN, Ap. Rom., S. 1026.

[2] Msgr. F. SILVESTRINI, Ap. Ven., S. 1456. — Der Priester R. SAMBO, Ord. Ven., S. 693. — MARIA PIA PAGANUZZI, ebd., S. 1267.

[3] Msgr. C. MENEGAZZI, Ap. Ven., S. 302. — Msgr. F. PETICH, ebd., S. 379. — Msgr. JEREMICH, Ord. Ven., S. 77. — Msgr. F. BRUNETTI, ebd., S. 159. — Msgr. L. CHIODIN, ebd., S. 245. — Der Priester R. SAMBO, ebd., S. 694. — Dr. A. VIAN, ebd., S. 952. — G. SPADARI, ebd., S. 1103.

Kardinal Giuseppe Sarto
Patriarch von Venedig

nur akademische Spitzfindigkeiten, schöne Worte und leeren Schall geboten hatten [1]. Er verlangte von seinen Predigern, daß sie vom Geiste der Frömmigkeit und der Liebe beseelt seien, gründliches Wissen besäßen und sich gewissenhaft vorbereiteten [2].

Die Kanzel sollte keine Bühne sein und die Kirche kein Theaterparkett. In seinem Patriarchat sollte das Evangelium gepredigt werden — und nichts anderes als das Evangelium — und dies in einer Weise, die es für den Alltag fruchtbar werden ließ. Der Prediger sollte auf alle Effekthascherei verzichten, damit seine Stimme nicht zum « tönenden Erz » und zur « klingenden Schelle » werde [3].

Eines Tages hatte der Patriarch im Markusdom der Predigt eines Priesters beigewohnt, der mit der Schlichtheit und Innigkeit eines Heiligen sprach; da sagte er mit sichtlichem Wohlgefallen zu den in der Sakristei versammelten Seminaristen: « Haben Sie gehört? ... Das heißt predigen. Vergessen Sie es nicht! » [4]

Die Pfarrer von Venedig erfaßten die Ideen und Absichten ihres Patriarchen, predigten das Evangelium ohne den Ballast prunkender Gelehrsamkeit, unterrichteten die Jugend im Katechismus und die Erwachsenen in der christlichen Glaubenslehre, widmeten sich der religiösen Unterweisung mit solchem Eifer, daß in kürzester Zeit in bezug auf den Glauben und die christliche Lebensführung des Volkes große Fortschritte erzielt wurden [5].

---

[1] Msgr. G. JEREMICH, Ap. Ven., S. 142: Ord. Ven., S. 73. — Msgr. C. MENEGAZZI, Ap. Ven., S. 221. — Der Priester G. B. VIANELLO, ebd., S. 535. — Der Priester G. VALLÉE, Ord. Ven., S. 434. — Msgr. F. SILVESTRINI, ebd., S. 1456. — Msgr. E. HOENNING O' CARROLL, ebd., S. 1492.
[2] Msgr. F. SILVESTRINI, Ord. Ven., S. 1456.
[3] 1 Kor. 13, 1.
[4] Msgr. G. JEREMICH, Ord. Ven., S. 73.
[5] Msgr. G. PESCINI, Ap. Rom., S. 823. — Msgr. F. BRUNETTI, Ord. Ven., SS. 157-158. — Msgr. F. SILVESTRINI, ebd., S. 1456. — Msgr. G. GISCO, ebd., SS. 1613-1614.

Seminar und Klerus

Das Herzensanliegen des Heiligen war die Heranbildung eines gebildeten, frommen und tüchtigen Klerus.

Schwere Sorgen bereitete ihm das Diözesanseminar. Obwohl es sich zweifellos in einem besseren Zustand befand als seinerzeit jenes von Mantua, so fehlte doch eine straffe Leitung und eine zielbewußte Ordnung in der wissenschaftlichen Ausbildung wie in der Disziplin [1].

Einige Besuche, Besprechungen mit den Professoren und den Studenten, Einsichtnahme in die wichtigsten Schul- und Verwaltungsregister, eine aufmerksame Inspektion der Gebäude genügten dem Patriarchen, um sich ein klares Urteil über die Lage zu bilden und die notwendigen Maßnahmen treffen zu können. Die Erkenntnis, er werde dabei mit veralteten Methoden und empfindlichen Gemütern in Konflikt geraten, hinderte ihn nicht, sofort eine tiefgreifende Reform einzuleiten.

Damit die Seminaristen nicht mehr mit den externen Studenten in Berührung kämen, hob er das dem Seminar angeschlossene Laienkonvikt auf und führte ein neues, nach den Normen des Konzils von Trient [2] ausgearbeitetes Disziplinarreglement ein. Die Erziehung seiner künftigen Priester übergab er Männern, die seines Vertrauens würdig waren [3]. Auf die Disziplinarreform folgte die Studienreform.

In kürzester Zeit erneuerte er das Professorenkollegium vollständig, errichtete einen Lehrstuhl für Kanonisches Recht, der die Befugnis besaß, akademische Grade

---

[1] Msgr. G. JEREMICH, Ap. Ven., SS. 90-92. — Msgr. F. PETICH, ebd., S. 360. — Msgr. F. SILVESTRINI, ebd., SS. 448-449. — Der Priester S. ZANON, ebd., SS. 590-591.

[2] Vgl. Proc. Ord. Ven., SS. 1044-1056.

[3] Msgr. G. JEREMICH, Ap. Ven., SS. 95-96. — Msgr. F. PETICH, ebd., S. 360. — P. F. S. ZANON, ebd., S. 591. — Msgr. F. BRUNETTI, Ord. Ven., S. 158. — Msgr. G. PESCINI, Ord. Rom., f. 310.

zu verleihen, veranstaltete Spezialkurse und Vorträge über theologische Fragen, Bibelexegese, Kirchengeschichte, christliche Archäologie, Wirtschafts- und Sozialwissenschaft [1].

« Von diesen Maßnahmen gingen außerordentlich segensreiche Wirkungen aus », so versichert ein Augenzeuge der Reform des Seminars, « nicht nur für die sittliche und geistige Formung der Alumnen, sondern auch für die Weckung von Priesterberufen, die sich nun zahlreich und vielversprechend zeigten. » [2]

*

Aber Patriarch Sarto zählte nicht zu jenen Vorgesetzten, die Befehle erteilen und sich dann nicht darum bekümmern, ob und wie ihre Weisungen ausgeführt werden. Es kam deshalb selten vor, daß er den bischöflichen Palast verließ, ohne sich ins Priesterseminar zu begeben. Er wollte seine Kleriker immer besser kennen lernen, wollte genau Bescheid wissen über ihre Veranlagung, ihren Eifer im Studium, ihre Fortschritte in religiöser Hinsicht [3]. Und weil ihm so viel daran lag, daß sie eines Tages wirklich gute Priester würden, erteilte er keinem die heiligen Weihen, bevor er sich nicht die größte Mühe gegeben hatte, volle Klarheit über seine Berufung zu er-

---

[1] Msgr. G. PESCINI, Ord. Rom., f. 326. — Msgr. G. JEREMICH, Ap. Ven., S. 534. — Msgr. F. SILVESTRINI, Ord. Ven., S. 1455.
Kardinal Sarto begnügte sich nicht mit der Einführung dieser Spezialkurse für die Kleriker des Diözesanseminars, sondern erklärte sie an der Diözesansynode des Jahres 1898 als obligatorisch für die Seminaristen wie für den gesamten Klerus der Stadt. Die Teilnahme an diesen Kursen sollte alle befähigen, die christliche Wissenschaft gegen die Anmaßung der sogenannten modernen weltlichen Wissenschaft (scienza laica moderna) zu verteidigen. Vgl. Synodus Dioecesana Veneta anno 1898 celebrata ab E.mo Josepho Card. Venetiarum Patriarcha SARTO, p. 194; Append. X, p. 41. Venetiis 1898.
[2] Msgr. G. JEREMICH, A. Ven., S. 97.
[3] Msgr. G. BRESSAN, Ap. Rom., S. 69.

langen. Jede noch so geringfügige Einzelheit wog er ab, überlegte, betete, und ersuchte, um noch sicherer zu gehen, auch die einzelnen Professoren, ihr Urteil abzugeben [1].

*

Über der Fürsorge für die Theologiestudenten vergaß aber der Patriarch seine Priester nicht. Für sie setzte er seine besten Kräfte ein.

Bedürftigen Priestern half er, schenkte ihnen sogar seine eigenen Kleidungsstücke. Solche, die durch Schwierigkeiten in ihrem Amt entmutigt waren, verstand er auf Grund seiner reichen Erfahrung und seines sicheren Urteils zu trösten und aufzurichten. Verleumdete und Beschimpfte, die das Opfer der Priester- und Kirchenhasser geworden waren, beschützte und verteidigte er, um ihre Ehre und ihren guten Ruf zu retten, mit dem vollen Einsatz seiner bischöflichen Autorität. Er war bereit, jede Arbeit zu unterbrechen, um erkrankte Priester zu besuchen, ihnen beizustehen, sie zu trösten und ihnen die Sterbesakramente zu spenden [2]. « Er war nur Liebe, nur Herz, ein Seelenhirt im wahren Sinn des Wortes » [3], lautete das Urteil der Venezianer.

*

[1] Msgr. G. JEREMICH, Ord. Ven., SS. 71-72. — Msgr. F. BRUNETTI, ebd., S. 158. — Msgr. L. CHIODIN, ebd., SS. 243-244. — Msgr. F. SILVESTRINI, ebd., S. 1455. — Msgr. E. HOENNING O'CARROLL, ebd., S. 1492. — Msgr. F. PETICH, Ap. Ven., S. 360. — Msgr. G. PESCINI, Ord. Rom., f. 311.

[2] Msgr. G. JEREMICH, Ap. Ven., SS. 170-171 : Ord. Ven., S. 124. — Msgr. F. SILVESTRINI, Ord. Ven., S. 1483 : Ap. Ven., SS. 469-470, 485. — Der Priester G. BONALDO, Ord. Ven., SS. 1711-1712. — Msgr. F. PETICH, ebd., S. 383. — Der Priester G. VALLÉE, ebd., S. 441. — Msgr. G. PESCINI, Ord. Rom., f. 334.

[3] Der Priester E. ANTONELLI, Ap. Ven., S. 271.

Da Msgr. Sarto überzeugt war, daß das Heil der Seelen in hohem Maß eine Frucht der priesterlichen Wirksamkeit sei, lag ihm die Heiligung seines Klerus sehr am Herzen.

Die Priester seines Patriarchates sollten großen Seeleneifer besitzen, den Gottesdienst über alles hochschätzen, Interesse für die Pflege der Liturgie haben [1], ihr Herz nicht von übermäßiger Sorge um irdische Belange belasten lassen.

Daher legte er großen Wert darauf, daß sie jedes Jahr mit ihm zusammen Exerzitien machten, am letzten Donnerstag jeden Monats sich zu einem Einkehrtag versammelten, um von ihm immer tiefer in das Verständnis ihres erhabenen Berufes eingeführt zu werden [2]. Gern sprach er auch in der Heiligen Stunde zu ihnen und lud sie ein, der Priestergebetsvereinigung beizutreten [3].

*

Von allen Priestern verlangte er Redlichkeit der Absicht, Aktivität, untadelige Lebensführung, bereitwilligen und aufrichtigen Gehorsam [4].

Zwei Dinge konnte der Patriarch bei einem Priester nicht ertragen: Trägheit und Ungehorsam.

Zu einem jungen Priester, der sich nicht dazu entschließen konnte, auf eine fern von Venedig gelegene Pfarrei zu ziehen, weil er bei seinen Angehörigen in der Stadt bleiben wollte, sagte er in entschiedenem Tone:

---

[1] Msgr. L. CHIODIN, Ord. Ven., S. 244. — Der Priester R. SAMBO, ebd., S. 693.

[2] Msgr. G. JEREMICH, Ap. Ven., S. 89. — Msgr. F. PETICH, ebd., S. 357. — Msgr. F. BRUNETTI, Ord. Ven., S. 159. — Der Priester R. SAMBO, ebd., S. 1456. — Msgr. G. CISCO, ebd., S. 1574. — Msgr. G. PESCINI, Ord. Rom., f. 308.

[3] Msgr. G. JEREMICH, Ap. Ven., S. 137.

[4] Msgr. F. SILVESTRINI, Ap. Ven., SS. 473-474. — Der Priester L. FERRARI, Ord. Trev., S. 1509.

« Gehen Sie. Denn es würde mir sehr leid tun, wenn Sie in der Stadt nicht mehr zelebrieren dürften. » — Der junge Priester verstand und reiste sofort an den ihm zugewiesenen Dienstort [1].

*

Einem anderen Priester, der sich weigerte, eine Kaplanstelle auf einer Insel des Estuario anzutreten, weil der dortige Pfarrer für seine rauhe Art bekannt war, wiederholte er energisch die Weisung: « Gehen Sie nun! Beim ersten Zwischenfall schreiben Sie mir; ich werde dann selber kommen, um Ordnung zu schaffen. » [2]

*

Ein betagter Priester hatte sich von der Teilnahme an den Konferenzen über moraltheologische Fragen dispensiert mit der Begründung, in seinem Alter brauche man nichts mehr zu lernen.

« Kommen Sie », antwortete der Patriarch, « weil Sie die anderen aufklären können. »

Der alte Priester, der wußte, daß Kardinal Sarto keinen Auftrag zweimal erteilte, mußte sich fügen und die Treppe zum bischöflichen Palast hinaufsteigen, um « die anderen aufzuklären » [3].

*

Einige Priester erschienen nicht regelmäßig zur monatlichen Geisteserneuerung. Manche entschuldigten sich einfach mit der Behauptung, sie hätten nicht kommen können.

---

[1] P. G. Dal Gal, Pio X: Il Papa Santo, c. VI, p. 112. Firenze 1940.
[2] Ders., ebd.
[3] Msgr. F. Silvestrini, Ord. Ven., S. 1459.

« Sie können nicht kommen ? », antwortete er, « aber « uxorem non duxerunt et quinque iuga boum non emerunt, ideo » — setzte er mit scharfer Betonung fort — « ideo possunt venire »[1]. Und nach einer kleinen Pause fügte er hinzu : « Ich würde es bedauern, zu überzeugenderen Argumenten greifen zu müssen. »[2] Die Warnung wurde verstanden und die Säumigen machten es sich in Zukunft möglich, am Rekollektionstag teilzunehmen.

*

Seine Autorität machte Kardinal Sarto den Priestern gegenüber nur dann geltend, wenn die Umstände es erforderten. In seinem Herzen aber lagen in solchen Fällen Pflichtbewußtsein und Mitleid in Widerstreit. « Wenn ich einem Priester einen Tadel aussprechen muß », pflegte er zu sagen, « so bekomme ich Fieber. »[3] Er zog es vor, « mit dem Lächeln seiner großen Güte » sein Ziel zu erreichen[4].

« Als der Patriarch » — so bezeugt sein ehemaliger Kämmerer — « einmal einen Priester zu sich beschied, um ihm einen schwierigen Posten anzuvertrauen, konnte ich im Vorzimmer die von diesem erhobenen Einwände hören. Als er aber das Zimmer des Patriarchen verließ, antwortete er mir auf meine Frage, wie es gegangen sei : 'Ich wollte nicht annehmen; aber diesem Manne kann man nichts abschlagen. Er besitzt eine ganz eigene Art, mit seinem Lächeln zu überreden.' »[5]

*

---

[1] « . . . sie haben kein Weib genommen und kein Joch Ochsen gekauft, also können sie kommen. » — Vgl. Luk. 14, 19 f.
[2] Der Priester F. S. ZANON, Ap. Ven., SS. 622-623.
[3] Msgr. G. CISCO, Ord. Ven., S. 1572.
[4] Der Priester A. CHIACCHIOLE, Ap. Ven., S. 854.
[5] Ders., ebd.

Ein Priester, gegen den unwiderlegliche Anschuldigungen erhoben worden waren, und der mit schlechtem Gewissen das Studierzimmer des Patriarchen betrat, kam mit Tränen in den Augen zurück und mit dem festen Vorsatz, sich künftig nichts mehr zuschulden kommen zu lassen.

Erschütternd ist es, welche Mühe sich der Patriarch gab, wenn es galt, einen Verirrten zu retten, und wie sehr er sich über die Rückkehr eines verlorenen Sohnes freute [1].

Einen Priester, der nach einem traurigen Irrweg reuig auf den Pfad der Pflicht zurückgekehrt war, begrüßte Msgr. Sarto in tiefer Ergriffenheit mit den Worten : « Ich habe mir so große Mühe gegeben, und endlich ist es gelungen !... Wieviele Gebete und wieviele Tränen haben Sie mich doch gekostet ! » [2]

*

Nicht immer wurde seine Güte verstanden, nicht immer fand er Dankbarkeit. Aber das machte ihm nichts aus; er konnte von niemandem Böses denken oder sagen — er wußte zu verzeihen und zu vergessen [3].

« Eines Tages besuchte ich in Venedig den Patriarchen Sarto », berichtete ein Priester, der in Mantua sein Freund und Mitarbeiter gewesen war; « ich stand vor seinem Arbeitstisch und erinnerte ihn an einige Priester, die ihm große Unannehmlichkeiten bereitet hatten, und abschließend fügte ich hinzu : 'Am schmerzlichsten daran ist die Tatsache, daß sie alle in reichem Maße Wohltaten von Eurer Eminenz empfangen haben.'

---

[1] Msgr. G. JEREMICH, Ap. Ven., S. 90. — Der Priester G. B. VIANELLO, ebd., S. 549. — Dr. A. VIAN, Ap. Rom., SS. 1014-1016. — Msgr. F. PETICH, Ord. Ven., S. 367.
[2] Dr. A. VIAN, Ord. Ven., S. 957 : Ap. Rom., S. 1014.
[3] Msgr. G. JEREMICH, Ap. Ven., S. 180. — Msgr. E. HOENNING O' CARROLL, Ord. Ven., S. 1529.

Das Gesicht des Patriarchen nahm einen strengen Ausdruck an, und in vorwurfsvollem Ton antwortete er mir: 'Wie häßlich du sprichst! Das hätte ich nie von dir erwartet. Tun wir etwa Gutes, um dafür belohnt zu werden? Sag so etwas nie wieder!'»[1]

Der gute Hirt

Kardinal Sarto kannte die Eigenart und die Fähigkeiten jedes seiner Priester. Deshalb war er in der Lage, verantwortungsvolle Stellen mit den geeignetsten und tüchtigsten Kräften zu besetzen.

Der venezianische Klerus wußte, daß er auch bei diesen Ernennungen nur die Interessen des Gottesreiches im Auge hatte, daß er die besondere Eigenart des Ortes und des Wirkungsfeldes berücksichtigte, doch nie die Gerechtigkeit verletzte[2]. Das Urteil über ihn lautete einstimmig, er sei ein Mann, «der reiflich überlege und sehr klug sei in der Leitung der Diözese, in der Wahl seiner Mitarbeiter und in der Voraussicht der Folgen gewisser Vorfälle»[3] und alle waren überzeugt, daß er «bei seinen Entscheidungen von göttlichem Licht geleitet werde»[4].

Deshalb schätzten ihn die Priester seiner Diözese sehr hoch[5]. Sie sahen in ihm ein Vorbild der Pflichttreue und des Opfermutes.

---

[1] Msgr. G. B. Rosa, Ord. Rom., f. 1032.
[2] Msgr. G. Jeremich, Ap. Ven., S. 161. — Msgr. G. Menegazzi, ebd., SS. 302-303. — Msgr. F. Petich, ebd., S. 366. — Der Priester G. Vallée, Ord. Ven., S. 435. — Der Priester G. B. Vianello, ebd., S. 540. — Der Priester G. De Biaso, ebd., S. 558.
[3] Msgr. F. Brunetti, Ord. Ven., SS. 174-175.
[4] Msgr. G. Jeremich, Ap. Ven., S. 159.
[5] Msgr. G. Jeremich, Ord. Ven., S. 98. — Der Priester G. Vallée, ebd., S. 442. — Msgr. F. Brunetti, ebd., S. 172. — Dr. A. Vian, ebd., S. 977. — Msgr. G. Pescini, Ord. Rom., f. 396.

Als wäre er der letzte unter seinen Priestern, oder besser gesagt, der erste bei der täglichen Mühe und Arbeit, begab er sich frühmorgens, ohne viel Aufhebens zu machen, bald in diese, bald in jene Kirche, um stundenlang Beichte zu hören [1].

Er gab den Seminaristen und dem Volk Exerzitien, hielt Vorträge für Männer und Frauen, erteilte Kindern und Jugendlichen Unterweisungen [2], ging oft in die Wohnung armer Leute, um Leidende zu trösten oder kranken Kindern die Firmung zu spenden; und überall ließ er ein Zeichen seiner unerschöpflichen Güte zurück [3].

Einladungen zu seelsorglichen Funktionen, mochten sie noch so unscheinbar sein, wies er nie zurück, und nahm dabei weder auf Unbequemlichkeiten noch auf Müdigkeit oder Unbill der Witterung Rücksicht. In den Märztagen des Jahres 1895 sah man ihn einmal zur allgemeinen Verwunderung während eines heftigen Sturmwetters zu Fuß vom Patriarchenpalast zur Erlöserkirche eilen, wo er an einer Zusammenkunft teilzunehmen versprochen hatte. Einem der Teilnehmer, der sich die Bemerkung erlaubte, es sei nicht vorsichtig gewesen, sich bei diesem Unwetter auf den Weg zu machen, antwortete er: « Es schickt sich für niemanden, auf sich warten zu lassen; am wenigsten für Personen von höherem Rang. Auf sich warten lassen verrät immer einen Mangel an Rücksicht und Nächstenliebe. » [4]

[1] Msgr. G. JEREMICH, Ord. Ven., S. 78. — Cont. E. DONÀ DALLE ROSE, ebd., S. 1556. — Msgr. F. SILVESTRINI, Ap. Ven., S. 485. — Msgr. G. PESCINI, Ord. Rom., f. 326. — Msgr. A. CARON, ebd., f. 475.
[2] Msgr. G. BRESSAN, Ap. Rom., S. 69. — Msgr. G. JEREMICH, Ap. Ven., S. 99. — G. B. TESSARI, ebd., S. 415. — Msgr. F. SILVESTRINI, ebd., S. 449. — Dr. F. SACCARDO, Ord. Ven., S. 851. — Cont. E. DONÀ DALLE ROSE, ebd., S. 1555. — M. PASSI, Ord. Trev., S. 293.
[3] Msgr. G. JEREMICH, Ap. Ven., S. 120. — Msgr. G. MENEGAZZI, ebd., SS. 304-305. — Msgr. F. PETICH, ebd., S. 383. — Msgr. L. CHIODIN, Ord. Ven., S. 252. — Msgr. G. CISCO, ebd., S. 1582. — Der Priester G. BONALDO, ebd., S. 1705. — Msgr. G. PESCINI, Ord. Rom., f. 334.
[4] « La Difesa », Venedig, 14. März 1895.

Mit großer Hingabe bemühte er sich um die Bekehrung der Irrgläubigen und Ungläubigen [1]. Gern eilte er an das Bett der Sterbenden, um sie auf den Heimgang vorzubereiten. Keine Gefahr, keine Menschenfurcht konnte ihn davon abhalten.

Ein Freimaurer, der kurz vorher konvertiert hatte, lag im Sterben. Der Bedauernswerte verlangte nach einem Priester; doch seine Angehörigen wollten nicht zugeben, daß ein Priester sein Zimmer betrete. Als der Patriarch von dem Wunsche des Sterbenden und der Haltung seiner Angehörigen erfuhr, begab er sich in die Kapelle, betete einen Augenblick, nahm das Allerheiligste und machte sich auf den Weg nach dem ihm bezeichneten Hause.

Dort wollte man ihn mit fadenscheinigen Vorwänden, ja mit entschiedenem Protest und sogar mit Drohungen hindern, den Kranken zu besuchen. Aber der Patriarch trat entschlossen ins Krankenzimmer ein und spendete dem Sterbenden die erbetenen Tröstungen unserer heiligen Religion. Als er das Zimmer verließ, strahlten seine Augen. Er lächelte allen zu, drückte ihnen die Hand und kehrte heim [2].

Auch dem berühmten Mundartdichter Giacinto Gallina hätte er gern auf dem Sterbebette seinen bischöflichen Segen gespendet; doch die venezianischen Freimaurer machten es ihm unmöglich. Das schmerzte ihn sehr und er erhob entschiedenen Protest, daß er gehindert worden war, eine in Todesnot ringende Seele zu trösten [3].

*

---

[1] Msgr. G. JEREMICH, Ap. Ven., S. 142.
[2] Der Priester A. CHIACCIOLE, Ap. Ven., S. 856.
[3] Dr. A. VIAN, Ap. Rom., S. 1025. — Msgr. G. JEREMICH, Ord. Ven., S. 115. — Msgr. L. CHIODIN, ebd., S. 252. — Der Priester L. FERRARI, Ord. Trev., S. 1506. — Msgr. E. PASETTO, Ord. Rom., f. 1630.

Nach den Exerzitien, die in der Osterzeit im Militärspital der Marine von einem Feldprediger abgehalten worden waren, weigerten sich an die dreißig Insassen, die Sakramente zu empfangen.

Der Patriarch hörte davon, und ein paar Tage später begab er sich persönlich in das betreffende Spital, las dort die Messe und hielt an alle Kranken eine erschütternde Ansprache. Die Folge davon war, daß jene widerspenstigen dreißig Patienten nicht nur bei ihm beichteten, sondern auch aus seiner Hand die heilige Kommunion empfangen wollten [1].

*

In Krankenhäusern, in der Irrenanstalt S. Servolo, in den Armenhäusern und sogar in den Zuchthäusern, wo Gewissensqual und Verzweiflung die Herzen peinigen, erschien der Patriarch oftmals wie ein tröstender Engel, der als Gabe Gottes Seelenruhe, christliche Ergebung und den Frieden des Gewissens brachte [2].

Im September des Jahres 1900 hörte er während drei aufeinander folgenden Tagen im Zuchthaus auf der Giudecca die Beichte aller Gefangenen, ohne das geringste Anzeichen von Ermüdung erkennen zu lassen. Am letzten Tage feierte er selber die heilige Messe, spendete die heilige Kommunion, einigen sogar die Firmung, und richtete so packende Worte an die Bedauernswerten, daß kein Auge trocken blieb [3].

---

[1] Dr. F. SACCARDO, Ord. Ven., SS. 851-852.
[2] Msgr. G. JEREMICH, Ap. Ven., S. 120. — Msgr. C. MENEGAZZI, ebd., S. 304. — Msgr. F. PETICH, ebd., S. 368. — Msgr. F. SILVESTRINI, ebd., S. 452. — MARIA WALTER-BAS, ebd., S. 496. — Msgr. L. CHIODIN, Ord. Ven., S. 252. — Msgr. F. ZANOTTO, Ord. Rom., f. 186.
[3] Der Priester L. FERRARI, Ord. Trev., SS. 1505-1506.

Die Achthundertjahrfeier des Markusdomes

Am 8. Oktober 1894 waren seit der Einweihung des Markusdomes 800 Jahre verstrichen [1]. Dieser Gedenktag hatte für die Venezianer größte Bedeutung; spielt sich doch ihr ganzes Leben rund um dieses wunderbare Gotteshaus ab, das Symbol ihres Glaubens und Wahrzeichen ihrer glorreichen Vergangenheit ist.

Aber damals war der «goldene Dom» seines Patriarchen beraubt, und deshalb war eine würdige Feier des Ereignisses unmöglich. Man verschob diese daher auf den Zeitpunkt, da der Patriarch Besitz von seiner Kathedrale ergriffen haben würde.

Kardinal Sarto kannte die Eigenart seiner Diözesanen, die sich so innig wie kaum ein zweites Volk mit der Geschichte und den Traditionen ihrer Stadt verbunden fühlten. Daher richtete er sofort nach seiner Ankunft in Venedig seine Aufmerksamkeit auf eine möglichst würdige Gestaltung der Jubiläumsfeier. Er wollte die Gelegenheit benützen, den Venezianern die Tugend ihrer Väter als Vorbild vor Augen zu stellen und gleichzeitig die herzlichen Beziehungen vertiefen, die sich am Tage seiner Ankunft zwischen ihm und ihnen angebahnt hatten.

Das Zentenarium sollte aber mehr als eine bloße Gedenkfeier sein. Deshalb ordnete Kardinal Sarto an, daß es in allen Pfarreien seines Patriarchates durch entsprechende religiöse Veranstaltungen vorbereitet werde. Die Vorfeiern sollten dann am 25. April 1895, dem Fest des heiligen Evangelisten Markus, mit einer Predigt des Patriarchen ihren Abschluß finden.

Das Pontifikat Pius' X. kann nicht richtig bewertet werden, wenn man die Kundgebungen seiner Geistes-

---

[1] Der weltberühmte Markusdom wurde im Jahre 976 begonnen, 1071 vollendet und am 8. Oktober 1094 mit großer Feierlichkeit eingeweiht.

haltung vor seiner Erhebung auf den Thron Petri unberücksichtigt läßt. Denn sein Wirken als Bischof fand im Pontifikat nur seine Fortsetzung und Vollendung, und das in einem Maße, das in der Geschichte der Päpste wohl einzig dasteht.

Für Pius X. war ein Staat, der nicht auf dem Evangelium beruht und dessen Struktur nicht von der kirchlichen Lehre bestimmt ist, undenkbar.

Die glänzende Festpredigt, die er am 25. April 1895 unter den Kuppeln des Markusdomes hielt, ist eine der klarsten Darlegungen seiner politisch-religiösen Anschauungen, seiner tiefverwurzelten Überzeugung, die ihn im privaten und staatlichen Leben nur Christus suchen und sehen ließ. Und dies zu einer Zeit, wo der Liberalismus, soweit er Christus nicht leugnete, doch zweifellos seine Herrschaft und seine Rechte bestritt. Darum zitierte Kardinal Sarto an jenem Tage zu Beginn seiner Festpredigt den Satz der Heiligen Schrift, der von der Geschichte der Völker bestätigt wird : Nur Religion und Gerechtigkeit führen ein Volk zur Blüte, die Sünde aber stürzt es ins Unheil [1].

Nachdem er diesen Grundgedanken ausgesprochen hatte, fuhr er fort :

« Wie Gerechtigkeit ohne die zehn Gebote Gottes ein Ding der Unmöglichkeit ist und wie ohne Gerechtigkeit kein Volk groß und stark sein kann, so bemißt sich die Stärke nicht nur nach dem Moralkodex eines Volkes, sondern auch nach seinen Verbündeten. Und das stärkste Volk muß auch den stärksten Verbündeten haben : Gott. Venedig war groß, solange Gott mit ihm war. »

Das Ziel des Patriarchen war klar. Er forderte Venedig — und nicht nur Venedig — auf, sich vor Christus zu beugen, Christus den ihm gebührenden Platz einzuräumen.

---

[1] Vgl. Sprüche 14, 34.

« Ein edler Stolz », führte der Heilige weiter aus, « veranlaßte die Magistraten Venedigs, sich als Christen zu bekennen, nicht nur innerhalb ihrer vier Wände, sondern auch — und vor allem — in der Öffentlichkeit.

Das waren noch Zeiten, da die Politik nicht feilschte, welche Rechte Gott zugebilligt werden müßten. Aber gerade aus diesem Grunde wurde die Staatsgewalt respektiert, und mit ihr genoß auch das Vaterland Achtung.

Damals herrschte Freiheit. Doch nicht eine Freiheit, die Zügellosigkeit ist und deshalb zugleich Tyrannei. Denn dort, wo keiner gebietet, gebieten alle, und ein Volk ohne Gebieter ist ein Sklavenvolk.

Armes Volk! Um dir zu schmeicheln, nannten sie dich unabhängig und frei. Aber die dich aufwiegelten, haben dich zu ihrem Schemel erniedrigt; über deinen Ruinen wollten sie sich erheben. Da hast du dich mit Recht aufgelehnt.

Gott gehorchen heißt nicht Sklave sein, denn wir gehorchen Gott, der unser Vater ist und dessen Kinder wir sind; Gotteskindschaft aber bedeutet Freiheit.

Die Freiheit einer Stadt, einer Republik, einer Nation proklamieren, aber ihre charakteristischen Institutionen mit Füßen treten ist eine Lüge, eine Ironie, eine grausame Verhöhnung.

So wie Venedig einst mit Gottes Hilfe die politischen Fragen löste, so vermochte es durch eine kluge Organisation die Spannung zwischen Kapital und Arbeit zu beseitigen und auch die Soziale Frage zu lösen, denn damals gab es Gleichheit, Brüderlichkeit und Freiheit.

Damals herrschte frei und unabhängig die Liebe. Aber nicht jene Art der Wohltätigkeit, die den Armen mit dem Mal der Verworfenheit zeichnet und ihn am liebsten des Landes verweisen würde.

Damals gab es Gerechtigkeit, Gerechtigkeit für alle, auch für die Hochgestellten. Die 'Riesentreppe', die

'Scala dei Giganti', hat mehrere Episoden erlebt, die von dieser Gerechtigkeit Zeugnis geben. Dank dieser Gerechtigkeit galt Venedig in Europa als so sicher und genoß so große Achtung, daß in seinen Hafen als einen Zufluchtsort des Friedens die Schiffe der verschiedensten Völker einliefen.

Wäre Venedig seinem Gott doch immer treu geblieben! Doch sogar in seiner Gerechtigkeit erwies Gott Venedig noch reiche Barmherzigkeit.

Barmherzigkeit Gottes ist es, wenn Venedig nicht ein gleiches Schicksal widerfuhr wie Aquileia und Torcello [1], von denen nur mehr der Name geblieben ist.

Diese Barmherzigkeit Gottes wird auch in Zukunft über Venedig walten, wenn es seiner Tradition und seinem Glauben die Treue hält.» [2]

Dieses Kanzelwort machte tiefen Eindruck auf die Festversammlung.

Der Kardinal hatte eine ernste Frage berührt, die damals Tagesgespräch war. Er hatte von Venedig und für Venedig gesprochen, und in unwiderleglicher Weise nachgewiesen, daß die Grundlage und Vorbedingung für die Größe Venedigs in der Vergangenheit und für die Zukunft dieselbe seien: der Glaube an Christus. Aber diese Darlegungen hatten nicht nur für Venedig Geltung, sondern für ganz Italien, ja für die Welt.

Radikale Kreise bezichtigten den Kardinal auf Grund dieser Rede des Theokratismus; glaubten sie doch in seinen Worten Anklänge an die alte Bulle «Unam Sanctam» [3] zu finden, weil er behauptet hatte, es sei nicht Sache der Politik, das Maß «der Gott gebührenden Ehre»

---

[1] Torcello ist eine Insel in den Lagunen Venedigs; im Mittelalter war sie der Ausladeplatz der Lagunenstadt. Heute steht an Stelle der ehemals blühenden Stadt ein bescheidenes Fischerdörfchen.
[2] Msgr. A. MARCHESAN, a. a. O., X. Kap., SS. 354-355.
[3] Bulle Bonifaz' VIII. vom 18. November 1302 ; vgl. Les Registres de Boniface VIII, tom. III, p. 888, n. 5382. Paris 1906.

zu bestimmen; es gehe nicht an, daß sich die Politik anmaße, ohne Gott oder sogar gegen Gott und sein Gesetz zu handeln, denn ohne Respektierung des göttlichen Gesetzes entbehre jedes menschliche Gesetz seiner natürlichen Grundlage und werde zur Willkürherrschaft eines Diktators oder einer Partei.

Die Reform der Kirchenmusik

Der Patriarch von Venedig lebte ganz im Geiste der Liturgie. Er liebte die feierlichen Zeremonien des Gottesdienstes. Damit diese aber für das religiöse Leben der Gläubigen und insbesondere der Priester fruchtbar würden, sollten sie von einer wirklich sakralen Musik begleitet sein, die nach seiner Überzeugung die Seelen zu Gott erheben konnte.

Schon als Kaplan von Tombolo und als Pfarrer von Salzano hatte er sich bemüht, den Kirchengesang und die Kirchenmusik wieder ihrer eigentlichen Bestimmung zuzuführen: liturgisches Gebet zu sein. In Mantua setzte er sich mit sicherem religiösen und künstlerischen Empfinden nachdrücklich dafür ein, daß in den Gotteshäusern seiner Diözese keine musikalischen Darbietungen mehr zugelassen wurden, die nicht dem Geiste der Liturgie entsprachen. Seiner Auffassung nach gehörte solche Musik eher auf Dorfplätze und ins Theater als in die Kirche. Er sah darin eine Entweihung des Gottesdienstes, dessen Zeremonien doch den Geist erheben und zum Gebet anregen sollen [1].

Der Heilige war noch Bischof von Mantua, als im Oktober des Jahres 1893 auf Anregung von Msgr. Calle-

---

[1] Msgr. F. PETICH, Ap. Ven., S. 379. — Der Priester G. VALLÉE, Ord. Ven., S. 439. — Msgr. G. PESCINI, Ord. Rom., f. 395.

gari, dem Bischof von Padua, im bischöflichen Kolleg von
Thiene ein Kongreß für Kirchenmusik abgehalten wurde.
Da er an der Teilnahme verhindert, aber sehr stark daran
interessiert war — handelte es sich doch um die Initiative
zu einer Reform, die ihm sehr am Herzen lag —, richtete er
folgendes Schreiben an den Präsidenten des Kongresses:
« Man empfehle den Gregorianischen Gesang und zeige
die Art und Weise, wie er gepflegt und volkstümlich
gemacht werden kann. Wenn es sich doch erreichen
ließe, daß alle Gläubigen, wie sie die Lauretanische Litanei
und das 'Tantum ergo' singen, auch die unveränderlichen
Teile der Messe sängen: das 'Kyrie', das 'Gloria', das
'Credo', das 'Sanctus', das 'Agnus Dei'. Das wäre in
meinen Augen der schönste Erfolg einer Pflege der
Kirchenmusik, weil dann die Gläubigen an der Liturgie
wirklich teilnehmen und weil Frömmigkeit und Andacht
dadurch gefördert würden.»

Dann fuhr er fort:

« Ich stelle mir bisweilen vor, ich hörte in einer Dorfkirche tausend Stimmen die Engelmesse oder die Vesperpsalmen singen. Immer wieder stelle ich erstaunt fest,
wie sehr mich der Volksgesang beim 'Tantum ergo',
beim 'Te Deum' oder bei den Litaneien zur Andacht
stimmt. Dieser Choralgesang sagt mir viel mehr zu als
nicht gut ausgeführte polyphone Musikdarbietungen.» [1]

*

In Venedig widmete sich der Heilige mit noch größerem
Eifer der Fortführung des begonnenen Werkes [2]. Unter

---

[1] Vgl. Lettere citate del Card. G. Sarto, Patriarca di Venezia,
a Msgr. G. Callegari, Vescovo di Padova, Anmerkung zu S. 38 f.

[2] Gleich zu Beginn seines Patriarchates gründete der Heilige eine
Schule für gregorianischen Choral im Seminar, die im heranwachsenden
Klerus Verständnis für die Schönheit des Kirchengesanges wecken sollte.
Sie wurde einem tüchtigen Meister der Kirchenmusik, dem Priester

den Kuppeln des « Goldenen Domes » sollten künftig Gesänge ertönen, die des herrlichen Gotteshauses und der religiösen Gesinnung und der weltbekannten musikalischen Begabung des italienischen Volkes würdig waren. Bei der Jahrhundertfeier des Markusdomes hatte es tiefen Eindruck auf die Festteilnehmer gemacht, daß die musikalischen Darbietungen, welche die heiligen Handlungen begleiteten, ganz hervorragend waren [1].

Angesichts der Tatsache, daß der Markusdom eine der besten Musikkapellen Italiens besaß, war es nur natürlich, daß von dort der Anfang einer Reform ausging, die Künstler und Liturgiker gleicherweise ersehnten und

P. Magri, anvertraut (Proc. Ord. Ven., S. 722 f.). Aber ihr eigentlicher Leiter war wohl der Patriarch selber.

[1] Das bezeugt der Heilige selbst in seinem Brief über die Kirchenmusik vom 1. Mai 1895. Jenen, welche die Auffassung vertraten, das Volk finde kein Gefallen mehr an den gregorianischen Melodien ; jeder Versuch, sie wieder zu Ehren zu bringen, sei nutzlos; es bestehe Gefahr, daß das Volk den liturgischen Zeremonien fernbleiben werde, wenn es die beliebten Lieder und Musikstücke nicht mehr zu hören bekäme, antwortete er : « Ob etwas gefällt oder nicht, war noch nie das richtige Kriterium für die Beurteilung sakraler Dinge; das Volk soll nicht in unrichtigen Auffassungen bestärkt, sondern erzogen und belehrt werden. Ich wage zu behaupten, daß man den Begriff 'Volk' mißbraucht. Denn das Volk ist in Wirklichkeit weit ernster und frömmer als man für gewöhnlich glaubt; es findet Gefallen an der Kirchenmusik und besucht gern die Kirchen, wo solche geboten wird. Einen klaren Beweis dafür lieferte die Jahrhundertfeier des Markusdomes. Da lauschte das Volk an vier aufeinanderfolgenden Tagen der Aufführung der in strengster Form gebotenen und im eigentlichen Sinne des Wortes so zu bezeichnenden Musica sacra oder dem gregorianischen Gesang oder den polyphonen Gesängen nach Palestrina mit Begeisterung und tiefer Andacht. Und nicht nur Prälaten, sondern auch Meister der weltlichen Musik zögerten nicht, die Leistungen anzuerkennen und ihre Bewunderung für die erhabenen Harmonien des weihevollen, künstlerisch hochstehenden Kirchengesanges, der uns dem Elend dieser Welt zu entrücken und uns einen Vorgeschmack der himmlischen Weisen zu vermitteln vermag, öffentlich zu bekunden. »

Der damalige Leiter der Musikkapelle von San Marco war Don Lorenzo Perosi, der Weltruhm erlangte. Dieser hervorragende Meister erfreute sich bekanntlich stets des Wohlwollens und der Unterstützung des Kardinals. — Msgr. G. Bressan, Ap. Rom., S. 65-66 (Msgr. E. Hoenning O' Carroll, Ord. Ven., S. 1501 f. — Msgr. G. Pescini, Ord. Rom., f. 332 f. — Vgl. auch : Msgr. Marchesan, a. a. O., Kap. VIII, S. 285).

deren Durchführung Rom den Bischöfen schon in mehreren Rundschreiben empfohlen hatte.

Unter den Bischöfen Italiens war Kardinal Sarto der erste, der sich intensiv mit dem Problem der Kirchenmusik und des Kirchengesanges befaßte. Das Verdienst, eine für das religiöse Leben des Volkes höchst bedeutsame Reform angebahnt zu haben, gebührt zweifellos ihm.

Da Kardinal Sarto beobachtet hatte, mit welcher Freude und Aufmerksamkeit die Venezianer und die auswärtigen Teilnehmer am Zentenarium des Markusdomes die musikalischen Darbietungen aufgenommen hatten, beschloß er die Veröffentlichung des berühmten Briefes vom 1. Mai 1895, welcher für das providentielle «Motu proprio» zur Reform der Kirchenmusik, das er, zum Papste gekrönt, am 22. November 1903 für die ganze Kirche erließ, die Grundlage bilden sollte [1].

*

In der kurzen Einleitung nimmt er zuerst auf die damals abgeschlossenen Festlichkeiten zur Jahrhundertfeier des Markusdomes Bezug. Dann stellt er fest, Kirchenmusik und Kirchengesang müßten dem allgemeinen Zweck der Liturgie, d. h. der Verherrlichung Gottes und der Erbauung der Gläubigen, wie auch ihrem besonderen Zwecke dienen, nämlich «die Gläubigen mittels der Melodien zur Andacht anzuregen und sie zu veranlassen, sich die Gnadenfrüchte des feierlichen Gottesdienstes mit größerem Eifer und besserer Bereitschaft anzueignen».

Nach diesen einleitenden Worten bespricht der Kardinal die Eigenschaften, die die Kirchenmusik von jeder anderen Musik unterscheiden müssen:

«Die Kirchenmusik muß in Anbetracht ihrer engen Bindung an die Liturgie und den liturgischen Text in

---

[1] Pii X Acta, v. I, pp. 75-87.

höchstem Maße auch deren Eigenschaften teilen, nämlich Heiligkeit, künstlerischen Wert und Universalität.

Alles, was in der Musik leichtfertig, vulgär, gemein und lächerlich ist, alles, was in der Kompositionsform oder in der von den Ausführenden gewählten Interpretationsweise profan und theatralisch ist, hat die Kirche von jeher verurteilt. Denn sie hält am Prinzip fest: sancta sancte. Sie hat in ihren musikalischen Formen immer der echten Kunst Recht und Geltung verschafft, sich dadurch in hohem Maße um die Kultur verdient gemacht, die Entwicklung der Tonkunst und die Vervollkommnung ihrer verschiedenen Systeme im Laufe der Jahrhunderte wesentlich gefördert.

Schließlich hat die Kirche auch die Universalität der von ihr vorgeschriebenen Musik nicht aus dem Auge verloren. Bei den diesbezüglichen Weisungen stützte sie sich auf das zu ihrer Tradition gehörende Prinzip, daß, wie es nur ein Glaubensgesetz gibt, es auch nur eine Form des Gebetes und, so weit als möglich, auch nur eine Norm des Gesanges gebe.»

In Befolgung dieser Prinzipien schuf die Kirche zwei Formen des Gesanges: den gregorianischen Choral, der nun beinahe tausend Jahre alt ist, und die im 16. Jahrhundert von Palestrina eingeführte klassische römische Polyphonie. Aber die Verfallserscheinungen der folgenden Jahrhunderte sollten leider auch an der Kirche nicht spurlos vorübergehen. Die alten Harmonien, die der Stimmung der Betenden so vorzüglich Ausdruck zu verleihen vermochten, wurden im Laufe der Zeit von neuen Richtungen verdrängt. Auf diese nimmt nun der Patriarch Bezug:

«Charakteristisch für den neuen, theatralischen Kirchengesang ist eine hemmungslose Leichtfertigkeit. Die Melodien sind dem Ohr sehr angenehm, über alle Maßen süßlich. Sie wollen den Sinnen schmeicheln und sind als

Höhepunkt des sogenannten Konventionalismus zu betrachten. Ich will nicht reden von den vielen Fällen, wo man einfach Melodien vom Theater nimmt und sie ungeschickt für die heiligen Texte zurechtmacht. Öfters noch wurden neue Melodien komponiert, aber in der Art und Weise des Theaters oder in Anlehnung an diese Motive; dadurch werden die erhabensten Handlungen der Religion zu weltlichen Vorstellungen erniedrigt, die Geheimnisse des Glaubens so weit profaniert, daß der Vorwurf Christi berechtigt ist: 'Ihr habt mein Haus zu einer Räuberhöhle gemacht.' »[1]

Der Kardinal war daher fest entschlossen, eingewurzelte Vorurteile zu überwinden, beklagenswerte Gewohnheiten auszurotten, wenn nötig durch strikte Befehle und unter Androhung kanonischer Strafen. Daher ordnete er an, daß jede Form weltlicher Musik unverzüglich aus den Kirchen seines Patriarchats verbannt werde, daß in allen Pfarreien eine Schule für gregorianischen Gesang eröffnet werde, in der das Volk lernen sollte, die heiligen Handlungen mit seinem Gesang zu begleiten, und daß jeder Pfarrer dafür Sorge trage, daß nur Männer von erprobter Frömmigkeit und unbescholtenem Lebenswandel in die Chöre aufgenommen würden, denen es oblag, « das Lob des Herrn zu singen »[2].

Venedig wurde sich seiner künstlerischen und musikalischen Tradition erneut bewußt und hörte auf die Weisungen seines Patriarchen.

Die von Kardinal Sarto ins Leben gerufene Reformbewegung erstarkte rasch, machte erfreuliche Fortschritte und fand binnen kurzer Zeit im ganzen Patriarchat Eingang und Anerkennung. Wie nie zuvor erfaßten und

---

[1] Mark. 11, 17.
[2] Rundschreiben an den Klerus des Patriarchates vom 1. Mai 1895. — Vgl. auch: Msgr. G. PESCINI, Ord. Rom., f. 332. — Dr. F. SACCARDO, Ord. Ven., S. 856 f.

erlebten die Venezianer die wohltuende Wirkung, die vom feierlichen Kirchengesang und von den mystischen Melodien des gregorianischen Chorals ausgeht. Sie waren stolz darauf, an der Reform der Kirchenmusik, die ihr Patriarch später als Papst allgemein durchführen sollte, als erste mitgewirkt zu haben [1].

Pastoralvisite

Am 21. Mai 1895, kurz nach Beendigung der Zentenarfeier des Markusdomes, kündete Kardinal Sarto seiner Diözese eine Pastoralvisite an.

Die Venezianer hatten ihn mit Sehnsucht erwartet. Ebenso sehnlich wünschten die in der Umgebung der Lagunenstadt lebenden Gläubigen und deren Klerus ihren Hirten kennenzulernen.

Wir verzichten auf die Beschreibung der Festlichkeiten, mit denen unser Kardinal, dem der Ruf der Güte und Heiligkeit vorauseilte, bei seiner Pastoralvisite empfangen wurde, und auf die Skizzierung seiner uns bereits bekannten Methode. Wir schenken unsere Aufmerksamkeit für ein paar Augenblicke einigen Gedanken, die er in dem Rundschreiben niederlegte, mit dem er seine erste Visitation ankündigte.

Welchen Zweck verfolgt die Kirche, was erstreben die Bischöfe mit einer Pastoralvisite? Kardinal Sarto antwortete:

« Die unverfälschte Lehre der Kirche verbreiten und sie vor Irrlehren schützen, die sie bekämpfen; die guten Sitten erhalten und der Verderbnis durch das Laster entgegentreten; durch Belehrung und Ermahnung die Herzen für die Religion begeistern und sie zum Frieden führen. »

---

[1] Siehe 8. Kap., S. 326 ff.

Beunruhigt « durch die Tatsache, daß gewisse neue Ideen auftauchten, in denen er eine Bedrohung der Unversehrtheit des Glaubens erkannte und gegen die er ein sofortiges Einschreiten für unerläßlich hielt »[1], sah er sich zu folgender Feststellung veranlaßt:

« Wie nötig ist doch eine Neubelebung des Glaubens in dieser Zeit, welche die Geheimnisse unseres Glaubens einer neuen Prüfung unterziehen will, die Beweise verlangt, wo Christus vom menschlichen Verstand Unterwerfung fordert; welche die am besten gesicherten Prophezeiungen in Frage stellt, die offensichtlichsten Wunder leugnet, die Sakramente verwirft, die Kundgebungen der Frömmigkeit belächelt, das kirchliche Lehramt verachtet, die Priester der Kirche verhöhnt. »

Kardinal Sarto wollte nun die Gläubigen seiner Diözese aufsuchen, wollte ihre Einstellung kennenlernen, um überall, besonders aber dort, wo der zerstörende und vergiftende Rationalismus Eingang gefunden hatte, neue Liebe und Begeisterung für Christus zu wecken.

« Ich komme zu euch », sagte er, « um euch daran zu erinnern, daß Jesus Christus, der Ursprung und die Vollendung des Glaubens, wie er gestern gewesen, so auch heute ist und durch alle Zeiten derselbe sein wird: 'Jesus Christus gestern, heute und in Ewigkeit'[2]; um auf Grund der Christusworte: 'Himmel und Erde werden vergehen, doch meine Worte werden nicht vergehen',[3] zu bekräftigen, daß Gott der von ihm gegebenen Offenbarung das Siegel ewiger Unveränderlichkeit aufgeprägt hat.

Ich komme zu euch, um euch zu sagen, daß, wie es nur *eine* Wahrheit und nur *einen* Glauben gibt, es auch nur *eine* Kirche gibt, die deren Verwalterin ist, und daß

---

[1] Msgr. G. PESCINI, Ap. Rom., SS. 873-874.
[2] Hebr. 13, 8.
[3] Luk. 21, 33.

alle jene, die nicht mit ihr sind, nicht sammeln, sondern zerstreuen. »

Über die damals zur Diskussion stehenden Irrtümer, welche die Person Christi, die Irrtumslosigkeit der Heiligen Schrift, die Geschichtlichkeit vieler biblischer Begebenheiten und die Echtheit vieler Wunder Christi betrafen, war Kardinal Sarto völlig im Bild; es entging ihm nicht, daß die Häresie an Boden gewann und viele Gläubige in Gefahr waren, ihr zu verfallen. Daher hörte er nicht auf, diese Irrtümer mit aller Deutlichkeit aufzuzeigen.

In dem Hirtenbrief spricht er nicht — wie er es in Mantua getan hatte [1] — von einem modernen Christentum, welches gegen das alte ankämpft und es aus der Welt schaffen will. Doch ist, wiewohl er sich anderer Ausdrücke bedient, der Inhalt seiner Worte derselbe. Wenn er die Unveränderlichkeit Christi betont, nimmt er damit Stellung gegen die bekannte Irrlehre von der Weiterentwicklung der Dogmen, die einer der Grundpfeiler des Modernismus war, jener Weltanschauung, die gegen die fundamentalen Lehren der Kirche anstürmte und ihr jedes göttliche Merkmal absprechen wollte. Wenn er auf die Leugnung der Wunder Christi zu sprechen kam, setzte er sich mit der sogenannten Bibelkritik auseinander, die sich bald darauf erkühnte, die heiligen Bücher als eine Sammlung von Träumen und Christus als einen von der Überspanntheit gewisser Leute geschaffenen Mythos zu definieren. Freilich konnte er nicht ahnen, daß es gerade seinem künftigen Pontifikat vorbehalten sein sollte, mit der Enzyklika « Pascendi dominici gregis », diese Irrlehre zu verurteilen [2].

*

[1] Siehe 5. Kap.
[2] PII X Acta, v. IV, pp. 47-114. — Und dennoch hat man kürzlich geschrieben, Pius X. « sei nicht der Mann gewesen, der sich über die Tragweite gewisser Ideen und gewisser Methoden hätte Rechenschaft geben können » (Vgl. L. SALVATORELLI, La Chiesa e il mondo: Pio X,

Monatelang lebte der Patriarch in Verbindung mit seinem Klerus und dem Volke, zog zwischen Venedig und Torcello von Pfarrei zu Pfarrei, zog von den prunkvollen Kirchen der Stadt zu den armen Fischerhütten auf entlegenen Lagunen, wirkte unermüdlich im Beichtstuhl, auf der Kanzel und unterrichtete Kinder und Erwachsene in der christlichen Glaubenslehre [1].

Die Venezianer staunten ob seiner rastlosen Tätigkeit und fürchteten, sie könnte die Gesundheit ihres Hirten gefährden. Sie scheuten sich daher nicht, ihm öffentlich ihre Besorgnis zu bekunden:

« Wir erlauben uns, eine Bitte an unseren Patriarchen zu richten, nämlich diese : denken Sie auch ein wenig an sich selbst. Wir danken Ihnen für Ihr unermüdliches Wirken, aber die Kinder, die ihren Vater lieben, wünschen, daß er sich ein wenig Schonung gönne, damit sie ihn um so länger lieben und verehren können. Es ist also eine selbstsüchtige Liebe, die uns zu dieser Bitte veranlaßt, aber immerhin Liebe. » [2]

S. 138 f.). Der Hirtenbrief vom 21. Mai 1895 ist eine schlagende Widerlegung dieser Behauptung. Ob Pius X. ein unfähiger Kopf, ob er « der gutmütige Landpfarrer » war, dem unversehens und unvorbereitet die Leitung der Weltkirche anvertraut worden sei, wie die damaligen Modernisten unter Duchesnes Führung versicherten, wird aus unsern späteren Darlegungen ersichtlich werden (vgl. P. G. SAUBAT, Ap. Rom., S. 538. — H. BORDEAUX, Images Romaines : Pie X, S. 116. Paris 1950).

Pius X. kannte die häretischen Lehren des Modernismus gründlich. Wir wissen, daß der Patriarch von Venedig die in den Schriften des Abbé A. Loisy enthaltenen Irrtümer zum Gegenstand einer besonderen Untersuchung machte. Behauptungen, die im Gegensatz zur katholischen Glaubenslehre standen, hob er hervor und verurteilte sie, auch in privaten Gesprächen (Msgr. F. PETICH, Proc. Ap. Ven., S. 378. — Vgl. auch : Proc. Ap. Rom., S. 1088).

[1] Msgr. G. JEREMICH, Ap. Ven., S. 117 : Ord. Ven., S. 78. — Der Priester G. DE BIASO, ebd., SS. 557-558. — Der Priester G. VALLÉE, Ord. Ven., S. 435. — Der Priester A. FROLLO, ebd., S. 594. — Der Priester R. SAMBO, ebd., S. 693. — Dr. A. VIAN, ebd., S. 952. — Msgr. E. HOENNING O' CARROLL, ebd., SS. 1492-1493. — Msgr. G. CISCO, ebd., S. 1574.

[2] Der Priester L. FERRARI, Ord. Trev., SS. 1509-1510.

Nach der Visitationsreise hielt der Heilige, wie er es schon in Mantua getan hatte, eine Diözesansynode ab, die vom 8. bis 10. August 1898

Ein glänzender Sieg

Als Patriarch Sarto am 24. November 1894 feierlich in Venedig einzog, wurde er von den der Freimaurerei verschriebenen Radikaldemokraten nicht begrüßt. Die Fenster des Rathauses waren ostentativ geschlossen geblieben.

Als einige Venezianer ihrer Entrüstung über das beleidigende Verhalten der Freimaurer Ausdruck gaben, sagte der Heilige: «Seien sie unbesorgt! Wenn die Fenster des Rathauses geschlossen geblieben sind, so werden wir dafür sorgen, daß sie geöffnet werden.» [1]

Er wartete, bis die Erneuerungswahlen in die städtische Verwaltung kamen. Bereits 1895 errangen die Katholiken große Wahlsiege [2]. Das eindrucksvollste Beispiel hatte Bergamo, das Zentrum der Katholischen Aktion, gegeben.

Viele waren der Ansicht, die Katholiken sollten den Grundsatz der Stimmenthaltung nicht nur bei den politischen, sondern auch bei den administrativen Wahlen befolgen. Der Heilige Stuhl vertrat jedoch eine andere Auffassung. Er legte den Katholiken immer wieder nahe, sich um die öffentliche Verwaltung ihrer Städte zu kümmern und nicht durch Stimmenthaltung den kirchenfeindlichen Parteien die Vorherrschaft in die Hände zu spielen.

Die Teilnahme an den administrativen Wahlen sollte eine Vorbereitung sein auf die politischen Wahlen, sobald der Heilige Stuhl die diesbezügliche Ermächtigung als ein Gebot der Stunde erachten würde.

im Markusdom stattfand. Venezianische Zeugen versichern, daß die Vorbereitung der Synode, auf der Beschlüsse von größter Bedeutung gefaßt wurden, ausschließlich das Werk des Patriarchen war, der Tage und Nächte dieser Arbeit widmete (Vgl. Msgr. G. JEREMICH, Ord. Ven., S. 83).

[1] Dr. G. B. GASTALDIS, Ord. Ven., S. 233.
[2] Vgl. «La Civiltà Cattolica», Rom, 6. August 1895, S. 485 f.

Es fehlte keineswegs an schwerwiegenden Problemen, welche die Mitarbeit der Katholiken — und zwar nicht nur als Minderheit — in den Gemeinde- und Provinzialräten erheischten, so zum Beispiel neben vielen anderen der Religionsunterricht an den Schulen, der bis dahin noch nicht vom Staate übernommen worden war, und die Aufsicht über die caritativen Einrichtungen.

*

In Venedig hatte bis zur Ankunft des Kardinals Sarto der Mann gefehlt, der die politische Lage klar erfaßt und Ansehen und Energie genug gehabt hätte, um die ganze Stadt aufzurütteln und mitzureißen. Unter dem neuen Patriarchen aber sollte das politische Leben Venedigs einen ganz neuen Antrieb bekommen.

Es ging nicht an, daß das durch und durch katholische Venedig sein politisches Schicksal den Händen einer Clique gehässiger Kirchenfeinde anvertraute, die bei jeder Gelegenheit die Gefühle des Volkes verletzten und seiner Traditionsverbundenheit hohnsprachen.

Der neue Patriarch, dem nur das Wohl seines Volkes am Herzen lag, hatte sich das Ziel gesteckt, die Stadtverwaltung von der Herrschaft der Freimaurer zu befreien und Venedig zu einer Behörde zu verhelfen, die seines Namens und seiner Geschichte würdig war.

Die Erneuerungswahlen in den Gemeinderat sollten im Juli 1895 stattfinden. Der Kardinal selber übernahm es, das Interesse der Katholiken dafür zu wecken. Ohne lange Reden, aber mit der Überzeugungskraft eines zielbewußten Führers rief er die katholischen Venezianer zum Kampf und zum Siege auf. Seine Parole lautete: «Lavorate, pregate, votate — Arbeitet, betet, geht zur Urne!»

Er scharte seine Priester, die Männer und Jungmänner um sich, hielt in seinem Palaste Versammlungen ab, veranstaltete in allen Stadtteilen Vorträge, setzte Ausschüsse und Unterausschüsse ein. Und als sich ihm die Erkenntnis aufdrängte, daß die Katholiken allein keinen Sieg erringen könnten, legte er mit großem Geschick die Grundlage für eine ehrenhafte Zusammenarbeit zwischen den wichtigsten Vertretern der katholischen Partei und der in jeder Hinsicht vertrauenswürdigen gemäßigten Partei. Damit das Unternehmen von Gebet unterstützt sei, schrieb er innerhalb von drei Tagen und drei Nächten mit eigener Hand mehr als 200 Briefe an Priester, Laien, katholische Vereinigungen und Ordensgemeinschaften [1].

Seine Kampfansage an die Freimaurer: « Fort mit den Feinden des St. Markus-Volkes! » zündete. Die Venezianer erkannten den Ernst der Stunde und erhoben sich, um für Religion und Vaterland zu kämpfen und zu siegen.

Am 28. Juli 1895, dem Tage der Gemeinderatswahlen, erfüllten die mit den Gemäßigten verbündeten Katholiken ihre Bürgerpflicht, befreiten mit einem durchschlagenden Wahlsieg ihre Stadt von der anmaßenden alten Verwaltung und setzten eine neue ein. An ihrer Spitze stand ein kirchentreuer Staatsmann: Conte Filippo Grimani, ein edler Nachkomme der Dogen dieses Namens. Er sollte Venedigs Geschicke während eines Vierteljahrhunderts lenken [2] und dessen glänzende Vergangenheit, welche viele bereits für immer versunken glaubten, neu aufleben lassen.

Die gestürzte Regierung hatte den Katechismusunterricht in den Schulen abgeschafft, das Kruzifix aus den Gebäuden der Wohlfahrtsanstalten verbannt, den Bau der Votivbrücken über den Canal Grande und den Canale

---

[1] Msgr. G. Pescini, Ord. Rom., f. 396.
[2] Msgr. G. Jeremich, Ap. Ven., S. 119. — Msgr. F. Petich, ebd., S. 367. — Dr. E. Sorger, Ord. Ven., SS. 204-208. — Dr. L. Tagliapietra, ebd., S. 334. — Dr. F. Saccardo, ebd., SS. 852-854. — Dr. A. Vian, ebd., SS. 958-959. — Dr. L. Valsecchi, ebd., SS. 1435-1436. — Vgl. auch: Der Priester L. Ferrari, a. a. O., SS. 53-56.

della Giudecca verboten, die der Senat der « Serenissima » vor Jahrhunderten zur Feier der Feste der Madonna della Salute und des heiligsten Erlösers angeordnet hatte, und mit all diesen Maßnahmen das religiöse Empfinden der katholischen Venezianer tief verletzt [1].

Damals besann sich das Volk der Lagunenstadt auf seine ruhmvolle Tradition; die Geschicke der Kirche und des Vaterlandes wurden wieder als Einheit betrachtet; in den Schulen fand der Religionsunterricht Eingang; in den Spitälern stand vor den Blicken der Leidenden und Sterbenden wieder das tröstende Bild des Gekreuzigten; in Verehrung und Liebe scharte sich das Volk um seinen Patriarchen wie um einen wiedererstandenen Dogen [2].

Patriarch Sarto und Leo XIII.

In Rom hieß es damals, der Kardinal von Venedig verstehe sich allzugut mit den Liberalen und die von ihm angeregte Verbindung der Katholiken mit den « gemäßigten » Liberalen bedeute eine Gefährdung der Grundsätze.

---

[1] Größte Entrüstung unter der Bevölkerung löste der Beschluß der damaligen Stadtverwaltung aus, die Errichtung der Schiffsbrücken zu verbieten, die man sonst, um dem Volke den Besuch der Erlöserkirche auf der Giudecca und des Heiligtums der Madonna della Salute am Canal Grande zu erleichtern, jedes Jahr anläßlich der beiden Feste, am dritten Sonntag im Juli und am 21. November, erstellt hatte. Die beiden genannten Kirchen sind den Venezianern überaus teuer; die erste wurde 1577, die zweite 1631 in dankbarer Erinnerung an die Befreiung von der Pest erbaut.

[2] Msgr. G. JEREMICH, Ap. Ven., S. 145 : Ord. Ven., SS. 96-97. — Dr. F. SACCARDO, ebd., S. 523. — Vgl. auch : Der Priester L. FERRARI, a. a. O., SS. 56-58. — Die Zeugnisse des bischöflichen und apostolischen Prozesses von Venedig nehmen oft Bezug auf dieses Ereignis, von dem die gesamte Presse Italiens, die katholische wie die nichtkatholische, sprach : die erstere mit großer Freude, die letztere mit tiefem Mißvergnügen und schlecht verhehltem Neid, weil sie einsehen mußte, daß nach einem Sieg der gesunden Kräfte der Stadt jeder Gegenschlag ihrerseits ausgeschlossen war (Vgl. « La Difesa » von Venedig, 29.-30. Juli 1895).

« L'Adriatico », eine liberale Zeitung Venedigs, schrieb am folgenden Tag : « Die Klerikalen haben gesiegt und zwar so glänzend wie in keiner anderen Stadt Italiens, mit erdrückender Mehrheit. »

Als Patriarch Sarto nach Rom kam, bat Leo XIII. ihn um Auskunft und Aufklärung. Der Kardinal legte dar, wie die Wahlen in die städtische Verwaltung verlaufen waren und wer diese « Liberalen » seien.

« Es sind Liberale », sagte er, « die an Ostern, und nicht nur an Ostern, öffentlich zu den Sakramenten gehen, die Sonntags der Messe beiwohnen, die an jedem Votivfest der Stadt teilnehmen, die sich nicht schämen, am Fronleichnamsfest den Schaft des Baldachins zu tragen. »

« Aber in diesem Falle » unterbrach ihn der Papst, « soll man sie Katholiken nennen, ja Klerikale ! »[1]

Mit dem Breve, das Leo XIII. an die katholischen Jungmänner von Venedig richtete, brachte er die bösen Zungen vollends zum Schweigen. Denn darin zollte er ihnen hohes Lob für den Gehorsam gegenüber ihrem Patriarchen und für ihren tapferen Kampf um eine ihrer Heimatstadt, ihrer selbst und ihres Glaubens würdige Regierung : « rectum civitati regimen omni ope secundoque exitu contendistis. »[2]

Es darf übrigens nicht außer acht gelassen werden, daß in der von Kardinal Sarto in Venedig befürworteten Verständigung zwischen Katholiken und gemäßigten Liberalen nicht die letzteren, sondern die Katholiken das Programm aufstellten, auf dessen Boden die gemeinsame Arbeit vor, während und nach den Wahlen durchgeführt wurde.

Dabei war hinsichtlich der wichtigsten Punkte : Ehrfurcht vor der Religion, Religionsunterricht in den

---

[1] Vgl. Msgr. E. BACCHION, Ap. Trev., S. 117. — Vgl. auch : Msgr. G. PESCINI, Ord. Rom., f. 322.
[2] « Ihr habt der Stadt mit aller Anstrengung und mit glücklichem Erfolg eine gute Regierung erkämpft. » Dr. A. VIAN., Ord. Ven., S. 960. — Vier Jahre später, am 31. Juli 1899, fanden in Venedig Erneuerungswahlen in die städtische Verwaltung statt; sie waren die letzten, die noch in das Patriarchat Kardinal Sartos fielen. Bei dieser Gelegenheit brachten die Katholiken eine bedeutende Anzahl von Glaubensgenossen in die Gemeindeverwaltung, obwohl ihre Gegner versucht hatten, die Niederlage von 1895 wettzumachen.

Schulen, Teilnahme an den Votivfesten, öffentliche Sittlichkeit, Verwaltung des Eigentums der caritativen Institutionen, grundsätzliche Einigung erzielt worden. Nun gab es keine Schwierigkeit mehr für die Bildung eines Blockes von ehrenhaften Bürgern, die gewillt waren, Venedigs Ruf einer christlichen und katholischen Stadt zu erneuern und dem Block eines haßerfüllten Antiklerikalismus die Stirne zu bieten.

Ein eucharistischer Kongreß

Am 6. April 1895 hatte eine frevlerische Hand den Hostienkelch vom Hauptaltare der Kirche der Unbeschuhten Karmeliter geraubt und die konsekrierten Hostien auf die Straße gestreut.

Diese Schandtat erfüllte ganz Venedig und seinen Patriarchen mit Schmerz und Entrüstung. Der Kardinal wandte sich mit einem erschütternden Rundschreiben an sein Volk und forderte es auf, dem eucharistischen Gott durch eine dreitägige Sühnefeier für diesen Frevel Genugtuung zu leisten.

Am letzten Tag des Triduums trug der Patriarch selber in feierlicher Prozession das Allerheiligste durch die Straßen der Stadt und richtete ergreifende Worte an sein Volk [1].

Msgr. Sartos Liebe zur heiligsten Eucharistie kam in seinen Predigten, in seinen Hirtenbriefen und sogar in seinen Privatgesprächen zum Ausdruck: unablässig empfahl er die häufige und tägliche Kommunion, womit er der Zeit und den Geschehnissen vorauseilte. Wie schon in Salzano und Mantua legte er größtes Gewicht darauf,

---

[1] Der Priester F. S. ZANON, Ord. Ven., SS. 573-754. — Dr. A. VIAN, ebd., S. 978.

daß die Kinder schon in zartem Alter zur heiligen Kommunion zugelassen würden [1], und ermahnte die Pfarrer, sie sollten dem Alter nicht so große Bedeutung beimessen, sondern nur darauf achten, ob die Kleinen hinreichend über die grundlegendsten Glaubenswahrheiten unterrichtet seien [2].

Seine Absicht war unverkennbar. Um die Menschen zum lebendigen Glauben der ersten christlichen Jahrhunderte zurückzuführen und sie zu befähigen, die großen und kleinen Probleme des sozialen Lebens zu lösen, wußte er nur ein Mittel: Rückkehr zum eucharistischen Heiland, zum mystischen Brot des Lebens, das läutert und heiligt. So reifte in ihm der Plan eines großen eucharistischen Kongresses.

*

Im Jahre 1881 war der erste eucharistische Kongreß abgehalten worden. Diese Glaubenskundgebungen hatten sich nicht nur auf religiösem, sondern auch auf sozialem Gebiet überaus segensreich ausgewirkt. Denn die Eucharistie ist das « Band der Liebe », das die Herzen aller im Herzen Christi, des göttlichen Erlösers, eint.

An der Bischofskonferenz im September 1896 schlug Patriarch Sarto den anwesenden Suffraganbischöfen vor, im darauffolgenden Jahr einen eucharistischen Kongreß in Venedig durchzuführen. Alle stimmten zu und beschlossen sofort, den Heiligen Vater um seine Genehmigung zu bitten. Leo XIII. erteilte sie mit Freude und spendete seinen Segen [3].

---

[1] Der Priester A. CHIACCHIOLE, Ap. Ven., S. 852. — Der Priester A. FROLLO, Ord. Ven., S. 594. — Dr. A. VIAN, ebd., S. 964. — Dr. F. SACCARDO, ebd., S. 1148. — Der Priester F. SILVESTRINI, ebd., S. 1460. — Msgr. G. B. PAROLIN, Ord. Rom., f. 661.
[2] Dr. A. VIAN, Ap. Rom., S. 1032.
[3] Brief des Kardinals Rampolla, den er im Namen S. H. Leos XIII. am 24. September 1896 schrieb. Vgl. Akten des XIX. Eucharistischen

Durch den apostolischen Segen ermutigt, setzte sich Kardinal Sarto mit dem Präsidium des « Komitees für eucharistische Kongresse » (Opera dei Congressi Eucaristici) in Verbindung, um die ersten Abmachungen zu treffen. Am 1. November kündete er sodann in einem Hirtenbrief, der ein begeisterter Hymnus auf das göttliche Königtum Christi war[1], der Bevölkerung der Kirchenprovinz Venetiens den vorgesehenen Zeitpunkt des Kongresses an. Unverzüglich ging er an die näheren Vorbereitungen, um der Feier einen erhebenden Verlauf zu sichern. Die Vorarbeiten dauerten an die sechs Monate und wurden bis in die letzten Einzelheiten vom Patriarchen selber « mit großer Klugheit, Energie und praktischem Sinn »[2] studiert, angeordnet und aufgeteilt. Dazu opferte er unzählige Nachtstunden, nahm an allen Sitzungen der verschiedenen Kommissionen teil, ließ aufklärende Vorträge abhalten und veranstaltete in den im Stadtzentrum gelegenen Kirchen Predigten und nächtliche Anbetung[3].

*

Am Morgen des 9. August 1897, einem strahlend sonnigen Tage, eröffnete Eminenz Sarto im größten Gotteshaus von Venedig, in der monumentalen Johannes- und Paulkirche, in Anwesenheit der Kardinalerzbischöfe von Mailand, Bologna und Ancona, vor neunundzwanzig Bischöfen, drei infulierten Äbten, den angesehensten Vertretern des Klerus und der katholischen Laien Italiens und vor einer gewaltigen Volksmenge mit einem gedankentiefen Kanzelwort den eucharistischen Kongreß. Darin

---

Kongresses, der im August 1897 in Venedig abgehalten wurde, S. 10, Venedig 1898.
[1] Zit. Akten, S. 11-19.
[2] Dr. A. VIAN, Ord. Ven., S. 964. — Vgl. auch : Msgr. G. JEREMICH, ebd., SS. 94-95. — Msgr. F. BRUNETTI, ebd., S. 167.
[3] Zit. Akten, S. 20-99.

führte er aus, daß sowohl der einzelne als auch die Gesellschaft Christus Huldigung schulde; er sagte u. a. :

«Das einzige Ziel der eucharistischen Kongresse ist, Christus im allerheiligsten Sakrament des Altares zu huldigen, um ihm für die Schmach Genugtuung zu leisten, die ihm von der Welt zugefügt wird. Wir nehmen daran teil, damit seine Gedanken in unserem Geiste, seine Sittenlehre in unserer Lebensführung, seine Wahrheit in unseren Institutionen, seine Gerechtigkeit in unseren Gesetzen, seine Verehrung in unserer religiösen Betätigung, sein Leben in unserem Leben wirksam sei.

Das allein ist der Zweck der eucharistischen Kongresse. Und dieser Zweck ist in den Hirtenbriefen, in denen nur Lügner etwas anderes sehen konnten, hundert Male und mit aller Klarheit ausgesprochen worden. Eine Huldigung an Christus und eine Umwandlung unserer Herzen haben wir uns zum Ziele gesetzt: ohne Feldgeschrei, ohne Waffengetöse, ohne Worte des Zornes und der Drohung, ohne Prahlen mit Macht und Sicherheit. Ich fühle mich im Gewissen verpflichtet, unsern Gegnern öffentlich diese Antwort zu geben, da sie in der Tätigkeit der Katholiken immer einen Anschlag auf die öffentlichen Einrichtungen sehen und sie vor dem Volk als Störer der öffentlichen Ordnung brandmarken. Die Christen aber anerkennen und befolgen als Losung, was der hl. Paulus im Namen Gottes lehrt: 'Jedermann soll der Obrigkeit untertan sein; denn wer sich gegen die Anordnung Gottes auflehnt, zieht sich das Gericht zu.' Und wir gehorchen der Obrigkeit, nicht aus Angst vor Strafe, sondern aus Gewissensgründen, indem wir jedem geben, was ihm gebührt: Steuern, Zoll, Ehrfurcht und Achtung [1].

Wenn nacheinander Neapel, Turin, Mailand und Orvieto dem eucharistischen Gott huldigten, so wird sich auch Venedig nicht dem Rufe verschließen; Venedig, das

---

[1] Vgl. Röm. 13, 7.

mit edlem Stolz die Erinnerung an die ruhmreichen Werke der Sagredo, Giustiniani, Orseoli, Emiliani, Barbarigo, an seine Heiligen, an die Cornaro, Morosini, Mocenigo, Dandolo — hervorragende Dogen und Patrizier — bewahrt. Nein, Venedig will nach Kräften mit seinen Schwesterstädten wetteifern, um Christus im Altarssakrament zu huldigen; es wird beten für die Bekehrung jener, die, obwohl unsere Gegner, dennoch unsere Brüder sind, dennoch zur Teilnahme an jenem Reiche berufen sind, das den Anfeindungen der Menschen und dem Zerstörungswerk der Zeiten siegreich widersteht.

Denn nicht nur auf dem Petersplatz in Rom, sondern an allen Orten des Erdballs, zu allen Zeiten der Weltgeschichte, gilt das Wort: 'Christus vincit, Christus regnat, Christus imperat et regni eius non erit finis.' » [1]

Während der vier Tage, die der Kongreß dauerte, schien Venedig in ein gewaltiges Gotteshaus verwandelt zu sein [2]. In tiefer Sammlung nahm das Volk an den Veranstaltungen teil. In St. Johann und Paul sprachen die besten Redner zu der Menge. Von dort eilten Tausende in die Stadt zurück, um in den verschiedenen Kirchen zu beten. In vielen Gotteshäusern war das Allerheiligste Tag und Nacht ununterbrochen ausgesetzt, für unseren Seligen ein Anlaß zu größter Freude.

« Es war geradezu ergreifend », so sagte der Kardinal in seiner Ansprache beim Abschluß des Kongresses, « zu sehen, wie in diesen Tagen eine unübersehbare Schar zum Tische des Herrn trat, den Gottesdiensten beiwohnte, zu allen Stunden des Tages dem auf unseren Altären ausgesetzten eucharistischen Heiland Ehrenwache hielt und sogar tief in der Nacht die Kirchen füllte, um ihn anzubeten. » [3]

---

[1] « Christus siegt, Christus regiert, Christus herrscht, und seines Reiches wird kein Ende sein. » — Zit. Akten, S. 118 f.
[2] Dr. A. VIAN, Ord. Ven., S. 964.
[3] Zit. Akten, S. 345.

Zur nächtlichen Anbetung fand sich des öfteren auch der Patriarch ein, trotz seiner Müdigkeit nach anstrengendstem Tagewerk [1].

Und wenn der Kongreß von Venedig von nie dagewesenem Erfolg gekrönt wurde, so war das zweifellos diesem Gebete vor dem Allerheiligsten zuzuschreiben. Flehte er doch unablässig den Herrn an, er möge gewähren, daß die in jenen Tagen angebahnte Erneuerung des Glaubenslebens den Seelen nie mehr verloren gehe.

Leo XIII., der alle Phasen des Kongresses aufmerksam verfolgt hatte, empfing wenige Tage darauf einen Priester aus Venedig und verlieh seiner Genugtuung über den Verlauf der Feierlichkeiten mit folgenden Worten Ausdruck: « Euer Kardinal hat sich große Verdienste erworben. » [2]

Diese Worte des Papstes bestätigten das allgemeine Urteil über die Verdienste des Kardinals um den Kongreß, der das Werk seiner Liebe gewesen: seiner Liebe zu Jesus im allerheiligsten Altarssakrament und seiner Liebe zum Volke.

Förderung der Katholischen Aktion

Kardinal Sarto war überzeugt, daß sich eine geordnete Mitarbeit der katholischen Laien in der Kirche sehr segensreich auswirken würde.

In jeder Pfarrei sollte deshalb die Katholische Aktion mit allen religiösen, wirtschaftlichen und sozialen Mitteln gefördert werden. Durch sie sollten die Katholiken zum Bekenntnis ihres Glaubens ermutigt und befähigt werden, den Angriffen der Sekten und der umstürzlerischen Parteien wirksamen Widerstand zu leisten.

[1] Der Priester L. FERRARI, Ord. Trev., S. 1505.
[2] Der Priester A. FROLLO, Ord. Ven., S. 593.

Der Priester allein vermochte die Kirche Gottes nicht mehr zu verteidigen. Er mußte einsatzbereite Laien zur Seite haben, die bereit waren, mit ihm zusammen für den Sieg des Glaubens und das Wohl des Vaterlandes zu kämpfen.

Kardinal Sarto begrüßte deshalb sehr die Tätigkeit der Opera dei Congressi Cattolici; gelegentlich der zehnten venezianischen Regionalversammlung dieser Vereinigung am 23. November 1895 richtete er an die Teilnehmer folgende Worte:

« Nur ein einziges Wort sage ich, um nur eines zu empfehlen: die Tat. Wir wollen nicht große Reden halten; das Geschwätz überlassen wir den Politikern. Uns geht es um Taten. Die Mitglieder der Pfarreiausschüsse müssen die Mitarbeiter des Pfarrers sein, müssen ihn in seiner priesterlichen Tätigkeit unterstützen, im Religionsunterricht, in der Leitung der Jugendorganisationen, bei der Wiederherstellung von Frieden und Eintracht in den Familien, damit der Stellvertreter Christi fest auf sein Volk zählen kann, wenn es um die Verteidigung seiner Rechte geht, ohne die religiöses und sittliches Wohl unmöglich ist.

Und vor allem braucht es Disziplin, Gehorsam und Selbstlosigkeit. Wir wollen arbeiten, aber ohne zeitliche Vorteile zu erstreben, ohne private Interessen zu verfolgen, ohne persönlichen Ehrgeiz. Wir wollen unsere Pflichten Gott, dem Nächsten und uns selbst gegenüber untadelig erfüllen. » [1]

Der Mittelpunkt der Katholischen Aktion von Venedig war der Patriarchenpalast [2]. Während der neun Jahre seines Patriarchates scheute Kardinal Sarto kein Opfer

---

[1] « La Difesa », Venedig, 25. November 1895.
[2] « Ich danke euch », sagte der Patriarch am Schlusse der Diözesanversammlung vom 13. Juli 1896, « daß ihr zu mir gekommen seid. Mein Haus ist euer Haus. Wenn ihr euch versammeln wollt, so kommt hierher zu mir. »

und keine Mühe, um die Männer und Jungmänner Venedigs für ihre Aufgaben als Laienapostel zu begeistern und zu schulen, ihre Tätigkeit zu unterstützen [1].

*

Die Opera dei Congressi Cattolici hatte damals ihren Sitz in Venedig. Die venezianische Sektion der Vereinigung sollte nach dem Wunsche des Kardinals für ganz Italien vorbildlich sein.

Daher tat er sein Möglichstes, damit zu einer Zeit, wo da und dort unheilvolle Spaltungen das feste Gefüge der katholischen Kräfte zu schwächen begannen, in der katholischen Aktion Venedigs das Ideal der Einheit und der Liebe unverbrüchlich festgehalten werde.

Leider blieben auch in Venedig Zwistigkeiten zwischen den alten und jungen Mitgliedern der Katholischen Aktion nicht aus. Mit väterlicher Güte und großer Eindringlichkeit ermahnte Msgr. Sarto am 29. Juli 1900 die Teilnehmer der in seinem Patriarchenpalast tagenden Diözesanversammlung zur Verständigung.

Leider war seinen Bemühungen kein dauernder Erfolg beschieden. Die Eigenwilligkeit leitender Persönlichkeiten führte später zu so schwerwiegenden Zwistigkeiten, daß der Heilige, der damals schon den Thron Petri bestiegen hatte, sich zu seinem großen Schmerz gezwungen sah, die Auflösung des Verbandes anzuordnen.

Wirtschaftliche und soziale Bewegung

Msgr. Sarto war aus dem Volke hervorgegangen und hatte sein ganzes Leben lang in enger Berührung mit dem

---

[1] Msgr. F. BRUNETTI, Ord. Ven., SS. 157-158. — Msgr. L. CHIODIN, ebd., S. 254. — Dr. F. SACCARDO, Ord. Ven., S. 887.

Volke gelebt und auch noch als Patriarch von Venedig stellte er sich durch die Einfachheit seiner Lebensführung an die Seite des bescheidensten Arbeiters. Deshalb war er besser als jeder andere imstande, die Bedürfnisse und Wünsche, die Entbehrungen und Leiden des Volkes zu verstehen. So ist es nur natürlich, daß er sich mit ganzer Kraft für das sittliche und wirtschaftliche Wohl seiner Diözesanen einsetzte.

Er kannte die schwierigen Probleme der Sozialen Frage: Materialisierung der Arbeit, Mißachtung des Gebotes der Sonntagsheiligung, Ausbeutung des Menschen durch den Menschen, das Schwinden des Geistes der Sparsamkeit, vor allem aber den Haß, der im Lärm der Fabriken wie auf den ländlichen Ackerfeldern entstand und — ähnlich wie in den mittelalterlichen Republiken — die «Kleinen» den «Großen» feindlich gegenüberstellte.

Kardinal Sarto war überzeugt, daß es nur einen Weg gibt, um die Klassen zu versöhnen: Erneuerung der christlichen Gesinnung, Einigung und Verständigung zwischen arm und reich im Geiste des Evangeliums.

Diesen Gedanken entwickelte er in Gegenwart der hervorragendsten Soziologen Italiens und des Auslandes auf dem Kongreß für soziale Studien, der im Jahre 1896 in Padua abgehalten wurde. Er führte u. a. aus:

«Wenn man die Soziale Frage im Lichte Christi sieht, versteht man ohne weiteres das sonst unerklärliche Geheimnis der Ungleichheit der Menschen. Diese Ungleichheit ist notwendig und unvermeidlich und wäre am nächsten Tage schon wieder vorhanden, wenn einmal ein großmütiger Träumer glaubte, sie beseitigt zu haben; denn sie ist ein Gesetz dieser zum Untergang bestimmten Welt. Man kann tun, was man will, es wird nie eine Möglichkeit geben, die Ersten und die Letzten, die Reichen und die Armen, die Großen und die Kleinen einander näher zu bringen, außer durch das Evangelium, durch das Kreuz. Das Kreuz ist die einzige Arche des Bundes; das Evangelium ist der einzige Friedensvertrag. »[1]

*

Im August 1901 riefen die Sozialisten alle Arbeiter Venedigs zu einer Massenversammlung auf und versuchten, die mehr als 2000 Arbeiterinnen der Tabakfabrik für ihre Ideen zu gewinnen.

Angesichts dieser gefährlichen Umtriebe blieb der Patriarch nicht müßig. Er begab sich in die Tabakfabrik, versammelte alle Arbeiterinnen um sich und stellte ihnen die schlimmen sittlichen und wirtschaftlichen Folgen der Arbeitslosigkeit vor Augen, die aus dem Streik resultieren würden. Er warnte sie vor dem Beitritt zu den sozialistischen Verbänden, wo gewissenlose Aufwiegler ihre Lage nur verschlimmerten, und erklärte sich bereit, sich persönlich mit aller Energie für die Wahrung ihrer Rechte und wirtschaftlichen Interessen einzusetzen.

Der Vorschlag wurde mit Beifall aufgenommen und Venedig blieb von einem Streik verschont[2], dessen Folgen nicht abzusehen waren und der nur den Feinden der sozialen Ordnung Vorteile gebracht hätte.

Nun wußten die Venezianer, daß Patriarch Sarto ihr Mann, der Arbeiterkardinal war.

*

Der Patriarch benützte jede Gelegenheit, um mit den Arbeitern zu verkehren, ihren Versammlungen beizuwohnen oder auf ihren Patronatsfesten den Vorsitz zu führen. Jede Institution, die um bessere Lebensbedin-

---

[1] Atti e Documenti del I. Congresso Cattolico Italiano degli Studiosi di scienze Sociali di Padova, p. 102. Padua 1887.
[2] Dr. A. VIAN, Ord. Ven., S. 965. — Msgr. F. SILVESTRINI, ebd , S. 1484.

gungen für das Volk kämpfte, konnte seiner Förderung sicher sein [1]. Er unterstützte die berühmte Spitzenschule von Burano, in der an die 400 Mädchen dieser äußerst armen Insel Beschäftigung fanden [2], förderte die von ihm gegründeten Arbeitersparkassen [3], die gegenseitigen Unterstützungsvereine [4], die Krippen für arme Kinder [5] und das Volkssekretariat [6], das sich zum Ziele setzte, den Arbeitern sichere Arbeit und gerechte Entlöhnung zu verschaffen [7]. Mit der von ihm weitgehend geförderten Initiative zur Gründung der Neuen St. Markusbank [8] verhalf er seinem geliebten Venedig zu einem Wohlstand, der an die alten Blütezeiten der mächtigen Beherrscherin der Meere erinnerte.

Die katholische Presse

Von der katholischen Presse hatte Msgr. Sarto immer eine hohe Meinung. Seiner Auffassung nach legte sie täglich ein Glaubensbekenntnis ab und sollte nicht aus strategischen Gründen grundsätzlichen Erörterungen ausweichen oder sich aus Opportunitätsgründen anpassen.

In Venedig wurde die katholische Zeitung « La Difesa » herausgegeben. Sie war gut redigiert und hätte viel mehr leisten können, wenn sie bei den Katholiken wirksamere Unterstützung gefunden hätte.

[1] Msgr. G. PESCINI, Ord. Rom., f. 326.
[2] Dr. A. VIAN, Ap. Rom., S. 1031. — Msgr. G. PESCINI, Ord. Rom., f. 309-310.
[3] « Le Casse Operaie Parrocchiali e Rurali. »
[4] « Le Società di Mutuo Soccorso. »
[5] « Patroni per i bimbi poveri. »
[6] « Segretariato del Popolo. »
[7] « La Difesa », Venedig, am 13. Juli 1896. — Vgl. auch: Msgr. G. PESCINI, Ord. Rom., f. 334. — Dr. A. VIAN, Ap. Rom., S. 1024.
[8] Nuovo Banco di S. Marco. — Dr. L. TAGLIAPIETRA, Ap. Ven., S. 335. — Der Priester C. CESCA, ebd., S. 659. — Dr. A. VIAN, Ap. Rom., SS. 1024, 1030. — Msgr. F. PETICH, Ord. Ven., S. 384. — Dr. A. DE BIASI, ebd., S. 1118. — Msgr. F. SILVESTRINI, ebd., S. 1462. — Vgl. auch: « La Difesa », Venedig, vom 7. Mai 1895.

Zu der Zeit, als Kardinal Sarto nach Venedig kam, befand sich die « Difesa » in einer fast verzweifelten Lage; doch das sollte sich bald ändern.

Der Kardinal kannte die Zeitung seit ihren Anfängen, und er schätzte die Arbeit der verantwortlichen Schriftleiter sehr. Für eine Stadt wie Venedig, wo die liberale und freimaurerische Presse, die alles Christliche bekämpfte, große Auflageziffern hatte, war die Existenz dieser Zeitung eine unbestreitbare Notwendigkeit [1].

« Welch eine Demütigung wäre es für die Venezianer und für mich », sagte der Patriarch in einer Versammlung am 12. Juli 1896, « wenn die Zeitung eingehen müßte ! Das wird aber nie der Fall sein, weil ich nicht will, daß sie eingehe. Und ich füge hinzu : Um der 'Difesa' zu helfen, damit sie weiterleben kann und bessere Zeiten sehe, werde ich, da ich nichts anderes zu geben habe, meinen Ring und mein Kreuz hergeben; eines aus gewöhnlichem Metall wird für mich genügen. Auch dieses Purpurgewand werde ich hergeben. Alles werde ich hergeben, aber ich will, daß die Zeitung lebe ! » [2]

Ein solcher Aufruf konnte nicht ungehört verhallen. Die Venezianer beeilten sich, ihrer katholischen Zeitung Unterstützung angedeihen zu lassen. Denn sie wußten, daß sie es dadurch dem Patriarchen ermöglichten, auf Irrtümer hinzuweisen, den Glauben zu verbreiten und für die Wahrheit einzutreten.

Nun war der « Difesa » eine Periode des Aufschwunges beschieden [3]. Mit bedingungsloser Prinzipientreue behandelte sie alle wichtigen Probleme des katholischen Lebens,

---

[1] Brief des Heiligen vom 1. Januar 1897 an den Direktor und die Redaktoren. Vgl. « La Difesa », Venedig, vom 23. Januar 1897.
[2] « La Difesa », Venedig, 13. Juli 1896. — Vgl. auch : Msgr. L. CHIODIN, Ord. Ven., S. 254. — Dr. F. SACCARDO, ebd., S. 888. — Dr. A. VIAN, Ap. Rom., S. 1035.
[3] Msgr. G. JEREMICH, Ap. Ven., S. 100. — Dr. L. TAGLIAPIETRA, ebd., SS. 334-335. — Der Priester C. CESCA, ebd., S. 659.

brandmarkte unverhehlt alles, was Zwietracht stiften konnte, und verteidigte die Ehre der tapferen katholischen Männer, die ihres Glaubens wegen unbegründeten Verdächtigungen und böswilligen Verleumdungen ausgesetzt waren [1].

Der Vater seines Volkes

Als treusorgender Seelenhirt verließ Kardinal Sarto Venedig nur sehr selten [2].
Bei dem gewaltigen Arbeitspensum, das er Tag für Tag erledigte, und dem er oft Stunden des Schlafes opfern mußte [3], hätte er dann und wann ein paar Ruhetage nötig gehabt, besonders im Sommer, wenn drückende Schwüle über den Lagunen lastete [4]. Der einzige Luxus, den er sich erlaubte, bestand darin, einige Tage in Crespano del Grappa zu verbringen, um im Institut der barmherzigen Schwestern vom Kinde Maria bei den Prüfungen der Schülerinnen den Vorsitz zu führen. Einige wenige Male zog er sich nach Possagno — der Heimat Canovas — zurück, wo sein Neffe Giovanni Battista Parolin als Pfarrer wirkte. Zu ihm sagte er einst scherzend: « Wenn

---

[1] Msgr. G. JEREMICH, Ord. Ven., S. 138; Ap. Ven., S. 101. — Dr. A. VIAN, Ord. Ven., S. 959. — Dr. A. DE BIASI, ebd., S. 1129. — Dr. L. VALSECCHI, ebd., SS. 1436-1437; Ap. Ven., SS. 721-722. — Der Priester L. ORIONE, Ord. Ven., S. 1687.

[2] Das bestätigen alle Zeugen in den bischöflichen und apostolischen Prozessen von Venedig.

[3] Msgr. G. JEREMICH, Ap. Ven., SS. 169-170. — Msgr. C. MENEGAZZI, ebd., S. 300. — Msgr. G. PESCINI, Ap. Rom., S. 888. — Dr. A. VIAN, ebd., S. 1034. — Msgr. F. PETICH, Ord. Ven., SS. 365-366. — ANNA GIACOMAZZI, Ord. Trev., S. 893.

[4] In einem an den Bischof von Padua gerichteten Brief lesen wir: « Es freut mich sehr, daß Sie sich in der herrlichen Gegend wohlfühlen, während wir hier in Venedig unter dem Scirocco und unter der Mückenplage zu leiden haben ... » (Brief vom 3. September 1902. Vgl. Lettere citate del Card. G. Sarto, Patriarca di Venezia, al Vescovo di Padova G. Callegari, S. 30).

ich eines Tages zu schwach sein werde, meinen Karren zu stoßen, komme ich zu dir als Kaplan. »[1]

Er reiste selten nach Rom, so daß Leo XIII. einmal zu ihm sagte: «Eminenz, kommen Sie doch öfter nach Rom! Sie sind uns ein lieber Gast. »[2] Der kluge Papst schätzte und liebte ihn in der Tat so sehr, daß er ihn gerne «die Perle des Hl. Kollegiums »[3] nannte und ihn am liebsten als seinen Generalvikar in Rom gehabt hätte[4].

So teilte der Patriarch mit seinen Venezianern Freud und Leid. Er wußte, daß viele seiner bedurften, und wollte nicht, daß sie ihn vergeblich suchen oder auf ihn warten müßten, wußte er doch, daß man «in der Welt des Geistes durch Geben die Herzen erobert, durch immerwährendes Geben, dadurch, daß man auch jenen gibt, die nichts erbitten, mehr noch durch bedingungsloses, vorbehaltloses Sichverschenken »[5].

*

Alle Zeugnisse berichten einstimmig von der grenzenlosen Wohltätigkeit, die der Patriarch in Venedig entfaltete[6].

Um die Not der Armen zu lindern, gab er alles weg, was er konnte[7], ohne an sich selbst zu denken, in der

[1] Msgr. A. Marchesan, a. a. O., XI. Kap., S. 448.
[2] Msgr. G. Bressan, Memorie mss.: Postulationsarchiv.
[3] Msgr. G. Jeremich, Ap. Ven., S. 89.
[4] Kard. R. Merry del Val, Ord. Rom., f. 860. — Vgl. auch: Msgr. G. Pescini, ebd., f. 301. — So ist es verständlich, daß Kardinal Sarto in Tränen ausbrach, als er die Nachricht vom Hinscheiden Leos XIII. erhielt. Als Msgr. G. Jermich ihn zu trösten suchte, antwortete er: « Du weißt nicht, wie lieb er mich hatte. » (Msgr. G. Jeremich, Ap. Ven., S. 122.)
[5] S. Exz. Vittorio Emanuele Orlando, Ap. Rom., S. 795.
[6] Dr. Saccardo, Ord. Ven., S. 892. — Vgl. auch: Msgr. G. Jeremich, Ap. Ven., S. 120. — Giuseppina Castagna-Vian, Ap. Rom., S. 1000.
[7] G. B. Tessari, Ap. Ven., S. 416. — Der Priester C. Cesca, ebd., S. 647. — Msgr. C. Menegazzi, ebd., S. 304. — Dr. L. Valsecchi,

festen Überzeugung, daß ihm die göttliche Vorsehung nichts vorenthalten werde, was zur Erfüllung seiner Pflichten unentbehrlich war [1].

Der Kardinal zog das für seine Bedürfnisse bestimmte Opfer alle drei Monate ein. Aber schon wenn das Trimester kaum zur Hälfte um war, hatte er — wie zuverlässige Zeugen aus Venedig versichern — keinen Soldo mehr, weil « ihm das Geld in den Händen zerrann, d. h. zu Almosen wurde » [2].

Dann kam es vor, « daß er sich gezwungen sah, eine Anleihe aufzunehmen, um die Auslagen seines Haushaltes zu bestreiten » [3]. Deshalb sagte er die volle Wahrheit, als er an einen Pfarrer in Mantua, der sich um Hilfe an ihn gewandt hatte, schrieb:

« Ich schäme mich, auf Ihren Hilferuf mit dieser kärglichen Gabe zu antworten, muß jedoch bekennen, daß ich unmöglich mehr tun kann, denn wenn ich in Mantua immer arm war, so bin ich hier ein Bettler geworden. » [4]

*

Eines Tages bat ihn ein Freund um ein Almosen für einen Armen. Der Heilige ließ sich die Bitte nicht zweimal vorlegen; er zog seine Geldtasche hervor, öffnete sie und leerte sie in die Hände seines Freundes mit den Worten: « Da, nimm alles, was ich habe. » [5]

ebd., S. 739. — Dr. A. VIAN, Ap. Rom., S. 1034. — Msgr. G. CISCO, Ord. Ven., S. 1586.
[1] Msgr. G. JEREMICH, Ap. Ven., S. 146.
[2] Msgr. G. JEREMICH, Ap. Ven., S. 171. — Dr. A. VIAN, Ord. Ven., S. 979. — Vgl. auch: Msgr. F. BRUNETTI, ebd., S. 167. — Der Priester G. VALLÉE, ebd., S. 441. — Msgr. F. PETICH, Ap. Ven., S. 368. — Msgr. G. SANFERMO, ebd., S. 1319. — Msgr. G. B. PAROLIN, Ord. Rom., f. 655.
[3] Msgr. G. CISCO, Ord. Ven., S. 1589.
[4] Msgr. A. MARCHESAN, a. a. O., XI. Kap., S. 409.
[5] Msgr. G. PESCINI, Ord. Rom., f. 333.

« Ich erinnere mich », sagte ein Domherr von San Marco aus, « daß sich der Patriarch verpflichtet hatte, einen Beitrag für den Unterhalt zweier mitteloser Waisenmädchen zu leisten. Eines Tages begab ich mich in den Palast des Patriarchen, um seinen Beitrag abzuholen. Aber wie groß war meine Überraschung, als er mir anvertraute, daß er keinen Centesimo mehr habe. Er hatte bereits seine Schwestern um 200 Lire bitten müssen, mit denen er eine mittellose Familie aus der äußersten Not retten wollte. « Was kann ein Bischof tun, » sagte er zu mir, « wenn ein armer Mann ihn auf den Knien um Hilfe bittet ? »[1]

*

« Ich bringe kaum einen Bissen hinunter », sagte er eines Tages zu einem Domherrn aus Treviso, der bei ihm zu Besuch war, und fügte hinzu : « Denk' dir, eine Familie aus dem Bürgerstand hätte heute Hunger leiden müssen, wenn ich ihr nicht das Notwendige geschickt hätte. Und wieviele », schloß er mit sichtlicher Ergriffenheit, « befinden sich in so großer Not ! » Dann erzählte er in tiefem Mitleid von den Briefen und Bittgesuchen, die ihm von allen Seiten zugingen[2].

Für sich selbst verlangte er nichts; nie dachte er daran, etwas für sein Alter beiseite zu legen oder seine Verwandten zu bereichern[3]; er gab und gab und klagte nur über eines : daß die für den Haushalt des Patriarchen bestimmten 22 000 Lire für seine Wohltätigkeit nicht ausreichten[4]. Wenn er nichts mehr zu geben hatte,

---

[1] Msgr. C. MENEGAZZI, Ap. Ven., S. 304.
[2] Msgr. G. MILANESE, a. a. O., SS. 27-28.
[3] Msgr. G. JEREMICH, Ord. Ven., S. 133. — Msgr. F. BRUNETTI, ebd., S. 177. — Der Priester G. VALLÉE, ebd., S. 448. — Msgr. F. PETICH, Ap. Ven., S. 395. — Msgr. G. B. PAROLIN, Ord. Rom., f. 657.
[4] Msgr. G. JEREMICH, Ord. Ven., S. 88. — M. PASSI, Ord. Trev., SS. 432-433. — Msgr. G. B. PAROLIN, Ord. Rom., f. 655.

zögerte er nicht, sich sogar seiner eigenen Kleidungsstücke [1] zu entäußern und Gegenstände herzugeben, die ihm sehr teuer waren.

« Es tut mir sehr leid », sagte er einmal zu einem in Armut geratenen Manne, der dringend einer finanziellen Unterstützung bedurfte; « ich habe im Augenblick keinen Centesimo. Nehmen sie dieses Elfenbeinkruzifix, das dem heiligmäßigen Papst Pius IX. gehört hat. Es besitzt hohen Kunstwert, Sie können dafür einen hübschen Betrag lösen. » [2]

Nun verstehen wir, warum das Volk von ihm sagen konnte : « Der Ärmste der Armen Venedigs ist unser Patriarch. » [3] Und wir verstehen auch, daß der Heilige seinem Neffen Giovanni Battista Parolin, dem Pfarrer von Possagno, gegenüber wiederholt äußerte : « Battista, wenn ich sterbe, findest Du nichts ! » [4]

*

Der Patriarch empfing alle Armen : die aus den Elendsquartieren und jene, die einst bessere Tage gekannt hatten, die in der Armut Geborenen und die noch mit Seide und Samt Bekleideten — letzte schmerzliche Erinnerung an entschwundenen Wohlstand. Und niemand verließ seinen Palast mit leeren Händen [5].

« Während der zwei Jahre, die ich in seinen Diensten stand », bezeugt ein ehemaliger Kammerdiener des Kardinals, « hatte ich den Auftrag, den Armen 10 bis 20 Lire

---

[1] MARIA SARTO, Ord. Rom., f. 74. — Vgl. auch : Contessa MARIA PIA PAGANUZZI, Ord. Ven., S. 1278. — Dr. A. VIAN, Ap. Rom., SS. 1039-1040.
[2] Msgr. A. MARCHESAN, Ord. Trev., SS. 1253-1254. — Dr. A. VIAN, Ap. Rom., SS. 1034-1035.
[3] Msgr. G. B. PAROLIN, Ord. Rom., f. 655.
[4] Ders., ebd., f. 657.
[5] Msgr. G. JEREMICH, Ord. Ven., SS. 115-116. — Msgr. F. PETICH, ebd., SS. 383-384. — Dr. A. VIAN, ebd., S. 978.

zu geben, ein für damalige Zeiten nicht unbedeutendes Almosen, und jenen, die zur Audienz erschienen, drückte er eine Hundertlirenote in die Hand. »[1]

Seine engsten Mitarbeiter hätten die stets wachsende Zahl der Hilfesuchenden gerne eingeschränkt. Aber er hatte den Befehl erteilt, daß keinem der Zutritt zu ihm verwehrt werden solle. Und mehr als einmal rügte er seinen Sekretär Msgr. Bressan und seinen Kammerdiener Giovanni mit scharfen Worten, wenn sie einen Armen abgewiesen hatten: « Denken Sie daran, daß die Armen den Vorrang vor allen andern haben. »[2]

Aber er begnügte sich nicht damit, allen Armen die Türe seines Palastes zu öffnen, sondern suchte selber die Ärmsten und Elendsten in ihren dumpfen Kammern und Dachstübchen auf. Gott allein kennt die Opfer und Entbehrungen, die er auf sich nahm, um Tränen zu trocknen, Leiden zu lindern, Trauernde zu trösten, ihnen seinen Segen und seinen priesterlichen Beistand zuteil werden zu lassen, quälende Zukunftssorgen mit seiner Hilfe zu verjagen [3].

Seine Nächstenliebe war eine eindrucksvolle Verlebendigung der Worte, die einst die Serenissima in der Sprache Roms als Mahnwort an die Dogen um das Absisgesims der Klemenskapelle des Markusdomes meißeln ließ: « Liebe die Gerechtigkeit und lasse jedem sein Recht. Bedenke, daß der Arme, die Waise und die Witwe in dir vertrauensvoll ihren Beschützer erblicken. Sei gütig gegen alle. Weder Furcht noch Haß noch Geldgier sollen Macht über deine Seele erlangen. »

---

[1] Der Priester A. CHIACCHIOLE, Ap. Ven., S. 853.

[2] ANNA GIACOMAZZI, Ord. Trev., S. 893. — Vgl. auch: Msgr. G. JEREMICH, Ord. Ven., S. 116.

[3] Msgr. F. PETICH, Ord. Ven., S. 284. — Dr. A. DE BIASI, ebd., S. 1158. — Msgr. F. SILVESTRINI, Ap. Ven., S. 469. — Vgl. auch: Der Priester A. CHIACCHIOLE, Ap. Ven., S. 850. — Der Priester G. VALLÉE, Ord. Ven., S. 438.

Bescheidenheit und Einfachheit

Die Bescheidenheit und Einfachheit des Heiligen, Merkmale echter Größe, waren nicht weniger bewundernswürdig als seine Nächstenliebe.

Es wurde bereits darauf hingewiesen, daß er bei der Ernennung zum Kardinal und zum Patriarchen an seinen bisherigen Lebensgewohnheiten nichts änderte. Die großen Säle des Patriarchenpalastes dienten den feierlichen Empfängen; für ihn waren zwei bescheidene Zimmerchen hergerichtet, die ebensogut « irgendeinem Landpfarrer hätten gehören können » [1].

Nur einen Diener, nur einen Gondelführer hatte er. Seine Schwestern waren schlicht und bescheiden; sie besorgten die täglichen Einkäufe und kleideten sich wie die Frauen aus dem Volke [2].

Bei den Audienzen kam es bisweilen vor, daß er, wie früher in Mantua, die Türe seines Studierzimmers selber öffnete. Und wenn sein unerwartetes Erscheinen den Wartenden überraschte, zog er ihn augenblicklich mit einem gütigen Lächeln, mit einer Frage oder einem Scherzwort aus seiner Verlegenheit [3].

Seine täglichen Mahlzeiten waren einfach und bescheiden [4]. « Nie gab er Weisungen für seinen Tisch, er war stets mit dem zufrieden, was ihm vorgesetzt wurde, wie

---

[1] Dr. F. SACCARDO, Ord. Ven., S. 850. — Vgl. auch: ANNA SARTO, Ord. Rom., f. 154. — Msgr. G. PESCINI, ebd., f. 418. — Msgr. G. JEREMICH, Ap. Ven., S. 171. — Dr. A. VIAN, Ap. Rom., S. 1039. — Dr. L. PICCHINI, Ord. Ven., SS. 840-841.
[2] MARIA SARTO, Ord. Rom., f. 76. — Msgr. G. PESCINI, ebd., f. 304. — Msgr. F. ZANOTTO, ebd., f. 181. — Msgr. G. CISCO, Ord. Ven., S. 1571. — GIUSEPPINA CASTAGNA-VIAN, Ap. Rom., S. 1001.
[3] Msgr. G. JEREMICH, Ap. Ven., S. 175. — Dr. A. VIAN, Ord. Ven., S. 983. — Msgr. G. CISCO, ebd., S. 1588. — GIUSEPPINA CASTAGNA-VIAN, Ap. Rom., S. 1001.
[4] MARIA SARTO, Ord. Rom., f. 75. — Msgr. G. JEREMICH, Ap. Ven., S. 88. — Der Priester G. VALLÉE, Ord. Ven., S. 426.

auch die Speisen zubereitet sein mochten. »[1] So berichten Personen, die den Kardinal in Venedig kannten und mit ihm verkehrten.

*

Jedem Prunk abhold, ging er wie der einfachste Priester im gewöhnlichen schwarzen Talar aus. Zum Morgenspaziergang, der ihm vom Arzt vorgeschrieben worden war, begab er sich gewöhnlich auf den Lido; dort machte er sich sofort nach der Landung auf den Weg zum Marinehospiz.

Unterwegs knüpfte er Gespräche mit den Fischern an; der Kammerherr, der ihn begleitete, mußte ihnen ein paar Fische abkaufen, um ihnen etwas zu geben, das nicht wie ein Almosen aussehen sollte [2].

Er unterhielt sich gern mit den Leuten aus den untersten Volksschichten und sprach mit Stolz und Freude von der Armut der Familie, aus der er stammte. Gern hörte er sich « den armen Kardinal vom Lande » nennen [3]. Wurde er aber mit dem Titel « Eminenz » angesprochen, so antwortete er:

« Was Eminenz!... Ich bin in Riese zur Welt gekommen und bin das Kind armer Eltern. Ist das etwas Schlimmes? Es ist die Wahrheit. »[4]

*

Im August des Jahres 1899 hatten ihn die Schwestern vom Kinde Maria in Crespano del Grappa zur Schlußfeier des Schuljahres ihres Institutes eingeladen. Da er

---

[1] MARIA SARTO, Ord. Rom., f. 100. — Vgl. auch: ANNA GIACOMAZZI, Ord. Trev., S. 893. — Msgr. G. JEREMICH, Ap. Ven., S. 170.

[2] Msgr. F. PETICH, Ord. Ven., S. 401. — Der Priester A. CHIACCHIOLE, Ap. Ven., S. 855.

[3] Dr. L. TAGLIAPIETRA, Ap. Ven., S. 337. — Dr. F. SACCARDO, Ord. Ven., S. 876. — Dr. A. VIAN, ebd., SS. 892-893. — Dr. A. DE BIASI, ebd., SS. 1162-1163. — Msgr. G. PESCINI, Ord. Rom., f. 425.

[4] Msgr. G. B. ROSA, Ord. Rom., f. 1038.

annahm, man werde ihm an der Bahnstation Bassano, wo er aussteigen mußte, einen ehrenvollen Empfang bereiten wollen, schrieb er an einen Freund, er möge an dem und dem Tag zur Ankunft eines bestimmten Zuges mit einem Wagen an den Bahnhof kommen, um zwei Priester aus Venedig abzuholen, die an Gondeln gewöhnt und daher schlechte Fußgänger seien.

Der Freund fand sich pünktlich am Bahnhof ein. Aber welch freudige Überraschung für ihn, als er im älteren der beiden Priester den Patriarchen erkannte! Er konnte sich des Ausrufes nicht enthalten: «Oh, Eminenz... Sie sind's!...» Der Kardinal ließ ihn nicht ausreden, hob den rechten Zeigefinger an den Mund zum Zeichen, er möge schweigen, bestieg rasch den Wagen und gelangte unbeobachtet nach Crespano [1].

*

Im Verkehr mit seinen Schwestern war er wie einst in Riese der alte Bepi. Und im Umgang mit seinen Vertrauten beseelte ihn ein so liebenswürdiges Zartgefühl und eine so heitere Zuvorkommenheit, daß einer von ihnen bezeugen konnte: «Es war eine Freude, mit ihm zusammen zu leben.» [2]

Er wollte nicht, daß sich jemand bemühe, um ihm irgend einen kleinen Dienst zu erweisen [3]. Im Gegenteil, wenn er bemerkte, daß jemand etwas nötig hatte, beeilte er sich, selbst für Abhilfe zu sorgen, als wolle er die Unaufmerksamkeit der andern ihm gegenüber entschuldigen oder übersehen [4].

---

[1] Msgr. A. MARCHESAN, a. a. O., XI. Kap., SS. 450-451.
[2] Msgr. G. JEREMICH, Ap. Ven., S. 82. — Vgl. auch: MARIA SARTO, Ord. Rom., f. 76. — Msgr. PESCINI, ebd., f. 304. — Der Priester G. B. VIANELLO, Ap. Ven., S. 550. — Msgr. F. PETICH, ebd., SS. 396-397.
[3] Msgr. G. JEREMICH, Ord. Ven., S. 66.
[4] Msgr. F. PETICH, Ord. Ven., S. 365.

Der Kirchenfürst

Unter dem fürstlichen Kardinalspurpur, der dem einstigen Bischof von Mantua nicht im Hinblick auf seine Metropolitenwürde zu San Marco in Venedig verliehen worden war, sondern als Anerkennung für seine hervorragenden Verdienste, schlug das demütige Herz des Sohnes aus dem Volke. Und doch konnte niemand an ihm je das geringste Anzeichen seiner bescheidenen Herkunft entdecken, das auch nur entfernt eine Beeinträchtigung der ihm von der Kirche verliehenen Würde bedeutet hätte [1]. Wer nicht um seine Abstammung wußte, hätte in ihm einen Sprossen aus fürstlichem Geschlechte gesehen [2].

Der französische Unterrichtsminister Chaumié äußerte sich folgendermaßen über ihn:

« Er ist ein Mann von großer persönlicher Anziehungskraft und eine glänzende Erscheinung: ein offenes Antlitz, aus dem Entschiedenheit spricht, die jedoch durch die Augen gemildert ist: aus ihnen leuchtet der Glanz ewiger Jugend. Jedes Sich-zur-Schau-stellen liegt ihm fern; er hat aber auch nichts Serviles an sich. Seine Umgangsformen ... sind vollendet, es sind die eines Mannes, der vollkommen Herr seiner selbst ist. » [3]

René Bazin, Mitglied der französischen Akademie, bezeichnet dieses Urteil als das eines « Passanten » [4]. Und die Kritik daran ist berechtigt, wenn sie besagen will, daß die Aufmerksamkeit des Ministers Chaumié lediglich von der äußeren Erscheinung des Patriarchen gefesselt

---

[1] Msgr. G. Jeremich, Ord. Ven., S. 130. — Msgr. F. Petich, Ap. Ven., SS. 395-396.
[2] Msgr. G. Jeremich, Ord. Ven., S. 130. — Msgr. F. Brunetti, ebd., S. 177. — Msgr. F. Petich, ebd., S. 401.
[3] F. A. Forbes, Life of Pius X, IV. Kap., S. 82. London 1917.
[4] Pie X, VII. Kap., S. 96.

wurde und er nicht erfaßt hatte, worin das Geheimnis dieser vollendeten Würde lag.

Die Venezianer errieten es, denn sie sagten von ihm, daß er « beständig in einer übernatürlichen Atmosphäre lebe »[1], und verehrten ihn deshalb als Heiligen[2].

« Unser Patriarch »

Die Venezianer wußten, daß Kardinal Sarto nur für sein Volk lebte.

« Unser Patriarch ! » nannten sie ihn voll Stolz; und in diese Worte legten sie ihr ganzes Herz[3].

Wenn es sich herumsprach, der Kardinal befinde sich da oder dort, in der und der Pfarrei, so strömten die Leute zusammen, um ein Wort von ihm zu hören, seinen Blick zu erhaschen, seinen Segen zu empfangen. Und überglücklich war, wem es gelang, seine Hand zu küssen[4].

Patriarch Sarto freute sich über die Beweise aufrichtiger Liebe, die ihm in so reichem Maße zuteil wurden, grüßte alle, lächelte allen zu und spendete allen seinen Segen. Doch er achtete nicht auf seltsame kleine Geschehnisse, die in geheimnisvoller Weise ein prophetisches Licht auf die Zukunft warfen.

*

[1] Msgr. G. JEREMICH, Ap. Ven., S. 146.
[2] Msgr. F. BRUNETTI, Ord. Ven., S. 148. — Comm. A. CADEL, ebd. S. 1246. — Msgr. C. MENEGAZZI, ebd., S. 226. — Dr. A. VIAN, ebd., S. 989. — Dr. A. DE BIASI, ebd., S. 1149. — E. NORFO, ebd., S. 1230. — Msgr. F. SILVESTRINI, ebd., S. 1482. — Der Priester A. CHIACCHIOLF, Ap. Ven., S. 857. — ANNA GIACOMAZZI, Ord. Trev., S. 897. — Vgl. auch : Kard. R. MERRY DEL VAL, Ord. Rom., f. 860. — Msgr. G. B. PAROLIN, ebd., f. 664. — Msgr. G. B. ROSA, ebd., f. 1045.
[3] A. PAROLIN, Ap. Trev., SS. 251-252. — Msgr. A. ROMANELLO, ebd., S. 62. — Msgr. A. MARCHESAN, ebd., S. 1212. — Msgr. G. BRESSAN, Memorie mss. : Postulationsarchiv.
[4] Msgr. G. JEREMICH, Ord. Ven., SS. 96-97. — Msgr. F. PETICH, ebd., S. 384. — Dr. A. VIAN, ebd., S. 966. — Dr. C. CANDIANI, ebd., SS. 457-458. — Prof. F. PELLEGRINI, S. 287.

Ein Vertrauter des Kardinals erzählt: « Als ich eines Tages den Patriarchen begleitete, der sich zu einem kranken Kind begab, um ihm die Firmung zu spenden, ging eine einfache Frau aus dem Volke an uns vorbei. Sie trug ein Kind auf dem Arme, das erst wenige Worte zu stammeln vermochte. Der Kardinal war durch seine Kleidung durchaus nicht als Kirchenfürst zu erkennen. Als uns der Kleine erblickte, fing er an zu rufen: 'Mama, Mama, da ist der Papst!'

Ich flüsterte dem Kardinal zu: Ex ore infantium — aus dem Munde der Kinder...! Aber sofort versetzte er mir mit dem Ellbogen einen sanften Stoß und sagte in strengem Tone: 'Sag keine Dummheiten!' »[1]

Aber berichtet uns die christliche Hagiographie nicht mehrmals, daß unschuldige Kinder, vom Himmel erleuchtet, den Träger göttlicher Sendung erkannten?

In Mantua hatte Msgr. Sarto etwas Ähnliches erlebt.

« Eines Tages hatte ich », so berichtet ein Priester aus Mantua, « den Diener Gottes ins Haus der Jesuiten begleitet. Dort lebte ein einfacher, gutmütiger Laienbruder namens Tacchini. Sooft dieser den Bischof sah, sagte er: 'Da kommt ein Schneider (Sarto)[2], der die Kleider der Kirche gut ausbessern wird. Er wird zuerst Kardinal, dann Patriarch, und dann Papst!'

'Siehst du, da irrst du dich!' antwortete ihm eines Tages der Heilige; 'denn wenn überhaupt, so werde ich zuerst Patriarch und dann Kardinal.'

'Nein', entgegnete Tacchini, 'zuerst werden Sie Kardinal und dann Patriarch und dann... ja dann werden Sie Papst.' »[3]

*

[1] Msgr. G. JEREMICH, Ap. Ven., SS. 173-174.
[2] Das Wortspiel mit dem Familiennamen des Heiligen (Sarto) wird verständlich, wenn wir wissen, daß Sarto « Schneider » bedeutet.
[3] Msgr. G. B. ROSA, Ord. Rom., f. 975.

Nie hat sich in Venedig jemand so großer Volkstümlichkeit erfreut wie unser Heiliger. Ein sicherer Beweis dafür ist, daß der Patriarchen-Palast der eigentliche Mittelpunkt des venezianischen Lebens war.

Während der mehr als dreißig Jahre priesterlichen Wirkens als Kaplan, Pfarrer, bischöflicher Kanzler und Bischof von Mantua hatte er so reiche Erfahrungen erworben, daß in Venedig Unzählige vertrauensvoll seinen Rat erbaten: der Klerus, die Aristokratie, die Jugend, Patrizier, Leute aus dem Volke, königliche Prinzen.

Täglich bestürmte ihn eine bunte und zahlreiche Menge, denn die Venezianer wußten, daß er alle mit gleicher Güte empfing, unermüdlich und geduldig Bitten anhörte, Gesuche und Empfehlungen annahm [1].

Er genoß so hohes Ansehen, daß sogar die städtischen Behörden keinen Beschluß von größerer Tragweite faßten, ohne zuvor seinen Rat eingeholt oder seine Zustimmung erhalten zu haben [2].

Der Klerus fügte sich gern und voll Vertrauen seinen Weisungen [3], ohne sich bewußt zu werden, daß er in den Händen seines Patriarchen Werkzeug eines Planes war, der die «Erneuerung aller Dinge in Christus» erstrebte [4].

---

[1] Maria Sarto, Ord. Rom., f. 75. — Msgr. F. Petich, Ap. Ven. SS. 383-384. — Msgr. G. Jeremich, ebd., SS. 159-160. — Dr. L. Tagliapietra, Ord. Ven., S. 268. — Dr. A. Vian, Ap. Rom., S. 1034. — Der Priester L. Ferrari, a. a. O., S. 50.
[2] Msgr. G. Jeremich, Ap. Ven., S. 119: Ord. Ven., S. 85. — Msgr. C. Menegazzi, ebd., S. 303. — Dr. E. Sorger, Ord. Ven., SS. 194-195. — Dr. L. Tagliapietra, ebd., SS. 226-227. — Dr. F. Saccardo, ebd., S. 854. — Dr. A. De Biasi, ebd., SS. 1130-1131. — Dr. L. Picchini, ebd., S. 841. — M. Passi, Ord. Trev., SS. 283, 285-286.
[3] Msgr. F. Brunetti, Ord. Ven., S. 177. — Vgl. auch: Msgr. Petich, Ap. Ven., S. 369. — Dr. F. Frattin, Ord. Ven., S. 212. — Der Priester R. Sambo, ebd., SS. 701-702. — Dr. F. Saccordo, ebd., S. 872. — Dr. L. Valsecchi, ebd., S. 1437.
[4] Msgr. G. Jeremich, Ord. Ven., S. 98. — Der Priester G. Vallée, ebd., S. 442. — Msgr. F. Brunetti, ebd., S. 172. — Dr. A. Vian, ebd., S. 977. — Vgl. auch: Msgr. G. Pescini, Ord. Rom., f. 396.

Auf dem Monte Grappa

Gern leistete Eminenz Sarto Einladungen auf das Festland Folge, um auch in anderen Diözesen mit dem Zauber seines Wortes heilige Glaubensbegeisterung zu wecken. Wir übergehen hier die eindrucksvollen Feierlichkeiten zu Ehren der heiligsten Eucharistie, der Mutter Gottes oder der Heiligen sowie andere religiöse Kundgebungen in der Lombardei und in Venetien, an denen er teilnahm [1]. Wir berichten nur von der am 4. August 1901 vollzogenen Einweihung der riesigen Madonnenstatue, die zur Erinnerung an den Beginn des 20. Jahrhunderts auf dem Gipfel des Monte Grappa [2] errichtet worden war.

Ängstliche Gemüter rieten ihm ab, sich auf diesen mehr als 1700 m hohen Gipfel zu begeben, da sie darin eine Anstrengung sahen, die seinem Alter nicht angemessen war. Doch der Kardinal lächelte. Es galt ja, die Gottesmutter zu ehren; da scheute er keinerlei Beschwerden.

Am Abend des 3. August traf er in Campo S. Croce am Fuße des Grappamassivs ein und begann den Aufstieg. Zehntausende von Stimmen, die Lieder zu Ehren der Muttergottes sangen, tönten durch die Nacht: silberhelle Kinderstimmen, zarte Frauenstimmen, die kräftigen Stimmen von Bauern und Arbeitern. Freudenfeuer, Windfackeln und schwankende Lichter längs der Saumpfade tauchten den schlafenden Berg in helles Licht.

Der Kardinal erreichte den Gipfel bei Sonnenaufgang. Er feierte die heilige Messe, weihte die Statue und sprach zu der unübersehbaren Menschenmenge, wie er zu sprechen wußte, wenn es darum ging, die Muttergottes zu verherrlichen [3]. Am Schlusse seiner Ansprache brach das

---
[1] Msgr. A. MARCHESAN, a. a. O., XI. Kap., SS. 434-435.
[2] Der Priester G. CAVICCHIOLI, Ap. Mant., S. 225. — Contessa MARIA PIA PAGANUZZI, Ord. Ven., S. 1278.
[3] Der Monte Grappa ist ein 1773 m hoher Berg, ungefähr 30 km südlich der österreichisch-italienischen Grenze gelegen.

Volk in den begeisterten Zuruf aus : « Es lebe der Patriarch ! » Er aber antwortete : « Es lebe Maria ! » —
Eine Achtzigjährige drängte sich mitten durch die Menge, näherte sich dem Heiligen, erfaßte seine Hand, küßte sie und sagte : « Jetzt sterbe ich gerne. »[1]

Kurz darauf begann der Patriarch den Abstieg. Seinen Hut schmückten Edelweißsterne, die das Volk für ihn gepflückt hatte [2].

Er ahnte damals wohl nicht, daß der Monte Grappa eines Tages das Bollwerk seiner Heimat sein, und daß der Ansturm der Feinde am Fuße der von ihm geweihten Muttergottesstatue aufgehalten werden würde [3].

[1] Vgl. Msgr. A. MARCHESAN, a. a. O., XI. Kap., S. 440.
[2] Ders., ebd. — Vgl. auch : Dr. F. SACCARDO, Ord. Ven., S. 891.
[3] Anspielung auf den heldenhaften Widerstand des italienischen Heeres gegen die deutsch-österreichische Armee während des letzten Abschnittes des ersten Weltkrieges (1917-1918).

7. Kapitel

VON LEO XIII. ZU PIUS X.
(4. August 1903)

1. Von Venedig nach Rom. — 2. Wer wird der Nachfolger Leos XIII.? — 3. Im Konklave. — 4. «Ich bin unwürdig... vergessen Sie mich!» — 5. «Fassen Sie Mut, Eminenz!» — 6. Dramatische Augenblicke. — 7. «Du bist Petrus!» — 8. Der Segen «Urbi et Orbi». — 9. Der Eindruck im diplomatischen Korps. — 10. Die ersten Volksaudienzen. — 11. Der Kardinal-Staatssekretär.

Von Venedig nach Rom

Wie eine Fackel, die erlischt, weil es ihr an Nahrung fehlt[1], entschwand am 20. Juli 1903 das «Lumen in coelo» den Augen der Menschen.

Der Papst, der ein Vierteljahrhundert lang die Welt mit dem Lichte seines Geistes erleuchtet hatte, ging zur ewigen Ruhe ein wie ein Kämpfer nach langer Schlacht.

Leo XIII. war tot. Während im Vatikan für die verwaiste Kirche gebetet wurde und das römische Volk neben der sterblichen Hülle des Neunzigjährigen kniete, traten die Kardinäle in aller Welt die Reise nach der Stadt Petri an, um der Christenheit einen neuen Vater, der Kirche einen neuen Stellvertreter Christi, der Menschheit einen neuen Lehrer zu geben.

Auch Kardinal Sarto, durch das Ereignis besorgt und erschüttert, bereitete sich auf die Reise vor. Am Nachmittag des 26. Juli verabschiedete er sich von den Schwe-

---

[1] V. MONTI, Mascheron., Bd. I., 1. Kap.

stern und verließ den Patriarchenpalast, ohne zu ahnen, was Gott mit ihm vorhatte [1].

Er stieg in die Gondel, fuhr den Rio [2] di Canonica hinunter und gelangte in den Canal Grande. Alle Glocken der Stadt läuteten.

Doch weder der frohe Glockenklang noch die Jubelrufe des Volkes, die von den beiden Ufern des Kanals an sein Ohr drangen, vermochten in seinem Herzen das Echo zu wecken wie vor neun Jahren, da er am 24. November 1894 in die stille Stadt des hl. Markus Einzug gehalten hatte.

Am Bahnhof erwartete ihn eine riesige Menschenmenge, die wie durch ein geheimnisvolles Zeichen herbeigerufen zu sein schien.

« Kommen Sie bald wieder, Eminenz ! » riefen die Venetianer einhellig; und es war, als läge in diesem Ruf die unerklärliche Angst, er könnte nicht in die Lagunenstadt zurückkehren.

« Ich komme zurück — lebend oder tot », antwortete mit lauter Stimme der Patriarch, der nur mit Mühe seine Bewegung verbergen konnte, während er seine Diözesanen segnete.

Als sich um 14.35 Uhr der Zug in Bewegung setzte, erhoben sich begeisterte, nicht endenwollende Rufe : « Es lebe unser Patriarch ! Es lebe unser Kardinal ! » [3]

Von der Lagunenbrücke aus betrachtete er noch einmal die geliebte Stadt : er grüßte die Kuppel des unvergleichlichen Markusdomes, der im tiefen, leuchtenden Blau des Meeres versank, und spürte die ganze Bitterkeit der Trennung. Und er bedeckte seine feuchten Augen mit den Händen [4].

---

[1] Maria Sarto, Ord. Rom., f. 82. — Msgr. G. Pescini, ebd., f. 336. — Anna Giacomazzi, Ord. Trev., S. 894.
[2] Rio ist die Bezeichnung für einen kleinen Kanal.
[3] « La Difesa », Venedig, am 27. Juli 1903.
[4] Msgr. G. Pescini, Ord. Rom., f. 338.

« *Wer wird der Nachfolger Leos XIII. ?* »

Waren diese Tränen wohl auf eine Vorahnung zurückzuführen ?

Wenn ihm in den vorhergehenden Tagen jemand unvorsichtigerweise gewünscht hatte, es möchte ihm die Tiara verliehen werden, hatte er ernst, fast unwillig geantwortet : « Ein größeres Unglück wissen Sie mir wohl nicht zu wünschen ? »[1]

Msgr. Primo Rossi, der Abt von Castelfranco Veneto, sprach einmal mit Kardinal Sarto über das hohe Alter Leos XIII. und wagte die Frage zu stellen, wen dieser für den wahrscheinlichen Nachfolger des Papstes halte.

« Du stellst mir da eine ganz unangebrachte Frage », antwortete der Patriarch. « Wer der Nachfolger Leos XIII. sein wird ?... Da kann man unmöglich Mutmaßungen anstellen. Der Nachfolger eines so hervorragenden Papstes ! »

Und nach kurzem Schweigen fügte er hinzu :

« Da Leo XIII. die Welt durch seine Weisheit erleuchtete, ist anzunehmen, daß eine bedeutende Persönlichkeit zu seinem Nachfolger erwählt werden wird, doch ein Papst, der vor allem durch seine Heiligkeit imponiert. »[2]

Ohne es zu wollen, beschrieb Kardinal Sarto mit diesen Worten sich selbst als den Nachfolger Leos XIII., nach dem die Kirche und die Welt verlangten.

Unter den vielen, die in ihm den künftigen Papst sahen, befanden sich Männer, denen die Kirche später die Ehre der Altäre zuerkannte :

« Jetzt haben wir einen Papst, der mit seiner großen Gelehrsamkeit, seinem sicheren Blick und mit außer-

---

[1] Msgr. E. BACCHION, Ord. Trev., S. 525.
[2] Der Priester L. FERRARI, Vita di Pio X, XXII. Kap., SS. 145-146. Turin 1924. — Vgl. auch : Msgr. E. HOENNING, O' CARROLL, Ord. Ven., S. 1506.

ordentlichem Geschick das Ansehen der Kirche in der Welt über alles Erwarten ganz wunderbar förderte. Doch nach dem Tode Leos XIII. wird die Kirche ein Oberhaupt brauchen, das sie ganz offensichtlich zu den evangelischen Tugenden der apostolischen Zeit zurückführt, zu Güte und Barmherzigkeit, Armut im Geiste, Sanftmut, um größeren Einfluß auf die Volksmassen auszuüben. Und deshalb scheint die Wahl des Kardinals Sarto von Venedig höchst wünschenswert, denn er steht in dem Ruf, diese Tugenden in hohem Grade zu besitzen.»

So schrieb der Jurist Contardo Ferrini, wie man in einer Zeugenaussage seines Seligsprechungsprozesses lesen kann [1].

Der berühmte Professor der Universität Pavia und Kardinal Sarto waren also völlig gleicher Meinung über die Eigenschaften, die der Nachfolger Leos XIII. besitzen sollte; nur in einem Punkt gingen ihre Ansichten aus-

---

[1] Positio super virtutibus S. D. Contardi Ferrini, Viri laici ac Prof. Athenaei Papiensis, S. 654. Rom 1927. — Unter den Persönlichkeiten, die davon überzeugt waren, Kardinal Sarto werde zum Papst erwählt werden — und die davon mit solcher Sicherheit sprachen, daß man eine göttliche Eingebung annehmen muß —, befand sich der berühmte P. Bernardino da Portogruaro, Generalsuperior des Franziskanerordens, dessen Seligsprechung jetzt eingeleitet ist. P. Bernardino bewunderte die Tugend des Bischofs von Mantua. Als er erfuhr, daß dieser Kardinal geworden und zum Patriarchen ernannt worden sei, schrieb er an eine vornehme venezianische Familie: « Empfangen Sie ihn ehrenvoll, denn er ist unser künftiger Papst. » (Vgl. P. IGNAZIO BESCHIN, Vita del Servo di Dio P. Bernardino Dal Vago da Portogruaro, Min. Gen. dei Fratri Minori e Arcivescovo Tit. di Sardica, II. Bd., XII. Kap., S. 503. Treviso 1927.)

Doch es scheint, daß selbst Leo XIII. in Kardinal Sarto seinen Nachfolger sah. Als ihm 1898 der berühmte Maestro Perosi Projekte und Fragen vorlegte, die die Musikkapelle der Sixtina betrafen, sagte er wörtlich: « Sie werden in größerem Maße Dienste leisten können, wenn der Kardinal von Venedig Papst sein wird. » (Zeugenaussage des Maestro L. Perosi vom 2. August 1950: Postulations-Archiv. — Vgl. auch: Msgr. R. SANZ DE SAMPER, Proc. Ord. Rom., f. 1138.)

Auch Eminenz Kardinal Lucido Maria Parrocchi, der Vikar Leos XIII., sagte im Jahr 1897 im Gespräch mit einem venezianischen Priester: « Ihr Kardinal wird der Nachfolger Leos XIII. » (Der Priester A. FROLLO, Proc. Ord. Ven., SS. 593-594.)

einander: Professor Ferrini — und nicht er allein — sah im Patriarchen von Venedig den richtigen Mann für den Thron Petri, während der Heilige sich für diese Aufgabe nicht nur für unwürdig, sondern auch für ganz ungeeignet hielt.

Im Konklave

Der Kardinal von Venedig traf am Morgen des 27. Juli in Rom ein und nahm im Lombardischen Kolleg Wohnung, das sich damals in Prati di Castello befand [1].

Er zweifelte nicht im mindesten daran, daß er nach Venedig zurückkehren werde [2] und der Gedanke an seine Erwählung lag ihm so fern, daß er auf diesbezügliche Wünsche seiner Freunde und Bekannten gar nicht einging oder mit einem der Scherzworte antwortete, die ihm so oft über die Lippen kamen [3].

Die Anhänglichkeit, die ihm die Bevölkerung der Lagunenstadt beim Abschied bezeigt hatte, verstärkte seinen Wunsch, sofort nach Beendigung des Konklaves zu seinen Venezianern zurückzukehren, hatte er ihnen doch versprochen, er werde wiederkommen — tot oder lebendig [4].

Dieser Wunsch kam auch in einer Unterhaltung mit einem französischen Kardinal zum Ausdruck.

In einer der Sitzungen zur Vorbereitung des Konklaves befand sich Kardinal Lécot, Erzbischof von Bordeaux, zufällig in der Nähe des Patriarchen von Venedig. Da er ihn nicht kannte, sprach er ihn französisch an:

---

[1] Msgr. G. BRESSAN, Ap. Rom., S. 74. — Msgr. F. GASONI, Ord. Rom., f. 251. — Msgr. G. B. PAROLIN, ebd., f. 665. — F. ROSA, ebd., f. 812.
[2] Msgr. G. BRESSAN, Ap. Rom., S. 74. — MARIA SARTO, Ord. Rom., f. 82. — Msgr. E. BACCHION, Ap. Trev., SS. 127-128.
[3] Msgr. F. GASONI, Ord. Rom., f. 251.
[4] MARIA SARTO, Ord. Rom., f. 82. — Msgr. G. B. PAROLIN, ebd., f. 666. — Msgr. G. JEREMICH, Ord. Ven., S. 101.

« Von welcher Diözese sind Eure Eminenz Erzbischof ? »
« Ich spreche nicht Französisch », antwortete Kardinal Sarto.
« Woher kommen Sie ? » fragte der Kardinal von Bordeaux nun lateinisch.
« Von Venedig. »
« Dann sind Sie also der Patriarch von Venedig ? »
« Gewiß », antwortete dieser.
« Aber wenn Eure Eminenz nicht Französisch sprechen, haben Sie keine Aussicht, zum Papst gewählt zu werden, denn der Papst muß Französisch sprechen », bemerkte der französische Kirchenfürst.
« So ist es, Eminenz ; ich habe keine Aussicht, zum Papst gewählt zu werden. Deo gratias ! » stimmte der Patriarch von Venedig zu, offenbar sehr erfreut und erleichtert, einen Kardinal getroffen zu haben, der ebenso dachte wie er [1].

Doch Gott hatte andere Pläne mit dem « armen Kardinal vom Lande », der nicht Französisch konnte ; er besaß die Heiligkeit und das notwendige Wissen eines Mannes, der von Gott ausersehen war, die Geschicke seiner Kirche zu lenken und den Menschen die sicheren Wege der Wahrheit und des Heiles zu weisen.

*

Am Abend des 31. Juli betraten zweiundsechzig Purpurträger ernst und feierlich die Sixtinische Kapelle, um den Beistand des Heiligen Geistes für das Konklave anzurufen. Dekan des Heiligen Kollegiums war der von Pius IX. kreierte Kardinal Oreglia di Santo Stefano. Und man

---

[1] Diese Episode erzählt Kardinal D. Mathieu, Erzbischof von Toulouse, in seinem kleinen Werk über den Verlauf des Konklaves bei der Wahl Pius' X., das seinerzeit großes Aufsehen erregte. (Vgl. Les derniers jours de Léon XIII et le Conclave par un témoin. Paris 1904.)

wußte bereits, daß zum Sekretär des Konklaves ein ausgezeichneter, erst achtunddreißigjähriger Prälat ausersehen war, Msgr. Merry del Val, Erzbischof von Nizäa und Präsident der Academia dei Nobili Ecclesiastici, der sich unter dem Pontifikat Leos XIII. ehrenvoll wichtigster Aufträge entledigt hatte und an dem alle Kardinäle sowohl hervorragende Frömmigkeit als auch hohe Bildung schätzten[1].

Die Züge des Kardinals Sarto waren von schwerer Sorge überschattet; es war die Sorge, der Kirche einen würdigen Nachfolger Petri zu geben. Nicht für einen Augenblick kam ihm der Gedanke, gerade er könnte der Erwählte sein, bestimmt, das schwere Kreuz der obersten Schlüsselgewalt zu tragen[2].

Beim ersten Wahlgang am Vormittag des 1. August fielen fünf Stimmen auf ihn, beim zweiten am Nachmittag zehn. Mit seinem unverwüstlichen Humor flüsterte er einem neben ihm sitzenden Kardinal lachend zu: «Die Kardinäle amüsieren sich auf meine Kosten!» Das konnte er umso mehr sagen, da Kardinal Rampolla 29 Stimmen[3] erhalten hatte und man annehmen konnte, daß sich diese Zahl noch erhöhen werde.

Doch der nächste Tag brachte eine entscheidende Wendung.

Kardinal Puzyna, Bischof von Krakau, legte im Namen Sr. Apostolischen Majestät, des Kaisers von Österreich, gegen die Wahl des Staatssekretärs Leos XIII. Veto ein, ohne zu ahnen, daß dieses anmaßende Veto den Ereignissen den von der Vorsehung gewünschten Lauf geben werde.

---

[1] Msgr. Prof. P. Cenci, Archivar des Vatikanischen Geheimarchivs: Il Cardinale R. Merry del Val; mit einer Einleitung von S. Eminenz Kard. Eugenio Pacelli, Staatssekretär Sr. Heiligkeit, IV. Kap., SS. 117-121. Rom-Turin 1933.

[2] Msgr. A. Caron, Ord. Rom., f. 468. — Msgr. G. B. Rosa, ebd., f. 1014.

[3] Analecta Ecclesiastica: Diarium Curiae Romanae, An. XI (1903), S. 358.

Der Dekan des Heiligen Kollegiums, Kardinal Oreglia, wies entschieden den Versuch zurück, durch den eine weltliche Macht, die dem Konklave fernstand, die Hände des Heiligen Kollegiums bei der Papstwahl binden wollte. Und er versicherte, keiner der Kardinäle werde ein Veto berücksichtigen, das vor ihrem Gewissen keinerlei Bedeutung habe.

Nicht weniger entschieden und feierlich protestierte Eminenz Rampolla:

« Ich beklage lebhaft den schweren Angriff, der von einer weltlichen Macht gegen die Freiheit der Kirche und die Würde des Heiligen Kollegiums unternommen wurde und erhebe entschiedenen Protest dagegen. Was meine geringe Person anlangt, erkläre ich, daß mir nichts Ehrenvolleres und nichts Willkommeneres begegnen konnte. »[1]

*

Nach diesem Zwischenfall erhielt Eminenz Rampolla am 2. August in der ersten Sitzung die gleichen 29 Stimmen wie am Vorabend; am Nachmittag stimmten 30 Purpurträger für ihn. Der Kardinal von Venedig, auf den sich am Abend des 1. August zehn Stimmen vereint hatten, erhielt am Morgen des 2. August 21, am Abend 24[2].

---

[1] Ebd., S. 357. — Msgr. P. SINOPOLI, Il Card. Mariano Rampolla del Tindaro, XXI. Kap., S. 216. Rom 1923. — Der Heilige machte diesem Mißbrauch ein für allemal ein Ende, indem er jeden Versuch, die Freiheit des im Konklave versammelten Hl. Kollegiums durch ein Veto zu beeinträchtigen, mit Exkommunikation bedrohte. (Vgl. Konstitution « Commisum Nobis » vom 20. Januar 1904. — PII X Acta, Bd. III, SS. 289-291.)

[2] Analecta Ecclesiastica. — Msgr. G. B. PAROLIN, Ord. Rom., f. 665.

« *Ich bin unwürdig... Vergessen Sie mich!* »

Als der Heilige sah, daß die Anzahl der für ihn abgegebenen Stimmen wuchs, wurde er von Schrecken ergriffen. Und um zu verhindern, daß ihm die furchtbare Verantwortung des Papsttums auferlegt werde, begann er die Kardinäle zu bitten und zu beschwören, sie möchten von ihm absehen. Mit größter Entschiedenheit erklärte er, er würde unter keiner Bedingung das Pontifikat annehmen.

« Ich fühle mich im Gewissen verpflichtet », sagte er mit tränenerstickter Stimme, « Ihnen zu sagen, daß ich nicht die Fähigkeiten habe, die für das Papsttum erforderlich sind. Sie haben die Pflicht, jemand andern ins Auge zu fassen und ihm Ihre Stimme zu geben. Ich bin unwürdig... Ich bin unfähig... Vergessen Sie mich! » [1] Und um seinen Worten größere Überzeugungskraft zu geben, führte er Beweise an, die er für ausschlaggebend hielt. « Doch die Gründe, die er anführte », bezeugte Kardinal Gibbons, Erzbischof von Baltimore, « machten seine Bitten illusorisch, denn es sprach so viel Demut und Weisheit aus ihnen, daß sie die ihm gezollte Achtung, die Bewunderung und die für ihn abgegebenen Stimmen der Kardinäle nicht verringerten, sondern vermehrten. Wir lernten ihn auf diese Weise kennen: während er mit größter Aufrichtigkeit zu beweisen suchte, daß ihm die für das Papsttum erforderlichen Eigenschaften fehlten, offenbarte er eben diese Eigenschaften. Er sprach mit bebender Stimme, sein Gesicht zeigte den Ausdruck großer Erregung und Traurigkeit; Tränen rannen ihm über die Wangen. » [2]

*

[1] Vgl. Msgr. G. MILANESE, a. a. O., SS. 29-30.
[2] Zeugenaussage des Kardinals G. GIBBONS: Vgl. F. CRISPOLTI, Da Pio IX a Pio XI (« Ricordi Personali »): SS. 96-97. — Vgl. auch:

Am 3. August wurden beim ersten Wahlgang 27 Stimmen für Kardinal Sarto abgegeben, während Kardinal Rampolla nur 24 erhielt [1]. Nun konnte kein Zweifel mehr bestehen : der Patriarch der Lagunenstadt war der von den Kardinälen Erwählte.

Das Heilige Kollegium erwartete, daß er sich entschließen werde, die Wahl anzunehmen. Doch Kardinal Sarto wollte nichts davon wissen. Auf die eindringlichen Vorstellungen und Bitten antwortete er unter Tränen : « Lassen Sie mich zu meinen Venezianern zurückkehren; sie erwarten mich. » [2] Der Gedanke, zum Papst erwählt zu werden, schien ihm unfaßbar.

« Fassen Sie Mut, Eminenz ! »

Der Kardinaldekan war besorgt, weil der Patriarch von Venedig den Widerstand gegen seine Wahl nicht aufgab, denn das Konklave sollte sich nicht zu sehr in die Länge ziehen. Deshalb beauftragte er Msgr. Merry del Val, sich zu Eminenz Sarto zu begeben und ihn im eigenen Namen sowie im Namen des Heiligen Kollegiums zu fragen, ob er sich entschließen könne, die Wahl anzunehmen oder ob er auf seiner Weigerung beharre.

Wir führen den Bericht an, den der Beauftragte Jahre später über diese Begebenheit erstattete :

« Ich begab mich sofort auf die Suche nach Kardinal Sarto. Man hatte mir gesagt, ich werde ihn in der Paulinischen Kapelle finden.

Es war gegen Mittag, als ich in die dunkle, stille Kapelle eintrat. Vor dem Allerheiligsten brannte das

---

Kard. R. MERRY DEL VAL, Ord. Rom., f. 928. — Zeugenaussage des Kardinals A. AIUTI : Vgl. Msgr. SILVESTRINI. Ap. Ven., SS. 457-458.
[1] Analecta Ecclesiastica, ebd.
[2] Zeugenaussage von Msgr. G. BRESSAN : Vgl. Msgr. L. PAROLIN, Ord. Trev., S. 585. — Vgl. auch : Msgr. G. JEREMICH, Ord. Ven., S. 101.

Ewige Licht; auf dem Altar und an den beiden Seiten des Bildes Unserer Lieben Frau vom guten Rat waren einige Kerzen angezündet.

Ganz nahe dem Altare kniete ein Kardinal auf dem Marmorfußboden, den Kopf zwischen den Händen, die Arme auf eine kleine Bank gestützt. Es war Kardinal Sarto,

Ich kniete mich neben ihn und teilte ihm mit leiser Stimme den Wunsch des Kardinaldekans mit.

Kaum hatte der Patriarch meine Botschaft vernommen, da hob er den Kopf und blickte mich an; Tränen rannen aus seinen Augen.

Angesichts so tiefer Bedrängnis verschlug mir die Spannung, mit der ich die Antwort erwartete, fast den Atem. Mit sanfter Stimme sprach er:

'Ach, Monsignore, sagen Sie doch dem Kardinaldekan, er möge mir die Barmherzigkeit erweisen, nicht an mich zu denken.'

In diesem Augenblick war es mir, als wiederholte er die Worte, die der göttliche Meister in Gethsemani sprach: 'Transeat a me calix iste' — 'Laß diesen Kelch an mir vorübergehen!' [1]

'Fassen Sie Mut, Eminenz! Der Herr wird Ihnen beistehen!' kam es mir unwillkürlich über die Lippen.

Der Kardinal sah mich mit dem tiefen Blick, den ich durch eine wunderbare Fügung der Vorsehung später so gut kennenlernen sollte, aufmerksam an und sagte einfach:

'Danke. Danke.'

Und ich verließ die Kapelle. Doch der tiefe Eindruck, den diese Begegnung mit dem Patriarchen von Venedig auf mich machte, wird mir stets unvergeßlich sein. Es war das erste Mal, daß ich Kardinal Sarto nahe kam, und es schien mir, als sei ich einem Heiligen begegnet. » [2]

---

[1] Matth. 26, 39.
[2] Kard. R. MERRY DEL VAL, Pio X: Impressioni e Ricordi, SS 15-17: Ord. Rom., f. 861. — Vgl. auch: Msgr. G. BRESSAN, Ap. Rom., S. 75.

Dramatische Augenblicke

Was nun folgte, waren Stunden voll dramatischer Spannung. In langen Unterredungen wendeten einige der angesehensten Purpurträger ihre ganze Beredsamkeit auf, um den Seligen von seinem festen Entschluß, die Papstwahl nicht anzunehmen, abzubringen. Sie wiesen ihn auf die Pflicht hin, sich dem Willen des Herrn, der sich in der Stimmabgabe der Kardinäle offenbarte, zu unterwerfen.

« Kehren Sie nur nach Venedig zurück, wenn dies Ihr Wunsch ist », sagte Kardinal Ferrari zu ihm; « doch bis zu Ihrem Tode wird Ihre Seele von Gewissensbissen gequält sein. »

« Die Verantwortung des Papstes ist zu schrecklich », antwortete der Kardinal von Venedig in der Angst seines Herzens.

« Denken Sie daran, daß die Verantwortung für Ihre Weigerung noch schrecklicher ist », beharrte Eminenz Ferrari.

« Ich bin alt, ich werde bald sterben », wendete Kardinal Sarto ein.

« Wenden Sie das Wort des Kaiphas auf sich an : 'Es ist besser, daß ein Mensch für das Heil aller stirbt !' [1] » schloß der lombardische Metropolit.

Eminenz Satolli unterstützte Kardinal Ferrari. Seine lange, eindringliche Mahnung schloß er mit den Worten :

« Nehmen Sie an. Sie müssen annehmen ! Gott will es, der Oberste Senat der Kirche verlangt es, das Wohl der Christenheit erfordert es ! »

« Ich habe versprochen, tot oder lebendig nach Venedig zurückzukehren ! » wandte der demütige Patriarch von Venedig ein.

---

[1] Joh. 11, 49. — Zeugenaussage des Kardinals A. FERRARI : Vgl. Msgr. G. B. PAROLIN, Ord. Rom., f. 665-666.

« Eure Eminenz haben gut daran getan, zu sagen : tot oder lebendig », nahm Eminenz Satolli das Wort, « denn Eisenbahnunglücke sind heutzutage sehr häufig. Eure Eminenz wollen dem Willen Gottes Widerstand leisten und fliehen vor dem Angesicht des Herrn, wie Jonas es tat. Doch der Herr könnte es zulassen, daß Sie auf der Rückreise das Opfer eines Eisenbahnunglücks werden. Dann müßten Sie vor Gott treten mit der Verantwortung für viele andere Opfer. »[1]

« Um Gotteswillen, sagen Sie mir nicht Dinge, die mir das Blut in den Adern erstarren lassen ! » rief der Heilige.

« Ich sage Ihnen das », lautete die entschiedene Antwort, « weil Sie die Papstwürde nicht annehmen wollen. »

Der Patriarch von Venedig erwiderte kein Wort. Vor seinem Geiste stand die Größe des geforderten Opfers, aber auch die Gewißheit des geheimnisvollen Beistandes Christi. Endlich hob er seinen tränenfeuchten Blick und ergab sich : « Es geschehe der Wille Gottes. »[2]

Im Wahlgang am Abend dieses Tages wurden 35 Stimmen für ihn abgegeben[3].

« Nun war es sicher, daß er am nächsten Tag mit großer Stimmenmehrheit zum Papst gewählt werden würde. »[4]

---

[1] Msgr. G. Pescini, Ord. Rom., f. 338. — Wollte der Kardinal auf das schreckliche Eisenbahnunglück bei Castel Giubileo (die heutige Station Sette Bagni) auf der Linie Rom-Florenz anspielen ? Vielleicht. Auf jeden Fall war 1903 die Erinnerung an diese Katastrophe noch lebendig. Die Regierung fühlte sich veranlaßt, den Namen des Ortes zu ändern, damit sie in Vergessenheit geriete. Dieser Erlaß nahm keine Rücksicht darauf, daß der Name Castel Giubileo geschichtliche Bedeutung hatte; denn in früheren Zeiten sammelten sich dort — 18 km von Rom entfernt — die frommen Pilger, um in Prozession nach der Ewigen Stadt zu ziehen.

[2] Vgl. Maria Sarto, Ord. Rom., f. 82. — Vgl. auch : Msgr. G. B. Parolin, Ord. Rom., f. 665-666. — Msgr. F. Gasoni, ebd., f. 251. — Msgr. C. Menegazzi, Ap. Ven., S. 309. — Msgr. G. Bressan, Ap. Rom., S. 76. — Msgr. L. Parolin, Ord. Trev., SS. 584-585.

[3] Analecta Ecclesiastica

[4] Kard. R. Merry del Val, a. a. O., S. 17.

Seltsam berührte es, daß ein Teilnehmer am Konklave sah, wie sich eine weiße Taube auf einem Fenster der von ihm bewohnten Räume niederließ [1].

« *Du bist Petrus!* »

Als sich Kardinal Sarto an dem heißen Vormittag des 4. August zu der glänzenden Versammlung in die Sixtinische Kapelle begab, war er nicht wiederzuerkennen. Unsäglicher Schmerz sprach aus seinen Zügen [2].

Fünfzig Stimmen vereinten sich auf ihn: acht mehr als die für eine gültige Wahl erforderliche Zweidrittelmehrheit [3].

Bleich und weinend saß er da; seine Lippen bewegten sich im Gebet. Seine Seele öffnete sich verlangend der Kraft des Heiligen Geistes. Er neigte das Haupt unter der schrecklichen Last der Verantwortung und sprach:

« Wenn es nicht möglich ist, daß dieser Kelch an mir vorübergeht, geschehe der Wille Gottes. Ich nehme die Papstwürde als ein Kreuz an. » [4]

« Welchen Namen wollen Sie führen? » fragte der Kardinaldekan gemäß dem Ritus.

Der Erwählte schien in schmerzliches Nachdenken versunken; endlich antwortete er:

« Da die Päpste, die im vergangenen Jahrhundert am meisten für die Kirche gelitten haben, Pius hießen, wähle ich diesen Namen. » [5]

Er war so erschüttert, daß er « einem zum Tode Verurteilten glich », berichten Augenzeugen [6].

---

[1] F. ROSA, Ap. Rom., S. 224.
[2] Msgr. G. B. ROSA, Ord. Rom., f. 1015.
[3] Analecta Ecclesiastica
[4] Msgr. G. BRESSAN, Ap. Rom., S. 76.
[5] Kardinal D. FERRATA, Memorie inedite sul Conclave di Pio X: Vgl. Familienarchiv der Ferrata.
[6] Msgr. G. BRESSAN, Ap. Rom., S. 76. — Msgr. G. PESCINI, Ord.

So stieg Giuseppe Sarto, der aus einer armen Familie eines unbekannten Dorfes stammte, die Stufen zum erhabensten Thron der Erde hinan. Nun war er der Nachfolger Petri, das Haupt der Weltkirche, der 259. Stellvertreter Christi. Die dreifache Tiara aber verwandelte sich für ihn in die Krone eines geheimnisvollen Martyriums.

Die Stunde des Opfers hatte geschlagen. Doch unter dem erhabenen Himmel Roms flammte das verheißene «ignis ardens» auf.

Es war der 4. August. Die große Uhr des Petersdomes zeigte genau 11.45. Die riesige Kuppel Michelangelos ragte wie eine gigantische Tiara ins Sonnenlicht. Die Statuen der Päpste und der Heiligen, die die Kolonnaden Berninis schmücken, schienen von einem machtvollen göttlichen Hauch Leben empfangen zu haben und die Worte zu sprechen, mit denen Christus den ewigen Bestand der Kirche versprochen hat: «Du bist Petrus... die Pforten der Hölle werden sie nicht überwältigen.» [1]

Im gleichen Augenblick trug sich in einem stillen Winkel Venetiens eine seltsame Begebenheit zu.

Im Institut der Schwestern vom Kinde Maria zu Crespano del Grappa, wohin sich Kardinal Sarto jedes Jahr für einige Tage zurückzog, beobachtete man gegen Mittag eine außerordentliche Menge von Schwalben, die mit fröhlichem Gezwitscher in den Zimmern des Kardinals ein- und ausflogen.

«Die Sache war so sonderbar», versichert ein unverdächtiger Zeuge, «daß sie bald nicht nur von den Schwestern bemerkt wurde, sondern auch von den Bewohnern der benachbarten Häuser; sie liefen herbei und fragten sich erstaunt, was wohl diese ungewöhnliche Erscheinung

---

Rom., f. 339. — Kard. G. DE LAI, ebd., f. 538. — Kard. R. MERRY DEL VAL, ebd., f. 862.
[1] Matth. 16, 18.

zu bedeuten habe. Wenige Augenblicke später erreichte Schwestern und Bevölkerung die unerwartete Nachricht, daß Kardinal Sarto zum Papst erwählt worden sei. »[1]

Der Segen « Urbi et Orbi »

Eine riesige Menschenmenge hatte sich vor dem Petersdom versammelt und wartete mit Spannung, wer der Erwählte sei. Es war ein Schauspiel von unvergleichlicher Größe, als Kardinal Macchi von der mittleren Loggia der Basilika aus mit deutlicher Stimme feierlich verkündete:

« Wir haben einen Papst, Seine Eminenz Kardinal Giuseppe Sarto, der den Namen Pius X. angenommen hat. »[2]

Mit stürmischem Jubel wurde die Botschaft aufgenommen. Alle Glocken Roms begannen zu läuten.

Dann drängte die Menge wie die Wellen eines Meeres in die weiten Hallen des Gotteshauses, das dem ersten Stellvertreter Christi geweiht ist.

Plötzlich sah man auf der innern Loggia, die sich über der Vorhalle der Basilika befindet, die weiße Gestalt des neuen Papstes, umgeben vom Heiligen Kollegium und seiner Nobelgarde. Laute Evviva-Rufe und langanhaltender Applaus hallten durch den Riesenbau.

Pius X. umfaßte die riesige Menge mit einem Blick, in dem stille Traurigkeit und tiefe väterliche Liebe lag.

Ohne Zweifel hätte er gern seinen ersten Segen « Urbi et Orbi » von demselben Balkon aus gegeben, von dem seine Wahl verkündet worden war. Doch die Zeitverhältnisse gestatteten es nicht; der Kampf der Freimaurerloge gegen die Kirche war in vollem Gange.

---

[1] Msgr. A. TAIT, Ord. Rom., f. 1216.
[2] Analecta Ecclesiastica S. 360.

Das war der erste Schmerz Pius' X.

Als das Volk verstummte, hob der Papst in einem feierlichen Schweigen die Augen zum Himmel, breitete weit die Arme aus, als wolle er die ganze Welt liebend umfangen, und erteilte mit fester Stimme zum ersten Mal den feierlichen päpstlichen Segen: dem Volke, das zu seinen Füßen versammelt war, wie allen in der Ferne, der ganzen Christenheit, die über die Erde hin verbreitet ist [1].

Wiederum stiegen Jubelrufe zu dem demütigen Papst empor, der im Glanz des Ruhmes tiefe Erschütterung zeigte [2].

Als die Zeremonie beendet war, zog er sich in die Gemächer zurück, die er während des Konklave bewohnt hatte; er kniete vor dem Kruzifix nieder und betete lange.

Zu Füßen des leidenden Heilandes fand der ehemalige Patriarch von Venedig den Frieden wieder. Er erhob sich neugestärkt, um ein Pontifikat zu beginnen, das zwar nicht sehr lange währen sollte, aber durch die Größe der Werke, die in ihm vollbracht wurden, zu den glorreichsten der Kirchengeschichte gehört.

Als der Kardinal von Venedig die Tiara annahm, wählte er den Namen Pius im Hinblick auf die Päpste dieses Namens, die im letzten Jahrhundert am meisten für die Sache Gottes gelitten hatten: Pius VI., Pius VII., Pius IX. Doch nicht nur diesen Päpsten glich er; in ihm lebte die Frömmigkeit Gregors des Großen, die Kraft Hildebrands und die Weisheit Innozenz' III.

*

Am folgenden Tag fühlte er sich gedrängt, sein übervolles Herz dem Bischof von Padua, Msgr. Giuseppe Callegari, der ihm von Treviso her so nahe stand, [3] aus-

---

[1] Msgr. G. BRESSAN, Ap. Rom., S. 76. — Kard. R. MERRY DEL VAL, a. a. O., SS. 18-20.
[2] Kard. D. FERRATA, Memorie inedite cit.   [3] Siehe 4. Kap.

zuschütten. Aus diesem Brief spricht der Schmerz darüber, sich zu einer Würde erhoben zu sehen, die er nie gewünscht und gesucht hatte.

« Eure Exzellenz,

Noch habe ich mich nicht von der Bestürzung erholt, in die mich das entsetzliche Kreuz versetzt, das auf mir lastet. Und es drängt mich, meinem teuren Freund einen herzlichen Gruß zu senden.

Wie sehr wünschte ich doch, Sie wiederzusehen, um Ihnen mein Herz ausschütten zu können ! Doch ich habe nicht den Mut, Ihnen zu sagen : Kommen Sie nach Rom. Diesen ersten Brief, den ich von Kalvaria aus schreibe, wohin mich der Wille Gottes geführt hat, benetze ich mit meinen Tränen, drücke einen liebevollen Kuß darauf und sende Ihnen und Ihren Diözesanen und all Ihren Lieben den Apostolischen Segen.

Im Vatikan, am 5. August 1903.

Ihr ergebenster und Ihnen in Liebe verbundener
PIUS PP. X. » [1]

Der Eindruck im diplomatischen Korps

Am 6. August empfing Pius X. das beim Heiligen Stuhl akkreditierte diplomatische Korps. Manche dieser Herren waren, wie Kardinal Merry del Val erzählt, recht gespannt, wie der Papst sie empfangen werde [2].

Sie erwarteten, er werde unsicher und verlegen sein, da er doch nicht an den Prunk höfischer Zeremonien gewöhnt war, denn sie hatten gehört, er sei ein einfacher

---

[1] Briefe des Kardinals Giuseppe Sarto, Patriarch von Venedig, an den Bischof von Padua Giuseppe Callegari, Nr. XXVI, S. 34, Padua 1949.
[2] Kard. R. MERRY DEL VAL, a. a. O., S. 25.

Priester vom Lande [1] und besitze keine Spur von der aristokratischen und diplomatischen Gewandtheit, durch die sein Vorgänger sich so sehr ausgezeichnet hatte. Doch der Eindruck, den sie bei der Audienz empfingen, war ganz anders, als es allgemein erwartet worden war.

Der Papst empfing die Botschafter und die Minister mit großer Höflichkeit und Güte und auf eine Ansprache, die der Dekan, Exzellenz Martins D'Antas, Botschafter von Portugal, an ihn richtete, antwortete er gewandt und geistreich.

Pius X. war Pius X. In den 40 Jahren priesterlichen Wirkens hatte er zu viele Menschen kennengelernt, zu viele Dinge durchforscht, als daß ihn die Großen der politischen Welt hätten in Verwirrung bringen können.

Diese Diplomaten mit dem gleichmütigen Blick erfaßten sofort, daß Pius X. Papst war, und von Bewunderung ergriffen, neigten sie sich vor seiner Überlegenheit.

Nach der Audienz begaben sie sich in die Sala Borgia, um den Pro-Staatssekretär, Msgr. Merry del Val, zu begrüßen; dieser bemerkte, daß alle tief beeindruckt waren.

« Die Unterhaltung schleppte sich mühselig dahin », so erzählte der künftige Staatssekretär. « Ich fragte sie, ob die Audienz sie befriedigt habe... ob der Heilige Vater zu ihnen gesprochen habe... Die Antworten lauteten fast einstimmig: Ja, sie seien sehr befriedigt... Der Heilige Vater habe einige Worte an Sie gerichtet... Er habe sie mit großer Herzlichkeit empfangen.

Dann folgte wieder eine Pause und es wurde mir schon unbehaglich zu Mute. Ich dachte nach, was wohl vorgefallen sein mochte, ob es einen unangenehmen Zwischenfall gegeben habe... Was sollte denn schließlich eine solche Zurückhaltung verursacht haben? Da wandte sich der Minister von Preußen plötzlich mit der Frage an mich:

---

[1] DERS., ebd.

'Sagen Sie uns, Monsignore, was hat eigentlich dieser Papst an sich, daß man beim ersten Blick unwiderstehlich bezaubert ist ?' — 'Ja, sagen Sie es uns !', stimmten die andern bei.

Erstaunt über diese Frage, wollte ich wissen, was denn bei dieser Audienz Ungewöhnliches vorgefallen sei.

Nein, es war nichts Außergewöhnliches geschehen. Seine Heiligkeit hatte nicht lange mit ihnen gesprochen... Nach einer kurzen Antwort auf die Ansprache des Dekans sei der Papst durch den Saal gegangen, habe alle einzeln begrüßt und sich dann zurückgezogen; doch alle seien von seiner Persönlichkeit bezaubert gewesen [1].

Ich konnte nichts sagen, als daß ich Seine Heiligkeit erst seit wenigen Tagen näher kenne und daß auch ich tief beeindruckt sei von dem Zauber, der von seiner Persönlichkeit ausgeht.

Doch als die Diplomaten weggingen, war es mir, als vernähme ich eine Stimme, die die Antwort gab : 'Er ist heilig... Er ist wirklich ein Mann Gottes.' » [2]

Der französische Staatsmann Emile Olivier schrieb über Pius X. :

« Der neue Papst hat nicht das majestätische Auftreten Leos XIII., dafür aber eine unwiderstehliche Güte und Liebenswürdigkeit. Doch den tiefsten Eindruck machten auf mich seine überragenden Geistesgaben, die Lebhaftigkeit, Klarheit und Exaktheit seines Denkens.

Er ist ein ausgezeichneter Zuhörer, der sofort das Wesentliche erfaßt und in wenigen, präzisen Worten formuliert mit einem Wirklichkeitssinn, der überrascht und entzückt. Er besitzt alle Qualitäten eines großen Staatsmannes. Mit Weitblick und Sicherheit erkennt er, was möglich ist und was nicht. Eine heitere Ruhe und starker

---

[1] Ebd., S. 26-27.
[2] Ebd., S. 27.

Mut sind ihm eigen. Er ist langsam im Verurteilen; aber hat er einmal das Urteil gefällt, ist er unbeugsam. Sollten Schwierigkeiten eintreten, kann man Großes von ihm erwarten. Bei solchen Gelegenheiten wird er sich als Held und Heiliger erweisen. »[1]

Die Zukunft sollte zeigen, ob sich Emile Olivier in seinem Urteil und seinen Vorhersagen getäuscht hatte.

Die ersten Volksaudienzen

Nach dem Empfang der Diplomaten und der feierlichen Papstkrönung, die am 9. August mit der ganzen Pracht, die der Ritus vorschreibt, vollzogen worden war, begann der Andrang des Volkes, das den gemeinsamen Vater sehen, dem Stellvertreter Christi huldigen wollte.

Zuerst kamen alle Pfarrer der Ewigen Stadt [2], dann das römische Volk, das ihm besonders nahe stand.

Jeden Sonntag strömten die Römer in dem weiten St. Damasus-Hof zusammen und schauten zu der mit Raffaels Bildern geschmückten Loggia empor, bis der Papst erschien. In seinem Auftreten lag Würde und grenzenlose Güte.

Jubelrufe erhoben sich, bis Pius X. seine Hand hob und das Volk segnete. In diesem Augenblick trat tiefes Schweigen ein.

Nun erklärte er den Römern das Tagesevangelium. Aus seinen Worten spürte man den heißen Wunsch, sein ganzes Leben für das Heil der Seelen hinzugeben.

Es war dieselbe sonntägliche Erklärung des Evangeliums, die er sooft in den venezianischen Pfarreien, in Mantua und Venedig gegeben hatte; doch nun verlieh

---

[1] Ebd., SS. 31-32. — Vgl. auch: DERS., Ord. Rom., f. 872-873.

[2] Zeugenaussage von P. G. Ercole, Pfarrer von S. Francesco a Ripa: Msgr. G. B. PAROLIN, Ord. Rom., f. 674.

der Glanz der Papstwürde und der apostolische Segen seinen Worten noch größere Eindrücklichkeit.

« Dieser große Pfarrer von Rom und von der ganzen Welt », schrieb René Bazin, Mitglied der Académie Française, « sprach von Jesus Christus wie St. Petrus : mit Sicherheit und Liebe. Alle, die ihn hörten — die Armen und die weniger Armen — waren tief ergriffen, weil sie spürten, daß der Papst sie liebte. »

Wenn er die Ansprache beendet hatte, stimmten die Römer das Lied an : « Wir wollen Gott » — den Hymnus der Christenheit des 20. Jahrhunderts. Der Papst aber, der die Bauern von Riese und die Gondolieri von Venedig so sehr geliebt hatte, blickte sie mit einem gütigen, von Trauer umschatteten Lächeln an.

Dann kamen auch die Leute von Riese, von Tombolo, von Salzano, von Treviso, Mantua und Venedig.

Welche Freude für den Papst! Die Audienzen verliefen immer sehr einfach. Er sprach zu den Leuten vom Reiche Gottes, vom Gebet, vom christlichen Opfer. Und wenn sie weggingen, segnete er sie und erinnerte sich wehmütig der glücklichen Zeit seines seelsorglichen Wirkens [1].

Manchmal schien es dem Papst, als sähe er unter den Pilgerscharen seine alte Mutter und eine Träne stahl sich in sein Auge. Dann sprach er wohl innerlich : « Sie haben mir nicht nur ein Kreuz, sondern den ganzen Kalvarienberg auf die Schultern geladen. » [2]

---

[1] Msgr. A. ROMANELLO, Ord. Trev., S. 75.
[2] Msgr. G. B. PAROLIN, Ord. Rom., f. 667. — Der Priester G. VALLEE, Ord. Ven., SS. 442-443.

Der Kardinal-Staatssekretär

Am Abend des denkwürdigen Tages, an dem der Patriarch von Venedig zum Nachfolger Petri erwählt wurde, kam der Sekretär des Konklaves, Msgr. Merry del Val, zu ihm, und sagte:

« Heiliger Vater, meine Aufgabe als Sekretär des Konklaves ist beendet. Bevor ich in meine teure Accademia dei Nobili Ecclesiastici zurückkehre, erbitte ich Ihren väterlichen Segen. »

Pius X. blickte ihn liebevoll an und sagte in väterlich-vorwurfsvollem Ton:

« Wie, Monsignore, Sie wollen mich verlassen? Nein, nein, bleiben Sie bei mir. Ich habe noch nichts entschieden; ich weiß noch nicht, was ich tun werde. Bis jetzt habe ich noch gar niemanden. Bleiben Sie bei mir! Dann werden wir weiter sehen. Tun Sie mir diesen Gefallen! »

Tief ergriffen antwortete Msgr. Merry del Val:

« Nein, Heiliger Vater, ich will Eure Heiligkeit durchaus nicht verlassen. Aber meine Aufgabe ist erledigt. Der Staatssekretär, den Eure Heiligkeit ernennen werden, wird meinen Platz einnehmen und die Behandlung der kirchlichen Angelegenheiten fortsetzen. »

« Nehmen Sie diese Papiere mit », sagte der Papst, « und ich bitte Sie, Ihr Amt als Pro-Staatssekretär weiter auszuüben, bis ich eine Entscheidung gefällt habe. Erweisen Sie mir diesen Gefallen! »[1]

Wie hätte man sich nicht dem Wunsche des Stellvertreters Christi beugen sollen, der so inständig bat, nicht allein gelassen zu werden in dem Augenblick, wo er zur Erledigung der ihm noch neuen Arbeiten der Hilfe eines erfahrenen Prälaten bedurfte!

---

[1] Kard. R. MERRY DEL VAL, Ord. Rom., f. 863: DERS., a. a. O., SS. 20-23.

Msgr. Merry del Val leistete den eindringlichen Bitten des Papstes Folge und blieb bei ihm; schon damals betrachtete er ihn als einen Heiligen [1].

Einige Tage darauf sandte Pius X. ihm eines seiner großen Lichtbilder — das erste, welches ihn als Papst zeigte — mit einer sehr herzlichen Widmung, in der er ihn « Unser Pro-Staatssekretär » nannte [2].

*

Dem erfahrenen, durchdringenden Blick des neuen Papstes genügten wenige Tage, um Msgr. Merry del Val kennenzulernen; er besaß eine für jeden Herrscher außerordentlich wichtige Fähigkeit: Menschenkenntnis und Klugheit in der Wahl seiner Minister. So ernannte er schon nach drei Monaten, am 18. Oktober 1903, Msgr. Merry del Val zu seinem Staatssekretär und kreierte ihn am 9. November zum Kardinal mit dem Titel von St. Praxedis [3].

« Es gehörte Kühnheit dazu, diesen jungen Prälaten plötzlich auf einen so hohen Posten zu berufen », schreibt René Bazin. « Doch Pius X. besaß diese Kühnheit, denn er hatte erkannt — wie er selbst im ersten Konsistorium am 9. November 1903 sagte — daß Msgr. Merry del Val einen außerordentlichen Charakter und große

---

[1] Damals schrieb Msgr. Merry del Val an einen Studiengefährten, Msgr. Giuseppe Broadhead:
« Wir haben einen heiligen Papst. Er scheint sehr klug und umsichtig zu sein; er ist außerordentlich gütig und hat etwas Bezauberndes an sich. » (Msgr. P. CENCI, a. a. O., IV. Kap., S. 129.)

[2] Msgr. P. CENCI, a. a. O.

[3] Kard. R. MERRY DEL VAL, a. a. O., SS. 37-38. — Vgl. auch: Msgr. P. CENCI, a. a. O., ebd., S. 136. — Im ersten Konsistorium, das Pius X. hielt (9. November 1903), verlieh er die Kardinalswürde zugleich mit Msgr. Merry del Val auch dem Bischof von Padua Msgr. Giuseppe Callegari, dem er in den Jahren 1880-1882 als Kanzler gedient hatte. (Acta Pii X, Bd. I, S. 60.)

Geschicklichkeit in der Behandlung kirchlicher Angelegenheiten besaß, dazu von edelstem priesterlichen Geist beseelt war, Eigenschaften, die jedes menschliche Bedenken zum Schweigen brachten. »[1]

*

Die Ernennung eines erst achtunddreißigjährigen Prälaten zum Staatssekretär des Heiligen Stuhles — ein sehr seltener Fall in der Kirchengeschichte —, noch dazu eines Nichtitalieners, überraschte die Prälaten und Kardinäle nicht wenig. Doch sie beruhigten sich sofort, als sie am Abend des Ernennungstages erfuhren, daß Pius X. zu einem Hofprälaten gesagt hatte :

« Ich habe Msgr. Merry del Val zum Staatssekretär ernannt, weil ich einen durch seine Frömmigkeit und seinen priesterlichen Geist würdigen Nachfolger für Kardinal Rampolla wählen wollte. »[2]

Und sie verstanden den ungewöhnlichen Schritt noch besser, als Pius X. wenige Tage später einem ausländischen Kardinal antwortete :

« Ich habe ihn gewählt, weil er ein Polyglott ist. Geboren in England, erzogen in Belgien, spanischer Nationalität, in Italien lebend, Sohn eines Diplomaten und selber Diplomat, kennt er die Probleme aller Länder. Er ist sehr bescheiden; er ist ein Heiliger. Jeden Morgen kommt er zu mir und informiert mich über alle Fragen des Weltgeschehens. Ich muß ihm nie eine Bemerkung machen. Und dann — was wichtiger ist — er ist absolut untadelig. »[3]

---

[1] R. BAZIN, Pie X, IX. Kap., S. 122. Florenz 1928. — Vgl. auch : Msgr. P. CENCI, a. a. O., V. Kap., S. 150.
[2] Brief des Kardinals G. B. Nasalli Rocca di Corneliano, Erzbischof von Bologna, vom 29. Oktober 1949 an S. Eminenz Kardinal N. Canali. (Postulationsarchiv.)
[3] Msgr. P. CENCI, a. a. O., IV. Kap., S. 138.

Als Pius ·X. Msgr. Merry del Val veranlassen wollte, die hohe Würde und schwere Bürde dieses Amtes anzunehmen und dieser davor zurückschreckte, sagte er feierlich :

« Arbeiten wir zusammen und leiden wir zusammen aus Liebe zur Kirche und zur Ehre der Kirche. » [1]

Arbeiten und leiden ! Es war gewiß kein verlockendes Programm, das der neue Papst dem jungen Prälaten vor Augen stellte. Doch war es etwa nicht eine große Gnade für ihn, gerufen zu sein, an den Mühen und Leiden des Stellvertreters Christi teilzunehmen ?

Von diesem Tag und dieser Stunde an trennte sich Kardinal Merry del Val nicht mehr von der Seite des Papstes, dem die ungeheure Aufgabe gestellt war, *alles zu erneuern in Christus.*

---

[1] DERS., ebd., SS. 135-136.

8. Kapitel

« INSTAURARE OMNIA IN CHRISTO »
(Das Pontifikat Pius' X.: 4. August 1903-20. August 1914)

1. Gespannte Erwartung. — 2. Die erste Enzyklika. — 3. Kirche und Politik. — 4. Der Kampf gegen den Modernismus. — 5. Der Reformator.

Gepannte Erwartung

Als die Erhebung des Patriarchen von Venedig auf den päpstlichen Thron bekannt wurde, richteten sich aller Augen in gespannter Erwartung auf ihn: Was ist von seinem Pontifikat zu erwarten? Wird er die Richtung seines Vorgängers einhalten? Wird er sich als konservativ oder als fortschrittlich zeigen? Entgegenkommend oder unzugänglich? Für oder gegen die Demokratie? Ist er leicht zu beeinflussen? Kennt er die religiöse und politische Lage der Welt?

Es waren müßige Fragen. Die Kirche ändert sich nicht durch einen Papstwechsel. Und die Unterschiede in der Regierung sind meist auf die Verschiedenheit der Zeitlage, auf die wechselnden Ereignisse zurückzuführen, berühren jedoch nie Grundsätzliches.

Und doch stellten sich am 4. August 1904 viele besorgt diese Fragen, Menschen, die im Namen der Wissenschaft oder der Demokratie gegen die Grundlagen des Glaubens Sturm liefen und nun versuchten, den neuen Papst für die modernen Ideen zu gewinnen, wie es der Liberalismus bei Pius IX. versucht hatte.

Diesmal aber gingen diese Versuche mehr von Kreisen innerhalb der Kirche aus als von Außenstehenden.

Es tat daher absolute Klarheit not. Die Gläubigen sollten nicht von den Machenschaften verführt werden, die

die Kirche ihrer eigentlichen Aufgabe entfremden wollten. Und diese Klarheit schuf Pius X., indem er in seiner ersten Enzyklika « E supremi apostolatus cathedra » am 4. Oktober 1903 das Ziel seines Pontifikates mit den Worten umschrieb : « Instaurare omnia in Christo. »[1]

Die erste Enzyklika

Mit diesem klaren, ganz übernatürlichen Motto hatte Msgr. Sarto 1885 sein Episkopat in Mantua und 1894 sein Patriarchat in Venedig angetreten. Als Papst und Bischof der Bischöfe wählte er kein anderes.

Das höchste Ziel der Kirche und des Papsttums war stets die Ausbreitung des Gottesreiches, und alle Päpste hatten die Aufgabe, « alles zu erneuern in Christus ». Pius X. aber, der in einer Zeit den Thron Petri bestieg, da die Rechte Gottes leidenschaftlich verneint wurden — er bezeichnete diese Verneinung als « *die* Krankheit unserer Zeit »[2] —, wählte dieses Wort zum Motto seines Pontifikates.

In seiner ersten Enzyklika, in der er sich einem alten Brauch gemäß der Welt als Papst vorstellte, heißt es:

« Gestützt auf die Kraft Gottes verkünden Wir, daß Wir für Unser Pontifikat kein anderes Programm kennen als das, *alles zu erneuern in Christus*, damit Christus alles und in allem sei.

Es wird Menschen geben, die — göttliche Dinge mit menschlichen Maßen beurteilend — unsere Absichten durchforschen werden, um ihnen irdische Ziele und Sonderinteressen zu unterschieben. Wir wollen ihre eitlen Hoffnungen zerstören, indem Wir ihnen kurz und bündig

---

[1] Pii X Acta, Bd. I, SS. 1-16.
[2] Vgl. Pii X Acta, Bd. II, SS. 117.

sagen, daß Wir nichts anderes sein wollen und mit Gottes Hilfe vor der menschlichen Gesellschaft nichts sein werden als Diener Gottes und Träger der Autorität Gottes. Die Interessen Gottes sind unsere Interessen. Wir sind entschlossen, alle unsere Kräfte dafür einzusetzen, ja unser Leben dafür hinzugeben. Und wenn jemand ein Motto zu hören wünscht, das Unser Wollen ausdrückt, so werden wir nie ein anderes nennen als dieses : Alles erneuern in Christus.

Wer sollte nicht bestürzt und betrübt sein, wenn er sieht, daß der Großteil der Menschheit sich gegenseitig bekämpft, so daß man fast von einem Kampf aller gegen alle sprechen kann ! Der Wunsch nach Frieden wohnt sicher in jeder Brust, und es gibt niemanden, der nicht den Frieden ersehnt. Doch den Frieden wollen ohne Gott, ist absurd, denn wo Gott nicht ist, dort flieht die Gerechtigkeit; wo es aber keine Gerechtigkeit gibt, ist die Hoffnung auf Frieden vergeblich.

Es gibt nicht wenige — das wissen Wir gut —, die sich im Verlangen nach diesem Frieden, der Ruhe in der Ordnung ist, in Vereinen und Parteien zusammenschließen, die sich ausdrücklich Parteien der Ordnung nennen. Vergebliche Hoffnungen und verlorene Mühen ! Es gibt nur eine Partei der Ordnung, die imstande ist, Ruhe in den Aufruhr zu bringen : die Partei Gottes ! Diese muß man fördern, zu ihr müssen die Menschen zurückgeführt werden, wenn man wirklich den Frieden liebt.

Doch dieses Verlangen der Menschen kann nur durch Christus erfüllt werden. Nur dadurch, daß alles in Christus erneuert und das Menschengeschlecht zum Gehorsam gegen Gott zurückgeführt wird. » [1]

*

[1] Ebd., SS. 6-7.

Es galt also die Menschheit zu Christus zurückzuführen, alles in Christus zu erneuern, damit «Christus alles und in allem sei»[1].

Vor allem durch die religiöse Unterweisung, denn wenn die Rechte Gottes mißachtet werden, wenn der moderne Mensch lebt, als ob es keinen Gott gäbe und kein Gesetz, dem er Gehorsam schuldet, so nur darum, weil er Gott nicht kennt.

Hier liegt die eigentliche Ursache für die Störungen der Ordnung und die erschreckende Zügellosigkeit, die die menschliche Gesellschaft nicht zur Ruhe kommen lassen.

«Wieviele gibt es», fuhr der Papst fort, «die Christus hassen, die die Kirche und das Evangelium verabscheuen, mehr aus Unwissenheit als aus Böswilligkeit. Die Armen! Sie lästern das, was sie nicht kennen. Diesen traurigen Seelenzustand findet man nicht nur im Volke, bei den niederen Klassen, die durch die Irrtümer stärker gefährdet sind, sondern auch in den höheren Ständen und sogar bei solchen, die eine überdurchschnittliche Bildung besitzen. Es ist nicht der Fortschritt der Wissenschaft, der in vielen den Glauben zerstört, sondern die Unwissenheit; daher kommt es, daß dort, wo Unwissenheit herrscht, der Unglaube die größten Verheerungen anrichten kann.»[2]

Religiöse Unterweisung, also Katechismusunterricht und Christenlehre, betrachtete er darum als die wichtigste Voraussetzung einer religiösen Erneuerung. Und er fügte hinzu:

«Wir werden sorgfältig darüber wachen, daß sich der Klerus nicht von einer gewissen modernen Richtung der Wissenschaft umgarnen läßt, einer Wissenschaft, die nicht die Wahrheit Christi atmet: eine verlogene Wissenschaft,

---
[1] Kol. 3, 11.
[2] Pɪɪ X Acta, ebd., S. 11.

die mit listigen und verhüllten Argumenten den Irrtümern des Rationalismus oder des Semi-Rationalismus den Zugang zu den Geistern bahnen will. » [1]

*

« Doch nicht nur die Priester », so fuhr Pius X. fort, « sondern alle Gläubigen ohne Ausnahme müssen die Interessen Gottes und der Seelen im Auge haben. Nicht eigenmächtig, nicht ihren eigenen Ansichten folgend, sondern unter der Führung der Bischöfe, denen allein es obliegt, zu leiten, zu lehren und zu regieren, die vor allem die Erfüllung der Christenpflichten verlangen, ohne die nichts geschaffen werden kann, was dem Reiche Gottes nützt.

Es hat wenig Wert, wenn man wortreiche Abhandlungen über Rechte und Pflichten verfaßt, und sich dann in der Praxis nicht daran hält.

Die gegenwärtige Zeit erfordert die Tat, aber jene Tat, die in der treuen und vollständigen Erfüllung der Gebote Gottes und der Kirche besteht, in dem freien und offenen Bekenntnis des Glaubens, in der Übung jeder Art von Caritas, ohne Rücksicht auf sich selbst und irdische Vorteile. » [2]

Die Mahnung war nicht überflüssig. Pius X. übernahm die Leitung der Kirche zu einem sehr kritischen Zeitpunkt. In mehreren Ländern gab es Strömungen unter den Katholiken, die das wahre Ziel der Katholischen Aktion verkannten. Der heilige Papst tat alles, was in seinen Kräften stand, um sie auf den rechten Weg zu führen.

---

[1] Ebd., S. 10.
[2] Pii X Acta, ebd., SS. 13-14. — Vgl. auch : « Motu Proprio » vom 18. Dezember 1903 : Pii X Acta, ebd., SS. 124-125.

Kirche und Politik

Man fragte sich, ob sich der Papst auch mit Politik befassen werde. Im ersten Konsistorium, das Pius X. am 9. November 1903 abhielt, gab er eine klare Antwort auf diese Frage.

Die Politik ist nichts anderes als die Anwendung des Sittengesetzes auf das bürgerliche und soziale Leben der Völker. Und da der Papst der oberste Lehrer des Sittengesetzes ist, hat er das Recht und die Pflicht, auch die Politik in seine Tätigkeit einzubeziehen.

Pius X. wollte keine Politik, die nur Parteiinteressen oder nationalem Egoismus dient. Ihm ging es einzig darum, daß die Rechte Gottes anerkannt und seine Gebote befolgt werden.

« Es ist erstaunlich », sagte er in seiner Ansprache beim ersten Konsistorium, « daß es Leute gibt, die sich den Kopf darüber zerbrechen, welche Richtung Wir in Unserem Pontifikat einschlagen werden. Ist es nicht sonnenklar, daß Wir den Spuren Unserer Vorgänger folgen werden?

Alles erneuern in Christus — das ist Unser Programm, wie Wir schon sagten. Und da Christus die Wahrheit ist, betrachten Wir es als Unsere erste Pflicht, die Wahrheit zu lehren und zu verkünden. Wir werden dies in der Weise tun, daß Wir das einfache, klare, lebensnahe Wort Christi verkünden, damit es in die Seelen eindringe und sich ihnen einpräge. Hat Christus nicht versichert, die treue Bewahrung seiner Worte sei für uns das Zeichen, daß wir in der Wahrheit sind? 'Wenn ihr treu meine Worte bewahrt', so sprach er, 'dann seid ihr wirklich meine Jünger und sicher, die Wahrheit zu besitzen. Die Wahrheit aber wird euch frei machen.' [1]

---

[1] Joh. 8, 31-32.

Es ist daher Unsere Pflicht, die Wahrheit und das Gesetz Christi zu verteidigen; und deshalb ist es auch Unsere Pflicht, den Sinn der wichtigsten Wahrheiten zu erläutern und zu definieren, seien es natürliche oder übernatürliche Wahrheiten, die heute leider verdunkelt und vergessen sind. Mehr noch: Es ist Unsere Pflicht, die Grundsätze der Disziplin, der Autorität, der Gerechtigkeit, der Ehrlichkeit hochzuhalten, die man heute mit Füßen treten will; alle Menschen auf den rechten Weg zurückzuführen, sowohl im öffentlichen wie im privaten Leben, auf politischem wie auf sozialem Gebiet; wir sagen: *alle* — jene, die gehorchen wie jene, die befehlen, denn alle sind Kinder des gleichen Vaters im Himmel.

Wir wissen genau, daß Wir bei vielen Anstoß erregen, wenn Wir sagen, daß Wir uns notwendigerweise mit Politik beschäftigen. Aber jeder objektive Beobachter sieht, daß der Papst, der von Gott mit dem obersten Lehramt betraut wurde, unmöglich die Belange des Glaubens und der Sitten von denen der Politik trennen kann. Da er Haupt und Führer der Kirche ist, einer Gesellschaft, die aus Menschen besteht, und selbst unter den Menschen lebt, muß der Papst außerdem Beziehungen zu den verschiedenen Staatsoberhäuptern und den Gliedern der Regierungen haben, wenn für die Sicherheit und Freiheit der Katholiken in allen Ländern Sorge getragen werden soll.

Also ist es Aufgabe Unseres apostolischen Amtes, die Grundsätze der modernen Philosophie und des bürgerlichen Rechtes, die in Widerspruch zum göttlichen Recht stehen, zu widerlegen und zu verurteilen.

Durch dieses Verhalten widersetzen wir uns keineswegs dem menschlichen Fortschritt, sondern verhindern nur, daß sich die Menschheit ins Verderben stürzt.» [1]

---

[1] Pɪɪ X Acta, Bd. I, SS. 56-59. — Die Gedanken, die Pius X. in seiner ersten Enzyklika «E supremi apostolatus cathedra» dargelegt und in seiner ersten Konsistorialansprache näher erläutert hatte, entwickelte er

Wenn wir uns die geistige Situation der Zeit, in der diese Worte gesprochen wurden, vergegenwärtigen, einer Zeit, die den Kampf gegen die Kirche auf ihr Banner geschrieben hatte, werden wir verstehen, welcher Mut dazu gehörte, solche Grundsätze offen darzulegen. Pius X. schreckte vor keinem Hindernis und vor keiner Schwierigkeit zurück; er fürchtete weder Kritik noch Verachtung; er kümmerte sich nicht um Drohungen, mochten sie auch von Staatsoberhäuptern oder Regierungen ausgehen [1]. Er wußte sich verpflichtet, in der Kraft Gottes die Kirche Christi gegen alle zu verteidigen, die ihren göttlichen Charakter anzutasten wagten.

Er hatte keine diplomatische Schule durchlaufen; aber er verfügte über die Erfahrung, die er in einem lebenslangen Kampf für den Glauben erworben hatte. Es war ihm die klare Diplomatie des Evangeliums eigen, die stärker ist als die Diplomatie der Welt. Wie tief er die Aufgabe erfaßte, die ihm von der Vorsehung anvertraut worden war, geht aus seiner ersten Ansprache an das Kardinalskollegium hervor, die er am 9. November 1903 hielt:

« Unsere Aufgabe ist erhaben, denn es handelt sich um etwas, das die vergänglichen Güter dieser Erde übersteigt und bis in die Ewigkeit hineinragt; das nicht durch Grenzen eingeengt wird, sondern alle Völker der Erde umfaßt; das die Verteidigung des Evangeliums auf allen Ge-

---

vier Monate später noch eindringlicher in der Enzyklika « Jucunda sane », die am 12. März 1904 erschien, anläßlich der Dreizehnjahrhundertfeier Papst Gregors des Großen. (Vgl. Pii X Acta, Bd. I, SS. 189-213).
Der hl. Gregor ist der große religiöse Reformator seiner Zeit, ein Vorkämpfer der sozialen Ordnung, der den Barbaren Widerstand leistete und sie sogar zur Annahme des römischen Rechtes bestimmte. Er vermochte die byzantinischen Kaiser davon zu überzeugen, daß der Friede der Nation nur erhalten werden könne, wenn der Friede mit der Kirche hergestellt sei.
[1] Konsistorialansprache am 9. November 1903 : Vgl. Pii X Acta, ebd., SS. 57-58.

bieten, auch auf dem stürmischen der Politik, einschließt; das uns drängt, Unsere Sorge nicht nur den Gläubigen zuzuwenden, sondern allen Menschen, für die Christus gestorben ist. »[1]

Pius X. hatte sein Programm bekanntgegeben. Nun konnte niemand mehr zweifeln, welches seine Absichten und Pläne seien. Doch es standen ihm furchtbar schwere Stunden bevor. Nur das Licht, das vom Kreuze ausgeht, erhellte seinen Weg.

Der Kampf gegen den Modernismus

Die Verteidigung der vollen und ungeteilten Wahrheit, die vom Modernismus geleugnet wurde, war die erste Großtat Pius' X.

Ohne die Wahrheit kann es weder auf religiösem und sittlichem, noch auf politisch-sozialem Gebiet Ordnung geben. Deshalb mußte der Papst den Modernismus verurteilen, der dieses Fundament untergrub.

Viele Katholiken vertraten damals die Auffassung — sei es aus Unwissenheit, sei es aus Furcht, für rückständig angesehen zu werden —, die Kirche müsse sich der Zeit anpassen, ihre Lehre auf Grund der neuen Forschungsergebnisse überprüfen.

Eine Welle der Auflehnung gegen das kirchliche Lehramt ging durch die Welt. Und das traurigste daran war, daß sich ihre Führer vielfach aus den Reihen des Klerus rekrutierten, aus Männern, die verantwortliche Stellungen im Schulwesen, in den bischöflichen Kurien, in den Priesterseminarien und sogar in der Hierarchie innehatten.

Nur wenige sahen klar, welches Unheil und welche Verwirrung des Geistes und des Gewissens durch die

---

[1] Pii X Acta, ebd., S. 56.

Theorien angerichtet wurden, die in Büchern, Zeitungen, Zeitschriften, von den Lehrstühlen der Universitäten und in geheimen Zusammenkünften verbreitet wurden.

Doch gerade in jener Stunde schwerster Gefahr berief die Vorsehung einen Mann auf den Thron Petri, der sich nicht einschüchtern ließ von dem Geschrei und den Protesten, die im Namen des Fortschritts, einer neuen christlichen Kultur, einer «Neuorientierung des christlichen Lebens, einer neuen Richtung in der Kirche, des neuen Strebens der modernen Seele, einer neuen sozialen Berufung des Klerus [1]», erhoben wurden, sondern der in seinem Pontifikat die Grundsätze seiner Vorgänger Pius IX. und Leo XIII. verfolgte und den vielfältigen Irrlehren unerbittlichen Kampf ansagte.

Die Enzyklika «Pascendi Dominici Gregis»

Schon mehrfach hatte der Papst mit heiligem Ernst die Bestrebungen aufgezeigt und verurteilt, die unter dem Vorwand, für eine «Weiterentwicklung der Dogmen» oder eine «Rückkehr zum reinen Evangelium» einzutreten, die geoffenbarte Wahrheit leugneten, eine «Liebe ohne Glauben» propagierten, sich gegen die Autorität der Kirche und gegen die Lehrentscheidungen der Konzilien auflehnten und für sich das Recht in Anspruch nahmen, die Bibel nach eigenem Gutdünken auszulegen. Doch wenn Pius X. gehofft hatte, mit seinen Warnungen die Irrenden zur Besinnung zu bringen und sie auf den rechten Weg zurückzuführen, sah er sich bitter enttäuscht. Die Antwort auf seine Mahnrufe lautete, die Kirche sei eine Feindin des Fortschrittes und habe nach

---

[1] Enzyklika «Pieni l'animo» an die italienischen Bischöfe vom 28. Juli 1906: Vgl. Pɪɪ X Acta, Bd. III, S. 171.

19 Jahrhunderten die Anpassungsfähigkeit verloren; « die beste Weise, um im Kampf mit der modernen Welt zu siegen, sei für sie, sich immer mehr auf die Stellungen eines erstarrten, absoluten Dogmatismus zurückzuziehen » [1]; Treue gegen die Kirche sei nur möglich, wenn man aufs Denken verzichte [2].

Man leugnete die Gottheit Christi, bezeichnete die Auferstehung als unbewiesen und unbeweisbar.

In Pius X. sah man einen Ignoranten, einen Schwächling, einen braven « Landpfarrer ». Bald sollte sich zeigen, daß man sich in ihm geirrt hatte.

*

Was ist der Modernismus?

C. Périn nannte ihn « einen Versuch, Gott aus jeder Äußerung des sozialen Lebens auszuschalten » [3]. Doch diese Definition berücksichtigt nur eine Seite des Phänomens. Der Modernismus, der die Behauptung aufstellt, die menschliche Vernunft vermöge nichts zu erkennen, was nicht sinnlich wahrnehmbar ist, wurde von Pius X. folgendermaßen charakterisiert: « Der Modernismus ist die Synthese und das Gift aller Häresien, er versucht, die Fundamente des Glaubens zu untergraben und das Christentum zu vernichten. » [4]

*

Der Grundirrtum des Modernismus ist der Agnostizismus, d. i. die Ansicht, der menschliche Geist sei unfähig, Dinge zu erkennen, die nicht sinnlich wahrnehmbar sind.

---

[1] « Il Giornale d'Italia », Rom, 24. Juli 1907.
[2] « Tribuna » vom 19. Juli 1907.
[3] « Revue Trimestrielle », Paris, 15. Oktober 1851.
[4] Pii X Acta, Bd. IV, SS. 93, 268.

Das Verlangen der Menschenseele nach dem Göttlichen, das die Modernisten nicht in Abrede stellen konnten, bezeichneten sie als angeboren und als Produkt des Unterbewußtseins. Auf diese Weise suchten sie auch die Religion und die Offenbarung zu erklären. Es liegt auf der Hand, daß diese Auffassung notwendig zum Pantheismus führt.

Pius X. schreibt in der Enzyklika «Pascendi Dominici Gregis»:

«Wir mußten klarstellen, daß es sich (bei der Lehre der Modernisten) nicht um einzelne und zusammenhanglose Irrtümer handelt, sondern um ein eigentliches, gut geordnetes System von Irrtümern, von denen einer aus dem andern gefolgert wird, so daß der eine nicht zugegeben werden kann, ohne daß auch alle anderen bejaht werden. Doch überblickt man das ganze System, so wird man sich nicht wundern, wenn Wir den Modernismus 'die Zusammenfassung und die Synthese aller Häresien' nennen. Hätte sich jemand die Mühe gemacht, alle Irrtümer zusammenzustellen, die im Laufe der Jahrhunderte entstanden, und sie in einen einzigen zusammenzufassen, hätte er es nicht besser machen können als die Modernisten, die — wie man gesagt hat — nicht nur die katholische Religion zerstören, sondern jede Religion. Deshalb begrüßen der Rationalismus und der Unglaube den Modernismus als ihren besten Helfer.

Und man glaube nicht, man könne diesem Schluß durch die Lehre des Symbolismus ausweichen. Denn wenn alle Elemente der Religion nur Symbole Gottes sind, wie die Modernisten sagen, warum sollte es dann nicht auch der Name und selbst die Persönlichkeit Gottes sein?... Und sowie man die Persönlichkeit Gottes selbst in Zweifel zieht, ist der Weg für den Pantheismus offen, der direkt zur Lehre von der göttlichen Immanenz führt.»[1]

[1] Ebd., SS. 93-96.

Nach der Lehre von der Immanenz, wie die Modernisten sie interpretieren, ist der Mensch identisch mit Gott. Christus ist für sie ein bloßer Mensch, den die Bewunderung der Menge zum Gott erhoben hat [1].

So wie sie die Gottheit Christi leugnen, sprechen sie auch dem Dogma jeden Wert ab. Was ist ein Dogma? Nach der Anschauung der Modernisten ist es das Ergebnis der verstandesmäßigen Reflexion über den Glauben, wenn es von der Kirche anerkannt wird. Daher unterliege es dauernden Veränderungen. Wenn also die Kirche etwas zum Dogma erkläre, stelle sie damit keine Realität fest, sondern bloße Konstruktionen des Verstandes, die ständigem Wechsel unterworfen sind.

*

Und wie faßt der Modernismus den Kult, die Sakramente, die Heilige Schrift und die Kirche auf? Auch der Kult entsteht aus einem Bedürfnis, nämlich aus dem Bedürfnis, der Religion eine sinnlich wahrnehmbare Form zu geben. Dieses Bedürfnis entfaltet sich in den Sakramenten, die ebenso wie die dogmatischen Formeln für die Modernisten bloße Symbole sind.

Nicht anders steht es mit der Heiligen Schrift und der Inspiration. Nach der Anschauung des Modernismus sind die heiligen Bücher nichts anderes als der Niederschlag von Erlebnissen innerhalb einer gegebenen Religion, und zwar von außerordentlichen und hervorragenden Erlebnissen... Die Inspiration unterscheidet sich also höchstens durch ihre Intensität von dem Bedürfnis, das jeder Gläubige fühlt, seinen eigenen Glauben mündlich oder schriftlich kundzutun.

Dasselbe Bedürfnis, aus dem die Sakramente hervorgehen und das einen Menschen zu einem Inspirierten

---

[1] Ebd., SS. 80-82.

macht, erklärt auch den Ursprung und die Entwicklung der Kirche. Die Kirche ist nach den Modernisten aus dem Bedürfnis hervorgegangen, das jeder Gläubige empfindet: seinen Glauben mitzuteilen. Wenn der Glaube dann gemeinsam oder kollektiv geworden ist, erwacht das Bedürfnis, sich in Form einer Gesellschaft zu organisieren, um den gemeinsamen Glauben zu vermehren und zu verbreiten...

Die Kirche ist also das Ergebnis des Kollektivbewußtseins, das von dem ersten Gläubigen, nämlich von Jesus Christus, hergeleitet wird.

Weil die Kirche nichts anderes ist als ein lebendiger Ausfluß des gemeinsamen Bewußtseins, ist das religiöse Bewußtsein auch der Ausgangspunkt für die Autorität der Kirche. Wenn sie vergäße, daß ihre Autorität von dem gemeinsamen Bewußtsein abhängig ist, würde sich diese Autorität in Tyrannei verwandeln.

Für die Beziehungen der Kirche zu anderen Gesellschaften gelten die gleichen Normen wie für das Verhältnis von Glauben und Wissen; sie haben nichts miteinander zu tun. So haben auch Kirche und Staat nichts miteinander zu tun. Ja, in zeitlichen Dingen muß die Kirche sich dem Staate unterordnen. Folgerung daraus ist die Forderung der Trennung des Staates von der Kirche, des Katholiken vom Bürger.

*

Nach Prüfung der philosophischen und theologischen Doktrin des Modernismus geht die Enzyklika dazu über, die historisch-kritische Seite des Modernismus zu untersuchen. Auch hier ist der Agnostizismus der Ausgangspunkt, der sich auf den Standpunkt stellt: die Geschichte ist die Wissenschaft der Tatsachen. Alles, was über äußerlich wahrnehmbare Tatsachen hinausgeht, gehört nicht in das Gebiet der Geschichte, sondern in jenes des Glaubens. Wo sich Göttliches und Menschliches zusammenfinden, wie es bei Jesus Christus der Fall ist, bei den Sakramenten, in der Kirche, müsse der Historiker die beiden Elemente trennen. Mit dem menschlichen Element beschäftigt sich die Geschichte, mit dem göttlichen der Glaube.

Deshalb unterscheidet der Modernismus auch zwischen dem historischen Christus und dem Christus des Glaubens. Alles an der Person Christi, was die natürlichen Gegebenheiten des Menschen oder das Bild, das die Psychologie von ihm geformt hat, übersteigt, müsse vom Historiker beiseitegelassen werden.

So gehen die Modernisten von einem durchaus subjektiven Kriterium aus, wodurch in Wirklichkeit die Grundlage jeder Geschichtsforschung zerstört wird.

Es bleibt nichts übrig als ein hoffnungsloser Subjektivismus, völliger Unglaube, radikale Gottesleugnung. Das alles ergibt sich notwendig aus den Lehren des Agnostizismus und der vitalen Immanenz, auf denen das System des Modernismus aufgebaut ist.

Das Echo der Enzyklika « Pascendi »

Der 8. September 1907 ist ein denkwürdiger Tag für das Christentum. Er ähnelt an Bedeutung dem 9. Juni 325, an dem der Arianismus durch das Konzil von Nicäa den Todesstoß empfing.

Alle, in denen noch die Überzeugung lebte, daß die Welt nicht auf Christus und seine Wahrheit verzichten kann, erfaßten die Bedeutung der Enzyklika.

Der Pariser « Temps » schrieb am 16. September 1907 :

« Eine Kirche hat ihre Daseinsberechtigung in der Überlieferung der Hierarchie, der Disziplin, der Unantastbarkeit ihres Dogmas. Wenn sie darauf verzichtet, diese zu verteidigen, dann unterschreibt sie ihr eigenes Todesurteil und bringt eine ganze Zivilisation in Gefahr, die auf ihr aufgebaut ist. Um das Übel mit der Wurzel auszurotten, war der Erlaß klarer Richtlinien notwendig geworden. Und Pius X. hat diese Richtlinien gegeben. Dabei hat er aber der modernen wissenschaftlichen Forschung ein genügend weites Feld gelassen, so daß die Bedürfnisse des Verstandes befriedigt werden.»

Mit diesen Worten widerlegte die Pariser Zeitung im vorhinein die Anklage, die die Modernisten kurz darauf gegen die Enzyklika erhoben, nämlich die, sie lege der Vernunft unerträgliche Fesseln an und mache es den Forschern unmöglich, die religiösen Wahrheiten tiefer zu ergründen und fürs Leben fruchtbar zu machen.

Die Modernisten suchten Ausflüchte, indem sie behaupteten, sie hätten die verurteilten Lehren niemals vertreten; ihre Lehre sei in der Enzyklika auf Grund der Angaben ihrer Gegner falsch dargestellt worden. Die Enzyklika «Pascendi» gebe nicht die Gedanken des Papstes wieder, sondern sie sei ausgearbeitet worden von einer Gruppe von Männern, die in der Kirche herrschen wollten. Daraus zogen sie die Folgerung, diese Enzyklika trage nicht den Charakter eines dogmatischen Dokumentes, das im Gewissen verpflichte.

Es waren die letzten Versuche der Häretiker, sich der Verurteilung zu entziehen. Wie wir nachwiesen, hat Pius X. schon als Bischof von Mantua und noch klarer als Patriarch von Venedig die Irrtümer und Absichten der Bewegung des «neuen Christentums» gebrandmarkt. Aber selbst wenn wir annehmen wollten, er habe sich vor seiner Erhebung auf den päpstlichen Thron nicht mit dem Modernismus befaßt, so kann man doch nicht die ausdrückliche Erklärung in Zweifel ziehen, die er in der Enzyklika abgibt:

«Es war notwendig, die Ansichten der Modernisten

genauer zu prüfen, um ihren gewöhnlichen Vorwurf zu entkräften, daß Wir ihre Ideen nicht kennen.»

Man kann sich kaum vorstellen, welche Anstrengungen die Modernisten machten, um den Folgen der Verurteilung ihrer Lehre durch die Enzyklika zu entgehen, und welch schwere Kämpfe Pius X. zu führen hatte. Aber der Endsieg war doch ihm beschieden, obwohl die Modernisten verkündet hatten, die Kirche müsse sich entweder umstellen oder sie werde zugrunde gehen [1].

Die Strenge des Vorgehens gegen den Modernismus war durch die Gefährlichkeit dieser Häresie gerechtfertigt, die geradezu das Leben der Kirche bedrohte. Doch der Papst, der sie verurteilte, war stets von Güte und Mitleid mit den Verirrten und Gefährdeten erfüllt [2].

Der Reformpapst

Der Auftrag des Papsttums ist ein doppelter: die Wahrheit unversehrt zu bewahren und gegen jeden Irrtum auf der Hut zu sein, der ihre göttlichen Züge irgendwie entstellen könnte — und mittels der Wahrheit alles Gute auf Erden zu fördern.

Als Giuseppe Sarto den päpstlichen Thron bestieg, fand er eine geistige Situation vor, die äußerst gefährlich war: die Forderung der Modernisten, die Kirche müsse «modernisiert» werden, hatte große Verwirrung ange-

---

[1] Um die Kirche vor der Gefahr dieser Häresie zu schützen, bestimmte Pius X., daß jeder Kleriker vor dem Empfang der Priesterweihe und jeder Priester, der mit der Seelsorge oder dem Lehramt betraut ist oder wenigstens die kirchliche Jurisdiktion besitzt, den sogenannten «Antimodernisteneid» ablege, der nichts anderes ist als das «Glaubensbekenntnis, das Papst Pius IV. vorgeschrieben, Pius IX. mit den dogmatischen Dekreten des Vatikanischen Konzils der Gegenwart angepaßt, und Pius X. durch die Verurteilung der modernistischen Irrlehren vervollständigt hat». (Motu proprio: Sacrarum Antistitum vom 1. September 1910. Vgl. Acta Apost. Sedis, a. II, p. 655-672.)
[2] Vgl. 9. Kap., SS. 402-405.

richtet. Mit der modernen Wissenschaft, die offensichtlich zum Atheismus führte, wurde ein wahrer Götzendienst getrieben.

Die Predigt des Gotteswortes entsprach vielfach nicht den Bedürfnissen der Gläubigen; es wurden viele hochtönende Worte gemacht, man legte akademische Argumente vor, kümmerte sich aber wenig um christliche Lebensführung.

Die Katholische Aktion erschöpfte ihre Tätigkeit in jährlichen Kongressen, auf denen schöne Reden gehalten wurden; zu einer fruchtbaren Wirksamkeit kam sie infolge innerer Zwistigkeiten nicht.

In Italien herrschte offener Antiklerikalismus; in Frankreich und in anderen Ländern wurde der Kampf gegen die Kirche verschärft.

So sah sich der neue Papst vor große Aufgaben gestellt. Es war notwendig, manche alte Gesetze, die gut, aber in Vergessenheit geraten waren, wieder einzuschärfen, andere den Bedürfnissen der Zeit anzupassen.

Daß Pius X. diesen Aufgaben gewachsen war, bewies das organische und umfassende Reformprogramm, an dessen Verwirklichung er unverzüglich ging.

Kirchenmusik

Die Kirchenmusik war von ihrer früheren Höhe herabgesunken. Der gregorianische Gesang hatte profanen und theatralischen Melodien weichen müssen. Der Geschmack war verdorben; das Volk wurde durch diese Art musikalischer Darbietungen von der heiligen Handlung abgelenkt und fand keinen Zugang mehr zum Geiste der Liturgie. Es galt, in den Gläubigen wiederum Verständnis für die ernsten Weisen echter Kirchenmusik zu wecken, die das Gebet fördert und mit der Heiligkeit des

Gotteshauses und der Erhabenheit der heiligen Riten in Einklang steht. Kaum vier Monate nach Beginn seines Pontifikates, am 22. November 1903, erließ Pius X. ein Motu Proprio, in dem er bestimmte, daß die liturgische Musik wieder in ihrer alten Schönheit und Würde gepflegt werde [1].

In diesem Dokument, das er selbst als « Rechtskodex der Kirchenmusik » bezeichnete, heißt es:

« Unter den Aufgaben des Hirtenamtes steht ohne Zweifel jene an hervorragender Stelle, die Würde des Gotteshauses zu wahren und zu fördern, wo die heiligen Geheimnisse unserer Religion gefeiert werden. Im Gotteshaus darf es deshalb nichts geben, was die Andacht stört oder auch nur vermindert; nichts, was gegen die Würde und Erhabenheit der heiligen Handlungen verstößt.

Heute wendet sich Unsere Aufmerksamkeit einem Mißbrauch zu, der zu den verbreitetsten und am schwersten ausrottbaren gehört, einem Mißbrauch, den man mit Bedauern auch dort feststellen muß, wo sonst alles höchstes Lob verdient. Es ist der Mißbrauch hinsichtlich des Kirchengesanges und der Kirchenmusik. Wir halten es für Unsere erste Pflicht, sogleich Unsere Stimme zu erheben, um alles zu mißbilligen und zu verurteilen, was bei der heiligen Handlung des Gottesdienstes nicht den richtigen Grundsätzen entspricht. Daher haben Wir es als notwendig erachtet, in Kürze die Richtlinien festzulegen, die die Kirchenmusik beim Gottesdienst regeln und in einer Gesamtdarstellung die wichtigsten Vorschriften der Kirche gegen die verbreitetsten Mißbräuche auf diesem Gebiet zusammenzufassen. » [2]

In einer langen Instruktion über die Kirchenmusik gab er Normen und Durchführungsbestimmungen für die von ihm angeregte Reform. Versuchen, diese Reform aufzu-

---

[1] Pii X Acta, Bd. I, SS. 75-87.
[2] Ebd., SS. 75-78.

schieben oder sie ganz zu umgehen, schob er einen Riegel vor, indem er in einem an seinen Kardinal-Vikar gerichteten Brief vom darauffolgenden 8. Dezember nachdrücklich auf strenge Durchführung seiner Anordnungen drang.

« Herr Kardinal », so schrieb er, « seien Sie nicht nachsichtig und gewähren sie keinen Aufschub. Durch den Aufschub werden die Schwierigkeiten nicht geringer, sondern nur noch größer. Es muß durchgegriffen werden, und zwar sofort und entschieden. »[1]

Der Erfolg seiner Bemühungen sollte nicht ausbleiben. Bald ertönten wieder liturgische Weisen in den Kirchen und erhoben die Herzen der Gläubigen zu Gott.

*

Am 11. April 1904 feierte Pius X. ein Pontifikalamt zur Erinnerung an den dreizehnhundertsten Todestag Gregors des Großen. Zu seiner großen Freude begleitete ein Chor von Seminaristen die heiligen Funktionen mit gregorianischem Choralgesang [2].

Der Kirchengesang war wieder Gebet geworden.

Der Bischof von Rom

Als Bischof von Rom lag es Pius X. am Herzen, seine Reformtätigkeit in der Ewigen Stadt, dem Zentrum der katholischen Welt, zu beginnen. Durch ein Schreiben vom 11. Februar 1904 kündigte er eine Visitation der Stadt Rom an. Er beauftragte damit seinen Kardinal-Vikar, dem er geeignete Prälaten und Priester zur Seite stellte. Schon die Verwunderung, mit der diese Maßnahme aufgenommen wurde, ließ erkennen, wie notwendig sie war.

[1] Ebd., SS. 71-72.
[2] « La Civiltà Cattolica », Rom 1904, S. 606.

In Rom lebten damals viele Priester aus fremden Diözesen, die keine eigentliche Aufgabe dort zu erfüllen hatten. Pius X., der so große Erfahrung in der Seelsorge besaß, wußte, welcher Schaden der Kirche daraus erwuchs. So ordnete er an, alle Priester aus fremden Diözesen sollten in ihre Heimatdiözese zurückkehren, wenn sie nicht wichtige Gründe für ihr Verbleiben in Rom geltend machen konnten.

Dieser Erlaß erregte unter den Betroffenen viel Unzufriedenheit und gab Anlaß zu Klagen. Die Verfügung wurde als überstreng kritisiert. Doch ihre Wirkungen zeigten bald, daß sie klug und notwendig gewesen war [1].

*

Die apostolische Visitation erwies klar, daß durch das Anwachsen der Bevölkerung Roms die Errichtung von neuen Pfarrkirchen und eine Neuregelung der alten Pfarreien dringend notwendig geworden war. Freilich konnte dies nicht geschehen, ohne manche egoistische Interessen zu verletzen, liebgewordene und ehrwürdige Gewohnheiten zu ändern, Widerstände zu überwinden und große Geldsummen aufzuwenden.

Weite Schichten der Bevölkerung waren ohne seelsorgliche Betreuung. Bereits Leo XIII. hatte ein Programm aufgestellt, das aber noch nicht zur Ausführung gelangt war.

Pius X. setzte sich entschieden für seine Durchführung ein und es gelang ihm, alle Hindernisse und Schwierigkeiten zu überwinden.

Welches waren die Resultate?

Die eng nebeneinanderliegenden alten Pfarreien im Stadtzentrum wurden gemäß den praktischen Bedürf-

---

[1] Kard. R. MERRY DEL VAL, Ord. Rom., f. 893. — Kard. G. DE LAI, ebd., f. 587. — Kard. V. A. RANUZZI DE BIANCHI, ebd., f. 575. — Msgr. F. FABERI, ebd., f. 1053-1054. — Kard. T. BOGGIANI, ebd., SS. 851-852.

nissen neu abgegrenzt. Überall, wo sich neue Wohnviertel erhoben oder im Entstehen begriffen waren, wurden neue Kirchen und neue Pfarreien errichtet. Man erwarb Bauplätze, damit jedes neue Quartier über kurz oder lang seine eigene Kirche und seine eigene Pfarrei haben könne [1]. Die neuerrichteten Pfarreien wurden mit tüchtigen Priestern besetzt. Die Einkünfte der Kapläne wurden sichergestellt, damit sie sich ganz der Seelsorge widmen konnten [2].

Die Auswirkungen dieser Maßnahmen waren sehr erfreulich: der Sakramentenempfang nahm auch in den Außenbezirken der Stadt wesentlich zu, neues religiöses Leben blühte auf [3].

Die Katechismus-Enzyklika

Es war für Pius X. schmerzlich, daß er den Vatikan nicht verlassen konnte, um von einer Pfarrei zur andern zu eilen und seinen Gläubigen religiöse Unterweisungen zu erteilen, wie er es in Mantua und Venedig getan hatte. Aber wenn er auch daran gehindert war, seine geliebten Kinder aufzusuchen, so konnten diese doch zu ihm kommen. Man zeigt noch heute im Damasushof und im Pinienhof des Vatikans die Stelle, an der Pius X. an Sonntagen der Bevölkerung Roms das Evangelium und den Katechismus zu erklären pflegte, wie er es in Tombolo und Salzano getan hatte. Es war ein Schauspiel, wie man es noch nie gesehen hatte.

*

[1] Vgl. Kard. R. MERRY DEL VAL, Proc. Ord. Rom., f. 894. — Msgr. F. FABERI, ebd., f. 1059.
[2] Msgr. F. FABERI, Proc. Ord. Rom., f. 1062.
[3] Acta Apost. Sedis, Bd. IV (1912), S. 427. — Msgr. F. FABERI, Ord. Rom., f. 1060-1062. — Comm. G. FORNARI, ebd., f. 1334-1339. — Fürst L. BARBERINI, ebd., f. 1729. — Msgr. G. PESCINI, ebd., f. 368-369.

Am 15. April 1905 veröffentlichte er die Enzyklika « Acerbo nimis », durch die er Bischöfe und Pfarrer an ihre Pflicht mahnte, der religiösen Unterweisung des Volkes größte Aufmerksamkeit zu schenken, und sie den praktischen Bedürfnissen anzupassen.

Der Papst wußte sehr wohl, daß eine Neuordnung des Religionsunterrichtes nicht nur für die Stadt Rom notwendig war, sondern für die ganze Welt. Er war genau informiert über die Anstrengungen, die der Unglaube machte, um die Religion zu bekämpfen; er kannte die Angriffe, denen die Gläubigen ausgesetzt waren. Mit dem Propheten Osee klagte er: « Es gibt keine Kenntnis Gottes mehr auf Erden ... Daher ist die Erde ein Tränental und die Menschen verschmachten. » [1]

Das einzige Mittel, diese traurige Lage zu bessern, sah er in einer guten Kenntnis der grundlegenden religiösen Wahrheiten.

« Der menschliche Wille ist durch die Erbsünde verderbt und gleichsam gottvergessen geworden; er hat sein Verlangen der Eitelkeit und der Unwahrheit zugewendet. Dieser Wille, der von seinen bösen Trieben in die Irre geführt und geblendet wird, braucht einen Führer, der ihm den Weg zeigt und ihn auf die Wege der Gerechtigkeit zurückführt, die er zu seinem eigenen Unheil verlassen hat. Dieser Führer ist unser Verstand. Aber wenn ihm sein wahres Licht fehlt, die Kenntnis der göttlichen Dinge, dann ergeht es ihm wie einem Blinden, der einen anderen Blinden führen will: sie fallen schließlich beide in die Grube.

Die christliche Glaubenslehre zeigt uns Gott und seine Vollkommenheiten besser, als die natürlichen Kräfte es ermöglichen würden. Und sie lehrt uns zugleich, wie wir Gott ehren sollen durch den Glauben, der Hingabe

---

[1] Osee 4, 2-3.

des Verstandes, durch die Hoffnung, die Hingabe des Willens, und durch die Liebe, die Hingabe des Herzens ist... »

Daraus ergibt sich für die Gläubigen die Notwendigkeit, sich über die ewigen Wahrheiten zu unterrichten, und für den Klerus die Pflicht, mit inneren Anteilnahme die Glaubenswahrheiten darzulegen, denn die religiöse Unterweisung ist grundlegend für die ganze Seelsorge. Damit die Predigt Erfolg habe, muß sie auf einem gediegenen Religionsunterricht aufbauen können. Der Katechismusunterricht ist gleichsam der Pflug, der die Seelen aufackert, damit sie für den Samen aufnahmebereit seien. Predigt vor Zuhörern, die nicht entsprechend vorbereitet sind, verliert sich ins Leere. Sie ist wie ein Haus, dem das Fundament fehlt [1].

Der Papst erinnert die Priester an den « Vertrag », durch den sie sich an ihrem Weihetag an ihren Bischof gebunden haben, und geht dann dazu über, praktische Normen für die Durchführung der Enzyklika aufzustellen : « An allen Sonn- und Feiertagen des Jahres ohne Ausnahme sollen die Pfarrer den Kindern eine volle Stunde lang den Katechismus erklären. Vor der Firmung und der ersten heiligen Kommunion ist ein ganz besonderer Unterricht in der christlichen Lehre zu erteilen. In allen Pfarreien sollen die Kongregationen von der christlichen Lehre eingeführt werden und wenn die Zahl der Priester für den Religionsunterricht nicht ausreicht, nehme man die Hilfe von Laienkatecheten in Anspruch.

In den großen Städten, die Universitäten oder Gymnasien haben, sind Religionsschulen zu gründen. » [2]

*

---

[1] Pii X Acta, Bd. II, S. 78.
[2] Ebd., SS. 81-82.

Obwohl die Enzyklika « Acerbo nimis » zwei Jahre früher erschienen ist als die Enzyklika « Pascendi », gehören sie zusammen. Beide haben das gleiche Ziel: die Welt zur wahren Gotteserkenntnis zurückzuführen, und durch eine gründliche Kenntnis der Glaubenswahrheiten bei den Gebildeten und im niederen Volke einen Damm gegen den Irrtum und die Sittenlosigkeit aufzurichten.

Auch der Modernismus hatte durch Katechismen seine Ideen zu verbreiten gesucht. Umso notwendiger war es daher, die wahre Lehre Christi in einem hochwertigen Katechismus darzulegen.

Wir erinnern uns des Vorschlags, den der Heilige als Bischof von Mantua dem 1. Nationalen Katechetenkongreß (Piacenza im Jahre 1889) unterbreitet hatte: einen Einheitskatechismus für die ganze Kirche zu schaffen. Jetzt griff er auf diesen Plan zurück. Er setzte eine Kommission von Theologen ein, die unter seiner Leitung einen Einheitstext des Katechismus zusammenstellten, der am 18. Oktober 1912 für die Diözese Rom vorgeschrieben und später auch in anderen italienischen Diözesen gebraucht wurde.

Siebenundvierzig Jahre sind seit der Veröffentlichung der Enzyklika « Acerbo nimis » vergangen. Aber dieses Dokument ist immer noch aktuell, denn die Kirche muß heute wie damals vor den zersetzenden Einflüssen des Neuheidentums auf der Hut sein. Am Internationalen Katechetenkongreß, der im Oktober 1950 in Rom abgehalten wurde, sagte Pius XII.: « Der Wert jeden Gesetzes und jeder Verordnung zur Hebung der allgemeinen Sittlichkeit hängt von der religiösen Unterweisung ab. » [1]

---

[1] Acta Apost. Sedis, Bd. XLII (1950), SS. 816-820.

Die Kinderkommunion

Im Leben Pius X. sehen wir immer wieder, wie sehr er sich zu den Kindern hingezogen fühlte.

Zur Zeit, da er sein priesterliches Wirken begann, herrschte in weiten Kreisen eine allzustrenge Auffassung über den häufigen Empfang der heiligen Kommunion und über das Alter, in dem die Kinder zur Erstkommunion zugelassen werden sollten. Es erregte Verwunderung, daß Don Sarto als Pfarrer von Salzano Kinder zum Tisch des Herrn gehen ließ, die noch nicht das damals verlangte Alter erreicht hatten. Aber Don Sarto konnte sich dabei auf die Lehre des heiligen Thomas von Aquin berufen [1], der sagt, den Kindern dürfe der Empfang der heiligsten Eucharistie gestattet werden, sobald sie die heiligen Gestalten von gewöhnlichem Brot unterscheiden können und so imstande sind, wahre Andacht zum heiligsten Altarssakramente zu haben. Diese Lehre stützt sich auf die Praxis der Kirche bis ins 13. Jahrhundert, die von ihr auch später nie mißbilligt wurde.

Und in der Tat, sobald ein Kind zwischen Gut und Böse unterscheiden und deshalb zur heiligen Beichte zugelassen werden kann, besteht kein Grund, ihm das eucharistische Brot zu verweigern. Die konsequente Durchführung dieser Grundsätze wurde durch Überreste jansenistischer Anschauungen verhindert; man sah in der heiligen Kommunion vielfach eine Belohnung, nicht aber ein Heilmittel für die menschliche Gebrechlichkeit.

Die göttliche Vorsehung hatte Pius X. dazu ausersehen, diese fast vergessenen Grundsätze dem Bewußtsein der Gläubigen wieder nahezubringen.

Der 20. Dezember 1905 war ein Festtag für alle, die die heiligste Eucharistie lieben. Das Dekret « Sacra Tri-

---

[1] Summa Theol., III, q. 80, art. 9 ad 3.

dentina Synodus » beendete eine jahrelange Diskussion, die oft mit großer Schärfe geführt worden war, und öffnete endgültig die Tabernakel für alle, die sich oft oder sogar täglich dem Tisch des Herrn nahen wollen [1].

Dies war ja der Wunsch des Heilandes bei der Einsetzung des Sakramentes der Liebe : die Gläubigen sollten sich täglich damit nähren, um das Leben ihrer Seelen zu erhalten, so wie sie täglich Brot essen, um die körperlichen Kräfte zu erhalten. Wäre es nicht so, dann hätte das Konzil von Trient nicht die Mahnung aussprechen können, die Christen sollten jedesmal die heilige Kommunion empfangen, wenn sie der heiligen Messe beiwohnen [2]. Wenn die richtige seelische Einstellung vorhanden ist, wenn in einer Seele Glaube, Hoffnung und Liebe leben, darf sie nicht am Empfang des Himmelsbrotes gehindert werden, « besonders in unserer Zeit, wo die katholische Religion von allen Seiten angegriffen wird und die Liebe in den Herzen der Menschen erkaltet ist » [3].

*

Noch stärker war der Widerhall des segensreichen Dekretes vom 8. August 1910 « Quam singulare Christus amore », welches das Alter für die Erstkommunion der Kinder festsetzte [4]. Es ist kaum zu verstehen, daß es bis dahin noch Zweifel und Auseinandersetzungen über eine Frage gab, die von der Kirche schon längst gelöst und entschieden worden war. Die letzten Bestimmungen der römischen Kongregation wiederholten und bestätigten ja lediglich die früheren Entscheidungen in dieser Sache.

Da die erste Vorbedingung für eine gnadenbringende Kommunion die Reinheit des Herzens ist, war die Kirche

---

[1] Pii X Acta, Bd. II, SS. 250-256.
[2] Sess. XXII, c. vi.
[3] Pii X Acta, ebd., S. 253.
[4] Acta Apost. Sedis, Bd. II (1910), SS. 577-583.

immer darauf bedacht, das Alter für die Erstkommunion nicht zu hoch anzusetzen. So hatte noch im Jahre 1851 die heilige Konzilskongregation den Beschluß eines Provinzialkonzils mißbilligt, das für die Zulassung zur heiligen Kommunion das Mindestalter von 12 Jahren verlangte [1].

Es entbehrte also jeder sachlichen Berechtigung, wenn mancherorts, besonders in Frankreich, scharfe Kritik an dem Dekret geübt wurde, durch das Pius X. bestimmte, die Kinder seien mit sieben Jahren und gegebenenfalls noch früher zum Tisch des Herrn zu führen. Der Papst hielt trotz der Opposition an seinem Entschluß fest. Es dauerte übrigens nicht lange, bis die Gegner verstummten. Schließlich kamen sogar große Pilgerzüge von französischen Kindern nach Rom, um dem Papst dafür zu danken, daß er den Kindern der ganzen Welt gestattet hatte, sich so früh mit Jesus in der heiligen Kommunion zu vereinigen.

Der Klerus

Religionsunterricht und Eucharistie waren die Fundamente, auf denen Pius X. die Erneuerung aller Dinge in Christus aufbauen wollte. Nun wandte er seine besondere Sorge dem Klerus zu.

Der Modernismus hatte eine Erschütterung der Disziplin verursacht und bei vielen Priestern die Hochschätzung ihres Berufes und ihrer Würde vermindert. Nur wenige Priester standen theoretisch auf der Seite des Modernismus; sehr viele jedoch waren in ihrem Denken und Handeln mehr oder weniger unbewußt von seinen Grundsätzen beeinflußt. Die Auffassung, es bestehe die Notwendigkeit einer Reform der Kirche im Sinne einer Anpassung an die modernen Strömungen, war weit verbreitet.

[1] Vgl. Acta Apost. Sedis, ebd., SS. 578-581.

Die Welt braucht heilige Priester. So lag es nahe, daß Pius X. bei seiner Reform von der Heiligkeit des Priestertums ausgehen mußte. Schon in der ersten Enzyklika, die er an die katholische Welt richtete, schrieb er:
« Wir Priester müssen in der Heiligkeit des Lebens und in der Reinheit der Lehre wachsen. Dann wird das ganze Volk dem Beispiel Christi nacheifern. » [1]

*

Das Priestertum ist ein übernatürlicher Stand, der von Gott für eine übernatürliche Aufgabe geschaffen wurde. Die Wissenschaft spielt bei der Erfüllung dieser Aufgabe eine große Rolle, jedoch nicht die ausschlaggebende. Entscheidend für das Wirken des Priesters ist seine Heiligkeit. Daher betonte der Selige immer wieder, die Seminarien sollten ihre Zöglinge nicht auf eine weltliche Karriere vorbereiten, sondern sie zu wirklichen Dienern Gottes heranbilden [2]. An den Kardinal-Patriarchen von Lissabon schrieb er am 5. Mai 1905, die Seminare sollten «Heimstätten gediegener Studien und Brennpunkte der Frömmigkeit » sein [3].

Daher wünschte Pius X., daß die jungen Seminaristen mit Klugheit und Umsicht geleitet werden und daß man die Entwicklung ihrer Berufung mit Wachsamkeit beobachte. Vor der Zulassung zu den ersten heiligen Weihen sollten strenge Prüfungen vorgenommen werden, damit kein Unwürdiger zum Heiligtum Zutritt finde. Man solle sich, so betonte er, auch durch hervorragende Geistesgaben und sonstige natürliche Vorzüge nicht täuschen lassen, wenn ihnen das Fundament echter Frömmigkeit

---

[1] Pii X Acta, Bd. I, S. 9.
[2] Pii X Acta, Bd. III, S. 167.
[3] Ebd., Bd. II, S. 93. — Vgl. auch: « Exhortatio ad Clerum Catholicum » vom 4. August 1908. Vgl. Pii X Acta, Bd. IV, S. 242.

fehle, deren erstes Kennzeichen die Fügsamkeit gegenüber der Autorität und der bedingungslose Gehorsam gegenüber der Kirche ist [1].

*

Das Dokument, in dem seine priesterliche Gesinnung sich am deutlichsten offenbart, ist die tiefschürfende « Ermahnung an den Klerus » vom 4. August 1908, die er eigenhändig niederschrieb [2].

Am 18. September 1908 feierte er sein goldenes Priesterjubiläum. Er wollte nicht, daß dieser heilige Gedenktag durch glänzende Festlichkeiten begangen werde. Wie er für ihn selbst Anlaß zu stiller Sammlung und tiefer Dankbarkeit war, so sollte die ganze Kirche ihn benützen, um dem Herrn zu danken für die 50 Jahre Priestertum, die er seinem Stellvertreter auf Erden geschenkt hatte.

Zugleich war es für ihn eine günstige Gelegenheit, dem Klerus die Würde und Heiligkeit seines Berufes vor Augen zu stellen. Pius X. hätte ohne Anmaßung die Worte des Heilandes wiederholen dürfen : « Ich habe euch ein Beispiel gegeben, damit auch ihr tut, wie ich getan habe. » [3] In den verschiedenen Ämtern, die er im Verlauf dieser 50 Jahre bekleidet hatte, konnte er allen als Vorbild dienen.

Welchen Richtlinien mußte der Klerus folgen, um eine ähnliche Vollkommenheit zu erreichen ? In seiner « Ermahnung an den Klerus » geht der Papst näher darauf ein.

Der Priester darf nie vergessen, daß seine Würde und seine Berufung, Darbringer des Opfers, Prediger und Seelenarzt zu sein, nicht menschlichen, sondern göttlichen

---

[1] Enzyklika vom 4. Oktober 1903 : Pɪɪ X Acta, Bd. I, SS. 9-10. — Enzyklika « Jucunda sane » vom 12. März 1904 : vgl. Pɪɪ X, Acta, ebd., S. 208. — Enzyklika « Pieni l'animo » vom 28. Juli 1906 an die italienischen Bischöfe : vgl. Pɪɪ X Acta, Bd. III, SS. 163-173.
[2] Kard. R. MERRY DEL VAL, Pio X : Impressioni e Ricordi, SS. 62-63.
[3] Joh. 13, 15.

Ursprungs sind. Das darf ihm aber nicht Anlaß zu eitler Selbstgefälligkeit sein, sondern eine ernste Verpflichtung, nach Heiligkeit zu streben. Wenn dem Priester die Erkenntnis Christi und die Heiligkeit des Lebens fehlt, dann fehlt ihm alles.

« Ein besonderes Maß von Gelehrsamkeit », so fährt Pius X. fort, « Geschick und Erfahrung in der praktischen Arbeit können zwar der Kirche und den einzelnen manche Vorteile bringen, aber nicht selten wirken sie schädlich. Wer hingegen mit Heiligkeit geschmückt ist, kann — selbst wenn er im übrigen als der Letzte zu betrachten wäre — eine segensreiche Tätigkeit im Volk Gottes unternehmen und zur Vollendung bringen. Beweis dafür sind zahlreiche Zeugnisse aus allen Jahrhunderten. Nur die Heiligkeit macht uns zu Menschen, wie die göttliche Berufung sie haben will: Menschen, die der Welt gekreuzigt sind und für die die Welt gekreuzigt ist; Menschen, die ein neues Leben leben. » [1]

Welche Mittel sichern die Erhaltung und Entfaltung dieses Lebens, kraft dessen der Priester als « anderer Christus » unter den Menschen lebt und wirkt? Es sind Gebet, Betrachtung, geistliche Lesung, Wachsamkeit sich selbst gegenüber und ständige Erforschung des eigenen Gewissens, Übung der Tugenden, besonders des Gehorsams, der Demut, der Abtötung, der Buße, ist doch der Priester mehr noch als jeder andere Christ aufgerufen, das Leben der Selbstverleugnung nachzuahmen, das der göttliche Meister führte [2].

Der Modernismus hatte diese Tugenden verächtlich als « passive Tugenden » bezeichnet im Gegensatz zu den « aktiven Tugenden », die allein er schätzte. Als Antwort darauf warnte Pius X. die Priester vor der sogenannten « Häresie der Aktion » und fügte hinzu:

[1] Pii X Acta, Bd. IV, SS. 246-247.
[2] Ebd., SS. 245-261.

« Manche glauben und sagen, der Priester solle seinen Ruhm ausschließlich darin suchen, daß er sich ganz für das Wohl der andern opfere. Daher sehen sie fast ganz ab von der Pflege jener Tugenden, durch welche die Persönlichkeit selbst zur Vollkommenheit aufsteigt (sie nennen dieselben deshalb passive Tugenden), und fordern, er solle mit seinem ganzen Können und Streben die Tugenden des tätigen Lebens ausbilden und üben. Diese Lehre enthält wirklich erstaunlich viel Irriges und Verderbliches . . .

Christus ändert sich nicht im Laufe der Jahrhunderte, sondern er ist derselbe gestern, heute und in Ewigkeit [1]. Den Menschen aller Zeiten gilt also jene Aufforderung: Lernet von mir, denn ich bin sanft und demütig von Herzen [2]. Und es gibt keine Zeit, wo Christus nicht unser Beispiel sein wollte, er, der gehorsam ward bis zum Tode [3]; und in jedem Zeitalter behält der Ausspruch des Apostels Gültigkeit: 'Die Christus angehören, haben ihr Fleisch gekreuzigt samt seinen Lastern und Begierden.' [4] — Diese Grundsätze gelten zwar für alle, vor allem aber für die Priester. Sie sollen ganz besonders auf sich beziehen, was unser Vorgänger in apostolischem Eifer sagte: 'O möchte doch jetzt die Zahl jener zunehmen, die diese Tugenden pflegen wie die heiligen Männer vergangener Tage; im Geiste der Demut, des Gehorsams und der Enthaltsamkeit waren sie mächtig im Wirken und im Reden, zum größten Nutzen nicht nur der Religion, sondern auch des Staates und der bürgerlichen Wohlfahrt.' [5] Hier dürfte es angebracht sein, zu bemerken, daß der weise Papst mit Recht die Enthaltsamkeit besonders betont, die nach biblischem Sprachgebrauch als Selbstverleugnung bezeichnet wird. Gerade hierin, geliebte Söhne, ist Kraft,

---

[1] Hebr. 13, 8.   [2] Matth. 11, 29.   [3] Philipp. 2, 8.   [4] Gal. 5, 24.
[5] LEO XIII., Schreiben « Testem benevolentiae » vom 22. Januar 1899.
— Vgl. Acta Sanctae Sedis, Bd. XXXI (1899), SS. 474-478.

Stärke und Erfolg des priesterlichen Amtes gelegen. Wo darauf nicht geachtet wird, pflegt sich manches in die Gewohnheiten des Priesters einzuschleichen, was den Gläubigen zum Anstoß werden kann. Wenn irgendwo ein Priester häßlicher Gewinnsucht frönt, wenn er sich in weltliche Geschäfte einläßt, nach den ersten Plätzen strebt und die andern verachtet, wenn er Fleisch und Blut zu befriedigen sucht, wenn er nach Menschengunst hascht, wenn er sich auf die Überredungskünste menschlicher Weisheit stützt, so kommt es daher, daß er das Gebot Christi außer acht gelassen und die Forderung zurückgewiesen hat, die lautet : Wer mir nachfolgen will, der verleugne sich selbst. »[1]

Und Pius X. schloß seine « Ermahnung » mit dem Gebet : « Heiliger Vater, heilige meine Priester ! »

Kardinal G. Bourne, Erzbischof von Westminster, urteilte über dieses Dokument, das in so hervorragender Weise das priesterliche Vollkommenheitsstreben behandelt:

« Dies alles kommt aus dem Herzen eines wahren Priesters, das nach dem Herzen seines göttlichen Meisters gebildet ist... Mögen die feurigen Worte dieses heiligen Papstes, der elf Jahre lang der Stellvertreter Christi auf Erden war, in den Herzen aller Priester diese fundamentalen Grundsätze neu beleben, stärken und ihnen Beständigkeit verleihen. »[2]

Der « gute Landpfarrer »

Wären die Akten und Dokumente aus der Regierungszeit unseres Heiligen in Mantua und Venedig besser bekannt gewesen und hätte er in seiner Bescheidenheit nicht seine hervorragende Begabung verborgen, so hätte das

[1] Matth., 16, 24 ; Pii X, Acta, Bd. IV, SS. 244-246.
[2] Pii X Acta, Bd. I, SS. 8-9.

Spottwort, das ihn als « guten Landpfarrer » bezeichnete, niemals Verbreitung gefunden.

Auf Grund seiner langen Erfahrung wußte er genau, daß er sein Programm, « alles zu erneuern in Christus », niemals ohne einen gebildeten und tüchtigen Klerus würde durchführen können. Er kannte die geistigen Strömungen seiner Zeit, den Fortschritt der Kultur, die Errungenschaften der Wissenschaft gründlich und war darum überzeugt, daß eine Reform des kirchlichen Lebens bei den Priesterseminarien ansetzen mußte. Aus ihnen sollte ein Klerus hervorgehen, der gediegene wissenschaftliche Kenntnisse besaß, sich aber auch durch eine heilige Lebensführung auszeichnete. Diesem Ziel diente sein Plan, die kleinen Priesterseminare der einzelnen Diözesen, die sich wegen Mangel an Mitteln und geeigneten Lehrkräften in großen Schwierigkeiten befanden, zu Regionalseminarien zusammenzulegen, an denen die künftigen Priester besser ausgebildet werden sollten.

In einem Schreiben, das er am 16. November 1913 an den Rektor des neuerrichteten Priesterseminars im Lateran richtete, entwickelte er seine diesbezüglichen Ideen.

Der Plan stieß auf große Schwierigkeiten und vielen Widerstand. Die Bischöfe konnten sich nicht mit dem Gedanken befreunden, sich von ihren Priesteramtskandidaten zu trennen.

Obwohl der Papst Verständnis für die zum Teil berechtigten Bedenken der Ordinarien hatte, hielt er grundsätzlich an seiner Entscheidung fest, weil höhere Interessen auf dem Spiel standen. Er gestand aber Ausnahmen zu, wo ein Bischof hinreichende Garantien für eine gediegene wissenschaftliche Ausbildung und tadellose Disziplin sowie für die wirtschaftlichen Existenzmöglichkeiten seines Seminars bieten konnte.

*

Zu dem geistigen Niedergang, der an vielen Seminarien festzustellen war, trug wesentlich das neue Studiensystem bei, das sich weit von der traditionellen Richtung entfernte.

« Es ist sehr schmerzlich », schrieb Pius X. in einem Brief an die französischen Erzbischöfe und Bischöfe, « daß unter dem Klerus, besonders dem jungen Klerus, manche neue Ideen auftauchen, die nicht ungefährlich und nicht frei von Irrtum sogar hinsichtlich der Fundamente der katholischen Lehre sind. Was ist gewöhnlich der Grund dafür ? Ohne Zweifel die geringschätzige Behandlung der alten Weisheit, die Verachtung jener scholastischen Philosophie, der die Kirche auf vielerlei Weise ihre Anerkennung bezeigt hat. »[1]

Schon Leo XIII. hatte erkannt, welch schwerer Irrtum es gewesen war, die scholastisch-thomistische Philosophie aufzugeben, und sein Möglichstes getan, um das katholische Schulwesen zur traditionellen Richtung zurückzuführen. Die Enzyklika « Aeterni Patris » vom 4. August 1879 zeugt von der Weitsicht dieses großen Papstes. Aber seine Anordnungen wurden nicht überall befolgt. Der Modernismus mit seiner Überschätzung der « positiven » Wissenschaften, wie man sie damals nannte, hatte in weiten Kreisen — besonders der jungen Studenten — Abneigung gegen jene Studien geweckt, die den Schlüssel zu allen Wissensgebieten bilden.

Mit den oben angeführten Worten hatte Pius X. aufgezeigt, warum so viele vielversprechende junge Intellektuelle von der Wahrheit abirrten : ihrem Wissen fehlte das Fundament einer gediegenen und gesunden Philosophie.

Pius X. zögerte nicht, entscheidende Maßnahmen gegen dieses Übel zu ergreifen, indem er die Anordnungen seines großen Vorgängers vervollständigte. Der Modernismus

---

[1] Brief « Sub exitum » vom 6. Mai 1907 an die französischen Erzbischöfe und Bischöfe, die Protektoren des Katholischen Instituts in Paris. — Vgl. Pii X Acta, Bd. V, SS. 39-40

beteuerte, er wolle in der Kirche bleiben, um sie zu erneuern und der Zeit anzupassen. Aber um dieses Ziel zu erreichen, begann er damit, die Philosophie des heiligen Thomas zu bekämpfen. Manche gingen soweit, das Ende der Kirche vorauszusagen, wenn sie starrsinnig darauf beharre, sich bei der Verteidigung ihrer Dogmen auf die Lehre des Aquinaten zu stützen.

Pius X. sah in der Lehre des heiligen Thomas, die sich im Laufe der Jahrhunderte so glänzend bewährt hat, ein unvergleichliches Mittel zur Verteidigung der Wahrheit und ordnete an, daß die scholastische Philosophie nach den Prinzipien des Doctor angelicus einen Ehrenplatz in den Seminarien und Universitäten erhalte. Denn nur auf der Grundlage eines umfassenden und gründlichen Philosophiestudiums im Geiste des heiligen Thomas konnten erfolgversprechende theologische Studien aufgebaut werden.

Das Bibelinstitut

Die Verurteilung des Modernismus hätte ihren Zweck verfehlt, wenn nicht zugleich bewiesen worden wäre, daß die Kirche die Wissenschaft nicht zu fürchten braucht, sondern daß sie selbst sich der modernsten Forschungsmethoden bedient.

Aus diesem Grunde wünschte Pius X. die Gründung eines Bibelinstitutes, in dem die Heilige Schrift unter besonderer Berücksichtigung der neuesten Errungenschaften auf sprachwissenschaftlichem und historisch-archäologischem Gebiet erforscht werden sollte. Schon als Bischof und Kardinal hatte der Heilige mit großem Interesse die Fortschritte der biblischen Studien verfolgt. Bald nach seiner Erhebung auf den päpstlichen Thron, am 23. Februar 1904, veröffentlichte er den Apostolischen Brief « Scripturae Sanctae », aus dem hervorgeht, wie sehr ihm das Studium der Heiligen Schrift am Herzen lag.

« Es ist eine Pflicht Unseres Apostolischen Amtes », so schrieb er, « das Studium der Heiligen Schrift beim Klerus so viel als möglich zu fördern, gerade in dieser Zeit, in der — wie wir sehen — diese Quelle der göttlichen Offenbarung und des Glaubens von allen Seiten durch die menschliche Vernunft, die ihre Grenzen überschreitet, angegriffen wird. »[1]

Schon Leo XIII. hatte an die Gründung eines Bibelinstitutes in Rom gedacht, das sozusagen die praktische Verwirklichung seiner Enzyklika «Providentissimus Deus» vom 18. November 1893 gewesen wäre. Doch das Projekt war nicht über das Stadium des Planens hinausgekommen. Statt dessen wurde 1902 die Gründung einer Bibelkommission angekündigt, die inmitten der heftigen Diskussionen über die Geschichtlichkeit, den Wert und die Auslegung der Heiligen Schrift Richtlinien gab und zugleich die Bibelstudien in jeder Weise fördern sollte.

Pius X. ging noch weiter. Er gab der Bibelkommission eine sichere Grundlage und beauftragte sie, alles zu überwachen, was an Studien über die Heilige Schrift veröffentlicht wurde. Die Welt sollte sehen, daß die Kirche in wissenschaftlicher Hinsicht besser gerüstet war als 20 oder 30 Jahre zuvor. Die Gründung eines Bibelinstitutes, das über alle Hilfsmittel der modernen Forschung verfügen sollte[2], hatte Pius X. von Anfang an projektiert. Doch Geldmangel nötigte ihn, die Verwirklichung dieses großen Planes bis 1909 aufzuschieben[3].

---

[1] Pii X Acta, Bd. I, S. 176.
[2] Apostol. Brief « Scripturae Sanctae : Vgl. Pii X Acta, Bd. I, S. 177.
[3] Die Gründung des Bibelinstitutes wurde von Pius X. durch das Apostolische Schreiben « Vinea electa » vom 7. Mai 1909 angekündigt.
Darin spricht er von den Absichten Leos XIII. und seinen eigenen Bemühungen, in einer Zeit der Verwirrung und Unsicherheit, die durch die Propaganda des Unglaubens geschaffen worden war, der studierenden katholischen Jugend eine Schule zu geben, wo sie sich auf das Studium der Heiligen Schrift spezialisieren könne. Als dann der Plan verwirklicht und das Bibelinstitut in Rom errichtet wurde, bestimmte der Papst

Schon vorher hatte Pius X. die Arbeiten für die Revision der Vulgata gefördert, in deren Text sich im Laufe der Jahrhunderte manche Fehler eingeschlichen hatten. So besaß die katholische Welt die Heilige Schrift wieder in der unveränderten Übersetzung des hl. Hieronymus [1].

Kodifizierung des Kanonischen Rechtes

Ein anderes hervorragendes Werk Pius' X. ist die Zusammenfassung der kirchlichen Gesetze in einem einzigen Buch. Der bekannte italienische Jurist V. E. Orlando urteilte, Pius X. habe sich dadurch in der Geschichte des kanonischen Rechtes den gleichen Platz erworben, den Justinian in der Geschichte des römischen Rechtes einnimmt.

Schon wenige Tage, nachdem er zum Oberhaupt der Kirche erwählt worden war, sprach er die Absicht aus, dieses Werk in Angriff zu nehmen, das für die Kirche größte Bedeutung erlangen sollte. Während seiner Seelsorgetätigkeit hatte er festgestellt, wie außerordentlich schwierig es war, sich in den kirchlichen Gesetzen zurechtzufinden, da die Erlasse und Dekrete nicht sachlich geordnet, sondern in den verschiedensten Bänden verstreut und infolgedessen völlig unübersichtlich waren. Viele der Bestimmungen entsprachen überdies nicht mehr den Zeitverhältnissen.

Eine klare, übersichtliche Zusammenfassung war daher dringend erforderlich.

Am 19. März 1904 ordnete Pius X. durch sein Motu Proprio « Arduum sane munus » die Kodifizierung des Kanonischen Rechtes an [2].

selbst dessen Ziel und Aufgabe, sowie sein Verhältnis zur Bibelkommission. (Vgl. Acta Apost. Sedis, Bd. I (1909), SS. 447-451.)
[1] Apost. Schreiben « Delatum sodalibus » vom 3. Dezember 1907: Vgl. Pii X Acta, Bd. IV, SS. 117-119.
[2] Pii X Acta, Bd. I, SS. 219-222.

Er drängte auf möglichst rasche Fertigstellung. Oft sagte er:

« Wir müssen uns beeilen, denn ich werde alt, und ich möchte gern noch die Vollendung sehen. » [1]

Doch die Vorsehung hatte es anders bestimmt. Nach elf Jahren unermüdlicher Arbeit, die von ihm selbst vorbereitet und Schritt für Schritt geleitet worden war, mußte er das Werk seinem Nachfolger unvollendet zurücklassen.

Als Papst Benedikt XV. am 4. Dezember 1916 in einer feierlichen Ansprache an das Kardinalskollegium die Veröffentlichung des neuen Kodex bekanntgab, wies er auf die Notwendigkeit des Werkes hin und auf die großen Vorteile, die es der Kirche bringen werde. Und er schloß mit den Worten:

« Die göttliche Vorsehung hat es gefügt, daß die Ehre, der Kirche diesen hervorragenden Dienst zu leisten, Pius X., Unserem Vorgänger hochseligen Andenkens, zukommt. Ihr wißt wohl, mit welchem Eifer er vom Beginn seines Pontifikates an diese Riesenarbeit in Angriff nahm, und wie tatkräftig und ausdauernd er sich für ihre Durchführung einsetzte. Und wenn es ihm auch nicht vergönnt war, diesen großartigen Plan zur Vollendung zu bringen, so ist trotzdem er allein als Urheber des Kodex zu betrachten. Daher wird sein Name von der Nachwelt gefeiert werden, wie die Namen jener großen Päpste, die sich in der Geschichte des kanonischen Rechtes ausgezeichnet haben, ein Innozenz III., ein Honorius III. und ein Gregor IX. Wir begnügen Uns damit, das zu veröffentlichen, was er geschaffen hat. » [2]

---

[1] Kard. R. MERRY DEL VAL, Pio X: Impressioni e ricordi, S. 92.
[2] Vgl. Acta Apost. Sedis, Bd. VIII (1916), S. 466.

Trennung von Kirche und Staaat in Frankreich

Leo XIII. starb mit dem schmerzlichen Bewußtsein, daß es ihm nicht gelungen war, den religiösen Frieden in Frankreich sicherzustellen und die Entwicklung zum Stillstand zu bringen, die auf einen Bruch mit der Kirche hinzielte.

Seit 1880 waren eine Reihe von kirchenfeindlichen Gesetzen aufeinander gefolgt. Auch das berühmte Päpstliche Schreiben « Au milieu » vom 16. Februar 1892 vermochte den Gang der Dinge nicht zu ändern [1]. Die Absicht der französischen Regierung, das Konkordat zu kündigen und einen offenen Bruch mit der Kirche herbeizuführen, trat immer deutlicher zu Tage. Die sogenannten « Opportunisten », die eine gemäßigte Richtung vertraten, wurden immer mehr von radikalen Elementen abgelöst.

Als letzter Versuch, zu einer Verständigung mit dem Präsidenten der französischen Republik zu gelangen, ist der Brief zu betrachten, den Leo XIII. am 23. März 1900 an Loubet richtete:

« Es wäre für Uns, die Wir am Ende Unseres Lebens stehen, überaus bitter, wenn Wir das Scheitern all unserer Bemühungen sehen müßten, die von Wohlwollen gegenüber der französischen Nation und ihrer Regierung eingegeben waren. Wir haben ihnen wiederholt nicht nur Beweise Unserer zartfühlenden Aufmerksamkeit, sondern auch unserer besonderen Zuneigung gegeben. » [2]

Auch diesen und anderen Bemühungen Leos XIII. war kein Erfolg beschieden. Im Jahre 1901 wurden die Ordensgemeinschaften aus Frankreich ausgewiesen.

*

[1] LEONIS XIII Acta, Bd. XII, SS. 19-25.
[2] Acta Sanctae Sedis : Supplem., Bd. XXXVIII (1905-1906), S. 158. — Vgl. auch : LIBRO BIANCO, La Separazione dello Stato dalla Chiesa in Francia : Esposizione documentata : Doc. III, p. 158. Roma : Tip. Vaticana 1905.

Auf Leo XIII. folgte Pius X. Schon am Tage der Papstkrönung hielt Minister Combes in Marseille eine Rede, in der er sagte, der Papst solle sich auf den Kampf gefaßt machen [1]. Der Kampf setzte denn auch unmittelbar darauf ein, als dem Bischof von Marseille die ihm nach dem Konkordat zustehenden Bezüge gesperrt wurden, weil er gegen die Angriffe protestierte, die der Ministerpräsident gegen Papst und Kirche richtete. Man wollte offenbar den Heiligen Stuhl zu einem Protest veranlassen, der als Vorwand für den Abbruch der diplomatischen Beziehungen mit dem Heiligen Stuhl benützt worden wäre; so hoffte man, schneller die Trennung von Kirche und Staat zu erreichen. Aber in Rom war man auf der Hut. Wenn das Konkordat gebrochen würde, sollte die Welt wissen, wer die Verantwortung dafür trug [2].

Gelegentlich eines Besuches des Ministerpräsidenten Loubet beim italienischen König am 24. April 1904 wurde endlich der gewünschte Vorwand gefunden. Man rechnete damit, daß der Heilige Stuhl infolge der anormalen Beziehung, in der Italien seit 1870 zum Vatikan stand, gegen diesen Besuch protestieren würde, und dieser Protest sollte als Beleidigung der französischen Republik anzusehen sein [3].

Dieser Plan der Freimaurer wäre gescheitert, wenn nicht durch eine Indiskretion des Fürsten von Monaco der Protest an die Öffentlichkeit gedrungen wäre, den Kardinal Merry del Val an die Staaten gerichtet hatte, die mit dem Heiligen Stuhl in diplomatischen Beziehungen standen. Dies nahm Ministerpräsident Combes zum Anlaß, um den französischen Gesandten beim Vatikan abzuberufen [4]. Es geschah dies am 28. Mai 1904. Die Ab-

---

[1] C. BELIN (Aventino), Le gouvernement de Pie X, Kap. VII, SS. 191-192. Paris 1911.
[2] Vgl. Libro Bianco, Doc. XII, S. 183.
[3] Vgl. « Journal des Débats », Paris, 10. August 1903, Nr. 220.
[4] Libro Bianco, Kap. VIII, SS. 103-114 : Doc. XXIV-XXV, SS. 223-

berufung bedeutete noch nicht den vollständigen Bruch, aber sie bereitete darauf vor.

Den unmittelbaren Anlaß dazu bot die Absetzung von zwei französischen Bischöfen durch Pius X. [1] Es handelte sich um die Bischöfe von Dijon und Laval, die sich ihres Amtes unwürdig erwiesen hatten.

Daraufhin erklärte der französische Ministerpräsident, es bestehe keine Hoffnung auf Verständigung mehr. Die Regierung der Republik habe beschlossen, ihre Beziehungen zum Heiligen Stuhl abzubrechen. Die Mission des Apostolischen Nuntius in Paris werde als erledigt und für immer abgeschlossen betrachtet. Am 31. Juli 1904 wurde der Vertreter des Heiligen Stuhles aus Frankreich ausgewiesen [2].

Drei Monate darauf, am 14. November, legte Pius X. in einer Konsistorialansprache alle Anklagen dar, die gegen die Kirche erhoben worden waren, und bewies, daß das Konkordat nicht von der Kirche, sondern vom französischen Staat verletzt worden war. Der Papst überging keinen einzigen der Vorwände, den die französische Regierung anführte, um den Bruch des Konkordates zu rechtfertigen. Überdies zeigte er, wie verächtlich die französische Republik die abgeschlossenen Verträge behandelt hatte, welche Hindernisse sie der freien Ausübung des Kultes in den Weg legte, wie unwürdig sie Priester und Bischöfe behandelte, wie die weltliche Macht in den inneren Betrieb der Seminare eingegriffen hatte, welchen Kampf man gegen den Religionsunterricht geführt

---

228. — Als der Kardinal-Staatssekretär Pius X. berichtete, daß der französische Gesandte nach Paris zurückberufen worden sei, erwiderte der Papst : « Eminenz, schauen wir auf den Gekreuzigten. Was sagt er uns ? Er sagt : Non possumus ! (Wir können nicht.) Das ist unser Weg und unsere Richtlinie. »

[1] Die Gründe für die Absetzung waren in keiner Weise politische, sondern betrafen rein kirchliche Angelegenheiten. — Vgl. Libro Bianco, Kap. IX, SS. 115-124.
[2] Vgl. Libro Bianco, ebd., S. 123.

und wie bei der Ernennung der Bischöfe die heiligsten Rechte des Papstes mißachtet worden waren. Und er fügte hinzu:

« Leider läßt nichts uns hoffen, daß die Angriffe gegen die Kirche bald aufhören werden. Aber mögen auch noch ernstere Ereignisse eintreten, so werden sie uns vorbereitet und furchtlos finden, gestärkt durch das Wort Christi: 'Wie sie mich verfolgt haben, so werden sie auch euch verfolgen. Aber fürchtet euch nicht, denn ich habe die Welt überwunden.' » [1]

Diese Papstansprache machte tiefen Eindruck, weil dadurch die wahren Absichten der französischen Regierung vor aller Welt offenkundig wurden. In Paris suchte man den Eindruck dadurch abzuschwächen, daß man erklärte, die bevorstehende Trennung von Kirche und Staat sei die « unausweichliche Folge historischer Ereignisse » [2] und habe in keiner Weise den Charakter von Repressalien [3].

Die Diskussion über das Gesetz der Trennung von Kirche und Staat im französischen Parlament dauerte drei Monate. Im Senat war sie kürzer und wurde schärfer geführt. Am 9. Dezember 1905 wurde das Gesetz angenommen und schon zwei Tage darauf veröffentlicht [4].

*

Es bedurfte nicht vieler Erklärungen, um die Ungerechtigkeit dieses Gesetzes aufzuzeigen. Es handelte sich nicht so sehr darum, die Kirche vom Staate zu trennen, als vielmehr, die Kirche dem Staate zu unterwerfen, also eine Staatskirche, ein Schisma zu schaffen.

---

[1] Joh. 15, 20 ; 16, 33 ; Pii X Acta, Bd. II, S. 193.
[2] Barthou.
[3] Dechanel.
[4] Vgl. « Journal officiel de la République française », Paris, 11. Dezember 1905, SS. 7205-7209.

Ministerpräsident Combes hatte ein Programm für eine Zivilkonstitution des Klerus ausgearbeitet [1]. Eine Gruppe von Katholiken erklärte, die falsche Situation zwischen Kirche und Staat, die durch das Konkordat verursacht worden sei, müsse beendet werden, und zwar durch die « loyale Anwendung der politischen Grundsätze der republikanischen Demokratie » [2]. Diese Haltung bedeutete eine vorbehaltlose Annahme des Trennungsgesetzes.

Der Papst verfolgte schweigend und betend die Entwicklung der Ereignisse. In der Enzyklika «Vehementer», die am 11. Februar 1906 veröffentlicht wurde, sprach er dann klar seine Auffassung aus. Nachdem er seinem Schmerz über das ungerechte Gesetz Ausdruck verliehen hatte, « durch das man das jahrhundertealte Band zwischen Frankreich und dem Apostolischen Stuhl zerreißen wollte », untersuchte und widerlegte Pius X. die Gründe, die man zur Rechtfertigung des Gesetzes anführte. Nach der Ansicht der Urheber des Gesetzes sind Kirche und Staat zwei Gesellschaften, die getrennt sein müssen, weil es zwischen geistlichen und zeitlichen Belangen keine Berührung gebe.

« Diese Behauptung ist falsch, durchaus falsch und ein Unrecht gegen Gott. Sie widerspricht der Pflicht des Staates, seinen Untertanen zu helfen, daß sie ihr ewiges Heil erlangen. Es widerspricht der Harmonie, die zwischen der bürgerlichen und religiösen Gesellschaft bestehen muß. Ja, es widerspricht sogar der bürgerlichen Ordnung. Wenn für jeden christlichen Staat die Trennung von der Kirche im höchsten Grad tadelnswert und verhängnisvoll ist, so ist sie noch schwerwiegender für Frankreich, das so viele Jahrhunderte hindurch von der Kirche bevorzugt wurde, das nur der Verbindung mit

---

[1] A. Debidour, L'Eglise Catholique et l'Etat sous la Troisième République (1870-1906), Bd. II, S. 438. Paris 1906-1909.
[2] « Univers », 8. Februar 1905.

dem Apostolischen Stuhl seine wahre Größe und seine höchste Ehre verdankt [1].

Diese altüberlieferte Einheit zu stören würde bedeuten, die französische Nation des größten Teiles ihrer moralischen Kraft und ihres Ansehens in der Welt zu berauben. » [2]

Wenn schon alle diese Erwägungen der französischen Regierung nicht klar machen konnten, welchen Mißgriff sie mit dem Trennungsgesetz beging, so hätte doch die Achtung vor den abgeschlossenen Verträgen sie zurückhalten müssen, denn das Konkordat war ein zweiseitiger Vertrag, der beide Partner verpflichtete. Tatsächlich wurde es aber einseitig durch die französische Regierung abgeschafft [3].

Doch es geschah noch Schlimmeres. Wenn der Staat sich von der Kirche trennte, war er verpflichtet, zumindest die Freiheit und Unabhängigkeit der Kirche zu respektieren. Aber das Gesetz enthielt eine große Anzahl von Maßnahmen, die die Kirche der bürgerlichen Gewalt unterordneten und so ihre göttliche Einrichtung mißachteten.

*

Es gab Katholiken, die behaupteten, in Übereinstimmung mit dem Papst zu stehen, aber dennoch in einer Adresse an den französischen Episkopat die Ansicht aussprachen, der Kirche bleibe nichts anderes übrig, als wenigstens versuchsweise das Trennungsgesetz anzunehmen, soweit es die Kultusvereinigungen betraf [4]. Aber die Plenarversammlung des französischen Klerus, die vom 30. Mai bis 1. Juni in Paris zusammengetreten war, gab

---

[1] P$_{II}$ X Acta, Bd. III, SS. 24-39.
[2] Ebd., SS. 26-28.
[3] Ebd., SS. 29-30.
[4] Vgl. « Le Figaro », Paris, 26. März 1906.

diesen Opportunisten die verdiente Antwort. Es wäre tatsächlich nicht möglich gewesen, Kultusvereinigungen zu bilden, die sowohl mit den Forderungen des Gesetzes wie auch mit der göttlichen Verfassung der Kirche im Einklang gestanden hätten.

*

Während man in Paris über die Möglichkeit diskutierte, Kultusvereinigungen zu bilden, die den Besitz der Kirche retten sollten, fanden in Rom Sitzungen der Kardinäle unter dem Vorsitz des Papstes statt, die sich mit demselben Gegenstand befaßten.

Die Ansichten unter den Kurienkardinälen waren geteilt. Manche waren in Sorge um die Zukunft des französischen Klerus und neigten dazu, der Regierung und dem Gesetz Zugeständnisse zu machen [1]. Pius X. hörte alles an, überlegte und betete. Für ihn handelte es sich nicht darum, eine Frage des Vorteils oder der Angemessenheit zu entscheiden, sondern zwischen Recht und Unrecht zu wählen.

« Nur das Gesetz Gottes ist von Bedeutung », sagte er in dieser Zeit einmal zu einer französischen Persönlichkeit. « Wir sind kein Diplomat. Aber Unsere Aufgabe ist es, das Gesetz Gottes zu verteidigen. Angesichts der Kirche, die von Jesus Christus gestiftet ist, kann keine irdische Macht Uns dazu bringen, ihre Rechte aufzugeben, die unveräußerlich sind, ihre hierarchische Ordnung, die geheiligt ist, und ihre Freiheit, die unverletzlich ist. » [2]

« Ich weiß », fügte er hinzu, « daß manche sich Sorge machen um die Güter (beni) der Kirche; mir aber liegt mehr das Wohl (bene) der Kirche am Herzen. Wir wollen

---

[1] Kard. P. GASPARRI, Ord. Roman., f. 1820. — Kard. N. CANALI, ebd., f. 2050-2051.
[2] C. BELLAIGUE, a. a. O., S. 48.

lieber die steinernen Kirchen verlieren, aber die Kirche retten. Man schaut allzusehr auf die Güter (beni) der Kirche und zu wenig auf ihr Wohl (bene). » [1]

Eines Tages wies er auf das Kruzifix und sagte mit einem Ausdruck, der eine übernatürliche Eingebung ahnen ließ : « Ich schaue auf den Gekreuzigten ! » [2]

Am 10. August 1906 erschien die Enzyklika « Gravissimo officii munere », die keinen Zweifel daran ließ, daß die Kirche sich nicht der politischen Gewalt beugen werde [3].

Pius X. wiederholte zunächst, die Kirche könne unmöglich die Kultusvereinigungen in der Form annehmen, die das Trennungsgesetz vorsah, weil dies den geheiligten Rechten ihrer gottgegebenen Verfassung widerspräche. Sodann erklärte er :

« Abgesehen von diesen Vereinigungen, deren Billigung Unser Pflichtbewußtsein verbietet, wäre es angebracht zu prüfen, ob man statt dieser andere, legale und den kanonischen Vorschriften entsprechende, versuchsweise einführen könnte, um die französischen Katholiken vor den schweren Verwicklungen zu bewahren, die ihnen drohen ...

Aber leider besteht dafür keine Hoffnung, solange das Gesetz so bleibt, wie es ist. Wir erklären daher, daß es nicht erlaubt ist, mit irgend einer derartigen Vereinigung einen Versuch zu machen, solange keine gesetzliche Sicherung dafür besteht, daß in dieser Vereinigung die gottgegebene Verfassung der Kirche und die unveränder-

---

[1] Ebd.
[2] Msgr. G. PESCINI, ebd., S. 351. — Msgr. G. B. PAROLIN, Ord. Rom., f. 680. — Kard. G. DE LAI, ebd., f. 538. — Der Kardinal Ferrata, der sich besonders intensiv dafür eingesetzt hatte, man solle Zugeständnisse machen, um das Eigentum der Kirche in Frankreich zu retten, war von diesen Worten und der sie begleitenden Geste so tief ergriffen, daß er sagte : « Heiliger Vater, wir haben unsere Ansicht dargelegt. Wenn aber Eure Heiligkeit glaubt, anders entscheiden zu sollen, dann unterwerfe ich mich mit dem demütigen Glauben des einfachsten Weibleins, denn der Papst hat besondere Erleuchtungen. » (Kard. FERRATA, Memorie inedite : Archiv der Familie Ferrata in Rom.)
[3] PII X Acta, Bd. III, SS. 181-185.

lichen Rechte des Papstes und der Bischöfe wie auch ihre
Oberaufsicht über die Kirchengüter und besonders die
Kirchengebäude anerkannt werden.

Für Euch also, Ehrwürdige Brüder, bleibt nichts anderes
übrig, als ans Werk zu gehen und die Mittel zu studieren,
die das Recht allen Bürgern für die Organisation des
Kultus zuerkennt. » [1]

Man folgte der Weisung und unternahm keinen Versuch mit den Kultusvereinigungen. Oberflächliche Beobachter sahen in der Weigerung Pius X., die Kultusvereinigungen zu gestatten, einen unüberlegten Schritt und eine Gefahr für den französischen Klerus. In Wirklichkeit war es die rettende Tat.

Die französische Kirche verlor ihren riesigen Besitz und geriet in äußerste Armut, erlangte aber schließlich volle Freiheit.

Mit Recht schrieb der Senator Vittorio Emanuele Orlando:

« Es gibt nichts Großartigeres als die Haltung, die der Papst in seiner Auseinandersetzung mit der französischen Regierung und besonders bezüglich des Gesetzes vom 6. Dezember 1906 eingenommen hat... Die Zurückweisung dieser Regelung bedeutete für den französischen Katholizismus den Verlust seines ganzen Besitzes. Pius X. zögerte nicht; er lehnte ab...

Man fragte ihn, wie der Erzbischof von Paris sein Amt ausüben solle ohne ein Haus, ohne Einkünfte, ohne Kirche. Darauf antwortete er, es bestehe ja immer noch die Möglichkeit, dieses Amt einem Franziskaner anzuvertrauen, der nach seiner Regel von Almosen und in absoluter Armut leben müsse.

Die Entscheidung ist prachtvoll in ihrem apostolischen Geist, zugleich aber auch das Nützlichste im politischen

---

[1] Pii X Acta, ebd., SS. 182-183.

Interesse des Papsttums... Es ist wahr, die Schlacht mußte mit dem Verlust einiger Milliarden bezahlt werden; aber das Ziel war dieses Opfer durchaus wert. »[1]

*

Pius X. mit seiner übernatürlichen Schau der Dinge hatte der französischen Regierung eine moralische Niederlage bereitet, die diese mit Repressalien beantwortete: man schritt zur Beschlagnahme aller beweglichen und unbeweglichen Kirchengüter, dem Besitz von 30 000 Pfarreien und 100 000 Priestern, eine Maßnahme, die schon im Trennungsgesetz angedroht worden war.

Msgr. Montagnini, der nach der Ausweisung des Apostolischen Nuntius als Vertreter des Heiligen Stuhles in Paris geblieben war, wurde an die Grenze gestellt. Die Archive der Nuntiatur wurden in ungesetzlicher Weise geöffnet und durchsucht in der Hoffnung, dort irgendwelche kompromittierenden Dokumente zu finden.

Briand erklärte im Parlament:

« Das Gesetz, das wir vorlegen, wird es der Kirche unmöglich machen, den Bereich der Legalität zu verlassen. Die Kirche verlangt, verfolgt zu werden. Wir werden ihr diese Ehre nicht antun. »

Aber der französische Episkopat stand geschlossen auf der Seite des Papstes und war zum Widerstand bereit[2].

In dem Schreiben vom 6. Januar 1907 « Une fois encore », das an die Kirche Frankreichs gerichtet war, untersuchte der Papst noch einmal die ungerechten Vorwürfe der französischen Regierung.

In ergreifender Weise sprach der Papst darin aus, welch innigen Anteil er an den Leiden der französischen Katho-

---

[1] I miei rapporti di Governo con la Santa Sede, SS. 11-12. Mailand 1944.
[2] Kard. P. GASPARRI, Ord. Rom., f. 1819-1823. — C. BELLAIGUE, a. a. O. — Kard. N. CANALI, Ord. Rom., f. 2053.

liken nahm und welchen Trost ihm ihr Gehorsam und ihre Treue gegen den Apostolischen Stuhl und den Episkopat bot. Dann wiederholte er noch einmal die haltlose Beschuldigung, die Kirche habe den Kulturkampf in Frankreich herausgefordert. Und er protestierte gegen die Beschlagnahme und den Raub der Kirchengüter in Frankreich.

« Die Kirche hat ihren Besitz nicht aufgegeben. Diese Güter gehören dem Kultus, den Armen und den Verstorbenen. Alle diese Güter wurden ihr mit Gewalt genommen. Die Wahrheit ist folgende : Die Kirche wurde in perfider Weise vor die Entscheidung gestellt, zwischen dem materiellen Ruin und einem unzulässigen Eingriff in ihre gottgegebene Verfassung zu wählen. Sie hat das letztere abgelehnt, auch auf die Gefahr hin, große Armut auf sich nehmen zu müssen. Sie lehnt es noch ab und wird es immer ablehnen. Zu sagen, die Kirchengüter seien herrenlos geworden, wenn die Kirche sich nicht innerhalb einer bestimmten Frist in anderer Weise organisiere — und zwar unter Bedingungen, die in offenkundigem Widerspruch zu ihrer gottgegebenen Verfassung stehen — und diese Güter irgendwelchen Dritten zu überweisen, als ob es sich um herrenlosen Besitz handelte, und dann behaupten, der Staat beraube die Kirche nicht, sondern verfüge nur über Güter, die sie preisgegeben habe, das ist nicht nur ein Trugschluß, sondern fügt zur grausamsten und ungerechtesten Beraubung auch noch den Spott hinzu. Wenn der Staat gewollt hätte, dann wäre es ihm leicht gewesen, für die Kultusvereinigungen Bedingungen aufzustellen, die nicht in direktem Widerspruch zur gottgegebenen Verfassung der Kirche stehen. In Wirklichkeit geschah das Gegenteil. »[1]

Gegen Ende der Enzyklika erklärte Pius X. dann noch einmal in feierlicher Weise :

[1] Pii X Acta, Bd. IV, S. 9-10.

« Wir hätten nicht anders handeln können ohne schwere Verletzung Unserer Gewissenspflicht, ohne dem Eid untreu zu werden, den Wir bei der Besteigung des päpstlichen Thrones abgelegt haben und ohne der katholischen Hierarchie Gewalt anzutun, die nach dem Willen ihres Stifters, unseres Herrn Jesus Christus, die Grundlage der Kirche bildet. Wir sehen deshalb ohne Furcht dem Urteil der Geschichte entgegen. Sie wird feststellen, daß Wir den Blick unverrückbar auf die höheren Rechte Gottes gerichtet hielten und nicht die Absicht hatten, die staatliche Macht zu demütigen oder eine bestimmte Regierungsform zu bekämpfen, sondern daß Wir einzig und allein dafür Sorge trugen, das unantastbare Werk unseres Herrn und Meisters Jesus Christus zu schützen... »[1]

Dieses Dokument löste in Frankreich große Überraschung aus. Niemand hatte erwartet, daß das Oberhaupt der Kirche solche Festigkeit zeigen werde. Clémenceau sagte: «Wir haben alles vorausgesehen, nur das nicht, was dann geschehen ist: die Ablehnung der Kultusvereinigungen durch Pius X. »[2] Briand hatte in der Senatssitzung vom 23. November 1905 erklärt: «Man lehnt nicht 400 Millionen im Jahr ab, die zu Kultuszwecken bestimmt sind. »[3]

Der Glaube des heiligen Papstes errang den Sieg: er wies in einer der tragischsten Stunden der Geschichte Frankreichs ein verlockendes Angebot an materiellen Mitteln zurück, um die Freiheit der Kirche zu retten. Die Feinde der Kirche hatten sich in der Hoffnung gewiegt, es werde ihnen gelingen, die französischen Katholiken von Rom zu trennen. Tatsächlich erreichten sie nur, daß die Verbindung der Kirche Frankreichs mit der römischen Mutterkirche noch enger wurde.

---

[1] Ebd.
[2] P. J. SAUBAT, Ord. Rom., f. 1302.
[3] C. BELIN (Aventino), a. a. O., Kap. IX, S. 278.

Wenn auch der Staat von nun an der Kirche keine Mittel mehr gewährte, so sorgten die französischen Katholiken in hinreichender Weise für den Unterhalt des Klerus. Es kam ganz so, wie Pius X. es zur Zeit der schärfsten Auseinandersetzungen vorausgesagt hatte: die Mittel für den Lebensunterhalt des französischen Klerus und für den Kultus fehlten nicht, ja sie standen sogar noch reichlicher zur Verfügung als zuvor. Die französischen Katholiken hatten Verständnis für die Haltung des Heiligen Vaters und zeigten sich des Glaubensgeistes ihrer Ahnen würdig. In beispielloser Weise sorgten sie dafür, daß es ihren Bischöfen und Priestern nicht am Notwendigen fehle und stellten Mittel für die würdige Feier des Gottesdienstes zur Verfügung. Sie boten ein wunderbares Schauspiel der Eintracht und Disziplin. Am 18. November 1908 schrieb Pius X.:

«Ich werde nie aufhören, Gott zu danken, daß er mir eingab, meinen Kindern in Frankreich zu raten: Folgt mir im Leid. Das einzige, was mich bekümmert, ist, daß ich nicht bei euch sein kann, um mit euch zu leiden und die Schlachten Gottes zu schlagen. Und da sind mir aus eurem Lande die schönsten Tröstungen zuteil geworden. Frankreich hat sich wirklich als die erstgeborene Tochter der Kirche gezeigt, nicht nur in Worten, sondern durch die glänzendsten Taten. Ich habe zu meinen Brüdern, den ehrwürdigen französischen Bischöfen, gesagt: Verlaßt eure Paläste. Entfernt aus den Seminarien die jungen Leute, die Hoffnung eurer Kirche. Nehmt von denen, die die Kirche versklaven wollen, nicht einen einzigen Sous an, der euch angeboten wird, um euren Hunger zu stillen. In eurer Trübsal, in eurem Schmerz schaut auf Jesus Christus, der aller Dinge beraubt war, entblößt, gekreuzigt. Nach wenigen Tagen hat er über den Tod triumphiert, und auch für euch wird der Triumph nicht ausbleiben.

Und so sahen diese teuren Söhne, die in Schmerz und Trostlosigkeit treu blieben, wie ihre jungen Leute die Seminarien, diese Stätten der Frömmigkeit, verließen. Sie sahen die guten barmherzigen Schwestern von den Krankenbetten entfernt, wo sie so überaus verdienstlich gewirkt hatten. Sie sahen die Ordensgenossenschaften, die in der Jugenderziehung so Großes leisteten, gezwungen, die Heimat zu verlassen und im Ausland Zuflucht zu suchen, weil die entartete Mutter sie verjagte.

Alles dieses sahen sie und gaben ein Beispiel, das in der Kirchengeschichte einzig dasteht. Alle Bischöfe ohne Ausnahme hörten auf das Wort des Papstes wie auf das Wort Gottes. Alle Priester hörten in Ehrfurcht und Gehorsam auf das Wort ihrer Oberhirten. Und die Gläubigen erklärten einstimmig: 'Zählt auf unsere Kräfte und auf unsere Großmut. Ihr werdet keine prachtvollen Paläste haben, aber doch ein Heim, wo ihr euch ausruhen könnt. Ihr werdet keine bequemen und geräumigen Seminarien haben, aber doch Stätten, wo ihr eure Kleriker heranbilden könnt. Ihr werdet nicht mehr Ordensmänner und Schwestern haben, aber die Gläubigen werden im Apostolat ihre Stelle einnehmen. Ihr werdet keine Renten mehr erhalten, aber die Mittel für den Kultus werden euch nie fehlen.'

Und wenn ich unter Tränen das Miserere gebetet habe wegen der Heimsuchungen, die über die Kirche Frankreichs hereingebrochen sind, so habe ich doch auch das Te Deum anstimmen müssen wegen des Trostes, den ich jedesmal empfange, wenn ich an die Opfer denke, die die französischen Gläubigen aus Liebe zur Kirche bringen. Und immer muß ich das Te Deum der Freude und des Dankes singen.» [1]

Pius X. hatte sich in der «erstgeborenen Tochter der

---

[1] Pɪɪ X Acta, Bd. IV, SS. 306-307. — Vgl. auch: Acta Apost. Sedis, Bd. I (1909), S. 408.

Kirche» nicht getäuscht. Jedesmal, wenn er von da an über Frankreich sprach, spürte man, daß er nicht alter Bitterkeiten und neuen Undanks gedachte, sondern voll Vertrauen und Hoffnung war [1].

Und Frankreich vergaß den heroischen Papst nicht. Als sich in den Morgenstunden des 20. August 1914 die Kunde von seinem Tode verbreitete, löste sie im ganzen katholischen Frankreich schmerzliche Bestürzung aus. Der Trauergottesdienst in Notre-Dame war eine Kundgebung der Liebe und Dankbarkeit eines ganzen Volkes. Über dem päpstlichen Katafalk erhob sich ein altes Banner, das Banner der Jungfrau von Orléans, das Pius X. geküßt hatte, als er unter dem Jubel von 30 000 Franzosen, die unter der Führung von 70 Bischöfen nach Rom gekommen waren, ihre Nationalheldin Jeanne d'Arc selig sprach [2].

Im Jahre 1906 hatte Pius X. zu einem Pfarrer aus seiner venezianischen Heimat gesagt:

«Du kennst sicher die Nachrichten, die Frankreich betreffen. Viele haben die Regelung kritisiert, die mir so viel Schmerz verursachte. Ich habe viel gebetet und viel beten lassen, bevor es zu diesem Bruch kam. Aber jetzt bin ich zufrieden, denn ich habe die Freiheit der Kirche verteidigt und gerettet. Und ich bin überzeugt, daß die Zukunft mir recht geben wird.» [3]

Tatsächlich hat die Zukunft dem großen Papst voll und ganz recht gegeben, der in einer entscheidungsschweren Stunde dem französischen Klerus gesagt hatte: «Wir verlieren die Kirchen (Gotteshäuser), aber wir retten die Kirche. Es ist besser, das Vermögen zu opfern als die Freiheit.» [4]

---

[1] Im Gespräch mit einer hochgestellten Persönlichkeit sagte Pius X. einmal: «Ich werde es vielleicht nicht mehr erleben, aber Frankreich wird wieder die Beziehungen zum Heiligen Stuhl anknüpfen.» — Die Ereignisse gaben ihm recht. (G. PASQUALI, Proc. Ord. Rom., f. 1513.)
[2] Comm. G. FORNARI, Ord. Rom., f. 1399.
[3] Msgr. E. BACCHION, Ord. Trev., S. 535.
[4] C. BELLAIGUE, a. a. O., Kap. III, S. 48.

Für das soziale Reich Christi

Als Pius X. den päpstlichen Thron bestieg, wurde er noch vor eine andere Frage gestellt, die nicht weniger schwierig war. Seit vielen Jahren, besonders aber, seit Leo XIII. die Enzyklika « Rerum novarum » veröffentlicht hatte (15. Mai 1891), waren in katholischen Kreisen lebhafte Diskussionen über die soziale Bewegung und die christliche Demokratie entstanden. « Rerum novarum » gab den sozialen Bestrebungen der Katholiken zweifellos starken Antrieb; aber die Bewegung war schon bedeutend älter und hatte sehr gute Ergebnisse gezeitigt [1].

Sie wurde jedoch gefährdet durch das Eindringen von Ideen, die nicht mit der katholischen Lehre vereinbar waren, obwohl behauptet wurde, sie seien durch die Enzyklika « Rerum novarum » gerechtfertigt [2].

Leo XIII. hatte mit der Enzyklika « Graves de communi » vom 18. Januar 1901 die Vertreter gewisser sozialer Bestrebungen unter den Katholiken aufmerksam gemacht, daß ihre Deutung der Enzyklika « Rerum novarum » völlig unrichtig sei.

Der Modernismus hatte aus seinem Grundsatz der Trennung von Glauben und Wissenschaft auch die Trennung des Staates von der Kirche, des christlichen und des bürgerlichen Gewissens abgeleitet. Daher forderte er für das soziale und politische Leben vollständige Konfessionslosigkeit.

Diese Ideen blieben nicht ohne Einfluß auf bestimmte

---

[1] Wir verweisen hier kurz auf die verschiedenen sozialen Bewegungen in Frankreich, Italien und Deutschland.
Auf dem Gebiet der Wissenschaft ist die « Union de Fribourg (Schweiz) » zu erwähnen, die aus hervorragenden Soziologen aus allen europäischen Ländern bestand, welche das Material für die Enzyklika « Rerum novarum » vorbereiteten. Nach ihrer Auflösung trat die « Union für soziale Studien » an ihre Stelle.
[2] Vgl. E. BARBIER, Histoire du Catholicisme Libéral, Bd. III, Kap. 23-51. Paris 1912.

katholische Kreise, die sich zuerst soziale Katholiken, später christliche Demokraten nannten. Nach dem Wunsche Leo XIII. sollte die christliche Demokratie — wie man die katholische soziale Aktion nannte — eine Vereinigung sein, die ausschließlich die moralische und materielle Hebung der minderbegüterten Klassen erstrebte, nicht aber eine politische Bewegung. Leider wurden seine Anordnungen nicht beachtet. So dauerten die Auseinandersetzungen unter den Katholiken fort, zum großen Schaden der katholischen Sache.

Wir kennen die Haltung, die Kardinal Sarto inmitten dieser einander befehdenden Strömungen einnahm. Deshalb mußte er sich auch bald nach seiner Erhebung auf den päpstlichen Thron zu diesen Problemen äußern. Denen, die etwas wie eine Mißbilligung der christlichen Demokratie fürchteten, zeigte Pius X. unmißverständlich, daß er die von seinem Vorgänger eingeschlagene Richtung beibehalten werde. Doch er verlangte, daß sich die christlichen Demokraten an die Grundsätze und das Programm hielten, das in « Rerum novarum » ausgesprochen ist. Vor allem sollte die Autorität des Papstes und der Bischöfe voll anerkannt werden. Leider versuchte eine Gruppe von christlichen Demokraten, sich der Leitung der Hierarchie zu entziehen. Um auch diese Kreise auf den rechten Weg zurückzuführen, veröffentlichte Pius X. am 18. Dezember 1903 sein berühmtes Motu proprio über die christliche soziale Aktion, in dem er mahnt, « den Glauben offen zu bekennen durch Heiligkeit des Lebens, Makellosigkeit der Sitten und gewissenhafteste Beobachtung der Gebote Gottes und der Kirche », in ehrlicher Unterordnung unter die Hierarchie [1].

Die Mahnung des Papstes richtete sich an die christlichen Demokraten oder « sozialen Katholiken » — wie

---

[1] Pii X Acta, Bd. I, SS. 124-125.

sie sich gern nannten — aller Länder und aller Nationen. Denn nicht nur in Italien, sondern auch in Frankreich und anderen Ländern bestand die Tendenz, die soziale Bewegung der Leitung der Kirche zu entziehen [1].

Als eine Art Kommentar zu dem Motu proprio vom 18. Dezember 1903 kann der an die italienischen Bischöfe gerichtete Brief « Il fermo proposito » vom 11. Juni 1905 betrachtet werden [2]. Darin wird der Klerus aufgefordert, an den sozial-wirtschaftlichen Werken und Vereinigungen mitzuarbeiten; er solle dabei jedoch « über dem menschlichen Eigennutz, über allen Konflikten und über allen Gesellschaftsklassen » stehen [3].

Um die Tragweite dieses Aufrufes zu erfassen, muß man berücksichtigen, daß zwischen den Jahren 1895 und 1910 die Bewegung der sogenannten « sozialen Priester » entstanden war, deren Tendenzen Pius X. in dem Schreiben « Pieni l'animo », das er am 28. Juli 1906 an den italienischen Episkopat richtete [4], beklagt hatte.

Es war keine Zeit zu verlieren. Es ging um die Wahrheit, um das Heil unsterblicher Seelen. Ja, es stand auch die Aufrechterhaltung der sozialen Ordnung auf dem Spiel, da sie durch eine Propaganda gestört wurde, die nur dem Sozialismus nützen konnte.

Pius X. blieb nicht bei theoretischen Erwägungen stehen. Sein praktischer Sinn und seine übernatürliche Schau der Dinge drängten ihn zu entschiedenem Handeln. Wie er in Italien Vereinigungen aufgelöst hatte, die den kirchlichen Weisungen zuwiderhandelten, so schickte er

---

[1] Am 28. Juli 1904 mahnte Pius X. durch seinen Kardinal-Staatssekretär: « Es ist besser, daß ein Werk nicht ausgeführt wird, als daß es ohne oder gegen den Willen des Bischofs ausgeführt wird. »
Und am 1. März 1905 schrieb er an den Erzbischof von Bologna: « Es kann keine wirkliche Katholische Aktion geben ohne die unmittelbare Abhängigkeit von den Bischöfen. » — Vgl. Pii X Acta, Bd. II, S. 53.
[2] Pii X Acta, Bd. II, SS. 112-132.
[3] Ebd., SS. 129-130.
[4] Ebd., Bd. III, SS. 163-173.

sich nun an, gegen die Verirrungen der berühmten Bewegung « Sillon » in Frankreich einzuschreiten.

Diese Bewegung hatte viel Gutes geleistet. Sie war 1893 entstanden und hatte sich das Ziel gesteckt, eine neue Gesellschaftsordnung auf christlich-demokratischer Grundlage zu schaffen, in der die Rechte der unteren Volksschichten und der Arbeiter sichergestellt würden. Die Strömung weckte große Begeisterung, besonders unter der jungen Generation; viele Bischöfe standen ihr mit großem Wohlwollen gegenüber. Zur Entfaltung des « Sillon » trug nicht wenig die hinreißende Beredsamkeit seines Gründers Marc Sangnier bei. Dieser kam auch nach Rom und wurde von Pius X. mit Wohlwollen und Güte empfangen.

Doch allmählich gewannen in der Bewegung extremistische Ideen die Oberhand, die mit der traditionellen katholischen Lehre unvereinbar waren.

Der Grundirrtum, der sich beim « Sillon » eingeschlichen hatte, bestand in dem Versuch, sich der Autorität der Kirche zu entziehen. Die Anhänger der Bewegung behaupteten zwar, sie seien nie von den Richtlinien der Kirche und der päpstlichen Enzykliken abgewichen; doch ihr Verhalten bewies das Gegenteil.

Nach gründlichem Studium der gefährlichen Theorien des « Sillon » und nach mehrmaliger Warnung verurteilte Pius X. sie in dem Apostolischen Schreiben « Notre charge apostolique » vom 15. August 1910. Marc Sangnier unterwarf sich [1].

Ein laisiertes Christentum, wie der Modernismus es erstrebte, ist mit der Lehre Christi unvereinbar. Weder Laizismus noch Konfessionslosigkeit der Vereinigungen — eine Forderung der « Christlichen Demokratie » — konnte Heilung der Zeitübel bringen, sondern einzig und

---

[1] P. J. SAUBAT, Proc. Ord. Rom., SS. 480-482.

allein das offene und uneingeschränkte Bekenntnis des katholischen Glaubens. Denn, wie Pius X. mahnte, «es ist nicht ehrlich und nicht ehrenhaft, sich zu verstellen und das katholische Bekenntnis durch eine falsche Flagge zu tarnen, als ob es eine minderwertige Ware wäre, die man einschmuggeln muß »[1].

Deshalb sind auch neutrale oder interkonfessionelle Vereinigungen abzulehnen; denn «sie sind zwar angeblich zum Schutze des Arbeiters geschaffen worden, erstreben aber in Wirklichkeit etwas ganz anderes als das moralische und wirtschaftliche Wohl der einzelnen und der Familien. Unter dem direkten oder indirekten Einfluß von Politikern oder Anhängern geheimer Gesellschaften arbeiten sie, wie lange Erfahrung beweist, auf eine Entchristlichung der Gesellschaft hin.»[2]

Die Frage des Interkonfessionalismus der Gewerkschaften wurde in den Jahren 1910-1912 in Deutschland heftig diskutiert. Die deutschen Katholiken waren damals in zwei Richtungen geteilt: die Berliner und die Kölner Richtung. Die Kölner oder München-Gladbacher Richtung vertrat die Auffassung, die deutschen Katholiken, die als Minderheit unter einer protestantischen Mehrheit lebten, müßten mit den Protestanten zusammen auf einer gemeinsamen Grundlage am Aufbau der nationalen Kultur arbeiten. Die Berliner Richtung hielt rein konfessionelle Arbeitervereinigungen für richtig. Um dieser Polemik ein Ende zu machen, die in aller Öffentlichkeit geführt wurde, sprach der Heilige Stuhl den Wunsch aus, die Vertreter beider Richtungen sollten es dem Heiligen Vater überlassen, die Frage im Einvernehmen mit den Bischöfen zu lösen.

---

[1] Brief an den Grafen Stanislao Medolago-Albani von Bergamo, am 22. November 1909: Postulationsarchiv.
[2] Pius X.: Brief an Graf Medolago-Albani, am 19. März 1904: Postulationsarchiv.

Am 24. September 1912 erschien die Enzyklika « Singulari quadam », deren Ausführungen nicht nur für die Streitfragen der deutschen Katholiken von Bedeutung waren, sondern die grundsätzlich zur « Katholischen Sozialen Aktion » Stellung nahm [1]. Der Interkonfessionalismus wurde verurteilt, weil er schwere Gefahren für den katholischen Glauben in sich birgt. Ebenso entschieden nahm die Enzyklika gegen den sozialen und politischen Liberalismus Stellung, der verlangte, die Katholiken sollten sich im politischen Leben von der kirchlichen Autorität unabhängig machen.

Sodann beschäftigt sich die Enzyklika mit der Frage der katholischen Gewerkschaften und der interkonfessionellen Gewerkschaften. Pius X. erklärt ausdrücklich, die katholischen Gewerkschaften seien als das normale zu betrachten. Die nach den Grundsätzen und der Lehre der Kirche konstituierten Gewerkschaften seien unbedingt vorzuziehen. Doch sei eine Zusammenarbeit zwischen katholischen und nichtkatholischen Organisationen zur Verteidigung wirtschaftlicher Interessen durchaus erlaubt. Eine solche Zusammenarbeit bedeute keine Verschmelzung der Gewerkschaften; es genüge eine Vereinbarung über bestimmte Punkte, die in Deutschland zur Bildung sogenannter Kartelle führte.

Für Deutschland verlangte die Enzyklika nicht eine grundlegende Änderung der bestehenden Verhältnisse, wohl aber die Respektierung bestimmter Grenzen. In Anbetracht der Lage wurde erlaubt, daß die katholischen Arbeiter weiterhin Mitglieder der interkonfessionellen Gewerkschaften blieben. Es wurde aber betont, diese Mitgliedschaft werde von der Kirche nur geduldet, und zwar unter der Bedingung, daß man Vorkehrungen zum Schutze des Glaubens der Katholiken treffe.

---

[1] Acta Apost. Sedis, Bd. IV (1912), SS. 657-672.

Eine dieser Bedingungen war, daß Katholiken, die einer interkonfessionellen Gewerkschaft angehörten, gleichzeitig Mitglied katholischer Organisationen seien. Daraus ergab sich eine finanzielle Mehrbelastung. Doch Pius X. hoffte, die deutschen Katholiken würden dieses Opfer gern auf sich nehmen.

Die Enzyklika schließt mit einem Appell an die Bischöfe, wachsam zu sein und dafür zu sorgen, daß die katholischen Organisationen nicht mehr von den eigenen Leuten angefeindet würden. Denn diese, die katholischen Organisationen, seien die einzigen, die unterstützt und propagiert werden sollten.

*

In der Konsistorialansprache vom 27. Mai 1914 kam der heilige Papst nochmals auf die Soziallehre der Kirche zu sprechen. Er sagte:

«Wiederholt es unaufhörlich: Wenn der Papst die katholischen Organisationen liebt und billigt, die das materielle Wohl fördern, so hat er doch immer betont, daß in ihnen das moralische und religiöse Wohl den Vorrang haben muß. Und mit der gerechten und lobenswerten Absicht, das Los des Arbeiters und des Bauern zu verbessern, müsse die Liebe zur Gerechtigkeit verbunden sein; es müßten zur Erreichung dieses Zieles rechtmäßige Mittel gebraucht werden, damit die Harmonie und der Friede zwischen den verschiedenen Gesellschaftsklassen aufrecht erhalten bleibe.

Sagt es deutlich: Die gemischten Vereinigungen, die Verbindung mit Nichtkatholiken zu dem Zweck, materielle Vorteile zu erreichen, ist unter bestimmten Bedingungen erlaubt. Aber die Vorliebe des Papstes gilt jenen Vereinigungen und jenen Gläubigen, die jede menschliche Rücksicht beiseite lassen, vor jeder Schmeichelei oder Drohung von anderer Seite die Ohren verschließen und sich eng um jenes Banner scharen, das zwar heftig angefeindet wird, aber dennoch das herrlichste und ruhmreichste ist: das Banner der heiligen Kirche. » [1]

Auf dem Wege zur Versöhnung Italiens mit der Kirche

Leo XIII. und Pius X. waren hinsichtlich ihrer Herkunft, ihrer Veranlagung und Erziehung sehr verschieden. Gioacchino Pecci, der 1810 im Kirchenstaat geboren wurde, ließ keinerlei Diskussionen über die Rechte der Kirche zu. Giuseppe Sarto, der 25 Jahre später aus dem einfachen Volke hervorgegangen war, suchte neue Wege in der Politik.

In dem Augenblick, in dem er dazu berufen wurde, die Kirche zu regieren, konnten die italienischen Katholiken auf Grund der päpstlichen Richtlinien noch nicht am politischen Leben der Nation teilnehmen und es gab daher unter ihnen weder Wähler noch Gewählte. An eine Lösung der « Römischen Frage » konnte nicht gedacht werden, solange die Schranke des Non expedit — des Verbotes der politischen Betätigung von Katholiken auf nationalem Boden — bestand.

Die italienischen Katholiken leisteten diszipliniert dieser Weisung Folge. Inzwischen arbeitete eine Gruppe entschlossener Männer nach den Grundsätzen der « Sozialen Aktion », die von Leo XIII. so warm empfohlen worden war, erfolgreich daran, die Massen in den Gemeinden und Provinzen für den Wahlkampf zu schulen, in der Erwartung, daß die Stunde für politische Auseinandersetzungen auf breiterer Basis kommen werde.

Am 11. Juni 1905 erschien unerwartet die Enzyklika « Il fermo proposito ». Sie war ein eindringlicher Appell

---

[1] Acta Apost. Sedis, VI (1914), SS. 261-262.

Pius' X. an alle italienischen Katholiken, als Bürger auf dem Felde der Politik ihre christlichen Traditionen zu verteidigen, die durch das erschreckende Anwachsen des Sozialismus bedroht waren.

In diesem an die italienischen Bischöfe adressierten Schreiben sprach Pius X. den Wunsch nach Bildung einer Unione popolare, eines Volksbundes, aus, der ein geistiges Zentrum für die Katholiken aller sozialen Schichten, besonders aber für die Massen der Arbeiterklasse sein sollte.

Der Papst wies darauf hin, daß die heutige Staatsform allen die Möglichkeit bietet, auf die öffentlichen Angelegenheiten Einfluß zu nehmen. Die Katholiken sollten von ihrem Recht Gebrauch machen, um die heiligsten Güter zu verteidigen.

Dann führte er seinen Grundgedanken näher aus:

« Diese bürgerlichen Rechte sind verschiedener Art und schließen das Recht ein, direkt am politischen Leben des Landes teilzunehmen, indem man das Volk in den gesetzgebenden Kammern vertritt.

Gewichtige Gründe halten uns davon ab, die Verordnungen aufzuheben, die von Unseren Vorgängern Pius IX. und Leo XIII. erlassen worden sind und nach denen den italienischen Katholiken im allgemeinen die Betätigung in den gesetzgebenden Körperschaften verboten ist. Aber andere Gründe, ebenfalls sehr schwerwiegender Art, da sie das höchste Gut der Gesellschaft betreffen, das unter allen Umständen gerettet werden muß, können es notwendig machen, daß in einzelnen Fällen von dieser Vorschrift dispensiert wird. Besonders dann, wenn die Bischöfe der Auffassung sind, daß es sich um eine absolute Notwendigkeit handelt, die das Heil der Seelen und die höchsten Interessen ihrer Diözesen betrifft, und daher um eine Dispens bitten. » [1]

[1] Pii X Acta, Bd. II, SS. 124-125.

Italien war damals von Revolution bedroht. In der Aufrechterhaltung der Ordnung sah man die letzte Hoffnung für die moralische und religiöse Rettung des Volkes. Deshalb wies der Papst zwar auf die verletzten Rechte des Heiligen Stuhles hin, fuhr aber trotzdem fort:
«Die Möglichkeit einer solchen Erlaubnis Unsererseits schließt für alle Katholiken die Verpflichtung ein, sich in kluger und ernster Weise auf das politische Leben vorzubereiten, für den Fall, daß sie dazu berufen werden. Daher ist es angebracht, daß die Tätigkeit, die von den Katholiken bereits in lobenswerter Weise entfaltet worden ist, mit dem Ziel, sich durch gute Wahlorganisationen auf die Teilnahme an der Verwaltung in den Gemeinden und Provinzialräten vorzubereiten, weiterentwickelt und zu einer zweckentsprechenden Vorbereitung auf das politische Leben werde. Gleichzeitig sollen die wesentlichsten Grundsätze eingeschärft und befolgt werden, die für das Gewissen jedes wahren Katholiken maßgebend sind...
Er muß öffentliche Ämter übernehmen und ausüben mit dem festen und beharrlichen Vorsatz, nach Kräften das soziale und wirtschaftliche Wohl des Vaterlandes und besonders des Volkes zu fördern, nach den Grundsätzen einer ausgesprochen christlichen Zivilisation, und zugleich die höchsten Interessen der Kirche zu verteidigen, welche die der Religion und der Gerechtigkeit sind.»[1]
Diese Einschränkung des Non expedit bezweckte vor allem eine Klärung der Stellung, die die Katholiken als Bürger den höchsten Gütern des Vaterlandes gegenüber einnehmen sollten. Gewiß, Pius X. wollte noch nicht, daß die Katholiken eine Partei bildeten; aber die erwähnte Lockerung der bis dahin bestehenden Verbote, die es in Einzelfällen den Katholiken gestattete, Abgeordnete zu werden, war von großer Bedeutung: sie sollte eine

---

[1] Ebd. SS. 125-126.

neue Epoche in der Geschichte des italienischen Katholizismus einleiten.

Von nun an waren sich die italienischen Katholiken bewußt, daß sie nicht dazu verurteilt waren, dem politischen Geschehen in ihrem Vaterland tatenlos zuzusehen, sondern daß sie es mitzugestalten hatten.

Das Pontifikat Pius' X. war zu kurz, als daß die ersehnte Versöhnung des italienischen Staates mit der Kirche hätte herbeigeführt werden können. Doch ohne Zweifel wurde sie damals angebahnt, obwohl die Vorurteile noch groß, die antiklerikalen Strömungen sehr stark waren. Dadurch, daß Pius X. das Non expedit abschwächte, nahm er der «Römischen Frage» ein für allemal den antinationalen Aspekt, den die Kirchenfeinde ihr unterschoben hatten. Nun hatten die italienischen Katholiken wiederum die Möglichkeit, für das Wohl und die Befriedung ihres Vaterlandes zu wirken, ohne mit den Forderungen des christlichen Gewissens in Konflikt zu geraten.

Der glückliche Abschluß der Lateran-Verträge am 11. Februar 1929 war die Krönung des Werkes, dessen erste Anfänge bis in das Pontifikat Pius X. reichen.

Damals ging die Vorhersage in Erfüllung, die der Heilige als Patriarch von Venedig gemacht hatte, als er im Markusdom zu seinen Diözesanen über den Frieden Christi sprach:

«Der Sturm wird vorübergehen und der schöne italienische Himmel wird wieder wolkenlos erstrahlen. Das Kreuz wird wieder auf dem Kapitol erglänzen. Die Kinder, die nicht immer dankbar waren, werden durch ihr eigenes Elend zum Stellvertreter Christi zurückgeführt werden. Und wenn der Papst Gott aufs neue ein freies und geläutertes Italien übergeben kann, dann wird vom Vatikan aus wie einst Segen auf die Stadt und die Welt ausgehen.» [1]

---

[1] Archiv des Ing. G. Sartor, eines Großneffen Pius' X.

Pius X. und der Weltfriede

Als Pius X. am 4. Oktober 1903 zum ersten Mal das Wort an die ganze katholische Welt richtete, gab er der allgemeinen Sehnsucht nach Frieden Ausdruck.

« Tiefe Bestürzung muß jeden erfüllen, der sieht, daß sich ein Großteil der Menschheit gegenseitig bekämpft, so schonungslos, daß es ein Kampf aller gegen alle zu sein scheint. Es gibt niemanden, der nicht den Frieden ersehnt. Doch es ist absurd, den Frieden ohne Gott zu wollen; denn wo Gott nicht ist, dort flieht die Gerechtigkeit, und wo es keine Gerechtigkeit gibt, ist es sinnlos, auf Frieden zu hoffen.

Viele schließen sich aus Sehnsucht nach dem Frieden, der Ruhe in der Ordnung ist, in Gesellschaften und Parteien zusammen, die sich Parteien der Ordnung nennen. Vergebliche Hoffnungen und verlorene Mühen! Es gibt nur eine Partei der Ordnung, die imstande wäre, die gestörten Beziehungen zu befrieden : *die Partei Gottes*. Diese muß gefördert, ihr müssen die Menschen zugeführt werden, wenn man wirklich von Liebe zum Frieden geleitet ist. » [1]

Wieviel der heilige Papst zur Förderung dieser « Partei Gottes » für den Frieden, die Ordnung und die ungestörte Entfaltung des religiösen Lebens getan hat, wird die Geschichte seines Pontifikates zeigen.

Wir begnügen uns hier damit, in wenigen, raschen Strichen dieses Wirken zu zeichnen; doch was wir anführen, ist mehr als hinreichend, um zu beweisen, daß Pius X. alles für die Sache des Völkerfriedens eingesetzt hat : alle Kräfte des Geistes und des Herzens, sein vielseitiges Wirken, sein ganzes Leben bis zum letzten Atemzug.

---

[1] Pii X Acta, Bd. I, SS. 6-7.

Eindringlich erhob der Pontifex seine Stimme in dem Zwist, der zwischen den Regierungen von Peru und von Bolivien wegen einer umstrittenen Grenzziehung ihrer Territorien ausgebrochen war, und beschwor so die Gefahr eines Krieges [1]. Er ermahnte die von Rußland unterworfenen Polen, die in erbitterte Parteikämpfe verstrickt waren, zu Eintracht und Frieden [2]. Den slawischen Völkern gestattete er den Gebrauch ihrer Sprache in der Liturgie und beendete dadurch jahrhundertelange Kämpfe [3]. In Österreich beruhigte er die erregten Gemüter durch kluge Erklärung der falsch verstandenen Enzyklika zur Jahrhundertfeier des hl. Karl Borromäus und der Forderung nach Ablegung des Modernisteneides, zwei Maßnahmen, die die Deutschnationalen veranlaßt hatten, die berüchtigte « Los-von-Rom-Bewegung » auszulösen [4]. Die Spanier ermutigte er, zahlreich und geschlossen in der Politik mitzuarbeiten, um die Religion und das Vaterland zu verteidigen gegen die Ränke und die Umtriebe revolutionärer Kräfte, die den religiösen und sozialen Frieden gefährdeten [5]. Er leistete den Arbeitern Beistand, damit sie sich nicht umstürzlerischen Ideen verschrieben [6]. Er verteidigte die Katholiken Abessiniens, die wegen ihres Glaubens verfolgt wurden [7]. Im Namen der Gerechtigkeit und der Humanität setzte er sich für das gequälte armenische Volk und für die Indianer Südamerikas ein [8]. Besondere Förderung ließ er der Katholischen Aktion diesseits und jenseits des Ozeans angedeihen; er bezeichnete sie als « Aktion Christi in den Einzelnen, in den

---

[1] Pii X Acta, Bd. II, SS. 67-68.
[2] Ebd., SS. 197-204.
[3] Ebd. Bd. III, S. 232.
[4] Ebd., S. 232; Bd. II, S. 56-58.
[5] Ebd., Bd. III, SS. 42-43.
[6] Ebd., Bd. I, SS. 250-252; Bd. III, S. 140; Bd. V, SS. 52-53. — Acta Apost. Sedis, ann. IV, SS. 526-527; ann. VI, SS. 173-176.
[7] Ebd., Bd. III, SS. 159-160.
[8] Acta Apost. Sedis, ann. IV, SS. 521-525.

Familien und in der Gesellschaft »[1] : Aktion der Ordnung, der Eintracht, der Ruhe und des Friedens.

Und wenn er, wie er sich ausdrückte, « die zahlenmäßige Stärke der Heere, den Umfang der Kriegsrüstungen und die so fortgeschrittene militärische Wissenschaft betrachtete »[2], ahnte er die Katastrophe, die sich in dem sogenannten « bewaffneten Frieden » vorbereitete. Daher rief er die ganze katholische Welt auf, das sechzehnhundertjährige Jubiläum des berühmten Ediktes von Mailand zu feiern, durch das Kaiser Konstantin im Jahre 313 der Kirche den Frieden gab [3].

Zwei Monate vor seinem Tode, am 24. Juni 1914, ratifizierte er ein Konkordat mit Serbien, das den Katholiken des von Zyrill und Method zum Glauben geführten Volkes volle Freiheit des Religionsbekenntnisses und des Kultes gab [4], ein Vertrag, der eine neue Ära in der Geschichte der Konkordate einleitete und vom Standpunkt des kanonischen Rechtes als ein « vollkommenes und tadelloses Meisterwerk »[5] bezeichnet werden konnte.

Es war der volle Sieg seiner Idee, der Erneuerung aller Dinge in Christus, der Idee, für die er lebenslang alle seine Kräfte eingesetzt, und bei deren Verwirklichung ihm der unvergleichliche Staatssekretär Merry del Val in unerschütterlicher Treue zur Seite gestanden hatte [6].

Dieses sturmumtoste und reichgesegnete Pontifikat wird in der Kirche Christi unvergessen bleiben.

[1] Enzyklika « Il fermo proposito » vom 11. Juni 1905 an die Bischöfe Italiens (Acta Pii X, Bd. II, S. 114.

[2] Brief vom 11. Juni 1911 an Msgr. D. Falconio, Apost. Delegat in den Vereinigten Staaten Amerikas (Acta Apost. Sedis, ann. III, SS. 473-474).

[3] Acta Apost. Sedis, ann. V, SS. 89-93. Vgl. auch « Osservatore Romano » vom 23. Juni 1911.

[4] « La Civiltà Cattolica », Rom 1914, S. 96.

[5] « Dictionnaire de Droit Canonique », Bd. III, col. 1439, Paris 1942.

[6] Kardinal R. Merry del Val starb am 26. Februar 1930 in der Vatikanstadt im Rufe der Heiligkeit. Heute ist bereits der Informationsprozeß für die Causa seiner Selig- und Heiligsprechung eingeleitet. (Vgl. P. G. DAL-GAL, Il Card. R. Merry del Val, Segretario di Stato del Beato Pio X. Edizioni Paoline, Roma 1954.)

9. Kapitel

DAS CHARAKTERBILD EINES HEILIGEN

1. Mensch und Heiliger. — 2. Evangelische Schlichtheit. — 3. Der « Kinderpapst ». — 4. Der « milde Papst ». — 5. « Humilis corde. » — 6. Grenzenlose Güte. — 7. Unbeugsame Festigkeit. — 8. Nichts für sich. — 9. Seine Verwandten. — 10. « Pauper et dives. » — 11. Ständige Gottvereinigung. — 12. Marienminne.

Mensch und Heiliger

Die Bischöfe von Piemont nannten Pius X. in ihrem Postulationsbrief den « Papst des Übernatürlichen »[1].

Wer ihn gekannt hat, erinnert sich zeitlebens « seines gütigen, heiteren Blickes und seiner sympatischen, wohlklingenden Stimme »[2], dieser Stimme, die seinen Gedanken so vollkommenen Ausdruck zu geben vermochte[3], des strahlenden Ausdrucks seiner Züge, der einen Kardinal zu dem Ausruf hinriß : « Pius X. ist ein Papst, der nicht von der Scholle stammt, sondern vom Himmel ! »[4]

Wer ihn nie gesehen hat, kann sich keine Vorstellung machen von dem Zauber, der von dieser heiligen Seele ausging.

Msgr. Baudrillart, Mitglied der Académie Française und Rektor des Katholischen Institutes von Paris[5], kam

---

[1] Vgl. : La fama di santità del Servo di Dio Pio X nel pensiero del mondo cattolico : Postulationsbriefe, S. 18. Rom 1939.

[2] Sen. Prof. E. MARCHIAFAVA, Ord. Rom., f. 1702.

[3] Msgr. G. BRESSAN, Ap. Rom., S. 111. — F. ROSA, ebd., S. 236. — Comm. G. FORNARI, Ord. Rom., f. 1393. — Kard. N. CANALI, ebd., f. 2115-2116.

[4] Kard. F. RAGONESI, Ord. Rom., f. 683.

[5] Am 16. Dezember 1935 wurde er Kardinal und starb 1942 in Paris.

von 1907 bis 1914 jedes Jahr nach Rom, um Pius X. zu sehen. Er schreibt über ihn :

« Sein Blick, sein Wort, seine Persönlichkeit verrieten drei Dinge : Güte, Festigkeit, Glauben.

Die Güte offenbarte den Menschen, die Festigkeit den Führer, der Glaube den Christen, den Priester, den Papst, den Mann Gottes.

Er war der übernatürlichste Mensch, den man sich denken kann. Das 'Deus providebit' — 'Gott sorgt', das er ständig auf den Lippen hatte, war der charakteristischste Ausdruck seiner tief gläubigen Seele. Wenn er sicher war, daß in dieser oder jener Weise gehandelt werden sollte, kümmerte er sich daher nicht um die Folgen, überzeugt, daß Gott ein unwesentliches und vorübergehendes Übel in ein höheres und dauerndes Gut umwandeln werde.

Er besaß die Hellsichtigkeit der Rechtschaffenheit, jene Hellsichtigkeit, die sich weder durch Lügen noch durch Trugschlüsse oder Heuchelei täuschen läßt. Ruhig und unerschütterlich brandmarkte er das Böse, wo immer er es sah; nie ließ er sich durch Menschenfurcht von seinem Wege abbringen... Pius X. hat gezeigt, daß er ein großer Regent ist.

Niemals gab es einen Papst, der mehr Reformator, der moderner gewesen wäre als er. Treu seinem Wahlspruch hat er alles in Christus wiederhergestellt und erneuert.

Die Regierungen konnten ihn fürchten, doch die Völker liebten ihn innig, alle guten und einfachen Gläubigen hingen an ihm, weil er fromm, weil er heilig, weil er ein Vater war. » [1]

Kardinal Henri Luçon, Erzbischof von Reims, schrieb in einem Brief vom 15. August 1923 :

« In den vielen Audienzen, die Pius X. mir gewährte,

---

[1] Vgl. « Revue Pratique d'Apologétique », 1. September 1914. — Vgl. auch : Kard. R. MERRY DEL VAL, Pio X : Impressioni e Ricordi, SS. 43-46.

war ich immer tief beeindruckt und erbaut von seinem Glaubensgeist, von der übernatürlichen Höhe seiner Anschauungen, von der Heiligkeit seiner Worte. » [1]

Der argentinische Gesandte beim Heiligen Stuhl, Exzellenz Daniele Garcia-Mansilla, bezeugt:

« Der erste Eindruck, den ich von dem Diener Gottes empfing, war der eines Mannes, von dem Heiligkeit ausstrahlt; ich brach in Tränen aus. So etwas war mir noch nie geschehen. Und ich füge hinzu, daß von den vier Päpsten, die kennenzulernen ich die Ehre hatte, keiner den tiefen Eindruck einer heiligen Persönlichkeit auf mich machte wie Pius X. » [2]

Der Diener Gottes Don Luigi Orione, der dem italienischen Volke wegen seiner wunderbaren Nächstenliebe so teuer ist, sagt aus:

« Mehr als einmal schien mir das Antlitz des Heiligen Vaters so sehr von geistigem Licht erhellt, daß es mir war, als leuchte um seine Stirn ein Strahl der Auserwählung. » [3]

Ein Mitglied der Académie Française versichert:

« Es war nicht möglich, sich Pius X. zu nähern, ohne von seiner Liebenswürdigkeit und Größe ergriffen zu sein. Diese Liebenswürdigkeit und diese Größe waren ihm immer eigen. Die Pilger der ganzen Welt bemerkten das. Bei den öffentlichen Zeremonien trat er mit der feierlichen Majestät des Stellvertreters Christi auf, während seine wunderbaren Augen in die Ewigkeit zu blicken schienen. » [4]

Sein Staatssekretär, Kardinal Merry del Val, sagte am 1. August 1928 zu dem Redakteur einer großen Brüsseler Zeitung:

---

[1] Postulationsarchiv.
[2] Proc. Ord. Rom., f. 1660-1661.
[3] Proc. Ord. Ven., S. 1684.
[4] R. BAZIN, Pie X, IX. Kap., SS. 83-84. Paris 1928.

« Pius X. hatte eine Seele, die alle rührte, die mit ihm zusammen lebten. Ich selbst fühlte mich tief ergriffen und es schien mir fast unmöglich, daß er in einem armseligen Dorf geboren worden war, denn es hatte den Anschein, als sei er in einer Herrscherfamilie erzogen. Es war seine Heiligkeit, die seiner bescheidenen Herkunft einen Adel und Glanz verlieh, die überraschten. »[1]

Evangelische Einfachheit

Unseres Wissens ist es ein einzig dastehender Fall in der Geschichte der Päpste, daß ein Nachfolger Petri alle Stufen der Hierarchie durchlief wie Pius X. Doch auch als Papst blieb er der Sohn des armen Postboten von Riese, der gleiche, den wir als Don Giuseppe von Tombolo und Salzano, und dann als Bischof und Patriarchen kennenlernten. Nur sein Kleid war ein anderes geworden; die Einfachheit und Bescheidenheit seiner Lebensführung blieben unverändert[2].

*

Bei den Festlichkeiten im Petersdom und bei den großen Empfängen im Vatikan trat er mit der Würde auf, die dem Stellvertreter Christi geziemt. Doch kaum hatte er die Tiara und die päpstlichen Gewänder abgelegt, kehrte er zu seiner gewohnten schlichten Lebensführung zurück[3]. Niemals konnte er sich an die Pracht und den Prunk des päpstlichen Hofes gewöhnen; er nahm diese Dinge nur auf sich, soweit es notwendig war, damit die traditionelle Feierlichkeit der Zeremonien gewahrt blieb[4].

[1] Vgl. « La Croix de Belgique », 5. August 1928.
[2] So sagten alle Zeugen in den bischöflichen Prozessen wie auch im apostolischen Prozeß aus.
[3] Kard. R. MERRY DEL VAL, Ord. Rom., f. 871-872.
[4] DERS., ebd., f. 872. — Vgl. Kard. G. BISLETI, Ord. Rom., f. 1837-1838. — Msgr. R. SANZ DE SAMPER, ebd., f. 1138-1139. — Kard. V. A. RANUZZI DE BIANCHI, ebd., f. 562. — Kard. G. DE LAI, ebd., f. 538. — Msgr. C. RESPIGHI, ebd., f. 1766. — A. SILLI, ebd., f. 784-785.

Man brauchte ihn nur anzusehen, um zu erkennen, welch ein Opfer es für ihn bedeutete, die Tiara und den goldenen Mantel zu tragen.

Sein Feingefühl litt darunter, wenn so viele Personen um ihn bemüht waren [1], und oft hörte man ihn sagen: « Ich will nicht, daß jemand meinetwegen Unbequemlichkeiten auf sich nehmen muß » [2]; und: « Jeder soll sich wie zu Hause fühlen » [3]. Er wollte niemanden beherrschen als sich selbst.

Kaum war er zum Papst gewählt worden, da brach er — ohne Aufhebens davon zu machen — mit dem jahrhundertealten Brauch, daß der Papst allein speiste [4]; er dispensierte den Speisemeister von der Verpflichtung, bei der Tafel anwesend zu sein [5], verzichtete auf die Begleitung der Nobelgarde und der diensttuenden Geheimkämmerer, wenn er sich in die Vatikanischen Gärten begab, reduzierte den Dienst in seiner Anticamera und begnügte sich mit seinen zwei vertrautesten Sekretären oder auch mit einem seiner Kammeradjutanten [6]. Er verbot die Beifallskundgebungen bei seinem Einzug in den Petersdom [7] und bei den gewöhnlichen Privataudienzen gestattet er nicht den Fußkuß; er lud den Besucher sofort zum Sitzen ein, ja oft rückte er ihm selber einen Stuhl zurecht [8].

*

[1] Msgr. G. PESCINI, Ord. Rom., f. 426.
[2] A. SILLI, Ord. Rom., f. 785.
[3] G. LORETI, Ord. Rom., f. 1543.
[4] Msgr. G. BRESSAN, Memorie mss.: Postulationsarchiv. — Msgr. G. PESCINI, Ord. Rom., f. 255. — Kard. G. BISLETI, ebd., f. 1837. — Msgr. F. GASONI, ebd., f. 225.
[5] G. LORETI, Ord. Rom., f. 1534. — A. VENIER, ebd., f. 1444.
[6] Msgr. G. BRESSAN, Ap. Rom., S. 81. — Msgr. G. PESCINI, Ord. Rom., f. 426. — Msgr. R. SANZ DE SAMPER, ebd., f. 1137. — Kard. R. SCAPINELLI di Lèguigno, ebd., f. 1600. — A. SILLI, ebd., f. 766. — A. VENIER, ebd., f. 1438. — F. SENECA, ebd., f. 1644-1645.
[7] Kard. R. MERRY DEL VAL, Ord. Rom., f. 939. — Kard. V. A. RANUZZI DE BIANCHI, ebd., f. 578. — Msgr. R. SANZ DE SAMPER, ebd., f. 1159. — A. SILLI, ebd., f. 766.
[8] Msgr. G. PESCINI, Ord. Rom., f. 426. — Msgr. R. SANZ DE SAMPER,

Mit größter Einfachheit unterhielt er sich mit seinen Kammeradjutanten und seinen alten Gärtnern; oft scherzte er mit ihnen. Er interessierte sich für ihr gesundheitliches Ergehen, für ihre Familien, und unter Scherzworten drückte er ihnen ein paar Geldstücke in die Hand [1]. Und wenn jemand bemerkte, er ließe sich zu sehr zu den Untergebenen herab, antwortete er: « Paß nur auf, wer die Tiefergestellten sind, sie oder wir; denn nach dem Urteil Gottes sieht die Welt ganz anders aus, als sie uns scheint.» [2]

Herrscher und Gesandte, Staatsminister und schlichte Bauern, weltbekannte Persönlichkeiten und einfache Frauen aus dem Volke, Orthodoxe und Juden, Bekannte und Unbekannte, alle konnten ohne Schwierigkeiten zu ihm kommen und durften sicher sein, mit jener unvergleichlichen Herzlichkeit und Einfachheit empfangen zu werden, die ihm alle Herzen gewann [3]. Doch wenn die alten Bauern aus Tombolo und Salzano kamen, um ihren Don Giuseppe wiederzusehen, schien er in die fernen Jugendjahre zurückversetzt, nach seinem heimatlichen Venetien. Da spielten sich oft ergreifende Szenen ab, die an die Zeiten erinnerten, als der Göttliche Meister inmitten der Volksmenge in Palästina stand. Man spürte, daß er ein Sohn des Volkes war; aber es ging ein Licht und eine Wärme von ihm aus, die nicht der Erde entstammten [4].

*

ebd., f. 1164. — Msgr. G. GASONI, ebd., f. 255. — Kard. MERRY DEL VAL, ebd., f. 930. — Kard. N. CANALI, ebd., f. 2017. — Kard. V. A. RANUZZI DE BIANCHI, ebd., f. 583. — A. SILLI, ebd., f. 732. — G. MARZI, ebd. f. 1483. — Comm. G. FORNARI, ebd., f. 1399. — Msgr. A. CARON, ebd., f. 515. — Msgr. F. ZANOTTO, ebd., f. 211.

[1] A. SILLI, Ord. Rom., f. 784. — Msgr. R. SANZ DE SAMPER, ebd., f. 1164. — L. JOSI, ebd., f. 744-745.

[2] Msgr. G. B. ROSA, Ord. Rom., f. 1037.

[3] Msgr. G. PESCINI, Memorie mss.: Postulationsarchiv. — Kard. V. A. RANUZZI DE BIANCHI, Ord. Rom., f. 562. — A. SILLI, ebd., f. 766. — G. LORETI, ebd., f. 1542. — Prinzessin MARIA C. GIUSTINIANI BANDINI, ebd., f. 1687. — F. ROSA, ebd., f. 829. — Dr. F. SACCARDO, Ord. Rom., S. 879. — G. B. TESSARI, Ap. Ven., S. 426.

[4] Msgr. F. CAVALLIN, Ap. Trev., SS. 180-181. — G. BEGHETTO, Ord. Trev., S. 167. — Msgr. E. BACCHION, ebd., SS. 531-532.

Seine Audienzen sind unvergeßlich. Sie waren, wie sich einer seiner Maestri di Camera ausdrückte, wahre Volksmissionen [1]. Viele kamen mit Tränen in den Augen aus der Audienz und waren innerlich umgewandelt, hatten Gott wiedergefunden [2].

Ein junger Ungar rumänischer Abstammung, der der orthodoxen Kirche angehörte, war zur Audienz zugelassen worden. Als er den Papst erblickte, befiel ihn tiefe Verwirrung und er wagte nicht, sich ihm zu nähern. Pius X. erhob sich, ging ihm entgegen, ermutigte ihn, näher zu treten. Und als er hörte, daß der junge Mann orthodox sei, breitete er die Arme aus, drückte ihn an die Brust und sagte mit unvergleichlicher Güte : « Katholiken und Orthodoxe sind alle meine Kinder. »

Der Ungar war so erschüttert, daß er nach der Audienz im Vorzimmer einen Prälaten fragte, an wen er sich wenden könne, um in der katholischen Religion unterrichtet zu werden; denn er wolle Rom nicht verlassen, bevor er katholisch sei [3].

Der « Papst der Kinder »

Wenn Pius X. im Verkehr mit allen einfach und liebenswürdig war, so kannte seine Güte Kindern gegenüber keine Grenze. Er liebte sie, weil in ihren Augen ein Widerschein der göttlichen Reinheit leuchtete und weil das Wort Jesu ein lebhaftes Echo in seiner Seele weckte : « Lasset die Kleinen zu mir kommen... ihrer ist das Himmelreich. » [4]

---

[1] Kard. G. Bisleti, Ord. Rom., f. 1863.
[2] Msgr. R. Sanz de Samper, Ap. Rom., S. 1160. — A. Silli, Ord. Rom., f. 766. — Maria Walter-Bas, Ap. Ven., S. 503.
[3] Msgr. A. Tait, Ord. Rom., f. 1229.
[4] Mark. 10, 14.

Als Kaplan von Tombolo, als Pfarrer von Salzano, als Spiritual des Priesterseminars von Treviso, als Bischof von Mantua und Patriarch von Venedig hatte er immer die Kinder um sich geschart.

Sollte das anders sein, da er nun Vater und Hirte aller Seelen geworden war?

Im Cortile della Pigna bot sich oft ein entzückender Anblick; es war wie in der Zeit, da Jesus auf den Hügeln oder am Gestade des Sees von Galiläa weilte. Auf einem erhöhten Platz stand der Papst in seinem weißen Gewand; in dem weiten Hof sah man unzählige Kinderköpfchen. Wie eine Stimme vom Himmel klangen die Worte Pius' X. Leuchtende Kinderaugen hingen an seinen Lippen und Tausende von Herzchen schlugen einmütig zusammen mit dem großen reinen und gütigen Herzen des Vaters der Christenheit. Wenn er seine Ansprache beendet hatte, antworteten die Kinder, die sich ohne jede Schüchternheit um ihn drängten, im Chor: « Ja, Ja! » Manche sagten: « Ja, Papst. » Und andere wußten ihrer Liebe zu der weißen Gestalt, die sich so liebreich zu ihnen neigte, nicht anders Ausdruck zu geben als die Kinder von Palästina: « Ja, Jesus! »[1]

Es bestand eine geheimnisvolle Verwandtschaft zwischen dem starken Papst, der die Enzyklika « Pascendi » geschrieben hatte, und den Kindern, die zu seinen Füßen knieten. Er besaß die Unschuld, die in harten Kämpfen den Sieg errungen hatte; sie jene Unschuld, die noch nichts von den Kämpfen des Lebens weiß. Die Seele des Papstes war geheiligt vom eucharistischen Gott; die der Kinder wandte sich eben erst der göttlichen Sonne zu.

Wie die Mütter Palästinas ihre Kinder vertrauensvoll zu Jesus trugen, so führte er die Kleinen zum Tabernakel, bevor sie das Böse kannten; das hatte er schon als Pfarrer

---

[1] Comm. G. FORNARI, Ord. Rom., f. 1376.

und als Bischof ersehnt. Immer wieder betonte er: « Es ist besser, daß die Kinder Jesus empfangen, solange ihr Herz noch rein ist; so verliert der Teufel seinen Einfluß. »[1]

Das Eucharistische Dekret vom 8. August 1910 über die «Kinderkommunion »[2], das bestimmte, die Kleinen sollten zum Tisch des Herrn zugelassen werden, sobald sie beginnen, sich des Christseins bewußt zu werden, war eine geniale Tat, ohne Zweifel eine Frucht seiner Heiligkeit. Die Übervorsichtigen verstanden diese Neuerung nicht und machten Schwierigkeiten; die große Menge des schlichten Volkes aber nahm sie mit Begeisterung auf[3].

*

Eben dieses Dekret, das ihm von Gott eingegeben worden war — wie er zu einigen Kardinälen sagte[4] —, wurde im Frühling 1912 Anlaß zu einem der beglückendsten Erlebnisse seines Lebens.

Aus Frankreich, das einst einen Chlodwig und einen Ludwig IX. besessen, kamen 400 Kinder nach Rom, die eben die erste heilige Kommunion empfangen hatten, um dem Papst die Freude und Dankbarkeit aller französischen Kinder zum Ausdruck zu bringen, und ihm ein Album zu überreichen, das die Unterschrift von 135 000 französischen Kindern enthielt, die ihre Erstkommunion für den Heiligen Vater aufgeopfert hatten.

---

[1] A. SILLI, Ord. Rom., f. 770. — Vgl. MARIA SARTO, ebd., f. 84. — ANNA SARTO, ebd., f. 141. — Kard. R. MERRY DEL VAL, ebd., f. 888. — Msgr. G. PESCINI, ebd., f. 361. — G. PASQUALI, ebd., f. 1506. — Comm. G. FORNARI, ebd., f. 1351.
[2] Acta Apost. Sedis, Jahrg. II (1910), SS. 577-583, 727.
[3] Msgr. G. PESCINI, Ord. Rom., f. 361-362. — Kard. R. MERRY DEL VAL, ebd. f. 888. — Kard. P. GASPARRI, ebd., f. 1796-1797. — Kard. G. DE LAI, ebd., f. 539. — Kard. V. A. RANUZZI DE BIANCHI, ebd., f. 570. — Kard. N. CANALI, ebd., f. 2079. — Msgr. A. CARON, ebd., f. 492. — Siehe auch VIII. Kap.
[4] Msgr. G. PESCINI, Ord. Rom., f. 361.

Der Generalsuperior der Assumptionisten, der die Kinder begleitete, sagte nach der heiligen Messe, die Kardinal Vincenzo Vannutelli in der Basilika S. Maria Maggiore zelebriert hatte :

« Kaiser und Könige sind nach Rom gekommen, um zu den Füßen des Nachfolgers Petri niederzuknien. Ritter und Kreuzfahrer kamen, um seinen Segen zu erbitten; Männer aus allen Völkern und aus allen Ständen huldigten dem Stellvertreter Christi; aber bis zum heutigen Tag ist noch niemals ein Kreuzzug von Kindern in den Vatikan gekommen, um dem Papst zu danken. »

Zwei Tage darauf wurden die 400 kleinen Pilger in der Sixtinischen Kapelle in feierlicher Audienz empfangen.

Sie stießen einander, stellten sich auf die Fußspitzen, um den Papst zu sehen, den Stellvertreter Christi, das Haupt der Christenheit, von dem ihnen ihre Mütter so viel erzählt hatten. Und sie sahen eine lichte Gestalt : einen Greis, in Weiß gekleidet, der sie mit unendlicher Liebe anblickte und sie segnete. Sie hörten seine Worte [1] und erhielten aus seinen Händen eine kleine silberne Medaille.

Alles in Rom schien ihnen wunderbar, am wunderbarsten aber Pius X.

« Er war so gut », sagten sie, « daß wir tief gerührt waren. In seinen gütigen Augen waren Tränen, die wie Perlen leuchteten; aber auch viele von uns weinten. Die nahe bei ihm waren, überreichten ihm Briefe, andere sprachen ihn ohne Scheu an und erbaten Gnaden : 'Heilen Sie meine Schwester, Heiliger Vater'... 'Bekehren Sie meinen Vater, lieber Heiliger Vater'... 'Segnen Sie alle meine Lieben, heiliger Papst !' Als wir die Sixtinische Kapelle verließen, wandten wir uns noch einmal nach

---

[1] Ansprache « Je vous remercie » am 14. April 1912 : Vgl. Acta Apost. Sedis, Bd. IV, S. 261.

ihm um, winkten ihm zu und riefen : 'Wir kommen wieder, lieber Heiliger Vater !' »[1]

Der « milde Papst »

Im Leben Pius X. finden wir keine strengen Bußübungen, keine auffallenden Abtötungen.

Die Prozesse berichten nichts Derartiges. Doch sie versichern uns, daß er eine « ständige innere Abtötung und ständigen Verzicht auf den eigenen Willen » übte [2], und das ist die spürbarste und schwerste Bußübung. Viele Zeugen bestätigen, daß sein ganzes Leben nichts war als eine ununterbrochene Übung der christlichen Starkmut, ein ständiger Kampf ohne Rast und Ruhe, um zu vollkommener Selbstbemeisterung zu gelangen.

Er hatte ein gütiges Herz. Doch diese Güte war in hartem Kampf errungen. Von Natur aus hatte er ein feuriges Temperament [3]; heroische Willensstärke gab ihm jene wunderbare Milde, die ihn als den « milden Papst » in die Geschichte eingehen ließ [4].

Einer seiner Privatsekretäre fragte ihn einmal, wie er es fertigbringe, sich inmitten so großer Widrigkeiten und Unannehmlichkeiten völlig zu beherrschen. « O, die Selbstbeherrschung erwirbt man mit den Jahren »[5], lautete die einfache Antwort, die aber verschwiegene Kämpfe und geheime Siege verriet.

---

[1] H. BORDEAUX, Mitglied der Académie Française, Images Romaines, IV. Kap. SS. 127-131. Paris 1950.
[2] Kard. R. MERRY DEL VAL, Ord. Rom., f. 923. — Msgr. G. B. PAROLIN, ebd., f. 717.
[3] LUCIA SARTO, Ord. Trev., S. 408. — L. BOSCHIN, ebd., S. 367. — Msgr. G. BRESSAN, Ap. Rom., S. 111. — Msgr. G. PESCINI, ebd., S. 824.
[4] Kard. R. MERRY DEL VAL, Ord. Rom., f. 922. — Msgr. G. PESCINI, ebd., f. 400-401. — Msgr. R. SANZ DE SAMPER, ebd., f. 1158-1159. — Msgr. F. GASONI, ebd., f. 273. — Msgr. G. B. PAROLIN, ebd., f. 707. — G. PASQUALI, ebd., f. 1518. — ANNA SARTO, ebd., f. 153.
[5] Msgr. G. PESCINI, Ord. Rom., f. 412. — Vgl. auch : MARIA SARTO, ebd., f. 99.

Niemand, auch nicht seine nächsten Vertrauten, haben ihn jemals aufgeregt oder zornig gesehen. Und das gilt nicht nur für die unvermeidlichen Widrigkeiten des Alltags, sondern auch für die großen Schwierigkeiten, die man ihm bereitete, und angesichts frecher Herausforderungen [1].

« Ich kann sagen », versichert sein Kardinal-Staatssekretär, « daß ich bei ihm niemals eine unbeherrschte Regung beobachtete, nicht einmal bei Dingen, die ihm Kummer verursachten. » [2]

Selbst wenn er verpflichtet war zu tadeln oder wenn er von Dingen sprach, die ihm großen Kummer bereiteten, blieb er vollkommen Herr seiner selbst, drückte sich mit großer Ruhe, Sanftmut und väterlicher Güte aus [3]. Ein heiliger Unwille erfaßte ihn nur dann, wenn er sah, daß Gott schwer beleidigt oder die Kirche beschimpft wurde [4].

Eines Tages fand ihn sein Arzt, der berühmte Professor Marchiafava, fast außer sich, weil die Freimaurer eine Sturzwelle schamloser Verleumdungen und Schmähungen gegen die Kirche ausgelöst hatten. In flammender Entrüstung rief er : « Es war ein wahrer Sturm von Schändlichkeiten und Verleumdungen gegen die Kirche ! » [5]

Er liebte die Kirche, den mystischen Leib Christi, so sehr, daß es keinen größeren Schmerz für ihn gab, als sie geschmäht und verfolgt zu sehen.

*

[1] ANNA SARTO, Ord. Rom., f. 153. — Msgr. G. BRESSAN, Ap. Rom., S. 90. — Msgr. G. PESCINI, ebd., S. 921. — Msgr. R. SANZ DE SAMPER, ebd., S. 911. — Msgr. A. CARON, Ord. Rom., f. 449. — Msgr. F. ZANOTTO, ebd., f. 209.
[2] Proc. Ord. Rom., f. 922.
[3] Msgr. G. PESCINI, Memorie mss. : Postulationsarchiv. — Msgr. R. SANZ DE SAMPER, Ord. Rom., f. 1160. — P. G. ERCOLE, ebd., f. 1127. — Msgr. G. B. PAROLIN, ebd., f. 705. — Comm. PIO FOLCHI, Ap. Rom., S. 250.
[4] Msgr. G. PESCINI, Ap. Rom., S. 824. — Msgr. R. SANZ DE SAMPER, Ord. Rom., f. 1153.
[5] Sen. Prof. E. MARCHIAFAVA, Ord. Rom., f. 1703.

Wenn er während der schweren elf Jahre seines Pontifikates seine Heiterkeit und Milde, seine unermüdliche Tatkraft bewahrte, so war dies eine Frucht seines tiefen Vertrauens auf den Beistand, den Christus seiner Kirche verheißen. Mochte er auch von den Menschen verkannt werden, mochten seine Bemühungen, alles in Christus zu erneuern, kritisiert, bekämpft und sogar seine Absichten verdächtigt werden — zuweilen von Personen, von denen man es am wenigsten erwartet hätte —, das konnte an seiner Haltung nichts ändern [1]. Bei all diesen traurigen Vorkommnissen hörte man von ihm nie ein Wort, das Groll oder Bitterkeit verriet, nie eine Beschuldigung. Ganz selten nur, in Augenblicken tiefen Schmerzes, wenn er sah, wie einsam er als Papst war, entrang sich ihm die Klage: « De gentibus non est vir mecum. » [2]

Die gegnerische Presse — sowohl die Organe der sogenannten Gebildeten wie die des niederen Volkes — überschüttete ihn mit böswilligen Verdächtigungen, Verleumdungen und Beschimpfungen. Er aber blieb ruhig und unerschütterlich, schwieg wie Jesus vor seinen Richtern, wenn die Mächtigen der Erde ihn verrieten [3].

---

[1] Der Priester L. Orione, Ord. Ven., SS. 1691, 1693. — Msgr. G. Pescini, Ord. Rom., f. 396. — Msgr. R. Sanz de Samper, ebd., f. 1169. — Kard. A. Silj, ebd., f. 606-607. — Msgr. F. Faberi, ebd., f. 1084. — Comm. G. Fornari, ebd., f. 1408. — Msgr. L. Parolin. Ap. Trev., S. 591.

[2] Is. 63, 3: « Von den Völkern steht niemand mir bei. » — Der Priester L. Orione, Ord. Ven., S. 1696. — Msgr. A. Caron, Ord. Rom., f. 522. — Vgl. auch: Brief des Seligen an den Grafen Apponyi vom 9. November 1910 (Arch. des Staatssekretariates).

[3] Msgr. G. Bressan, Ap. Rom., SS. 111-112. — Msgr. E. Sanz de Samper, Ap. Rom., S. 911. — Msgr. G. Pescini, Ord. Rom., f. 432-433. — Kard. N. Canali, ebd., f. 2109. — Comm. G. Fornari, ebd., f. 1408. — F. Rosa, ebd., f. 827. — Der Priester L. Orione, Ord. Ven., S. 1695. — Dr. F. Saccardo, ebd., S. 901.

« *Humilis Corde* »[1]

War der Heilige schon von frühester Jugend an durch eine echte und aufrichtige Demut gekennzeichnet, war bei ihm als Purpurträger jeder Schatten von Stolz und Ruhmsucht ausgeschaltet[2], so erreichte diese Tugend, als er den Thron Petri bestiegen hatte, einen Glanz, der allgemeine Bewunderung erregte.

Sein Kardinal-Staatssekretär sagte unter Eid folgendes aus : « Die Tugend der Demut schien mir im Diener Gottes wirklich heroisch, bewundernswert; sie bewährte sich immer als echt. Ich habe nie Ähnliches gesehen; es schien mir, sie sei ihm zur zweiten Natur geworden. »[3]

Diese Aussage wird durch eine schier endlose Reihe anderer Zeugnisse und Dokumente erhärtet.

Der Heilige dachte gering von sich selbst. Er nahm sich ganz und gar nicht wichtig, vermied jedes Aufsehen, jedes prunkvolle und autoritäre Auftreten. « Seine Autorität ließ er nur dann spüren, wenn es notwendig war. »[4]

« Der Heilige Vater », so schrieb er am 31. Mai 1905, « wollte niemals die Priester durch Gehorsamsvorschriften beherrschen; er wird es auch als Papst nicht tun. »[5] Und am 15. Dezember 1909 : « Der Papst ist nicht herrschsüchtig; er verlangt keine untragbaren Opfer; aber er wird sich freuen, wenn seine Wünsche erfüllt werden. »[6] In einem Brief vom 9. November 1911 heißt es : « Ich weise schon den bloßen Gedanken zurück, irgendjemandem neue Lasten und neue Pflichten aufzuerlegen. »[7]

---

[1] Von Herzen demütig.
[2] So sagen alle Zeugen von Riese, Salzano, Treviso, Mantua und Venedig aus.
[3] Proc. Ord. Rom., f. 928. — Vgl. auch : Msgr. G. Bressan, Ap. Rom., S. 118. — Msgr. F. Gasoni, Ord. Rom., f. 277.
[4] Msgr. R. Sanz de Samper, Ord. Rom., f. 1164.
[5] Arch. des Staatssekretariates.
[6] Ebd.
[7] Ebd.

Nie rühmte er sich seiner Verdienste. Er sprach sehr selten von sich selbst, und wenn er es tat, geschah es mit größter Einfachheit; er sprach dann gerade von den Dingen, die andere aus Hochmut verschwiegen hätten : von seiner einfachen Herkunft, von den großen Einschränkungen, die ihm die Armut in der Kindheit auferlegt hatte, davon, daß er keine akademischen Grade besaß [1]. Sogar in Audienzen erwähnte er diese Tatsachen.

Als am 14. April 1904 der Erzbischof von Palermo, Kardinal Celesia, gestorben war, kam eine Abordnung vornehmer Herren von Palermo nach Rom, um den Papst zu bitten, er möge bei der Ernennung des neuen Erzbischofs die Tradition berücksichtigen, daß der Erzbischof von Palermo stets Aristokrat und Doktor der Theologie sein müsse.

Als der Heilige den Wunsch der adeligen Herren von Palermo hörte, erinnerte er sich an das kleine Riese, an das armselige Häuschen, in dem er seine Kindheit verbracht hatte, und antwortete :

« Ich weiß, daß es einen Kaplan gab, der weder adelig noch Doktor der Theologie war ; er wurde zum Pfarrer gewählt; es gab einen Pfarrer, der weder adelig noch Doktor der Theologie war; er wurde zum Domherrn ernannt; es gab einen Domherrn, der war weder adelig noch Doktor der Theologie; er wurde zum Bischof geweiht; es gab einen Bischof, der war weder adelig noch Doktor der Theologie; er wurde zum Kardinal kreiert; es gab einen Kardinal, der war weder adelig noch Doktor der Theologie, er wurde zum Papst erwählt. Und es ist der Papst, der jetzt mit Ihnen spricht. » [2]

---

[1] Msgr. F. FABERI, Ord. Rom., f. 1079. — ANNA SARTO, ebd. f. 153. — Msgr. G. PESCINI, ebd., f. 425-426. — Kard. MERRY DEL VAL, ebd., f. 928. — Msgr. G. B. ROSA, ebd., f. 1037. — G. MARZI, ebd., f. 1483. — Msgr. G. B. PAROLIN, ebd., f. 682. — Comm. B. NOGARA, Ap. Rom., S. 182.
[2] Msgr. G. B. PAROLIN, Ord. Rom., f. 682. — Bei der Wahl und der

Es war ihm eine Freude, in Gedanken in sein Heimatdörfchen zurückzukehren, seiner guten Mutter zu gedenken, sich der langen Wege nach Castelfranco Veneto zu erinnern, die er oft barfuß zurückgelegt hatte, der einfachen Mahlzeiten beim blassen Schein einer Öllampe, des weißen Kirchleins der Madonna von Cendròle, das das Ziel der Wallfahrten seiner Kindheit gewesen war [1].

*

Immer wieder versicherte er, er fühle sich der Wohltaten, die er von Gott empfangen hatte, unwürdig [2]; voll Staunen sprach er von der hohen Würde, zu der er erhoben worden war [3]; und gern gab er in den stärksten Worten seiner Selbstverachtung Ausdruck [4].

Wenn man ihm berichtete, daß seine Politik innerhalb und außerhalb des Vatikans kritisiert wurde und daß man ihn als « guten Landpfarrer » bezeichnete, lächelte er und sagte: « Ich weiß, daß ich kein Politiker bin, sondern ein armer Bischof. » [5] « Ich weiß, daß sie sagen, ich verstünde nichts, ich sei ein einfacher Bauer. Das macht mir

---

Ernennung der Bischöfe ging der Heilige mit großer Vorsicht und Klugheit zu Werke. Er kümmerte sich nicht um lokale Traditionen und Titel, sondern einzig und allein um die Verdienste, die Tugenden, das Wissen, die Frömmigkeit, die Opferbereitschaft und die Selbstlosigkeit der Kandidaten. Er wollte Bischöfe, die würdig waren, die Mitra zu tragen, die nur die Ehre Gottes, das Heil der Seelen und das Wohl der Kirche erstrebten. Sein außerordentlich praktischer Sinn ließ ihn Priester vorziehen, die das Amt eines Pfarrers ausgeübt hatten.
Vgl. Kard. G. DE LAI, Ord. Rom., f. 544. — Kard. R. MERRY DEL VAL, ebd., f. 876. — Kard. G. BISLETI, ebd., f. 1838. — Kard. V. A. RANUZZI DE BIANCHI, ebd., f. 568. — Msgr. F. FABERI, ebd., f. 995. — Msgr. A. CARON, ebd., f. 483. — Msgr. G. B. ROSA, ebd., f. 1020. — Vgl. auch: Msgr. J. PESCINI, Ord. Rom., f. 348-349. — Msgr. F. ZANOTTO, ebd., f. 191.

[1] Der Priester G. BONALDO, Ord. Ven., S. 1712.
[2] Msgr. G. PESCINI, Ord. Rom., f. 425.
[3] DERS., ebd., f. 399. — Msgr. F. FABERI, ebd., f. 1079.
[4] Msgr. G. PESCINI, Ord. Rom., f. 425.
[5] Msgr. SANZ DE SAMPER, Ord. Rom., f. 1149.

nichts. Ich kenne nur einen Weg und nur einen Gesichtspunkt: das Kruzifix.» [1]

Niemals schrieb er einen Erfolg seiner eigenen Initiative, seiner Geschicklichkeit oder Erfahrung zu [2].

Er verbarg seine vielen und außerordentlichen Gaben des Geistes und des Herzens [3], Gaben, die ihn — wie Minister Orlando bezeugt — «unter die größten Päpste der katholischen Kirche einreihten» [4]. Wenn er die hervorragendsten Staatsmänner durch seine gründlichen Kenntnisse auf allen Gebieten der Wissenschaft und der menschlichen und nationalen Probleme in Erstaunen versetzte, sagte er, es seien «alte Erinnerungen aus der Schule», oder er habe «es von andern gehört» [5]; «nie zeigte er, daß er mehr wußte, als offenkundig war» [6].

Sein Kardinal-Staatssekretär, der tagtäglich mit ihm beisammen war, schreibt:

«Der Fürst von Bülow hatte eine grenzenlose Bewunderung für Pius X.; der Papst überraschte den Staatsmann durch seine feine Beobachtungsgabe, durch seinen Weitblick und sein klares Urteil über Menschen und Dinge. Über seine Audienzen bei Pius X. erzählte er mir: 'Ich habe viele Herrscher und Staatsmänner kennengelernt, doch selten fand ich bei einem von ihnen eine so klare und umfassende Kenntnis der menschlichen Natur und der Kräfte, die die Welt und die moderne Gesellschaft leiten, wie bei Seiner Heiligkeit.'»

«Graf Golochowski, Graf Sturza, Sir Wilfrid Laurier, Mr. John Redmond und andere hervorragende Staats-

---

[1] Msgr. G. PESCINI, Ord. Rom., f. 351. — Msgr. G. BIANCHI, ebd., f. 989.
[2] Msgr. E. HOENNING O'CARROLI, Ord. Ven., S. 1536.
[3] Kard. R. MERRY DEL VAL, Ord. Rom., f. 928.
[4] Aussage S. Exzell. V. E. Orlando: Vgl. Kard. MERRY DEL VAL, Pio X: Impressioni e Ricordi, SS. 32-33.
[5] Kard. R. MERRY DEL VAL, Ord. Rom., f. 928-929. — Msgr. G. B. ROSA, ebd., f. 1037.
[6] Msgr. E. HOENNING O'CARROLL, Ord. Rom., f. 1536.

männer gaben ebenfalls einstimmig ihrer Hochachtung vor den Fähigkeiten und dem Charakter Pius' X. Ausdruck. »[1]

« Heilige Schrift, Theologie und Geschichte schienen seine Lieblingsfächer zu sein; auch inmitten der täglichen Sorgen und der Arbeitslast seines hohen Amtes brachte er es fertig — wie ich selbst feststellen konnte —, viele Bücher zu lesen und über die modernen Strömungen auf dem Laufenden zu bleiben.

Oft war ich überrascht über seine gründliche Kenntnis der Völker, ihrer Traditionen, ihrer Sitten und ihrer Eigenart.

Daher kam die Leichtigkeit, mit der er eine Situation, Anschauungen und vorherrschende Meinungen in Ländern beurteilen konnte, die so sehr verschieden von seiner Heimat waren und die er nie gesehen hatte. »[2]

Er war ein Feind von Schmeicheleien und Lob; übertriebene Dankesbezeugungen waren ihm zuwider[3]. Wenn er gelobt wurde, verkehrte er die Sache ins Scherzhafte, indem er etwa sagte: « Unsinn, Unsinn! »[4] ... « Abgeschriebenes Zeug ! Es ist nicht der Mühe wert », lautete seine Antwort, wenn ihm oft Komplimente über seine Vorträge und Ansprachen gemacht wurden[5].

Einem Domherrn von Treviso, der ihn gebeten hatte, einige seiner Schriften zu veröffentlichen, antwortete er: « Wenn ich diese Schriften überhaupt finden würde, müßten sie sich ja schämen, unter so vielen gelehrten Arbeiten zu erscheinen, die denselben Gegenstand behandeln. »[6]

[1] A. a. O., SS. 30-32.
[2] Ebd., S. 59.
[3] Kard. R. MERRY DEL VAL, Ord. Rom., f. 928. — Msgr. R. SANZ DE SAMPER, ebd., f. 1164. — Kard. N. CANALI, ebd., f. 2106. — Comm. G. FORNARI, ebd., f. 1397. — G. MARZI, ebd., f. 1483. — Prinzessin M. C. GIUSTINIANI BANDINI, ebd., f. 1689.
[4] Msgr. G. PESCINI, Ord. Rom., f. 420. — Vgl. Kard. R. MERRY DEL VAL, ebd., f. 871. — Msgr. G. B. ROSA, ebd., f. 1038.
[5] Msgr. G. PESCINI, Ord. Rom., f. 420. — Vgl. Msgr. G. BIANCHI, ebd., f. 1989.
[6] Brief vom 8. September 1908: Arch. des Staatssekretariates.

Und als er wiederum dringend gebeten wurde, einige seiner Vorträge zu publizieren, erklärte er: « Ich kann nichts bieten, was verdiente, veröffentlicht zu werden. »[1]

Er duldete nicht, daß man von ihm sprach, auch nicht von den übernatürlichen Gnadengaben, die ihm der Herr verliehen hatte.

Wenn bei den großen Audienzen durch seine Hände Wunder geschahen, gebot er sofort Schweigen und beeilte sich, zu erklären: « Das ist die Macht der Obersten Schlüsselgewalt: ich habe nichts damit zu tun. Es ist der Segen des Papstes. Es ist der Glaube jener, die die Gnade erbitten. »[2] — Und manchmal sagte er liebenswürdig scherzend: « Sie wollen ein Wunder? Wissen Sie nicht, daß ich keine Wunder mehr wirke? »[3]

Nannte man ihn « Papa Santo » — den heiligen Papst, antwortete er witzig: « Sie irren sich in einem Konsonnanten: ich bin Papst Sarto. »[4]

*

Pius X. war stets bereit, den Ratschlägen zu folgen, die er von Untergebenen erbat[5]; und wenn er sich zufällig geirrt hatte, bereitete es ihm nicht die geringsten Schwierigkeiten, es zuzugeben und richtigzustellen[6].

---

[1] Brief vom 3. August 1909: ebd.
[2] Msgr. G. PESCINI, Ord. Rom., f. 431. — Kard. R. MERRY DEL VAL, ebd., f. 932. — Kard. G. DE LAI, ebd., f. 549. — Comm. G. FORNARI, ebd., f. 1397. — Kard. C. CACCIA DOMINIONI, ebd., f. 1585. — Kard. O. CAGIANO DE AZEVEDO, ebd., f. 1610. — G. PASQUALI, ebd., f. 1519. — F. SENECA, ebd., f. 1655.
Der Heilige war fest davon überzeugt; ähnliche Aussprüche finden sich auch in einigen seiner Briefe, z. B. in dem vom 1. September 1908, vom 29. Mai, 18. und 26. Oktober 1911, vom 20. Februar 1912 und vom 19. Dezember 1913 (Archiv des Staatssekretariates).
[3] Kard. V. A. RANUZZI DE BIANCHI, Ord. Rom., f. 588.
[4] Msgr. A. CARON, Ord. Rom., f. 514-515. — Msgr. F. CAVALLIN, Ap. Trev., S. 192.
[5] Msgr. G. PESCINI, Ord. Rom., f. 426.
[6] Kard. N. CANALI, Ord. Rom., f. 2106. — Msgr. F. FABERI, ebd., f. 1084. — Prinzessin MARIA C. GIUSTINIANI BANDINI, ebd., f. 1693-1694.

« Bemerkungen und Anregungen zog er in ernste Erwägung, auch wenn sie mit seiner persönlichen Meinung nicht übereinstimmten; und wenn er einsah, daß sie richtig waren, zögerte er nicht, auf seine eigene Ansicht zu verzichten. »[1]

Eines Tages erlaubte sich ein Prälat bei einer Audienz, ein Urteil des Papstes in einer sehr wichtigen Frage freimütig zu kritisieren. Der Heilige hörte ihn ruhig an, dachte einen Augenblick nach, blickte dann den Prälaten an und sagte : « Monsignore, Sie haben vollkommen recht. »

Der Prälat war sprachlos und bewunderte die tiefe Demut des Papstes [2].

Manchmal bat er seine Privatsekretäre, ihre Meinung über die von ihm entworfenen Briefkonzepte zu äußern und forderte sie auf, ruhig zu korrigieren [3]. Wie er als Bischof seine Predigten einem vertrauten Priester vorlas, ihn um sein Urteil bat und seine Ausstellungen annahm [4], so handelte er auch als Papst : « Nachdem er oft lange den Entwurf eines Dokumentes überlegt und vorbereitet hatte, ließ er ihn von seinem Staatssekretär prüfen; mit der Feder in der Hand korrigierte er, strich durch oder fügte etwas hinzu, ohne im mindesten zu zögern. In seiner bewundernswerten Demut war er ohne weiteres bereit, den Entwurf allenfalls in den Papierkorb zu werfen, ohne das mindeste Bedauern [5]. Wenn er sich in einer zweifelhaften oder fragwürdigen Sache nicht in der Lage

---

[1] Msgr. F. RIDOLFI, Ord. Trev., S. 1481. — Vgl. Msgr. G. PESCINI, Ord. Rom., f. 426. — Kard. R. MERRY DEL VAL, ebd., f. 929. — Kard. G. DE LAI, ebd., f. 548.

[2] Kard. R. SCAPINELLI DI LEGUIGNO, Ord. Rom., f. 1621.

[3] Msgr. G. PESCINI, Ord. Rom., f. 442. — Vgl. auch Briefe des Heiligen an die Monsignori F. Gasoni und V. Ungherini vom 4. Mai 1912, vom 4. Januar und 23. Juli 1913 (Archiv des Staatssekretariates).

[4] Msgr. G. B. ROSA, Ord. Rom., f. 1037. — Msgr. F. GASONI, ebd., f. 274.

[5] Kard. R. MERRY DEL VAL, Ord. Rom., f. 929. — Vgl. Kard. N. CANALI, ebd., f. 2106.

fühlte, sofort eine Entscheidung zu treffen, sagte er: « Das werden wir von andern prüfen lassen, die mehr verstehen als ich. »[1]

Er gehörte niemals zu jenen, die sich auf die eigenen Ideen festgelegt haben und die Meinung anderer nicht hören wollen, weil sie überzeugt sind, daß sie sich nie irren. In einem Brief vom 15. Dezember 1886, den er an einen Freund in Treviso richtete, heißt es:

« Bei vielen fehlt es an der richtigen Art und Weise und an praktischem Takt; deshalb stoßen sie bei jedem Schritt auf neue Hindernisse, auch auf ebener Straße. Sie wollen alles allein beurteilen und glauben auch dort richtig zu sehen, wo sie sich irren; sie sind zu bedauern. »[2]

*

Den Kardinälen, den Bischöfen und seinen Mitarbeitern gegenüber war der Heilige voll Rücksicht und Feingefühl.

Wenn ein Kardinal auf die Audienz warten mußte, weil der Papst gerade mit anderen sprach, bat er um Entschuldigung[3].

Wollte ein Bischof vor ihm niederknien, sagte er sofort: « Knien Sie nicht nieder, Monsignore, ich bin der letzte der Priester Gottes. »[4]

Inständig empfahl er sich in ihre Gebete, damit der Herr « ihm barmherzig seine Sünden verzeihe » und ihm die Gnade verleihe, zur größeren Ehre Gottes und zum Heil der Seelen arbeiten zu können[5].

Mit welcher Demut beschwor er sie, ihm zu helfen! An den Bischof von Macerata schrieb er einmal: « Wenn

---

[1] Kard. R. MERRY DEL VAL, Ord. Rom., f. 929. — Vgl. auch: DERS., a. a. O., S. 103.
[2] Msgr. A. MARCHESAN, a. a. O., VIII. Kap., S. 256.
[3] Kard. R. SCAPINELLI DI LEGUIGNO, Ord. Rom., f. 1621.
[4] Zeugenaussage des Bischofs von Angers, Msgr. G. Rumeau: Vgl. Kard. MERRY DEL VAL, Ord. Rom., f. 929.
[5] Brief an Kardinal P. Coullié, Erzbischof von Lyon, vom 30. Juli 1912: Archiv des Staatssekretariates.

die Besten mir nicht helfen, das Kreuz zu tragen, das der
Herr auf meine Schultern legen ließ, wie soll ich da den
Kalvarienberg ersteigen können ? »[1] « Erweisen Sie mir
die Barmherzigkeit, um die ich Sie inständig bitte », heißt
es in einem Brief an den Erzbischof von Görz[2]. Und an
den Bischof von Catanzaro : « Wenn Sie mir nicht helfen,
was kann da ich tun, der ich hier in den Vatikan eingeschlossen bin ? »[3]

Wenn er seinen Kardinal-Staatssekretär um Rat fragen
wollte, schickte er ihm Brieflein, um ihm die Mühe zu
ersparen, sich zu ihm zu begeben[4]. Und um seine Mitarbeiter vor Überlastung zu bewahren, schonte er sich
nicht, nahm die größten Mühen auf sich und unterbrach seine Arbeit selbst dann nicht, wenn er sich un-
wohl fühlte[5].

Ein Monsignore bezeugt : « Eines Tages bemerkte ich,
daß er am frühen Morgen schon etwa fünfzehn Briefe
an verschiedene Bischöfe geschrieben hatte. Ich erlaubte
mir, ihm vertraulich nahezulegen, er solle sich nicht zu
sehr anstrengen. Doch er antwortete lächelnd : 'O, das
macht nichts, ich schreibe selbst, damit die da oben nicht
zu viel Arbeit haben.' Und er wies in der Richtung, wo
sich seine Mitarbeiter vom Staatssekretariat befanden. »[6]

---

[1] Brief vom 23. Juli 1907; ebd.
[2] Brief vom 29. September 1910; ebd.
[3] Brief vom 25. Juni 1914 (Archiv des Staatssekretariates).
[4] Kard. R. MERRY DEL VAL, Ord. Rom., f. 869.
[5] Msgr. G. BRESSAN, Ap. Rom., S. 112. — Msgr. G. PESCINI, Ord. Rom., f. 378-379. — Kard. R. MERRY DEL VAL, ebd., f. 899. — Kard. V. A. RANUZZI, ebd., f. 581. — Kard. C. CACCIA DOMINIONI, ebd., f. 1582. — Msgr. R. SANZ DE SAMPER, ebd., f. 1157. — Msgr. F. FABERI, ebd., f. 1078.
Diese Zeugenaussagen werden bestätigt durch das, was der heilige Papst am 10. November 1909 an den Bischof von Mantua schrieb : « Ich stehe vom Morgen bis zum Abend nicht nur den Bischöfen zur Ver-
fügung, sondern allen; die Korrespondenz erledige ich nachts. » (Archiv des Staatssekretariates.)
[6] Msgr. E. HOENNING O' CARROLL, Ord. Ven., S. 1515. — Das Staats-
sekretariat, abgesehen vom Privatsekretariat des Heiligen, hat von keinem

Seine Demut und sein Feingefühl machten den Umgang mit ihm für seine Vertrauten zu einer Freude.

Um seine Kammeradjutanten nicht bemühen zu müssen, leistete er oft selbst kleine Dienste [1]. Als sein Neffe, Msgr. Battista Parolin, den er sehr lieb hatte, bei ihm zu Besuch weilte, diente er ihm bei der heiligen Messe, wenn sich der Kammeradjutant verspätete [2].

An einem drückend heißen Sommernachmittag unterhielt er sich in seiner Privatbibliothek mit seinem Neffen. Plötzlich rief er: « Ich habe so viel Durst! »

Der Neffe stand sofort auf und wollte den Kammeradjutanten rufen. Doch der Papst hielt ihn davon zurück: « Bemühen wir nicht die Kammerherren. Um ein wenig Durst darf man nicht soviel Aufhebens machen. » [3]

Und das war nicht das einzige Mal [4]. Einer seiner Hauskapläne bezeugte, daß der Heilige « niemals etwas verlangte und seine Vertrauten mußten gut acht geben auf seine Bedürfnisse, sonst hätte es ihm an vielem gefehlt » [5].

« Bedient werden und andern Mühe verursachen war für ihn ein Opfer », sagte einer seiner Maestri di Camera [6]. Wenn er Anordnungen traf, befahl er nicht, sondern gebrauchte die Wendung: « Haben Sie die Güte » [7]; und wenn seine Vertrauten fragten, worin sie ihm dienen könnten, antwortete er lächelnd: « Was soll ich denn verlangen? Ich bin hier, um zu dienen, nicht, um bedient

---

andern Papst so viele Handschreiben registriert wie von Pius X. (Zeugnis des Archivars des Staatssekretariates: Proc. Ord. Rom., f. 255).

[1] Msgr. G. B. PAROLIN, Ord. Rom., f. 713. — Msgr. G. PESCINI, ebd., f. 405.
[2] Msgr. G. B. PAROLIN, Ord. Rom., f. 668, 713.
[3] Msgr. G. B. PAROLIN, Ord. Rom., f. 710. — Kard. R. MERRY DEL VAL, ebd., f. 923.
[4] Msgr. G. B. ROSA, Ord. Rom., f. 1016.
[5] Msgr. G. PESCINI, Ap. Rom., S. 841.
[6] Kard. G. BISLETI, Ord. Rom., f. 1838. — Msgr. R. SANZ DE SAMPER, ebd., f. 1164. — G. MARZI, ebd., f. 1459.
[7] Msgr. G. PESCINI, Ord. Rom., f. 342. — Kard. R. MERRY DEL VAL, ebd., f. 917. — A. VENIER, ebd., f. 1450.

zu werden. Ich bin der Diener der Diener Gottes. Ich brauche nichts. Arm bin ich geboren, arm habe ich gelebt, arm werde ich sterben. »[1]

Er dankte ständig, auch für den kleinsten Dienst, den man ihm erwies, bat um Entschuldigung wegen der Störung, die er verursachte, und bezeigte bisweilen seine Dankbarkeit durch kleine Geschenke [2].

*

Als er im Jahre 1908 sein goldenes Priesterjubiläum feierte und 1909 sein silbernes Bischofsjubiläum, wollte er keine Ovationen, keine Dankesbezeugungen für sein Werk; nicht Gedenktafeln und Monumente, die seinen Namen verewigt hätten; nur Gebet erbat er, die Aufopferung von Kommunionen, von Akten der Frömmigkeit und der Nächstenliebe [3].

« Der Papst wäre sehr betrübt », so schrieb er am 23. Dezember 1908 an das Domkapitel von St. Markus in Venedig, « wenn man nicht auf den Plan verzichten würde, sein Andenken durch eine Gedenktafel festzuhalten. Er ist tief überzeugt von der Anhänglichkeit der Venezianer, auch ohne daß sie es auf diese Weise bekunden. »[4]

An den Erzpriester seines Geburtsortes schrieb er am 25. April 1909. « Erinnern Sie sich daran : ich verbiete es ausdrücklich, daß ein Gedenkstein oder eine Tafel in dem Baptisterium angebracht wird, in dem ich getauft

---

[1] A. SILLI, Ord. Rom., f. 785. — A. VENIER, ebd., f. 1436. — G. PASQUALI, ebd., f. 1520. — G. LORETI, ebd., f. 1534. — Comm. G. FORNARI, ebd., f. 1397.
[2] Kard. R. MERRY DEL VAL, Ord. Rom., f. 917. — A. VENIER, ebd., f. 1450. — G. PASQUALI, ebd., f. 1515. — G. LORETI, ebd., f. 1542. — Msgr. G. B. ROSA, ebd., f. 1037. — Msgr. G. B. PAROLIN, ebd., f. 671.
[3] A. SILLI, Ord. Rom., f. 780. — Comm. G. FORNARI, ebd., f. 1397-1398.
[4] Archiv des Staatssekretariates.

wurde; ebensowenig darf dies in der Wallfahrtskirche von Cendròle geschehen. » [1]

« Wenn die hochwürdigsten Domherren von Treviso », so schrieb er am 14. Januar 1914, « dem Heiligen Vater eine Freude machen wollen, mögen sie bei der heiligen Messe in besonderer Weise seiner gedenken, aber den Gedanken, ihn zu 'steinigen', aufgeben. » [2]

Ein witziges Wortspiel, das seine tiefe Demut verbergen sollte.

Grenzenlose Güte

Wir erzählten schon viel von seiner großen Güte, die ihm wohl angeboren war, aber durch christliche Motive vertieft und geläutert wurde.

Im Vatikan betrachteten ihn alle als einen « herzensguten Papa » [3]; sie nannten ihn « unsern Vater » [4], den « Vater jedes einzelnen und aller » [5].

In den großen Fragen der kirchlichen Verwaltung zeigte er eine überraschende Tatkraft und Festigkeit; doch in Einzelfällen — wenn er jemanden an seine Pflicht mahnen oder eine schmerzliche Entscheidung treffen mußte — « war er der erste, der litt, denn er hatte Mitleid mit den Schuldigen » [6].

Dann verbrachte er trübe Tage und schlaflose Nächte und « in seinen Augen ... las man den Schmerz seiner Seele, die zu sagen schien: Ich leide ... Doch dies ist

---

[1] Ebd. — Vgl. Msgr. P. Settin, Ord. Trev., S. 1070-1071.

[2] Archiv des Staatssekretariates. — « Lapide » bedeutet Gedenktafel, « lapidare » steinigen.

[3] Der Priester L. Orione, Ord. Ven., S. 1666.

[4] Msgr. A. Zampini, Ord. Rom., f. 1257. — V. Starmusch, Ord. Ven., SS. 1651-1652.

[5] Comm. G. Fornari, Ord. Rom., f. 1398.

[6] Kard. Merry del Val, Ord. Rom., f. 918; Pio X: Ricordi e Impressioni, S. 53. — Kard. N. Canali, Ord. Rom., f. 2055.

die mir auferlegte Pflicht, eine heilige, gebieterische, unausweichliche Pflicht. » [1]

Zuverlässige Zeugen betonen, daß « seine Strenge immer von der Zartheit seiner väterlichen Liebe begleitet war » [2], denn wie Kardinal Mercier sagte, lebte in ihm « eine wunderbare Mischung von väterlicher Güte und Festigkeit des Charakters, die seiner Seele unerschütterliches Gleichgewicht verlieh und über seine Züge jene Harmonie ausgoß, die eine Wirkung innerer Freude und Güte war und auf Menschen aller Rassen einen unbeschreiblichen Zauber ausübte. » [3]

Sein Kardinal-Staatssekretär schreibt: « Ich erinnere mich, daß ich den Diener Gottes eines Morgens sehr traurig und ermüdet fand. Er sagte mir, er habe diese Nacht nicht geruht, weil er an den nächsten Tag dachte, an dem er einen Unglücklichen an seine Pflicht mahnen mußte.

'Eminenz', sagte er, mich verabschiedend, 'beten Sie ein Ave Maria, damit der Herr meine Worte segne und dieser Arme mich nicht nötige, weitere Schritte zu tun.'

Einige Stunden später strahlte der Heilige Vater vor Freude. 'Es ist alles gut gegangen', versicherte er mit einem Lächeln, 'denn der arme Mann hat am Ende seine eigenen Fehler eingesehen. Ich habe ihm nichts erspart, aber er hat sich unterworfen; und jetzt müssen wir alles tun, was nur möglich ist, um ihm zu helfen.' » [4]

*

---

[1] Kard. E. A. BAUDRILLART: Vgl. Revue Pratique d'Apologétique, Jahrg. XVIII, September 1914.
[2] Kard. R. MERRY DEL VAL, a. a. O., S. 52. — Msgr. R. SANZ DE SAMPER, Ord. Rom., f. 1160. — Kard. N. CANALI, ebd., f. 2081. — Comm. G. FORNARI, ebd., f. 1337.
[3] Fastenhirtenbrief 1915.
[4] Kard. R. MERRY DEL VAL, Ord. Rom., f. 887.

Er war voll Nachsicht und Verstehen für die menschlichen Schwächen und « bemühte sich, sie durch günstige Auslegung in milderem Licht erscheinen zu lassen »[1].

Wenn man ihm von einem ärgerniserregenden Geschehnis berichtete, antwortete er: « Wir sind alle von Fleisch und Blut; wir sind alle Sünder; wir alle können fehlen. »[2]

Machte man ihn aufmerksam, daß da und dort schlecht über ihn gesprochen wurde, brach er das Gespräch sofort ab und sagte: « Uns kommt es nicht zu, zu richten. Nur der Herr hat zu richten. »[3]

Er konnte von niemandem schlecht denken oder sprechen; er sprach über alle gütig[4] und gab nicht zu, daß in der Unterhaltung jemand kritisiert wurde. Wenn jemand sagte, ein wenig Kritisieren sei doch nicht unrecht, entgegnete er: « Das Böse ist immer böse und man darf es weder im kleinen noch im großen tun. » Und mit einem Scherz gab er dem Gespräch eine andere Wendung[5].

*

Beleidigungen, Schmähungen, Beschimpfungen, die ihm zugefügt wurden, verzieh er sofort großmütig und vergaß alles aus Liebe zu Gott[6].

---

[1] DERS., ebd., f. 916. — Vgl. auch: Msgr. F. FABERI, ebd., f. 1068. — Msgr. G. PESCINI, ebd., f. 405. — A. VENIER, ebd., f. 1450. — G. PASQUALI, ebd., f. 1514. — ANNA SARTO, f. 148.

[2] MARIA SARTO, Ord. Rom., f. 101.

[3] DERS., ebd., f. 684.

[4] ANNA SARTO, Ord. Rom., f. 146. — Msgr. L. PAROLIN, Ord. Trev., S. 581.

[5] Der Priester V. BINI, Supplem. Proc. Ord. Mant., SS. 18-19. — Msgr. G. B. ROSA, Ord. Rom., f. 1020. — Vgl. auch: Msgr. L. PAROLIN, Ord. Trev., S. 581.

[6] Msgr. G. BRESSAN, Ap. Rom., S. 102. — Msgr. R. SANZ DE SAMPER, ebd., S. 1161. — Msgr. G. PESCINI, Ord. Rom., f. 401. — Kard. R. MERRY DEL VAL, ebd., f. 913. — Kard. G. DE LAI, ebd., f. 549. — Msgr. G. B. ROSA, ebd., f. 1045. — Msgr. A. CARON, ebd., f. 449. — G. MARZI, ebd., f. 1485. — Msgr. E. HOENNING O' CARROLL, Ord. Ven., S. 1529.

Wurde er von einem seiner Vertrauten informiert, daß anmaßende Geister ihn höhnend und spottend den « Bauern von Riese » nannten und ihm noch schlimmere Namen gaben, bat er ruhig und heiter, man möge für die Betreffenden beten [1].

Einmal wurde ihm ein Päckchen Briefe übergeben, das scharfen Tadel und heftige Kritik an seinem Pontifikat enthielt. Er wollte es nicht sehen, machte ein Kreuzzeichen darüber und sagte : « Parce sepultis ! »[2] « Laßt die Begrabenen ruhen ! »

*

Man könnte viele ergreifende Episoden erzählen, die seine Einstellung illustrieren. Wir wollen hier eine einzige anführen.

Als der Heilige zu Beginn seines Pontifikates einmal eine Gruppe Pilger empfangen wollte, informierte ihn ein Prälat, daß sich unter ihnen ein Commendatore befinde, der in der Zeit, da er Patriarch von Venedig gewesen war, stets zu seinen Gegnern gezählt hatte.

Dieser Commendatore war der Sekretär des städtischen Wohlfahrtsamtes und ein eifriger Anhänger des Antiklerikalismus. Jedesmal, wenn er einen Fall zu behandeln hatte, der von Kardinal Sarto unterstützt und empfohlen worden war, sorgte er dafür, daß er unerledigt blieb.

Als der Papst hörte, daß sich dieser Mann unter den Pilgern befand, schien er sich förmlich zu verjüngen; er wandte sich an einen Prälaten und sagte : « Bringen Sie mir sofort die goldenen Rosenkränze, die in dem geheimen Schmuckkästchen liegen. »

---

[1] F. Rosa, Ord. Rom., f. 827. — Msgr. A. Caron, ebd., f. 522. — Der Priester L. Ferrari, Ord. Trev., S. 1548. — Vgl. auch : P. J. Saubat, Ap. Rom., S. 538.

[2] Msgr. G. Pescini, Ord. Rom., f. 402-403. — Vgl. auch : Kard. N. Canali, ebd., f. 2032-2033.

Der Augenblick der Audienz war gekommen. Pius X. betrat mit seinem gewohnten Lächeln den großen Saal. Für jeden Pilger hatte er ein gutes Wort, jeder empfing seinen Segen. Als er vor seinem einstigen Gegner stand, rief er: « O, das ist schön! Das ist ein willkommener Besuch. Wie geht es Ihrer Mutter? Wie steht's in Venedig? » Und mit unvergleichlicher Güte fuhr er fort : « Diesen goldenen Rosenkranz gebe ich Ihrer Mutter. Sagen Sie ihr, daß ich sie von Herzen segne, denn der Papst hatte Ihre Familie immer gern. »

Der Herr brach in Schluchzen aus und netzte die Hand Pius' X. mit seinen Tränen. Als er den Vatikan verließ, sagte er jedem, der ihn fragte, warum er so erschüttert sei : « Der Papst Sarto ist ein Heiliger. Ich dachte nicht, daß er so schnell die vielen Beleidigungen und die Unannehmlichkeiten vergessen würde, die ich ihm bereitet habe, als er Patriarch von Venedig war. »[1]

*

Kaum jemand bereitete dem Papst solchen Schmerz wie die sogenannten « Modernisten ». Doch auch mit diesen verirrten Söhnen, die in törichtem Stolz davon träumten, der Kirche neues Blut zuzuführen, indem sie alte Irrtümer und Irrlehren wiederbelebten, hatte er Mitleid und Erbarmen.

Bevor er Maßnahmen gegen sie ergriff, die zur Erhaltung der Unversehrtheit des Glaubensgutes und der Kirchendisziplin unerläßlich waren, wollte er selbst ganz klar sehen, ihre Auffassung gründlich kennen. Er wollte, daß alle Mittel angewendet würden, die nur menschenmöglich waren, um sie zu warnen, ihnen zu

---

[1] Msgr. G. Pescini, Ord. Rom., f. 402. — Msgr. G. B. Parolin, ebd., f. 703-704.

zeigen, daß sie irrten; und er verlangte dringend, daß man auch ihnen gegenüber nicht die Nächstenliebe verletze [1]. Erst als er « sichere und unumstößliche Beweise » [2] dafür hatte, daß alle erdenklichen Mittel vergeblich versucht worden waren, um sie auf den rechten Weg zurückzuführen [3], war er gezwungen, kirchenrechtliche Strafen über sie zu verhängen. Doch er tat es unter Tränen, in tiefstem Schmerz, « maerore animi maximo » [4]. Und er ließ sie nicht im Stich; väterlich verfolgte er ihre weiteren Schritte und traf sogar Vorsorge

---

[1] Msgr. G. BRESSAN, Ap. Rom., SS. 111-112. — Msgr. G. PESCINI, Memorie mss.: Postulationsarchiv. — Kard. N. CANALI, Ord. Rom., f. 2056. — Comm. G. FORNARI, ebd., f. 1337.

Zeugnis davon, mit welcher Güte der Heilige gegen die Modernisten vorging, gibt die Warnung, die er in einem Briefe vom 15. Juli 1911 an den Priester Don Del Bello richtete: « Wenn man aus Gewissensgründen und im Interesse des Guten etwas berichten will, ist man verpflichtet, genau zu sein, die Worte abzuwägen, nicht im geringsten zu übertreiben, um nicht gegen die Gerechtigkeit und die Liebe zu verstoßen, sonst ist man vor Gott und den Menschen für die Folgen verantwortlich » (Archiv des Staatssekretariates). Und in einem Brief vom 21. November 1908 schreibt er: « Man bekämpfe die Irrtümer, ohne die Personen anzugreifen » (ebd.).

Pius X. gab nicht zu, daß irgendein Urteil ausgesprochen wurde, bevor nicht die Tatsachen und die Schuld der Angeklagten gründlich geprüft worden waren. Ein Beweis dafür ist sein Verhalten gegenüber dem damals allgemein bekannten Don Murri. Manche wünschten, daß diesem leidenschaftlichen Anhänger des Modernismus, der noch der Kirche angehörte, das Zelebrieren der heiligen Messe verboten würde. Als dem Papst diese Frage vorgelegt wurde, schrieb er unter dem Datum des 25. August 1907 an den Kommissar der Kongregation des Hl. Offiziums: « Wenn der Priester Romolo Murri hinsichtlich des Celebrets keinen Anlaß zu Beanstandungen gibt, kann man ihm das Zelebrieren der heiligen Messe nicht verbieten, ohne ein schweres Unrecht zu begehen, solange nicht Handlungen begeht, die von der Enzyklika verurteilt sind » (Enzyklika « Pieni l'animo »; Archiv des Staatssekretariates).

Über einen andern Priester, der ihm viel Kummer bereitete, schrieb er am 4. Februar 1910 an den Bischof von Mantua: « Das Alter und die Erfahrung veranlassen Uns, nachsichtig zu sein » (Archiv des Staatssekretariates).

[2] P. J. SAUBAT, Ap. Rom., S. 477. — Der Priester P. DE TÖTH, ebd., S. 1089.

[3] Msgr. F. FABERI, Ord. Rom., f. 1078.

[4] Ansprache im Konsistorium vom 16. Dezember 1907: Vgl. PII X Acta, IV, SS. 120-124.

für den Fall, daß sie in finanzielle Schwierigkeiten geraten sollten [1].

Eines Tages unterhielt sich ein Prälat mit dem Heiligen und gab seinem Erstaunen und Bedauern Ausdruck, daß einer der bekanntesten Modernisten, ein gewisser Murri, der dem Heiligen Stuhl dauernd so große Schwierigkeiten bereitete, noch nicht streng bestraft worden war. Pius X. erwiderte ruhig: « Der Papst schafft keine Martyrer; die Modernisten werden sich selber begraben. » [2] Und um die schlechte finanzielle Lage dieses unglücklichen Modernisten zu verbessern, ließ er ihm in väterlicher Großmut eine feste monatliche Unterstützung zukommen; dabei blieb es auch, als der Unglückliche die Kirche verlassen hatte [3]. So setzte er in die Tat um, was er am 9. November 1903 bei seiner ersten Rede im Konsistorium ausgesprochen hatte: « Wenn Wir nun gezwungen sind, für die Wahrheit zu kämpfen, so umfangen Wir doch die Feinde und die Gegner der Wahrheit mit Liebe, denn Wir empfinden großes Mitleid mit ihnen und empfehlen sie mit Tränen in den Augen der göttlichen Barmherzigkeit. » [4]

Es ist der gleiche Geist, den seine erste Enzyklika atmet, in der er alle Bischöfe und Priester der Welt zur Nächstenliebe aufruft, «auch gegen jene, die unsere Gegner sind und uns verfolgen und die uns vielleicht schlimmer scheinen als sie es wirklich sind»; und sie sollten ihnen Liebe erweisen, « in der Hoffnung, daß die Flamme der christlichen Liebe in Geduld und Milde das Dunkel aus den Seelen bannen, ihnen das Licht und den Frieden Gottes bringen wird. » [5]

---

[1] Msgr. F. FABERI, Ord. Rom., f. 1001-1002.
[2] Msgr. E. HOENNING O' CARROLL, Ord. Ven., SS. 1516-1517.
[3] Kard. R. MERRY DEL VAL, Ord. Rom., f. 886-887. — Msgr. G. B. PAROLIN, ebd., f. 719. — Msgr. G. JEREMICH, Ord. Ven., S. 138. — Msgr. A. RIZZI, Ord. Trev., S. 1420.
[4] PII X Acta, Bd. I, S. 59.
[5] PII X Acta, ebd., SS. 12-13.

Im Jahre 1908 schrieb er an den neuen Bischof von Châlon, zu dessen Diözese der Abbé Loisy gehörte, der wegen seines unentwegten Eintretens für den Modernismus der großen Exkommunikation verfallen war : « Sie sind also der Bischof des Abbé Loisy ! Behandeln Sie ihn gütig, und falls er Ihnen einen Schritt entgegenkommt, gehen Sie ihm zwei entgegen. » [1]

*

Als er Patriarch von Venedig war, hatte er einen Priester kennengelernt, der in Bezug auf die weltliche Macht der Päpste eine Meinung vertrat, die von der im katholischen Volk herrschenden abwich, und der auch die berühmte « Bittschrift » des Pater Passaglia unterschrieben hatte [2].

Der Betreffende war bischöflicher Kanzler von Belluno gewesen. Sein Bischof, Msgr. Giovanni Renier, schätzte ihn sehr und hatte alles versucht, um ihn zu größerer Vorsicht zu bewegen, doch vergebens. Eines schönen Tages war der Kanzler der Mahnungen und Verweise überdrüssig geworden und verließ die Diözese, um seine Zelte in Turin aufzuschlagen.

1862 wurde er Professor am Königlichen Lyzeum in Faenza und galt bald als Bannerträger der Liberal-nationalen Partei. Er verfaßte und verbreitete eine Schrift mit

---

[1] A. LOISY, Mémoires pour servir à l'histoire religieuse de notre temps, III. Bd., S. 27.
[2] Pater Carlo Passaglia S. J., der durch ein wertvolles theologisches Werk über die Unbefleckte Empfängnis Berühmtheit erworben hatte, vertrat später die Ansicht, die weltliche Macht der Päpste sei keine Notwendigkeit; daher unterstützte er eine in diesem Sinn gehaltene Petition, die von einer großen Anzahl italienischer Geistlicher an Pius IX. gerichtet wurde. Der Papst verurteilte die Petition und P. Passaglia mußte daraufhin die Gesellschaft Jesu verlassen. Doch im Jahre 1882 unterwarf er sich vorbehaltlos und beschloß sein Leben am 18. März 1887 durch ein erbauliches Sterben.

dem Titel: « La Questione Romana e il Clero Veneto », in der er die Ansicht verfocht, Italien habe ein Anrecht auf Rom. Diese Schrift belohnte die italienische Regierung mit der Ernennung des Verfassers zum Rektor des Nationalkonviktes S. Caterina — jetzt « Marco Foscarini » genannt — in Venedig.

Dort stellte er sich dem Patriarchen von Venedig vor; dieser gebot ihm, die Schrift zurückzuziehen. Der Verfasser weigerte sich und legte das Priestergewand ab, behielt jedoch seine sittenstrenge Lebensführung bei.

Eminenz Sarto war es sehr schmerzlich, in seiner Diözese einen Priester in solcher Lage zu wissen, und er tat von den ersten Tagen seines Patriarchates an alles, was in seiner Macht stand, um ihn auf den rechten Weg zurückzuführen. Doch alle seine Bemühungen waren erfolglos.

Als er zum Papst erwählt war, wollte er selbst diesen Fall in Ordnung bringen, der sich nun schon seit Jahren hinzog und nicht sehr zur Erbauung des venezianischen Klerus diente. Eines Tages lud er Volpe ein, bei ihm vorzusprechen; ermutigt von der Güte des Seligen und dem Drängen seines Gewissens gehorchend, folgte dieser dem Rufe.

Als Pius X. dem greisen Priester gegenüber stand, sagte er mit seiner gewohnten unwiderstehlichen Güte:

« Don Angelo, bringen wir diese Angelegenheit in Ordnung. »

« Ich ersehne seit vierzig Jahren nichts mehr als das », antwortete Volpe.

« Ein kleiner Widerruf », ermutigte der Papst mit gütigem Lächeln.

Bei diesen Worten stieg Don Angelo Volpe das Blut ins Gesicht und er rief aufgeregt: « Es tut mir leid, aber ich kann nichts widerrufen. Ich habe es vor vierzig Jahren gesagt, und bin heute noch überzeugt, daß die Vorsehung den Verlust der weltlichen Macht des Papstes *wollte*. »

Der Heilige blickte ihn väterlich verstehend an und fand die rettende Formulierung: « Sagen wir, die Vorsehung hat ihn *zugelassen*. »

Gepackt von dem Ausdruck « zugelassen » statt « gewollt », unterwarf sich Don Volpe und händigte dem Papst eine feierliche Erklärung ein, in der er die Veröffentlichung widerrief, durch die er Anstoß erregt hatte.

Einige Tage darauf stand er, von Reue über seinen langen Irrweg erfüllt, vor seinem Diözesanbischof und konnte wieder zum Dienst am Altar zugelassen werden [1].

Unbeugsame Festigkeit

So groß auch die Herzensgüte Pius' X. war [2], so wurde doch dadurch die Entschiedenheit seines Handelns nie beeinträchtigt.

Wenn es darum ging, das geoffenbarte Wort Gottes gegen Mißdeutungen zu schützen, war er unbeugsam, mochten die Versuche von erklärten Gegnern ausgehen oder von irregeleiteten Söhnen der Kirche [3]. Dann zeigte er eine Energie, der niemand widerstehen konnte [4]; nichts konnte ihn davon abhalten, seiner Überzeugung gemäß zu handeln [5]. Nicht das Urteil der Menschen war für ihn entscheidend, sondern das Urteil Gottes. Als er in den ersten Tagen seines Pontifikates gefragt wurde, welches

---

[1] Der Priester L. BAILO, Ord. Trev., SS. 495-497. — Prof. A. BOTTERO, ebd., S. 819-820. — Msgr. F. PETICH, Ord. Ven., SS. 367-368. — Vgl. Offener und dokumentierter Brief von Don Angelo Volpe, venezianischer Priester, seit 31 Jahren suspendiert. Treviso 1898.

[2] Msgr. G. PESCINI, Memorie mss.: Postulationsarchiv. — Msgr. R. SANZ DE SAMPER, Ap. Rom., S. 1161. — Kard. R. MERRY DEL VAL, Ord. Rom., f. 916. — Msgr. G. B. ROSA, ebd., f. 1033.

[3] Vgl. Msgr. E. PUCCI, Parroco di Roma, Ricordo di Pio X: Vgl. « L'Avvenire » di Bologna, 27. August 1942.

[4] Kard. R. MERRY DEL VAL, a. a. O., SS. 98-99. — Msgr. R. SANZ DE SAMPER, Ap. Rom., S. 1162.

[5] Se. Exzell. V. E. ORLANDO, Ap. Rom., S. 783.

seine Politik sein werde, hob er den Blick, faßte ein kleines Kruzifix, das vor ihm stand, und antwortete ohne Zögern : « Das ist meine Politik »[1], eine Politik, die am Beginn des stürmischen 20. Jahrhunderts eine wunderbare Erneuerung des kirchlichen Lebens anbahnen sollte.

Nicht umsonst sagte ein alter venezianischer Fischer, als er hörte, Patriarch Sarto sei zum Papst erwählt worden : « Da haben sie einen Mann von Eisen zum Papst gemacht»; «ein Eisen, das aus Liebe und Glauben zusammengeschmiedet ist », ergänzte später ein Mantuaner dieses Wort, « doch ein so hartes Eisen, daß, wenn Bonaparte es mit ihm zu tun gehabt hätte, er nicht so leicht zum Ziel gelangt wäre. »[2]

*

Bevor Pius X. eine wichtige Entscheidung traf, überlegte er lange, nahm Zuflucht zum Gebet[3], beriet sich mit den hervorragendsten Kardinälen und Prälaten, ohne sich jedoch eine Meinung aufdrängen zu lassen, denn er wußte, daß die Verantwortung auf seinen Schultern ruhte[4]. Die Entscheidung traf er selbst und war sie ein-

---

[1] Dr. F. SACCARDO, Ord. Ven., S. 895. — Vgl. auch : Kard. C. KASPAR, von Prag, Postulationsbrief vom 25. November 1934 (Postulationsarchiv).
[2] On. P. SILIPRANDI, Ai miei amici politici di Bozzolo (Mantova) : Commento, SS. 33-34. Mantua 1904.
[3] Msgr. B. BRESSAN, Ap. Rom., S. 105. — Msgr. R. SANZ DE SAMPER, ebd., S. 1161. — Der Priester L. ORIONE, Ord. Ven., SS. 1690-1691. — Msgr. G. PESCINI, Ord. Rom., f. 401. — Prinzessin MARIA C. GIUSTINIANI, ebd., f. 1693. — Msgr. G. B. PAROLIN, ebd., f. 711-712. — Msgr. G. B. ROSA, ebd., f. 1037.
[4] Kard. R. MERRY DEL VAL, Ord. Rom., f. 925. — Kard. G. DE LAI, ebd., f. 548. — Kard. A. SILJ, ebd., f. 607. — Kard. N. CANALI, ebd., f. 2110. — Msgr. F. FABERI, ebd., f. 1066-1078.
Ein Beweis, der jeden Zweifel ausschließt, ist das Zeugnis des Heiligen selber, der am 18. Dezember 1912 an den Priester Ciceri schrieb :
« Viele hervorragende Kardinäle unterstützen den Papst liebevoll bei der Regierung der Kirche; doch keiner von ihnen maßt sich das Recht an, irgend etwas in seinem Namen zu tun, was nicht vorher von ihm angeordnet und im vollen Einvernehmen mit ihm festgesetzt worden ist. Die behaupten, drei Kardinäle übten die Befehlsgewalt aus, gehören

mal gefällt, blieb er unerschütterlich dabei [1]. Diesen Grundsatz sprach er auch einmal einem Kardinal gegenüber aus [2].

Kardinal Merry del Val erzählt: «Kein Schatten von Schwäche war in ihm. Wenn eine schwierige Frage auftauchte, bei der es sich darum handelte, die Rechte und die Freiheit der Kirche zu schützen, die Unversehrtheit der katholischen Glaubenslehre zu verteidigen oder die kirchliche Disziplin vor Auflockerung oder vor profanen Einflüssen zu bewahren, zeigte Pius X. die ganze Stärke und Tatkraft seines Charakters, die unbeugsame Festigkeit eines großen Regenten, der durchdrungen war von der Verantwortung, die ihm seine erhabenen Pflichten auferlegten, entschlossen, sie um jeden Preis zu erfüllen. Bei solchen Gelegenheiten war es absolut nutzlos, zu versuchen, seine Festigkeit zu erschüttern; jeder Versuch, ihn durch Drohungen einzuschüchtern oder durch Vorwände oder rein menschliche Argumente zu betören, waren todsicher zum Scheitern verurteilt.

Nach Tagen angestrengten Nachdenkens und nach schlaflosen Nächten gab er seine endgültige Entscheidung bekannt und drückte sein Urteil in wenigen, wohlerwogenen Worten aus; er hob dabei langsam den Kopf, und seine Augen, die gewöhnlich so ruhig und sanft blickten, hatten einen strengen, unerschrockenen Ausdruck. Dann wußte man, daß nichts anderes zu sagen oder zu tun war.» [3]

---

zu jenen Unqualifizierbaren, an denen es in der Kirche nie fehlt; sie wollen sich der pflichtgemäßen Ergebenheit entziehen und ihr Gewissen betäuben mit der Annahme, sie seien nicht verpflichtet zu gehorchen, weil es nicht der Papst sei, der befiehlt» (Archiv des Staatssekretariates).

[1] Kard. G. DE LAI, Ord. Rom., f. 548. — Prinzessin MARIA C. GIUSTINIANI BANDINI, ebd., f. 1693.

[2] Kard. R. SCAPINELLI DI LEGUIGNO, Ord. Rom., f. 1618.

[3] Kard. R. MERRY DEL VAL, a. a. O., SS. 42-43. — Vgl. auch: DERS., Ord. Rom., f. 877. — Kard. P. GASPARRI: Vgl. «L'Osservatore Romano», 15. November 1934.

Milde und Nachsicht gegenüber den Menschen, unbeugsame Festigkeit, Hintansetzung jeder rein naturhaften Erwägung, wo es um die Rechte Gottes und der Kirche geht, sind allen Heiligen eigen; doch bei wenigen waren diese Eigenschaften so ausgeprägt wie bei Pius X.

*

Wir wissen, mit welchem Starkmut der Heilige gegen die irregeleitete Katholische Aktion in Italien, gegen die unaufrichtige Politik der Freimaurer in Frankreich und die häretischen Schachzüge des Modernismus vorging: drei Taten, die sein Pontifikat unvergeßlich machen.

Doch wir wollen noch einige Episoden anführen, die für seine Regierung charakteristisch sind.

*

Der fromme Kardinal La Fontaine, Patriarch von Venedig, erzählt:

« Als Pius X. mich im Jahre 1905 zum Bischof von Cassano am Jonischen Meer ernennen wollte, führte ich alle möglichen Gründe an, um mich der Last des Episkopates zu entziehen. Der Diener Gottes blickte mich an und nach einer kleinen Weile antwortete er mit großer Bestimmtheit: 'Monsignore, man muß sich dem Willen des Papstes fügen!' »

*

Für die Diözese Bovino hatte Pius X. im Jahre 1910 einen Bischof bestimmt, der nach dem Empfang der Bischofsweihe Schwierigkeiten machte: er wollte nicht die Leitung der Diözese übernehmen, für die er ernannt worden war. Pius X. zeigte sich schmerzlich überrascht und bat den Bischof, zu gehorchen. Doch vergeblich; der Bischof beharrte auf seiner Weigerung.

Da ließ der Heilige ihm kurzerhand mitteilen, wenn er sich nicht in seine Diözese begebe, werde ihm jedes Zeichen der bischöflichen Würde entzogen und jede bischöfliche Funktion untersagt; er sei wieder als einfacher Priester zu betrachten.

Der Bischof sah, daß der Papst nicht mit sich spaßen ließ, und beeilte sich, seine Pflicht gegenüber der ihm anvertrauten Diözese zu erfüllen [1].

*

Zwischen dem Heiligen Stuhl und der italienischen Regierung waren seit längerer Zeit Verhandlungen über eine schwierige Angelegenheit im Gange. Da hatte der Ministerpräsident die unglückselige Idee, den Papst wissen zu lassen, er werde die Sache zu einem ehrenvollen Abschluß bringen, wenn der Pfarrer seines Heimatortes zum Bischof ernannt würde.

Auf diesen Vorschlag hin antwortete Pius X. energisch: « Sagen Sie dem Herrn Ministerpräsidenten, daß ich die Bischofssitze nicht verkaufe. » [2]

*

Auch ein Prälat, der Berater der österreichisch-ungarischen Gesandtschaft in Rom war, lernte die Festigkeit des Papstes kennen.

Er begab sich eines Tages in den Vatikan, um etwas zu erbitten, was der Gesandte der Donau-Monarchie nie erreicht hatte: die Abberufung des Apostolischen Nuntius aus Wien.

Pius X. empfing den Prälaten mit gewohnter Liebenswürdigkeit; doch als er hörte, was der Zweck des Be-

---

[1] Zeugenaussage des Kard. R. Merry del Val; Vgl. G. B. PAROLIN, Ord. Rom., f. 706.
[2] Msgr. G. B. ROSA, Ord. Rom., f. 1021.

suches war, schnitt er ihm sofort das Wort ab, stand auf und sagte in entschiedenem Ton : « Ich habe nein gesagt, und dabei bleibt es. »

Der Prälat verließ den Vatikan bleich und bestürzt; er hatte erfaßt, daß die Zeiten der josefinistischen Gewaltstreiche vorbei waren [1]; Pius X. war nicht der Mann, der sich einschüchtern ließ. Kämpfe, familiäre Sorgen, drückende Armut, Opfer und Leiden hatten ihn nie erschreckt, weil er alles mutig aus der Hand Gottes annahm [2]. Auch in den schwersten Stunden bewahrte er den innern Frieden; oft pflegte er zu sagen : « Die Werke Gottes haben Widrigkeiten nicht zu fürchten, im Gegenteil, durch sie schlagen sie nur umso fester Wurzel. » [3]

Nichts für sich

Sein ganzes Leben lang, in allen Verhältnissen bewahrte der Heilige den Geist der christlichen Armut, in dem er erzogen worden war. Deshalb konnte er am Ende seiner Tage mit aufrichtigem Herzen in seinem Testament beteuern : « Arm bin ich geboren, arm habe ich gelebt und ich bin sicher, ganz arm zu sterben. » [4]

---

[1] Msgr. G. Pescini, Ord. Rom., f. 352. — Msgr. G. Bressan, Ap. Rom., SS. 111-112. — Die österreichische Regierung hatte damals durch den Ministerpräsidenten Ährenthal vom Heiligen Stuhl die Abberufung des Apostolischen Nuntius verlangt, weil dieser in einem Brief die Vorlesung eines Universitätsprofessors mißbilligt hatte, die nicht mit der katholischen Lehre in Einklang stand. (Msgr. Pescini, ebd.)

[2] Anna Sarto, Ord. Rom., f. 152. — Msgr. G. Pescini, ebd., f. 396. — Msgr. F. Zanotto, ebd., S. 200. — Msgr. G. B. Rosa, ebd., f. 1028. — Kard. G. De Lai, ebd., 538. — Msgr. G. Sartori, Ord. Mant., S. 86. — Msgr. G. Jeremich, Ord. Ven., S. 130. — Msgr. F. Brunetti, ebd., ebd., S. 177. — Msgr. F. Petich, ebd., S. 401. — Msgr. E. Hoenning O' Carroll, ebd., SS. 1527-1528. — Lucia Sarto, Ord. Trev., SS. 419-420. — Msgr. G. Trabuchelli, evd., S. 1012. — Msgr. A. Rizzi, ebd., S. 1439.

[3] Msgr. G. Pescini, Ord. Rom., f. 414. — Vgl. auch : Kard. R. Merry del Val, ebd., f. 922.

[4] Proc. Ord. Rom., f. 728bis, IV.

Der Wunsch nach irdischen Reichtümern lag ihm fern; er verachtete die vergänglichen Dinge, hing nicht im mindesten am Geld [1]. Zu Beginn seines Pontifikates ermahnte er seine beiden Privatsekretäre, die er von Venedig mitgebracht hatte, sie sollten sich hüten, ihre Stellung im Vatikan zu benützen, um Geld zu erwerben; sonst würde er sie unverzüglich entlassen [2].

Nichts erregte in ihm so heftigen Unwillen wie Anhänglichkeit ans Geld. Wenn er hörte, daß Priester, die aus ganz armer Familie stammten, ihren Verwandten eine ansehnliche Erbschaft hinterließen, fand er schärfste Worte [3].

Durch seine Hände gingen Millionen und Millionen von Lire, doch sie wurden mit größter Gewissenhaftigkeit bis auf den letzten Centesimo für die Ehre Gottes, für die Bedürfnisse der Kirche und das Heil der Seelen ausgegeben [4].

*

Die Pracht des päpstlichen Hofes war für den Stellvertreter Christi da; für ihn, den Sohn des armen Postboten von Riese, genügte das absolut Notwendige,[5] denn er liebte die Armut nicht weniger als St. Franziskus.

---

[1] Msgr. G. BRESSAN, Ap. Rom., S. 114. — Msgr. G. PESCINI, Ord. Rom., f. 399. — Msgr. R. SANZ DE SAMPER, ebd., f. 1162. — Msgr. G. BIANCHI, ebd., f. 1989. — Msgr. A. ZAMPINI, ebd., f. 1257. — A. SILLI, ebd., f. 785. — G. PASQUALI, ebd., f. 1513. — Kard. R. SCAPINELLI DI LEGUIGNO, ebd., f. 1619. — F. SENECA, ebd., f. 1647. — Comm. G. FORNARI, ebd., f. 1392. — Msgr. A. CARON, ebd., f. 501. — Der Priester L. ORIONE, Ord. Ven., S. 1692.
[2] Msgr. G. PESCINI, Ap. Rom., S. 849.
[3] Msgr. F. ZANOTTO, Ord. Rom., f. 205-206. — Msgr. N. CANALI, Memorie mss.: Postulationsarchiv, Mappe H, Fasz. 10.
[4] Msgr. G. B. PAROLIN, Ord. Rom., f. 707. — Kard. R. MERRY DEL VAL, ebd., f. 883: DERS., a. a. O., S. 87. — Kard. N. CANALI, Ord. Rom., f. 2068.
[5] Kard. R. MERRY DEL VAL, Ord. Rom., f. 399.

Seine Mahlzeiten waren sehr einfach; manchmal begnügte er sich mit ein wenig Käse oder einigen Nüssen; [1] kam ein Luxusgetränk auf den Tisch, wies er es zurück und sagte: « Das ist für die Herren. » [2]

Seine Privaträume waren von größter Einfachheit [3]; sie enthielten nur « wenige und einfache Möbel » [4]. Den einzigen Schmuck seines Schlafzimmers bildete ein Blaufuchsfell, von dem er sagte: « Es ist ein Geschenk, das Leo XIII. hochseligen Andenkens gemacht wurde. Wer weiß, wieviel man für den Papst ausgeben würde, wenn ich anordnete, daß man das Schlafzimmer anders einrichten soll. Es ist besser, die Dinge zu lassen wie sie sind. » [5]

Er trug ganz gewöhnliche Wäsche, nicht andere, als er in Riese und im Patriarchenpalast zu Venedig gebraucht hatte [6]; benützte Taschentücher von grober Baumwolle [7]; immer die gleiche einfache Brille, die mit einem schwarzen Schnürchen befestigt war [8]; dieselbe « sprichwörtliche » Uhr, die er schon in Tombolo besessen hatte [9]; dieselbe alte Geldtasche [10]; dasselbe bescheidene Brustkreuz und denselben einfachen Ring wie in den ersten Tagen seines Pontifikates [11].

*

[1] A. SILLI, Ord. Rom., f. 763.
[2] Msgr. G. B. PAROLIN, Ord. Rom., f. 710.
[3] Msgr. G. BRESSAN, Ap. Rom., S. 115. — Kard. R. MERRY DEL VAL, Ord. Rom., f. 930. — G. PASQUALI, ebd., f. 1620.
[4] GIUSEPPINA PAROLIN, Ap. Trev., SS. 416-417.
[5] Dr. F. SACCARDO, Ord. Ven., S. 876.
[6] ANNA SARTO, Ord. Rom., f. 153. — Msgr. G. PESCINI, ebd., f. 419. — Kard. R. MERRY DEL VAL, ebd., f. 930. — G. MARZI, ebd., f. 1483. — A. VENIER, ebd., f. 1451.
[7] Msgr. R. SANZ DE SAMPER, Ord. Rom., f. 1165. — Comm. G. FORNARI, ebd., f. 1325-1326. — Msgr. A. TAIT, ebd., f. 1226.
[8] Comm. G. FORNARI, Ord. Rom., f. 1326.
[9] Msgr. G. PESCINI, Ord. Rom., f. 418. — Msgr. R. SANZ DE SAMPER, ebd., f. 1164. — F. ROSA, ebd., f. 754.
[10] Msgr. G. PESCINI, Ord. Rom., f. 418. — Msgr. R. SANZ DE SAMPER, ebd., f. 1164-1165. — Vgl. auch: G. PASQUALI, ebd., f. 1520.
[11] Msgr. G. PESCINI, Ord. Rom., f. 419. — Msgr. R. SANZ DE SAMPER,

Am Tage seiner Papstwahl überreichte ihm ein Juwelier ein goldenes Brustkreuz mit einer äußerst fein gearbeiteten Kette. Pius X. nahm es an, weil er glaubte, es gehöre zum päpstlichen Besitz. Doch als er einige Tage später hörte, es solle bezahlt werden, rief er : « O nein, Sie dürfen nicht denken, ich sei bereit, dieses viele Geld für ein Kreuz auszugeben, das ich trage. Es sind viele Kreuze vom letzten Papst da, und ich bin auf jeden Fall mit dem zufrieden, das ich in Venedig getragen habe. » Und ohne weiteres nahm er es ab und ordnete an, daß es dem Juwelier zurückgestellt werde [1].

Für ihn war alles zu viel [2]. « Er gebrauchte alles wie ein Armer : mit größter Sparsamkeit. » [3] Er gab nicht zu, daß man Geld für ihn ausgab, selbst wenn es für Mittel zur Erhaltung seiner Gesundheit verwendet werden sollte [4]. « Man hatte nicht wenig zu kämpfen, um ihn dazu zu bringen, einer Einrichtung seine Zustimmung zu geben, die die Bequemlichkeit erhöhen sollte. » [5] « Er beruhigte sich nur dann, wenn man ihm sagte, diese Einrichtung werde seinem Nachfolger gute Dienste leisten. » [6] Nicht als Besitzer des Geldes betrachtete er sich, sondern als dessen Verwalter [7].

ebd., f. 1165. — Msgr. G. B. PAROLIN, ebd., f. 716. — G. PASQUALI, ebd., f. 1620.
[1] Kard. R. MERRY DEL VAL, Ord. Rom., f. 870. — Msgr. G. PESCINI, ebd., f. 419.
[2] Msgr. G. PESCINI, Ap. Rom., S. 914.
[3] Comm. G. FORNARI, Ord. Rom., f. 1400. — Vgl. auch : Kard. R. MERRY DEL VAL, a. a. O., S. 88. — G. MARZI, Ord. Rom., f. 1472.
[4] G. PESCINI, Memorie mss. — Kard. R. MERRY DEL VAL, a. a. O., S. 89; DERS., Ord. Rom., f. 870.
[5] Comm. B. NOGARA, Ap. Rom., S. 178. — Vgl. auch : Msgr. G. BRESSAN, ebd., S. 88. — Kard. R. MERRY DEL VAL, a. a. O., S. 90.
[6] Kard. R. MERRY DEL VAL, a. a. O., S. 90.
[7] Kard. N. CANALI, Ord. Rom., f. 2068. — Msgr. G. B. PAROLIN, ebd., f. 683. — Vgl. auch : Briefe des Heiligen : An S. Em. Kard. Cavallari, Patriarch von Venedig, 19. Mai 1909. — An Dr. F. Saccardo in Venedig, 29. Mai 1909. — An die Prinzessin Sciarra, 31. Juli 1912. — An den Kanzler der bischöflichen Kurie in Foligno, 1. April 1914 (Archiv des Staatssekretariates).

Der Papst hatte ein dickes Heft, in das er Tag für Tag gewissenhaft eintrug, was er erhielt, mochten es kleine oder große Beträge sein [1], und er war nie zu bewegen, eine Summe für Werke auszugeben, für die sie nicht bestimmt war.

Nach dem schrecklichen Erdbeben, das Sizilien und Kalabrien verwüstet hatte, wurde er gebeten, einen kleinen Teil des Geldes, das bei dieser Gelegenheit gesammelt worden war, für ein frommes Unternehmen zur Verfügung zu stellen.

« Nicht einen Centesimo, den mir die Gläubigen für die Opfer des Erdbebens übergeben haben, wird für einen andern Zweck ausgegeben, mag er noch so gut und verdienstlich sein », lautete seine Antwort [2].

Als ihn ein Prälat eines Tages bat, ihm einen Betrag zu geben, mit dem er ein Versehen wiedergutmachen wollte, antwortete er: « Ich will nicht, daß das Geld der Kirche dazu dient, die Fehler anderer zu verdecken. » [3]

Ein andermal riet man ihm, bestimmte Zeitungen finanziell zu unterstützen, damit sie sich eines respektvolleren Tones gegen die Kirche bedienten; doch er erwiderte: « Ich habe nicht im Sinn, das Geld der Kirche für einen solchen Zweck auszugeben. » [4]

Keiner war ärmer als er, doch am Ende seines Lebens ließ er die Finanzverwaltung der Kirche in besserer Lage zurück, als er sie zu Beginn seines Pontifikates vorgefunden hatte [5].

---

[1] Kard. R. MERRY DEL VAL, Ord. Rom., f. 883.
[2] Kard. R. MERRY DEL VAL, Pio X: Impressioni e Ricordi, S. 87.
[3] Msgr. F. ZANOTTO, Ord. Rom., f. 193.
[4] Msgr. G. B. PAROLIN, Ord. Rom., f. 707.
[5] Kard. R. MERRY DEL VAL, Ord. Rom., f. 886.

Seine Verwandten

Es ist bekannt, daß Pius X. ein entschiedener Gegner des Nepotismus war; es kam ihm nie in den Sinn, seine zahlreichen Verwandten zu bevorzugen. Auch nachdem er den Thron Petri bestiegen hatte, lebten sie arm und unbekannt wie zuvor.

Im Verkehr mit ihnen war er von der gleichen Vertraulichkeit wie früher, doch er wollte sie nicht aus den bescheidenen Verhältnissen lösen, in denen sie geboren waren[1]. Sein unscheinbares Vaterhaus in Riese — heute Symbol verherrlichter Demut — wurde nie verändert und barg immer noch die armseligen alten Möbel, die ihm in seiner Kindheit und Jugend vertraut waren.

*

Am Tage seiner Papstwahl wurde Pius X. gefragt, welchen Adelstitel er seinen drei unverheirateten Schwestern verleihen wolle, diesen frommen, demütigen Frauen, die ihm in allen Etappen seines Lebens nahe gewesen waren, und die er auf liebevolles und beharrliches Drängen hin hatte nach Rom kommen lassen; da antwortete er: « Was Titel! Nennt sie die Schwestern des Papstes! Könnte es einen ehrenvolleren Titel für sie geben? Meine Angehörigen sollen mich als das sehen, was ich bin und immer war: arm! Wissen Sie nicht, daß meine Schwestern nach meinem Tode wieder arbeiten werden? »[2]

---

[1] MARIA SARTO, Ord. Rom., f. 101. — ANNA SARTO, ebd., f. 153. — LUCIA SARTO, Ord. Trev., S. 419. — L. BOSCHIN, ebd., S. 368. — A. PAROLIN, Ap. Trev., S. 257. — Der Priester L. PAROLIN, ebd., S. 568. — GIUSEPPINA PAROLIN, ebd., S. 398. — VITTORIA GOTTARDI-PAROLIN, ebd., S. 662.
[2] Msgr. G. BRESSAN, Ap. Rom., S. 81. — Kard. R. MERRY DEL VAL, Ord. Rom., f. 930. — Msgr. G. PESCINI, ebd., S. 400.

« Als wir ihn das erste Mal im Vatikan sahen », erzählt seine Schwester Maria Sarto, « war sein erstes Wort: 'Ich empfehle euch, an dem einfachen, bescheidenen und zurückgezogenen Leben festzuhalten, das ihr bisher geführt habt.' »[1]

Diesen drei Getreuen, die weder im Bischofssitz von Mantua noch im prunkvollen Patriarchenpalast von Venedig stolz geworden waren, schenkte er weder Villen noch Landgüter noch Paläste; eine bescheidene Wohnung im dritten Stock eines Hauses auf der unansehnlichen Piazza Rusticucci[2] war alles, was er ihnen zur Verfügung stellte. Und als er den Tod nahen fühlte, empfahl der Papst seine Schwestern der Barmherzigkeit seines Nachfolgers: er bat, ihnen monatlich 300 Lire auszuzahlen[3]; diese Klausel seines Testamentes « überraschte und ergriff alle »[4].

*

Der einzige Bruder des Heiligen, Angelo, blieb, was er war: ein bescheidener Postangestellter in dem kleinen Ort bei Mantua, der das Heiligtum der Madonna delle Grazie birgt; sein Schwager Giovanni Battista Parolin blieb Wirt eines Gasthauses in Riese.

Wenige Tage nach seiner Papstwahl begaben sich sowohl der Bruder als auch der Schwager nach Rom, um zu hören, welche Lebensführung man jetzt von ihnen erwarte, da ein Glied der Familie Sarto zur höchsten Würde erhoben worden war.

« Welche Lebensführung? » antwortete Pius X. trocken; « das werde ich euch in zwei Worten sagen: Wenn ihr große Herren geworden seid, hört auf zu arbeiten; wenn

---

[1] Proc. Ord. Rom., f. 102.
[2] Kard. R. MERRY DEL VAL, Ord. Rom., f. 871. — A. SILLI, ebd., f. 765. — Msgr. F. GASONI, ebd., f. 254. — Comm. G. FORNARI, ebd., f. 1326.
[3] Proc. Ord. Rom., f. 728*bis*, IV.
[4] Msgr. E. BECCEGATO, Ord. Trev., S. 629. — Siehe XI. Kap.

nicht, lebt weiter wie bisher. Wollt ihr die Herren spielen, weil man mir ein Kreuz gegeben hat ? »[1] Dann wandte er sich an seinen Bruder : « Du bist Postangestellter und hast zu essen. Nach Rom kommt man nur zu kurzen Besuchen. »[2]

*

Er dachte nie daran, seinen Bruder in den Vatikan kommen zu lassen, wie viele es wünschten : « Meinem Bruder geht es gut dort, wo er ist. » Und scherzend fügte er hinzu : « Wenn er nach Rom käme, würde er seine Stellung verschlechtern. »[3]

Der Marchese di Bagno, der den Heiligen kennengelernt hatte, als er Bischof von Mantua war, erlaubte sich in einer Audienz die Bemerkung, als Abgeordneter des Parlamentes werde er mit Leichtigkeit erreichen können, daß sein Bruder aus dem kleinen Delle Grazie bei Mantua nach Rom versetzt werde, wo er eine viel angesehenere und einträglichere Stelle bekleiden könne. Und er bat um die Zustimmung des Papstes.

Dieser aber runzelte die Stirn und antwortete in entschiedenem Ton : « Mein Bruder soll absolut nicht fort von Delle Grazie. Er soll keinerlei Vorteil davon haben, daß ich zum Papst gewählt worden bin. »

« Aber gar keinen ? » staunte der vornehme Besucher.

« Keinen, wirklich keinen », antwortete der Papst. « Mein Bruder soll weiterleben, wie er bisher gelebt hat. »[4]

Und Angelo Sarto blieb in Delle Grazie, bis er am 9. Januar 1916 fromm im Herrn starb.

*

[1] Zeugenaussage des Angelo Sarto : Vgl. A. DE PAOLI, Ord. Ven., S. 1392-1393.
[2] Zeugenaussage der Anna Sarto : Vgl. A. GREGORI, Ord. Mant., S. 110.
[3] Msgr. G. PESCINI, Ord. Rom., f. 349.
[4] Sen. G. DI BAGNO, Ord. Mant., SS. 139-140. — Vgl. auch : Msgr. G. PESCINI, Ord. Rom., f. 399-400. — Msgr. F. GASONI, ebd., f. 254.

Sein Neffe Don Giovanni Battista Parolin, den der Heilige sehr lieb hatte, wurde in gleicher Weise behandelt.

Kardinäle, Prälaten und Vertraute des Papstes wünschten, daß dieser außerordentlich würdige Priester in der Nähe seines erhabenen Oheims sei und baten, der Papst möge ihn nach Rom kommen lassen. « Nein », entgegnete dieser jedesmal; « es ist besser, wenn er zu Hause bleibt. »[1]

Auch das römische Volk erwartete, daß der Neffe des Papstes in den Vatikan berufen würde, und wiederholte oft das alte Sprüchlein: « Werden wir den Neffen als Kardinal sehen? »[2] Doch Pius X. dachte gar nicht daran. Er hörte nicht auf die Stimme des Blutes, sondern ließ ihn in Possagno als einfachen Pfarrer; und wenn er nach Rom kam, veranlaßte er ihn, so bald als möglich wieder abzureisen, damit er seine Pfarrei nicht vernachlässige[3].

Nicht einmal einen Ehrentitel verlieh er ihm. Ein Priester von Mantua, der das Vertrauen des Papstes besaß, erlaubte sich einmal die Bemerkung, es gezieme sich, daß der Neffe des Papstes, wenn er schon nicht zu höherem Rang erhoben werde, einen Ehrentitel erhalte.

Pius X. blickte ihn streng an und schnitt ihm das Wort ab: « Genug, genug. Ich habe verstanden; du brauchst nichts mehr zu sagen. »[4]

Erst viel später ernannte er ihn zum päpstlichen Hausprälaten, um dem Drängen hoher vatikanischer Prälaten und einiger Kardinäle zu willfahren[5]; doch als er ihm die

---

[1] MARIA SARTO, Ord. Rom., f. 85. — ANNA SARTO, ebd., f. 140. — Msgr. F. ZANOTTO, ebd., f. 188.
[2] Comm. G. FORNARI, Ord. Rom., f. 1326.
[3] DERS., ebd., f. 1326. — G. B. Parolin, der Neffe des Heiligen, blieb während des Pontifikates Pius' X. in der Diözese Treviso. Erst Benedikt XV., der direkte Nachfolger Pius X., berief ihn auf Vorschlag des Kardinals Merry del Val nach Rom und ernannte ihn zum Domherrn von St. Peter (Kard. MERRY DEL VAL, a. a. O., SS. 105-106).
[4] Msgr. G. B. ROSA, Ord. Rom., f. 1020-1021.
[5] Msgr. G. PESCINI, Ord. Rom., f. 400. — Msgr. G. B. PAROLIN, ebd., f. 667.

Ernennungsurkunde überreichte, sagte er: «Nimm, Battista; man wollte durchaus, daß du Monsignore wirst; man hat mir gesagt, ich müsse es tun.»[1]

Noch schlimmer erging es seinem andern Neffen, Ermenegildo Parolin.

Dieser war kurz nach der Erhebung des Oheims auf den päpstlichen Thron mit seinem Vater nach Rom gekommen, das Herz voller Träume und Hoffnungen. Der Heilige empfing beide mit gewohnter Herzlichkeit und wollte Neuigkeiten von Riese hören. Am Schluß der Audienz brachte der Vater eine Bitte vor: «Eure Heiligkeit, ich wünschte, daß mein Sohn eine Beschäftigung im Vatikan erhält.»

«Ich werde dir etwas sagen», entgegnete Pius X., «und zwar folgendes: Es ist besser, wenn dein Sohn zu Hause bleibt und sich um seine eigenen Angelegenheiten kümmert.»[2]

*

Als dem Papst zu Ohren kam, daß seine Nichte Ermenegilda Parolin, die bei den Tanten Sarto in Rom lebte, von einem Angehörigen der päpstlichen Nobelgarde einen Heiratsantrag erhalten hatte, rief er: «Was braucht die einen Grafen, einen Nobelgardisten! Sie ist von einfacher Herkunft und in dieser Stellung kann sie bleiben.»[3]

Ein reicher Amerikaner hatte den Schwestern Sarto ein Auto geschenkt. Diese erzählten es sofort dem Papst. Da sagte er:

[1] Msgr. G. JEREMICH, Ord. Ven., S. 103. — Bald darauf schrieb der Heilige über die Ernennung seines eigenen Neffen zum Hausprälaten an den Bischof von Treviso: «Wenn ich sicher gewesen wäre, nicht jene zu verletzen, die sich für die Verleihung der Prälatenwürde eingesetzt haben, hätte ich meinem Neffen geraten, die Ernennung abzulehnen, denn mir ist Nepotismus zuwider.» (Brief 37: An den Erzbischof von Treviso.)
[2] E. PAROLIN, Ord. Trev., S. 610.
[3] Msgr. G. PESCINI, Ord. Rom., f. 400. — Comm. G. FORNARI, ebd., f. 1326.

« Es wäre schön, wenn man die Schwestern Sarto im Auto durch die Straßen Roms fahren sehen würde. »

« Was wäre denn da Schlimmes daran ? » fragte die Nichte Ermenegilda.

« Es wäre folgendes : ihr würdet mir dadurch großen Verdruß bereiten. »

Ein paar Tage später wurde das Auto auf Anordnung des Papstes verkauft [1].

Sein Bruder Angelo hatte zwei Neffen, die ihre Mutter verloren hatten, in einem herrschaftlichen Kolleg in Cremona untergebracht. Doch da er am Ende des Jahres die Rechnung nicht zahlen konnte, bat er den Papst um Hilfe.

« Für dieses erste Schuljahr mag es hingehen, weil du dich nicht blamieren darfst », antwortete Pius X.; « doch du wirst die Jungen sofort aus diesem Kolleg herausnehmen, das für Herrensöhne ist; denn wir sind arm. »

Und so geschah es [2].

*

« Er ließ nicht zu, daß die beiden verheirateten Schwestern in Salzano — Antonia Sarto-De Bei und Lucia Sarto-Boschin — Not litten, aber auch nicht, daß sie sich bereicherten. » [3]

So blieben alle seine Verwandten Habenichtse, und wenn sie zuweilen Geschenke von ihm erhielten, so war es nicht mehr, als er andern Armen gab [4]. Und sie mußten schweigen, denn wenn jemand gewagt hätte zu klagen oder gar Geld zu erbitten, hätte er sofort die Antwort erhalten: « Das Geld gehört nicht mir, sondern

---

[1] Kard. R. MERRY DEL VAL, Ord. Rom., f. 930. — Comm. G. FORNARI, ebd., f. 1326. — Msgr. G. B. ROSA, ebd., f. 1017. — Msgr. A. CARON, ebd., f. 514.
[2] Msgr. G. B. ROSA, Ord. Rom., f. 1016.
[3] Msgr. E. BACCHION, Ord. Trev., S. 532.
[4] Msgr. G. PESCINI, Ord. Rom., f. 357. — Don G. BIANCHI, ebd., f. 1989.

der Kirche. Ihr müßt arbeiten und nicht denken, daß ihr bei meinem Tode etwas erben werdet. »[1]

Dieselbe Antwort hatte er mehr als einmal seinen Schwestern gegeben, als sie bei der Mutter in Riese wohnten, während er Domherr in Treviso war[2].

Den Worten folgten die Taten.

Ein Wohltäter hatte ihm eine ansehnliche Summe geschenkt mit der Vollmacht, nach Belieben darüber zu verfügen. In diesem Fall hätte es ihm niemand verargen können, wenn er die eigenen Verwandten bedacht hätte. Doch auch da gab er nicht der natürlichen Neigung nach, sondern bestimmte, daß das Geld der Kirche gegeben werde. « Man hat mir das Geschenk gemacht, weil ich Papst bin, nicht, weil ich Sarto heiße. Ich beabsichtige nicht, dieses Kapital meinen Verwandten zu geben. »[3]

Seine Verwandten und die ganze Kirche sollten ein weit kostbareres Geschenk erhalten: den Ruhm seiner Heiligkeit.

Pauper et dives[4]

Pius X. war arm an irdischen Gütern, aber reich an jener Liebe, die alle Herzen gewinnt. Für ihn war die Armut, für seine Kinder der Reichtum seines Herzens, das die ganze Welt umschloß. Für ihn Opfer und Entbehrungen, für seine Kinder die Schätze der Kirche. Gern pflegte er zu sagen: « Das ist das Haus des Vaters; das ist es für alle. »[5] Und er war nicht zufrieden, bevor er nicht den letzten Centesimo weggegeben hatte.

---

[1] Der Priester L. PAROLIN, Ap. Trev., SS. 572-573. — PETRONILLA DAL FIOR, ebd., S. 444. — VITTORIA GOTTARDI-PAROLIN, ebd., SS. 662-663. — Vgl. auch: Briefe des Heiligen an seinen Neffen Battista De Bei von Salzano, 10. September 1905 (Archiv des Staatssekretariates).
[2] E. MIOTTO-SARTO, Ord. Trev., SS. 948-949.
[3] Msgr. E. BACCHION, Ap. Trev., S. 142.
[4] « Arm und Reich ».
[5] Prinzessin M. C. GIUSTINIANI BANDINI, Ord. Rom., f. 188.

Sein Arzt, Professor Marchiafava, bezeugte im Römischen Prozeß : « Eines Morgens fragte mich der Diener Gottes, ob ich mit ihm einen Spaziergang in den vatikanischen Gärten machen wolle. Ich nahm die mir erwiesene Ehre gern an und als wir das Zimmer verließen, wollte ich die Türe abschließen. 'Lassen Sie nur offen', sagte der Papst lächelnd, 'es ist kein Centesimo mehr darin. Heute morgen habe ich alles weggegeben.' » [1]

Es war wie in Salzano, in Mantua und in Venedig : er gab alles weg [2], und wenn er etwas bedauerte, so war es nur, daß er nicht so viel geben konnte, wie er gewollt hätte [3].

Niemand kann sagen, welche Summen durch seine Hände gingen. Seine Getreuen leiteten sie in der Stille weiter, um Tränen zu trocknen und Leiden zu lindern, Waisen beizustehen und Bedürftigen zu helfen [4].

« Gott allein weiß, wieviele öffentliche und private Almosen er ausgeteilt hat », bezeugt sein Kardinal-Staatssekretär [5].

« Er gab Millionen und Millionen mit solcher Großzügigkeit und Hochherzigkeit aus, daß man staunen mußte, woher er so viel Geld nahm », erzählt sein letzter Maestro di Camera [6].

*

---

[1] Sen. Prof. E. MARCHIAFAVA, Ord. Rom., f. 1710-1711.
[2] Msgr. G. PESCINI, Ord. Rom., f. 1506.
[3] Vgl. Briefe des Heiligen : An den Bischof von Piacenza, 20. September 1908. — An den Bischof von Rimini, 6. Oktober 1910. — An den Erzpriester von Ostiglia (Mantua), 6. Dezember 1910. — An den Erzbischof von Montreal, 3. April 1911. — An den Priester Don Fabiani : 20. Juni 1911 (Archiv des Staatssekretariates).
[4] Msgr. G. PESCINI, Ord. Rom., f. 111. — A. SILLI, ebd., f. 784. — Msgr. R. SANZ DE SAMPER, ebd., f. 1165. — Comm. G. FORNARI, ebd., f. 1385-1386. — Kard. R. MERRY DEL VAL, ebd., f. 889, 911. — Msgr. F. FABERI, ebd., f. 1068-1069.
[5] Kard. R. MERRY DEL VAL, Ord. Rom., f. 912. — Vgl. auch : A. SILLI, ebd., f. 784.
[6] Kard. V. A. RANUZZI DE BIANCHI, Ord. Rom., f. 578.

Bei der entsetzlichen Erdbebenkatastrophe am 28. Dezember 1908 wurden zwei blühende Städte, Reggio/Calabria und Messina, in Trümmer gelegt; hunderttausend Menschenleben wurden vernichtet.

Das schreckliche Unglück veranlaßte Pius X., unverzüglich einen flammenden Aufruf an die Katholiken der ganzen Welt zu richten; er sandte sofort eine Delegation in das Katastrophengebiet, die in seinem Namen erste Hilfe leisten sollte. Die Pforten des Vatikans wurden geöffnet, um die Verwundeten aufzunehmen, die scharenweise nach Rom gebracht wurden, vor Angst und Entsetzen fast von Sinnen. 575 Waisenkinder entriß er dem Einfluß der kirchenfeindlichen Vereinigungen und sorgte für ihre Unterbringung.

Die Hilfeleistung wurde so schnell und so wirksam organisiert, daß sogar die freimaurerische Presse ihrer Bewunderung für einen Papst Ausdruck gab, der neue Kirchen und Wohnhäuser, Seminarien und Erziehungsanstalten, Schulen, Kinderheime und Werkstätten errichtete, Geld, Kleider und Bedarfsgegenstände jeder Art spendete, so daß neues Leben erblühte, wo zuvor Verwüstung und Tod herrschten [1]. « Calabriae ac Siciliae orphanis Adiutor et Pater » — « Helfer und Vater der Waisen Kalabriens und Siziliens » [2] war der Ehrentitel, den er in jenen schweren Tagen erwarb.

Damals schrieb eine Zeitung, die gewiß nicht als kirchenfreundlich zu bezeichnen ist, « Il Giornale della Sicilia », über die Hilfsaktion des Papstes :

« Es ist wohl nie eine so schnelle und wirksame Hilfe in so großer Stille geleistet worden. Während sich in

---

[1] Kard. R. MERRY DEL VAL, Ord. Rom., f. 894-895. — Der Priester L. ORIONE, Ord. Ven., SS. 1682-1683. — Comm. G. FORNARI, Ord. Rom., f. 1359-1362, 1368. — Msgr. G. PESCINI, ebd., f. 327-328. — L. JOSI, ebd., f. 741-742. — A. SILLI, ebd., f. 780.

[2] Vgl. Monumento a Pio X nella Patriarcale Basilica Vaticana, SS. 95-97. Rom 1929.

Rom die Komitees der Regierung, städtische und private Komitees in jämmerlicher Eitelkeit um die Verwundeten und Flüchtlinge stritten, während über die anzuwendenden Mittel debattiert und die widersprechendsten Beschlüsse gefaßt wurden, öffneten sich die vatikanischen Hospize, um die Überlebenden aufzunehmen, ohne daß die Türen kreischten.

Das sahen wir mit eigenen Augen, während andere in Sizilien und in Kalabrien beobachteten, daß sich fast wie durch ein Wunder zahllose Pavillons erhoben, die einen für Verwundete, andere für Waisen, andere für den Gottesdienst. Doch das alles geschah ohne Geschrei, als ob der Vatikan darauf hielte, daß seine Arbeit, sei sie groß oder klein, in Verborgenheit geleistet werde, als Erfüllung einer unabweisbaren Pflicht. Und gerade dieser Ordnung und diesem Schweigen ist es zu verdanken, daß die Hilfe des Vatikans so schnell einsetzte und sich als so wirksam erwies.» [1]

Acht Millionen hatte der Papst für die Opfer des Erdbebens ausgegeben; und bei seinem Tode fand man einen Briefumschlag, der die von seiner Hand geschriebenen Worte zeigte: «Für meine Waisen von Reggio/Calabria und Messina.» Darin befand sich eine Summe, die den Unterhalt von 400 Waisenkindern sicherstellte [2].

*

In Mantua hatte der Heilige einem gewissen Pietro Lazzè, der im größten Elend lebte, oft mit Almosen beigestanden. Als er im Juni 1893 zum Kardinal kreiert wurde, beglückwünschte ihn Pietro Lazzè und sagte unter anderem:

«Sehen Sie, Eminenz, die Menschheit ist in zwei Klassen geteilt: die Klasse der Glückskinder und die Klasse

---

[1] Vgl. «Il Giubileo Sacerdotale di Pio X», Rom, Dezember 1909 S. 163.
[2] Comm. G. FORNARI, Ord. Rom., f. 1366-1367.

der Pechvögel. Ich gehöre zur zweiten, Eure Eminenz zur ersten. Jetzt sind Sie Kardinal und bald wird man Sie zum Papst machen.»

« Bravo », antwortete der Bischof. Und scherzend fügte er hinzu :

« Wenn ich Papst sein werde, mache ich dich zum Kommandanten der Nobelgarde und dann gehörst du auch zur Klasse der Glückskinder.»

Lazzè vergaß dieses scherzhafte Versprechen nicht, und wenn er nach Venedig schrieb, um ein Almosen zu erbitten — was nicht selten geschah und nie vergeblich war —, unterschrieb er sich : Pietro Lazzè, Kommandant der Nobelgarde in spe.

Als der Heilige am 4. August 1903 zum Papst erwählt wurde, schrieb Pietro Lazzè dem Heiligen Vater einen Brief, in dem er seiner Freude Ausdruck gab. Und er schloß mit den Worten : « Ich dispensiere Eure Heiligkeit von der Einlösung des Versprechens und unterschreibe mich : Ihr gehorsamster Pietro Lazzè, Kommandant der Nobelgarde im Ruhestand.»

Einige Tage darauf erhielt der gute Lazzè ein Handschreiben des Papstes, das von einem hochherzigen Geschenk begleitet war. Dieses Schreiben machte in ganz Mantua die Runde; denn die Güte des einstigen Bischofs war dort noch unvergessen [1].

*

Im Jahre 1865 wurde in der Nähe von Tombolo der österreichische Soldat Johann Baier von einer Ohnmacht befallen. Der Kaplan, Don Giuseppe Sarto, eilte sofort zu ihm und leistete ihm in liebevollster Weise Beistand.

Ungefähr vierzig Jahre später erhielt der Heilige, der damals schon Papst war, einen Brief aus Österreich : er

---

[1] Msgr. A. RIZZI, Ord. Trev., SS. 1420-1422.

war von jenem armen Soldaten, der den Heiligen Vater mit dankbarem Herzen an die Hilfe erinnerte, die er ihm in Tombolo geleistet hatte.

« Der Papst war gerührt über den Brief des alten Soldaten und schickte ihm in väterlicher Güte eine ansehnliche Spende. »[1]

*

Sein grenzenloses Vertrauen auf die göttliche Vorsehung gab ihm Mut und Kraft, auch dann Werke zur Ehre Gottes und zum Heil der Seelen in Angriff zu nehmen, wenn es ihm an Mitteln dazu fehlte. Dann rang er im Gebete mit Gott und schließlich erfuhr er immer, wie er selbst bezeugte, « sichtlich die Hilfe der göttlichen Vorsehung »[2].

Wenn es galt, große Ausgaben und Opfer für die Errichtung von Kirchen und Seminarien oder für andere Werke auf sich zu nehmen, fürchtete er nie, die Mittel könnten nicht ausreichen, sondern war sicher, daß der Herr für alles sorgen werde. Und sein Vertrauen wurde nie enttäuscht. Das Geld strömte ihm in so reicher Fülle zu, daß er sich selbst nicht erklären konnte, wie es zuging[3]. Es war, als ob die Summen in seiner Hand wüchsen.

Zu einer römischen Aristokratin sagte er eines Tages, indem er auf die Schublade seines Schreibtisches wies: « Sehen Sie, da kommt so viel Geld heraus und hinein, daß ich es selbst gar nicht verstehen kann. »[4]

---

[1] Msgr. A. MARCHESAN, Ord. Trev., SS. 1243-1244. — Vgl. auch: « La Civiltà Cattolica », Jahrg. 1908, S. 359.
[2] Msgr. G. PESCINI, Ord. Rom., f. 396.
[3] Kard. V. A. RANUZZI DE BIANCHI, Ord. Rom., f. 580-581. — Kard. R. MERRY DEL VAL, ebd., f. 911. — Msgr. G. PESCINI, ebd., f. 396. — Msgr. F. FABERI, ebd., f. 1067. — A. SILLI, ebd., f. 779.
[4] Gräfin MARIA DE CARPEGNA, Ord. Rom., f. 1718.

Es war geradezu ein Wunder, denn der Heilige bat nicht, daß man ihm Mittel zur Verfügung stelle.

Einst wurde ihm vorgeschlagen, er solle durch die Apostolischen Nuntien empfehlen, daß der « Peterspfennig » reichlicher gespendet werde.

« Es fällt mir gar nicht ein, etwas zu verlangen », lautete die Antwort, « denn ich habe die feste Überzeugung, daß der Herr auf die eine oder andere Weise für alles sorgen wird, was für die Kirche und ihre Wirksamkeit notwendig ist. »[1]

Und der Peterspfennig vervielfachte sich in einem Maße, das dem heroischen Gottvertrauen des Papstes entsprach.

Es war die volle Wahrheit, wenn er versicherte, « je mehr er gebe, desto mehr empfange er »[2]; und als man ihm riet, er solle seine Wohltätigkeit einschränken, weil er sonst den finanziellen Ruin des Heiligen Stuhles herbeiführen werde, zeigte er seine beiden Hände und sagte: « Die Linke empfängt, die Rechte gibt. Doch durch die Linke geht mehr als durch die Rechte. »[3] Und ein andermal: « Wenn ich mit einer Hand gebe, erhalte ich mit der andern viel mehr. »[4]

Und er empfing immer zur rechten Zeit, zuweilen auf eine Weise, die rein menschlich betrachtet unerklärlich ist — Wunder, durch die sein grenzenloses Vertrauen auf die göttliche Vorsehung belohnt wurde.

*

Im Jahre 1911 erließ die freimaurerische portugiesische Regierung kirchenfeindliche Gesetze; Bischöfe und Priester wurden verfolgt, ihrer bürgerlichen Rechte und aller Mittel für den Lebensunterhalt beraubt.

---

[1] Kard. N. CANALI, Ord. Rom., f. 2096.
[2] Msgr. F. FABERI, Ord. Rom., f. 1067.
[3] Msgr. G. PESCINI, Ord. Rom., f. 1506.
[4] A. VENIER, Ord. Rom., f. 1446-1447.

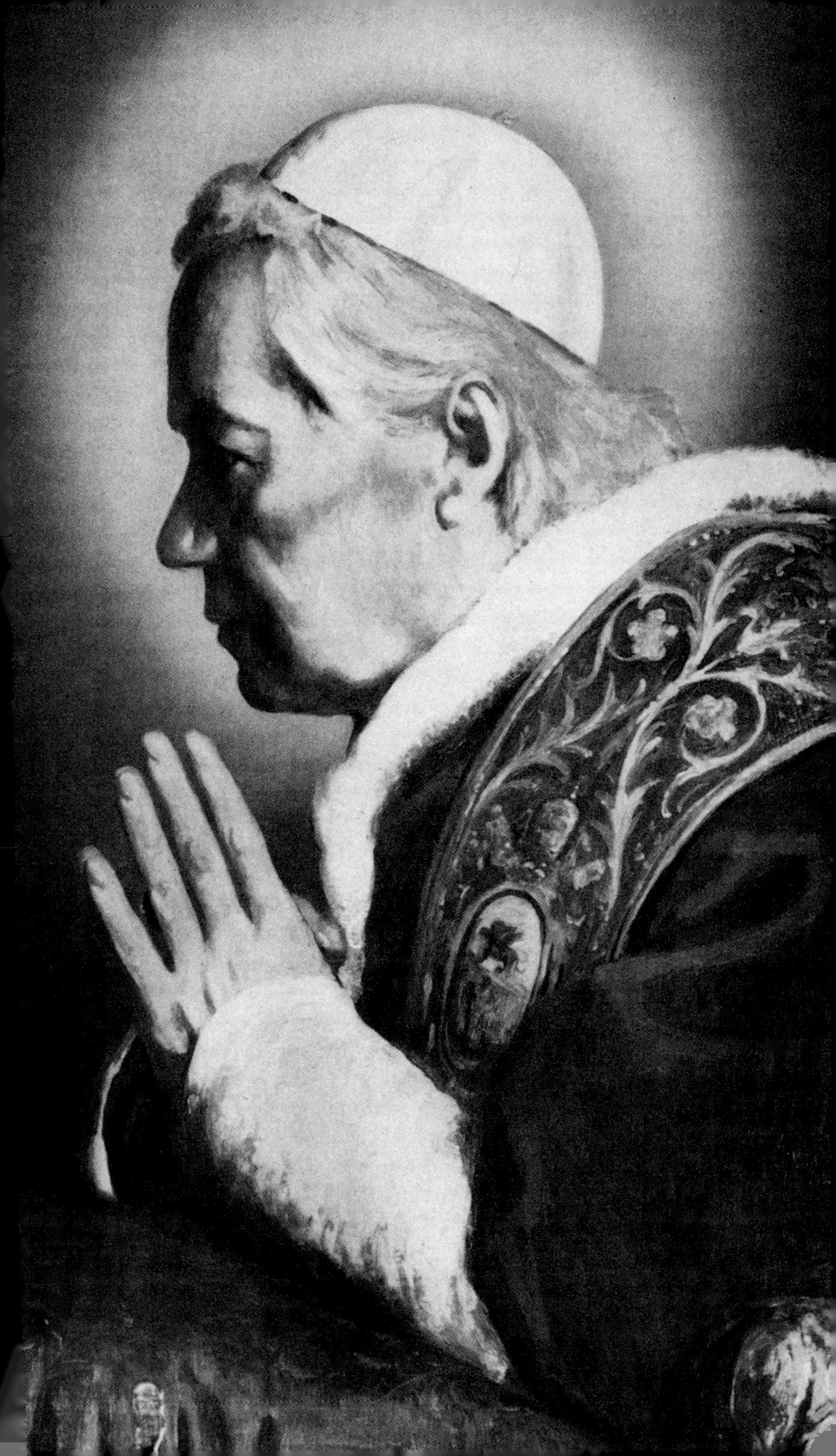

Der Bischof von Porto kam als Abgesandter des portugiesischen Episkopates nach Rom, um vom Papst Hilfe zu erbitten.

Pius X. war über den Bericht tief erschüttert. « Wieviel würden Sie für den Augenblick brauchen? » fragte er.

« Eine Million », lautete die Antwort.

« Eine Million habe ich nicht », entgegnete der Heilige. « Doch kommen Sie morgen wieder. Ich werde schauen... ich werde suchen... Der Herr wird uns helfen. »

Am nächsten Tag war die Million da. Der Papst rief einen Prälaten und bat ihn, die Summe nachzuzählen. Während dieser noch damit beschäftigt war, meldete der diensttuende Geheimkämmerer, daß ein Herr, der einen ausländischen Akzent habe, dringend um eine Audienz bitte.

« Ja, ja, ich muß diesen Herrn sofort empfangen. Nehmen Sie schnell die Banknoten und gehen Sie zu dieser kleinen Türe hinaus », sagte Pius X. zu dem Prälaten.

Jener Herr unterhielt sich nur wenige Minuten mit dem Heiligen Vater.

Als der Geheimkämmerer wieder eintrat, um Befehle entgegenzunehmen, wies der Papst auf die kleine Türe, durch die der Prälat mit dem Geld das Zimmer verlassen hatte, und sagte lächelnd:

« Sehen Sie, da ist es hinausgegangen und da ist es wieder hereingekommen. » Und er zeigte einen Scheck über eine Million, den er von dem Besucher erhalten hatte[1].

---

[1] Zeugenaussage von Msgr. ARBORIO MELLA DI S. ELIA, Diensttuender Kämmerer: Proc. Ord. Rom., f. 1333-1335. — Vgl. auch: Msgr. A. TAIT, ebd., f. 1224-1225. — Msgr. A. CARON, ebd., f. 484-485.

Ständige Gottvereinigung

Die unerschöpfliche Quelle seiner Tugenden, das Geheimnis der Fruchtbarkeit seines Pontifikates aber war seine innige Vereinigung mit Gott. Er durfte das Wort des Apostels auf sich anwenden : « Nicht mehr ich lebe, sondern Christus lebt in mir. »[1]

Im Wirbel der Ereignisse und der menschlichen Leidenschaften, inmitten der täglichen Beschäftigung mit Menschen und Dingen, mit Arbeit und Sorgen überhäuft, vermochte der heilige Papst ganz in Gott versenkt zu leben. Einhellige Aussagen bezeugen dies.

« Er lebte aus Gott und für Gott », versichert einer seiner diensttuenden Geheimkämmerer [2].

« Bei allen seinen Handlungen und Entscheidungen war er sich stets der Gegenwart Gottes bewußt », bezeugt einer seiner vertrauten Privatsekretäre [3]. Oft sagte er : « Denken wir daran, daß wir uns in der Gegenwart Gottes befinden und vor Ihm arbeiten müssen. »[4]

« Er war gewohnheitsgemäß in ständiger Vereinigung mit Gott », sagte sein letzter Maestro di Camera [5] aus; und sein Hauskaplan fügte hinzu :

« Jedesmal, wenn Pius X. uns ansah oder mit uns sprach, schien es uns, als sei er in ständigem Kontakt mit der Gottheit : in seinen Worten und Handlungen war etwas Inspiriertes und Übernatürliches. »[6]

---

[1] Gal. 2, 20.
[2] Msgr. R. Sanz de Samper, Ap. Rom., S. 1153.
[3] Msgr. G. Pescini, Ap. Rom., S. 885. — Vgl. Msgr. A. Caron, ebd., S. 504.
[4] P. G. Ercole, Ord. Rom., f. 1114. — Der Priester L. Orione, Ord. Ven., S. 1693.
[5] Kard. V. A. Ranuzzi de Bianchi, Ord. Rom., f. 581. — Vgl. auch : G. Pasquali, ebd., f. 1514. — A. Venier, ebd., f. 933. — Prinzessin M. C. Giustiniani Bandini, ebd., f. 1687. — Vgl. auch : Msgr. A. Rizzi, Ord. Trev., S. 1411. — Msgr. G. B. Rosa, Ord. Rom., f. 1023. — Msgr. G. Jeremich, Ord. Ven., S. 108.
[6] Msgr. G. Pescini, Memorie mss. : Postulationsarchiv.

So versteht man die Aussage seines Kardinal-Staatssekretärs, der versicherte:

« Bei allen seinen Handlungen war der Diener Gottes von übernatürlichen Erwägungen geleitet und zeigte, daß er mit Gott vereint war. Bei wichtigen Dingen blickte er stets das Kruzifix an und holte sich gleichsam dort Rat. Wenn er bei zweifelhaften Angelegenheiten die Entscheidung aufschob, zeigte er auf das Kruzifix und sagte: 'Er wird es uns schon sagen.' Das wurde mir von vielen Bischöfen, Priestern und Laien bestätigt. »[1]

Pius X. war ein Mann des Gebetes. Ein hoher Prälat erzählt, er habe bei Audienzen, die ihm gewährt wurden, bemerkt, wie der Heilige Vater die Unterredung unterbrach und die Blicke nach oben richtete, gleichsam « angezogen von der Macht eines übernatürlichen Gedankens »[2].

*

Ein anderer Zeuge sagt aus:

« Er betete in so tiefer Sammlung, daß es manchmal schien, er verlasse die Erde, um sich in Gott zu sammeln. »[3]

Ohne jede Schwierigkeit, mit der ihm angeborenen Einfachheit und Natürlichkeit ging er von der Arbeit zum Gebet über. Es bedurfte für ihn keiner Anstrengung, um sich von den Menschen zu lösen und zu Gott zu erheben[4].

« Er betete ständig: sein ganzes Leben war nichts als stete Arbeit und stetes Gebet », versichern Zeugen, die ihm nahestanden[5].

---

[1] Kard. R. MERRY DEL VAL, Ord. Rom., f. 912. — Kard. G. DE LAI, ebd., f. 547. — Msgr. F. FABERI, ebd., f. 1066.

[2] Msgr. E. PASETTO, Ord. Rom., f. 1637. — Der Priester L. ORIONE, Ord. Ven., S. 1694.

[3] Msgr. A. TAIT, Ord. Rom., f. 1230-1231.

[4] Msgr. C. RESPIGHI, Ap. Rom., S. 973.

[5] Msgr. G. BRESSAN, Ap. Rom., S. 80. — Kard. R. MERRY DEL VAL, Ord. Rom., f. 912. — Msgr. A. CARON, ebd., f. 501. — Msgr. F. ZANOTTO, ebd., f. 199. — Vgl. F. ROSA, ebd., f. 825.

Oft fanden ihn seine Vertrauten in seiner Privatkapelle tief in Anbetung versunken und es schien, als ob er von einer himmlischen Atmosphäre umgeben wäre [1].

Er betete ständig, doch sein Gebet wurde noch inständiger, wenn schwere Stunden über die Kirche hereinbrachen, die ihn zwangen, wichtige Entscheidungen zu treffen.

Bevor er das Gesetz verurteilte, durch das die freimaurerische französische Regierung die Trennung von Kirche und Staat sanktionierte, begab er sich nachts in den Petersdom und verweilte, vor dem Grabe des ersten Stellvertreters Christi auf den Knien liegend, lange im Gebet, « als wolle er Erleuchtung und Hilfe erflehen, bevor er einen Schritt unternahm, der nichtwiedergutzumachende Folgen haben konnte » [2].

Pius X. selbst erzählte von diesen Stunden : « Man kann sich gar nicht vorstellen, wieviel ich gelitten und gebetet habe; doch der Herr hat mich erleuchtet. » [3]

*

Und wie innig war seine Liebe zu Gott!

Seine « zarte Sorgfalt, nicht nur jeden freiwilligen Fehler zu vermeiden, sondern alles, woran auch nur der leiseste Schatten einer Schuld hätte haften können, durch die er sich bei jeder Handlung als Spiegel und Beispiel der Vollkommenheit zeigte » [4]; die unaussprechliche Traurigkeit,

---

[1] Msgr. G. BRESSAN, Ap. Rom., S. 82. — Msgr. G. PESCINI, Ord. Rom., f. 341-342. — A. SILLI, ebd., f. 764. — Msgr. F. GASONI, ebd., f. 267. — A. VENIER, ebd., f. 1438. — G. MARZI, ebd., f. 1462. — G. PASQUALI, ebd., f. 1512. — F. SENECA, ebd., f. 1647.

[2] Comm. G. FORNARI, Ord. Rom., f. 1333. — Der Priester L. ORIONE, Ord. Ven., S. 1670. — Kard. N. CANALI, Ord. Rom., f. 2049.

[3] Msgr. E. BACCHION, Ap. Trev., S. 129.

[4] Msgr. G. BRESSAN, Ap. Rom., S. 91. — Msgr. G. PESCINI, ebd., S. 899. — F. ROSA, ebd., S. 236. — Vgl. auch : A. SILLI, Ord. Rom., f. 779. — F. SENECA, ebd., f. 1654. — G. LORETI, ebd., f. 1547. —

die ihn jedesmal befiel, wenn er von Ärgernissen und schweren Beleidigungen Gottes hörte; der verzehrende Eifer, der ihn veranlaßte, jedes Mittel anzuwenden und alle seine Kräfte einzusetzen, um die Seelen zu einem echt christlichen Leben zu führen, angefangen von seiner Diözese Rom, wo er alles tat, um Mißbräuche auszurotten und die Gelegenheiten zur Sünde zu verringern [1] — das alles war nur ein Ausdruck seiner tiefen Liebe zu Gott.

Von Gottesliebe zeugen auch die Wünsche, die er manchmal fast wider Willen verriet: « Der Himmel! ... Der Himmel! ... Wieviel besser hätte man es doch im Himmel! » [2] Gottesliebe war die Wurzel seiner demütigen und vertrauensvollen Hingabe an die Vorsehung, die ihn bei jedem Geschehnis und in jeder Lage sprechen ließ: « Der Wille des Herrn geschehe. Der Herr will es so, und so sei es. » [3] Gottesliebe verriet die tiefe Sammlung, mit der er die heilige Messe las [4]; Gottesliebe drängte ihn, täglich die heilige Kommunion zu empfangen, als er 1913 ans Krankenbett gefesselt war und nicht zelebrieren konnte [5]. Und die « Eucharistie-Dekrete », die zu den segensreichsten Taten seines Pontifikates gehören und

---

A. Venier, ebd., f. 1447. — G. Marzi, ebd., f. 1480. — Comm. G. Fornari, ebd., f. 1410. — Prinzessin L. Barberini, ebd., f. 730. — Dr. A. Amici, ebd., f. 1431. — Msgr. F. Zanotto, ebd., f. 204.

[1] Msgr. R. Sanz de Samper, Ord. Rom., f. 1153. — Kard. R. Merry del Val, ebd., f. 912. — Msgr. G. B. Parolin, ebd., f. 701. — Comm. G. Fornari, ebd., f. 1397. — Msgr. F. Faberi, ebd., f. 1052-1054, 1060-1062. — Msgr. F. Zanotto, ebd., f. 293.

[2] Msgr. R. Sanz de Samper, Ord. Rom., f. 1149. — Msgr. G. Pescini, ebd., f. 401. — Msgr. G. B. Rosa, ebd., f. 1028. — Don L. Orione, Ord. Ven., S. 1680.

[3] Maria Sarto, Ord. Rom., f. 92. — A. Venier, ebd., f. 1450.

[4] Msgr. R. Sanz de Samper, Ord. Rom., f. 1149. — Kard. A. Silj, ebd., f. 606. — A. Silli, ebd., f. 778. — A. Venier, ebd., f. 1447. — G. Marzi, ebd., f. 1478. — Prinzessin M. C. Giustiniani Bandini, ebd., f. 1686. — Msgr. L. Parolin, Ord. Trev., SS. 577-578. — Don L. Orione, Ord. Ven., S. 1681.

[5] Msgr. G. B. Parolin, Ord. Rom., f. 661.

ihm den Ehrentitel « Papst der Eucharistie »[1] eintrugen, waren die Edelblüte eines Lebens, das sich für die Ehre Gottes und das Heil der Seelen verzehrte.

Alle, die den Heiligen kannten, bezeugen einstimmig: « Liebe zu Gott inspirierte seine Gedanken und seine Worte »[2]; « Liebe zu Gott leuchtete aus seinem Blick »[3]; « sein ganzes Antlitz verriet Gottesliebe »[4].

Marienminne

Sein ganzes Leben lang trug der Selige eine tiefe und innige Liebe zur Gottesmutter im Herzen. Schon auf den Knien seiner Mutter hatte er gelernt, Maria zu lieben; und wir wissen, wie gern er als Knabe seine Spielgefährten zum Heiligtum der Madonna von Cendròle führte[5]. Als er Priester geworden war, wurde diese Liebe noch vertieft.

Wir berichteten, daß er in Salzano die Maiandachten einführte; seine packenden Predigten lockten nicht nur seine Pfarrkinder in die Kirche, sondern auch Leute aus den Nachbardörfern.

Im Seminar zu Treviso weckte er in den Herzen der jungen Priesteramtskandidaten tiefe Liebe zur Jungfrau-Mutter[6].

Und war es nicht eine Fügung der göttlichen Vorsehung, daß er gerade an jenem Tag die Bischofsweihe empfing, an dem Mantua das Fest seiner Königin feierte?[7]

---

[1] Comm. G. FORNARI, Ord. Rom., f. 1351. — Kard. R. SCAPINELLI DI LEGUIGNO, ebd., f. 1618.
[2] Msgr. R. SANZ DE SAMPER, Ord. Rom., f. 1149. — Msgr. F. FABERI, ebd., f. 1066. — G. LORETI, ebd., f. 1542.
[3] Kard. R. SCAPINELLI DI LEGUIGNO, Ord. Rom., f. 1621. — Msgr. A. TAIT, ebd., f. 1224.
[4] Don L. ORIONE, Ord. Ven., S. 1684.
[5] Siehe I. Kap.
[6] Msgr. E. BECCEGATO, Ord. Trev., S. 629.
[7] Siehe IV. Kap.

Er sah darin eine Verheißung, daß Maria sein Episkopat unter ihren Schutz nehmen und nicht aufhören werde, «voll Huld und mütterlicher Güte auf ihn zu blicken und alle Handlungen seines Hirtenamtes zu leiten »[1].

*

Als er Bischof von Mantua war, verging kaum ein Tag, ohne daß er zu seinen Seminaristen über die Liebe zur allerseligsten Jungfrau sprach[2]. Er wurde nie müde, seine Diözesanen unter Gebet und Gesängen zum nahen Muttergotteswallfahrtsort « Maria delle Grazie » — « von der Gnade » — zu führen. Und an Marienfesttagen fand er in seinen Predigten hinreißende Worte zum Lobe der reinsten aller Frauen[3].

Maria zu preisen, in seinen Zuhörern die Liebe zu ihr zu wecken, war ihm ein Herzensbedürfnis, eine Pflicht der Dankbarkeit[4].

*

Nie vergaß er den Wallfahrtsort Cendròle in seinem Heimatdorf, wo er in der Kindheit tiefe religiöse Eindrücke empfangen hatte. Er ließ das Kirchlein auf seine Kosten renovieren, beschenkte es mit liturgischen Geräten und wohlklingenden Glocken und schrieb eine kurze Geschichte des Heiligtums[5].

Wie sehr er diese Gnadenstätte liebte, geht aus einem Brief hervor, den der Heilige am 18. März 1892 von

---

[1] Erster Hirtenbrief an Klerus und Volk von Mantua, 18. März 1885.
[2] Msgr. A. Rizzi, Ord. Trev., S. 1403.
[3] Msgr. G. Sartori, Ord. Mant., S. 70.
[4] Msgr. A. Rizzi, Ord. Trev., S. 1404.
[5] Msgr. P. Settin, Pfarrer von Riese, Ord. Trev., SS. 1053-1055. — Der Titel dieser kurzen geschichtlichen Darstellung lautet: « Il Santuario delle Cendròle nella Parrocchia di Riese ». Rom, Vatikanische Druckerei 1910 (Vgl. Msgr. P. Settin, Proc. Ord. Trev., SS. 1054-1055. — Msgr. A. Marchesan, ebd., S. 1242. — Msgr. G. B. Parolin, Proc. Ord. Rom., f. 712. — Msgr. F. Gasoni, ebd., f. 274).

Mantua aus an Margherita Parolin-Andreazza in Riese schrieb:

« Ich finde keine Worte, um Dir für das kostbare Geschenk zu danken. Ich versichere Dir, Du hättest mir keine größere Freude machen können, denn es erinnert mich an ein Heiligtum und einen Altar, an ein Gnadenbild, das ich von meiner Jugend an immer vor Augen habe. Möge der Herr meinen Wunsch erfüllen, daß ich auch im Alter diese Stätte wiedersehen und in dieser teuren Kirche beten kann. » [1]

*

In Venedig war allgemein bekannt, wie sehr Patriarch Sarto das Gnadenbild der Muttergottes im Markusdom verehrte, das unter dem Namen « Vergine Nicopeja » [2] bekannt ist. Und alle wußten, mit welch warmen Worten er Kinder und junge Menschen für die Madonna zu begeistern verstand [3].

Als er dann auf den Thron Petri erhoben worden war, trug er alle seine Sorgen und Ängste zu ihr; er betrachtete sie als « Schutzherrin seines Pontifikates » [4].

Damals verfaßte er das Gebet zur Immakulata, das ein ergreifender Ausdruck seiner Liebe und Verehrung ist, aber auch seiner Hoffnung, sie einst im Himmel zu schauen [5].

Wenn mittags und abends vom Petersdom die Glockenschläge erklangen, die zum « Angelus Domini » einladen,

---

[1] Msgr. P. Settin, Pfarrer von Riese, Ord. Trev., SS. 1053-1055.
[2] Msgr. F. Petich, Ord. Ven., S. 394. — Es ist dies ein altes Muttergottesbild, das der Doge Enrico Dandolo 1204 von Konstantinopel brachte. Man nannte sie Nikopeja, weil man in ihr ein Unterpfand künftiger Siege sah.
[3] Dr. A. Vian, Ord. Ven., S. 376. — M. Pia Paganuzzi, ebd., S. 1278.
[4] Vgl. Erste Enzyklika, 4. Oktober 1893; Vgl. Pii X Acta, Bd. I, S. 15.
[5] Pii X Acta, Bd. I, S. 31.

unterbrach er jedesmal sofort die Audienz, mochte es eine öffentliche oder eine private sein, erhob sich, entblößte das Haupt und betete [1]. Und bei den täglichen Spaziergängen in den vatikanischen Gärten versäumte er es nicht, die Lourdes-Grotte zu besuchen [2].

Am 50. Jahrestag der Definierung des Dogmas von der Unbefleckten Empfängnis dehnte er das Fest der Erscheinungen von Lourdes auf die ganze Kirche aus und veröffentlichte eine Enzyklika [3] zu Ehren der Unbefleckt Empfangenen [4].

*

Trotz der schweren Arbeitslast und der Sorgen des Pontifikates blieb der Heilige auch als Papst der Gewohnheit treu, täglich den Rosenkranz zu beten und die Geheimnisse zu betrachten, die er uns vor Augen stellt; dabei schien er die Erde vergessen zu haben. Die Ave Maria sprach er so innig, daß niemand zweifeln konnte: er sah im Geiste die Gottesmutter vor sich, die er mit solcher Liebe anrief [5].

Den Blick auf Maria gerichtet lebte, arbeitete und litt er, bis sie, die er zu seiner Königin erwählt hatte, ihn aus den Kämpfen dieser Erde zu sich ins ewige Licht rief.

---

[1] Msgr. G. PESCINI, Ord. Rom., f. 406. — Msgr. SANZ DE SAMPER ebd., f. 1153. — A. SILLI, ebd., f. 783. — Kard. N. CANALI, ebd. f. 2078. — Msgr. F. FABERI, ebd., f. 1066. — Msgr. E. PASETTO, ebd. f. 1636. — Dr. F. SACCARDO, Ord. Ven., S. 890.

Auch wir haben mehr als einmal in tiefer Ergriffenheit den «Engel des Herrn» mit dem Heiligen gebetet.

[2] Kard. R. MERRY DEL VAL, Ord. Rom., f. 870. — Msgr. G. B. PAROLIN, ebd., f. 702. — A. SILLI, ebd., f. 779.

[3] PII X Acta, Bd. I, SS. 147-166.

[4] Kard. R. MERRY DEL VAL, Ord. Rom., f. 909. — G. PASQUALI, ebd., f. 1513.

[5] Msgr. G. PESCINI, Memorie mss.: Postulationsarchiv. — A. SILLI, Ord. Rom., f. 764. — G. MARZI, ebd., f. 1479. — G. PASQUALI, ebd., f. 1512. — F. SENECA, ebd., f. 1647.

10. Kapitel

VON GOTT
UND DEN MENSCHEN GELIEBT

1. Die Gabe der Wunderkraft. — 2. Der gelähmte Arm. — 3. « Mutti, ich bin gesund. » — 4. Von Schwindsucht geheilt. — 5. Die Blinden sehen. — 6. Ein Krebsleiden verschwindet. — 7. Die Tauben hören. — 8. « Ja, ja ... sie wird nicht sterben ! » — 9. Die Gelähmten gehen. — 10. Der kleine Taubstumme. — 11. Der Strumpf des Papstes. — 12. Ein wunderbarer Traum. — 13. Segen in die Ferne. — 14. Das Innerste der Herzen. — 15. Blick in die Zukunft. — 16. Der « große Krieg ».

Die Gabe der Wunderkraft

Um die lichte Gestalt des Papstes wob sich allmählich ein Heiligenschein; man wußte im Vatikan und in der ganzen Welt, daß auf sein Gebet oder auf seinen Segen hin Wunder geschahen.

Als der Heilige davon hörte, sagte er scherzend:

« Jetzt erzählen und drucken sie, daß ich angefangen habe, Wunder zu wirken, als ob ich nichts anderes zu tun hätte. » Und lächelnd fügte er hinzu: « Was wollt ihr ... auf dieser Welt muß man alles mögliche tun. »[1]

Doch die Gerüchte logen nicht. Der heilige Papst hatte gleich zu Beginn seines Pontifikates den Vatikan in Staunen versetzt. Kardinal Herrero y Espinosa, Erzbischof von Valenzia in Spanien, der schon 80 Jahre zählte, war während des Konklave schwer erkrankt und

---

[1] Zeugenaussage des Msgr. L. Pisanello. Vgl.: Der Priester L. FERRARI, Ord. Trev., S. 1558. — Msgr. A. MARCHESAN, ebd., S. 1261. — M. WALTER-BAS, Ord. Ven., S. 505. — Prof. A. BOTTERO, Ord. Trev., SS. 759-760. — Msgr. G. B. PAROLIN, Ord. Rom., f. 614.

schien dem Tode nahe. Trotz seiner großen Müdigkeit wollte Pius X. ihn nach seiner Erwählung zum Papst besuchen. Begleitet von den Kardinälen Sanminiatelli und Satolli und von Msgr. Merry del Val betrat er das Zimmer des Kranken, um bei seinem Todeskampfe anwesend zu sein.

Als man den Sterbenden aufmerksam machte, daß der neue Papst zugegen sei, öffnete er die Augen und bat mit schwacher Stimme um den Apostolischen Segen. Der Papst sammelte sich einen Augenblick im Gebet. Dann berührte er die Stirn des Kardinals und segnete ihn. Im gleichen Augenblick fühlte dieser eine wesentliche Besserung. Drei Tage später konnte er sich erheben und kehrte bald darauf nach Spanien zurück und erzählte dort, er sei « durch den Segen Pius' X. zum Leben wiedererweckt » worden [1].

Daß durch seinen Segen Wunder geschahen, war nichts Neues im Leben Pius' X.; schon als er Bischof von Mantua war, hatte er durch eine einfache Segensspendung die Magd eines Pfarrers in Treviso von einer Krankheit geheilt, die von den Ärzten als unheilbar bezeichnet worden war [2].

*

Der Heilige brauchte nur in den großen Audienzsälen zu erscheinen, da sank die Menge spontan in die Knie; niemand konnte seinen Blick losreißen von der weißgekleideten Gestalt. Schüchterne Bitten wurden laut: man flehte um Licht, um Trost, um Kraft in den Prüfungen des Lebens. Dann hob der Papst seine strahlenden Augen

---

[1] So schrieb die venezianische Zeitung « La Difesa » unter dem Datum vom 5./6. August 1903. — Msgr. A. MARCHESAN, a. a. O., XII. Kap., S. 488. — Vgl. Kard. R. MERRY DEL VAL, Pio X, Ricordi e Impressioni S. 20.

[2] Msgr. G. BRESSAN, Ap. Rom., S. 122.

und wenn er den Segen erteilte, war er wie eine Erscheinung aus einer andern Welt.

Es schien, als ob sich alle Leidenden unwiderstehlich zu ihm hingezogen fühlten, um seine Hilfe zu erbitten; und sie waren sicher, durch die Berührung seiner Hände und seinen Apostolischen Segen Trost in jedem Kummer, Erleichterung in jedem Schmerz, Hilfe in jeder Not zu finden. Es geschahen so viele Wunder, daß man sich in die Tage zurückversetzt glauben konnte, da der göttliche Meister durch Palästina schritt, Wohltaten spendend und alle heilend [1]. Der Papst aber berief sich demütig auf die « Macht der Schlüsselgewalt »[2].

Da wir nicht alle wunderbaren Geschehnisse erzählen können, wählen wir einige wenige aus und verlangen nichts, als daß man ihnen rein menschliche Glaubwürdigkeit zubilligt.

Der gelähmte Arm

Bei einer der Volksaudienzen, die Pius X. so gern gewährte, befand sich in der Menge ein Mann, dessen rechter Arm vollständig gelähmt war. Er hatte vergeblich bei Ärzten Hilfe gesucht und endlich die Hoffnung aufgegeben, durch natürliche Mittel geheilt zu werden. Nun hatte er großes Vertrauen, durch den heiligen Papst die Gesundheit wiederzuerlangen; mit Sehnsucht wartete er auf sein Kommen.

Der Papst trat ein. Mit gütigem Lächeln schritt er langsam durch den Saal, spendete allen seinen Segen, richtete an den und jenen ein freundliches Wort. Als er in die Nähe des Unglücklichen kam, zeigte dieser ihm den gelähmten Arm und flehte:

---

[1] Apostelgesch. 10, 38.
[2] Msgr. G. PESCINI, Ord. Rom., f. 431. — Vgl. auch : Kard. R. MERRY DEL VAL, ebd., f. 932.

« Heiliger Vater, heilen Sie mich, damit ich für meine Familie das Brot verdienen kann. »

« Geh nur, hab Vertrauen auf den Herrn », antwortete der Papst. Er berührte den Arm und wiederholte: «Glaube nur, der Herr wird dich heilen. »

In diesem Augenblick kehrte in den gelähmten Arm die Kraft und Bewegungsfähigkeit zurück. Erschüttert rief der Mann ganz laut: « Heiliger Vater... Heiliger Vater! »

Der Papst blieb stehen, blickte ihn fest an und bedeutete ihm durch ein Zeichen, er solle schweigen [1].

« Mutti, ich bin gesund! »

Eine junge Irländerin hatte den Kopf ganz mit Wunden bedeckt.

« Wenn du mich nach Rom zum Heiligen Vater bringst », sagte sie oft zu ihrer Mutter, « werde ich gesund, denn wenn Jesus den Aposteln die Macht verlieh, Wunder zu wirken, wird er sie umsomehr seinem Stellvertreter auf Erden geben. »

Die Mutter gab endlich dem Drängen des Töchterchens nach und entschloß sich, die Kranke nach Rom zu begleiten, obwohl die Ärzte von einer so weiten Reise abrieten.

Mutter und Tochter kamen glücklich in Rom an und begaben sich unverzüglich in den Vatikan. Kaum sah das junge Mädchen den Papst vor sich, da bat sie ihn inständig, er möge sie von ihren Wunden heilen.

Pius X. legte ihr lächelnd die Hand auf den Kopf, segnete sie und schritt weiter. Plötzlich rief das Mädchen: « Mutti, ich bin geheilt! »

---

[1] V. STRAMUSCH, Ord. Ven., S. 1650.

Kaum waren die beiden Irländerinnen in ihrem Hotel angekommen, da nahm die Mutter die Verbände vom Kopf der Tochter ab. Mit fassungslosem Staunen sah sie, daß die Wunden verschwunden waren, ohne die mindeste Spur zurückgelassen zu haben [1].

Von Schwindsucht geheilt

Im Jahre 1912 hatte eine Schwester der Kongregation von den heiligen Wundmalen in Florenz, die sich im letzten Stadium der Schwindsucht befand, die Erlaubnis erhalten, nach Rom zu reisen; sie hoffte, von Pius X. geheilt zu werden.

Ohne Schwierigkeiten wurde sie zu einer Audienz zugelassen und bat den Papst, er möge sie heilen.

«Was wollen Sie denn», sagte der Heilige liebenswürdig scherzend, «es geht Ihnen ja besser als mir!» Und er segnete sie.

Die Schwester war vollständig geheilt [2].

*

Eine andere Ordensfrau, die an derselben Krankheit litt, war auch nach Rom gekommen, um vom Papst Gesundheit zu erbitten. Ihr Zustand war so ernst, daß sie auf dem Transport von einem Haus ihres Ordens zum Vatikan mehrmals das Bewußtsein verlor.

Wir wissen nicht, was während der Audienz geschah. Tatsache aber ist, daß sie nach Beendigung der Audienz vollständig gesund war [3].

*

---

[1] Kard. O. CAGIANO DE AZEVEDO, Ord. Rom., f. 1609-1610.
[2] Zeugenaussage des P. Pacifico Monza, Generaloberer der Franziskaner, vgl. P. A. FAGGIN, Ord. Ven., SS. 1188-1189.
[3] Msgr. R. SANZ DE SAMPER, Ord. Rom., f. 1171.

« Eine unserer Novizinnen, Schwester Maria Frontùto », so schrieb die Oberin der Schwestern von der Heiligen Familie, « wurde schwer krank, und das Leiden machte in wenigen Wochen erschreckende Fortschritte. Ein erstes Blutspucken hatte uns aufmerksam gemacht; andere beunruhigende Symptome folgten. Die Ärzte gaben keine Hoffnung mehr.

Da entschloß ich mich, die arme Novizin zum Heiligen Vater zu bringen, wie es ihr sehnlicher Wunsch war.

Endlich kam der Tag der Audienz; es war der 13. Juli 1913. Wir befanden uns in einem großen Saal. Plötzlich erschien der Papst.

Die Novizin bat inständig : 'Heiliger Vater, ich bitte, geheilt zu werden.'

'Aber warum geht es dir denn nicht gut ? Man muß gesund sein, hast du verstanden ?' antwortete der Papst, während er ihr die Hand auf den Kopf legte.

Schwester Maria begann bitterlich zu weinen. In dem Augenblick, da sie die Hand des Heiligen Vaters auf ihrem Kopf spürte, war es ihr, als falle etwas von ihren Schultern.

Die Krankheit war verschwunden. »[1]

Die Blinden sehen

Einer der diensttuenden Geheimkämmerer des Seligen berichtete :

« Ein ungefähr fünfzigjähriger Deutscher, der blind geboren war, kam zu einer Audienz. Als der Papst vor ihm stand und von seinem Unglück hörte, berührte er seine Augen und ermahnte ihn, Gottvertrauen zu haben.

---

[1] Postulationsarchiv. — Vgl. auch : Kard. V. A. RANUZZI DE BIANCHI, Ord. Rom., f. 587.

Bei der Berührung der wundertätigen Hände erlangte der Blindgeborene auf der Stelle die Sehkraft. »[1]

*

Alle Unglücklichen, alle, die von Schmerzen und Nöten bedrückt waren, hatten ein Anrecht auf das Mitleid des gemeinsamen Vaters; aber leidenden Kindern gegenüber war er von geradezu mütterlicher Zartheit und Güte.

Eine arme Mutter zeigte dem Seligen ihr blindes Kind und beschwor ihn, er möge sich würdigen, es zu heilen.

« Bitten Sie den Herrn und haben Sie Vertrauen ! », antwortete Pius X.

Das Kind öffnete die Augen und betrachtete das strahlende Gesicht des Stellvertreters Christi; es war der erste Anblick, der ihm vergönnt war [2].

Ein Krebsleiden verschwindet

« Was soll ich für dich tun ? » fragte der Heilige einmal eine Ordensfrau, die ihm ihre von Krebs befallene Hand zeigte.

« Ich bitte nur um den Segen, Heiliger Vater. »

Der Papst machte langsam das Kreuzzeichen über die Hand.

Nach Hause zurückgekehrt, legte die Schwester den Verband ab : die schreckliche Krankheit war verschwunden ! [3]

---

[1] Msgr. R. SANZ DE SAMPER, Ord. Rom., f. 1171.
[2] DERS., ebd., f. 1171-1172.
[3] Der Priester A. CHIACCHIOLE, Ap. Ven., SS. 856-857.

Die Tauben hören

Als der Papst eines Tages durch die Menge der Pilger schritt, hörte man lautes Schluchzen. Es war eine Dame, die mit ihrem völlig tauben Söhnchen von Lyon gekommen war.

Pius X. wandte sich um und in einem Tone, der eine übernatürliche Eingebung ahnen ließ, sagte er:

« Haben Sie Vertrauen, Signora, haben Sie Vertrauen ! »

Es war, als habe der göttliche Meister sein « Öffne dich » [1] gesprochen. Das Kind hörte [2].

*

Im November 1911 spürte eine junge Bayerin, die in das Karmeliterinnenkloster in S. Remo eintreten wollte, als Folgeerscheinung einer heftigen Erkältung starke Ohrenschmerzen und Geräusche im Ohr. Der herbeigerufene Spezialist stellte eine Perforierung des Trommelfells und eine Mittelohrentzündung fest. Er verschrieb Mittel, die jedoch keinerlei Besserung brachten.

Die Schmerzen waren zuweilen unerträglich. Das linke Ohr war taub, mit dem rechten hörte sie noch, doch nur wie durch eine Wand. An einen Eintritt in den Orden war unter diesen Umständen nicht zu denken.

Eines Tages ging das junge Mädchen zur Oberin und sagte ihr, sie wünsche sehnlichst, nach Rom zu reisen, weil sie sicher sei, der Heilige Vater werde sie heilen.

Ihr Wunsch wurde erfüllt. Eines Tages stand das junge Mädchen tief ergriffen vor Pius X.

« Was wollen Sie von mir ? » fragte der Heilige Vater.

« Ich möchte gern in den Karmel von S. Remo eintreten, aber dem stellt sich ein Hindernis entgegen : die Krankheit, die mich quält. »

[1] Mark. 7, 34.
[2] Msgr. G. BRESSAN, Ap. Rom., S. 121.

« Was für eine Krankheit ist das ? » forschte der Papst.
Mit tränenerstickter Stimme erzählte ihm die Kandidatin von ihrem Leiden.
« Und du glaubst, ich könnte dich heilen ? »
« Ja, Heiliger Vater; Sie können es. Heilen Sie mich, ich bitte Sie inständig darum ! »
Der Kummer des armen Mädchens ergriff den Heiligen. Er legte ihr die Hände aufs Haupt und sagte :
« Wenn du glaubst, sei geheilt. »
Gleich darauf konnte die Glückliche alle Geräusche klar und deutlich wahrnehmen [1].

« Ja, ja . . . sie wird nicht sterben ! »

Eines Tages gewährte der Papst einer Gruppe von Ordensfrauen eine Audienz, unter denen sich eine Schwester befand, die von einem schweren, lebensgefährlichen Leiden gepeinigt wurde.

Die Oberin stellte sie dem Heiligen vor und bat ihn, er möge sie heilen.

« Ja, ja . . . sie wird nicht sterben », antwortete Pius X. mit gütigem Lächeln.

Zwei Monate später erlitt die Schwester eine so schwere Krise, daß man für ihr Leben fürchten mußte. Der Arzt konstatierte, daß ihr Zustand sehr ernst sei und erklärte, es gäbe keine andere Möglichkeit mehr als eine Operation; er müsse aber aufmerksam machen, daß 99 Prozent dieser Operationen unglücklich verliefen.

Die Schwester verlor nicht den Mut. Sie erinnerte sich der Worte des Heiligen Vaters und unterzog sich vertrauensvoll dem chirurgischen Eingriff.

Nach kurzer Zeit konnte sie in ihr Ordenshaus zurückkehren. Sie erfreute sich wieder bester Gesundheit [2]

---

[1] Postulationsarchiv. — Msgr. G. BRESSAN, Ap. Rom., S. 121.
[2] P. J. SAUBAT, Ord. Rom., f. 1306-1307.

Lahme gehen

Im Audienzsaal war eines Tages ein trauriges Bild zu sehen: ein gelähmtes Kind, das mit Vater und Mutter aus Deutschland gekommen war, alle drei mit einem Herzen voller Hoffnung.

Als Pius X. an ihnen vorbeischritt und das Kind sah, das auf der Erde lag, fragte er, was es habe.

Als er hörte, es sei gelähmt, neigte er sich in väterlicher Zärtlichkeit zu ihm, faßte es an den Händen, richtete es auf und sagte:

« Aber was ist denn das? Auf, auf... Du mußt gehen!»

Das Kind stellte sich sofort auf die Füße und war völlig geheilt [1].

*

Im Jahre 1913 bat eine arme Mutter den heiligen Papst, er möge ihr Töchterlein heilen, das seit langer Zeit gelähmt sei.

« Das kann ich nicht», antwortete der Heilige. « Nur Gott kann Wunder wirken.»

Die arme Frau verzagte nicht, sondern sagte in tiefem Vertrauen:

« Doch, Sie können es; Sie müssen es nur wollen.»

« Ich kann es nicht... Nur Gott kann Wunder wirken», wiederholte der Papst.

« Heiliger Vater, Sie sind der Stellvertreter Christi auf Erden. Sie können, Sie müssen das Wunder wirken!» beharrte die Mutter.

« Haben Sie Vertrauen», sagte Pius X., « der Herr wird Ihr Töchterlein heilen.»

---

[1] Comm. FORNARI, Ord. Rom., f. 1405.

Das Mädchen überlief ein Schauder. Es erhob sich und begann zum Staunen der Anwesenden zu gehen [1].

*

Ein elfjähriges Mädchen aus Nimes in Frankreich war seit der Geburt vollständig gelähmt. Alle Kuren und Medikamente waren wirkungslos geblieben. Es war noch nicht imstande gewesen, auch nur einen Schritt zu machen.

Da sie überzeugt war, der Heilige werde sie heilen, entschlossen sich ihre Eltern, die Kleine nach Rom zu bringen.

Man trug sie zu einer Audienz in den Vatikan. Als das Mädchen den Ring des Papstes geküßt hatte, sagte es voll lebendigen Glaubens:

« Heiliger Vater, ich erbitte eine Gnade... »

« Der Herr gewähre dir das, was du wünschst », antwortete Pius X. einfach.

Plötzlich spürte das Kind, wie es ihm kalt über die Glieder lief. Es erhob sich und ging mit raschen Schritten umher.

Voll Dankbarkeit erbaten die glücklichen Eltern ein paar Tage darauf eine Privataudienz, um dem Heiligen zu danken; doch dieser verweigerte die Audienz und sagte:

« Es ist der Glaube, der alles bewirkt. Es ist die Schlüsselgewalt! »

Gewiß war er Träger der Schlüsselgewalt; aber es war auch seine ganz außergewöhnliche Glaubenskraft, die ihn zu so Wunderbarem befähigte [2].

---

[1] Msgr. E. BACCHION, Ap. Trev., SS. 162-163.
[2] Postulationsarchiv.

Der kleine Taubstumme

Ein angesehener römischer Rechtsanwalt erzählt:

«Als ich meine Ferien in Rocca di Papa verbrachte, kam eine Frau aus dem Dorfe zu mir und bat mich, folgendes zu protokollieren:

Sie hatte zwei Kinder, die von Geburt an taubstumm waren, und wünschte sehnlichst, dem Heiligen Vater vorgestellt zu werden, denn sie war von dem festen Vertrauen beseelt, daß ihren Kindern durch seinen Segen die Sprache gegeben würde.

Der Diener Gottes hörte sie an, legte den beiden Kindern die Hand auf den Kopf und sprach einige Worte, welche die Frau so auffaßte, daß der kleinere sterben und der andere die Sprache erlangen werde.

Bald darauf starb der kleinere und der andere konnte sprechen.»[1]

Der Strumpf des Papstes

Wunder über Wunder wirkte der Papst mit einer Einfachheit und Natürlichkeit, als ob es die leichteste Sache von der Welt wäre; und oft scherzte er über diese Geschehnisse, die alle verblüfften.

Eine Schülerin in Rom war von einer schweren Knochenhautentzündung an einem Fuß befallen und seit fast einem Jahr zu völliger Bewegungslosigkeit verurteilt.

Eines Tages brachte man ihr einen Strumpf Pius' X. in der Hoffnung, sie werde Heilung erlangen, wenn sie ihn anzöge.

Und so geschah es auch. Das junge Mädchen zog den Strumpf des Papstes an und war im gleichen Augenblick geheilt.

[1] Comm. G. FORNARI, Ord. Rom., f. 1404.

Das Wunder wurde natürlich dem Heiligen berichtet; der sagte lächelnd:
« Das ist ja zum Lachen! Ich ziehe jeden Tag die Strümpfe an und habe dauernd Schmerzen an den Füßen. Wenn andere meine Strümpfe anziehen, verlieren sie die Schmerzen. Das ist wirklich sonderbar. »[1]

Ein wunderbarer Traum

Die Generaloberin der Franziskanerinnen in der Via Castro Pretorio in Rom hatte ein schweres Halsleiden, das ihr Leben gefährdete.

Es sollte so schnell als möglich der Luftröhrenschnitt durchgeführt werden; doch die Ordensfrau hatte mehr Vertrauen auf die Wunderkraft Pius' X. als auf natürliche Mittel.

Eines Nachts, da es ihr war, als müsse sie von einem Augenblick zum andern ersticken, erschien ihr im Traum der Papst und versicherte ihr, sie werde genesen.

Am Morgen war das Übel verschwunden.

Ein paar Tage später wollte sie dem Papste danken. Man kann sich ihr Erstaunen vorstellen, als der Heilige sie gleich mit den Worten ansprach: « Ich habe dich geheilt!... Sei brav! »[2]

---

[1] V. STARMUSCH, Ord. Ven., S. 1655. — Vgl. auch: G. BRESSAN, Ap. Rom., S. 122. — Es ist bekannt, daß der Heilige in den letzten Lebensjahren infolge von Harnvergiftung furchtbare Schmerzen an den Füßen hatte. Er ertrug sie ruhig und heiter, fuhr fort, Audienzen zu geben und die Angelegenheiten der Kirche zu behandeln. Zuweilen äußerte er sich scherzend über die Kuren und Vorsichtsmaßnahmen, die ihm von den Ärzten verschrieben wurden. (Msgr. G. PESCINI, Ord. Rom., f. 375. — Dr. A. AMICI, ebd., f. 1424. — Prof. E. MARCHIAFAVA, ebd., f. 1702. — Kard. MERRY DEL VAL, ebd., f. 922. — Msgr. F. FABERI, ebd., f. 1062.)

[2] A. SILLI, Ord. Rom., f. 608.

Segen in die Ferne

Nach solch wunderbaren Geschehnissen war es nicht verwunderlich, daß — besonders in seinen letzten Lebensjahren — aus der ganzen Welt Bitten um den Apostolischen Segen eintrafen, von dem man Linderung in körperlichen und seelischen Leiden erhoffte. Diese Bitten waren so zahlreich, daß sie zu « einer wahren Überbürdung »[1] des Staatssekretariates führten.

Wir wollen einige Fälle anführen, die zeigen, wie der Herr durch seinen treuen Diener seine Macht kundtat. Nicht nur Menschen, die zu ihm kamen, erfuhren wunderbare Hilfe, sondern auch solche, die aus der Ferne darum gebeten hatten.

*

« Ein Kind von ungefähr sechs Jahren, der Sohn meines Cousins und meiner Cousine Giuseppe und Anna Corradi », so erzählte ein angesehener römischer Herr, « hatte bei einem Sturz einen Riß in Niere und Harnblase davongetragen. Der Fall war hoffnungslos; die Ärzte sagten, das Kind habe nur noch wenige Stunden zu leben. Gerade an dem Tag, an dem dieses Urteil ausgesprochen wurde, empfing mich der Heilige Vater in Audienz.

Als die Audienz beendet war, fühlte ich mich gedrängt, seinen Segen für jene arme Familie zu erbitten. Er hörte teilnahmsvoll an, was ich ihm erzählte, und sagte: 'Arme Mutter! Ja, ich sende gern meinen besonderen Segen.'

Nach Hause zurückgekehrt, erzählte ich den trostlosen Eltern sofort vom Segen des Papstes. Als die Mutter

---

[1] Kard. N. CANALI, Ord. Rom., f. 2015. — Msgr. G. PESCINI, Ord. Rom., f. 428. — « Diese ganze Sonderkorrespondenz wurde », so bezeugt einer der Privatsekretäre Pius' X., « nach Monaten und Jahren in Bündel geordnet, von Msgr. Bressan dem Heiligen Vater Benedikt XV. übergeben. » (Msgr. G. PESCINI, ebd.)

des kranken Kindes das hörte, rief sie voll Vertrauen: 'Pius X. hat seinen Segen gesandt; mein Giorgio wird gerettet werden!'

Und so kam es. Entgegen aller Erwartung der Ärzte vernarbte der Nierenriß und die Blase funktionierte normal, ohne daß ein chirurgischer Eingriff nötig gewesen wäre.

Als ich einige Monate später wieder zum Heiligen Vater kam, erinnerte ich ihn an den besonderen Segen, den er damals gespendet hatte.

Lächelnd fragte er:

« Ist er gestorben? »

Ich entgegnete, das Kind sei völlig gesund und die Heilung werde dem Segen des Papstes zugeschrieben.

« Der Papst segnet alle; es ist der Glaube der Mutter, der ihn gerettet hat », erwiderte der Papst demütig.

Giorgio Corradi erfreut sich heute noch einer ausgezeichneten Gesundheit, obwohl er den ersten Weltkrieg als Artilleriesoldat mitgemacht hat [1].

*

Ein Domherr der Kathedrale von Trient berichtete:

« Anfang November 1908 wurde ich nach Rom gerufen. Ich wollte die Reise nicht antreten, weil meine Mutter seit zwei Monaten schwer krank darniederlag und ich von einem Tag zum andern ihren Tod befürchtete; sie zählte ungefähr 76 Jahre und konnte keine Nahrung mehr zu sich nehmen.

Eines Abends fragte mich die Mutter, warum ich nicht nach Rom führe. Ich antwortete, ich könne es nicht übers Herz bringen, sie in diesem Zustand zu verlassen. Doch sie erwiderte: 'Fahre sofort, denn du mußt deine

---

[1] Comm. G. FORNARI, Ord. Rom., f. 1382-1383.

Pflicht erfüllen; und sei sicher, wenn du für mich den Segen des Heiligen Vaters erhalten kannst, werde ich gesund.'

Am nächsten Tag reiste ich ab. In Rom angelangt, ging ich sofort zum Majordomus und Maestro di Camera, Msgr. Bisleti, der mir für den nächsten Tag eine Audienz beim Heiligen Vater verschaffte.

Der Diener Gottes hatte mich kaum erblickt, da begrüßte er mich mit großer Herzlichkeit und fragte nach meiner Gesundheit und nach dem Befinden meiner greisen Mutter. Ich antwortete, ich hätte sie sterbend zurückgelassen, und sie hoffe auf den besonderen Segen des Papstes. Da sagte der Diener Gottes: 'Sehr gern' — und er hob die Augen zum Himmel und machte das Kreuzzeichen. Dann schlug er mir mit der Hand auf die Schulter und sagte: 'Ich bitte den Herrn inständig, daß er sie dir noch viele Jahre erhalte.'

Nach der Audienz schrieb ich sofort eine Karte an meine Schwester, auf der ich ihr mitteilte, daß der Heilige Vater der Mutter seinen besonderen Segen gespendet habe. Vierzig Stunden später erhielt ich einen Brief von meiner Schwester, in dem sie schrieb, die Mutter habe sich am Tage zuvor gegen Mittag plötzlich wohl gefühlt, sei aufgestanden und habe Nahrung zu sich genommen. Ich stellte fest, daß die Heilung in der gleichen Stunde erfolgt war, in der ich den Diener Gottes um seinen Segen für meine Mutter gebeten hatte.

Auch meine Mutter und meine Schwester erkannten, daß die Heilung dem Gebet und dem Segen des Dieners Gottes zuzuschreiben war. »[1]

*

[1] Msgr. A. Tait, Ord. Rom., f. 1218-1219.

Einer der treuesten Kammeradjutanten des Heiligen erzählte:

« Etwa im Jahre 1910 erkrankte mein Sohn Giuseppe an den Masern; als Folgekrankheit stellte sich eine Kehlkopfentzündung ein, die uns in größte Sorge versetzte, denn die Ärzte hatten erklärt, er befinde sich in Lebensgefahr. Er wurde von den Ärzten Amici, Marchiafava, Cagiati, Mancini und anderen behandelt, die kein anderes Mittel mehr wußten, als einen Gummischlauch in seine Kehle einzuführen, durch den die Atmung erleichtert werden sollte.

Das Kind litt entsetzlich unter der Atemnot. Ich telefonierte an Msgr. Bressan und bat ihn, vom Heiligen Vater einen besonderen Segen für den kleinen Kranken zu erbitten.

Kurz darauf antwortete mir Msgr. Bressan: 'Der Heilige Vater sendet seinen besonderen Segen und betet in diesem Augenblick für den Knaben.'

Eine Viertelstunde darauf bekam das Kind einen heftigen Hustenanfall, durch den der Gummischlauch aus dem Hals gestoßen wurde. Ich dachte, er werde von einem Augenblick zum andern ersticken.

Ich lief sofort, um Professor Mancini zu holen, der Spezialist für derartige Krankheiten war und die Operation ausgeführt hatte. Als er kam, fand er das Kind ruhig atmend vor und erklärte, er stehe einer neuen Lage gegenüber und es sei nicht nötig — wenigstens im Augenblick — den Schlauch wieder anzulegen.

Tatsache ist, daß der Knabe vollständig gesund wurde. »[1]

*

Die Mutter eines brasilianischen Bischofs war an Aussatz erkrankt. Da der Ruf der Heiligkeit des Papstes

---

[1] A. SILLI, Ord. Rom., f. 790-791.

auch zu ihm gedrungen war, begab er sich in einem der ersten Monate des Jahres 1914 nach Rom, um von Pius X. die Heilung seiner Mutter zu erbitten.

Er stellte sich dem Heiligen Vater vor und bat mit großer Eindringlichkeit um die so heißersehnte Heilung. Der Papst hörte ihn an und ermahnte ihn, er solle sich an die Madonna und andere Heilige wenden. Doch der Bischof beharrte auf seinen Bitten: « Haben Sie doch die Güte, Heiliger Vater, wenigstens das Wort des Heilands nachzusprechen: 'Volo, mundare.'[1] » Und der Heilige sprach: 'Volo, mundare.'

Als der Bischof in seine Heimat zurückkehrte, fand er die Mutter völlig vom Aussatz befreit[2].

*

Im April 1911 lag der Marchese Galeani von Turin schwerkrank darnieder. Ein Bein war so stark vom Brand befallen, daß es für eine Amputation zu spät schien.

Die Schwester des Kranken verständigte unverzüglich den Heiligen Vater. Dieser las die heilige Messe für den armen Marchese.

Bald darauf war Dr. Galle, der berühmte Arzt, der den Kranken behandelte, höchst erstaunt, als er feststellte, daß das Bein des Marchese von dem schrecklichen Übel befreit war. Auch Professor Murri von Bologna, den man bat, sein Urteil über den Fall abzugeben, antwortete, entweder hätten sich die Ärzte geirrt — was ihm nicht möglich schien — oder man stehe einem Geschehnis gegenüber, das menschlich unerklärbar sei.

Die Heilung war in derselben Stunde erfolgt, in der Pius X. die heilige Messe feierte[3].

*

---

[1] « Ich will, sei rein ! » Luk. 5, 13.
[2] Der Priester L. ALPI, Ord. Rom., f. 1249-1250.
[3] Postulationsarchiv.

Der belgische Konsul in Rom, M. Charles Dubois, litt seit langer Zeit an bösartigen Furunkeln, die den ganzen Körper befallen hatten. Er hatte viele Ärzte konsultiert und alle empfohlenen Medikamente ausprobiert. Doch umsonst; sein Befinden verschlimmerte sich ständig.

Am Morgen des 8. September 1912 wandte sich Madame Dubois, die nicht mehr wußte, was für ein Mittel sie anwenden sollte, voll Vertrauen an Pius X.

Der Heilige schaute sie an, faltete die Hände, blickte zum Himmel auf und betete ein Weilchen. Dann segnete er die Dame und sagte:

«Vertrauen, Signora, Vertrauen!... Sie werden erhört werden.»

Hoffnungsfroh eilte sie nach Hause, begrüßte ihren Gatten und sagte zu ihm:

«Ich bringe dir' den Segen des Heiligen Vaters. Du wirst geheilt werden.»

Der Konsul war wirklich geheilt! Der lebendige Glaube und der Segen des Papstes hatten das Übel besiegt, das keinem natürlichen Mittel gewichen war[1].

*

Ein völlig vertrauenswürdiger Augenzeuge von Treviso berichtet:

«In einer Streitfrage hatte ich den Rechtsbeistand des Advokaten Paleari von Mailand nötig und begab mich deshalb zu ihm. Doch zu meinem großen Bedauern fand ich ihn sehr niedergedrückt, weil sein Söhnchen im Sterben lag.

Da ich seiner Hilfe bedurfte und hörte, daß er Vertrauen auf den Segen Pius' X. hatte, erlaubte ich mir, ohne ihm etwas davon zu sagen, an den Vatikan zu tele-

[1] Ebd.

grafieren und den Heiligen Vater zu bitten, durch seinen Segen das Kind zu heilen.

Als ich die Antwort erhielt, trug ich sie sofort zu dem Rechtsanwalt. Dieser war fast außer sich vor Freude und zeigte sie sofort dem kleinen Kranken.

In diesem Augenblick trat Besserung im Befinden des Kleinen ein; er wurde gesund. » [1]

*

« Als die Oberin der Schwestern, deren Hauskaplan ich war », so sagte ein französischer Priester aus, « eines Tages erfuhr, daß ich Rom plötzlich verlassen hatte, weil mein Vater — der damals 78 Jahre zählte — in Lebensgefahr war, erbat sie für ihn den Segen des Papstes.

Das Telegramm, das den Segen des Heiligen Vaters für den armen Greis, der dem Tode nahe war, ankündete, ließ nicht auf sich warten. Doch als es ankam, war mein Vater bewußtlos. Ich schüttelte ihn... er öffnete die Augen und hörte zu, wie ich das Telegramm vorlas, das ihm den Apostolischen Segen übermittelte.

In diesem Augenblick begann sich sein Befinden zu bessern. Bald war er rekonvaleszent, erlangte schließlich die volle Gesundheit wieder und lebte noch acht Jahre. » [2]

*

Die Oberin des Waisenhauses der Schwestern von Canossa in Belgaum, Britisch-Indien, war durch ein chronisches, unheilbares Magenleiden zu einem Schatten ihrer selbst geworden.

Sie hatte die berühmtesten Ärzte am Ort sowie die von Bangalore und Bombay konsultiert, alle Kuren erprobt, sich zwei Operationen unterzogen, doch alles war vergeblich.

---

[1] G. NOVELLI, Ord. Trev., S. 1318.
[2] P. J. SAUBAT, Ord. Rom., f. 1303: Ap. Rom., SS. 651-652.

Am 18. Januar 1914 entschlossen sich einige der kleinen Schülerinnen und Waisenkinder, die eben die Erstkommunion empfangen hatten, sich an Papst Pius X. zu wenden und die Heilung ihrer Mutter und Oberin von ihm zu erbitten. Sie schrieben ihm folgenden Brief:

Belgaum, St. Josefs-Kloster, 19. Januar 1914

Lieber Heiliger Vater!

Nachdem wir das Glück hatten, die Erstkommunion zu empfangen, wünschen wir von Eurer Heiligkeit ein Geschenk: die Heilung unserer Mutter Oberin, die seit 15 Jahren krank ist und sich seit ungefähr 12 Jahren nur von Milch ernährt. Wir wünschen sie gesund zu sehen.

Wir danken Eurer Heiligkeit, daß Sie uns Kindern gestattet haben, die erste heilige Kommunion so früh zu empfangen. Wir beten für Eure Heiligkeit und singen gern: Erbarme Dich, mein Gott, des Papstes in Rom.

Segnen Sie, Heiliger Vater, unsere Schwestern, die Schülerinnen und die Waisenkinder.

Die Schülerinnen und die Waisen von Belgaum

Der Zustand der Kranken verschlechterte sich unterdessen infolge des Nahrungsmangels, und bald kam es zu einem so großen Kräfteverfall, daß man in der Nacht vom 7. auf den 8. Februar fürchtete, sie werde sterben, und ihr die heilige Ölung spenden ließ.

Am nächsten Tag erhielten die Schwestern von Belgaum folgendes Telegramm:

Rom, 7. Februar 1914

Heilige Vater spendet gern erbetenen Apostolischen Segen.

Kard. Merry del Val

Dieses Telegramm wurde der Kranken sofort übergeben; dann ließ man sie allein, weil sich die Schwestern in den Speisesaal begeben mußten. Die Oberin las es und wagte vertrauensvoll den Versuch, aufzustehen; sie kleidete sich an und setzte sich auf einen Stuhl.

Als die Schwestern sie außerhalb des Bettes sahen, wollten sie ihren Augen nicht trauen; und als sie hörten, sie wolle essen, konnten sie ihr Staunen nicht verbergen. Einige wünschten, daß sie Nahrung zu sich nehme, andere widersetzten sich, weil sie glaubten, es sei besser, einige Tage zu warten. Die Kranke schnitt jedoch jede Diskussion ab und erklärte, sie wolle sofort essen.

Während die einen unschlüssig waren und die andern vertrauten, aß die Oberin Suppe, Brot und Fleisch. Der Magen nahm es auf und behielt es auch.

Von diesem 8. Februar an nahm sie wieder ihren Platz im Refektorium ein und kehrte mit neuer Kraft zu ihrer Arbeit zurück [1].

*

Es war im Juli 1914. Der Senator Pasquale Del Giudice, Professor an der Universität Pavia — wo er als Nachfolger des berühmten Contardo Ferrini Rechtsgeschichte dozierte —, litt schon seit mehreren Monaten an Gallensteinen; sein Befinden verschlechterte sich ständig.

Er konsultierte die berühmtesten Ärzte Italiens; sie erklärten einstimmig, nur ein chirurgischer Eingriff könne helfen. Einen solchen aber konnte man wegen des vorgerückten Alters des Kranken — er zählte 71 Jahre — und wegen des Zustands seiner Organe nicht wagen. Da erinnerte sich seine Gattin, daß sie von einer wunder-

---

[1] Msgr. A. Tait, Proc. Ord. Rom., f. 1232.

baren Heilung gehört hatte, die man dem Segen Pius' X. zuschrieb. Unverzüglich schrieb sie an Msgr. Achille Ratti, den Präfekten der Vatikanischen Bibliothek, der ein Freund des Senators war, er möge den besonderen Segen des Papstes für den Kranken erbitten.

Am 21. Juli 1914 antwortete Msgr. Ratti, der Papst segne den Kranken. Der Senator war über diese Nachricht so gerührt, daß er den Wunsch äußerte, die heiligen Sakramente zu empfangen. Er legte bei Msgr. Dolcini, dem Generalvikar von Pavia, seine Beichte ab und empfing die heilige Kommunion.

Drei Stunden später ging ohne die mindeste Anstrengung und ohne jeden Schmerz ein großer Gallenstein ab. Der Kranke war vollständig geheilt. Er lebte noch zehn Jahre, ohne die geringsten Gallenbeschwerden zu verspüren.

Als einer der behandelnden Ärzte, der berühmte Professor Forlanini, etwa einen Monat später die gute Nachricht erhielt, schrieb er an den Senator:

« Gegen diesen großen Stein konnten wir Ärzte und Chirurgen alle nichts ausrichten. Und wenn sich nach einem Jahr Heilung eingestellt hat (eine wirklich außerordentliche Tatsache), so ist das nicht uns zuzuschreiben. Wir freuen uns mit Dir und mit allen, die Dich lieben und verehren. »[1]

Das Innerste der Herzen

Unter den Charismen, die Gott unserem Heiligen verliehen hatte, war nach allgemeiner Überzeugung das, mit Sicherheit die innern Regungen der Menschen zu erkennen.

---

[1] Kard. N. CANALI, Ord. Rom., f. 2112-2113.

Einer seiner Privatsekretäre bezeugt:

« Es war bekannt, daß der Diener Gottes intuitiv in den Herzen las. Oft kam es vor, daß, wenn jemand zu ihm kam, um über eine bestimmte Angelegenheit mit ihm zu sprechen, er selbst sofort von der betreffenden Sache begann, bevor noch der Besucher sie erwähnt hatte. Diese Tatsache wurde mir von Personen mitgeteilt, die mit ihm in Verbindung standen, während er Bischof von Mantua war. »[1]

Ein anderer Privatsekretär des Papstes fügt hinzu:

« Ich habe mit vielen Leuten gesprochen, die in einer Audienz beim Heiligen Vater den Eindruck gewonnen hatten, daß er in ihrem Herzen las, wenn er sie anblickte. Dieser Eindruck war so stark, daß ich nie gewagt hätte, eine Lüge zu sagen, denn ich war sicher, daß er in meinem Herzen den wahren Sachverhalt las. »[2]

Ein Kardinal, der sein Maestro di Camera war, bezeugt:

« Mitunter hatte ich den Eindruck, daß der Diener Gottes in meiner Seele las; deshalb befleißigte ich mich skrupelhafter Genauigkeit bezüglich der Tatsachen, die ich ihm zu berichten hatte. Auch besonders begnadete Seelen hatten den gleichen Eindruck wie ich. »[3]

*

Eines Tages begab sich der Obere des römischen Trappistenklosters in Tre Fontane zu dem Heiligen, um ihm eine Angelegenheit von großer Tragweite anzuvertrauen und seinen Rat zu erbitten. Doch kaum war er niedergekniet, da sagte Pius X. zu ihm: « In der Angelegenheit, deretwegen du zu mir gekommen bist, gehe in dieser

---

[1] Msgr. F. Gasoni, Ord. Rom., f. 277. — Vgl. Msgr. G. B. Rosa, ebd., f. 1044.
[2] Msgr. G. Pescini, Ord. Rom., f. 431.
[3] Kard. A. V. Ranuzzi de Bianchi, Ord. Rom., f. 587.

Weise vor.» Und er gab ihm genaue Richtlinien und Ratschläge, bevor der Ordensmann noch zu sprechen begonnen hatte [1].

*

Doch nicht immer waren es tröstliche Geheimnisse, die vor seinen Blicken offenlagen.

Einmal stellte ein angesehener Prälat dem Heiligen einen Priester seiner Diözese vor, spendete ihm das höchste Lob und versicherte, daß er nicht zu den Modernisten gehöre.

Pius X. blickte den Priester traurig an, doch er entgegnete kein Wort.

Die Strenge des Papstes, der bei Audienzen sonst sehr mitteilsam war, versetzte den Prälaten in Bestürzung und er wiederholte seine Lobsprüche und Versicherungen.

Doch es war vergeblich. Bald darauf verstand der Prälat, warum sich der Heilige diesem Priester gegenüber so ganz anders verhalten hatte, als es seine Gewohnheit war [2].

*

Wenn sich der Diener Gottes Don Luigi Orione zu einer Audienz zu Pius X. begeben mußte, tat er zuvor zwei Dinge: er brachte sein Äußeres und ... seine Seele in Ordnung. Er rasierte sich, wechselte Kleider und Schuhe, zog einen Mantel an und setzte einen fast neuen Hut auf. Dann ging er freudestrahlend nach St. Peter, um zu beichten.

Als er einmal in St. Peter keinen Beichtvater antraf, weil er zu einer ungewöhnlichen Stunde kam, ging er eiligst in die Chiesa della Traspontina und beichtete dort bei einem alten Karmeliterpater. Es stand ihm nur ganz

---

[1] Msgr. A. CARON, Ord. Rom., f. 520.
[2] Kard. R. SCAPINELLI DI LEGUIGNO, Ord. Rom., f. 1622.

kurze Zeit zur Verfügung, wenn er nicht zu spät zur Audienz kommen wollte. Doch der gute Karmeliterpater zog seinen Zuspruch in die Länge, so daß Don Orione wie auf Kohlen kniete.

Endlich unterbrach er den Beichtvater und bat ihn, er möge ihm sogleich die Absolution erteilen, weil er in wenigen Minuten beim Papst sein müsse.

Er verließ die Kirche, lief eilends zum Vatikan, keuchte die Treppen hinauf und kam zwei Minuten vor der festgesetzten Zeit an.

Als er an die Reihe kam, trat er demütig in das Arbeitszimmer des Heiligen ein. Kaum hatte der Heilige Vater ihn erblickt, da sagte er lächelnd zu dem völlig Überraschten: « Du hättest darauf verzichten können, zu beichten, bevor du zum Papst gehst. Wenn du wieder beichtest, laß dir etwas mehr Zeit dazu. »

Und niemand wußte, daß Don Orione vor der Audienz gebeichtet hatte [1].

Blick in die Zukunft

Der heilige Papst scheint außer der Gabe der Wunderkraft und jener, im Innern der Menschen zu lesen, auch die der Weissagung besessen zu haben.

Sowohl in den bischöflichen als auch in den apostolischen Prozessen sagen Zeugen aus, der Heilige habe familiäre und soziale Geschehnisse vorhergesagt.

Die Geheimnisse der Zukunft lagen vor den Augen Pius' X. ebenso offen wie die der Herzen. Schon als Bischof von Mantua hatte er dies bewiesen.

Der Sakristan der Kathedrale, ein gewisser Aristide Gregori, war in großer Sorge um seine schwerkranke

[1] MARIA SARTO, Ord. Rom., f. 105. — Vgl. auch: Der Priester D. SPARGAGLIONE, Don Orione, SS. 206-208.

Schwiegertochter. Drei Ärzte hatten ihr Ende als unmittelbar bevorstehend bezeichnet. Der arme Sakristan lief in aller Morgenfrühe zum Bischof und bat ihn, an diesem Tag die heilige Messe für die Genesung der Kranken aufzuopfern.

Nach der Messe lud der Heilige Herrn Gregori ein, mit ihm zu frühstücken. Er gab ihm das Meßstipendium zurück und sagte:

« Nimm das und verwende es für die Kranke und sei ruhig; deine Schwiegertochter wird nicht sterben. »

Die Kranke wurde gesund und lebte noch lange [1].

*

Als Msgr. Sarto gelegentlich der Jahrhundertfeier zu Ehren des heiligen Aloisius von Gonzaga [2] in Castiglione delle Stiviere weilte, bemerkte er, daß der Ökonom des Collegio delle Vergini, wo er Wohnung genommen hatte, sehr niedergedrückt war.

« Was hast du denn, Luigi? » fragte er.

« Mein dreijähriges Söhnchen ist in Lebensgefahr », erwiderte der Arme.

« Ich werde es besuchen », versprach der Bischof.

Am nächsten Tag löste er sein Versprechen ein. Er betrachtete den kleinen Sterbenden und segnete ihn. Dann wandte er sich an die trostlosen Eltern und versicherte:

« Er stirbt nicht, er stirbt nicht, nein. »

Tatsächlich wurde der kleine Pierino gesund und entwickelte sich zu einem aufgeweckten, intelligenten und kräftigen Jungen [3].

*

[1] A. GREGORI, Ord. Mant., S. 107.
[2] Siehe 5. Kap.
[3] Der Priester V. SCALORI, Ord. Mant., S. 128. — Vgl. auch: Msgr. A. MARCHESAN, a. a. O., VIII. Kap., S. 268.

Der Privatsekretär des Heiligen, Msgr. Bressan, berichtet:

« In Venedig traf der Diener Gottes bei der Chiesa dei Miracoli (Kirche der Wunder) eine arme Frau, die ihr sterbendes Töchterchen auf dem Arm trug.

'Eminenz, segnen Sie das sterbende Kind', flehte die unglückliche Mutter.

Der Patriarch segnete die Kleine und sagte ermutigend zur Mutter:

'Sei ruhig, dein Töchterchen stirbt nicht.'

Die Tatsachen bestätigten das tröstliche Wort des heiligen Patriarchen von Venedig. »[1]

*

Ein vornehmer Herr aus Mantua, der in Rom wohnte, und mit dem Heiligen von der Zeit her befreundet war, da dieser Bischof von Mantua gewesen war, bezeugt:

« Am 29. August 1901 starb mein Sohn im blühenden Alter von 18 Jahren. Man kann sich leicht vorstellen, wie sehr meine Gemahlin litt. Sie konnte sich mit dem Verlust nicht abfinden und war so verzweifelt, daß man fürchtete, sie werde den Verstand verlieren.

Der Diener Gottes, der damals Patriarch von Venedig war, schrieb mir einen Trostbrief, und als er bald darauf nach Rom kam, bemühte er sich, meine Gattin aufzurichten und zu christlicher Ergebung zu bewegen. Am Schluß der Unterredung sagte er:

'Nur Mut! Manchmal nimmt der Herr, um wieder zu geben. Habe Vertrauen, Gaetana! Er wird dir wieder einen Sohn schenken.'

Auf meine Gattin, die ganz in ihren Schmerz vergraben war, machte das keinen Eindruck, denn sie wußte, daß

---

[1] Proc. Ap. Rom., S. 123.

sie als Folge eines im Jahre 1884 vorgenommenen chirurgischen Eingriffes nach dem Urteil erfahrener Ärzte keine Kinder mehr haben konnte.

Doch neunzehn Jahre nach dieser Operation fühlte sie sich plötzlich Mutter.

Im Februar 1903 kam der Diener Gottes wieder nach Rom. Als er an meinem Geschäft vorbeikam, begrüßte er mich und sagte:

'Du erzählst mir gar nicht, daß deine Gattin bald Mutter wird?'

'Wer weiß, was noch kommt', entgegnete ich.

'Glaubt ihr noch immer nicht?' fragte er lächelnd.

Auf meine Frage, woher er das wisse, antwortete er:

'Laß dir genug sein, daß ich es weiß. Sag mir lieber: was würde deiner Frau mehr Freude machen, ein Junge oder ein Mädel?'

'Ein Junge als Ersatz für den verlorenen', sagte ich.

'Sag ihr nur, sie werde einen Jungen bekommen. Ihr sollt aber beide größeres Gottvertrauen haben.'

Einige Monate später, am 8. Juli 1903, wurde uns ein Söhnchen geschenkt, das der Diener Gottes — der damals schon Papst war — mit sieben Jahren zur Erstkommunion zuließ.»[1]

*

Eines Tages sollte ein Mädchen im Vatikan aus den Händen des Papstes das Sakrament der Firmung empfangen, als es plötzlich in Tränen ausbrach.

Gerührt fragte der Papst, was sie habe. Mit abgebrochenen Worten, von Schluchzen unterbrochen, sagte die Kleine, sie weine, weil sie niemanden habe, der sich um sie kümmere. Die Mutter lebe seit längerer Zeit von

---

[1] F. Rosa, Ord. Rom., f. 833-834: Ap. Rom., SS. 261-267.

ihrem Mann getrennt, und dieser habe eine andere Frau zu sich genommen.

Pius X. tröstete und ermutigte sie:

« Habe nur Mut, wenn du nach Hause kommst, wirst du den Papa und die Mama vereint finden. »

Die Vorhersage bewahrheitete sich. Als das Kind nach Hause kam, waren Vater und Mutter dort; sie hatten sich miteinander versöhnt und warteten auf seine Heimkehr [1].

*

Ein Zeuge aus Venedig berichtet: « Im Jahre 1912 hatte ich eine Audienz bei dem Diener Gottes, in deren Verlauf ich ihm von meiner 75jährigen Mutter erzählte, die seit langer Zeit gelähmt war. Ich sagte ihm, die Kranke setze große Hoffnung auf einen besondern Segen des Papstes.

'Sag deiner Mutter', lautete die Antwort, 'daß ich ihr sehr gern den Segen spende. Der Herr hat ihr ein schweres Kreuz auferlegt, und sie wird es sehr lange tragen müssen. Doch sie soll nicht den Mut verlieren, denn durch dieses Kreuz wird sie sich den Himmel verdienen.'

Die Worte des Papstes bewahrheiteten sich. Das Siechtum meiner Mutter zog sich zur Verwunderung der Ärzte noch weitere vierzehn Jahre hin; doch sie ertrug ihre Leiden wirklich bewundernswert; niemals verlor sie ihre Ruhe und Heiterkeit. » [2]

---

[1] G. Novelli, Ord. Trev., S. 1317.
[2] Dr. A. Vian, Ord. Ven., SS. 984-985.

Der « große Krieg »

Auch die furchtbare Heimsuchung, die 1914 über Europa hereinbrach, sah der Heilige mit Entsetzen voraus. [1]
Im Jahre 1906 erhielt Msgr. Luçon, Bischof von Belley in Frankreich, die Einladung, unverzüglich nach Rom zu kommen. Der Heilige Vater wünsche ihn zu sprechen.
Der französische Prälat reiste sofort ab und begab sich unmittelbar nach seiner Ankunft in Rom zum Papst.
Kaum hatte Pius X. ihn erblickt, da sagte er : « Ich ernenne Sie zum Erzbischof von Reims. »
Msgr. Luçon machte wichtige Gründe geltend, die dagegen sprachen; er bat und beschwor den Papst, von dieser Ernennung abzusehen. Doch dieser entgegnete:
« Ich ernenne Sie nicht zum Erzbischof von Reims, um Ihnen eine Ehrung oder Belohnung zukommen zu lassen, sondern ich will Ihnen damit ein Kreuz auferlegen. Kann ein Bischof das Kreuz zurückweisen, wenn er das Kruzifix betrachtet ? Sie sind bereits Bischof und haben schon ein Kreuz, doch in Reims werden Sie viel schwerere und drückendere, aber auch verdienstvollere Kreuze finden. »
Diese Worte machten auf den Bischof tiefen Eindruck. Er glaubte, der Heilige Vater wolle auf die Trennung von Staat und Kirche in Frankreich anspielen, die gerade im Gange war.
Doch als acht Jahre später die Türme der herrlichen gotischen Kathedrale von Reims von deutschen Kanonenkugeln zerstört wurden und ein Teil der Stadt in Trümmern lag, erinnerte sich Msgr. Luçon, der damals bereits Kardinal war, daß ihm der Heilige Vater im Jahre 1906 schwere Kreuze vorhergesagt hatte. In jenen Schreckenstagen ging seine Prophezeiung in Erfüllung [2].

---

[1] Msgr. G. PESCINI, Ord. Rom., f. 373.
[2] Zeugenaussage des Kardinal L. Luçon: Vgl. Kard. N. CANALI, Ord. Rom., f. 2024-2025.

Im Verlauf der Jahre kam Pius X. oft auf diese Vorhersage zurück. Es schien, als sehe er den großen Krieg voraus und spüre das Nahen von Tod und Verwüstung. « Ich sehe einen großen Krieg », sagte er immer wieder in tiefer Traurigkeit zu seinen Schwestern. Und wenn diese ihn aufzuheitern suchten und sagten, man dürfe sich durch die Vorgänge in der Welt nicht beunruhigen lassen, antwortete er: « Leider wird es zu einem großen Krieg kommen. »[1]

« Eminenz, es steht schlecht... es kommt ein großer Krieg », sagte er oft zu seinem Kardinal-Staatssekretär. Dieser war erstaunt, mit welcher Beharrlichkeit und Bestimmtheit der Heilige davon sprach[2].

« Ich spreche nicht von diesem Krieg », erklärte er 1911, zur Zeit der militärischen Intervention Italiens in Lybien und während des Balkankrieges 1912-1913. — « Das ist alles nichts im Vergleich zu dem großen Krieg, der kommen wird. » Und jedes Mal, wenn er davon sprach, so berichtet Kardinal Merry del Val[3], schien es, als könne er die kommenden Ereignisse sehen und mit Händen greifen. Und wenn der Kardinal einwendete, ein Krieg sei nicht zu erwarten, und wenn es zu einem solchen kommen sollte, könne bis dahin noch lange Zeit vergehen oder er könne vielleicht ganz vermieden werden, hob der heilige Seher in ungewöhnlichem Ernst die Hand und versicherte: « Eminenz, bevor das Jahr 1914 vergeht. »[4]

*

[1] MARIA SARTO, Ord. Rom., f. 90-91. — Vgl. ANNA SARTO, ebd., f. 157. — Msgr. G. PESCINI, ebd., f. 373. — A. SILLI, ebd., f. 789. — VITTORIA GOTTARDI, Ap. Trev., S. 681. — Zeugenaussage des M. Passi: Vgl. Dr. L. TAGLIAPIETRA, Ord. Ven., S. 276.
[2] Kard. R. MERRY DEL VAL, Ord. Rom., f. 898-899.
[3] DERS., Pio X: Impressioni e Ricordi, S. 109.
[4] DERS., ebd., S. 110.

Im Jahre 1912 schlug ein Herr aus Venedig dem Heiligen vor, für ein Ordenshaus in Gradisca ein großes Landgut mit weitläufigen Gebäuden zu erwerben.

« Das geht nicht », antwortete der Papst, « denn diese Gebäude werden alle zerstört. »

Drei Jahre später raste die Kriegsfurie durch jene Gegend und legte den ganzen Besitz in Trümmer [1].

*

Als sich am 30. Mai 1913 der Gesandte Brasiliens beim Heiligen Stuhl vom Heiligen Vater verabschiedete, sagte dieser zu ihm:

« Sie sind glücklich, Herr Minister, daß Sie nach Brasilien zurückkehren können; so werden sie nicht die Schrecken des Krieges sehen, der bald ausbrechen wird. » [2]

« Ich dachte », schrieb der Minister später, « der Heilige Vater spiele auf den Balkan an. Doch er fuhr fort: 'Der Balkankrieg ist der Anfang eines großen Weltenbrandes, den ich nicht verhindern kann und den ich nicht überstehen werde.' » [3]

Vierzehn Monate darauf, am 28. Juni 1914, geschah in Bosnien das furchtbare Verbrechen, das die apokalyptischen Reiter an die Tore Europas rufen sollte.

---

[1] Dr. A. VIAN, Ord. Ven., S. 985. — Vgl. Msgr. A. CARON, Ord. Rom., f. 498.

[2] Msgr. G. PESCINI, Ord. Rom., f. 374. — Kard. R. MERRY DEL VAL, ebd., f. 899.

[3] Kard. R. MERRY DEL VAL, a. a. O., S. 111. — Vgl. auch: Msgr. G. PESCINI, Ord. Rom., f. 374.

11. Kapitel

TOD UND VERKLÄRUNG
(20. August 1914)

1. Leidvolle Tage. — 2. Der Weltkrieg. — 3. Sein letztes Mahnwort. — 4. Ganzopfer. — 5. Beredtes Zeugnis. — 6. Das Testament: « Er ist ein Heiliger ! » — 7. Im Frieden der vatikanischen Grotten.

Leidvolle Tage

Die letzten Lebenstage Pius' X. waren von furchtbarem Leid und quälender Sorge verdüstert.

Als er in den ersten Monaten des Jahres 1914 erfuhr, daß die mexikanischen Bischöfe gezwungen waren, ins Exil zu gehen, um den Häschern zu entfliehen, und daß der Erzbischof von Durango dazu verurteilt wurde, die Straßen zu kehren, bemächtigte sich seiner tiefe Traurigkeit. Ein Beobachter, der ihn damals im Petersdom sah, schrieb über ihn:

« Langsam bewegte sich der Sessel, auf dem der Papst getragen wurde, durch die Menge. Seine Züge waren traurig und sanft. Seine Seele, die nichts von allem Prunk und Glanz wußte, schien in Betrachtung der Entfernung versunken zu sein, welche die irdischen Dinge vom Himmlischen trennt. Seine Rechte segnete nach allen Seiten. Der Ausdruck der Traurigkeit und Sorge war so tief, daß es schien, als könne nie mehr ein Lächeln seine Züge erhellen.

Eine Bewegung in der Menge veranlaßte den Papst, anhalten zu lassen. Es war, als sei er aus der Betrachtung jenseitiger Dinge gerissen worden. Er hob das nachdenkliche Antlitz und neigte sich vor. Wie ein Sonnenstrahl über den Winterhimmel huscht, so glitt einen Augenblick lang ein unendlich gütiges Lächeln über sein Gesicht. Neben mir hörte ich zwei Italiener flüstern: 'O Vater, o lieber alter Vater, segnen Sie uns!'»[1]

Der Weltkrieg

Am 25. Mai 1914 hielt der Heilige das letzte Konsistorium. Dem Anschein nach bestand keine Spur von Kriegsgefahr. Dennoch richtete der Papst an das Kardinalskollegium sehr ernste Worte; ausgehend vom Kreuze Christi als der einzigen Quelle des Heiles und des Friedens — «unicum pacis salutisque fontem» — für die gequälte Menschheit, fuhr er fort:
« Mehr als je müssen wir heute diesen Frieden suchen, wo wir sehen, wie feindselig die verschiedenen Klassen, Rassen und Völker gegeneinander eingestellt sind, und wo wir aus der wachsenden Zwietracht schreckliche Kämpfe entstehen sehen.
Es gibt Männer von großer Erfahrung und Autorität, denen das Geschick der Staaten, mehr noch, das der menschlichen Gesellschaft, am Herzen liegt und die Mittel und Wege suchen, um die unseligen Tumulte und das Kriegsgemetzel zu verhindern und um innerhalb und außerhalb des Vaterlandes das hohe Gut des Friedens zu erhalten. Das ist gewiß ein ausgezeichnetes Vorhaben, doch der Erfolg wird sehr gering sein, wenn nicht gemeinsam alle Anstrengungen gemacht werden, um Gerechtigkeit und Liebe in die Menschenherzen zu pflanzen. »[2]
Es waren kaum zwei Monate vergangen, da fanden diese Worte ihre Bestätigung. Nächstenliebe und Ge-

---

[1] Zeugenaussage von F. A. Forbes: Vgl. G. GALLONI S. J., Pio X, XI. Kap., S. 156. Turin - Rom 1921.
[2] Acta Apost. Sedis, Jahrg. VI (1914), SS. 253-254.

rechtigkeit wurden mit Füßen getreten und es war offensichtlich, daß Europa einem grauenhaften Blutbad entgegenging, weil eines fehlte: Gott im Leben der Völker.

Pius X. hatte immer inmitten des Volkes gelebt. Er sah, wie der gottlose Materialismus aufkam und sich entwickelte; und er erkannte, daß er früher oder später bittere Früchte tragen werde. Schon in seiner ersten Enzyklika hatte er ja erklärt: « Den Frieden wollen ohne Gott, ist absurd, denn wo Gott nicht ist, dort flieht auch die Gerechtigkeit, und wo die Gerechtigkeit fehlt, ist es unnütz, auf Frieden zu hoffen. »[1]

*

Am 28. Juni 1914 berichteten die Zeitungen der ganzen Welt, daß der Thronfolger der österreichisch-ungarischen Monarchie, Erzherzog Franz Ferdinand, und seine Gemahlin in Serajewo aus politischen Gründen ermordet worden seien. Es war dies das Fanal für die furchtbare Heimsuchung, die als Folge des sich ständig steigernden Abfalls von Gott über Europa hereinbrechen sollte, wie es der heilige Papst so oft vorhergesagt hatte [2].

Das ruchlose Verbrechen versetzte das Herz des Papstes in tiefe Trauer, denn er erkannte mit voller Klarheit, daß das gräßliche Völkermorden nun unmittelbar bevorstand.

In heißem Gebet rang er mit Gott. Die vatikanische Diplomatie unternahm in seinem Auftrag alles, um den drohenden Krieg zu verhindern. Der Papst bat, beschwor und ermahnte mit der ganzen Autorität seines erhabenen Amtes die Regierenden, sich nicht mit Blut zu beflecken und Gedanken des Friedens zu denken [3]. Die Christen

---

[1] PII X Acta, Bd. I, S. 16.
[2] Siehe 10. Kap.
[3] Sen. Prof. E. MARCHIAFAVA, Ord. Rom., f. 1704. — Kard. V. A. RANUZZI DE BIANCHI, ebd., S. 576. — Msgr. F. GASONI, ebd., f. 263. —

der ganzen Welt blickten in ihrer Angst auf ihn; vielleicht würde Pius X. die Schrecken des Krieges abwenden können, die sich bereits am Horizont abzeichneten? Doch wer hörte in jenen leidenschaftlich bewegten Tagen auf Friedensmahnungen? Die Mächtigen dieser Erde waren verblendet und achteten nicht auf die Stimme des Stellvertreters Christi.

Acht Nationen mobilisierten ihre Heere. Der Papst fühlte sich verlassen wie Jesus in Gethsemane, und in Todesangst flehte er: « Vater, wenn es möglich ist, laß diesen Kelch an mir vorübergehen. »[1] Sein Vaterherz erduldete schon im voraus alle Leiden, die über die Menschheit hereinbrechen sollten. Im Geiste sah er die Kämpfe, den grausamen, erbarmungslosen Haß, zerstörte Städte, verödete Häuser auf den lachenden Fluren, wo er so oft die Harmonie der Schöpfung bewundert hatte.

Und immer wieder versuchte er, das entsetzliche Unheil eines Krieges zu verhindern oder wenigstens einzudämmen. Nochmals wagte er es, zu hoffen wider alle menschliche Hoffnung.

Dem österreichischen Botschafter in Rom, der ihn bat, die Waffen der Donau-Monarchie zu segnen, antwortete er entschieden: « Ich segne nicht die Waffen, sondern den Frieden ! »[2]

Alle Bemühungen waren vergeblich. Das Unheil nahm seinen Lauf.

A. SILLI, ebd., f. 776. — Kard. T. BOGGIANI, ebd., f. 852. — Prinzessin M. C. GIUSTINIANI-BANDINI, ebd., 1685. — Msgr. A. CARON, ebd., 497. — Msgr. F. ZANOTTO, ebd., f. 191-192. — G. MARZI, ebd., f. 1474. — G. PASQUALI, ebd., f. 1508. — Vgl. auch: Msgr. G. JEREMICH, Ap. Ven., S. 254.

[1] Mark. 14, 36.
[2] Proc. Ap. Trev., SS. 452-453.

Sein letztes Mahnwort

Am 2. August, dem großen Gnadentag von Assisi, sandte er ein ergreifendes « Mahnwort an die Katholiken der ganzen Welt », dieser Welt, in der blinder Haß seine Orgien feierte und Tausende junger Menschenleben vernichtete. Aus diesem Mahnwort spricht der tiefe Schmerz, den der Vater und Hirte aller Völker angesichts des furchtbaren Gemetzels empfand:

« Während fast ganz Europa in den Strudel eines unglückseligen Krieges hineingerissen ist, an dessen Gefahren, an dessen Verheerungen und Folgen niemand ohne Schmerz und Schrecken denken kann, sind auch Wir von Bangen erfüllt und Unsere Seele empfindet tiefes Leid in der Sorge um das Heil und das Leben so vieler Christen und so vieler Völker, die unserem Herzen nahe stehen.

In dieser großen Not fühlen Wir und verstehen es gut, daß die väterliche Liebe und das apostolische Amt von Uns verlangt, die Seelen zu Jenem zu erheben, der allein uns helfen kann, zu Christus, dem Friedensfürsten und dem mächtigen Mittler der Menschen bei Gott.

Daher mahnen wir die Katholiken der ganzen Welt, vertrauensvoll ihre Zuflucht zum Thron der Gnade und des Erbarmens zu nehmen; der Klerus soll mit seinem Beispiel vorangehen und in den einzelnen Pfarreien gemäß den bischöflichen Weisungen öffentliche Gebete anordnen, um zu erlangen, daß Gott von Mitleid gerührt werde und sobald als möglich die unheilvollen Kriegsfackeln lösche und den Regierenden der Völker Gedanken des Friedens, nicht der Bedrückung, eingebe. »[1]

Es war sein letztes Mahnwort. Als er an jenem Tag im weiten Damasushof erschien, um die Menge zu segnen,

---

[1] Acta Apost. Sedis, VI (1914), S. 373.

die sich dort eingefunden hatte, bemerkten alle, daß der Papst nicht mehr so kraftvoll war, wie noch wenige Monate zuvor, sondern daß seine Züge Sorge und tiefe Traurigkeit zeigten. Er sah aus wie ein Todgeweihter [1]. Der Schmerz über den Krieg hatte ihn gebrochen [2]. Sein gütiges Herz empfand grenzenloses Mitleid. « Meine armen Kinder! Meine armen Kinder! » rief er mit tränenüberströmten Augen, wenn neue Mobilisierungen und neue Kämpfe gemeldet wurden.

Tag und Nacht rang er unter Tränen mit Gott. Und Tag und Nacht wiederholte er mit wachsender Glut: « Ich möchte mein armes Leben hinopfern, um den Untergang so vieler meiner Kinder zu verhüten. » [3] Er war untröstlich bei dem Gedanken, daß so viele Priester und Priesteramtskandidaten in den verschiedenen Ländern bereits auf dem Schlachtfeld waren, gezwungen, im Bruderkrieg gegeneinander zu kämpfen.

Nur jene, denen seine letzten vertraulichen Mitteilungen galten, konnten ahnen, wie unaussprechlich er litt, als sein Friedensappell ungehört verhallte, weil die Regierenden nicht den Frieden Christi wollten und die Verantwortung für die entsetzliche Tragödie auf sich nahmen [4]. In namenloser Qual flüsterte er einmal: « Ich leide für alle, die auf dem Schlachtfeld sterben... O, dieser Krieg!... Ich spüre es, dieser Krieg ist mein Tod. » [5]

Doch auch im tiefsten Schmerz zeigte er volle Ergebung in den Willen Gottes.

---

[1] Kard. V. A. RANUZZI DE BIANCHI, Ord. Rom., f. 581. — Msgr. C. RESPIGHI, Ap. Rom., S. 974.
[2] Msgr. G. BRESSAN, Proc. Ap. Rom., S. 129.
[3] Sen. Prof. E. MARCHIAFAVA, Ord. Rom., f. 1704.
[4] Msgr. F. ZANOTTO, Ord. Rom., f. 198.
[5] ANNA SARTO, Ord. Rom., f. 141.

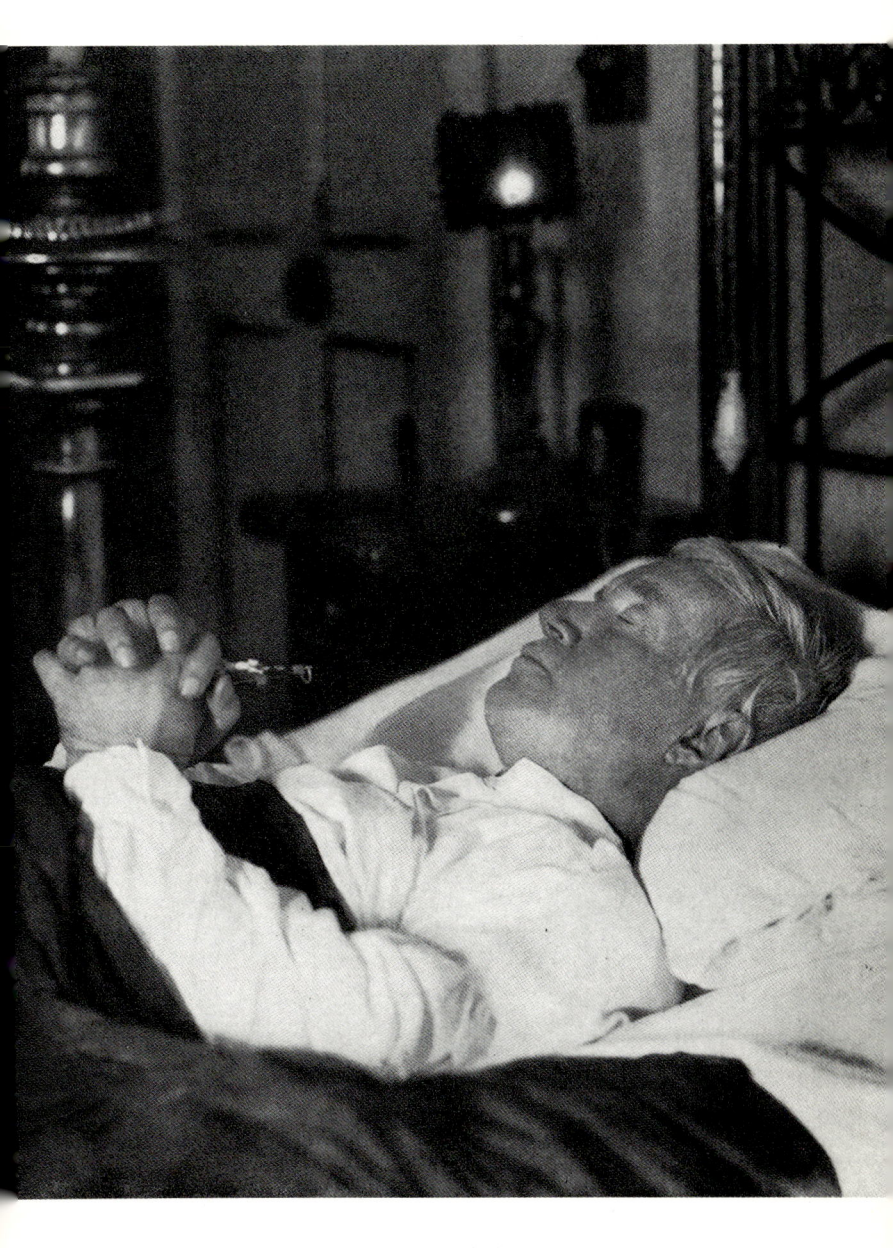

Auf dem Sterbebett

Foto Felici, Roma

Das Ganzopfer

Mit blutendem Herzen nahm er Abschied von seinen Kindern aus aller Welt; alle ausländischen Theologiestudenten mußten die Ewige Stadt verlassen, weil sie zur militärischen Dienstleistung in ihre Heimat berufen wurden. Er segnete Franzosen, Deutsche, Slaven, Engländer, Österreicher, Belgier und sprach zu ihnen: « Zeigt euch eures Glaubens würdig und vergeßt im Krieg nicht auf Mitleid und Erbarmen. »[1]

Er flehte und betete noch immer. Doch Gottes Antwort lautete: « Der gute Hirt gibt sein Leben für seine Schafe. »[2]

Nichts war ihm geblieben als das Leben. Und das gab er hin für das Heil der Welt; es war die völlige Hinopferung seiner selbst[3].

*

Die kräftige Konstitution des Papstes, die in Venedig und Rom schon schwere Krisen überstanden hatte[4], war durch die qualvolle Vorschau der Greuel des Krieges zerstört worden. « Er war seelisch müde, niedergeschlagen. »[5]

In dieser Seelenverfassung wurde er am Nachmittag des 15. August von starkem Unwohlsein befallen. Den 16. und 17. verbrachte er zwischen Bett und Arbeitstisch; der 18. verging unter Hoffen und Bangen. Der

---

[1] Msgr. G. Bressan, Ap. Rom., S. 129. — Sen. Prof. E. Marchiafava, Ord. Rom., f. 1709-1710. — Kard. V. A. Ranuzzi de Bianchi, ebd., f. 582-583. — Msgr. G. Pescini, ebd., f. 374. — G. Pasquali, ebd., f. 1509. — Der Priester L. Ferrari, Ord. Trev., SS. 1523-1524.
[2] Joh. 10, 11.
[3] Sen. Prof. E. Marchiafava, Ord. Rom., f. 1704.
[4] Msgr. G. Jeremich, Ord. Ven., S. 107. — Anna Giacomazzi, Ord. Trev., S. 893. — Maria Sarto, Ord. Rom., f. 91. — Kard. R. Merry del Val, ebd., f. 899. — Msgr. F. Zanotto, ebd., f. 198.
[5] Sen. Prof. E. Marchiafava, Ord. Rom., f. 1704.

Morgen des 19. brachte eine unerwartete, besorgniserregende Verschlechterung. Bald zeigte sich, daß das Ende bevorstand [1].

Pius X. erkannte den Ernst seines Zustands; er täuschte sich nicht darüber hinweg.

« Ich übergebe mich den Händen Gottes », sagte er in voller Ruhe [2].

« Kein Zeichen der Erregung, keine Klage. » [3]

Gegen Mittag empfing er die letzte Wegzehrung und die Heilige Ölung. Er war bei vollem Bewußtsein, heiter und voll tiefen Friedens [4].

*

Gegen Abend ertönte leise und feierlich die große Glocke von St. Peter und verkündete den Römern, daß der heilige Papst im Sterben lag. Alle Glocken der Stadt stimmten in das Klagegeläute ein.

Die Kirchen füllten sich mit Gläubigen. Viele opferten ihr Leben auf, damit Gott das des Papstes verlängere. Die Kinder, die er so sehr geliebt hatte, hoben flehend ihre kleinen Hände. Doch Gott hatte anders beschlossen. Es war eine Stunde bebender Angst für die Welt. Der sterbende Papst aber war ruhig und heiter. Er flüsterte Bitten, Worte der Hinopferung, flehte für die Völker, die sich erbarmungslos gegenseitig vernichteten.

---

[1] Msgr. G. BRESSAN, Ap. Rom., SS. 130-131. — Msgr. G. PESCINI, Ord. Rom., f. 380, 383. — MARIA SARTO, ebd., f. 91. — ANNA SARTO, ebd., f. 142. — Kard. R. MERRY DEL VAL, ebd., f. 900. — Vgl. auch : Acta Apost. Sedis, Bd. VI (1914), SS. 421-422.

[2] Msgr. G. BRESSAN, Ap. Rom., SS. 140. — MARIA SARTO, Ord. Rom., f. 91. — Kard. R. MERRY DEL VAL, ebd., f. 903. — Vgl. auch : Acta Apost. Sedis, ebd., SS. 421-422.

[3] Kard. R. MERRY DEL VAL, Pio X : Impressioni e Ricordi, S. 120.

[4] Msgr. A. ZAMPINI, Ord. Rom., f. 1266-1267. — Msgr. G. BRESSAN, Ap. Rom., S. 140. — ANNA SARTO, Ord. Rom., f. 142. — Kard. V. A. RANUZZI DE BIANCHI, ebd., f. 577-578. — G. MARZI, ebd., f. 1475. — G. PASQUALI, ebd., f. 1512.

Sein letzter Abschiedsgruß galt « seinem Kardinal », der ihm während der elf Jahre seines Pontifikates im Alltag wie bei großen Geschehnissen so treu zur Seite gestanden hatte.

Der Sterbende konnte nicht mehr sprechen, doch sein Geist war noch ganz klar. Mit einem unendlich liebevollen Blick umfing er den Kardinal-Staatssekretär und drückte ihm die Hand. Es war, als wolle er mit dieser stummen Geste seiner ganzen Liebe und Dankbarkeit Ausdruck geben und sein « Consummatum est » sprechen [1].

Dann lächelte er den Schwestern zu und spendete den wenigen Kardinälen und Prälaten, die zugegen waren, den Segen. Seine müden Augen bedeuteten ihnen, zum Himmel aufzublicken.

Er schlummerte ein. Plötzlich bewegte er sich, machte langsam das Kreuzzeichen und faltete die Hände, als ob er ein großes Geheimnis schaute [2].

Bevor der Morgen des 20. August graute, um 1 Uhr 15 [3], küßte er sein kleines Kruzifix, dann schloß er die Augen für immer. Seine Züge strahlten unendliche Güte und tiefen Frieden aus.

« Sein Tod hätte nicht friedvoller sein können », rief der römische Arzt, Senator Marchiafava, der zugegen war, erschüttert aus [4].

Und der Erzbischof von Pisa, Kardinal Maffi, gab der allgemeinen Überzeugung Ausdruck, als er den Dahingeschiedenen als das erste Opfer des Krieges bezeichnete. Der Schmerz um seine Kinder, die er dem Toben des Hasses ausgeliefert sah, hatte ihm das Herz gebrochen.

*

---

[1] Kard. R. MERRY DEL VAL, Ord. Rom., f. 904. — Msgr. G. PESCINI, ebd., f. 384.

[2] MARIA SARTO, Ord. Rom., f. 92.

[3] Msgr. G. BRESSAN, Ap. Rom., S. 148. — Msgr. G. PESCINI, Ord. Rom., f. 385. — Kard. R. MERRY DEL VAL, ebd., f. 905.

[4] Proc. Ord. Rom., f. 1705.

In den ersten Morgenstunden errichtete man im Sterbezimmer einen kleinen Altar, und einige Kardinäle, Prälaten und Vertraute des Heiligen feierten dort das heilige Opfer. Andere näherten sich erschüttert dem Lager und berührten Rosenkränze, Medaillen und kleine Kruzifixe an der entseelten Hülle, um sie als kostbare Andenken und Reliquien aufzubewahren [1]. Die gleiche ergreifende Szene spielte sich ab, als der Leib des Dahingeschiedenen, in die päpstlichen Gewänder gehüllt, vom Abend des 20. bis zum Morgen des 21. August im Thronsaal aufgebahrt wurde.

Eine große Menge aus allen Bevölkerungsschichten überflutete den S. Damasushof, die Treppen und Säle des Vatikans, nicht so sehr, um für den verstorbenen Papst zu beten, als vielmehr, um seine Fürbitte bei Gott zu erflehen.

Der Zustrom des Volkes war so groß, daß man einige Nobelgardisten zur Aufrechterhaltung der Ordnung aufbieten mußte. Zwei Monsignori stellten sich zur Verfügung, um die Andachtsgegenstände der Gläubigen an der sterblichen Hülle anzurühren. Alle waren überzeugt, am Sarge eines Heiligen zu stehen.

Beredtes Zeugnis

Die ganze katholische Welt und selbst die Gegner der Kirche neigten sich in Ehrfurcht vor der Größe und Heiligkeit dieser Persönlichkeit.

Der Pariser « Temps », die größte protestantische Tageszeitung Frankreichs, schrieb am 21. August 1914:

« Pius X. ließ sich nie von Motiven leiten, die für gewöhnlich die menschlichen Entschlüsse bestimmen. Er

---

[1] Msgr. G. BRESSAN, Ap. Rom., S. 148. — Msgr. G. PESCINI, Ord. Rom., f. 585-586. — Kard. R. MERRY DEL VAL, ebd., f. 905.

war über das Irdische erhaben, orientierte sich am Göttlichen. Einzig und allein sein Glaube war wegweisend für ihn. Dadurch war er Zeuge für die Wirklichkeit, für die Macht und Überlegenheit des Geistes. Nie scheute er sich, zu versichern, daß es der Kirche an nichts fehle, um sich am Leben zu erhalten, um zu kämpfen, zu leben, wenn sie nur ihre Freiheit bewahrt und bleibt, was sie ist. » [1]

Die Londoner « Times » schrieben am gleichen Tag:

« Alle jene, die echte Heiligkeit hochschätzen, vereinen sich mit der katholischen Kirche, die in Pius X. einen heiligen Priester, einen großen Bischof und einen großen Papst betrauert. » [2]

Die sozialistische Pariser Tageszeitung « L'Humanité » zeichnete den Dahingeschiedenen folgendermaßen:

« Der Papst ist gestorben! Man muß sagen, daß er ein großer Papst war. Seine Politik war höchst einfach: sie bestand darin, die Werte des Glaubens mit apostolischer Entschiedenheit zur Geltung zu bringen. Er konnte diese Politik mit Autorität durchführen, weil die Einfachheit seiner Seele und die Echtheit seiner Tugenden nie angezweifelt wurden. Man mag ihn beurteilen wie immer, man muß sagen, daß er ein großer Papst war. » [3]

Eine liberale römische Zeitung gab ihrer Bewunderung in wenigen Worten Ausdruck:

« Die Geschichte wird ihn als großen Papst betrachten; die Kirche wird ihn als Heiligen verehren. » [4]

Ein demokratisches Blatt Roms zögerte nicht, zu versichern:

« Er hat die Gestalt des Poverello von Assisi in unserer Mitte wiederaufleben lassen. Pius X. ist ein Heiliger. » [5]

---

[1] Vgl. auch: Proc. Ap. Rom., SS. 657-658.
[2] Am 21. August 1914.
[3] Vgl. auch: Proc. Ap. Rom., S. 657.
[4] « Il Giornale d'Italia », 22. August 1914.
[5] Vgl. auch: Proc. Ord. Rom., f. 836.

Tiefe Trauer löste sein Tod auch bei den Diplomaten aus, die während seines Pontifikates in Berührung mit ihm gekommen waren.
Kardinal-Staatssekretär Merry del Val berichtete : « Ich sah mehrere von ihnen (Diplomaten), die bis zu Tränen ergriffen waren, und ich erinnere mich sehr gut, daß einer von ihnen, ein Nichtkatholik, der am Morgen nach dem Tode des Heiligen Vaters mit mir sprach, seinem tiefen Schmerz Ausdruck gab und mir sagte, er beabsichtige, seine Regierung zu ersuchen, ihm einen anderen Wirkungskreis zuzuweisen; denn wer immer der neue Papst sein werde, ohne Pius X. werde Rom für ihn nicht mehr die Hauptstadt der Welt sein.
Am selben Tag sprach ein anderer Diplomat von der schwierigen Lage Europas und von dem großen Krieg, der schon begonnen hatte; dann fügte er hinzu : 'Das letzte Licht und die letzte Hoffnung ist nun erloschen, da Pius X. tot ist; jetzt ist nur noch Dunkel um uns.' » [1]

Das Testament : « Er ist ein Heiliger ! »

Schon am 30. Dezember 1909 hatte Pius X. sein Testament abgefaßt. Es erinnert an die Päpste der Urkirche. Es heißt darin :
« Arm bin ich geboren, arm habe ich gelebt und ich bin sicher, daß ich in größter Armut sterben werde... Deshalb empfehle ich meine drei Schwestern, die immer bei mir gelebt haben, der Großmut des Heiligen Stuhles und bitte, ihnen dreihundert Lire monatlich anzuweisen [2].

---

[1] Kard. R. MERRY DEL VAL, Pio X : Impressioni e Ricordi, SS. 28-29.
[2] Die drei Schwestern, die den Heiligen bis zu den Stufen des päpstlichen Thrones begleiteten, waren Rosa, Maria und Anna Sarto.
Sie ähnelten ihrem Bruder im Äußern wie auch in der religiösen Haltung; still und verborgen lebten sie und widmeten sich Werken der Caritas. Rosa starb am 11. Februar 1913.

. . . .

Ich bestimme, daß mein Leichnam nicht berührt und einbalsamiert werde.

Deshalb soll er, entgegen der Gepflogenheit, nur wenige Stunden aufgebahrt und dann in den Grotten der Peterskirche beigesetzt werden. » [1]

*

Als das römische Volk zwei Tage später den Inhalt des Testamentes erfuhr, konnte sich niemand dem Eindruck des heroischen Opfergeistes verschließen, der dort seinen Niederschlag gefunden hatte. « Pius X. wird sicher noch zur Ehre der Altäre erhoben », hieß es allgemein. « Er ist ein Heiliger. » Und der französische Schriftsteller Jean Carrère, der römische Mitarbeiter des Pariser « Temps », telegrafierte an seine Zeitung:

« Dieses Testament, das die wahrhaft evangelische Ge-

Anna beschloß ihr stilles, arbeitsreiches Leben am 29. März 1926.
Maria, die sich durch einen selten praktischen Sinn auszeichnete, starb am 30. März 1930 im hohen Alter von 83 Jahren. Mit ihr erlosch die Familie Sarto, da der einzige Bruder Pius' X., Angelo Sarto, keine Söhne hinterließ, als er am 9. Januar 1916 starb.
Die drei verheirateten Schwestern des Heiligen waren: Teresa Sarto-Parolin, gestorben in Riese am 20. Mai 1920 im Alter von 81 Jahren; Antonia Sarto - De Bei, gestorben in Salzano am 2. März 1917 im Alter von 74 Jahren; Lucia Sarto-Boschin, gestorben am 19. Juni 1924, 76 Jahre alt.
Auch sie lebten einfach und bescheiden, waren gute Mütter und entzogen sich, so viel sie nur konnten, den Besuchen von Personen, die sie kennenlernen wollten. Lucia, die Pius X. besonders ähnelte, empfing neugierige Besucher an der Haustür und sagte: « O wie schade! Sie ist eben ausgegangen und ich weiß nicht, wann sie zurückkommt. » (Msgr. E. BACCHION, Pio X: Arciprete di Salzano, V. Kap., S. 172.)

[1] Proc. Ord. Rom., f. 728*bis*, IV-V. — Die Vatikanischen Grotten, die das Grab des ersten Stellvertreters Christi bergen, bilden den Mittelpunkt der großen Basilika, die Kaiser Konstantin um das Jahr 326 über dem Grabe des Apostelfürsten zu bauen begann und die sein Sohn Konstantius ungefähr 359 fertigstellen ließ. — Es ist kennzeichnend für seinen starken Glaubensgeist, seine Demut und seine Liebe zur Armut, daß der Heilige dort in Stille und Verborgenheit, aber nahe dem Grabe des heiligen Petrus, ruhen wollte.

sinnung Pius' X. enthüllt, hat tiefen Eindruck gemacht. Es gab Anlaß zu einer großartigen Kundgebung: ganz Rom kniete zu den Füßen des heiligen Papstes nieder und rief mit lauter Stimme: 'Heiliger Pius X., bitte für uns!'

In Rom habe ich schon viele ergreifende Zeremonien gesehen, aber noch nie sah ich ein so großartiges und eindrucksvolles Schauspiel wie die Erschütterung und die Rufe dieser riesigen Menge, die ohne Unterschied der Klasse oder der Partei den Papst anrief, der eben erst verschieden ist. Der Instinkt des Volkes hat ihn jetzt schon zum Heiligen erklärt. »[1]

Vox populi, vox Dei! Volkes Stimme, Gottes Stimme.

Im Frieden der vatikanischen Grotten

Am Abend des 23. August 1914 wurde der demütige und große Sohn Rieses seinem Wunsche gemäß in den Vatikanischen Grotten beigesetzt[2].

---

[1] Vgl. « Le Temps », 21. August 1914.
[2] Das Grab des Heiligen befand sich rechts von der kleinen Treppe, die in die Vatikanischen Grotten führt, unter der Statue des heiligen Apostels Andreas: ein schlichter Marmorsarkophag, der unter dem Christusmonogramm die Worte zeigt: PIUS PAPA X. Auf dem Boden vor dem Sarkophag befindet sich eine Tafel mit der Inschrift:

PIUS PAPA X
PAUPER ET DIVES
MITIS ET HUMILIS CORDE
REIQUE CATHOLICAE VINDEX FORTIS
INSTAURARE OMNIA IN CHRISTO
SATAGENS
PIE OBIIT DIE XX AUG. A. D. MCMXIV

Übersetzung:

PAPST PIUS X.
ARM UND REICH
SANFT UND DEMÜTIG VON HERZEN
DER STARKE VERTEIDIGER DER KATHOLISCHEN SACI
BESTREBT, ALLES ZU ERNEUERN IN CHRISTUS
FROMM ENTSCHLAFEN AM 20. AUGUST
IM JAHRE DES HERRN 1914

Ein vatikanischer Prälat sagte bei der Bestattung:
« Pius X. ist tot, doch er lebt in der Erinnerung und der Geschichte der Kirche. Ich zweifle nicht daran, daß dieser Teil der vatikanischen Grotten schon bald ein Wallfahrtsort, das Ziel frommer Pilger werden wird. Die Kirche bringt viele Heilige hervor. Auch der Papst im dreifachen Schmuck der Armut, der Demut und der Milde wird vor aller Welt Gott verherrlichen. »[1]

Diese Vorhersage ging in Erfüllung. Von nah und fern kamen Menschen aller Klassen in die vatikanischen Grotten, um am Grabe des heiligen Papstes zu beten. Der Andrang der Pilger war so groß, daß der unterirdische Raum sie nicht alle fassen konnte. Deshalb knieten viele an jener Stelle des Petersdomes nieder, unter der sich das Grab Pius' X. befand[2]. Kardinäle und Bischöfe, Prälaten und Priester lasen die Messe auf dem kleinen Altar, der sich in der Nähe des Grabes befindet; die Gläubigen empfingen dort die heilige Kommunion und feierten dadurch in der ergreifendsten Weise sein Andenken.[3]

Viele brachten Kerzen und Blumen, andere Votivtafeln, die aber sogleich entfernt wurden, damit die Verehrung des Volkes nicht zu einem eigentlichen Kultus werde, weil dadurch der Gang des Seligsprechungspro-

---

Die sterbliche Hülle des Heiligen ruhte dort bis 1943. Als man mit den Grabungen in den Vatikanischen Grotten begann, wurde sie in eine Kapelle der Grotte übertragen; 1944 wurde sie zur kanonischen Rekognoszierung in den Petersdom gebracht und dann in einer Nische der Verkündigungskapelle beigesetzt; es ist das die erste Kapelle links vom Eingang. (Siehe 12. Kap.)

[1] Msgr. G. Cascioli, Archivar des vatikanischen Domkapitels.

[2] Proc. Ord. Rom., f. 432, 936. — Damit die Gläubigen leicht die Stelle finden konnten, wo sich das Grab befand, ließ Kardinal Merry del Val am Fußboden der Basilika ein kleines Metallkreuz anbringen und die Aufschrift: PIUS PAPA X.

[3] Am 20. jeden Monats — dem Sterbetag des Heiligen — begab sich Kardinal Merry del Val dorthin, um die heilige Messe zu zelebrieren. Zum letzten Mal tat er es am 20. Februar 1930, sechs Tage vor seinem unerwarteten Tode.

zesses beeinträchtigt worden wäre ¹. Alle waren überzeugt, in Pius X. einen neuen Helfer und Fürsprecher bei Gott gewonnen zu haben.

Es war ein « menschlich betrachtet unerklärliches » Schauspiel, wie ein Kardinal sagte ² : das Vertrauen des Volkes wuchs ständig. Endlich verlangten die in Rom residierenden Kardinäle einstimmig, daß die Seligsprechung und Kanonisation des demütigen Papstes eingeleitet werde ³, wie es bereits Millionen von Gläubigen ersehnten : Kirchenfürsten und Bischöfe, Prälaten aller Rangstufen, Diözesen und Priesterseminarien, Aposto-

---

¹ Proc. Ord. Rom., f. 937.
² Ebd., f. 938.
³ Die Causa der Selig- und Heiligsprechung Pius X. wurde — ein einzig dastehender Fall in der Kirchengeschichte — von den römischen Kardinälen eingeleitet. Am 14. Februar 1923 ernannten sie Don Benedetto Pierami, den Abt der römischen Benediktinerabtei S. Prassede, zum Postulator.

Als Promotoren der Causa Pius' X. fungierten die Kardinäle V. VANNUTELLI — R. MERRY DEL VAL — P. GASPARRI — G. DE LAI — G. GRANITO PIGNATELLI DI BELMONTE — G. VAN ROSSUM — V. A. RANUZZI DE BIANCHI — D. SBARRETTI — A. GASQUET — C. LAURENTI — G. CAGLIERO — A. SILJ — G. BISLETI — O. CAGIANO DE AZEVEDO — G. BONZANO — A. FRÜHWIRTH — O. GIORGI — E. BOGGIANI — G. MORI — F. RAGONESI — G. TACCI — N. MARINI.

Es fehlt Kardinal B. POMPILJ, Vikar Sr. Heiligkeit, der das Ernennungsdekret der ersten Postulators nicht unterschreiben konnte, weil er als Kardinalvikar von Rom das Amt des Richters ausüben mußte.

Zu den römischen Kardinälen gesellte sich Kardinal G. BENLLOCH Y VIVÒ, Erzbischof von Burgos, der sich damals mit einem spanischen Pilgerzug in Rom befand.

Gleichzeitig wurden die kanonischen Prozesse über den Ruf der Heiligkeit, die Tugenden und Wunder des Dieners Gottes in jenen Orten eingeleitet, wo er gelebt hat. Es wurden Diözesanprozesse durchgeführt in Treviso, seiner Heimatdiözese (1923-1926); in Mantua, wo er Bischof gewesen war (1924-1927); in Venedig, wo er als Kardinal-Patriarch residiert hatte (1924-1930), und in Rom, wo er seinen Lebensabend als Papst verbrachte (1923-1931). Die Prozesse wurden abgeschlossen, als die heilige Ritenkongregation am 12. Februar 1943 die Causa der Selig- und Heiligsprechung einleitete.

Es folgten unmittelbar die apostolischen Prozesse über die Tugenden des Dieners Gottes. Auch diese nahmen einen äußerst günstigen Verlauf. Nach gründlichen Studien und Erhebungen schlossen sie mit der Erklärung des heroischen Tugendgrades und erkannten dem heiligen Papst den Titel « ehrwürdig » zu.

lische Vikare und Präfekten, Ordensgemeinschaften, Priestervereinigungen, katholische Kongresse, Schulen, Universitäten, einfache Gläubige, Kinder, hochgestellte Persönlichkeiten und Leute aus dem Volk; Menschen aus allen Weltteilen, aus allen Nationen und Rassen wünschten einhellig, daß Pius X. zur Ehre der Altäre erhoben werde [1].

[1] Vgl. : La fama di santità del Servo di Dio il Papa Pio X nel pensiero del mondo cattolico a cura della Postulazione della Causa di Beatificazione e Canonizzazione del Servo di Dio. Rom 1939.
Es wurden niemals Aufforderungen oder Formulare versandt, damit man die Seligsprechung des Dieners Gottes erbitte. Die Tausenden von Bittschreiben, die man im Postulationsarchiv aufbewahrt, wurden alle spontan nach Rom gesandt, diktiert von der tiefinneren Überzeugung von der Heiligkeit Pius' X.

12. Kapitel

« MIT RUHM UND EHRE
HAST DU IHN GEKRÖNT » (Ps. 8,6)
(1923 - 1954)

1. Das Denkmal in der Vatikanischen Basilika. — 2. Eine Jahrhundertfeier. — 3. Fündundzwanzig Jahre nach dem Tode des heiligen Papstes. — 4. Die Erhebung der sterblichen Hülle. — 5. Die zwei Wunder, die für den Seligsprechungsprozeß berücksichtigt wurden. — 6. Zur Ehre der Altäre erhoben.

Das Denkmal in der Vatikanischen Basilika

Vielleicht nie zuvor hat die Gedächtnisfeier für einen Papst so kurze Zeit nach seinem Tode ein so starkes und allgemeines Echo gefunden, wie jene, die am 28. Juni 1923 im Petersdom stattfand, als man dort ein Monument Pius' X. enthüllte. Dieses Denkmal war nicht nur — wie es der Tradition entspricht — ein Zeichen der Verehrung vonseiten der von ihm kreierten Kardinäle, sondern Ausdruck der Liebe und Bewunderung der ganzen katholischen Welt.

Kaum war die Anregung geäußert worden, eine Statue des Dieners Gottes aufzustellen, da liefen aus allen fünf Erdteilen Gaben ein: Reiche und Arme, Kinder und sogar Frontsoldaten wollten nach Kräften einen Beitrag dazu leisten. Die Spenden wurden von Schreiben begleitet, in denen der Wunsch nach der Seligsprechung[1] des heiligen Papstes geäußert wurde, ein Beweis dafür,

---

[1] Postulationsarchiv.

daß sich Pius X. durch sein heiliges Leben längst ein Denkmal im Herzen des Volkes errichtet hatte [1].

Die Statue ist aus weißem Marmor und sehr lebenswahr: Pius X. tritt aus der großen Nische hervor und scheint gegen den Kathedra-Altar schreiten zu wollen, um dort die heiligen Geheimnisse zu feiern. Er breitet die Arme aus in einer Geste, die zugleich inbrünstiges Flehen und Hinopferung seiner selbst ausdrückt. Durch keine andere Haltung hätte der Nachwelt das Andenken des großen Papstes in so charakteristischer Weise übermittelt werden können wie in dieser: er fleht um Frieden und Erbarmen und legt alles vertrauensvoll in die Hände Gottes, der die Geschicke der Völker lenkt.

Pius XI. sagte bei der Einweihung des Monumentes:

« Der Dahingeschiedene spricht noch immer. Er spricht wirklich: er spricht durch die großartige Einfachheit des ganzen Werkes — eine Einfachheit, die so sehr in Übereinstimmung mit dem demütigen Leben des verherrlichten Papstes steht, so wie die Großartigkeit der Heiligkeit und der Schönheit des einzigartigen Gotteshauses angepaßt ist, für das die Statue geschaffen wurde.

Uns scheint, daß seine Haltung sein ganzes Wesen zum Ausdruck bringt: er ist Vater, er ist ein Heiliger, er ist Papst.

Die ausgebreiteten Arme des Vaters sprechen von Liebe, Wohltun und Verzeihen.

Der Heilige scheint zu sagen: 'Sursum corda': 'Empor die Herzen'; er scheint uns zu sagen, daß unser Wandel im Himmel ist; er scheint uns daran zu erinnern, daß über den Dingen dieser armen Erde die ewigen Güter des Himmels unser warten; er scheint uns aufzufordern, nach oben zu streben, nach dem Heiligen, nach allem, was uns

---

[1] Kard. R. MERRY DEL VAL, Ord. Rom., f. 936. — Vgl. auch: Il Monumento a Papa Pio X nella Patriarcale Basilica Vaticana, S. 114. Rom 1923.

Gott näher bringt: 'Venite adoremus!': 'Kommt, laßt uns anbeten!'

Vor allem aber spricht der Papst zu uns: er betet, opfert die Gebete der Kirche und der ganzen Welt Gott auf; er bietet der göttlichen Gerechtigkeit die unbefleckte Opfergabe und die heiligen Opfer seines Herzens dar; er opfert sich selbst für das Heil der Welt.

All dies sagt uns dieses Monument und es weckt noch viele andere teure Erinnerungen an dieses schöne, heilige Leben, das unter uns und für uns gelebt wurde. Allen, die es sehen, ist es eine Aufforderung zu beten und sich zu heiligen, zu verzeihen und Gutes zu tun.

Dieses Denkmal ist eine Ehrung, die auch das demütige Kind von Riese trotz aller Bescheidenheit nicht mißbilligen könnte.

Es ist eine Ehrung, die den Dichter und den Historiker zur Betrachtung dessen anregen, was wahre Ehre ist. Hier stehen wir wahrer Ehre gegenüber, weil sie aus reiner, wohlwollender Güte kommt, weil sie von Gott kommt und zu Gott führt.»[1]

Eine Jahrhundertfeier

Am 2. Juni 1935 war ein Jahrhundert vergangen seit dem Tage, an dem «der große Heilige und der große Papst»[2] in dem ärmlichen Häuschen eines unbekannten Dorfes geboren wurde. Da fühlte die ganze katholische Welt das Bedürfnis, dem zu huldigen, den Pius XII. mit den Worten kennzeichnete: «glühende Flamme der Liebe und strahlender Glanz der Heiligkeit»[3].

---

[1] Il Monumento a Papa Pio X nella Patriarcale Basilica Vaticana, SS. 121-123.
[2] Brief des Msgr. G. Leo, Bischof von Nicotera und Tropea, vom 24. September 1916: Postulationsarchiv.
[3] Vgl. Msgr. P. CENCI, a. a. O., Einleitung, S. IX.

Das Volk hatte die Überzeugung, daß Pius X. ihm nahe und gegenwärtig sei wie nur je; und man sehnte den Tag herbei, an dem man ihm als Heiligen der Kirche Gottes würde zujubeln dürfen.

Der Ruf seiner Heiligkeit verbreitete sich immer mehr. Nicht nur von Italien, sondern auch aus dem Ausland strömten die Menschen in die Vatikanischen Grotten, um am Grabe des heiligen Papstes zu beten.

Pilger aus allen Erdteilen kamen nach Riese, um die Stätte zu sehen, an der ein Kind aufgewachsen war, das den göttlichen Auftrag hatte, dereinst «alles zu erneuern in Christus».

Ein ganzes Jahr lang wurden in Italien und in allen anderen katholischen Ländern Kundgebungen veranstaltet, ein ergreifender Ausdruck der kindlichen Liebe und Verehrung, die das Volk Pius X. entgegenbrachte.

So wurde die Jahrhundertfeier seiner Geburt zu einem Triumph des demütigen Heiligen in der ganzen Welt [1].

Fünfundzwanzig Jahre nach dem Tode des heiligen Papstes

In immer hellerem Lichte erstrahlte die Heiligkeit des großen Papstes. Das zeigte sich in unwiderleglicher Weise gelegentlich der Feier seines 25. Todestages.

Ein imposanter Pilgerzug aus den drei venezianischen Provinzen kam unter der Führung der Diözesanbischöfe nach Rom. Drei Tage lang, vom 17. bis zum 20. August, weilten die Venezianer bei «ihrem» Papst und erlebten dort unvergeßliche Stunden.

Besonders eindrucksvoll war der strahlende Morgen des 19. August, an dem der Kardinal-Patriarch von Venedig in Castel Gandolfo die Pilger dem Heiligen Vater vorstellte.

[1] La fama di santità del S. di D. il Papa Pio X nel pensiero del mondo cattolico, SS. 348-429. Rom 1939.

An diesem denkwürdigen Morgen vernahm die ganze Welt aus dem Munde Pius' XII. eine ergreifende Schilderung des heiligen Lebens Pius' X., das sich völlig im Dienste der Seelen verzehrt hatte [1].

Die Erhebung der sterblichen Hülle

Am 12. Februar 1943 wurde der Seligsprechungsprozeß eingeleitet [2], auf den unmittelbar der Apostolische Prozeß folgte, der am 3. September 1950 mit der Erklärung des heroischen Tugendgrades des Dieners Gottes seinen Abschluß fand [3]. Damit war der Seligsprechungsprozeß Pius' X. in ein entscheidendes Stadium getreten.

Mit Spannung sah man nun der Erhebung der sterblichen Hülle entgegen. In welchem Zustand würde sich der Leib des heiligen Papstes befinden, der binnen kurzem Gegenstand der Verehrung des katholischen Erdkreises werden sollte?

Als Pius X. am 20. August 1914 von der Erde schied, stand die Welt am Beginn eines furchtbaren Krieges, den er vorausgesagt hatte. Sein Sarkophag wurde geöffnet, während ein noch mörderischerer und ausgedehnterer Krieg tobte.

Eine unbekannte Hand hatte auf den Bleisarg, der die sterblichen Überreste umschloß, die Bitte geschrieben: « Rette Rom, rette Italien, rette die Welt! »

Wir wissen nicht, wer diese Worte geschrieben hat. Aber diese Inschrift war das erste, was die Mitglieder des Seligsprechungstribunals zu sehen bekamen, als sie am 19. Mai 1944 den heiligen Leichnam identifizieren wollten.

[1] Vgl. « L'Osservatore Romano » vom 20. August 1939.
[2] Vgl. ROMANA: Positio super Introductione Causae Beatificat. et Canonizat. S. D. Pii PP. X. Romae 1942.
[3] Vgl. ROMANA: Positio super Virtutibus S. D. Pii PP. X. Romae 1949: Nova Positio super Virtutibus S. D. Pii PP. X. Romae 1950.

Bei der Öffnung des Sarges fand man den Leichnam unberührt vor, bekleidet mit den päpstlichen Gewändern, wie er vor dreißig Jahren beigesetzt worden war.

Unter der gespannten Gesichtshaut war die Form der Schädelknochen klar zu erkennen. Die Augenhöhlen schienen dunkel, aber nicht leer, bedeckt von den gesenkten, runzeligen Augenlidern. Die Haare waren weiß und voll.

In seinem Testament hatte Pius X. angeordnet, daß sein Leib nicht von profanen Händen berührt und daß nicht einmal die traditionelle Einbalsamierung vorgenommen werde. Trotzdem war er ausgezeichnet erhalten. Das Knochengerüst war überall von den Geweben bedeckt; nirgends lagen die Knochen bloß. Der Leib war starr, jedoch die Arme waren beweglich und biegsam, sowohl an den Schultern wie auch an den Ellenbogen. Die Hände erschienen überaus schön, feingliedrig und schmal; die Nägel waren vollständig erhalten [1].

Eine feierliche Stimmung lag über der Handlung. Fast glaubte man sich in die Urkirche zurückversetzt, da die Kirche in den Katakomben die heiligen Leiber der Martyrer ehrte [2].

Die beiden Wunder,
die für den Seligsprechungsprozeß berücksichtigt wurden

Mit der Anerkennung des heroischen Tugendgrades des Dieners Gottes ging der Seligsprechungsprozeß dem Ende entgegen. Doch man mußte noch abwarten, bis Gott selbst das Urteil seines Stellvertreters auf Erden bestätigte.

---

[1] Vgl. auch: Proc. Ap. Rom., SS. 1315-1317.

[2] Die sterbliche Hülle des großen Papstes wurde in die Kreuzkapelle des Petersdomes gebracht und blieb dort vom 19. Mai bis zum 2. Juli 1944. Dort war sie Gegenstand der Verehrung des ganzen gläubigen Rom. Auch der Heilige Vater Pius XII. bezeugte ihr seine Verehrung (Proc. Ap. Rom., SS. 1238-1510).

Msgr. Giuseppe Pescini, der Privatsekretär Pius' X., berichtet in seiner langen und eingehenden Aussage im Apostolischen Seligsprechungsprozeß folgende Episode.

Als der berühmte Pater De Santi aus der Gesellschaft Jesu einmal eine gewisse Zurückhaltung und Verwunderung zeigte in bezug auf eine außerordentliche Heilung, von der man sagte, sie sei dem einfachen Segen Pius' X. zuzuschreiben, einem Segen, den er in die Ferne gesandt hatte, erwiderte ihm der Heilige : «Ist es erstaunlich, daß der Herr durch seinen Stellvertreter außerordentliche Dinge wirkt ? »

Diese Antwort war offensichtlich gegeben worden, um die Aufmerksamkeit von der eigenen Person abzulenken und sie einzig und allein auf die Würde zu richten, deren Träger er war.

Die Akten des Seligsprechungsprozesses erwähnen viele Gnaden, die schon zu seinen Lebzeiten durch den Segen oder durch ein Gebet des heiligen Papstes erlangt wurden. Sie zählen nicht weniger Gnaden und Wunder auf, die nach seinem Tode auf seine Fürbitte hin gewährt wurden. Von diesen wurden zwei nach strenger wissenschaftlicher Prüfung vom Urteil der Kirche als wirkliche Wunder anerkannt.

Plötzliche Heilung eines Osteosarkoms an der Hüfte

Das erste dieser Wunder geschah an einer Schwester aus dem Heimsuchungskloster in Dôle, Frankreich, namens Marie Françoise Deperras, die am 7. Dezember 1928 von einem Osteosarkom an der Hüfte, einem von den Ärzten sehr gefürchteten Leiden, plötzlich geheilt wurde.

Da die Krankheit von der ersten Diagnose an als unheilbar erklärt worden war, bereitete sich die Schwester auf den Tod vor. Das Ende schien unmittelbar bevorzustehen, die Schmerzen waren unerträglich, als die Krankenpflegerin des Klosters, Schwester Germaine, eine Reliquie Pius' X. erhielt. Diese Reliquie regte die Schwestern an, sogleich eine Novene zu dem heiligen Papst zu halten, um durch seine Fürbitte die Heilung ihrer Mitschwester zu erlangen. Die Reliquie wurde mit einer Nadel auf der Brust der Kranken befestigt und die ganze Kommunität betete um ihre Genesung.

Aber die Novene ging vorüber, ohne daß sich die geringste Besserung zeigte. Das Befinden der Leidenden schien sich weiter zu verschlechtern. Doch das Vertrauen auf Pius X. war stark; gerade die Verschlimmerung war für die Schwestern ein Grund, noch zuversichtlicher zu hoffen. Ein solcher Glaube konnte nicht enttäuscht werden.

Man begann eine zweite Novene. Der Zustand der Kranken war hoffnungslos. Doch am Morgen des 7. Dezembers fühlte die Sterbende plötzlich, wie neues Leben ihre Glieder durchströmte. Sie fühlte sich wohler, die Schmerzen waren verschwunden. Sie richtete sich auf, setzte sich aufs Bett. Der Körper hatte seine volle Bewegungsfähigkeit wiedererlangt.

Eine Täuschung? Nein — ein Wunder.

Der Arzt, der sie wenige Stunden vorher verlassen und den Schwestern größte Aufmerksamkeit empfohlen hatte, weil der Tod jeden Augenblick eintreten könne, wurde schleunigst zurückgerufen. Er konnte nichts tun, als die Heilung feststellen und versichern, er sehe sich einer Tatsache gegenüber, die für die Wissenschaft unerklärlich sei.

Außer dem genannten Arzt, Henry Sullerot, legten der Chirurg René Jennessaux und der praktische Arzt Felicien Bourgeat, mit denen Dr. Sullerot wiederholt den Fall besprochen hatte und die die Kranke öfters besucht hatten, Zeugnis dafür ab, daß das Geschehen vom klinisch-pathologischen Standpunkt aus unerklärlich sei. Alle drei Ärzte kamen zu der Schlußfolgerung, die auch die Ansicht von berühmten Ärzten des Lyoner Krankenhauses wiedergab: Die Heilung kann nur übernatürlichen Ursprungs sein.

Schwester Marie Françoise erhob sich von ihrem Lager vollständig gesund und konnte sofort das Leben in der Kommunität wiederaufnehmen.

Am 21. März 1950 gaben die ärztlichen Sachverständigen der Ritenkongregation nach sorgfältiger Untersuchung des Falles das Urteil ab, es handle sich um eine plötzliche, vollständige und dauernde Heilung, die als übernatürlich anzusehen sei [1].

Plötzliche Heilung eines krebsartigen Geschwürs

Das zweite Wunder, das von den behandelnden Ärzten in rechtsgültiger Weise bezeugt und von den medizinischen Sachverständigen der Ritenkongregation nach der üblichen gründlichen Untersuchung anerkannt wurde, geschah in Italien an Schwester Benedicta de Maria im Klarissinnenkloster von Boves in der Provinz Cuneo, die an einem krebsartigen Geschwür im Unterleib litt.

Bevor sie davon befallen wurde und schon vor ihrem Eintritt bei den Klarissinnen hatte sie an einer schweren Magenkrankheit gelitten. Als das Geschwür dazu kam, verschlechterte sich das Befinden der Schwester so sehr, daß man ihren Tod als unmittelbar bevorstehend ansehen mußte.

Aber im Kloster von Boves wußte man, daß der Seligsprechungsprozeß Pius' X. im Gange war. So beschlossen die Schwestern, ihn zu bitten, der Kranken durch seine Fürsprache Heilung zu erlangen.

---

[1] ROMANA: Beatificat. et Canonizat. S. D. Pii PP. X: Positio super Miraculis: Relatio Indicii Medico-Legalis, SS. 1-13. Rom 1951.

Am 26. Februar 1938 begann die Kommunität eine Novene in dieser Meinung. Der behandelnde Arzt hätte eine Operation versuchen wollen, obwohl er selbst über den Ausgang im Zweifel war. Aber die Kranke und ihre Mitschwestern widersetzten sich diesem Plan, indem sie darauf hinwiesen, daß ja der Arzt selber schwere Bedenken hatte. Inzwischen wurde die Novene fortgesetzt.

Eines Tages rief Schwester Benedicta mit lebendigem Glauben den heiligen Papst an und verschluckte ein Stückchen einer Reliquie aus seinen Gewändern.

Wunderbares Heilmittel! Augenblicklich hörten die Schmerzen auf und die Geschwulst, die die Größe einer dicken Orange gehabt hatte, verschwand mit einem Schlage.

Die Schwestern befanden sich gerade im Chor, als plötzlich Schwester Benedicta dort eintrat, die sich ohne fremde Hilfe erhoben und angekleidet hatte. Die Oberin und die Schwestern waren vor Überraschung ganz außer sich und wollten ihren Augen nicht trauen. Aber Schwester Benedicta wiederholte unter einem Strom von Tränen immer wieder die Worte: « Geheilt... Geheilt... Pius X.! »

Der Arzt, der bald darauf kam, wollte wissen, was sie eingenommen hatte. Als man ihm den Sachverhalt berichtete, war er so betroffen, daß er keine Worte fand.

« Herr Doktor », sagte die Oberin zu ihm, « Sie haben doch noch ein wenig Glauben. »

« Aber hier ist kein Glaube nötig », entgegnete der Arzt. « Hier stehen wir vor einer unleugbaren außerordentlichen Tatsache. »

Der Arzt wartete noch einige Zeit, um mit Sicherheit die volle Heilung der Schwester feststellen zu können. Dann diktierte er sein Zeugnis, in dem er Gott dankte und ihn pries, weil sein Eingreifen auf die Fürbitte Pius' X. hin bei seiner Patientin offensichtlich war.

Am gleichen Tag, an dem die Heilung erfolgt war, nahm Schwester Benedicta wieder ihr Amt als Pförtnerin auf und verkündete allen, die sich an der Pforte einfanden, was der heilige Papst durch seine Fürsprache an ihr gewirkt hatte [1].

*

Am 11. Februar 1951 bestätigte Papst Pius XII. mit seiner Autorität als Statthalter Christi die beiden soeben berichteten Wunder. Und am darauffolgenden 4. März erklärte er, daß mit voller Sicherheit zur Seligsprechung des ehrwürdigen Dieners Gottes Pius X. geschritten werden könne.

Zur Ehre der Altäre erhoben

Als Pius X. starb, stand er unzweifelhaft im Rufe der Heiligkeit. Dennoch vergingen viele Jahre, in denen alle Abschnitte und alle Ereignisse seines langen Lebens studiert und gründliche Erhebungen angestellt wurden, bis der Stellvertreter Christi am 3. September 1950 den heroischen Grad seiner Tugenden bestätigte.

Doch Gott selbst mußte durch Wunder die Heiligkeit seines Dieners bestätigen, bevor er zur Ehre der Altäre erhoben werden konnte.

*

Am Morgen des 3. Juni 1951 erfolgte in feierlichster Weise die Seligsprechung des großen Sohnes von Riese. Die göttliche Vorsehung hatte es gefügt, daß dieses Ereignis auf Giuseppe Sartos Tauftag fiel. Keiner von

---

[1] Ebd., SS. 13-21.

denen, die am 3. Juni 1835 das Kind des Postboten Sarto zur Kirche begleiteten, konnte ahnen, daß genau 116 Jahre später der Heilige Vater inmitten einer großen Menge von Pilgern aus Italien, dem übrigen Europa und den überseeischen Ländern diesem Kinde seine Verehrung bezeugen werde.

Am Nachmittag dieses Tages hielt Pius XII. von der breiten Freitreppe des Petersdomes aus, vor dem vergoldeten Schrein, der die unversehrte sterbliche Hülle Pius' X. barg, umgeben von dem Kardinalskollegium und mehr als zweihundert Bischöfen, an die unübersehbare Menge der Gläubigen, die aus aller Welt zusammengeströmt waren, eine Ansprache, in der er das Leben seines großen Vorgängers zeichnete. Und die Ätherwellen trugen seine helle, vor Ergriffenheit bebende Stimme in alle Welt hinaus [1].

« Himmlische Freude überströmt Unser Herz », so begann er. « Ein Lobes- und Dankeshymnus auf den Allmächtigen drängt sich auf Unsere Lippen, weil der Herr es Uns vergönnt hat, Unseren Vorgänger hochseligen Andenkens zur Ehre der Altäre zu erheben...

Ein gemeinsamer Wunsch ist in Erfüllung gegangen...

Seit mehr als zweihundert Jahren war dem römischen Papsttum kein Tag des Glanzes mehr beschieden, der mit diesem vergleichbar wäre, noch war mit solcher Eindringlichkeit und Eintracht der Ruf aller derer laut geworden, die ihm zujubelten, für die der Stuhl Petri der Felsen ist, in dem ihr Glaube verankert ist, der Leuchtturm, der ihre unerschütterliche Hoffnung stärkt, das Band, das sie in der Einheit und in der Gottesliebe festigt...

Wir, die Wir damals am Beginn Unseres Priestertums standen, bereits im Dienste des Heiligen Stuhles, Wir werden nie die tiefe Bewegung vergessen, die Wir emp-

---

[1] « L'Osservatore Romano » vom 4.-5. Juni 1951.

fanden, als am Mittag des 4. August 1903 die Stimme des ersten Kardinaldiakons von der Loggia der vatikanischen Basilika aus der Menge verkündete, daß jenes Konklave — welches in vieler Hinsicht so bedeutsam war ! — seine Wahl auf den Patriarchen von Venedig, Guiseppe Sarto, hatte fallen lassen.

Damals wurde im Angesicht der Welt zum ersten Male der Name Pius' X. verkündet. Was sollte dieser Name für das Papsttum bedeuten, für die Kirche, für die Welt ?...

Die Welt, die ihn heute in der Glorie der Seligen sieht und ihm zujubelt, weiß, daß er den Weg, den ihm die Vorsehung gewiesen, mit einem Glauben durchlief, der Berge versetzte, mit einer unerschütterlichen Hoffnung, auch in den düstersten und unsichersten Stunden, mit einer Liebe, die ihn antrieb, sich für den Dienst Gottes und für das Heil der Seelen völlig hinzuopfern.

Um dieser theologischen Tugenden willen, die gewissermaßen das Fundament seines Lebens waren und die er in einem Grade der Vollkommenheit übte, der jede rein natürliche Vortrefflichkeit unvergleichlich übertrifft, erstrahlte sein Pontifikat wie in den goldenen Zeiten der Kirche.

Indem er in jedem Augenblick aus dem dreifachen Quell dieser königlichen Tugenden schöpfte, verband und vollendete der selige Pius X. den Lauf seines ganzen Lebens mit der heroischen Übung der Kardinaltugenden : einem von Schicksalsschlägen ungebeugten Starkmut, einer Gerechtigkeit von unbeugsamer Unparteilichkeit, einer Mäßigkeit, die zu völliger Selbstverleugnung wurde, einer umsichtigen Klugheit des Geistes, die Leben und Friede ist, unabhängig von der « Klugheit des Fleisches, die Tod und Feind Gottes ist » (vgl. Röm. 8, 6) . . .

Jetzt, da in genauester Prüfung alle Akte und Wechselfälle seines Pontifikates gründlich durchforscht wurden, da man die Folgen jener Wechselfälle kennt, ist kein

Zaudern und keine Zurückhaltung mehr möglich: man muß anerkennen, daß Pius X., unterstützt von seinem hochherzigen und getreuen Staatssekretär Kardinal Merry del Val, auch in den schwersten, härtesten und verantwortungsvollsten Perioden, jene erleuchtete Klugheit bewies, die den Heiligen nie mangelt, auch wenn sie sich in ihren Auswirkungen in zwar schmerzlichen, aber unvermeidlichen Gegensatz zu den trügerischen Forderungen der menschlichen und rein irdischen Klugheit stellt...

Der «bescheidene Landpfarrer», wie man ihn zu nennen beliebte — und nicht zu seiner Unehre! — erhob sich gegen die Angriffe, die den unveräußerlichen Rechten der menschlichen Freiheit und Würde, den heiligen Rechten Gottes und der Kirche galten, wie ein Riese, in der ganzen Majestät seiner souveränen Autorität. Dann ließ sein «non possumus» die Mächtigen der Erde erzittern und manchmal zurückweichen; es beruhigte die Schwankenden und stärkte die Furchtsamen.

Der diamantenen Stärke seines Charakters und seiner Haltung, die er seit den ersten Tagen seines Pontifikates zeigte, muß man das anfängliche Erstaunen und die spätere Abneigung jener zuschreiben, die aus ihm das «Zeichen, dem widersprochen werden wird» machen wollten, dabei jedoch das Dunkel ihrer eigenen Seelen verrieten...

Ein Mann, ein Papst, ein Heiliger von solcher Erhabenheit findet nur schwer den Historiker, der seine ganze Persönlichkeit in ihren vielgestaltigen Aspekten zu erfassen vermag. Doch schon die einfache, nüchterne Aufzählung seiner Taten und seiner Tugenden, wie Wir sie in diesem Augenblick mit kurzen und unvollständigen Hinweisen versuchen, genügt, um tiefe Bewunderung zu wecken.

Von ihm kann sicher gesagt werden, daß er an jede Aufgabe, der er seine Aufmerksamkeit und Tatkraft zuwandte, herantrat mit einer klaren, hohen und umfassenden Intelligenz, mit jenen seltenen Fähigkeiten, die ihn ebenso glücklich in der Analyse wie kraftvoll in der Synthese zeigen, indem er jedem seiner Werke das Gepräge der Allgemeingültigkeit und der Einheit verlieh, immer in dem Streben, alles in Christus zu verankern und zu erneuern.

Schützer des Glaubens, Herold der ewigen Wahrheit, Hüter der heiligsten Traditionen, offenbarte Pius X. ein außerordentlich feines Verständnis für die Bedürfnisse, Bestrebungen und Kräfte seiner Zeit. Deshalb gehört er zu den glorreichsten Päpsten, die auf Erden die treuen Sachwalter der Schlüssel des Himmelreiches sind und denen die Menschheit jedes Voranschreiten auf dem rechten Wege und jeden wahren Fortschritt verdankt...

Eine Stunde der Glorie ist uns an diesem leuchtenden Abend geschenkt. Es ist eine Glorie, die dem römischen Papsttum gilt, eine Glorie, die auf die ganze Kirche ausstrahlt, eine Glorie, die an dem von Betern umlagerten Grabe eines schlichten Sohnes des Volkes aufleuchtet, den Gott erwählt, beschenkt und erhoben hat.

Aber vor allem ist es eine Verherrlichung Gottes, denn in Pius X. offenbart sich das Geheimnis der Weisheit und Güte der Vorsehung, die der Kirche beisteht und durch sie der Welt, zu jeder Zeit der Geschichte.

Durch seine Person und durch sein Werk wollte Gott die Kirche für die neuen und schwierigen Aufgaben rüsten, die die kommenden stürmischen Zeiten ihr vorbehielten: zur rechten Zeit sollte eine in der Lehre einige, in der Disziplin gekräftigte, in ihren Hirten wirksame Kirche dastehen; hochherzige Laien, ein gut unterrichtetes Volk; eine vom zartesten Alter an geheiligte Jugend; für die Probleme des sozialen Lebens wache Gewissen. Wenn heute die Kirche Gottes — weit davon entfernt, vor den Kräften zurückzuweichen, welche die geistigen Werte zerstören —, leidet, kämpft und in der

Kraft Gottes voranschreitet und erlöst, so verdankt man das zu einem großen Teil dem weitsichtigen Wirken und der Heiligkeit Pius' X. Heute ist es offenkundig, wie sein ganzes Pontifikat nach den Plänen der Liebe und der Erlösung von oben gelenkt wurde, um die Herzen vorzubereiten, die gegenwärtigen Kämpfe zu bestehen und um unsere und künftige Siege vorzubereiten.»

Das Zeugnis Gottes

Unter den Wundern, durch die Gott den neuen Seligen verherrlichte, wurden die zwei im folgenden geschilderten für den Heiligsprechungsprozeß berücksichtigt.

1. Die Heilung des Rechtsanwalts Francesco Belsani,

69 Jahre alt, wohnhaft in Neapel, Piazza S. Maria Nuova 12.

Die Diagnose der Krankheit lautete auf ein Krebsgeschwür an der rechten Lunge, das rasch zum Tode führen würde. Der Rechtsanwalt war am 7. Juli 1951 an einer Grippe mit Temperaturen zwischen 38 und 39° erkrankt. Als das Fieber nach zwanzig Tagen noch immer andauerte, wurde Professor De Simone von der Universität Neapel gerufen, der eine grippeartige Erkrankung konstatierte, schweißtreibende Mittel verordnete und dem Kranken Penicillin-Injektionen gab.

Die erhoffte Besserung blieb jedoch aus. Das Fieber hielt an. Es trat hartnäckiger Husten auf. Hustenanfälle, die mehrere Stunden dauerten und überdies von Schlucken begleitet waren, ließen befürchten, daß das Herz versagen würde, zumal sich das Leiden ständig verschlimmerte und die Temperatur auf 40° gestiegen war. Das klinische Bild war sehr ernst und ließ tödlichen Ausgang erwarten.

Da sich Professor De Simone von der Erfolglosigkeit

der angewendeten Mittel überzeugt hatte, konsultierte er zwei seiner berühmten Kollegen : nach gründlicher Prüfung des Falles wollte das Ärztekollegium einen operativen Eingriff versuchen. Der Kräfteverfall und die Erschöpfung des Kranken waren jedoch schon so vorgeschritten, daß man darauf verzichten mußte.

Am 23. August hatte Rechtsanwalt Belsani nachts so hohes Fieber und einen so schweren Anfall von Husten und Schlucken, daß unmittelbare Lebensgefahr eintrat. Voll Vertrauen rief er Pius X. an, dessen Bild neben seinem Bett stand. Und im gleichen Augenblick sah er etwas Merkwürdiges : Pius X. saß neben seinem Bett, berührte ihn mit der Hand und sprach : « Morgen früh bist du gesund. »

In den frühen Morgenstunden des nächsten Tages war Rechtsanwalt Belsani völlig genesen.

« Ich bin überzeugt », so versicherte er, « daß ich auf die Fürbitte des seligen Pius X. hin durch ein Wunder geheilt wurde » [1].

2. Die Heilung der Sr. Maria Luisa,

die in der Welt Grazia Scorcia hieß, 33 Jahre alt, Barmherzige Schwester im Ospedale della Feliciuzza in Palermo.

Die Schwester wurde im Dezember 1951 von einer Hirn- und Rückenmarkentzündung eines neurotropischen Virus befallen.

Vom 4. Januar 1952 an mußte sie das Bett hüten; es traten die ersten Anzeichen von Lähmungen auf : Leichenfarbe der rechten Hand, Absterben der Beine, Sehstörungen.

Professor Vasile vom Medizinischen Pathologischen Institut in Palermo verordnete ihr Lumbalpunktion. Doch

---

[1] Positio super Mirac. B. Pii PP. X : Summ. Mirac., I, p. 10. Romae 1953.

die erwartete Wirkung blieb aus. Die Krankheit machte zusehends Fortschritte und hatte schon die Wirbelsäule ergriffen.

Die Mitschwestern der Kranken hielten drei Novenen, um die Fürbitte Pius' X. zu erlangen. Am 12. Februar war das Befinden der Sr. Maria Luisa sehr ernst; doch sie setzte großes Vertrauen auf den Seligen, von dem sich ein Bild über dem Kopfende ihres Bettes und ein anderes auf ihrem Nachttisch befand, vor dem ein Öllämpchen brannte.

Nach schlaflosen Nächten fand sie am 14. Februar ruhigen Schlaf und am Morgen des 15. Februar « geschah etwas Neues und Großes ».

« An jenem Morgen », so bezeugte die Schwester am 18. Juni 1952, « war ich allein; ich befand mich in einem Zustand von Regungslosigkeit und Schläfrigkeit. Da sah ich plötzlich eine Monstranz mit dem Allerheiligsten auf einem Schränkchen vor meinem Bett stehen; von der heiligen Hostie ging helles Licht aus und erfüllte das ganze Zimmer. Von unbeschreiblicher Freude erfüllt, wollte ich mich erheben, doch ich konnte mich nicht bewegen.

In diesem Augenblick sah ich eine weiße Gestalt — von der ich schon mehrere Male geträumt hatte — um das Bett herumgehen, und hörte eine Stimme, die zu mir sprach: 'Steh auf und geh!'

Ich weiß nicht, wie es zuging, daß ich plötzlich auf den Füßen stand und angekleidet war; wie von einer geheimnisvollen Macht gedrängt, ging ich in die Kapelle, wo die Schwestern gerade der heiligen Messe beiwohnten.

Man kann sich das Staunen vorstellen, das mein Erscheinen bei den Schwestern hervorrief, und das noch wuchs, als ich ihnen sagte, daß ich mich völlig wohl fühle und geheilt sei. »[1]

[1] Ebd. Summ. Mirac., II, p. 12-13.

« Ich bin fest überzeugt », versicherte sie, « daß meine vollständige und plötzliche Heilung ein Wunder Pius' X. ist. Die Schwestern teilten meine Überzeugung. »[1]

Ärzte von internationalem Ansehen wurden von der Ritenkongregation gerufen, um ihr Urteil über diese Geschehnisse abzugeben. Nach gründlicher Prüfung der Tatsachen versicherten sie:

Francesco Belsani von Neapel wurde « auf außernatürliche Weise plötzlich, vollständig und dauernd geheilt »[2].

Die Heilung der Sr. Maria Luisa Scorcia war « plötzlich, vollständig und dauernd, mit einem Wort: wunderbar, nicht anders erklärlich »[3].

Der Heilige Vater Pius XII. bestätigte kraft seiner Autorität das Urteil der Wissenschaft über diese beiden Wunder[4].

Nun stand der Heiligsprechung Pius' X. nichts mehr im Wege.

Die Heiligsprechung

Am 29. Mai 1954 schlug die Stunde höchster irdischer Verherrlichung für den großen Papst.

Eine unübersehbare Menge von Pilgern aus allen Ländern und allen Nationen erfüllte den Petersplatz, als der Stellvertreter Christi feierlich verkündete, « er erkläre den seligen Pius X. zum Heiligen und schreibe ihn ein in das Buch der Heiligen ».

Weihrauchwolken umgaben den goldenen Schrein, der die unversehrte sterbliche Hülle des neuen Heiligen umschloß. Inbrünstig stiegen Lieder und Gebete zum Him-

---

[1] Ebd., S. 10.
[2] Ebd., Relat. iudic. medico-legalis Commiss. Medic. S.RR.C., S. 12-13.
[3] Ebd. Iudic. medico-legale, S. 37.
[4] « L'Osservatore Romano » vom 17. Januar 1954.

mel auf. Der langgehegte Wunsch der Gläubigen der ganzen Welt war erfüllt.

Festlich erklangen die Glocken der Ewigen Stadt, und es war, als ob sie ein Siegeslied jubelten, ein Lied demütigen Dankes und unzerstörbarer Zuversicht, das Lied der Kirche, die immer neu die Erfüllung der göttlichen Verheißung erfährt: «Die Pforten der Hölle werden sie nicht überwältigen.» [1]

[1] Matth. 16, 18.

INHALTSVERZEICHNIS

I. Die wichtigsten Quellen v
II. Biographien vi
III. Chronologische Darstellung des Lebenslaufes . . vii
IV. Elf Jahre Pontifikat viii
V. Selig- und Heiligsprechungen, die von Papst Pius X. vorgenommen wurden x
VI. Beginn und Entwicklung der Causa der Selig- und Heiligsprechung Pius' X. xiii

1. Kapitel

Bescheidenes Vorspiel
(2. Juni 1835 - 18. September 1858)

Geheiligter Quellgrund 1
In der Schule 2
« Ich will Priester werden ! » 4
Die Gymnasialstudien 5
Bange Erwartung 8
Im Seminar von Padua 10
Schweres Leid 12
Traurige Ferien 13
Giuseppe Sartos Ferien 14
Der Theologiestudent 17
Die Priesterweihe 19

2. Kapitel

Der Kaplan von Tombolo
(29. November 1858 - 13. Juli 1867)

Das « Perpetuum mobile » 21
Die ersten Predigten 25
Die Sorge um die Pfarrei 27

Sein Zartgefühl dem kranken Pfarrer gegenüber	30
Wertvolle Neuerungen	31
Der «Kaplan der Kapläne»	33
Liebe ohne Maß	34
«Haben Sie Mais?»	38
Ein Sack voll Maiskolben	39
Heilige Sorglosigkeit	40
Eine neue Vertonung des «Credo»	41
Eine Festpredigt und die Ernennung zum Pfarrer	42

3. Kapitel

Der Pfarrer von Salzano

(14. Juli 1867 - 27. November 1875)

Eine schlechtaufgenommene Ernennung	46
Wechsel der Meinungen	48
Religionsunterricht und Gottesdienst	49
Apostel der sozialen Gerechtigkeit	53
Die Wunder seines Herzens	56
Das Cholerajahr 1873	63
Göttliches Zeugnis?	66
Die Liebe eines Volkes	67
Eine unerwartete Ehre	71

4. Kapitel

Der Domherr von Treviso

(28. November 1875 - 16. November 1884)

Die rechte Hand des Bischofs	74
Macht des Beispiels	75
Spiritual im Priesterseminar	76
Bischöflicher Kanzler	82
«Er arbeitete für vier»	86
Kapitelvikar	89
Höheren Aufgaben entgegen	96
Die Mitra	98

5. Kapitel

Der Bischof von Mantua
(18. April 1885 - 22. November 1894)

Unveränderte Grundsätze	104
Die Diözese Mantua	105
Reform des Priesterseminars	107
Seine Priesteramtskandidaten	113
Die erste bischöfliche Pastoralvisite	118
Die Synode	122
Die zweite Pastoralvisite	128
Sein Herzensanliegen: die religiöse Unterweisung	132
Der Einheitskatechismus	138
Bischof Sarto und sein Klerus	144
Die Liebe des guten Hirten	162
Eine aloisianische Jahrhundertfeier	173
Apostolische Unbeugsamkeit	180
Seine Armen	185
Die katholisch-soziale Aktion	190
Kardinal und Patriarch von Venedig	195
Abschied von der Mutter	198
Die Frage des «Exequatur» für Venedig	199
Während der Wartezeit	202
Unveränderte Lebensführung	203
Das Exequatur für Venedig	208
Sein erster Hirtenbrief an die Diözese Venedig	211
Abschied von Mantua	214

6. Kapitel

Patriarch von Venedig
(24. November 1894 - 26. Juli 1903)

«Gesegnet sei, der da kommt!»	216
Das erste Kanzelwort des Patriarchen	217
Beginn seines Wirkens in Venedig	220
Förderung des religiösen Lebens	220
Seminar und Klerus	226
Der gute Hirt	233
Die Achthundertjahrfeier des Markusdomes	237
Die Reform der Kirchenmusik	241

Pastoralvisite	247
Ein glänzender Sieg	251
Patriarch Sarto und Leo XIII.	254
Ein eucharistischer Kongreß	256
Förderung der Katholischen Aktion	261
Wirtschaftliche und soziale Bewegung	263
Die katholische Presse	266
Der Vater seines Volkes	268
Bescheidenheit und Einfachheit	274
Der Kirchenfürst	277
«Unser Patriarch»	278
Auf dem Monte Grappa	281

7. Kapitel

Von Leo XIII. zu Pius X.
(4. August 1903)

Von Venedig nach Rom	283
Wer wird der Nachfolger Leos XIII.?	285
Im Konklave	287
«Ich bin unwürdig... Vergessen Sie mich!»	291
«Fassen Sie Mut, Eminenz!»	292
Dramatische Augenblicke	294
«Du bist Petrus!»	296
Der Segen «Urbi et Orbi»	298
Der Eindruck im diplomatischen Korps	300
Die ersten Volksaudienzen	303
Der Kardinal-Staatssekretär	305

8. Kapitel

«Instaurare omnia in Christo»
(Das Pontifikat Pius' X.: 4. August 1903 - 20. August 1914)

Gespannte Erwartung	309
Die erste Enzyklika	310
Kirche und Politik	314
Der Kampf gegen den Modernismus	317
Die Enzyklika «Pascendi Dominici Gregis»	318

Das Echo der Enzyklika «Pascendi» 323
Der Reformpapst 325
Kirchenmusik 326
Der Bischof von Rom 328
Die Katechismus-Enzyklika 330
Die Kinderkommunion 334
Der Klerus 336
Der «gute Landpfarrer» 341
Das Bibelinstitut 344
Kodifizierung des Kanonischen Rechtes 346
Trennung von Kirche und Staat in Frankreich . . . 348
Für das soziale Reich Christi 363
Auf dem Wege der Versöhnung Italiens mit der Kirche 370
Pius X. und der Weltfriede 374

9. Kapitel

Das Charakterbild eines Heiligen

Mensch und Heiliger 377
Evangelische Einfachheit 380
Der «Papst der Kinder» 383
Der «milde Papst» 387
«Humilis Corde» 390
Grenzenlose Güte 401
Unbeugsame Festigkeit 410
Nichts für sich 415
Seine Verwandten 420
Pauper et dives 426
Ständige Gottvereinigung 434
Marienminne 438

10. Kapitel

Von Gott und den Menschen geliebt

Die Gabe der Wunderkraft 442
Der gelähmte Arm 444
«Mutti, ich bin gesund!» 445
Von Schwindsucht geheilt 446
Die Blinden sehen 447

Ein Krebsleiden verschwindet	448
Die Tauben hören	449
«Ja, ja ... sie wird nicht sterben!»	450
Lahme gehen	451
Der kleine Taubstumme	453
Der Strumpf des Papstes	453
Ein wunderbarer Traum	454
Segen in die Ferne	455
Das Innerste der Herzen	464
Blick in die Zukunft	467
Der «große Krieg»	472

11. Kapitel

Tod und Verklärung

(20. August 1914)

Leidvolle Tage	475
Der Weltkrieg	476
Sein letztes Mahnwort	479
Das Ganzopfer	481
Beredtes Zeugnis	484
Das Testament: «Er ist ein Heiliger!»	486
Im Frieden der vatikanischen Grotten	488

12. Kapitel

«Mit Ruhm und Ehre hast Du ihn gekrönt»

(1923 - 1954)

Eine Jahrhundertfeier	494
Fünfundzwanzig Jahre nach dem Tode des heiligen Papstes	495
Die Erhebung der sterblichen Hülle	496
Die beiden Wunder, die für den Seligsprechungsprozeß berücksichtigt wurden	497
Plötzliche Heilung eines Osteosarkoms an der Hüfte	498
Plötzliche Heilung eines krebsartigen Geschwürs	500
Zur Ehre der Altäre erhoben	502
Das Zeugnis Gottes	507
Die Heiligsprechung	510

DAS VORLIEGENDE BUCH WURDE
IN DER PAULUSDRUCKEREI ZU FREIBURG
IN DER SCHWEIZ HERGESTELLT
IM AUGUST MCMLXXVIII